東アジア都城の比較研究

橋本義則
［編著］

京都大学学術出版会

偃師商城（中国・河南省偃師市）

偃師商城は小城と大城の二城から成る。写真は小城の宮殿区にある四号宮殿を南南西から撮影。発掘調査で検出された遺構のほとんどを，基壇と柱位置を中心に復原している。後ろに見える山並みは邙山。(2004 年 3 月，橋本撮影）

【参考文献】杜金鵬・王学理『偃師商城遺址研究』科学出版社，2004 年

唐長安城大明宮（中国・陝西省西安市）

大明宮の正殿含元殿を南から撮影。北京オリンピックの記念式典を行うために，張りぼてで往時を想像復原。式典終了後の撮影であるため，一部鉄骨がむき出しになっている。含元殿の中央には本来なかった「龍尾道」が復原され，その周辺にも全く無関係な獅子像などが置かれている。含元殿東西の楼閣は翔鸞閣と棲鳳閣。(2006 年 12 月，橋本撮影）

【参考文献】中国社会科学院考古研究所『唐大明宮址考古発現与研究』文物出版社，2007 年

元上都宮城（中国・内モンゴル自治区シリンゴール盟）

宮城中央の北寄りにある1号基址。基址は石積で，南面の中央には「斜坡踏道」（斜路）が付く。基址上の中央奥には，切石上に塼を積み壁体とした「上層殿址」がある。後方に見えるのは穆清閣と推定される基址。（2005年3月，橋本撮影）

【参考文献】魏堅『元上都』中国大百科全書出版社，2008年

明中都皇城（中国・安徽省鳳陽県）

修復工事中の午門を東南東から撮影。左に南面の護城河が流れる。午門の東西には高さ10m以上の城壁が取り付き，その右手内側が皇城。（2005年8月，橋本撮影）

【参考文献】王剣英『明中都研究』中国青年出版社，2005年

高麗安鶴宮（北朝鮮・平壌直轄市）

北にある大城山城から安鶴宮跡を見下ろす。宮跡の整備状況とその構造がよくわかる。奥には大同江が流れ，そこに高句麗時代の木橋が架かっていた。なお，安鶴宮の年代について，韓国・北朝鮮には高句麗と考える研究者もいる。（2005年5月，橋本撮影）

新羅金京（韓国・慶尚北道慶州市）

新羅の王宮があった月城上空から古墳公園・市内を望む。一帯は，現在，市街地となっているが，新羅当時は金氏の王陵を含む古墳群が続いており，都市区画はそれを除外するかたちで広がっていた。中央右に瞻星台，その左下の林は金氏の始祖が生まれたとされる雞林。（2000年5月，呉世允撮影）

【参考文献】国立慶州文化財研究所『新羅王京発掘調査報告書Ⅰ』2002年

渤海上京龍泉府宮城（中国・黒龍江省寧安市）

宮城南門から北へ，第一宮殿を遠望。南門の西腋門から石敷道路が真っ直ぐ宮殿跡へ延びる。その先は宮殿跡の階段に続き，そこから宮殿に上がることができる。（2005 年 9 月，田中撮影）

【参考文献】黒龍江省文物考古研究所『渤海上京城』文物出版社，2009 年

阮朝順府皇城太和殿（越南・トゥアティエン・フエ省フエ市）

香河北岸に北で西に振れる方位をもつ都城が営まれ，その南端中央に皇城がある。午門の二階から金水池に架かる中道橋を通り，大朝儀と太和殿に至る。現在も都城を中心に香河北岸にフエの旧市街が広がる。1993 年，紫禁城を中心としたフエの建造物群は世界遺産に登録された。今もフエ修復センターによる絶えまのない修復工事が行われている。（2005 年 12 月，橋本撮影）

序　東アジア比較都城史研究の試み――東アジア比較都城史研究会のあゆみ――

はじめに――比較研究の意義と重要性

今日、中国をはじめとする東アジア諸国の経済成長には目をみはるものがあり、その勢いは欧州やアメリカを抜き、世界一の経済圏になるのも時間の問題となりつつある。しかし、その反面、急激な経済成長による大規模な開発によって、かけがえのない多くの遺跡が保存されないまま破壊され失われつつあることも事実である。日本ではバブル経済膨張期にとくにそれは顕著であり、中国などにおいてはまさに今そのような状況が常態化している。

このようななか、開発によって消えていかざるをえない遺跡について、最大限の記録を残すことはもちろん、できるかぎり歴史的に貴重な遺跡を現地に残すことは、今日においてこそそれぞれの国家や民族にとって将来に対する責務であると言える。なぜなら、全地球規模での経済・社会・政治のグローバル化が進むなか、希薄化し失われつつある国家意識や民族意識が、そして個人が今ここにある自らの存在理由とそこに至る歴史を、今日に伝えられた多くの他の文化遺産とともに、遺跡は具体的にわれわれの眼前に示してくれるからである。これは、けっして偏狭な国家主義や民族主義を主張しようとするものではなく、周囲の国々や人々と相手を認めて尊重し、共存していくためである。

それには、さらに一歩進んで、互いの歴史の共通性とともに相違点を認識し、そこに至った理由や背景を解明する、比較の観点が極めて有効であると考える。比較の方法や理論は様々であり、比較史という研究分野もあるが、その意義や有効性については議論や批判もある。しかし、明らかに過去の歴史において互いに影響し合ってきた国々のあいだで、様々な歴史事象の現象面はもとより、その背景や原因について比較を試みることは、自らを知るためには極めて有効意義である。

ところで、今なぜ、都城と都城制に関する研究が必要なのであろうか。それは、まず、都城と都城制に関する研究が、国家研究・国家史研究と直結するからである。都城は都市と異なり、東アジアに特有の概念である。都城は国家の支配者、支配機構の中枢がある首都であり、統一国家・王朝なら原則的に一つ、もし分裂状態にあるなら各々に存在する。したがって、都城は国家の制度や支配の思想、社会・経済・文化、さらにより広汎な地域の有り様を直截に反映する。そして、東アジアの国々では、このような都城が王朝とともに現に二十世紀初頭まで存在していた。しかし、今日、急激に進行する経済成長のなか、都城遺跡も他の遺跡と同様、その存続・保護の点で危機的状況に直面している。幸いにも都城は、首都たるがゆえに、各国の正史など、国家の歴史に記録として留められていることが少なくないが、遺跡やその発掘調査からは、文献史料に記された都城では想定さえできない多くの事実が明らかになってきている。それ故に、今まさに都城遺跡と都城に関する文献史料とを併せて研究すること、そしてとくに東アジア諸国に遺る都城間での比較研究を進めることが、必要であるとともに可能な時なのである。

東アジア比較都城史研究会（以下、「東亜比較都城研」と略記する）は、このような考えを共有する妹尾達彦・田中俊明・橋本義則の、研究対象とする地域を異にする三人によって十年以上前に構想され、実際には、後述する様々な共同研究として進められた。これらの共同研究は、以下に述べるように、互い密接に連携しつつ、またそれぞれが独自に研究と遺跡踏査を効率的に続け、今日に至っている。本書は、その一連の共同研究のいわば「第一弾」の成果として企画された。

ここではまず、東亜比較都城研による東アジア諸国の都城と都城制を対象とした比較研究の有り様について、述べることにする。

1 研究の目的——比較史的研究の推進と通時的研究との総合へ——

「東亜比較都城研」は、東アジア諸国の都城と都城制を研究対象とする研究者が、自らの研究対象である各国の都城と都城制をよりよく理解して研究を進めるために、研究対象とする国・地域の枠を超え、東アジア諸国・

地域における都城と都城制について、あらかじめ多様な研究課題を設定し、比較史的視角から具体的かつ基礎的に、そしてまた徹底的に検討すること、しかも個々の都城の自然環境・人文環境に見られる共通性と差異性をも認識するために、中国・韓国・北朝鮮・ベトナム・モンゴルなどの東アジア諸国にある都城遺跡の共同調査とこれらに関する国際的な共同研究を併せ行うことを目指している。

周知のように、日本・中国・韓国・北朝鮮、そしてベトナム・モンゴル等の東アジア諸国は、今日に至るまで政治・文化・社会などの様々な点で共通する要素を持っているが、その淵源の多くが歴史的に中国に求められることは今さら言うまでもない。世界史的な概念である都市とは異なり、そのような中国の影響を受けた東アジア諸国において政治制度として出現した首都が都城であり、都城制である。

中国の都城は古くは商周、あるいはそれ以前に起源を持ち、都城建設の技術を洗練させながら、また、北方遊牧民の文化的影響も受けつつ、近代に至るまで王朝の首都で維持されてきた。朝鮮あるいはベトナムなど王朝が成立した諸国においても、同様に近代に至るまで都城は維持された。これらの諸国においては地中に埋もれた都城遺跡ばかりでなく、実際に地上に遺る遺構を実見した上で、文献史料や近代の写真・地図・映画フィルムなどの記録と照合しながら様々な検討を加えることが可能である。これに対して、日本やかつて中国東北地方に存在した渤海などでは、古代の終わりとともに都城および都城制は崩壊し、今日では地中に埋もれているため、発掘調査によって初めてその遺構を目にすることが可能となる。また、中国などで興亡を繰り返した諸王朝でも状況は日本とほぼ同じである。

このように、様々な形で遺存する東アジア諸国の都城については、それぞれの国の歴史を専門とする歴史研究者や考古研究者によって研究や調査が進められ、注目すべき成果を挙げつつある。日本ではとくに独立行政法人国立文化財機構の奈良文化財研究所が機関として、中国・韓国など海外の考古・文化財関係諸機関と研究交流を行い、また考古学研究者らを招いて東アジアの都城を比較する国際的検討会や公開講演会などが開かれたこともある。しかし、それらでは、東アジアという中国を中心とした世界の中において、都城と都城制を具体的かつ徹底的に比較検討する視点と時間がまだ不十分であり、共通の課題を設定しない従来型の個別分散的な研究にとどまっていると言わざるをえない。

ここで改めて、東アジアから都城制あるいは都城を見ると、これらの諸国では共通の要素をそこに見出しうるとともに相違点すなわち、それぞれに独自の点を見て取ることが容易にできる。中国の影響を受けその周囲の国々で成立・展開した都城制・都城は、必ずしも中国のそれをそのまま受け容れたわけではなく、それぞれの国の歴史・文化・社会、あるいは政治的成熟度、さらには自然環境など、制約によって様々な受容の仕方をした。東アジア諸国に共通する政治制度でありながら多様な展開を遂げた都城制と、それに基づき実際に建設された個々の都城について、都城と自然環境あるいは人文環境はもちろん、歴史的諸要素、たとえば個々の都城を存立せしめている当該国の政治制度・社会経済状況あるいは文化基盤など、さらに都城を構成する諸要素、宮城と皇城、都城とその内外にある市・獄・宗教施設・禁苑・離宮・墓地・郊外などに分け、詳細に各国間の異同を比較検討し、具体的な共通点と相違点を逐一確認すること、すなわち、これらの国々における政治・文化の受容と変容に関する具体相を明らかにすることが「東亜比較都城研」の主眼である。その上で、さらにそのような共通点と相違点を生み出した東アジア諸国の実態に迫ってゆきたいと考えている。

従来、ともすれば陥りがちな抽象的比較史ではなく、都城制および都城を研究の対象として具体的に比較するとともに、それを通じて東アジアの歴史を具体的に把握する比較史を実現させたい。さらに、以上のような研究を進めて得られた比較史的観点からする研究成果の上に立ち、それぞれが専門とする地域・国における通時的な都城と都城制に関する研究も推し進めてゆきたいと考えている。

2 研究の組織 ── 国際的な共同研究 ──

研究組織を構築するにあたっては、すでに述べたように都城制と都城をキーワードとし、第一に、考古学研究者らを含む東アジアを研究対象とする歴史研究者の共同研究体制、そして第二に、国際的な共同研究体制の構築を行ってきた。

前者については、当初、日本各地の大学で東アジア各国の都城と都城制に関わる研究を行っている研究者、すなわち本書の著者でもある、妹尾達彦・田中俊明・橋本義則・新宮学・山中章・馬彪・桑野栄治の、計七名を中心に構成した。これら七名の研究者によって、東アジア諸国の都城制と都城に関する比較史的な観点からする恒常的な研究組織として「東亜比較都城研」を正式に発足させ、継続的な共同研究を実施してゆくことにした。その後、三次にわたる科学研究費の採択(後述)などを通じ、組織は研究課題に即してそのたびに拡大され、現在は連携研究者と研究協力者を含む一八名によって構成されるに至っている。その陣容は、本稿末に掲げた表のとおりである。

一方、後者は、様々な機会を通じて知己を得た中国社会科学院考古研究所の研究者二名、また韓国からは田中の推薦によって韓国国立慶州文化財研究所・忠南大学から各々一名に海外研究協力者として協力を求め、研究会での研究報告と、海外での都城遺跡調査への協力などを依頼することにした。ただ研究会には海外研究協力者以外にも研究会ごとに設定した共通課題に合う国内外の都城研究者を招き、研究報告と討論を実施することとし、実際に研究分担者や海外研究協力者以外に、中国・韓国、そしてベトナムからも研究者を招請して研究会を開催し、共同研究を進めた。以上の共同研究は、橋本を代表とする科学研究費(以下科研費と略す)の基盤研究(A)「東アジア諸国における都城および都城制に関する比較史的総合研究」(平成十六年度~十八年度、以下、基盤(A)と略記)を軸に進められた。

基盤(A)の終了にあたって、三年間の共同研究で得られた成果と課題を踏まえた上で、研究のいま一つの目的である東アジア諸国各々における都城の通時的研究にも取り組むべく、対象を日本の古代宮都に限定した共同研究が組織された(科研費基盤研究(B)「東アジア諸国における都城及び都城制の比較を通じてみた日本古代宮都の通時的研究」(平成十九~二十一年度、代表:橋本、以下、基盤(B)と略記)。ここでは、日本国内の宮都遺跡の踏査などを通じて、研究課題である「日本古代宮都の通時的研究」を実現するため、研究組織をこれに対応させるべく、日本の古代宮都遺跡を調査する行政機関などに所属する研究者にも研究協力者としての参加を求め、その充実と拡大を図った(表参照)。

現在では、引き続いて組織された、橋本、新宮、田中をそれぞれ代表とする三つの科研費研究によって、これらの共同研究を総括し、また、対象とする時代や地域を限定したりより限定的な研究課題を設定しながら、「東亜比較都城研」の特徴である比較史的観点からの研究が進められている。

3　研究の方法とその形態 ―― 共同研究会の開催と海外調査・国内調査の実施 ――

こうした共同研究を遂行するために、まずは①共同研究会の開催と②海外調査の実施、の二つに研究の方法と形態の柱を置くことにした。

①特長のある共同研究会の開催

共同研究会は、共通の研究課題を設定して年平均一〜三回ほど開催され、基盤（A）では三年の研究期間に四つの研究課題を取り上げ、共同研究を行った。本書に掲げた四つの章はこの時の研究課題であり、その際の研究報告を踏まえたものである。一見何の脈絡もない研究課題四つを取り上げているように見えるが、実は様々な地域と時代を対象に都城を研究する研究者が、自らに固有な研究課題を解決するために設定したもので、そこにはそれぞれ都城研究上において重要な意味が込められている。

共同研究会の特徴的なあり方は、毎回の研究会で取り上げる共通の研究課題の設定の方法にある。従来の共同研究では、研究期間を通しての大きな共通する研究課題を事前に設定した上で、毎回の研究会にはとくに課題設定がなく、それ故に個々の研究報告は比較的自由に行われるのが一般的であった。しかし、東亜比較都城研ではそのような共同研究の方法を一切採らず、共通した研究課題についてより細かな検討を行うため、一〜二回の研究会で一つの研究課題を設定し、個々の報告内容に一定の枠をはめることにした。すなわち、研究課題の設定にあたって、研究代表者および分担者がそれぞれ関心を持つ都城制と都城に関する課題を提示しつつ、自己とは異なる研究分野でも可能なかぎり報告できる内容を考え、事前に課題設定の趣旨を全員に周知する形で行った。共通の研究課題は研究代表者と研究分担者が順に提示し、調整した上で研究会での共通研究課題に設定し、各自の専門とする地域と時代について課題に迫る研究報告を行うことを義務づけ、毎回研究会は二日間にわたって全員が研究報告を行うことを原則とした。ただ地域や時代によっては報告不可能な場合もあるが、それがむしろ現状における当該地域・時代の問題点として浮かび上がることにもなる。以上のような共同研究会の持ち方は、代表者・分担者ともに非常に厳しい対応を迫られたが、実際の研究会では極めて集中した状況で、時間を忘れ活発な議論が行われ、終了予定時間を遥かに過ぎることや次回への持ち越しも常態化した。

また、共同研究の基幹をなす日本の研究者の報告と併せて、海外より招聘した海外研究協力者や日本滞在中の海外の都城研究者にも、専門の地域と時代の都城制と都城に関する報告を行っていただき、新しい海外での都城遺跡発掘調査に関する情報を得るべく努めただけでなく、彼らには討論にも参加していただき、日本在住の研究者のみによる研究の閉鎖性を克服する工夫と本格的な研究交流も行った。

以上のような共同研究のあり方と方針は、その後のいずれの共同研究においても全く変わりなく行われている。

②海外都城遺跡の踏査

海外都城遺跡の調査は、共同研究に参加した研究者の専門とする地域と時代を超え、古代から近代に至る都城について、実地をできるかぎり歩き共通の認識と相違の事実を具体的に確認するため、基盤（A）では三年の研究期間の最初の二年間に集中的に行った。海外調査にあたっては交渉担当の研究者と海外研究協力者の協力を得、現地の研究者や発掘調査の担当者と密接な連絡をとるとともに、現地において関係調査研究機関・研究者諸氏と協力関係を築いて調査を実施した。海外調査では並行して採択された科研と共同調査の形を採ったものが多く、費用の点においても、また期間の点においても、本当に効率的かつ効果的な調査を行うことができたと考える。

その後の共同研究においても海外調査は継続され、現在までに海外調査を実施した地域は、中国・韓国はもちろんベトナムや北朝鮮・モンゴルにも及び、今後は東アジア世界以外の地域における都市遺跡などへも調査の範囲を広げ、比較の視点をさらに広めてゆきたい。このような貴重な調査とそれに伴って撮影された都城遺跡をはじめとする遺跡などの大量の写真により、現状での東アジアの都城遺跡を後世に伝える記録として重要な資料を得ただけでなく、さらに考古学・歴史地理学・歴史学を専攻する多くの都城研究者と交流し知友を得ることができたことも大きな成果であった。

③国内宮都遺跡の踏査

基盤（B）でも、共同研究会と共同研究のあり方は、基本的に基盤（A）のそれを踏襲したが、その上でさらに後述する国内都城遺跡の踏査と併せ現地で共同研究会を開催した。その際には、遺跡の踏査において協力を要請した行政などに属する発掘調査機関の研究者にそれぞれ報告していただいたが、その内容にも枠をはめ、「発掘調査の現状・成果と課題」という報告を行っていただいた。これは当然毎回課題を設けて実施した遺跡の踏査に資するための研究会だからである。このとき報告してくださった主な方を科研の第二年度目から研究協力者とし、現在も共同で研究を行っている。新たに参加いただいた日本の都城遺跡を調査研究している研究協力者の方々は、ほとんどが行政機関に所属しておられ、海外の都城遺跡を訪れ調査することが難しいため、本科研を契機として遺跡を実見・踏査することによって、遺跡の現況だけでなく、それを取り巻く地形や景観・環境にも理解を及ぼし、日本との共通点や相違点について考えをめぐらしていただくことにした。また、基盤（B）では、新たに日本国内の宮都遺跡の踏査を実施したが、それはもちろん科研の研究課題である「東アジア諸国における都城及び都城制の比較を通じてみた日本古代宮都の通時的研究」を実現するためである。このような遺跡の踏査が実現したのは、まさに奈良文化財研究所・奈良県立橿原考古学研究所をはじめとする都城遺跡を発掘する研究調査機関や府県市町村教育委員会などの絶大なる協力の賜である。

おわりに ── 共同研究間の連携の重要性

基盤（A）を軸とした共同研究の概要は以上のとおりであるが、実際の「東亜比較都城研」による東アジア比較都城史研究は、前述したとおり、科研費による多くの共同研究が総合されたものであった。先に紹介した基盤（A）、基盤（B）以外で、本書に関わった研究題目は左記のとおりである。

基盤研究（S）「歴史学的視角から分析する東アジアの都市問題と環境問題」（平成十六～十九年度、代表：妹尾　以下、基盤（S）と略記）
基盤研究（B）「近世東アジアの都城および都城制についての比較史的総合研究」（平成二十一～二十三年度、代表：新宮）
基盤研究（A）「比較史的観点からみた日本と東アジア諸国における都城制と都城に関する総括的研究」（平成二十二～二十五年度、代表：橋本）
基盤研究（B）「朝鮮史における複都・副都の位置・構造・機能に関する調査研究」（平成二十二年度～二十五年度、代表：田中）。

これらの並行して実施された科研間では、上記のように海外調査を共同で実施しただけでなく、基盤（S）で刊行した『都市と環境の歴史学』の第3集で葬地の特集を組んでいただき、基盤（A）1の研究分担者が、共通課題として取り上げた「都城と葬地」での共同研究の成果を執筆するなど、成果公開においても連携が図られた。

このような研究課題に共通する側面のある科研間での研究連携は、①研究の効率的な推進と②研究成果のいち早い共有、および③研究成果獲得への相乗効果の点でも、大きな特長と利点を持つものである。なお、現在基盤（B）による電子ファイル版報告書も作成中であり、いずれもいま準備中の研究会HPよりダウンロード可能とする予定である。

以上、本書の背景になった取り組みを簡単に概観したが、一〇年に及ぶこととなった研究はまだ終了していない。東アジアの都城と都城制を対象とした比較史はまだ始まったばかりであり、これから一〇年、二〇年と研究を継続してゆく必要がある。それは東アジアを理解するばかりではなく、その中における日本の古代宮都を知るために欠くことができない。そのような継続的な共同研究を実施した上で、いつの日かそれを基に、新しい東アジアの都城史と日本の古代宮都史を構想することを目指したい。そのためには、今後もこれまでの科研組織を東亜比較都城研として維持・継続し、科研費による共同研究の機会を通じて共同研究に対する意識を一層高め、共同研究をより具体的に、そしてより徹底的に進めてゆきたいと考えている。

最後になったが、上記それぞれの共同研究に対し科学研究費を採択していただいた日本学術振興会および関係者の皆様に、著者を代表して深く感謝申し上げる。本書の刊行に対しても、日本学術振興会より科学研究費補助金研究成果公開促進費（学術図書）の補助を受けた。重ねて感謝したい。

表　研究会組織（平成 23 年 1 月 1 日現在）　海外研究協力者と海外研究報告者は累積

役割	研究者名	専門分野	所属
研究代表者	橋本　義則	日本古代史	山口大学
研究分担者	妹尾　達彦	中国隋唐史	中央大学
	田中　俊明	朝鮮古代史	滋賀県立大学
	山中　章	日本歴史考古学	三重大学
	新宮　学	中国明清史	山形大学
	馬　彪	中国秦漢史	山口大学
	林部　均	日本歴史考古学	国立歴史民俗博物館
	桑野　栄治	朝鮮近世史	久留米大学
連携研究者	小嶋　芳孝	東北アジア考古学	金沢学院大学
研究協力者	積山　洋	日本歴史考古学	大阪歴史博物館
	吉水　眞彦	日本歴史考古学	大津市埋蔵文化財センター
	國下多美樹	日本歴史考古学	向日市埋蔵文化財調査センター
	網　伸也	日本歴史考古学	京都市埋蔵文化財研究所
	井上　信正	日本歴史考古学	太宰府市教育委員会
	中島　信親	日本歴史考古学	向日市文化資料館
	久保田哲男	中国宋史	長野高等工業専門学校

役割	研究者名	専門分野	所属
研究協力者	中村　篤志	モンゴル史	山形大学
	渡辺　健哉	中国元史	東北大学
海外研究協力者	陳　良偉	中国隋唐考古学	中国社会科学院考古研究所
	許　宏	中国商周考古学	
	劉　振東	中国秦漢考古学	
	何　歳利	中国隋唐考古学	
	張　学鋒	中国南朝考古学	南京大学
	朴　淳發	韓国百済考古学	忠南大学校
	李　恩碩	韓国新羅考古学	伽耶文化財研究所
海外研究報告者	朴　漢済	中国北朝史	ソウル大学校
	金　容民	韓国百済考古学	韓国文化財庁
	李　相俊	韓国百済考古学	扶余文化財研究所
	李　炳鎬	韓国百済史	国立中央博物館
	王　維坤	中国隋唐考古学	西北大学
	劉　春迎	中国宋考古学	開封市文物考古研究所
	阮　宋忠	ベトナム考古学	越南社会科学アカデミー考古学研究院

東アジア都城の比較研究

目次

第三章　都城と禁苑

第四章　都城を繞る壇廟

第一章　羅城をめぐる諸問題

中国近世における羅城 ―明代南京の京城と外郭城の場合―

新宮　学

【キーワード】　外郭城　四重構造　京城　北京外城

はじめに

伝統中国の都市は城壁によって囲まれていた。戦前の上海に長く暮らしていた衛生学者の小宮義孝は、城壁とクリークでもって中国江南における都市と農村の風物を代表させた[1]。外敵から防衛するために都市を延々と取り囲んで築かれた城壁が、近代を迎えて本来の目的を喪失したその当時にあっても、森閑として静まりかえりながらまだ各地に残っていた。小宮の観察によれば、そうした城壁は「中国社会の根底に今なお横たわっているところの、古い、自生的な一連の協同紐帯をも、また端的に象徴しているもの」ととらえられていた。現在では、伝統中国の社会のありようを象徴していたこれらの城壁は交通の妨げと意識され、大部分が撤去されて環状道路に生まれ変わってしまった。

歴史的にみれば、都市を城壁で囲むことは、ユーラシア大陸における他の文化圏でも普遍的に行われていた[2]。むしろ日本のみがその例外で、そうした伝統をもたなかった。あらためて言うまでもなく、その城壁の囲む範囲や構造、そのもつ意味は、文化圏によってそれぞれ異なっていた。中国にあっては、城壁を意味する「城」とは民衆を盛り入れる所であり[3]、都市全体を防御するために築いた壁を意味していた。中国都市の城壁の多くは、前述したように近代以降次々と撤去されてしまったが、いまだに都市を漢語（中国語）で「城市」と表記しているのもこれに由来する。

さて、ここで比較の対象に取り上げる「羅城」とは、いわゆる外郭城のことである。内側のより小さな城壁としての「子城」を取り囲む外側のより大きな城壁を指していた[4]。したがって「羅城」という語には、単に城壁を意味するだけでなく、都市が二重に囲まれていたことが含意されていると言えよう。

伝統中国における諸都市のヒエラルキーの中でその頂点に立つ都城（京師）の場合には、皇帝がそこに住むために防衛上の設備に加えて、より尊厳性を高める必要から内城と外郭の二重構造をとることが多い。内城外郭式の二重構造の起源は、古くは周代までさかのぼることができるが、城は君主・貴族のためのもので、郭は人民のためのものと区別されていた。[5] 宮城を持つ都城では、この内城外郭式の影響がずっと後世まで残った。さらに皇帝権の絶対化や人口の増大とともに、内城が宮城墻や皇城墻で二重に囲まれたり、外郭も二重に設けられたりして、外部から見ると「入れ子」構造を呈するようになる。

例えば、唐の長安城は宮城・禁苑・皇城・(外)郭城の四つの部分から構成されていたと説明されることが多いが、構造的に言えば、宮城と皇城から成る内城部分と外郭城との二重構造であった。宮城と皇城との間には、両者を隔てる壁はなく横街によって分けられていただけであった。[6] 北宋の開封城の場合は、宮城(皇城)と内城(裏城、旧城)に外城(羅城、新城)を加えた三重構造であった。[7] 金の中都城や元の大都城も、宮城―皇城(蕭墻)―外城という三重構造をとっているが、都城全体に占める皇城部分の大きさが特徴的である。[8] 明の北京城の場合も、当初から典型的な、宮城―皇城―京城(都城)の三重構造として建設されたが、一六世紀半ばの嘉靖年間、アルタン・ハンによる北京侵攻を契機に京城(内城)の南側を包む外城壁が建設されて、部分的であるが四重構造となった。

本節で取り上げる明の南京城の場合も、宮城―皇城―京城―外郭城の四重構造から成っていた。周知のごとく、南京は明初に太祖洪武帝によって京師(首都)と定められた都城である。第三代の成祖(太宗)永楽帝の遷都によって、京師の地位を北京に譲ったとはいえ、その後も明朝一代にわたって留都(副都)としての地位を維持し続けた。洪武帝は、その四重構造の南京城を構想し、一代の治世でこれをほぼ完成させた。これは、明王朝の政治制度の基本骨格が洪武帝一代で創り上げられたのと同様である。

従来の南京の城郭研究を振り返ると、この四重構造のうち最も外側に位置する外郭城の存在については十分な注意が払われてきたわけではなかった。[9] 六〇〇年以上の歳月を経た現在も、明初以来の威容を伝える京城城壁の印象があまりに強すぎたために、外郭城の存在が後景に追いやられたと言えなくもない。明末の南京人の顧起元は、「南都の城圍九十里、高堅なること海内に甲たり……吾れ天下を行くに、未だ堅厚なることかくのごときものあるを見ざるなり」[10]と述べ、南京の城壁の堅固さを誇っているが、ここに言う城壁は外郭城ではなく京城のそれを指している。しかしながら、のちに詳しく述べるように、外郭城の城周は六〇kmを優に超えており、中国歴代王朝の都城のなかでも最長の規模を有していた。洪武帝が構想した南京の都城プランの全体像を考察する上で、外郭城の存在も無視できない意味をもっていたと考えられる。

本節では、近年に至り文物保護への関心の高まりとともに多くの研究成果が蓄積されつつある南京城壁研究[11]を踏まえつつ、四重構造の南京城について、その規模と形状を中心に検討を加えることにする。[12] その建設過程と変遷については、別に機会を得て考察を加えることにしたい。

なお、南京城は、元末の民衆反乱の中から頭角を現した朱元璋がこの地に根拠地を置いた至正十六年(一三五六)以来、明朝成立後もしばしば改造の手が加えられている。ここでは、主として一四世紀末、洪武末年の状況を念頭に叙述する。

1 宮城

最初に、「子城」にあたる宮城と皇城から見ておきたい。南京の宮城の形状は、東西に比べて南北にやや長い方形をしている。南北の長さは約〇・九五km、東西の幅は約〇・七五kmで、周囲は約三・四kmとされている。[13] 宮城の周りには、北京の宮城（紫禁城）と同様に護城河（承天門前の御河）を続らしていた。[14] 午門の上に遺された礎石（石刻柱礎）から判断して、宮城壁の高さは約一一m、基底部の幅は六m余りと推定されている。[15]

宮城には、午門、左掖門、右掖門、東華門、西華門、玄武門の六門が設けられていた。[16]『明太祖実録』巻一一五、洪武十年十月には、

この月、改めて大内宮殿を作りて成る。闕門は午門と曰う。翼《おお》うに兩観を以てす。中は三門。東西は左右掖門と爲す。午門の内は奉天門と曰う。門の左右は東西角門と爲す。内の正殿は奉天殿と曰う。上、ここに御し以て朝賀を受ける。殿の左右に門有り、左は中左門と曰い、右は中右門と曰う。兩廡の間、左は文樓と曰い、右は武樓と曰う。奉天殿の後は華蓋殿と曰う。華蓋殿の後は謹身殿と曰う。殿の後は則ち後宮の正門なり。奉天門外の兩廡の間に門有り。左は左順門と曰い、右は右順門と曰う。左順門の外は東華門と爲す。内に殿有りて文華殿と曰う、東宮視事の所なり。右順門の外は西華門と爲す。内に殿有りて武英殿と曰う、上の齋戒の時に居する所なり。制度皆旧の如く、しかしてやや増益を加え、規模ますます閎壯たり。[17]

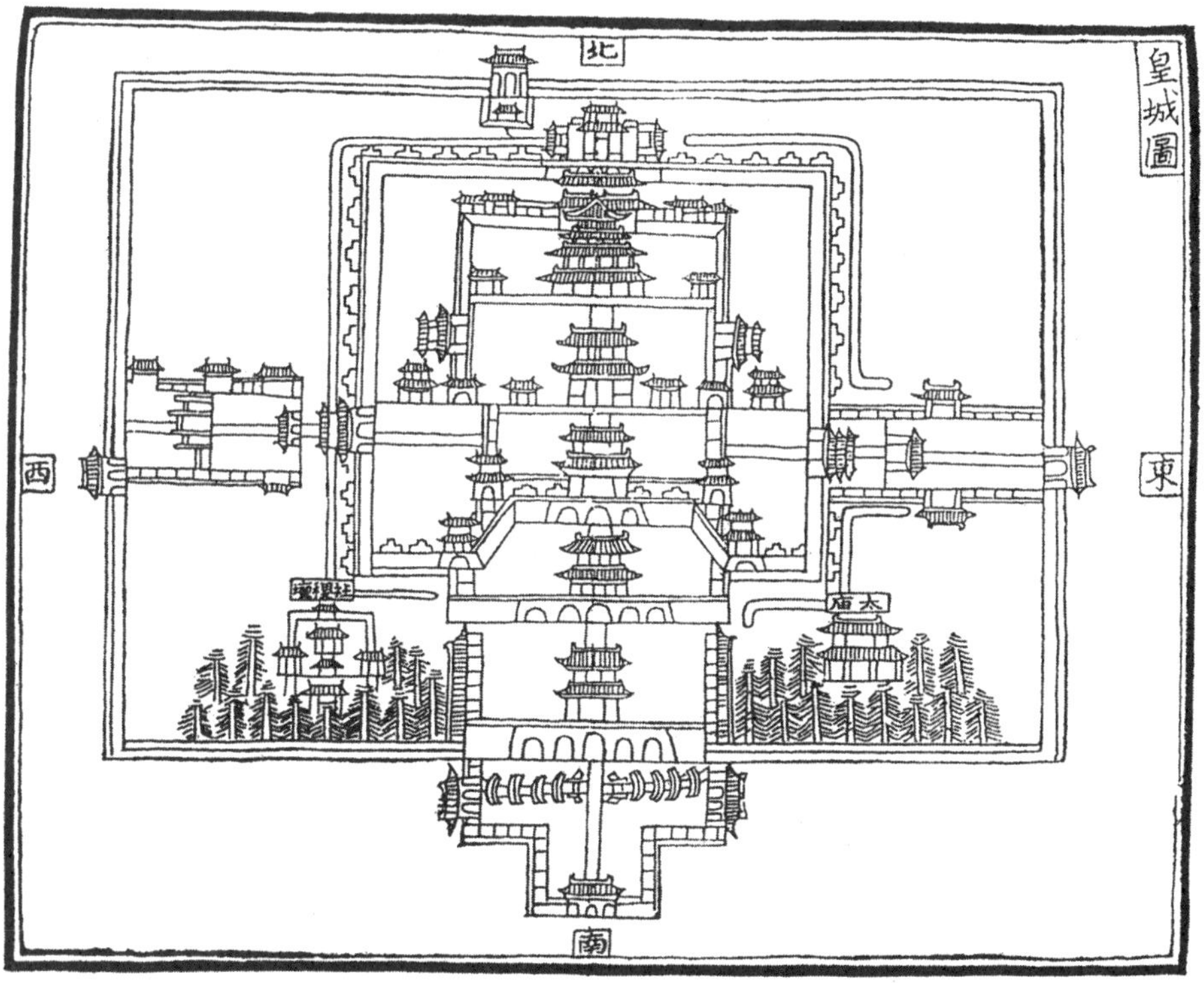

図1　「皇城図」（『洪武京城図志』弘治重刊本）

とある。宮城内、いわゆる「大内」は、南北に外朝部分と内廷部分に分かれる。外朝部分には、朝賀を受ける正殿の奉天殿のほか、華蓋殿・謹身殿の三殿が配置された。内廷部分の中央には、乾清宮と坤寧宮の二宮が配置された[18]。このほか、午門内の奉天門の東側には皇太子が政務を執る文華殿、西側には皇帝の斎戒時に滞在する武英殿が設けられた。

宮城は、鍾山（現、紫金山）の南麓に広がる燕雀湖（前湖）を埋め立てて築かれた[19]。この地は、後述する京城内の中央ではなく、かなり東南隅に偏している。しかし、宋元時代までは城外に位置して人家も疎らであったから、宮城の設計にあたり制約を受けることが少なかった。しかも、鍾山の「龍頭」と目された龍広山（現、富貴山[20]）を背後に置くことになり、風水思想にも合致していた[21]。

2　皇城

宮城の外側を囲むのが皇城である。皇城の城壁は皇墻とも呼ばれた[22]。皇城は、南北の長さ約二・五km、東西の幅約二kmで、周囲の長さは九km余りとされている[23]。南に凸型の洪武門と千歩廊が張り出している。ただし、先の数値データは、永楽三年（一四〇五）六月に西墻部分の拡張工事が行われた後のものと判断される[24]。以下に引用する『明太祖実録』巻八三、洪武六年六月辛未朔の条に見えるように、洪武年間の皇城は周囲二五七一・九丈、一四里（約七・四km）であり、東西の幅はより狭かったと推定されるからである。

留守衛都指揮使司に詔して、京師城を修築せしむ。周一萬七百三十四丈二尺、歩二萬一千四百六十八有奇と爲し、里五十有九と爲す。内城、周二千五百七十一丈九尺、歩五千一百四十三と爲し、里十有四と爲す[25]。

ここにいう「内城」とは、京城に対して述べたもので皇城のことを指している。

皇城内には、正南門に位置する洪武門のほかに、端門・承天門・東長安門・西長安門・東安門・東上門・東上南門・東上北門・西安門・西上門・西上南門・西上北門・北安門・北上門・北上東門・北上西門の十六門が設置された[26]。

それぞれの門には、門正（正七品官）と門副（従七品官）が配置された。承天門内の端門の東西には、天子の祖先の霊を祀る太廟と土地や五穀の神を祀る社稷壇が設けられた[27]。宦官の諸監を皇城の西南角に配置したのは[28]、北京城の配置と異なっている。西北には、甲・乙・丙・丁・戊庫（内府五庫）を配置した[29]。

皇城壁の高さと幅について文献資料の記載は残っていないが、二〇〇六年の皇城西安門南側遺址の調査により基礎部分の幅は三mであることが判明した。潘谷西はこれをもとに『営造法式』に基づき、皇城の高さは六m、頂部の幅は一・八mと算出している[30]。

皇城壁は城磚を積んで築かれており、頂部に椽木（たる木）を敷き、その上部を黄色琉璃瓦で覆っている[31]。皇城壁は宮城壁に比べて、その規模の点で見劣りするが、いわゆる「大内」とは宮城内にとどまらず、宮城と皇城を合わせて指すようになった。

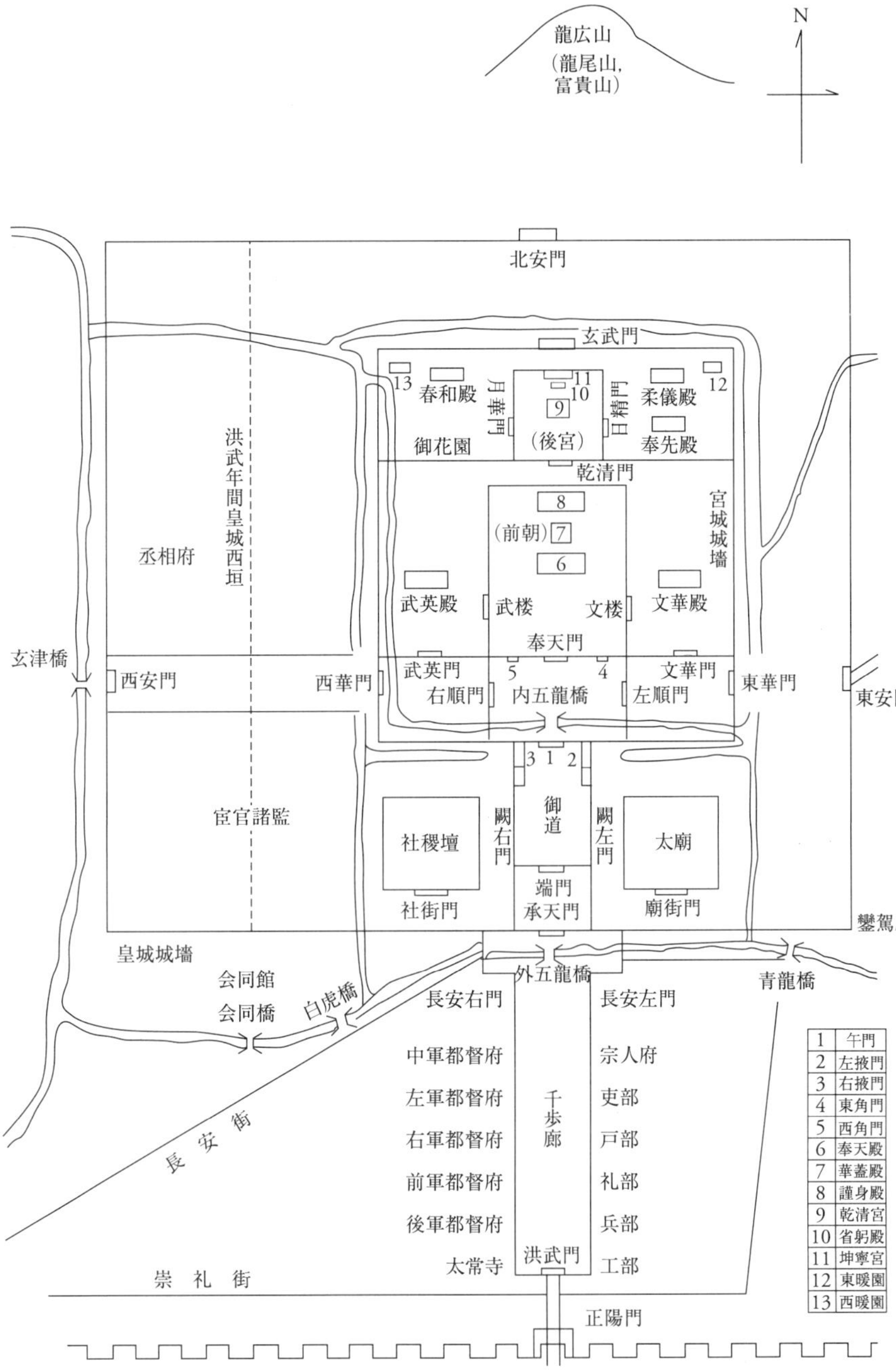

図２　明初南京皇宮復原示意図（楊国慶『南京明代城墻』南京出版社，2002 年）

3　京城

続いて、「羅城」にあたる京城と外羅城について考察する。南京の京城は、「龍蟠虎踞（龍がとぐろをまき虎がうずくまる）」の地として知られている南京の天賦の地形を取り込んで築かれた。その範囲は、東は鍾山[32]の南麓の龍広山を含み、北は獅子山（旧、盧龍山[33]）・雞鳴山（現、北極閣[34]）・覆舟山（現、小九華山[35]）の諸山に依って玄武湖[36]を控え、西は長江に沿って石頭山（現、清涼山[37]）を包み、南は聚宝山（現、雨花台[38]）に臨んでいる。なお京城は後述する外郭城との関係では「内城」とも呼ばれていた[39]。

　京城の周囲の長さについて、明代の史料には両系統が存在する[40]。『大明一統志』巻六、南京、城池や『明史』巻四〇、地理志・南京などには「九十六里」と記されているが、前掲の『明太祖実録』巻八三に見える「爲里五十有九」（一万七三四・二尺）の記載がより正確である。実測は、全長約三三・六km（三三・六七六km）である[41]。面積は約四三km²とされている[42]。

　城壁は、条石と磚《せん》（レンガ）を積み重ねて築造しており、城壁の高さは一四～二一m、その基底部分の幅は一四・五m、頂上部分の幅は四～九mである。京城壁の頂部には、垜口《たこう》（女墻《ひめがき》の凹型に窪んでいる部分）一万三六一六カ所、窩鋪《かほ》（番小屋）二〇〇座が設けられていた[43]。

　京城に配置された城門の数は十三門であった[44]。

　京城舊志、六朝の舊城は覆舟山に近く、秦淮を去ること五里。楊呉の時に至り、改築し秦淮の南北を跨ぎ、周廻二十五里。本朝益拓し、而して東は鍾山の麓を盡くし、周廻九十六里。門を立てること十三、南は正陽と曰い、南の西は通濟と曰い、又西は聚寶と曰う。西南は三山と曰い、石城と曰う。北は太平と曰い、北の西は神策と曰い、金川と曰い、鍾阜と曰う。東は朝陽と曰う。西は清涼と曰い、西の北は定淮と曰い、儀鳳と曰う。後に鍾阜・儀鳳二門を塞ぐ[45]。

　東に、朝陽門。南に、正陽門、通済門、聚宝門。西に、三山門、石城門、清涼門、定淮門、儀鳳門。北に、鍾阜門、金川門、神策門、太平門を設けている。のちに鍾阜門と儀鳳門の二門を塞いだとある[46]。おそらく、北京が「京師」と定まった正統六年（一四四一）以後のことであろう。二門を塞いだ理由については、上述の資料はその理由を述べていないが、北京定都[47]に伴い南京が首都から副都へとその位置づけを低下させたことが関係していると考えられる。ただし、鍾阜・儀鳳の二門は、明末まで継続して塞がれていたわけではなかった。後述するように倭寇の活動が活発化した嘉靖三十年代、その襲来に備えて留都の防衛を固める必要から鍾阜門と清涼門（清江門）を一時閉塞する提案がなされたことを実録に載せているからである[48]。そのときの議論でも、二門の閉鎖は南京の風水に妨げありという兵部の議覆が提出されて、再度審議することとなった。その後の結末については、実録に載せておらず、明らかではない。なお京城十三門の門名の変遷を整理したのが表1[49]である。

　それぞれの城門の上部には城楼が建てられていた。木製の門と上下に開閉する閘門（千斤閘）をそれぞれ設置していた[50]。城門のなかで、とくに軍事的重要な門には、甕城（月城）を設けて防衛を強化している。京城十三門のうち、通済門・聚宝門・三山門・石城門・正陽門・

清涼門・神策門の七門に甕城が設けられている。[51] 甕城は、城壁の外側に張り出して設けられる外甕城と、城壁の内側に設置される内甕城とに区別される。

南京の場合、外甕城の神策門を除いてすべて内甕城の構造を採用している点に特色がある。現在も一部の遺構が残っている聚宝門（中華門）の甕城は方形で三重構造であるが、通済門の甕城は船形で三重構造となっていた。

京城の周囲には、護城河にあたる城濠を繞らしていた。南京の場合、すでに存在していた城濠や周囲の河道や湖沼などの天然の水系を極力利用した上で一部新たに城濠を開鑿した点が、北中国の黄土台地に建設された他の都城とは大きく異なっている。とくに、南面の城濠は、五代の楊呉や南唐の時期に開鑿した護城河（外秦淮河）を拡張したもので、幅一二〇mにも達した。東北部分は、前湖、琵琶湖（中湖）、玄武湖を天然の護城河として利用したが、一部分は城濠を開鑿していない。[52] 東南は、朝陽門から通済門まで新たに城濠を開いた。西北は秦淮河をそのまま利用し、北部は別に城濠を開いた。

ところで、南京の京城は『周礼』考工記に示されている都城の方形モデル[53]に合致しておらず、不規則で独特な形をしている。このため、その形状についてはこれまでに様々な説が提示されてきた。季士家は、「不規則な多角不等辺の粽子形」をしていると指摘した。[54] 粽子とは、ちまきのことである。張泉は、伝統的観念を打破し、西北に狭く東西に寛い「宮扇形」を呈しているとした。[55]

近年では形状の類似にとどまらず、その意味を読み解こうとする研究もなされている。まず王少華が「壺《ひさご》状（葫盧《ひょうたん》・瓶）の形態」で、宮城は壺の腹部にあたるとした上で、[56] 壺天や壺中天を聖地、神仙世界とする道家思想に依拠したものとした。「象緯の学」に詳しく「陰陽風角の説」を多く用いた御史中丞劉基との関わりも指摘している。

これに対し、楊国慶は「南斗星と北斗星との聚合形」を呈しているという新見解を提出した。[57] 王説や楊説は、劉基や道家の堪輿術が南京城プランに与えた影響についての考察、南斗六星と北斗七星を合わせた星数と城門数の一致点など、形状の類似の指摘にとどまっていた従来の諸説に比べてより説得力を有している。

「壺状」にせよ「南斗と北斗との聚合形」にせよ、京城の形態には道家思想が色濃く看取される。南京に置かれた歴代の都城は、六朝の建康城[58]や南唐以来、宋元の江寧府城に至るまで一貫して伝統的な方形モデルに基づいていた。しかし、明初の洪武政権は都城を周辺に倍以上拡大したので、地形的制約をより強く受けることになった。このため、これまでの方形モデルを不規則な形に改変せざるをえなくなったのである。その際、劉基らにより都城プランへの道家思想の援用や附会がなされた可能性は十分考えられる。したがって、南京の京城の不規則な形には、儒者を登用し礼制の確立を進める一方で、道教的要素をも色濃く残していた初期洪武政権の性格[59]が影を落としていると言えよう。

4 外郭城

明代の南京には、これまで述べてきた宮城、皇城、京城の外側に、さらに外郭城（外城）が設けられていた。南京の外郭城は、「外羅城」と呼ばれることも多い。[60] 洪武初年においては京城が外側の羅城であっ

表1　南京の京城十三門名一覧

門名（俗称）	民国30年代の名称	現在の名称	備考
朝陽門	中山門	中山門	清の同治4年に外甕城を増築。
正陽門	光華門	光華門	長方形の甕城。
通済門	通済門（共和門）	（通済門）	船形の内甕城三座。1956～8年に撤去。東水関一座。
聚宝門（南門）	中華門	中華門	南唐都城、南宋建康城の南門を基礎に改築。内甕城三座。27箇の甕洞（蔵兵洞）。
三山門（水西門）	水西門	（水西門）	南唐都城、南宋建康城の龍光門。内甕城三座1955年前後に撤去。西水関一座。
石城門（大西門、旱西門））	漢西門	漢西門	南唐都城、宋・元の金陵城の大西門を改築。清末に、漢西門と改称。内甕城二座。文革中に一部撤去。
清涼門（清江門）	閉鎖	清涼門	洪武12年に清江門と改称。楕円形の内甕城一座。
定淮門	閉鎖		洪武初年、馬鞍門と称していた。洪武7年に改称。1958年前後に撤去。
儀鳳門	興中門	（興中門）	涵閘二座。1958年前後に撤去。
鍾阜門（東門）	小東門		洪武初年、東門と称していた。1958年前後に撤去。
金川門	金川門		1958年前後に撤去。
神策門（得勝門）	和平門	和平門	外甕城一座。
太平門	太平門	（太平門）	甕城については不詳。1956年前後に撤去。

たが、のちに外郭城が築かれたためにこう呼ばれたのであろう。内外の二重の羅城を持つのが南京城であった。

外郭城は、京城外の玄武湖と東北の鍾山、北の幕府山、南の聚宝山など周囲の山々を内に取り込み、長江の間近まで迫っていた。とくに、洪武帝自身が没後に埋葬される山陵の孝陵や南郊にあたる天地壇をも、すっぽり外郭城の中に取り込んだ点が注目される。

外郭城の規模については、『大明会典』や『大明一統志』をはじめとする多くの文献史料では、「一百八十里」としている。[61]前述した南京人の顧起元の『客座贅語』も同様である。[62]朱国禎の『湧幢小品』に至っては「二百余里」とする史料まである。[63]メートル法に換算すれば一〇〇kmを超えることになるが、ここでは採用しない。外郭城の遺構は、中華民国期に至ってもなお残存していた。その時期の実測によれば、一二〇里（約六四・三二km）と報告されているからである。[64]近年の蔣贊初や楊国慶、張蕾・劉斌の研究でも、実際の周長を約六〇kmとしている。[65]

実は、従来紹介されていなかったものの『明憲宗実録』巻二六三、成化二十一年三月乙未の条には、「南京外羅城の周圍一百三十餘里」と明記しており、実測のデータとほぼ一致する。

外郭城遺址は、現在では郊外の道路となっているが、その基壇から楊国慶は頂部の幅は八～一〇m、外側の高さ三～五m、最高では九mに達すると推定している。[66]

外郭城には、城門が当初十六門が設けられた。十六門の名称については、史料により一定してない。天順五年序刊の『大明一統志』には、十六門を以下のように挙げている。

其の外城は、則ち山に因り江を控え、周廻すること一百八十里。

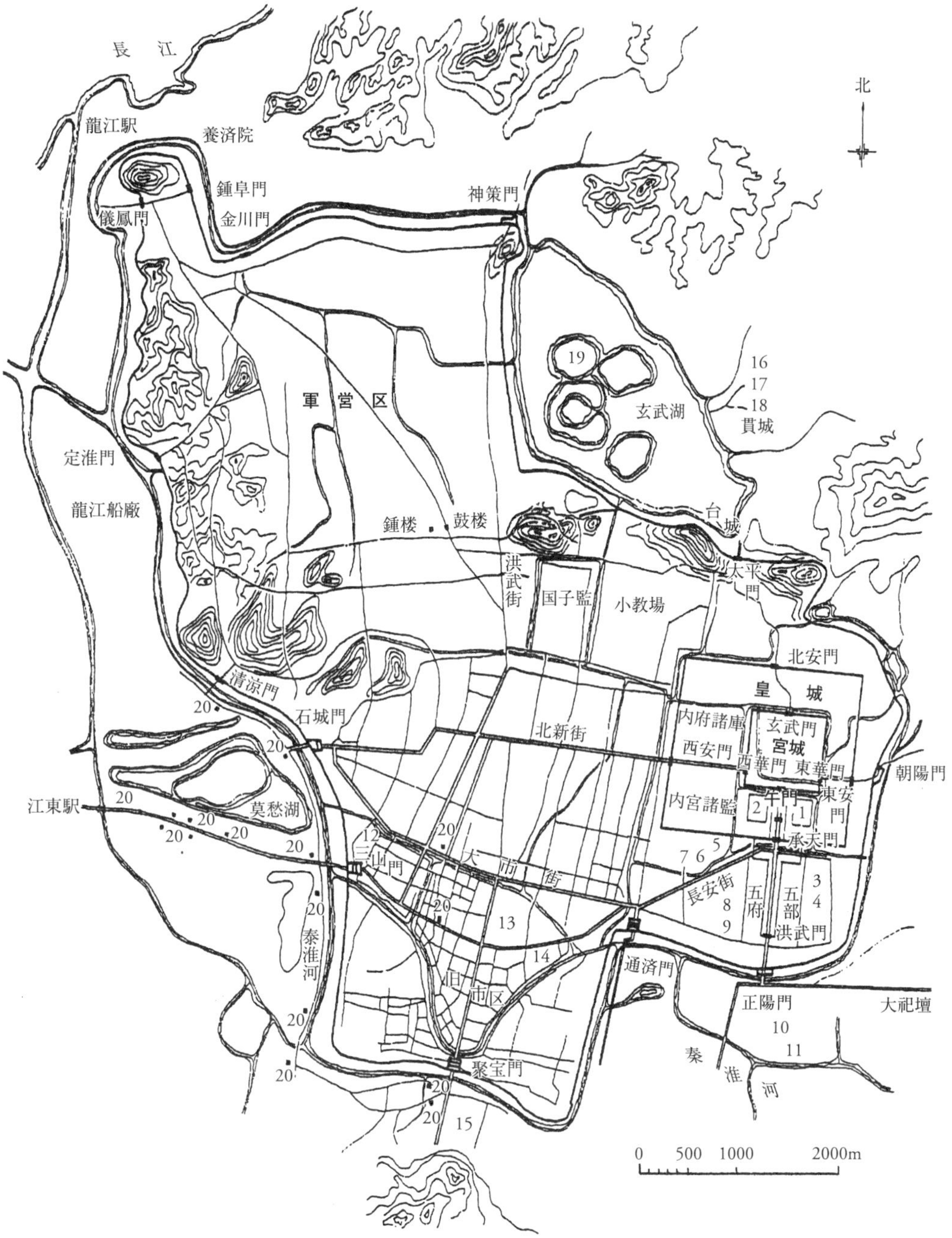

1　太廟　2　社稷　3　翰林院　4　太医院　5　鴻臚寺　6　会同館
7　烏蛮駅　8　通政司　9　欽天監　10　山川壇　11　先農壇　12　浄覚寺
13　呉王府　14　応天府学　15　大報恩寺　16　大理寺・五軍断事官署・審刑司
17　刑部　18　都察院　19　黄冊庫　20　市楼

図 3　明南京城復原図（潘谷西主編『中国古代建築史』第四巻，中国建築工業出版社，2001 年）

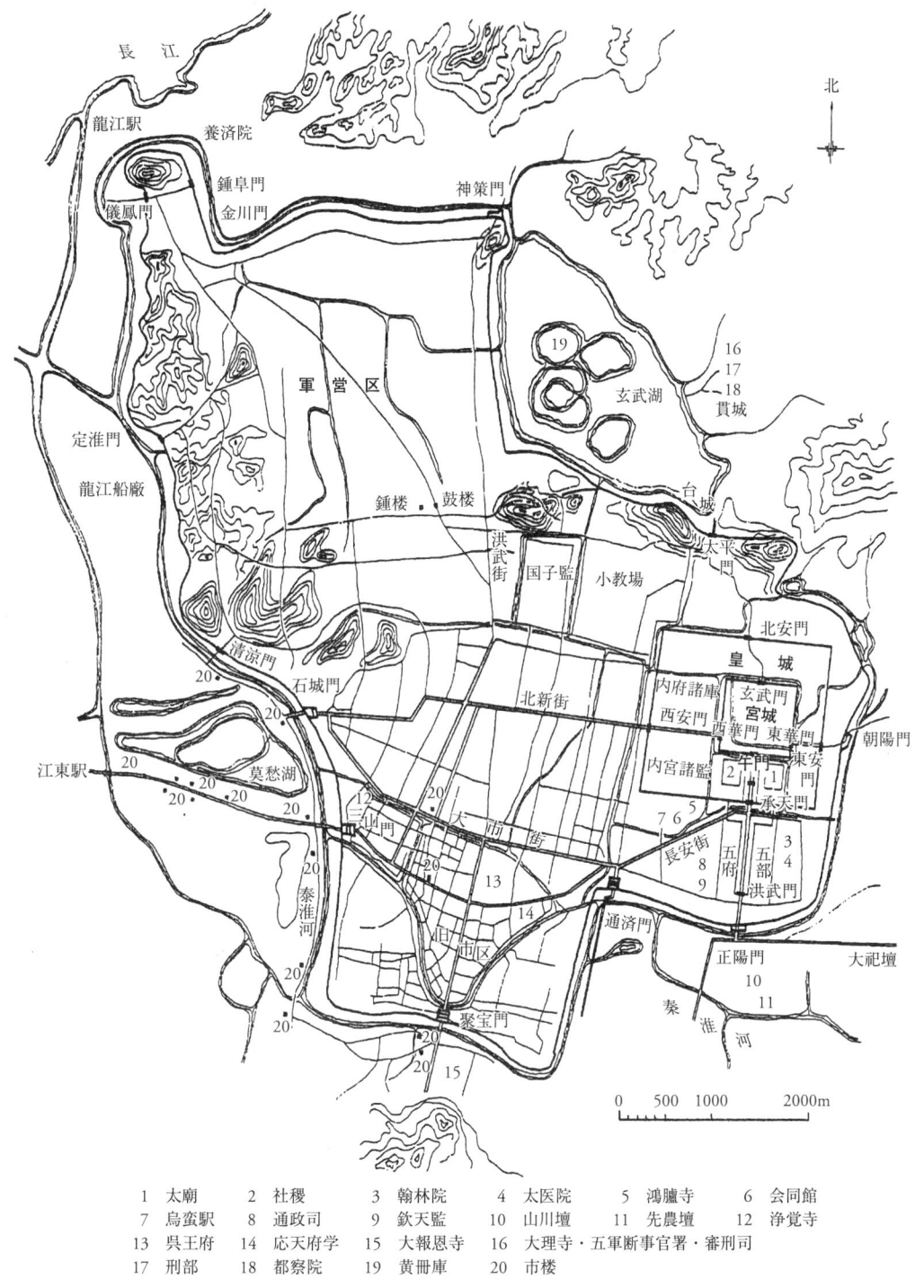

別に十六門を爲る。麒麟と曰い、仙鶴と曰い、姚坊と曰い、高橋と曰い、滄波と曰い、雙橋と曰い、夾岡と曰い、上方と曰い、鳳臺と曰い、大馴象と曰い、大安徳と曰い、小安徳と曰い、江東と曰い、佛寧と曰い、上元と曰い、觀音と曰う。[67]

これに対し、『明太祖実録』巻二〇一、洪武二十三年四月庚子の条では、新たに設置された外城門として次の十五門を挙げている。[68]

京師の外城門を置く。馴象・安徳・鳳臺・雙橋・夾岡・上方・高橋・滄波・麒麟・仙鶴・姚方（坊）・觀音・佛寧・上元・〔外？〕金川、凡そ十五門。

この実録の記載は、最も早い段階で外郭城の門名を記した史料と考えられることや馴象門を起点に時計の逆回りに順次列記していることなどから、より信憑性が高いと判断される。したがって、これにそれ以前から存在した江東門を加えた十六門（江東門・馴象門・安徳門・鳳台門・双橋門・夾岡門・上方門・高橋門・滄波門・麒麟門・仙鶴門・姚坊門・観音門・仏寧門・上元門・外金川門）であったと推定しておきたい。

これらの十六門には後述するようにそれぞれ千戸所を設置して守衛に当たる体制がとられた。ただし、外郭城に実際に設けられた門は、この十六門にとどまらなかった。洪武二十八年十月の序を持つ『洪武京城図志』城門・外城門では、滄波門・高橋門・上方門・夾岡門・鳳台門・大馴象門・小馴象門・大安徳門・小安徳門・江東門・仏寧門・上元門・観音門・姚坊門・仙鶴門・麒麟門を十六の門として挙げているからである。馴象門と安徳門には、それぞれ大小の二門を掲げる一方で、双橋門と外金川門を挙げていない。前者の双橋門は鳳台門と夾岡門のあいだに位置した門であるが、厳密に言えば、外郭城に設けられた門ではなく、京城東南角と外郭城の夾岡門の西側を結んで築かれた土壁に設置された城門だからであろう。楊国慶は、この土壁が『南京都察院志』巻二四では「T字墻」と呼ばれていたことを明らかにしている。[69]『明太宗実録』巻一八、永楽元年三月壬寅の条に見える南京城西南の「隔城」も、おそらくこのT字墻のことであろう。

京師の雨水、西南の隔城五十餘丈を壊わす。有司に命じて修治せしむ。[70]

後者の外金川門を『洪武京城図志』城門・外城門に載せていない理由は明らかではない。

のちに京城の儀鳳門の西と江東門の北に二つの柵欄門が設けられて十八門となった。このため、俗に「裏十三、外十八」と称されていた。[71]二門が加えられた時期についても様々な説がある。季士家は清代のこととし、楊国慶は明朝中晩期としている。[72]しかしながら『明英宗実録』巻五九、正統四年九月己巳の条には、

命じて南京馴象等十八門外城を修せしむは、夏秋久しく雨ふり浸頽するの故を以てなり。

とあり、正統年間にすでに「十八門外城」の存在が知られることから、おそらく南京還都の決定が出されてから宣徳・正統初年頃までには十八門となっていたと推定される。[73]

外郭城の構造は、自然の地形を利用して土盛りし、城門の周辺のみ磚石で包んでいた。[74]頂上部分の幅は三丈（約一〇m）ほどで、水涵洞（排水路）も設けられていた。[75]清末には土塁を残すだけであり、南京の人々はこの外郭城のことを「土城頭」と呼んでいたという。[76]外郭城の外側には城濠も設けており、現在でも二九・六㎞にわたって残存する外郭基壇の外側にその遺構を識別できるとしている。[77]

外郭城周の形状についても、研究者の理解は一致していない。趙松

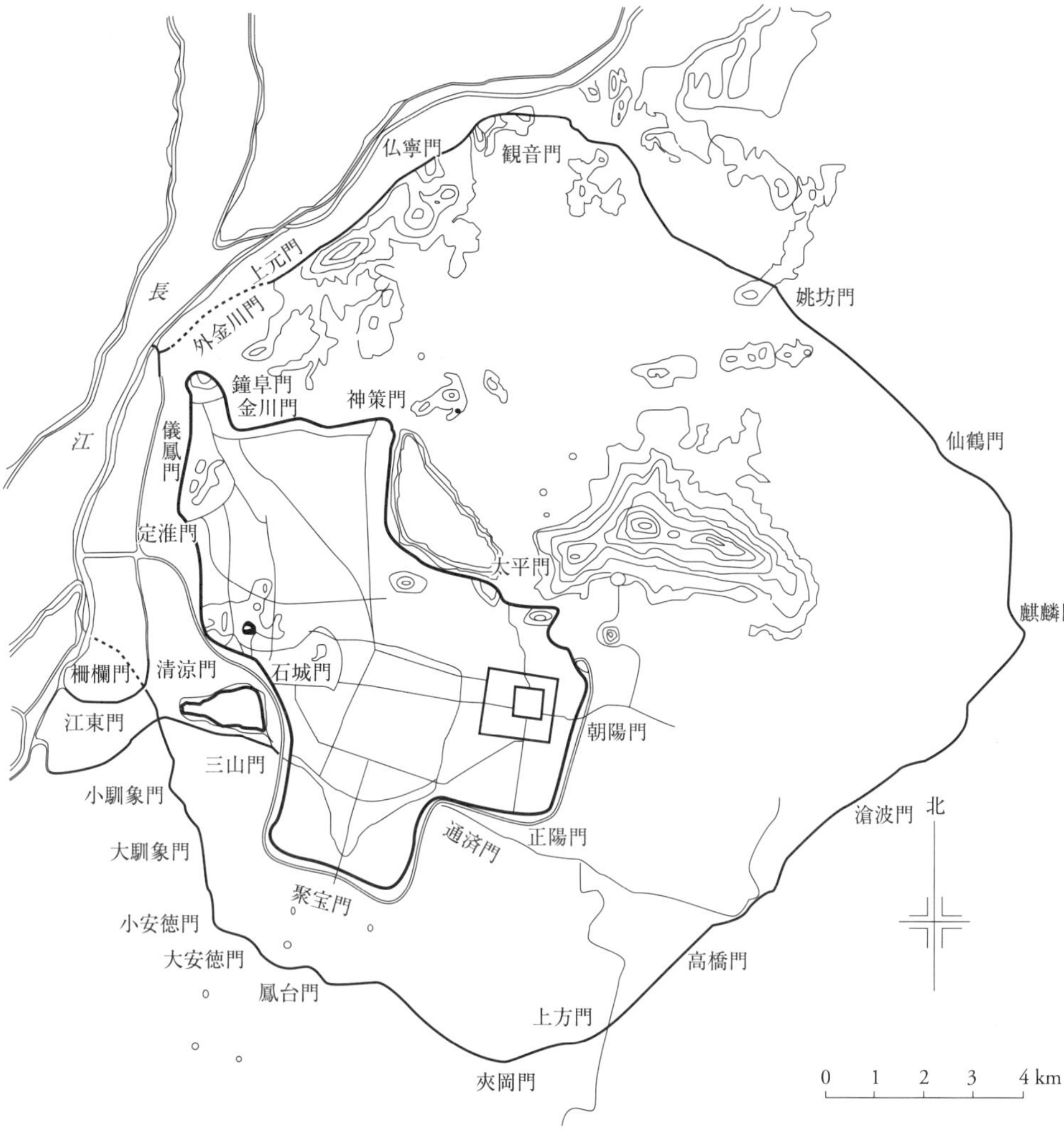

図 4 明南京外郭図（潘谷西主編『中国古代建築史』第四巻，中国建築工業出版社，2001 年）

喬・白秀珍や徐泓は、ほぼ円形に造るとした[78]。これに対し楊国慶は菱形を呈していると理解した[79]。いずれの説も、不規則で独特な形の京城とは異なって、外郭城の場合は規則性、対称性が追求されていると判断している点は重要である。筆者は、宮城や孝陵を中央に配置して伝統的な方形プランを志向したものであったと考えたい。ただし、土壁の構築が困難な長江の地理的制約のために、西北部分は長江のラインを一辺に用いる形とならざるをえなかったのであろう。

当初設けられた十六門のうち、東西南北の角に設けられたのは、麒麟門・江東門・夾岡門・観音門の四門である。四辺に配置された門は、それぞれ東南辺に滄波門・高橋門・上方門、西南辺に鳳台門・馴象門・安徳門・双橋門、西北辺に上元門・仏寧門、外金川門、東北辺に姚坊門・仙鶴門の十二門であった[80]。

5　外郭城による防衛

南京の外郭城の城門には、それぞれ千戸所を設置し、関防印が支給されて城門の防守に当たっていた。[81]『明太祖実録』巻二四二、洪武二十八年十月癸巳の条には、

前軍都督府に命じて、安徳・鳳臺等門の守門軍士七百餘人に絹布を給せしむ。

とあり、七〇〇名を上回る軍士が城門を守衛していたことを示している。安徳門や鳳台門はいずれも南京城の外郭城の門名であることから、これらの軍士は外郭城の城門を守っていたと推定される。

明末天啓年間に刊行された『南京都察院志』巻二一・二二には、京城（内城）と外郭城（外城）の各城門を守衛する把総や出入をチェックする盤詰官および軍餘数を挙げている。これによれば、京城の十三門にはそれぞれ把総二員と盤詰官六員および原額の軍餘一〇〇名が配置され、両班に分かれて守衛に当たっていた。一三の門は、「衝繁」から「荒幽」までそれぞれその重要度は異なっていたものの、同数の官員と兵士が配置されていた。

外郭城の十八門にも、把総や盤詰官および軍餘が配置され守衛に当たっていた。こちらは、門の重要度に応じて配置される軍餘数が異なっていた。それらを表にまとめたのが表2である。外郭城は京城とは異なり、ほとんどは「荒僻」とランクづけられているが、軍餘数の多少などからも各城門の防衛上の位置づけの違いをうかがうことができる。また軍餘数の合計は九〇四名で、前述した絹布を支給された守門軍七〇〇名に近い数字となっている。明初に京城に加えて外郭城の築城によって実現した南京城の二重の防衛体制は、明末に至るまで維持されていたことが判る。

ここでは、南京城の二重の防衛体制が実際に機能していたことを、いわゆる嘉靖大倭寇期の嘉靖三十四年（一五五五）七月に生じた倭寇による南京城の襲撃事件を例に挙げて確認しておきたい。[82]明朝は、長江をさかのぼって南京に来襲する倭寇に備えて、長江下流の鎮江府の京口に留都防衛軍の大半を駐屯させていた。南京には明初以来太祖の陵墓孝陵が置かれており、倭寇による蹂躙が心配されたので、孝陵衛の正軍五〇〇人、舎餘二五〇〇人を選んで操練させるほか、さらに各営から精鋭の兵士を選んで応援することを決めている。[83]このとき、南京城を襲った倭寇の一群は、その裏をかくかのように西に迂回して陸路から南京に迫った。

まず、南京城を襲撃した倭寇の一群が南京に至るまでの侵入ルートを、『明世宗実録』の記述に基づいて追ってみよう。[84]彼らが最初に潜入して上陸した地点は、紹興府上虞県の爵谿千戸所であった。その数は一〇〇余名ほどであった。西隣の会稽県の高埠を突然襲撃して民居や楼房を占拠した。知府や千戸らの率いる官兵に包囲されたが、その包囲網を突破して西に進路をとり杭州府の於潜県・西興（水駅―紹興府蕭山県?）・昌化県を流劫して厳州府の淳安県に至った。

途中で陣亡した者もあり、倭寇の一群はわずか六〇人余りに減っていた。浙江の官兵に追われて、淳安県から濠嶺・盤山を越え南直隷の徽州府歙《しょう》県の黄栢源口に突入した。現地の官兵五〇〇余名が守りに当たっていたが、彼らを前にしてことごとく逃散したので、績谿県を流劫して寧国府の旌徳県まで至った。典史が兵一〇〇〇名を率いてこ

表2　南京の京城と外郭城各城門の官員と軍餘数

京城

門名	把　総	盤詰官	原額軍餘	ランク
通済門	2員	6員	100名	衝繁
聚宝門	2員	6員	100名	衝繁
三山門	2員	6員	100名	衝繁
石城門	2員	6員	100名	稍繁
清江門	2員	6員	100名	幽僻
定淮門	2員	6員	100名	幽僻
正陽門	2員	6員	100名	衝要
朝陽門	2員	6員	100名	僻静
太平門	2員	6員	100名	衝要
神策門	2員	6員	100名	荒僻
儀鳳門	2員	6員	100名	衝要
金川門	2員	6員	100名	衝要
鍾阜門	2員	6員	100名	荒僻
小計	26員	78員	1300名	

外郭城

門名	把　総	委官	盤詰官	軍餘	ランク
夾岡門	2員		2員	60名	荒僻
上方門	2員		2員	60名	荒僻
高橋門	2員		2員	60名	荒僻
滄波門	2員		2員	60名	荒僻
麒麟門	2員		2員	60名	荒僻
仙鶴門	2員		2員	60名	荒僻
姚坊門	2員		2員	60名	荒僻
鳳台門	1員	1員	1員	26名	荒僻
大安徳門	1員	1員	1員	20名	荒僻
小安徳門	1員	1員	1員	24名	荒僻
馴象門	1員	1員	1員	34名	荒僻
双橋門	1員	1員	1員	37名	荒僻
石城関城門	2員			20名	荒僻
江東門城楼	2員		1員	30名	衝要
外金川門	2員		2員	67名	荒僻
上元門	2員		2員	76名	荒僻
仏寧門	2員		2員	70名	荒僻
観音門	2員		2員	80名	荒僻
小計	31員	5員	27員	904名	

典拠：『南京都察院志』巻21，22

れを禦いだものの、打ち破ることはできず、賊は県城の南門に火を放って略奪を加えた。涇県を通過すると、知県は兵を引き連れ追撃したが大敗し、賊は隣の南陵県に向かった。南陵県では県丞が兵三〇〇人で分界山を守っていたが、これをすり抜け県城内に潜入し、住民の房屋に火を放って荒らし回った。檄を承けた建陽衛指揮繆印、当塗県丞郭暎郊、蕪湖県丞陳一道、太平府知事郭樟らがようやく来援してきて、県城の東門で戦った。繆印らが弓を引いて放った矢を、賊がことごとく素手でつかむのを見た諸軍は度肝を抜かれたので、総崩れとなってしまった。蕪湖の驍兵を引き連れてきた陳一道がひとり立ち向かっていったが、賊に殺された。

南陵県から流劫して長江南岸にある太平府の蕪湖県に到達した倭寇は、火を放って南岸を焼き払ったので、商民と義勇はこれに抵抗して倭賊二名を生け捕りにし、一〇名を斬首した。

倭寇は北上して太平府に趨って府城を攻撃したが、城中の人々は河橋を断ち切って防守した。賊は東に向かって南京のお膝元、三〇km（江寧県西南六〇里）にある江寧鎮を襲った。指揮朱襄と蔣陞が兵を率いて防戦したものの防ぎきれず、朱襄は戦死、蔣陞も傷を負って落馬、官兵の死者も三〇〇人にのぼるという惨憺たるありさまであった。二人の指揮を殺して官兵を破って勢いを盛り返した倭寇は、直ちに南京を襲撃せんとした。その当時南京に勤務していた何良俊によれば、この時点での倭寇の集団は七二名ほどで、彼らは南京から西南約二〇kmにある板橋の一農家に泊まり込んで大胆不敵にも酒盛りを開いていたという。[85]

次に南京襲撃について、同じく『明世宗実録』の記述をもとに検討する。[86] 倭寇の頭目は、派手な紅衣をまとって馬に跨り、黄色い傘（黄蓋）をかざし隊列を整えて南京の外郭城の大安徳門に迫った。明側の兵士は城壁の上から火銃を撃ち応戦したので、倭寇は外郭城に沿って近くの小安徳門や夾岡門などに移動し、城内突入の機会をうかがっていた。たまたま城内の偵察に放った間諜が捕らえられたため、外郭城突入を断念し、賊衆を引き連れて鋪岡から秣陵関（江寧県東南五〇里）方面に逃げ去った。ここに見える、大安徳門・小安徳門・夾岡門は、いずれも外郭城に設けられた城門である。実録には「大安徳門を犯す」とあることから、外郭城の守りが倭寇によって突破されたかのようにも受け取れるが、[87] 実際は、最初に倭寇は大安徳門を攻撃したが突破できず、西の小安徳門、東の夾岡門にまわって突入の機会を窺ったものの果たせなかった。したがって、倭寇の一群は南京の京城はもちろん外郭城の防衛線すら突破することなく、東南に逃げ延びたのである。南京兵部尚書張鏊からも外郭城は「低薄で徒守するのは難きと為す」[88] と指摘されてはいるものの、このときの一〇〇名にも満たない倭寇の一群の襲撃には、外郭城の存在がそれなりの防衛的機能を果たしていたことを示している。

付言すれば、南京の外郭城の門は、一九三〇年代以降道路建設などにより漸次取り壊しが進んでいた。その当時の朱偰の記述によれば、三年前まで存在していた観音門は取り壊されたものの、高橋門はなお現存しているとしていた。[89] 一九五〇年の時点では、すでに荒廃して「残崗断阜」となり、仙鶴・麒麟・上方などの門名が残るのみであった。[90] 現在では城門はすべて残っておらず、土城の一部は道路として利用されている。[91]

おわりに

以上の考察でみてきたように、南京城は、宮城―皇城―京城―外郭城という四重の城壁で囲まれた都城であった。この四重構造から成る都城の南京は、燕雀湖を埋め立てて新たに宮城や皇城の敷地が造成されたこと、全長約三三kmを全面的に磚で包み込んだ京城壁とその十三門、六〇kmを超える土塁から成る外郭城と十六門の存在など、いずれをとっても歴代王朝の都城建設工事を上まわる規模と内容を備えていた。したがって、こうした南京城の出現は、都城の城郭構造が明初に至って完成の域に達しつつあったことを示している。

最後に、南京の四重構造の都城が永楽年間に遷都した北京城に与えた影響に論及して結びにかえたい。南京の外郭城についてこれまであまり注目されることはなかったが、明代の人々にとってはその存在はよく知られていた。安南征討の任務から戻った兵部尚書兼都察院右都御史・掌都察院事の毛伯温（字、汝厲）が、嘉靖二十一年（一五四二）七月に北京の外城建設について以下のように述べたことがあった。

古えは、城が有れば必ず郭が有りました。城は君を衛るもので、郭は民を衛るものです。太祖高皇帝は鼎を南京に定められました。すでに内城を建てると、また羅城を外に設けました。成祖文皇帝が北京に遷都された当時の内城は、人々が居住するに十分な広さでしたので、外城はまだ建設しなかったのです。今では城外の人口は、ほとんど城中の倍近くであり、外患の予防策をとることは、一刻の猶予もなりません。臣等は宜しく外城を築くべきと判断いたします。[92]

この中で、毛伯温は太祖洪武帝が京師と定めた南京城が内城と羅城（外郭城）と二つの壁で守られていた前例を引き合いに出して、北京城にも外城を設けるという湖広道御史焦璉らの提案に賛意を表明したのであった。外城建設の提案は皇帝の裁可を得たものの、その後刑科給事中劉養直が九廟工事の最中であり資材調達が間に合わないなどと指摘したことから、一時延期となった。その後、建設工事が再開し最初に北京城の南側部分に外城が設置されるのは、一一年後の嘉靖三十二年十月のことである。[93]

実は、毛伯温と同様に南京を引き合いに出して北京にも外城を建設する提案を、正統八年（一四四三）という早い段階で欽天監春官正王巽も行ったことがあった。[94] 欽天監春官正王巽が、「京師の北京では盗賊が多くなっています。宜しく南京のように外城を築き、官軍を置いて城門を守らせるべきです」と提案しました。その提案が工部に下され、審議の結果、「盗賊禁止の令を厳重にすれば、必ずしも築城の必要はありません。労力と費用が嵩むのを恐れます」と報告したところ、正統帝はその言を是《よし》とされました。

正統八年といえば、土木の変に先立つ六年前のことである。当時は、三殿二宮が再建され正統六年に北京定都が実現した直後にあたる。都城の整備とともに盗賊も集まり始めた北京の治安維持のために、南京同様の外城を築き、その城門に官軍を配置することを提案していた。成化十二（一四七六）年にも、定西侯蔣琬が同様に南京の土城でできた外郭城を引き合いに出して、北京にも外城の築城を提案している。[95] これらの提案から明らかなように、嘉靖年間に実現を見た北京の外城建設のモデルは、まさに南京の外郭城の前例にあったのである。

註

1　小宮義孝『城壁―中国風物誌―』（岩波書店、一九四九年）。

2　愛宕元『中国の城郭都市―殷周から明清まで』（中央公論社、一九九一年）。羽田正「都市の壁―前近代ユーラシア王都の都市プランと象徴性」（『アジア学の将来像』東京大学出版会、二〇〇三年）。

3　漢、許慎・清、段玉裁注『説文解字注』一三篇下に、「城、以盛民。言盛者、如黍稷之在器中也。」とある。

4　『資治通鑑』巻二五一、唐紀六七、懿宗、咸通九年十月丁丑の条には、「賊至城下、衆六七千人、鼓譟動地。民居在城外者、賊皆慰撫、無所侵擾。由是人争歸之、不移時、克羅城。（崔）彦曾退保子城、民助賊攻之、推草車塞門而焚之、城陷。」とあり、唐末咸通九年（八六八）、徐州城をめぐる龐勛《ほうくん》をリーダーとする反乱軍と観察使崔彦會との攻防戦を記している。元の胡三省は、これに「羅城、外大城也。子城、内小城也」と注記している。

5　宮崎市定「中国の城郭起源異説」(『歴史と地理』三二巻三号)、のちに『宮崎市定全集』三(岩波書店、一九九一年)所収。

6　妹尾達彦『長安の都市計画』(講談社、二〇〇一年)一一二頁。楊寛『中国古代都城制度史研究』(上海古籍出版社、一九九三年)一六九頁。

7　梅原郁「宋代の開封と都市制度」(『鷹陵史学』三・四号、一九七七年)。周宝珠『宋代東京研究』(河南大学出版社、一九九二年)二七頁。劉春迎『北宋東京城研究』(科学出版社、二〇〇四年)、久保田和男『宋代開封の研究』(汲古書院、二〇〇七年)。

8　于傑・于光度『金中都』(北京出版社、一九八九年)七七頁。陳高華(佐竹靖彦訳)『元の大都―マルコ・ポーロ時代の北京』(中央公論社、一九八四年)七〇頁。杉山正明「クビライと大都」(梅原郁編『中国近世の都市と文化』一九八四年、のち『モンゴル帝国と大元ウルス』〈京都大学出版会、二〇〇四年〉に収録)。

9　一例を挙げれば、近年出版された川勝守『中国城郭都市社会史研究』(汲古書院、二〇〇四年)では、第一部第三章の「明太祖の城郭都市建設―城郭戦争と均工夫制度―」をはじめいくつかの章で南京城を扱っているが、外郭城の存在については全く触れていない。ただし、該書の中で都市空間の実測データとして紹介している陸軍少佐石割平造『支那城郭ノ概要』(支那派遣軍総司令部、一九四〇年)には、「南京ノ内城及外方門蹟図」(城郭図第五五其一)と「南京城外郭雨花台附近ノ断面図」(城郭図第五五其二)を収録している。日中戦争期に軍事的関心から作成されたものであるが、外郭城の位置と断面図を作図しており、現在となっては貴重な資料である。

10　顧起元『客座贅語』巻九、石城、「南都城圍九十里、高堅甲於海内。自通濟門起至三山門止一段、尤爲屹然。聚寶門左右、皆巨石砌至頂、高數丈。吾行天下、未見有堅厚若此者也。」

11　南京地方志編纂委員会編『南京文物志』(方志出版社、一九九七年)。楊国慶『南京明代城墻』(南京出版社、二〇〇二年。以下、楊国慶著書aと略記)。楊国慶・王志高『南京城墻志』(鳳凰出版社、二〇〇八年。以下、楊国慶著書bと略記)。楊新華『南京明故宮』(南京出版社、二〇〇九年)。とくに近刊の『南京城墻志』は、南京の城壁に関して全般的な考察を加えた決定版とも言うべき研究である。春秋戦国から宋元までを南京市博物館研究員の王志高が、明代以降を南京市明城垣史博物館研究員の楊国慶が分担して執筆している。

12　本節は、山根幸夫教授追悼記念論叢『明代中国の歴史的位相』(汲古書院、二〇〇七年)所収の新宮学「明代南京の京城と外郭城について」をもとに全面的に加筆補訂したものである。

13　註11楊国慶著書a、七八頁。楊新華註11著書四九頁。前者の楊国慶は、『南京建置志』(海天出版社、一九九七年)に依拠したという注記があるが、未見。ただし、ほぼ同時期に発表された潘谷西・陳薇「明代南京宮殿与北京宮殿的形制関係」(単士元・于倬雲主編『中国紫禁城学会論文集』第一輯〈紫禁城出版社、一九九七年〉所収)八七頁では、南京紫禁城の城壕遺址の内側は、東西約八五九m、午門内側から北壕まで南北約八〇七mという数字を提示している。

14　朱偰『金陵古蹟図考』(商務印書館、一九三六年原刊。中華書局、二〇〇六年再版)一七七頁。同『南京的名勝古蹟』(江蘇人民出版社、一九五五年)四三頁。

15　李蔚然「論明代南京城」(『東南文化』二〇〇一年七期)三五頁。

16　なお、先行研究では宮城の東華門を東安門、西華門を西安門と記しているものがまま見受けられる。それらの多くが、『明史』巻四〇、地理志・南京の記述などの誤りをそのまま踏襲したものであることについては、葉驍軍「南京明宮城門名考辨」(『中国古都研究』二輯、浙江人民出版社、一九八六年)の中で詳しく論じられている。

17　『明太祖実録』巻一一五、洪武十年十月、「是月、改作大内宮殿成。闕門曰午門。翼以兩觀。中三門。東西爲左右掖門。午門内曰奉天門。門之左右爲東西角門。内正殿曰奉天殿。上御之以受朝賀。殿之左右有門、左曰中左門、右曰中右門。兩廡之間、左曰文樓、右曰武樓。奉天殿之後曰華蓋殿。華蓋殿之後曰謹身殿。殿後則後宮之正門也。奉天門外兩廡之間、有門。左曰左順門、右曰右順門。左順門之外爲東華門。内有殿曰文華殿、東宮視事之所也。右順門外爲西華門。内有殿曰武英殿、上齋戒時所居也。制度皆如舊、而稍加増益、規模益閎壯矣。」

18　『洪武京城図志』(明洪武二十八年修、清抄本影印)宮闕・殿、「奉天殿、華蓋殿、謹身殿、奉先殿、武英殿、文華殿、乾清宮、坤寧宮、柔儀殿、春和殿、

文樓、武樓、文淵閣、東角門樓、西角門樓。」および『明太祖実録』巻二五、呉元年九月癸卯の条。

19　清、甘熙『白下瑣言』巻四、「金陵城東北、舊有燕雀湖、一名前湖。明祖填爲大内、非不爲長治久安之計。乃三十餘年、遽爾北徙、廢爲留都。」

20　陳沂『金陵古今図考』国朝都城図考、「自鍾山之麓曰龍廣山、圍繞而西抵覆舟山。」

21　註13潘谷西・陳薇論文、八七頁。

22　『明英宗実録』巻三四八、天順七年正月丁酉の条。

23　蔣贊初『南京史話（上）』（南京出版社、一九九五年）一〇五頁。註11『南京文物志』四六頁。楊新華・盧海鳴主編『南京明清建築』（南京大学出版社、二〇〇一年）三頁、南京市城垣史博物館編『城垣滄桑―南京城歴史図録』（文物出版社、二〇〇三年）二頁。

24　『明太宗実録』巻四三、永楽三年六月丙戌、「拓西安門外地、改築西華門外皇牆。」註11楊国慶著書b、一七三頁では、永楽三年の拡張工事後の皇城を三二二五丈九尺四寸としているが、『大明会典』巻一八七、工部七、営造五、城垣・皇城に見える「周圍三千二百二十五丈九尺四寸」は、南京ではなく北京の皇城の長さである。

25　『明太祖実録』巻八三、洪武六年六月辛未朔、「詔留守衞都指揮使司、修築京師城。周一萬七百三十四丈二尺、爲歩二萬一千四百六十八有奇、爲里五十有九。内城、周二千五百七十一丈九尺、爲歩五千一百四十三、爲里十有四。」

26　『明太祖実録』巻一一六、洪武十年十二月戊申、「及置皇城門官。端門・承天門・東長安門・西長安門・東安門・東上門・東上南門・東上北門・西安門・西上門・西上南門・西上北門・北安門・北上門・北上東門・北上西門。門設正、正七品、副、従七品。」なお、皇城の東安門・西安門・北安門をそれぞれ東華門・西華門・玄武門としているものがまま見られる。例えば、明、陳沂『金陵世紀』巻一、紀城郭、国朝都城、「皇城在都城内之東・鍾山之陽、正南門與都城正陽門直對、曰洪武。内承天門・端門與子城午門直對。左曰東長安門、右曰西長安門。横過承天門之前、東近北曰東華門、内東上南門・東上北門。西近北曰西華門、内西上南門・西上北門。曰玄武門、内北上東門・北上西門。子城之門、見宮闕紀。」など。朱偰も、註10『南京的名勝古蹟』（四三、四四頁）では、東安門・西安門と改めているが、皇城正北門については玄武門のままにしている。

27　『洪武京城図志』壇廟、「社稷壇、在端門之右」・「太廟、在端門之左」。

28　註11楊国慶著書a、八四頁。

29　『明太祖実録』巻一一六、洪武十年十二月戊申の条。

30　註11楊国慶著書b、一七三頁。

31　註11楊国慶著書b、一七二頁。

32　『洪武京城図志』山川、「鍾山、一名蔣山。在城東北。周迴六十里、高一百五十八丈。東連青龍山、西接青溪、南有鍾浦下入秦淮、北接雉亭山。」

33　『洪武京城図志』山川、「獅子山、在義鳳山北、與馬鞍山接。周迴十餘里、高三十丈、又舊名盧龍。國朝以其形名之。」

34　『洪武京城図志』山川、「雞鳴山、舊名雞籠山、在覆舟山西、周迴十餘里、高三十丈、狀如雞籠、因名。今改雞鳴山。」

35　『洪武京城図志』山川、「覆舟山、一名龍山、一名龍舟山、在今太平門内教場北。周迴三里、高三十一丈、北臨元（玄）武湖、狀若覆舟。宋武帝又改名元（玄）武山。」

36　『洪武京城図志』山川、「元（玄）武湖、亦名蔣陵湖、秣陵湖。在太平門外。周迴四十里。晉元帝所浚以習舟師。又名北湖。宋元嘉中有黒龍見、因改元（玄）武湖、有溝西入于秦淮。」

37　『洪武京城図志』山川、「石頭山、按輿地志、環七里一百歩、縁大江、南抵秦淮。山上有城、因以爲名。呉孫權修理、因改曰石頭城。今城於其上、甓以磚石。雄壯險固、甚得控制之勝。」

38　『洪武京城図志』山川、「聚寶山、在聚寶門外、雨花臺側上多細瑪瑙石、因名聚寶山。金置欽天回回監于此。」

39　周暉『続金陵瑣事』上巻、「門禁」、および同『二続金陵瑣事』下巻「内城門名」。

40　徐弘「明初南京的都市規劃与人口変遷」（『食貨月刊』一〇巻三号、一九八〇年）四二頁。

41　註11『南京文物志』四四頁。なお、付言すれば、（ ）内の数字は南京市が行った一九八三年の「文物普査」時のデータである。この時点で、半損壊を含めて約二一kmの城壁の現存が確認されている。註11楊国慶著書a、二六九頁参照。ただし、南京城市建設局が一九五四年に行った実測では、全長三七一四〇mとされたこともある。季士家「明都南京城垣略論」（『故宮博物院院刊』一九八四年四期）七四頁参照。

42 註23『城垣滄桑―南京城歴史図録』三頁。

43 註11『南京文物志』四四頁。

44 『洪武京城図志』城門、「朝陽・正陽・通濟・聚寶・三山・石城・清涼・定淮・儀鳳・鍾阜・金川・神策・太平。」

45 天順五年序刊『大明一統志』巻六、南京・城池、京城、「舊志、六朝舊城近覆舟山、去秦淮五里。至楊呉時改築、跨秦淮南北、周迴二十五里。本朝益拓、而東盡鍾山之麓、周迴九十六里。立門十三、南曰正陽、南之西曰通濟、又西曰聚寶。西南曰三山、曰石城。北曰太平、北之西曰神策、曰金川、曰鍾阜。東曰朝陽。西曰清涼、西之北曰定淮、曰儀鳳。後塞鍾阜・儀鳳二門。」

46 成化丙戌（二年）の進士陸容の『菽園雜記』巻三にも、同様に鍾阜門と儀鳳門の二門を塞いだことを記している。

47 北京定都については、新宮学『北京遷都の研究―近世中国の首都移転』（汲古書院、二〇〇四年）第七章参照。

48 『明世宗実録』巻四二八、嘉靖三十四年閏十一月癸亥、「南京兵部尚書張鏊覆、兵部尚書楊博所議防守留都四事。一、南京城廣而門多、不無兵分力寡、宜暫塞鍾阜・清江二門、以便關防。（中略）疏下。兵部言、其覆議悉妥。其暫塞二門、恐於神京風水妨礙、移文更審處之。」

49 註14朱偰『金陵古蹟図考』、註11『南京文物志』「南京城墻現估表（市城建局、一九五八年）」、楊国慶著書a、註23『城垣滄桑―南京城歴史図録』などを参照して作成。なお、楊国慶によれば、全国で「大躍進」運動が推進された一九五八年前後の時期には、明代以後新たに設置された漢中門・草場門・小東門・武定門・雨花門・中華東門・中華西門なども撤去された。

50 註11『南京文物志』四四頁。楊国慶著書a、一一〇頁。

51 註11楊国慶著書a、一二四頁。

52 一説に、太平門外には龍脈の「龍脖子（首）」が存在するとされ、風水を損なうのを恐れて、城濠が切られなかったという。註11楊国慶著書a、一〇〇頁参照。

53 『周礼』考工記、匠人、「方九里、旁三門。國中九經九緯。經涂九軌。左祖右社。面朝後市、市朝一夫。」『周礼』考工記に示された都城プランについては、礪波護「中国都城の思想」（岸俊男編『日本の古代9　都城の生態』中央公論社、一九八七年）参照。

54 註41季士家論文、七一頁。

55 潘西主編『南京的建築』（南京出版社、一九九五年）。ただし同書は未見で、註11楊国慶著書a、五五頁の紹介による。

56 王少華「南京明代城墻的建造」（『東南文化』一九九七年三期）一二一頁。

57 註11楊国慶著書a、六四頁。

58 六朝の建康城については、中村圭爾『六朝江南地域史研究』（汲古書院、二〇〇六年）第四編、「建康研究」が詳しい。ただし、中村説は通説とは異なり東面城墻を青溪に沿わせるなど、方形ではなく不整形の都城を想定している（五二六頁参照）。

59 楊啓樵「明代諸帝之崇尚方術及其影響」（『新亜書院学術年刊』四期、一九六二年。のちに同『明清史抉奥』広角鏡出版社、一九八四年に収録）。

60 万暦『大明会典』巻二〇八、工部二八、南京工部、営繕清吏司、「其外羅城損壞、滄波門北至上元門并江東門城樓隸本部、滄波門南至鳳臺門分隷鎮江・寧國・太平・廣徳等府州、鳳臺門西至馴象門隷應天府、各出備工料修理。」

61 万暦『大明会典』巻一八七、工部七、営造五、城垣・京城に、「國初定都南京、周圍九十六里、門十三（中略）、外城周圍一百八十里、門十六」とある。

62 顧起元『客座贅語』巻六、外郭門、「西北據山帶江、東南阻山控野、闢十有六門。東南北六曰、姚坊・仙鶴・麒麟・滄波・高橋・上方。西南六曰、夾岡・雙橋・鳳臺・馴象・大安德・小安德。西一曰、江東。北三曰佛寧・上元・觀音。周一百八十里。此京城圖志所載也。今俗云、『裏十三、外十八。』西又有柵欄門二、一在儀鳳門西、一在江東門北、共十八門。」

63 朱国禎『湧幢小品』巻四、都墻、「六朝時、建業都城外僅竹籬。（中略）所謂外羅城也。我朝改作、凡十三城、週二百餘里。包鍾山・孝陵其中。」

64 外郭城の規模について、一八〇里と一二〇里説の両説が存在したことについては註40徐泓論文四二頁に詳しい。一二〇里説を最初に提起したのは、張其昀である。張其昀「首都之地理環境（中）」（『地理雜誌』三巻三期、一九三〇年）三頁参照。註78趙松喬・白秀珍や徐泓も、この説を採っている。モートの外郭城についての言及はきわめて簡略であるが、京城の二倍としていることから、この説と判断される。F. W. Mote, "The Transformation of Nanking,

1350 – 1400" in G. W. Skinner ed., *The City in Late Imperial China*, Stanford University Press. p. 134. これに対して、一八〇里説は、註14朱偰『金陵古蹟図考』一七六頁や加藤繁『支那学雑草』（生活社、一九四四年）一八頁が採っている。中華人民共和国成立後も、文献史料に見える前者の一八〇里説をそのまま踏襲したものも多い。註14朱偰『南京的名勝古蹟』は、「外郭周囲一百八十里」（四三頁）としている。蔣贊初「南京城的歴史変遷」（『江海学刊』一九六二年一二期）では、「周囲達一百八十里的外城」（四九頁）とし、註41季士家では、「長達九十公里的南京外郭」（七四頁）としている。

65　註23蔣贊初著書、一一一頁。註11楊国慶著書a、九九頁。張蕾・劉斌「南京城墻及其在太平天国戦争中的軍事防御作用」（『江海学刊』二〇〇三年四期）一五四頁。楊国慶は、楊瑞松（南京市規劃局原総工程師）が推算する南京城の総面積約二三〇㎢という数字をもとに、近代以前における世界の「十大名城」のうち、面積では南京城はトップに躍り出るとしている。なお、「十大名城」として挙げているのは、隋唐（大興）長安城、北魏洛陽城、明清北京城、隋唐洛陽城、元大都城、明南京城、漢長安（内城）城、巴格達《バグダード》城、羅馬《ローマ》城、拜占庭《ビザンティウム》城である。

66　註11楊国慶著書b、二三二頁。これに対し、註23楊新華・盧海鳴主編著書、五三二頁では、外郭土城の高さ約八～一〇m、頂部の幅は六～八メールと異なった推定をしている。

67　李賢等撰『大明一統志』巻六、南京・城池・京城、「其外城則因山控江、周廻一百八十里。別爲十六門。曰麒麟、曰仙鶴、曰姚坊、曰高橋、曰滄波、曰雙橋、曰夾岡、曰上方、曰鳳臺、曰大馴象、曰大安德、曰小安德、曰江東、曰佛寧、曰上元、曰觀音。」、陳循『寰宇通志』巻八、南京応天府、城池・南京城や陸容『菽園雑記』巻三にも、同一の記事を載せている。

68　『明太祖実録』巻二〇一、洪武二十三年四月庚子、「置京師外城門。馴象・安德・鳳臺・雙橋・夾岡・上方・高橋・滄波・麒麟・仙鶴・姚方（坊）・觀音・佛寧・上元・〔外？〕金川、凡十五門。」

69　註11楊国慶著書b、二三六頁。

70　『明太宗実録』巻一八、永楽元年三月壬寅、「京師雨水壞西南隔城五十餘丈。命有司修治。」

71　註62顧起元『客座贅語』巻六、外郭門。

72　註41季士家論文、七四頁、および註11楊国慶著書a、九九頁。

73　南京還都の政治過程については、新宮学「南京還都―永楽十九年三月北京三殿焼失の波紋―」（和田博徳教授古稀記念『明清時代の法と社会』汲古書院、註46新宮学著書所収）で詳しく論じた。

74　註23蔣贊初著書、一一一頁では、外郭城六〇㎞のうち約二〇㎞前後が磚築であったとしているが、その根拠は明示されていない。

75　註65張蕾・劉斌論文、一五四頁。

76　光緒『江寧府七縣地形考略』（江楚書局刊）不分巻、「江寧府城垣考」、「其外郭、西北則據山帶江、東南則阻山控野、闢十有八門、（中略）周一百八十里、基址久夷、惟見岡阜絡繹、俗猶呼土城頭云。」

77　註11楊国慶著書b、二三八頁。

78　趙松喬・白秀珍「南京都市地理初歩研究」（『地理学報』一七巻、一九五〇年）四八頁、および註40徐泓論文、二一頁。

79　註11楊国慶著書a、九七頁。楊著書b、二三〇頁。

80　陳沂『金陵世紀』巻一、紀城郭、国朝都城（隆慶三年刊本）には、「外郭、西北據山帶江、東南阻山控野、闢十有六門。東〔南北〕六曰、姚坊・仙鶴・麒麟・滄波・高橋・上方。〔西〕南六曰、夾岡・雙橋・鳳臺・馴象・大安德・小安德。西一曰、江東。北三、曰佛寧・上元・觀音。周一百八十里。〔此京城圖志所載也。今俗云、『裏十三、外十八。』西又有柵欄門二、一在儀鳳門西、一在江東門北、共十八門。」」〔　〕内は、顧起元『客座贅語』巻六、外郭門により補足した部分である。ただし、正確には『洪武京城図志』ではなく『金陵世紀』の誤りであろう。また周暉『二続金陵瑣事』「外城門名」には異なる記述があり、一定していない。

81　『明太祖実録』巻二〇七、洪武二十四年二月甲子、「及京城外十六門、並置千戸所、各鑄印給之。」

82　嘉靖大倭寇については、鄭樑生『明・日関係史の研究』（雄山閣、一九八五年）がある。このときの倭寇の南京襲撃については、川越泰博「明代南京と倭寇（一）」（明代史研究会編『明代史研究会創立三十五年記念論文集』汲古書院、二〇〇三年）、同「倭寇の都市襲撃と姦細」（『アフロ・ユーラシア大陸の都市と宗教』中央大学人文科学研究所研究叢書、二〇一〇年）、註11楊国慶著書bが、詳しく論じている。ここでは、外郭城による防衛に注目して考察を加えたい。
83 『明世宗実録』巻四二二、嘉靖三十四年五月癸丑の条。
84 『明世宗実録』巻四二三、嘉靖三十四年六月己巳の条。同書巻四二四、嘉靖三十四年七月乙巳の条。
85 何良俊『四友斎叢説』巻一一、史七、「倭賊既殺官兵、此日即於板橋一農家。七十二人、皆酣飲沈睡。此農家與顧彭山太常莊臨並、其莊上人親見之。」なお、板橋については、万暦『江寧県志』巻二、建地志、津梁に、「板橋、在縣西南四十里」とあることから、外郭城外の西南に位置していた。
86 『明世宗実録』巻四二四、嘉靖三十四年七月丙辰、「南陵倭流刧至蕪湖、縦火焼南岸。突渡北岸入市。各商民・義勇登屋、以瓦石灰礶撃之。賊多傷者、遂奔去。各商兵下屋、生縛二倭、斬首十級。賊趨太平府。是時操江都御史褒善駐太平、遣千戸曾岌《?》等督郷兵義勇、殺虎手等兵、禦之于馬廠、大敗。賊遂進逼府城、城中人斷河橋防守。賊引而東犯江寧鎮、指揮朱襄・蒋陞率衆迎拒不能禦。襄戰死、陞被創墮馬。官兵死者三百餘人。賊遂直趨南京。其酋衣紅乗馬、張黄蓋整衆犯大安徳門。我兵自城上以火銃撃之。賊沿外城小安徳・夾岡等門、往來窺覘。會城中獲其遺者。賊乃引衆、由鋪岡趨秣陵關而去。」
87 倭寇の南京襲撃について詳しく考察した川越泰博氏も、註82論文「倭寇の都市襲撃と姦細」で、「倭寇は、南京の外城を破り、内城に逼ってきた」（一八頁）と述べているが、実録の記事では外郭城を突破して内城の京城に逼ったことは確認できない。ついでながら、同論文の中で周暉『二続金陵瑣事』巻下の記事を引用した上で、倭寇の南京侵入路として長江を遡上するルートを除き、①常（州）鎮（江）ルート、②宜興ルート、③太平ルートの三ルートを想定する点で、何良俊と周暉とが同様な認識に共有していたと述べている。そもそも周暉『二続金陵瑣事』巻下の記事は、彼自身が付記しているように何良俊の『四友斎叢説』の南京関係の記事を一字も増減せず再録したもので、「ピタリ符号する」（一二頁）のは当然と言える。
88 『明世宗実録』巻四二九、嘉靖三十四年閏十一月癸亥、「(南京兵部尚書張)鏊又會同南京府部科道等官、議上留都安壤實政五事。(中略)一、戰守南京、外城低薄、徒守爲難。須以耀武立威、示人難犯。宜移文督撫、先幾哨探。如警入百里、即會督參等官、勒兵迎遏。無警亦宜按行近郭相險、設伏振邊兵威。(中略)詔、從之。」
89 註14朱偰『金陵古迹図考』一七六頁。
90 註78趙松喬・白秀珍論文四八頁。
91 註41季士家論文七四頁。二〇〇五年八月二十五日、南京市明城垣史博物館に勤務する楊国慶氏の案内で、「東アジア比較都城史研究会」（代表橋本義則）のメンバーとともに、外郭城の麒麟門・滄波門・土城頭（夾岡門付近？）の遺址を調査した。これらの門は現在では地名として残っているのみであるが、滄波門付近では道路として利用されている土塁と濠が残存し、門の周囲に用いた城磚の一部が民家の建築材料として再利用されているのを確認することができた。現地調査にあたり、案内していただいた楊国慶氏にこの場を借りて謝意を表したい。
92 『明世宗実録』巻二六四、嘉靖二十一年七月戊午、「時邊報日至。湖廣道御史焦璉等建議請設牆塹編鋪長、以固防守。兵部議覆、請於各關廂盡處・各沿邊建立柵門・墩門。掌都察院事毛伯温等復言、古者有城必有郭、城以衛君、郭以衛民。太祖高皇帝定鼎南京、既内城、復設羅城於外。成祖文皇帝遷都金臺、當時内城足居、所以外城未立。今城外之民、殆倍城中、思患預防、豈容或緩。臣等以爲宜築外城便。疏入、上從之」。毛伯温の上奏の原文が、『皇明経世文編』巻一五九に収められた「廣時議以防虜患疏」である。
93 『明世宗実録』巻四〇三、嘉靖三十二年十月辛丑の条。
94 『明英宗実録』巻一〇三、正統八年四月戊子、「欽天監春官正王巽言、京師多盜、宜如南京築外城、置官軍守門。事下工部、請嚴禁盗之令、不必築城、恐過勞費。上是其言。」同様の指摘は、成化年間の定西侯蒋琬の上言にも見える。『明憲宗実録』巻一五六、成化十二年八月庚辰、「定西侯蔣琬言、太祖皇帝肇建南京、京城之外、復築土城、以護居民。誠萬世不抜之基也。今北京止在内城、而無外城。正統己巳之變、胡虜長驅、直至城下、衆庶奔竄、内無所容、前事可鑒也。」
95 『明憲宗実録』巻一五六、成化十二年八月庚辰の条。

古代朝鮮における羅城の成立

田中俊明

【キーワード】　邑城　方形土城　長安城　京城

はじめに

羅城とは、羅郭・外郭ともいい、人々が集中して居住する空間を囲む城壁を指す。『訓蒙字会』官衙の項では、「郭」を「俗に羅城と称す」とあり、いずれでも同じということになるが、実際には、厳密な定義が必要であろう。ただしここでは、いったん、居住空間を大きく囲繞する城壁ということで広くとらえ、具体的には、実態に応じて考えたい。

朝鮮において、羅城が普遍的になったのは、高麗時代以降である。高麗時代には王都開城にも羅城の存在が知られるほか、地方でも、郡県制が施行され、府・州・郡・県などの地方官衙を中心にして、そこに居住する人々の居住空間を囲む城（それを邑城と呼んでいる）が、各地に造られるようになった。ただし、官衙およびその付属施設のみを囲む場合もあり、それも邑城と呼んでいる。また、いずれの場合にも、平地に限定されるものではなく、山城形態のものから、山地から平地に広がるものも含まれる。[1]

それに先立つ統一新羅時代にも、州・京・郡・県からなる郡県制が施行され、いくつかの地域においては、邑城が築かれる場合があった[2]が、全体に及んだわけではなかった。高麗時代になって、全国的に邑城が築かれるようになったと言える。

では、それらの起源は、どこに求めることができるであろうか。朝鮮半島において城郭施設が造られたはじめは、楽浪郡などの中国郡県の県城であろう。[3]中国東北においては、夫餘などに、高地性集落のような、山頂部の住居址を囲む城壁が見られ、[4]場合によっては、中国郡県の設置よりもさかのぼるかもしれないが、都市を囲繞する城壁ということにはならない。中国郡県の場合、規模によっては、県城の官衙施設を囲むだけのものもあろうが、県民を取り込んだと考えられるものもある。ただし、それらは、あくまでも中国の朝鮮半島支配のために造られたものであり、朝鮮半島における自発的な都市囲繞施設とは、区別しておきたい。

そのように限定すれば、羅城は、三国の王都に関わって築かれるのが最初ということになろう。本節では、そのような羅城の成立について検討をしたい。

そこで、三国のそれぞれの王都を取り上げ、当時の王都のあり方や、調査の現状を整理して、羅城の存否について確認をし、その上で、そのような城壁がどうして造られるようになったのかについて考察したい。

1 高句麗の場合

三国とは高句麗・百済・新羅であるが、その順にみていく。まず高句麗であるが、高句麗の七〇〇年を超える歴史は、王都の変遷を通して、次の三期に区分することができる。

前期　卒本時代　前一世紀初～後三世紀初
中期　国内時代　三世紀初～四二七年
後期　平壌時代　四二七年～六六八年（滅亡）

このうち後期は、さらに二つに細分することができ、前半を前期平壌城、後半を後期平壌城または長安城時代、と呼ぶ。長安城遷都は五八六年である。

(1) 前期―卒本時代

高句麗の伝統的な都城制として知られるのは、平地における王の居城と、その背後における逃げ城としての山城とのセット関係である。そのことは、『周書』高麗伝に、

平壌城に治す。其の城東西六里。南は浿水に臨む。城内には唯だ積倉儲器し寇に備え、賊至るの日、方めて入りて固守す。王は則ち別に宅を其の側らに爲り、常には之に居らず。

とあることによってわかる。これは直接には、前期平壌城について述べたものであるが、前期（卒本）・中期（国内）にもそうであったことが確認されてきている。

まず卒本であるが、これは建国の神話にも登場する伝説の都と言ってもよい。ただし後三世紀まで存続したのであるから、伝説にとどまらず、現実の地と無関係ではありえない。現在の中国遼寧省桓仁県にあたる。近年とくに、遺跡の分布調査や発掘調査が進み、実態がしだいに明らかになりつつある。

高句麗の碑文として広く知られる『広開土王碑』によれば、高句麗の始祖鄒牟王は「沸流谷の忽本西に於て山上に城きずきて都を建つ」とあり、その忽本が卒本と同じとみられる。卒本という表記は、朝鮮の現存最古の歴史書『三国史記』に見えるもので、そこは沸流水のほとりにあったとする。

この山上の城と知られるのが、桓仁の五女山城である。五女山は玄武岩の屹立する岩盤で、その相貌は見る人を畏怖させる。頂上部は平坦で、とくに防御施設を必要としないが、岩盤の亀裂する登りやすい所に、少し石組みをしている。城壁はそこから一〇〇mほど下がった東側のみに築いており、延長約一㎞ほどになる。一九九六～九九年、および二〇〇三年に、頂上部の城内が発掘調査され、建物址も検出された。遺構・遺物はおよそ五期に分けられ、そのうちの第三期が紀元前後、第四期が四世紀末から五世紀初と考えられる。[5] とくに、第三期が、高句麗建国の時期に近く、その草創期から城内が用いられていたことを知ることができる。

この山城の東側に卒本があったということになるが、候補地として、富爾江と渾江との合流点あたりが考えられる。[6]富爾江は沸流水にあたるとみられ、その名が残ったものと思われる。合流点近くには、蝲哈城と呼ばれる方形の石城がある。一辺約二〇〇mの小さい城である。[7]高句麗には方形の城を造る伝統がなく、おそらく漢の武帝が玄菟郡を置いたとき、その一県城として造営されたものとみられる。次項で触れるように、中期に都となる吉林省集安市にも大型の方形石城があるが、断面調査の結果、芯の部分に土塁があったことがわかった。つまりもとは土城で、のちに上を石で覆ったということである。[8]石城に改築したのは高句麗人であるが、もとの土城は、玄菟郡の県城と考えられる。それと同様に、蝲哈城も本来は土城で、高句麗人が石築したのではないだろうか。[9]現在はダムのために水没しており、渇水期には顔をのぞかせるというが、調査は困難であろう。

このように想像をして、筆者は、高句麗の前期王都が、蝲哈城と五女山城のセットで成り立っていたと考える。富爾江の流域は、高句麗の前史を考える上でも重要な小荒溝遺跡があり、また寺廟かとされる東古城子遺跡もある。後者は、あるいは始祖を祀る廟で、高句麗王が遷都後もしばしば訪れたものにあたるのではないかと思う。

そうであれば、先に触れた高句麗の伝統的な王都のあり方、すなわちふだんの居城と、外敵侵入の際の山城のセットが、前期から見られることになる。高句麗の興起は、自分たちの住地に漢が郡県支配を及ぼしたことと大いに関わっており、それに対する反抗や、またそれに倣った政治的・軍事的・文化的影響によって、成長したものである。そして支配勢力を撤退させ、県城を奪取して、自分たちのものとして転用したのであり、その時期を高句麗の興起ととらえることができる。したがって、高句麗にはその当初から、方形の土城が存在したことになる。

ただし、いずれにしても、この段階で、羅城と呼ぶべき城壁が存在していないことは確実である。

(2) 中期—国内時代

国内への遷都は、『三国史記』では、紀元後三年のこととするが、『魏志』高句麗伝による限り、三世紀初めのこととみなければならない。抜奇と伊夷模の兄弟で王位をめぐる争いが起こり、人々が弟を王にしたところ、兄はそれを怨んで遼東に勢力をもっていた公孫康に降り、その援助を得て弟に対抗した。そのため弟は「更めて新國を作」ったという。そして「今日の在る所是れなり」としている。この「今日の在る所」とは、魏が攻撃し陥落させた王都であり、集安を指すことが確実である。したがってそれまでは、集安以外の所にいたことになる。兄は戻って「沸流水に住」んだが、それは前期王都であると考えられる。すなわち、前期から中期への遷都は伊夷模の時代で、公孫康の時代でもある。公孫康は二〇四年に父度のあとを継いでおり、それより後であるから、三世紀初ということになる。

中期王都は、丸都ともいう。『魏志』では「丸都の下」としており、丸都は山の名とみるべきであるが、王都の名であるかのように誤解され、それが定着していった。高句麗固有の呼び方は、国内城である。

国内城が集安にあたるということは、直接には、魏の侵攻の際に、司令官であった毌丘倹が残していったという紀功碑の断片が、一九〇六年に集安のすぐ西から見つかったことによるが、[10]集安には「広開土王碑」や将軍塚・大王陵をはじめとする無数の積石塚が散在しており、全く問題はない。桓仁と集安とは、高句麗の当初からの二大根拠地であり、中心地であった。遷都後に盛んになったというのではない。むしろ集安のほうが、前期においても有力であったとみるべきかもしれない。しかし最初の都は、桓仁のほうが選ばれた、ということである。

中期王都における平地の居城が集安市内にある通溝城（現地では、「国内城」と呼んでいる）にあたるとみることは、問題ないと思われる。その城壁は、集安県が成立した一九〇二年（当時は輯安）以来、修築されて県城として利用されたが、その後市街地が広がって、多く破壊された。北壁はよく残っているが、東壁はほとんどなく、西壁や南壁の一部は、住宅の基礎に用いられたりして残っていた。近年、整備され、西壁のほとんどは、住宅の撤去等によって、全体をよく見ることができるようになった。一九七〇年代の計測によれば、北壁が七一五・二m、東が五五四・七m、南が七五一・五m、西が六六四・六mのほぼ方形で、総長二六八六mとされていたが、近年の調査では、精密調査が可能な北壁が七三〇m、西壁が七〇二mと修正されており、ほぼ二七三八mとなる。[11]

この周知の県城を、集安県文物保管所が一九七五年から七七年にかけて、一〇カ所にわたって断面調査を実施したところ、北壁の二カ所、南壁の一カ所のトレンチで、石築城壁の下層に、版築したとみられる土層があることが確認された。土層の断面の幅は七～八m、高さは一・七〇～二mあり、弓形を呈していた。そのため、ここに本来、土城があったと考えられるに至った。他のトレンチでは検出されておらず、東西壁では未確認ということになるが、およそ県城と同規模の土城があったと考えてよい。土層からは、石斧・石包丁・円形石器などが出土しており、戦国時代から漢にかけてのものとされる。したがって、土城は漢代にさかのぼることが明らかで、漢の土城址として問題ない。[12]

漢は、紀元前一〇八年、武帝が衛氏朝鮮国を滅ぼしたあと、楽浪・臨屯・真番三郡をその故地を中心に設置し、さらに翌年、濊・貊の地に玄菟郡を設置した。そのときの、玄菟郡の具体的な県名については、沃沮県（夫租県）と高句麗県のみしか知りえないが、臨屯・真番両郡が一五県あったことを勘案すれば、同じく一五県程度はあったと考えられる。集安に漢の土城が造られたとすれば、玄菟郡の県城である可能性が高い。

土城発見以前においても、高句麗県を集安にあてる意見が多かった。しかし、県城であれば、基本的に土築であり、また方形を意識した平面構造になっているものが多い。それに該当させることのできる城が見当たらなかったのであるが、この土城の発見によって、その問題点が解消されたのである。高句麗領域として、集安以外に、桓仁・通化付近にも、いくつか県城の候補地が確認されているが、高句麗県という名で呼ぶ県城は、高句麗領域のなかでも最も重要視したものであったにちがいなく、規模としても相応なものと考える必要がある。その点から言えば、土城自体の規模は不明確ながら、周長二〇〇〇mを超えていたと想像できるこの土城が高句麗県城であった可能性がきわめて高い。[13]

高句麗は、その県城を紀元前七五年までに奪って、その後、転用している。この地への遷都は、上記のように三世紀初であるが、それ以後は、王都の中心的な城として利用したものと考えられる。現在残る石築の初源は、四世紀になって土城を改造したものである。『三国史記』巻一八・高句麗本紀六・故国原王十二年（三四二）条に「春二月、丸都城を修葺す。又た國內城を築く。秋八月、丸都城に移居す」とある。この記事には疑問点もあるが、改築の時期としては、ちょうど都合がよい。

この城壁の内部に、王宮があったものと推定される。城内で、いくつかの遺構が確認されているが、市街地にあたり、系統的な調査は行われていない。発掘された遺構のうち、とくに城内中心部に位置する体育場地点では、四棟の大型建物址が検出されており、最大のものは二〇m×三〇mを超える礎石建物であった。[14] このあたりが、王宮と関わるものではないかと想像される。しかし、規模からみて、王宮のみが中にあったということではなく、住民もその中に住んでいたと考える必要があろう。その意味では、王都の住民の居住地域を囲繞する城壁として、羅城と呼んでもさしつかえない、と言える。また、王宮の周りに内郭にあたるものがあったのかどうかについても、さらに調査をする必要がある。

高句麗の都城としては、平地の城とセットを成す山城がなければならないが、その山城にあたるのが山城子山城である。通溝城からは、西北約三kmである。周長六九五一mの巨大山城であり、現在もとくに北側の石築城壁がよく残っている。いくつかの峰を結びながらも、大きく谷を取り込んで、城壁はほとんど平地まで下りてくる、典型的な高句麗山城である。正門にあたる南門およびその周囲は、発掘調査され、整備された。城内では、これまで三カ所の建物址が確認されている。そのうち二号・三号と呼ばれていたものは、瞭望台という城内の展望台的な石築の施設と、それに隣接する戍卒居住施設とされる。一号建物址は、緩やかな傾斜面を整地した平地に礎石が散乱し、瓦当や瓦類が散布していた所で、発掘の結果、南北九五・五m、東西八六・五mの墻壁で囲み、二カ所の門があり、その中を四段に造成して、各段に長大な礎石建物址を配し、また八角建物址が配置されていた。[15] それを宮殿遺構ではないかとみているが、常住の王宮とみるべきではない。

(3) 後期1──前期平壌城時代

広開土王の領土拡大を経て、高句麗は四二七年に平壌遷都を敢行する。その当初の王都は、現在の平壌市街地ではなく、東北郊外にある大城山城とその近くの清岩里土城の一帯であった。そのあたりも平壌の一部であり、当時も平壌城と呼ばれた。ここでは前期平壌城と呼ぶ。高句麗滅亡後は、そのことが忘れられていき、李朝時代においては、平壌遷都といえば、当然のように、現在の市街地（当時の平壌府）が想定された。それを正しい認識に変えたのは関野貞であったが、[16] 王宮址と推定した清岩里土城の中の最も多量に瓦の散布する所が、その死後一九三八年に発掘され、寺址であると確認された。[17] 朝鮮民主主義人民共和国の学界では、そのこともあって、大城山城のすぐ南麓にある安鶴宮址という宮殿遺構を、前期平壌城の王宮址であると考えている。[18] しかしそこに散布する瓦はほとんど高麗時代の瓦であり、また宮殿遺構の下層には五世紀後半の石室墳の基底部が残っている。[19] つまり古墳を破壊して造営されているのである。したがって、どう考えても前期平壌城の王宮とは考えられない。筆者は高麗時代の一〇八一年に造営された左右宮のうちの左宮が該当するのではないかと考えている。[20] 平壌は高麗時代の王都ではないが、高句麗の都のあった所として西京とされ、王もしばしば行幸した。そのための行宮がいくつも造営されている。城内に寺址があっても、五世紀の瓦が出土する清岩里土城のほうが、平地の居城にふさわしいと考える。

清岩里土城は、一部丘陵地帯を含み、自然地形を利用した城壁もあるが、周長約五㎞ある。寺址以外にも瓦の散布地はあるが、城内には金日成主席宮や迎賓施設などがあったため、発掘調査は行われていなかった。しかし一九九五年から九七年にかけて城壁および城内の発掘調査が行われた。その詳細はまだ紹介されていないが、城壁は上下二層あり、下層は高句麗をはるかさかのぼる檀君時代のもので、上層が高句麗時代のものとする。また城内では三棟の建物址が検出されたという。[21]

大城山城は、周長七〇七六ｍに及ぶ巨大山城で、やはり連峰式・包谷式である。一九五八年から六一年にかけて、およびその後も、発掘調査が行われ、二つの調査報告が公刊されている。[22] ただし城壁や城内の池の発掘が中心で、建物址の発掘は将台址とみられる二カ所にとどまり、全容はまだよくつかめない。瓦などの出土遺物からみれば、前期平壌城の山城として問題はない。

（4）後期2―後期平壌城時代＝長安城時代

この大城山城一帯から、平壌市街地に移ったのは五八六年で、それ以後を後期平壌城と呼ぶ。二〇世紀初まで、市街地には四つの部分に区画される城壁が残っており、合わせると二三㎞にも及んだが（図1参照）、その後の開発・戦災・復興などでほとんど消滅し、現在は一部が残るのみである。ただし四つの区画のうち中城壁と呼ぶ東西方向の城壁は、高麗時代に広すぎる外城を切り捨てるために築いたもので、高句麗時代には内城・外城と北城の三つの部分であったと考えられる。[23]

このうち内城の外側部分と外城は、王都の住民の居住地域を大きく囲繞する城壁であり、羅城と呼ぶにふさわしい。およそ一五㎞になる。

『資治通鑑』によれば、六一二年の隋の煬帝の高句麗侵略の際に、水軍を率いる来護児が、平壌に進撃して大敗したことを伝えている。巻一八一・隋紀五・煬皇帝上之下・大業八年（六一二）条に、

右翊衛大将軍來護兒、江淮の水軍を帥い舳艫數百里。海に浮かび先に進み、浿水より入り平壌を去ること六十里、高麗と相遇す。進撃して大いに之を破る。護兒、勝に乗じて其の城に趣かんと欲す。副總管周法尚、之を止め諸軍の至るを俟ちて倶に進まんことを請う。護兒聽かず。精甲四萬を簡び直ちに城下に造る。高麗、兵を羅郭内の空寺中に伏せ兵を出だし護兒と戦いて偽り敗る。護兒之を逐うて城に入り兵を縦いままに俘掠す。部伍を復する無し。伏兵發し護兒大敗す。

とあるとおりである。ここに「兵を羅郭内の空寺中に伏せ」とある。浿水すなわち大同江をさかのぼって高句麗王都を攻撃したのであり、「羅郭」は大同江に面した、外城南側の城壁を指すと考えられる。隋軍の認識でも「羅郭」とみられたのである。

後代にもこの城壁が改修されながら用いられるが、大同江に面した部分については、高麗時代には「羅城」と呼ばれ、李朝時代には「外城」と呼ばれている。[24]

この城壁には文字を刻んだ城石があり、これまで五点知られている。そこには「小兄」「上位使」という高句麗の官位を持った人名が記されており、高句麗当時のものであることが確実である。結論的に言

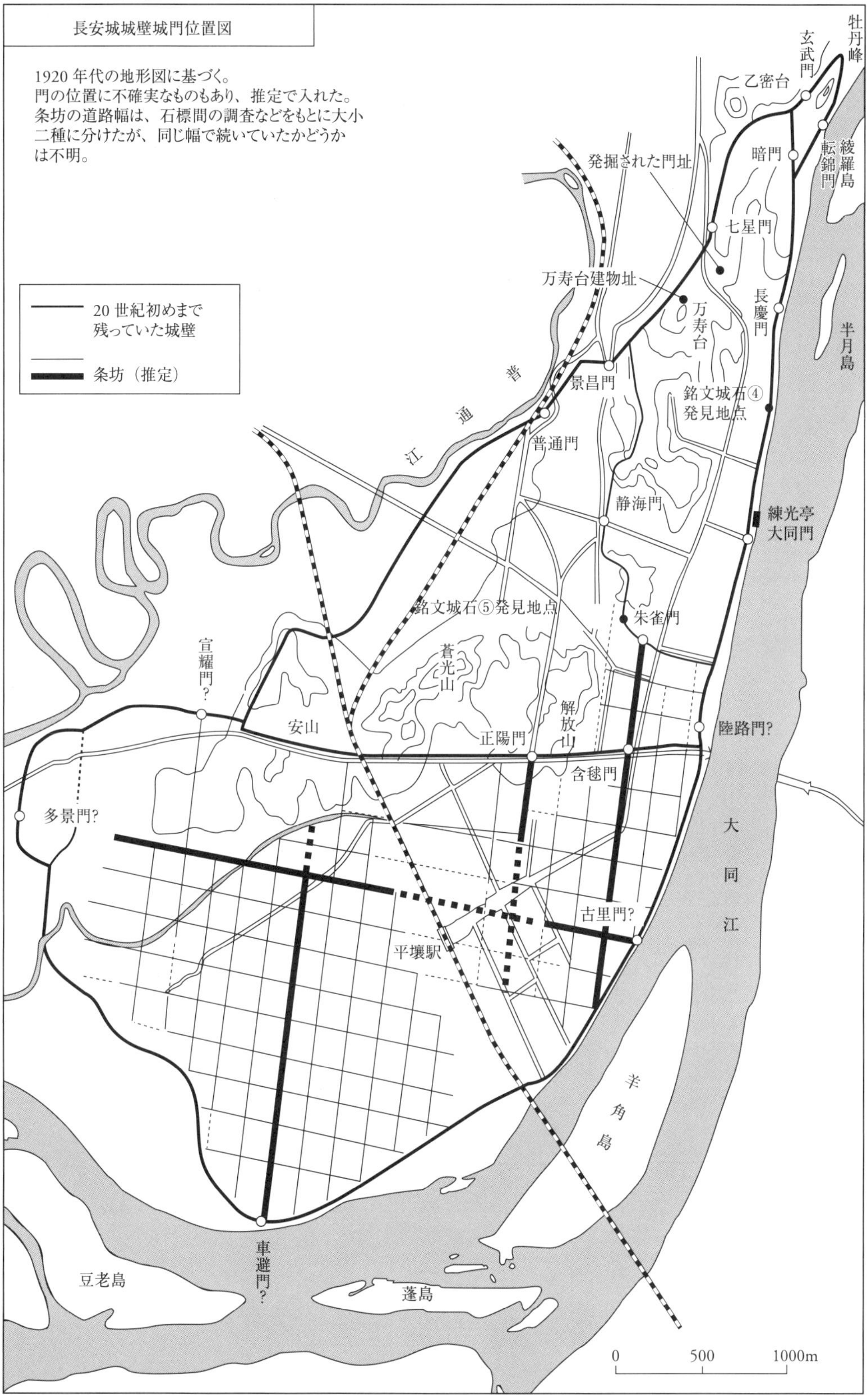

図１　長安城城壁城門位置図（田中俊明作成。東潮・田中俊明編著『高句麗の歴史と遺跡』中央公論社，1995年より転載。一部修正）

えば、それは城壁工事の責任者を明示し、工事に責任をもたせたもので、工事開始日・工事区間・距離なども記している。それを通して、城壁工事の経緯を考えることができ、五六六年に内城、五八九年に外城を築いていることがわかる。遷都の計画は五五二年に決定され、遷都は五八六年であるから、選地・整地などを経てまず内城を築き、遷都後に外城を築いたのである。[25]

城壁の構造については、基本的に石築で、外見上、土築に見え、李朝時代の記録などに土城とされているものも、断面の調査をすれば、基礎部に石築が確認されるという。[26]ただし、いくつかの地点を選んだ断面図については、どこまでが後代の補修によるものか判然とせず、単純に高句麗当時の城壁がそうであったとは言いきれない。

さて当時の北城・内城・外城の三つの区画であるが、築造の経緯からみても、内城が重要であったと考えられ、王宮の第一候補である。内城は丘陵地帯であり、現在も万寿台議事堂などがあるが、高麗時代には行宮の中心、李朝時代には平壌府の官衙が置かれていた。それに対して外城は、条坊制の痕跡も確認され、一般民の居住空間であると考えられる。北城は離宮であろう。

条坊制については、不整形な外城を区画するため不規則ではあるが、一二・六～一二・八mの大路が南北に三本、東西に一本走り、その中を四・二mほどの中路が通っている。大路には両側に六〇～七〇cmの側溝がある。さらに計算上、幅一・四mほどになる小路が中路で区画された中をさらに四分していたことになる。大路には発掘で確認された箇所もあり、中路には両側に道路界を示す石標がかつて立っており、それを通して確認された箇所が多いが、小路は確認されたわけではない。[27]

以上のように、高句麗の王都は、卒本・国内・平壌と変遷したのであるが、王宮と住民の居住空間とを大きく囲繞する城壁としては、中期の国内時代、後期後半の長安城時代に確認することができた。

2 百済の場合

次に百済をみていく。百済も、やはり王都に即した時期区分をすれば、次のようになる。

前期　漢城時代　?～四七五年
中期　熊津時代　四七五年～五三八年
後期　泗沘時代　五三八年～六六〇年（滅亡）

このうち前期は、さらに細分することができる。『三国史記』には、三七一年を境に、慰礼城から漢山へと移動があったことを伝える。実を言えば前期については、史料的に複雑な遷都関係の記事があるが、筆者はそれを整理した上で、三七一年の遷都のみを認めることにする。慰礼城も漢山も、同じ漢城地域にあり、またともに漢城とも呼ばれた。また『日本書紀』では、漢城陥落の記事で「慰禮を失う」としており、慰礼の名が最後まで残っていたことがわかる。慰礼城も漢城も、大城という意味で同じであるという意見があり、慰礼城・漢城・漢山城などの名が一貫して使われたのであろう。ここでは、合わせて漢城時代と呼ぶ。[28]

（1）前期―漢城時代

漢城は、現在の韓国の首都ソウルにあたる。ただし、ソウルを流れる漢江の南側、いわゆる江南の地であり、かつては広州郡に属した。『三国史記』の伝える百済の建国伝説では、紀元前一八年に、高句麗から南下した始祖温祚が「河南の慰禮城」に都を定めて百済を建国した、とする。『魏志』には、百済の前身である伯済国の名が馬韓の一国として知られ、実際の「建国」はそれ以後とみるべきである。

さて慰礼城・漢山城の候補地であるが、江南には王陵を含むとみられる石村洞古墳群があり、それに近いところで、二つの土城が知られている。風納土城と夢村土城である。『三国史記』の漢城陥落の際の記事に、北城と王の居城とみられる南城とが現れるが、その北城に風納土城を、南城すなわち王城に夢村土城をあてる考えが一般化している[29]。その理由は、両者の位置ばかりではなく、近年の発掘を通して、風納土城の城内で環濠聚落が確認され、環濠が三世紀前半〜中葉に廃棄されたとみられること、すなわち城壁の築造はそれ以後、三世紀中葉から後半と考えられるようになったこと、および夢村土城も、出土した西晉代の銭文陶器片から、築造年代が風納土城と同時期と考えられること、などである。同じ時期に両城があるため、後者を王城にあてたのである。三七一年の遷都は一時的なものとして考慮に入れず、北城・南城の記事を大きな拠りどころとして、一つの王城に限定したために得られた結論であるが、三七一年の遷都を認めるとすれば、漢城陥落時の、すなわち後半の漢城は夢村土城でよいが、それ以前は別のところに求める必要がある。それを風納土城にあてても、年代的にはおかしくない。

筆者は、前半が風納土城、後半が夢村土城で、三七一年に移動があったと考えている。両城は併存してもいっこうにかまわないのである。ただし、風納土城の内部の調査の詳細が報告され、そうした見方と相容れないことが出てくるかもしれない。最終的な確認は、現在なお継続している発掘調査の成果を待つ必要がある。

風納土城は、ほぼ長方形で、本来は三五〇〇mはあったとみられるが、一九二五年の漢江の洪水で西壁が流失し、南壁も開発でかなり失われた。残りのよい東城壁において、一九九九年に断面調査がなされたが、基底部の幅が四三m、高さ一一mの三段に分けた版築土塁が確認され、下段の表面には川原石を敷いている。中間には敷葉工法が用いられ、また版築用の木材も見つかっている。下段から出土した土器や、版築土層から出土した土器などは、三世紀以前のものとみられ、築造は三世紀には完成していたものと考えられる[30]。

夢村土城は、自然丘陵を利用した不整形で、低い所や連結しない所には版築で城壁を造っている。周長は二二八五mである。オリンピックの施設がその一帯に建設されることになり、一九八三年から発掘調査が始められ、遺構の確認によって八九年まで継続し、その後はオリンピック公園として復元整備された。城内の発掘が高地帯に限られたため、検出された建物址も、地上建物址一、版築盛土台址一、竪穴建物址二、望台址四などであった。このうちとくに注目されるのは、城内西南部の高台に立地する地上建物址で、地山に一mほど盛り土し、その上に側面二間、正面四間以上の根固め石が残る。柱間は側面三m、正面で五・五mほどである。王宮としてはこれが最も可能性が高い。東に約二五m離れて版築盛土台址があるが、それは池を伴っており、苑地の中の台榭の跡ではないかとみられている[31]。

さて、この時期における都市囲繞城壁であるが、風納土城の場合、その規模からみて、中に都の人たちが住んでいた可能性がある。現在、城内の発掘が進行中であり、その成果に注目しなければならないが、そうであれば、まさに百済の早い段階から、都市囲繞城壁があったということになる。ただし、高句麗中期王都の場合と同様に、内郭があったのかどうかについての確認も必要である。

ところで、そのような城壁が、百済独自で造られるようになったのかどうか、慎重に考える必要がある。平地の方形の土塁、という点で言えば、中国の県城の基本的なあり方であり、それと何らかの関係があるのではないかという想定も可能である。

文献的に考えた場合、漢の楽浪郡の中に帯方県があり、その位置は、ソウル地方にあったと考えるのが、最も妥当である。『漢書』地理志では、楽浪郡条に含資県が見え、その原註に「帯水、西して、帯方に至りて海に入る」とある。この帯水という河川が具体的に何を指しているのかが問題であるが、西に流れる川で、上流に含資が、そして河口近くに帯方がある、ということを示している。この記事と『魏志』韓伝・裴註所引「魏略」に見える辰韓の廉斯鑡の説話に、辰韓から楽浪郡に向かう途中に含資県があるという点とを合わせ考えれば、帯水は漢江であると考えるのが無理がない。とすれば、帯方はソウル付近と考えられるのである。ただし、三世紀初に公孫氏が帯方郡を設置した時点の帯方県は、それとは別に考える必要がある。帯方郡は、三世紀以後の魏晋代の遺物の残り方からみて、黄海道方面にあったと考えるのが妥当であり、『漢書』地理志の記事はあくまでも漢代の楽浪郡帯方県を説明しているのである。そこで、最初帯方県が置かれたのは、ソウル地方で、その後、黄海道方面に移った、と考えると、両者を問題なく理解することができる[32]。

さてその場合、ソウル地方に、一時的とはいえ、帯方県の県城が築造されたと考えるのである。筆者は以前より、風納土城の前身が、それである可能性があるとみてきたが、これまでの調査において、その確証は得られていない。しかし、それが否定されても、近くに県城があったとすれば、そのような県城に影響を受けて、百済が風納土城を築造したということは、十分に考えられる。百済の都城史において、平地に方形の土塁を築く伝統を維持していない点も、そのことを裏づけていると見ることができる。

(2) 中期―熊津時代

前期王都は、四七五年、高句麗の侵攻を受けて陥落した。当時の蓋鹵王も殺され、百済はいったん滅んだと言ってもよいが、王族がはるか南の熊津で再興した。『日本書紀』では再興を四七七年のこととするが、そのほうが正しいかもしれない。

そのような事情で選ばれた中期王都熊津は、決して予定された都ではなく、急遽落ち着いた先であった。そのため、臨時的な王都といった性格が強く、その当初から本格的な都づくりを進めるべき場所さがしも行われている。

熊津は現在の忠清南道公州市にあたる。市街地の北から西に錦江が流れているが、北側でそれに面した公山城が、王城と考えられる。西側には、武寧王陵で知られる宋山里古墳群がある。それに続く丘陵が錦江にぶつかる所に艇止山があり、近年の発掘によって環濠の中に大壁づくりの建物址がいくつか検出され、特異な遺構とされる。武寧王妃の殯に用いた建物ではないか、とみる意見もある[33]。

公山城の城壁・内部は、発掘が進んでおり、城内で最も平坦な、かつて公園運動場があった所が、王宮址と推定されている。掘立柱の建物址と礎石建物址が錯綜するかたちで重なり、いまひとつ明確ではないが、報告書では礎石建物の一つを王宮の候補と考えている[34]。その築造年代の推定は容易ではなく、そのとおり王宮でよいのかどうかは確言できないが、城内ではこの平坦地が最も有力であるとは言える。

城壁は周長約二六〇〇m前後であり、今は石築の城壁が続るが、本来はほとんど土築であった可能性が高い。今も一部、土築城壁が残る。

さて、熊津時代の王都において、最も重要な問題は、まさに羅城の存否についてである。日帝時代に現地にいた軽部慈恩が、引き揚げ後に発表した論考の中で、住民の居住空間を大きく取り囲む羅城が存在したことを主張したのである[35]。それは、どのようなものを羅城と呼んで、それがなぜ百済のものであると言えるのか、というような説明もなく、ここにこのように羅城が走っている、というように断定的に述べるのみであった。ところがその後、それを確認した者がいない。したがって、現在は否定的な意見が大勢であると言える。公山城の周りにそれを補助するかたちの小さな山城があり、そこには城壁が残るが[36]、それらはそれ自体で完結するもので、全体を囲む城壁の一部を成すものではない。熊津時代には、羅城はなかったと考えるのが妥当である[37]。

(3) 後期―泗沘時代

後期王都の泗沘は、現在の忠清南道扶餘郡扶餘邑にあたり、公州からは三〇㎞ほどしか離れていない。熊津が予定外の都であったのに対して、泗沘は、計画的な王都であった。選地・下見を経て、遷都に先立って、王宮予定地の整地、王宮の築造、および王宮背後の山城の築造、さらには羅城の造営がなされたものと考えられる。背後の山城とは、扶蘇山城を指すが、一九九一年の東門址付近の発掘を通して「大通」という刻印のおされた瓦片が発見されている。「大通」は、中国梁の年号で、五二七～五二九年にあたる。造営工事が、遷都前に進められていたことを裏づけるものである。

邑の北部、錦江に面して扶蘇山城がある。それが王城であるが、中期までと異なり王宮はその中ではなく、城外南側にあったと考えられる。ゆるやかな傾斜面を整地して、王宮および官庁を建てたようで、かつての扶餘博物館(現、扶餘文化財研究所)の東側および南側で発掘調査されたが、建物址、方形の池、道路遺構などが検出された。「北舍」という銘のある土器も出土した。近年は、それに続く西側を、扶蘇山麓に沿う形で、発掘が続けられており、大型建物址も検出されている[38]。いまのところ、明確に王宮であると言える遺構が確認されているわけではないが、このあたりに王宮があったことはほぼ間違いない。

扶餘には、現在、まさに羅城と呼ぶ城壁が残っている。『新増東国輿地勝覧』巻一八・扶餘縣・古跡条では「半月城」と呼んでおり、羅城という呼称は近代になってからのものと思われる。『勝覧』が「羅城」の語を用いるのは、開城のそれに対してのみである。邑誌の類は、『勝覧』の記述を承けており、やはり「半月城」とする。『大東地志』は、『勝覧』の内容と同じことを記しつつ、「百済都城」とする。

歴史的にどうかといえば、唐の記録がある。六六〇年、新羅・唐の連合軍によって攻撃された泗沘城は、きわめて容易に陥落し、熊津城に脱出した王らもまもなく降伏して、百済は滅亡した。このときの唐の司令官(行軍大総管)は蘇定方であったが、その進攻について、『旧唐書』巻八三・蘇定方伝は次のように伝えている。

定方、城山より海を濟り、熊津江口に至る。賊、兵を屯し江に據る。定方、東岸に升り、山に乗りて陣し、之と大いに戦う。帆を揚げて海を蓋い、相續いで至る。賊師敗績し、死せる者數千人。自餘、奔散す。潮に遇いて且に上らんとし、舳を連らねて江に入る。定方、岸上に陣を擁す。水陸齊しく進み楫を飛ばし鼓譟し、直ちに眞都に趣かんとす。城を去ること二十許里。賊、國を傾けて來拒す。大いに戰いて之を破り、殺虜すること萬餘人。追奔して郭に入る。其の王義慈及び太子隆、北境に奔る。定方進みて其の城を圍む。義慈の次子泰、自ら立ちて王と爲る。嫡孫文思……遂に其の左右を率い、城を投じて下る。百姓、之に従う。泰止むるあたわず。定方、卒に命じて城に登り幟を建てしむ。是に於て泰、門を開き頓顙す。

城山は山東半島にあり、熊津江口は錦江の河口である。そこから錦江をさかのぼり、「眞都」すなわち王都泗沘城をめざしたのである。その際、まず「郭」（『新唐書』では「郛」）に入り、その後「城」を囲んだ、ということになる。義慈王らはすぐに北境（熊津）に脱出したが、残された王子の泰らは「城」に立てこもった。唐軍は、「城に登り幟を建て」、泰らは「門を開」いて降った。

これによれば、泗沘城は、「郭」と「城」との二重の構造になっていたことがわかる。そして、扶餘の現状からみて、まさに外郭としての「郭」が、羅城にあたり、内側の「城」が現在扶蘇山城と呼ばれている城郭にあたるとして、問題はないであろう。この二重の区画は、唐軍にも容易に認識された明確な区画として、泗沘城の基本構造をなすものであった。

この記録に見える「郭」が、羅城にあたるとして、具体的にどこを指しているのかについては、唐・新羅軍の「郭」内侵入のルートを知る必要がある。

『三国史記』によれば、唐軍は、黄山の原の激戦に勝利して西進した金庾信の率いる新羅軍と七月十一日に合流し、翌十二日、「義慈の都城を圍み、所夫里の原に進んだ」。この「所夫里の原」とは「所夫里」が都の意であり、「郭」内を指すものとみられる。その合流は、新羅軍の進路からみて、錦江の東側においてでなければならない。一方、蘇定方は、熊津江口においても東岸に上陸して陣していたが、江をさかのぼってまた、岸上に陣を擁している。これも錦江の東岸であろう。つまり、「郭」に向かう前に、唐・新羅軍が集結したのは、錦江下流の東側、ということになる。おそらくそれは江景あたりと思われる。

先の記事には、「城」から二〇里ばかり離れた所で、百済軍の防戦にあったが、それを破って進み、「入郭」を果たした、とある。その戦闘の地は、錦江下流の東側で、「城」から二〇里（約一一km）離れた所、という条件からすれば、扶餘邑から東南にある石城山城の南側あたりではないかと思われる。さいわいそこに「破陣山」という名の山があり、そのような史実にちなむものかと想像される。

そこで百済軍を破った唐・新羅軍が、そこから進んで「郭」に入ったとすれば、錦江沿いに北上し、塩倉里あたりで羅城を通過したのであろう。市街地の東側には、扶蘇山城から発した羅城が、青山城を通って（ここまでを北羅城と呼ぶ）、石木里から塩倉里まで南北に走っていた（こちらを東羅城と呼ぶ）。現在もその一部は残されており、容易に見ることができる。塩倉里には門址もあり、古道も通っている。唐・新羅軍はあるいは、塩倉里からさらに北上し、陵山里あたりで通過したかもしれない。こちらにも、門址（いわゆる東門址）がある。いずれにしても、陵山里から塩倉里へと続く羅城のどこかを通過して、泗沘城（所夫里の原）に入ったものと思われる。

つまり、唐・新羅軍が羅城を「郭」であると認識した地点は、市街地の東側を南北に走る羅城（東羅城）の、南よりの地点であったということになる。これによって、東羅城（それに続く北羅城も合わせて）は、百済の当時より、重要な防禦線としての外郭にあたる構築物として、認識されていたことが確認できた。史料的に確認できることは、きわめて貴重なことである。[39]

扶餘の羅城について、東羅城以外に、扶蘇山城から西に発して、南にある宮南池の付近まで達する西羅城や、南の山地に南羅城があるという意見もあった。南羅城については、支持者がほとんどいなかったが、西羅城については、近年まで存在が疑われることはなかった。外見上、そのように見える土塁状のものが存在しているということにもよる。しかし、一九九九年から翌年にかけての、忠南大学校百済研究所の調査によって、断面調査地点は、一九五〇年代に人工的に造られた堤防で、その内部の地山の上には三〇～八〇㎝の堆積層以外に、人為的な盛り土は確認できず、代わりに泗沘時期の井戸や生活面が確認された。つまりこの地点では、羅城を造ったという痕跡が全く発見されなかった。[40]その後、西羅城として指摘されたきた数カ所についても、断面調査を進めたが、人為的な土塁は確認されず、調査を進めた朴淳發らは、結局、西羅城はなかったという見解に到達した。[41]

筆者は、東羅城（北羅城も含めて）と西羅城とでは、本来的に築造の目的が異なると考えていた。東羅城は、高句麗をはじめとする外敵に対する防禦用で、外見的にも見せることを意識した構造になっている。それに対して、西側を大きく迂回する錦江に沿った部分は、防水目的もあったという見方である。[42]洪水も多い扶餘には、堤防施設は必ず必要であると考えられるのである。その意味では、西羅城が全くないというのは、理解が難しい。扶蘇山城から発する部分は、調査地点以外の可能性を残しており、また堤防の必要な部分は、少なくとも、当時の堤防があったはずであり、それが西羅城に代替するものとして機能していたということは考えられてよい。

東羅城・北羅城と錦江で囲まれた中が王都ということになるが、その中で、扶蘇山城外の南側にあったはずの王宮・官庁の一帯については、それを遮るものが史料に出てこないが、その一区画が特別扱いされたことは確かであり、おそらく築地のようなものはあったであろう。

泗沘城のそれまでと異なる点は、このように王宮が王城の外に出て、大きく囲繞する羅城ができたことである。王都の中は、上下前後中の五部に分けられ、五部それぞれはさらに五巷に分けられた。すなわち部巷制ということになるが、巷は中国南朝の都建康に見られるものであり（ただし里巷制）、百済と南朝との密接な関係からすれば、その影響を受けたものとみてよい。[43]

泗沘には条坊制の痕跡を確認できず、おそらく施行されなかったものと考えられる。発見されている限られた道路遺構をもとに全体が碁盤目状に整然と区画されていたとする推定案も出されているが、[44]確認された道路遺構はまだ数カ所にすぎず、また王宮に近いとみられる地区の道路は王宮内道路とも言うべきで、王宮から離れた地区の道路とは別体系でとらえる必要がある。次元の異なる道路をもとにした推定図には疑問が大きい。道路があったことは当然であり、それに一定の方向が定まっていてもおかしくはない。問題は、全体が碁盤目状に区画されていたかどうかであるが、平壌・慶州・南原のように李朝時代の記録にも見えず、地籍図に痕跡が表れてもいない。いまのところ、条坊制があったとみるのは難しいと言うべきである。建康も条坊制は施行されていなかったと考えられるが、その影響を受けて、もともと導入されていなかったと考えるほうがよさそうである。

3　新羅の場合

新羅は、終始一貫して慶尚北道慶州市に王都が置かれた。『三国史記』では紀元前五七年の建国とされており、滅亡は九三五年であるから、新羅王朝は一〇〇〇年近く続いたことになるが、慶州は「千年の都」と言われている。当時は単に京都・王京・王都などの一般用語以外に金城・金京とも呼ばれた。

新羅は『魏志』に見える斯盧国が前身であるが、その斯盧国の地が慶州盆地であった。五世紀末から領土的に拡大していくが、その場合、斯盧国の人々は自分たちを王京人として意識するようになった。斯盧国には有力な六つの村があったが、それが六部に転化し、行政区分になっていた。その六部人が旧斯盧国の人であり、かつ王京人になったのである。六世紀初めから京位・外位という官位の二重体系を持つようになるが、京位は王京人にのみ与えられ、地方人は外位しか認められなかった。そこには大きな格差があった。つまり新羅における王京は、もとの斯盧国の地そのものであり、その全体を王京と呼んだのである。これを六部人の王京、六部王京と呼ぶ。[45] 王京人は、骨品制という新羅の独特な身分制の身分を持ち、全体として地方人を支配したが、それが新羅の支配構造であった。

しかし最後まで、そうした王京のあり方をしていたわけではなかった。慶州に地割りの痕跡があることは古くから知られていたが、それが条坊制の名残であると指摘したのは地理学者の藤田元春で、一九二九年のことであった。[46] その後、地籍図などを通して条坊の復元がなされたが、[47] 新羅で最も重要な国家寺院である皇龍寺址の発掘を経て、その外郭部分の調査が継続して行われ、まさに現代の畦・農道の下から、新羅の道路遺構が確認された。大路は幅一三m、小路は幅五・五mで、大路間の心心間距離は約一六〇mである。[48]

この条坊制は、王都の大改造が行われた七世紀の後半から施行されたものと考えられる。百済・高句麗を滅ぼし、連合していた唐の勢力を駆逐して統一を達成した新羅は、伸張した王権に見合う新たな王都づくりを進めたのであるが、六七四年に宮内に池が掘られ（現在、雁鴨池。当時は月池）、六七九年にそれに隣接して東宮が造営され、ほぼ同じ時期に北宮とみられる城東洞の宮殿遺構も建てられたと考えられる。

新羅の王宮は、基本的に月城にあったと考えられる。月城は低い自然丘陵を利用し、土石混築の城壁を築いた、周長約二四〇〇mの城で、慶州市街の南側郊外にある。南側を南川が流れ、半月形をなすが、このような形態の城を月城と呼ぶ。「在城」とも呼ばれるが、それは「王の住まわれる城」という意味である。内部はまだほとんど調査が行われていないが、北側にあった濠やその外側の調査は進められている。[49] そこでは四世紀頃の竪穴住居址が検出されており、王宮としての使用はそれ以後とみられる。濠は七世紀後半に埋められ、機能を失った。それは濠が内外を区画するものではなくなったということで、もう少し広い範囲を王宮区のように設定したためではないかと考えている。月城に東宮などを含む範囲であり、王京大改造の一環である。

さてこのように、すでに広い範囲の王京（六部王京）が存在したにもかかわらず、その地を動くことなく、その中のごく一部の地域に新たな王京を設定したのである。

この条坊制王京には、全体を囲繞する城壁、羅城は存在しなかった。しかし、条坊制を施行し、おそらく方形の京域を持ち、また北よりに王宮があった。近年、王京は少しずつ拡大していったとみる見解が増えているが[50]、全体のプランがなかったということではないと考える。形態的にも、高句麗・百済のそれぞれ最後の王都より、中国都城に近いと言える。とくに、唐の長安を意識したものと考えてさしつかえない。時間的には最も遅れるのであり、完成形に近いものであっても、むしろ当然と言うべきである。

月城は、王宮区が広がったものの、ひき続き基本的に王宮であった。東宮とか北宮という呼称は、月城を基点としている。二〇〇〇年に慶州博物館の連結通路敷地の発掘調査をした際に、井戸址の中から「南宮之印」と刻印された瓦片が発見されたが[51]、そのあたりを南宮と呼んでいたかもしれない。これも月城を基点としている。東宮・南宮は、月城を中心とする王宮区に含まれるものとみることが可能である。それに対して、北宮は、まったく離れており、王京の中で、北宮と月城王宮区とが南北に対置されていると言える。それはなぜであろうか。筆者は、唐制にのっとった方形の京域を導入し、かつ月城を北に配するような都づくりが、月城のすぐ南まで山地（南山）が延びていることによって、実現不可能であり、そのために、唐制導入の理念型としての北よりの王宮を、別に造る必要が生じ、北宮の成立になったものと考えている。つまり月城という伝統と、北宮という唐制との折衷的な王都が、条坊制王京であった、ということになる。[52]

さてこのような新羅の王京で、羅城が造られなかったのは、なぜであろうか。

『三国史記』巻七・新羅本紀七・文武王二十一年（六八一）六月条には、

王、京城を新たにせんと欲し、浮屠義相に問う。對えて曰わく、「草野茅屋に在ると雖も、正道を行わば則ち福業長からん。苟しくも然らざるを爲さば、人を労して城を作ると雖も、亦た益する所無からん」と。王、乃ち役を止む。

とあり、これと対応する記事が、『三国遺事』巻二・文虎王法敏条に、

又た、京師に城郭を築かんと欲し、既に眞吏に令す（令して吏を置く）。時に義相法師、之を聞き、書を致し報じて云わく、「王の政教明らかなれば則ち草丘に盡（畫）地して城と爲すと雖も、民敢えて踰えず。以て禊災進福すべし。政教苟しくも明らかならざれば則ち長城有りと雖も、災害未だ消えざらん」と。王、是に於て正に其の役を罷む。

とある。「京城を新たにせんと欲し」とあることから、これを別の地における王都づくり、つまり遷都を意図したものととらえる見解があるが、後者に「京師に城郭を築かんと欲し」とあるように、そう理解することはできない。現に「京師」である地において新たに「城郭」を築こうとしたのであって、羅城のようなものを想定すべきではなかろうか。後者の記事には「長城」という用語が見られ、それを文字通りにとれば、囲繞城壁ではないことになるが、仮定の議論のなかでの語であり、防御のための城壁、というように理解すればよいであろう。

時期の近い唐の例を見れば、『旧唐書』巻四・高宗本紀・永徽五年（六五四）条に、

冬十一月癸酉、京師の羅郭を築く。京兆百姓四萬一千人を和雇して板築し三十日にして罷む。九門各々觀を施す。

というように「京師の羅郭」の築造が見える。京域を囲む城壁のことである。

『旧唐書』巻二一・志第一・礼儀一・大祀中祀小祀条に、

武徳初め、令を定む。毎歳冬至に昊天上帝を圜丘に祀る。景帝を以て配す。其の壇、京城の明徳門外道東二里に在り。……

とあるが、円丘壇の位置について、「京城の明徳門外道東二里」にあるとしている。この「京城の明徳門」は、羅郭の南門であり、つまり羅郭のことを「京城」と表記することがあるのである。これらによれば、「京師の城郭」と「京師の羅郭」はよく似た表現であり、唐においてもそれを京城と呼ぶことがあった。新羅においても、同様に、京域を囲む城壁について表現したものととらえても、おかしくはない。

義湘の諫を言葉通りに受け取ってよいかどうか議論の余地はあろうが、「草丘に畫地して城と爲すと雖も、民敢えて踰えず」とあるのは、きわめて象徴的であり、「城郭」を築くまでもなく、画地するだけでよい、というところに内外を区画する界線をうかがうことができよう。

義湘は、民を労することに反対して、諫言したということであるが、すでに王京が存在し、自らを王京人として特権意識をもってきた六部人にとっては、視覚的に内外の区画を明示する施設が、六部人の抵抗で造りにくかったことが背景にあるのではないかと考えられる。また条坊制の痕跡は不整形に残るが、本来のプランは、同じ理由から、機械的に線引きのできる方形であったのではなかろうか。筆者はいまのところ、そのような理由以外に、羅城が築かれなかった理由を考えることができない。

4　羅城の成立

以上のように、朝鮮三国において、王都を囲繞する城壁が存在したと言えるのは、高句麗の中期国内と後期の後半長安城、百済の前期漢城の前半と後期泗沘においてであった。

ただし、高句麗中期の国内の場合、おそらく玄菟郡の高句麗県の県城を高句麗が奪取し、それをのちに王都の中心城として転用したもので、高句麗としては、それを改造したのみであった。また百済の前期漢城の前半、現在風納土城と呼ぶ城であるが、それも王宮および王都の住民の居住区を囲繞していた可能性がある。こちらの場合は、ソウル地域に帯方県の県城があったと考えられ、それ自体が帯方県の県城を前身とするものでなくとも、その影響を受けて造られた可能性がある。つまり、この二例の場合いずれも、そもそも王都の住民の居住区を囲繞する城壁としての明確な意識をもって造られたものとは言いがたく、また伝統として受け継がれることもなかった。

それに対して、高句麗の長安城、百済の泗沘城は、内郭にあたるものもあり、中国人の表現としても「羅郭」と見なしているのであり、羅城と呼んで何ら問題はない。

では、なぜそのような羅城が造営されるようになったのであろうか。築造年代としては、百済泗沘の羅城が、五〇年程度先行する。た

だし、その形態としては、泗沘羅城の場合、王都の周囲すべてを囲むものではなかったのに対して、長安城外城の場合は、すべてを囲むものであったという差がある。

そもそも羅城という要素は、中国都城の影響によって造られたものと考えられるが、百済の泗沘城は、確実な巷制をはじめとして、南朝の建康をモデルとしたと考えられる。一方、高句麗の長安城は、その密接な関係から、北朝の洛陽をモデルにしたと考えられる。そうであれば、両者の違いは、建康と洛陽に違いに起因しているということができるであろう。ただし、建康・洛陽について十分に明らかになっているわけではなく、またそれと対比すべき、百済・高句麗の都城も、まだ明確とは言えない。

最も遅れて中国制を導入した新羅の場合、なぜか羅城は採用されなかった。その点は、新羅の国家構造の特殊性と関わるのではないかとみたが、やはり、調査の過程にあり、より詳細なレベルでの比較が必要であることは言うまでもない。

註

1 沈奉謹『韓国南海沿岸城址の考古学的研究』（学研文化社、一九九五年）、沈正輔『韓国邑城の研究』（学研文化社、一九九五年）・柳在春『韓国中世城郭史研究』（景仁文化社、二〇〇三年）、崔鍾奭『高麗時代「治所城」研究』（ソウル大学校大学院文学博士学位論文、二〇〇七年）。

2 例えば忠清南道結城郡の神衿城（『神衿城』忠南大学校博物館）など。

3 漢の武帝が衛氏朝鮮国を滅ぼし、前一〇八年に楽浪郡・臨屯郡・真番郡、翌年に玄菟郡を設置した。臨屯・真番は各一五県。楽浪・玄菟は不明ながら、およそそのくらいの県城があったと考えられる。そのうち、玄菟郡の一、二を除けば、ほとんど朝鮮半島北半に置かれた。現在も、楽浪土城（楽浪郡朝鮮県城）ほか、いくつかの土城が残っている。

4 例えば康家興（吉林省文化局群衆文化処）「吉林九台上河湾考古調査」（『考古』一九六一年三期）。

5 遼寧省文物考古研究所編『五女山城―一九九六〜一九九九、二〇〇三年桓仁五女山城調査発掘報告』（文物出版社、二〇〇四年）。

6 田中俊明「高句麗前期王都卒本の構造」（『高麗美術館研究紀要』二号、一九九八年）。

7 梁志龍「桓仁地区高句麗城址概述」（『博物館研究』一九九二年一期）。

8 閻毅之・林至徳（集安県文物保管所）「集安高句麗国内城址的調査与試掘」（『文物』一九八四年一期）。

9 田中俊明「高句麗の興起と玄菟郡」（『朝鮮文化研究』〈東京大学朝鮮文化研究室紀要〉創刊号、一九九四年）。

10 田中俊明「魏の東方経略に関する問題点」（『古代武器研究』九号、古代武器研究会、二〇〇八年）。

11 吉林省文物考古研究所・集安市博物館編『国内城―二〇〇一〜二〇〇三年調査発掘報告』文物出版社、二〇〇四年。

12 註8に同じ。

13 註9に同じ。

14 註11に同じ。

15 吉林省文物考古研究所・集安市博物館編著『丸都山城―二〇〇一〜二〇〇三年集安丸都山城調査発掘報告』文物出版社、二〇〇四年。

16 関野貞「高勾麗の平壌及び長安城に就いて」（『朝鮮の建築と芸術』、岩波書店、一九四一年）。

17 小泉顕夫「平壌清岩里廢寺址の調査（概報）」（『昭和十三年度古蹟調査報告』朝鮮古蹟研究会、一九四〇年）、同「高句麗清岩里廢寺址の調査」（『仏教芸術』三三号、一九五八年。

18 金日成綜合大学考古学及び民俗学講座『大城山の高句麗遺跡』（金日成綜合大学出版社、一九七三年）。

19 チョンジェホン「安鶴宮遺跡に対する研究」（『高句麗歴史研究』金日成総合大学出版社、一九八五年）。ただし石室については三世紀前半のものとみている。

20 田中俊明「高句麗の平壌遷都」（『朝鮮学報』一九〇輯、二〇〇四年）。

21 ナムイルリョン・キムギョンチャン「清岩洞土城について（1）」（『朝鮮考古研究』一九九八年二号）。

22 蔡熙国『大城山一帯の高句麗遺跡研究』（朝鮮民主主義人民共和国社会科学院考古学及び民俗学研究所遺蹟発掘報告第九輯、社会科学院出版社、一九六四年）および註18『大城山の高句麗遺跡』。

23 註16論文および田中俊明「高句麗長安城の築城と遷都」（『都市と環境の歴史学第1集』二〇〇六年）。

24 註23田中俊明論文。

25 田中俊明「高句麗長安城城壁石刻の基礎的研究」（『史林』六八巻四号、一九八五年）。

26 崔義林『高句麗平壌城』（科学・百科事典出版社、一九七八年。抄訳が、高寛敏訳で『朝鮮学術通報』XVI—1・2、3・4、一九八〇年に掲載）。

27 註26『高句麗平壌城』および田中俊明「高句麗長安城の規模と特徴—條坊制を中心に—」（『白山学報』七二号、二〇〇五年）。

28 田中俊明「百済漢城時代における王都の変遷」（『朝鮮古代研究』一号、一九九九年）。

29 李道學「百濟漢城時期の都城制に関する検討」（『韓国上古史学報』九号、一九九二年）、朴淳發「百済都城の変遷と特徴」（重山鄭徳基博士華甲紀念論叢刊行委員会編『重山鄭徳基博士華甲紀念韓国史学論叢』景仁文化社、一九九六年）。

30 現在までのところ、国立文化財研究所から『風納土城Ⅰ』『風納土城Ⅱ』『風納土城Ⅴ』『風納土城Ⅷ』『風納土城Ⅺ』が、ハンシン大学校博物館から『風納土城Ⅲ』『風納土城Ⅳ』『風納土城Ⅵ』『風納土城Ⅶ』『風納土城Ⅸ』『風納土城Ⅹ』が刊行されている。

31 『整備・復元のための夢村土城発掘調査報告書』（夢村土城発掘調査団、一九八四年）、『夢村土城発掘調査報告』（夢村土城発掘調査団、一九八五年）、『夢村土城　東北地区発掘調査報告』（ソウル大学校博物館、一九八七年）、『夢村土城　東南地区発掘調査報告』（ソウル大学校博物館、一九八八年）、『夢村土城　西南地区発掘調査報告』（ソウル大学校博物館、一九八九年）。

32 田中俊明「『魏志』東夷伝の韓人と倭人」（武田幸男編『古代を考える　日本と朝鮮』吉川弘文館、二〇〇五年）。

33 金鍾萬ほか『艇止山』国立公州博物館、一九九九年。

34 安承周・李南奭『公山城百濟推定王宮址発掘調査報告書』（公州師範大学博物館・忠清南道、一九八七年）。

35 軽部慈恩『百濟遺跡の研究』（吉川弘文館、一九七一年）。

36 成周鐸「百済熊津城と泗沘城研究　其一」（『百済研究』一一輯、一九八〇年）

37 田中俊明「公州地方の王京と山城」（東潮・田中俊明編著『韓国の古代遺跡　2百済・伽耶篇』中央公論社、一九八九年）、同「百済都城と公山城」（『百済文化』三一輯、二〇〇二年）。

38 例えば申鍾國「泗沘都城発掘調査の成果と意義」（『福岡大学人文論叢』三九巻一号、二〇〇七年）参照。『扶餘官北里百濟遺蹟発掘報告書』Ⅲ（国立扶餘文化財研究所、二〇〇九年）。『扶餘官北里百済遺跡発掘報告書』Ⅳ（国立扶餘文化財研究所、二〇〇九年）。

39 田中俊明「王都としての泗沘城に対する予備的考察」（『百済研究』二一輯、一九九〇年）、同「百済後期王都泗沘城をめぐる諸問題」（堅田直先生古希記念論文集刊行会編『堅田直先生古希記念論文集』真陽社、一九九七年）。

40 『発掘調査略報告書　扶餘東羅城・西羅城』（忠南大学校百済研究所・大田地方国土管理庁、二〇〇〇年）。

41 朴淳發・成正鏞『百済泗沘羅城』（忠南大学校百済研究所、二〇〇〇年）。本書・朴淳發論文参照。

42 註39田中俊明「王都としての泗沘城に対する予備的考察」。

43 同前。

44 朴淳發「泗沘都城空間区画予察」（湖西史学会編『湖西地方史研究』景仁文化社、二〇〇三年）。

45 田中俊明「新羅における王京の成立」（『朝鮮史研究会論文集』三〇集、一九九二年）。

46 藤田元春『尺度綜考』（刀江書院、一九二九年）。

47 藤島亥治郎「朝鮮建築史論」其一・其二（『建築雑誌』四四輯五三〇号・五三一号、一九三〇年）。

48 国立慶州文化財研究所『新羅王京　発掘調査報告書Ⅰ』（国立慶州文化財研究

究所、二〇〇二年)。

49　国立文化財研究所慶州古蹟発掘調査団『月城垓字　発掘調査報告書Ⅰ』(国立文化財研究所、一九九〇年)。国立慶州文化財研究所『月城垓字　発掘調査報告書Ⅱ』(国立慶州文化財研究所、二〇〇四年)。国立慶州文化財研究所『月城　地表調査報告書』(国立慶州文化財研究所、二〇〇四年)。国立慶州文化財研究所『月城垓字　発掘調査報告書Ⅲ』(国立慶州文化財研究所、二〇〇六年)。

50　李恩碩「王京の成立と発展」(『28回韓国考古学全国大会』韓国考古学会、二〇〇四年)、黄仁鎬「新羅王京の変遷」(『東アジアの古代文化』一二六号、二〇〇六年)。

51　国立慶州博物館『国立慶州博物館敷地内発掘調査報告書』(国立慶州博物館、二〇〇二年)。

52　註45に同じ。

泗沘都城研究の現段階

朴　淳發

【キーワード】　百済都城　羅城　王宮　都市計画

序論

泗沘都城の最大の特徴は、羅城という外郭を備えているという点を挙げることができる。都城全体を羅城で囲んだ例として、高句麗の長安城とともに韓半島古代都城史において重要な画期になっている。京域を羅城で区画しその内部を都市的な集住域にしたこのような都城形態は、国家の集権力拡大に伴って都城居住人口の増加による集住の結果であるものと理解できる。そのような観点から羅城が登場する泗沘都城は、漢城期や熊津期とは質的に一段階跳躍したもので、成熟した古代国家の都城形態であると言える。泗沘都城の造営および泗沘遷都は、そのような点から百済の国家成長の新しい進展を意味するものと理解できる。

本節ではいままで行われてきた泗沘都城に関する研究成果を総合することによって、これからの課題と問題点を整理してみようと思う。具体的に羅城を含んだ泗沘都城の平面形態・泗沘都城の造成過程および完成時点・羅城内部の都市空間の区画内容などを中心に点検する。

1 泗沘都城の平面構造

百済滅亡当時の泗沘都城の構造については、『旧唐書』蘇定方伝に進攻過程の記録がある[1]。「入郭」したのち「囲城」したという攻略過程の説明からもわかるように、泗沘都城が内城外郭の構造であることを理解している内容である。「郭」は羅城であることが明らかで、「城」は扶蘇山城であるとみる見解が説得力がある[2]。後漢代の『呉越春秋』によると城は衛君するためのもの、郭は守民のためのもので、これらを合わせて城郭という[3]。城は本来王宮城を意味するが、泗沘都城の場合王宮城の存在は確認されていないため、扶蘇山城を指称したものとみられる。

泗沘都城の重要な外郭としての羅城の平面形態に関する文献記録は『東国輿地勝覧』扶餘県古跡条[4]に見られる。その内容は次のとおりである。

半月城は石築で、長さは一三、〇〇六尺、まさに昔の百済の都城である。扶蘇山を抱くように築いており、その両端は白馬江に至る。形象が半月と同じであるためそのように呼ぶ。

朝鮮前期の当時半月城とも呼ばれていた羅城の総延長は一万三〇〇六尺で、経国大典の布帛尺の一尺を〇・四六八mで換算すると六・〇八六kmになる。『大東地志』扶餘城池条の記事も『東国輿地勝覧』の内容とほぼ同じであるが、「今有土築遺址」とあり、城壁が石築でなく土築である点が異なる。時間の経過とともに石築部分が頽落し、土築とみられていたためと思われるが、羅城の平面形態はやはり白馬江が流れる西側には城壁がなく東側と北側にだけあったため、半月形と認識していたことに変わりはない。

一九一五年、関野貞は扶餘を初めて訪問し、泗沘都城を「扶餘半月城（泗沘城）」と命名し、その構造について次のような記述をしている。[5]

都城は一方西から南にかけて湾流せる錦江を自然の塹濠とし、南から東に当って起伏せる山を天成の障壁として、峯伝へに土築の城壁を築いて錦江の流と相応して、（中略）此城壁が恰度円の一方半月状をしているから此を

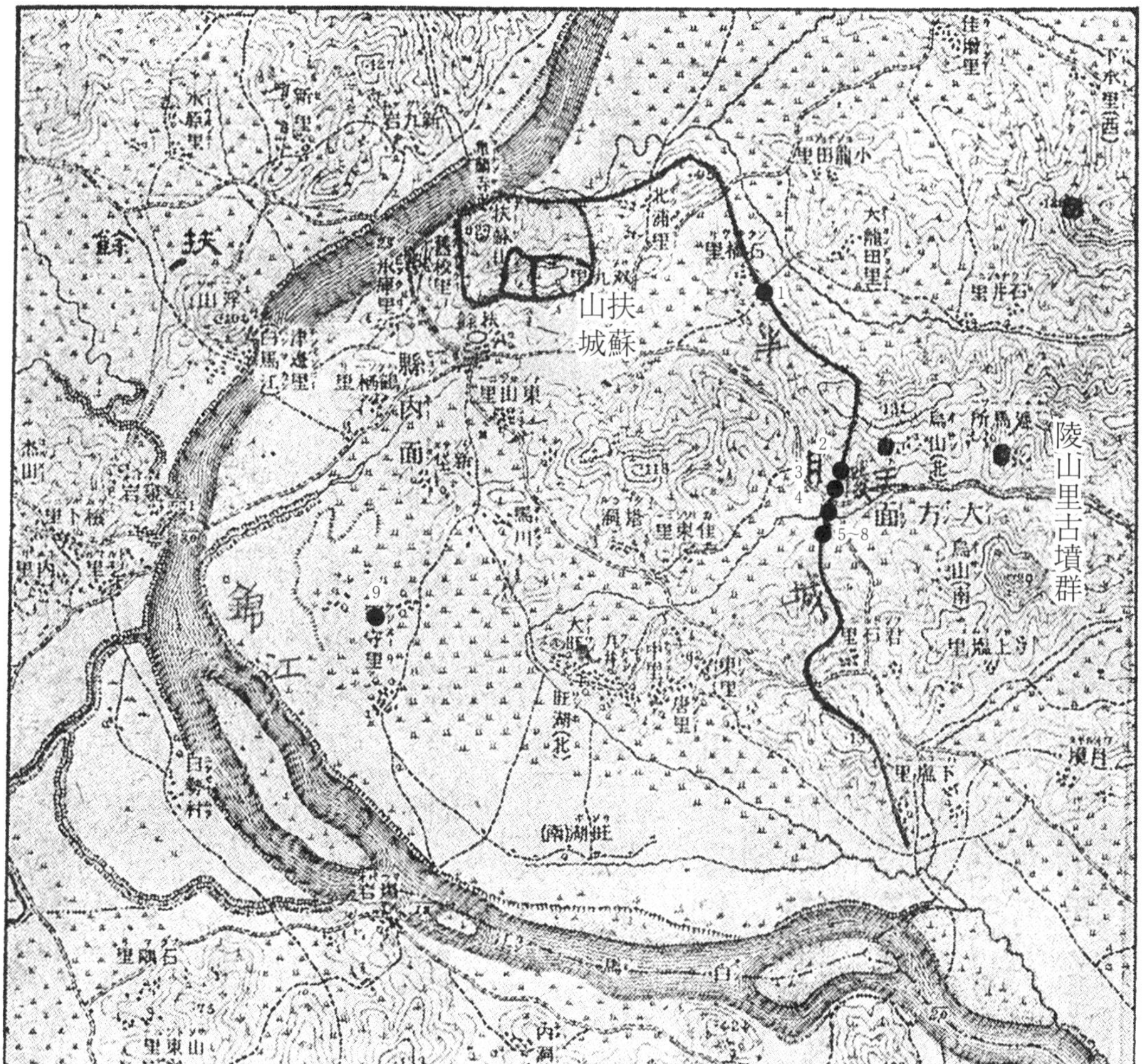

図1　1915年度の泗沘羅城平面認識（註5関野貞「百済の遺蹟」）

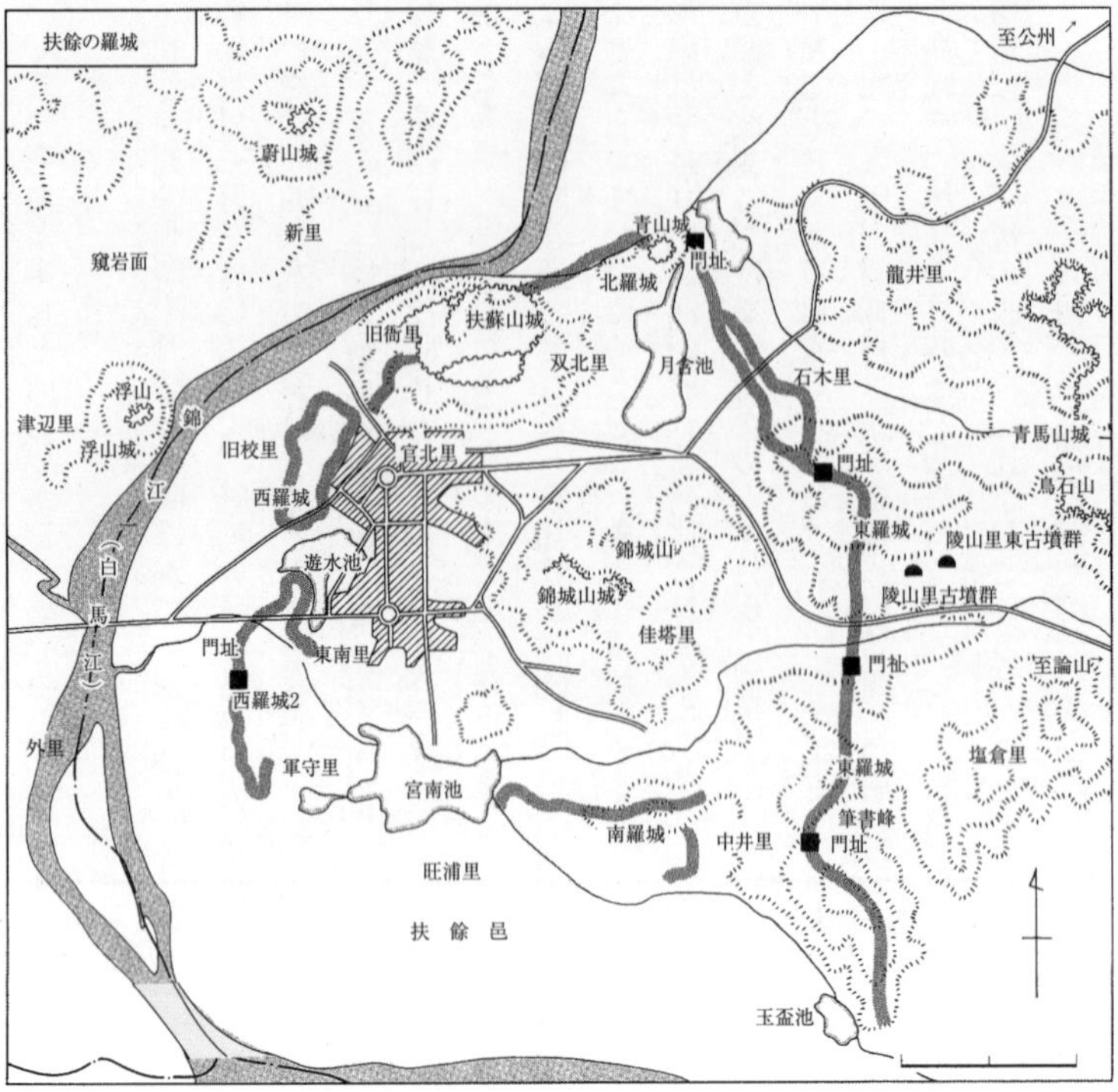

図2　1980年代以後の泗沘羅城構造認識（東潮・田中俊明『韓国の古代遺跡　2百済・伽耶篇』中央公論社，1989年）

半月城と称した。（中略）元来朝鮮式の城は何れも山城で、市街地まで城壁を以って囲むことはなかった。高句麗でも新羅でも任那でも皆そうである。百済でも公州の山城がそれであったが、此扶餘の都城は扶蘇山城の設けられてある外に、錦江の流れと外廓の城壁とで囲まれている。かように城壁を以て市街まで包囲したのは畢竟支那の城制を模したので、朝鮮式の山城と支那式の市街地包囲式との折衷からできたものである。（中略）かく山河自然の地形を利用して堅固な要害に拠り進歩した城制を作り出したのは、朝鮮では此半月城が初めてで其後高句麗の長安城（おそらく今の平壌）もこれに酷似した城壁を築いた。錦江は今でも川幅が広く徒歩することができるが、昔時は更に一層広く深かったに相違ない。

関野貞が泗沘城を「扶餘半月城」と呼んだのが、前述した『東国輿地勝覧』以来の記録内容を参考にしたものなのかはわからないが、図1のように羅城の平面形を最初に地形図上に表示した。これは後述する最近の調査結果と正確に一致する内容であるだけでなく、そのような羅城が内包している都城史的な意味付与は卓見である。ただ、扶蘇山城の構造については、発掘調査を通して明らかにされた最近の内容と異なり地表観察から複郭式と理解していることは、当時の資料の限界が起因している。一九五九年に扶餘を見学した岡崎敬の旅行記[6]に収録された図面にも、扶蘇山城から北に連結される北羅城と南の塩倉里に続く東羅城だけが表示されており、朝鮮時代以来のそれと同じく半月形と理解していることがわかる。

これと同じく羅城平面形態に対する理解が変化する契機となったのは、一九七八年度に百済古都整備計画の一環として作成された整備計

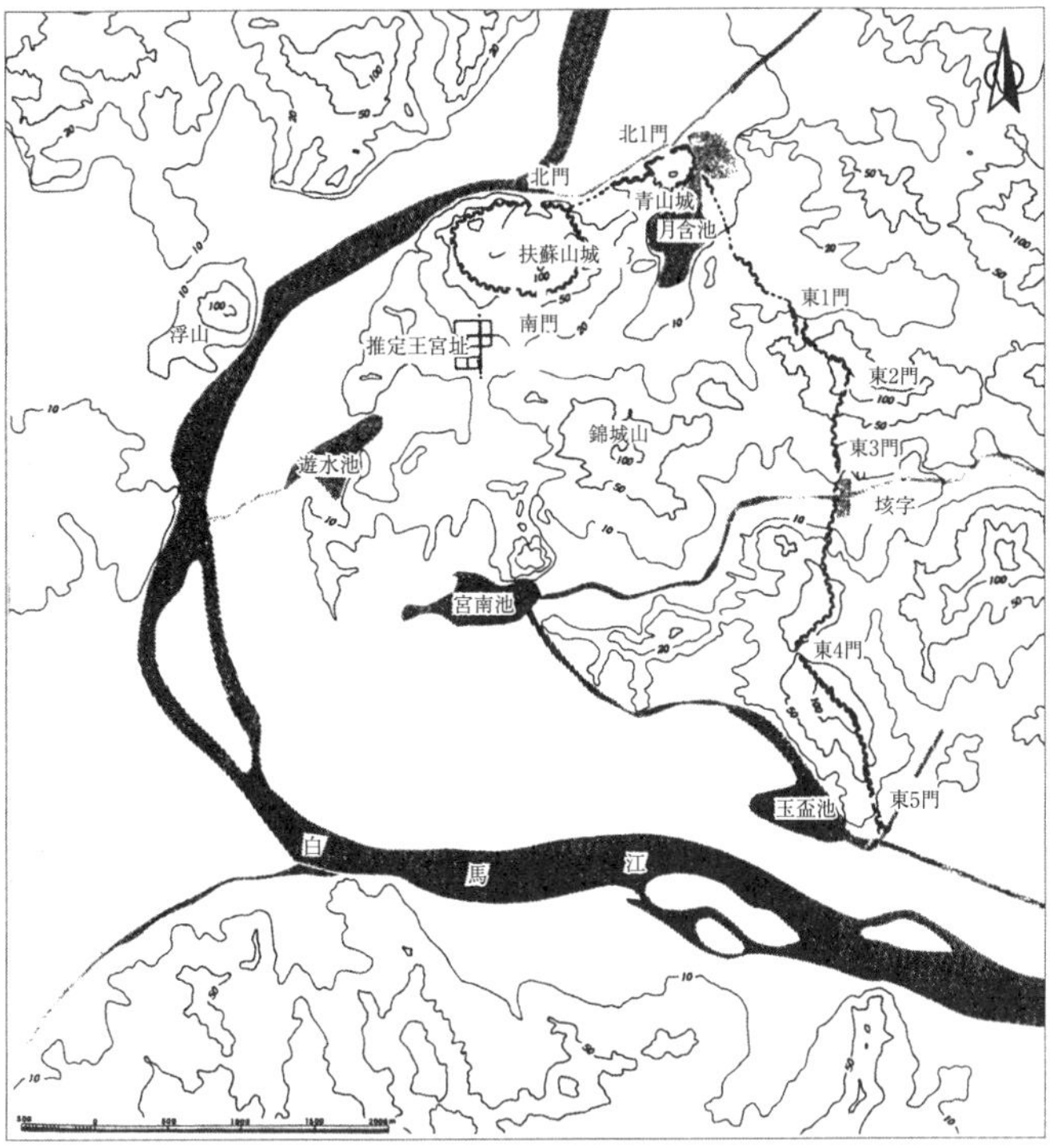

図3　最近明らかになった泗沘羅城の平面形態（註83 朴淳發「泗沘都城空間区画予察」）

画案[7]であったと思われる。その内容は成周鐸の論文[8]で紹介されているが、ここでは西羅城を扶蘇山城西側―ユースホステル―官北里―旧校里―遊水地―東南里―軍守里―城末里までと表示している。その後、洪再善[9]は地表調査を通して西羅城はもとより南羅城の存在も提起している（図2参照）。このような理解は、一九九九～二〇〇〇年の国道四号線工事に伴った、いわゆる「西羅城」通過地点に対する発掘調査[10]および二〇〇〇年扶餘郡の依頼によって実施した泗沘都城精密地表調査結果[11]が学界に公表される前まで、国内外の研究者らによって広く受け入れられていた。

　従来、西羅城が通過するものと推定された地点の発掘調査の結果、羅城の痕跡を確認できなかったため、本来その一帯は白馬江の自然堤防に該当されるもので、朝鮮時代以来、堤防が築造されていただけであった。これと同様にクドゥレ高水敷地に対する試掘調査時、現在の堤防外側地点で百済時代の瓦建物址が、川辺側では当時の耕作地が確認され、羅城の存在の可能性はごくわずかであることが明らかにされた。このような様相は「西羅城通過地点」と目星を付け発掘調査された軍守里地点の川辺側でも同様であった。畑と判断される当時の耕作地が展開されただけでなく、羅城のような城壁はもちろん木柵などの防御施設も確認することができなかった。このような調査結果は、防御の必要性はなくても洪水に対備した防水堤の必要によって西羅城が築造されたものと推定してきた従来の見解[12]とも符合しない。

　筆者は一九九九年度、羅城の各地点に対する踏査結果をもとに、扶蘇山城西側からクドゥレに続く一部区間の羅城の存在を想定したこと[13]があるが、前述したとおり二〇〇〇年度に実施した試掘を兼ねた精密地表調査の結果、西羅城の存在を確認することができなかった。その結果、泗沘羅城の平面構造および規模は扶蘇山城―青山城区間の北羅城〇・九㎞、青山城―石木里―塩倉里に至る区間の東羅城五・四㎞など総六・三㎞と明らかにしたが、これは以前の羅城の総延長八㎞とは多くの差異があり、前述した『東国輿地勝覧』の記録内容と符合する。その具体的な平面形態は図3に示すとおりである。

扶蘇山城は羅城と同様、泗沘都城を構成する主要構造物である。扶蘇山城地域に対する最初の調査は、日帝時代の一九四二年九～十二月に「西腹寺址」として知られている廃寺址の発掘調査だった。一九八〇年これに対する再調査が行われ、二〇〇一年まで総二五次の発掘調査が行われており、百済時代の扶蘇山城の構造および築造技法に関するおおよその把握が可能になった。[14]

扶蘇山城の地勢は、おおよそ南側の標高一〇六mの頂上部から分岐した三つの北向地脈から成り立っているが、城壁は南側の丘陵部を三角形に近い平面形態で包んでいる部分（鉢巻式城壁と呼ぶことにする）と、北向する東西の二つの地脈が渓谷部をまるでもっこ（畚）のように取り囲んでいる部分（包谷式城壁と呼ぶことにする）に大きく分けられる。南側の丘陵部は新たに南北方向の城壁によって東西に両分され、その東側部分は方形に近い平面（方形鉢巻式城壁と言う）になっている。一方、西側の地脈の落花岩付近地点にも、小さい三角形平面の城壁（泗沘楼地点の鉢巻式城壁と称する）がある。

このうち、扶蘇山城の平面構造の理解および築造時期の比定などと関連して重要なのは、一九八〇年の軍倉址鉢巻式山城城壁切開調査、一九九三～九四年の軍倉址鉢巻山城内部および周辺城壁調査、そして一九八八～九一年の東門址調査である。

一九八〇年の軍倉址鉢巻式山城城壁切開調査以後、尹武炳は、扶蘇山城は初築後百済時代に二回、近世朝鮮時代に一回修築が行われたとし、軍倉址を囲んでいる鉢巻式山城は、泗沘遷都以前からあった所夫里県山城をもとに築造した扶蘇山城の根源地で、遷都後、包谷式山城の部分を加えることによって、いわゆる複合式山城という百済山城の新類型として定着したという見解を提示した。[15][16]

成周鐸は一九八〇年の軍倉址鉢巻式城壁切開調査が発表されたのち、扶蘇山城の初築時点を東城王代と比定した。その後泗沘遷都を前後した頃に改修工事が行われ、軍倉址を囲んだ鉢巻式山城と抱谷式山城が結合した複合式山城と羅城の築造は、武王代の七世紀初頃になって行われ、泗沘都城がやっと完成するものとみた。[17] その後扶蘇山の東門址付近から「大通」銘瓦が出土したのとあわせて、包谷式山城城壁の築造時点が五二七～五二八年にさかのぼるとみられることから、以前の見解の一部を修正して、包谷式と鉢巻式は「大通」銘瓦製作頃と同時に築造されたが、その後鉢巻式の部分を新たに南北に分離して二つの鉢巻式山城に分けたとみている。[18][19]

田中俊明も、軍倉址鉢巻式山城がまずはじめに東城王代以前に築造され、そして包谷式と泗沘楼周囲の鉢巻式山城は、泗沘遷都以後に築造されたものであると理解した。[20]

しかし一九九二～九五年の間に行われた一連の城壁調査の結果、百済時代の城壁は包谷式城壁（総延長二四九五・六m）だけで、鉢巻式城壁（総延長一五七六・三m）は統一新羅時代、方形鉢巻式城壁（八四〇・六m）は朝鮮初期に築城したものであることが明らかになった。[21] そして一九九六～一九九七年の調査結果、泗沘楼地点の鉢巻式城壁もやはり統一新羅時代に築造されたものであることが確認できた。[22]

百済時代の築造であると最終確認された包谷式扶蘇山城と関連する

構造物は、現在まで次のとおりである。

まず、城壁の築造技法を見ると、現在まで確認できた地点ではすべて版築工法になっており、版築城壁の基底部の幅は五・八〜六・五mで、先に城の内側から版築したあと、それにつなぎ合わせて外側を版築する方式になっている。百済時代の初築城壁では遺物が混入された例がなかったが、一九九四年度に調査された泗沘楼の南側区間では、初築版築部内外に接した築土層から百済時代の瓦片が混入していた事例があり[23]、初築以後の部分的修葺もあったものと思われる。

次に城壁と関連する施設として城門が挙げられるが、いままで確認できたものとしては南門・北門・東門など三カ所ある。このうち、発掘調査が行われたのは南門と東門で、北門は調査されないままその推定位置に建てられた取水場により、すでに破損されたものと推測されている。南門は、現在扶蘇山城の南斜面に位置する三忠祠の東北側後方の渓谷部から確認できた。統一新羅時代の鉢巻式城壁門址と重複しており、原状が大きく毀損し正確な形状を確認することは困難だが、門址の幅は約七・五m程度で、相当広いため扶蘇山城の正門であると推定できる。門址の城壁通過地点には前面と上面をきちんとそろえた板石で階段を造り、階段の下には城内部から外部への排水のための瓦筒配水管が設置されていた[24]。東門もやはり正確な規模および施設を把握することができないが、門址と関連する石製手斧が確認されているため、その一帯を門址と推定することができた。門址から七七m南側地点には将台址と推定している施設と雉城が確認されているが、雉城の大きさは幅約三m、長さ約七・二mで、版築体城につなぎ合わせて石築したものである。統一新羅時代にこの門址が閉鎖され、その南側九五m地点に新しい門を築造したものとみている。東門址付近の体城

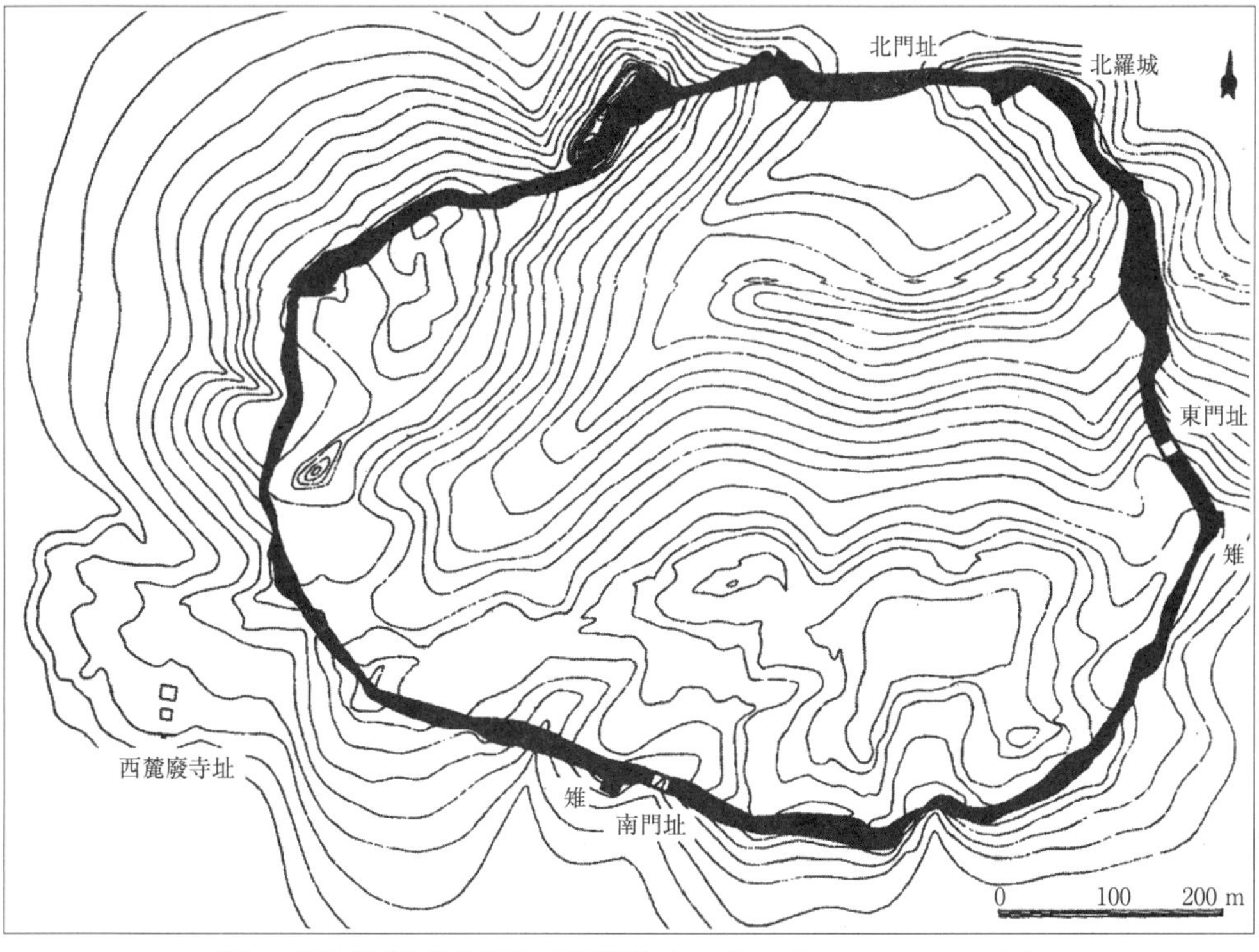

図4 泗沘期百済扶蘇山城の平面構造（註83 朴淳發「泗沘都城空間区画予察」）

の内側壁面は石築で、それと約一m程度離れた城内部の旧地表面には幅約七〇～八〇㎝の敷石面が、城壁に沿って敷設されていた。[25] この敷石面は東門址部分も通過しており、東門址の機能は先の南門址に比べてとても簡陋なものであったと思われる。

その他南門址西側四〇m地点で確認された雉城があるが、これは前述した東門址の南側の雉城と異なり版築によって築城されたもので、その規模が幅七・五m、長さ一一mで東門址の雉城をはるかに上回っている。[26] 以上詳しく見た百済の扶蘇山城の平面構造および施設物の配置は図4のとおりである。

2　泗沘都城の築造時点

泗沘都城の築造時点がわかる直接的な文献記録はないが、熊津が保有していた緊急避難所的な性格や地形的制限から始まった都市的機能の限界などを考慮すると、聖王十六年の遷都に先立って早くから泗沘遷都計画が樹立していた可能性は十分にある。これと関連し『三国史記』百済本紀東城王十二年（四九〇）および二十三年（五〇一）条の一連の田猟記事が当時そのような事情を言及しているものとする見解[27]があった。東城王代に泗沘遷都計画が樹立推進されていたことがわかる記事として「加林城」の築造を例として挙げることもできる。尹武炳はこの城の位置が泗沘新都の防御に大変重要な要衝地であったとし、この城の築造は、結局泗沘遷都の準備処置とみることができるとの見解[28]を提示したことがある。

しかし東城王と武寧王代の泗沘遷都計画説は成立不可能であり、遷都は聖王代に入って高句麗のたび重なる軍事的攻勢に対処し、国家体制を一新するために電撃的に立案・施行されたものとみる見解[29]もあり、具体的に五二九年高句麗との五谷之原（黄海道の瑞興）の戦闘で敗れたあと、高句麗に対する対備および南方経営の必要性が台頭してきたため、泗沘遷都の道を選択したものとみる見解[30]もある。

このような文献史料に見られる情況的根拠以外の考古学的資料として注目されるものとして、扶蘇山城の築造時期問題がある。前述したように、この山城はその平面構造をめぐって、最初は所夫里県の県城として鉢巻式山城を築造したのち、泗沘遷都に合わせて包谷式山城を完成させたとする見解も一時期あった。しかしそのような推定は間違っていたことが証明され、このような論旨と関連するいくつかの見解[31]はその根拠を失った。

扶蘇山城築造時期の比定と関連する重要な根拠の一つとして一九八八～九一年の間に行われた東門址調査で出土した「大通」銘の印刻瓦片がある。二点を収集したが、出土地点は東門址から南側に約一〇m離れた城内部の瓦積層だった。[32]「大通」銘は公州班竹洞の大通寺址出土品と同一であるため、当初大通寺の建設時に使用した瓦が扶蘇山城に転用されたものであると理解できる。

大通寺は、『三国遺事』興法三・原宗興法厭觸滅身条によると、大通元年（五二七）に、梁の武帝のために建てられたとある。これによって大通寺の寺名が梁の武帝の年号を意味するものであるとする見解が多いが、『法華経』の主仏である大通智勝如来を意味するという文東錫の見解[33]に説得力がある。彼によれば大通寺の創建背景になる法華思想は、当時梁で流行しており、梁で活動し五二一年に帰国した百済僧侶発正によって受容された可能性があるという。いずれにせよ大通が寺名であり年号であり、五二七年頃に築造されたとみることには何ら問題はない。

筆者は、「大通」銘の瓦の年代ともに、扶蘇山城出土土器のうち最も早い段階に該当するものは、公州艇止山遺跡調査[34]で出土した熊津期第二段階〜三段階に比定できる蓋杯および蓋に類似したものである点を根拠に、およそ六世紀前半〜中葉頃に比定でき、「大通」銘瓦の製作時点である五二七年頃に、扶蘇山城の築造が進行されていたものとみる見解[35]を提示した。扶蘇山城の城壁付近から出土した瓦は、班築城壁の被覆用と理解できる。そうであるなら、五二七年頃創建された大通寺使用瓦のうちの一部がその頃やはり版築城壁が完成された扶蘇山城の城壁を覆っていたものとみることができるため、扶蘇山城は五二七年頃に城壁築造が完了していた可能性が相当高い。これと関連して李炳鎬はその前年の五二六年の熊津城の修理、五二三年の武寧王の死亡、五二六年の王妃死亡など一連の国家大事時に新都建設に着手した可能性に懐疑を提起しつつ、遷都前後時点にも扶蘇山城の包谷式山城の築造は制限された範囲でとどまっていたと主張している[36]。山城築造がまさにその頃に着手したとみる理由はなく、以前着手した山城築造が前記したような出来事で中断したとみる積極的な根拠もない。そして扶蘇山城が完成されていない状況で遷都が行われたと推定すること自体、よりいっそう理解することができない。

このように扶蘇山城は五三八年の遷都以前に完成していたとみる立場が有力であるが、東城王八年（四八六）に築造した「牛頭城[37]」を扶蘇山城に比定し、熊津期にすでに泗沘都城の築造が行われていたという主張[38]も提起されたことがある。『三国史記』に記録されている東城王代の一連の築城記事の間の前後関係および情況から推測すると、はじめは高句麗などの北方脅威に対処する目的だったが、その後新羅に対する防備が求められたものと考えられる。泗沘遷都のための事前布石であると広く受け入れられている加林城の築造は、その後ようやく出現する。であるから東城王八年に築城した牛頭城が泗沘地域経営のための築城と受け入れることはできない[39]。牛頭城を扶蘇山城とする主張の根拠は、ただ単に平面形態が牛の頭と類似しているという主観的観察以外になく、とうてい受容することができない[40]。牛頭城の位置は忠南韓山に比定する見解[41]があるが確かではない。

扶蘇山城と同様に、泗沘都城の重要な構造物である羅城の築造時点については、扶蘇山城同様、遷都以前またはほぼ同じ時点とみる見解[42]とともに武王代である七世紀初とみる見解[43]があるが、前者が有力である。

羅城の築造時期を七世紀初の武王代とみる根拠は、北羅城を通過する青山城の築造時期比定と密接な関連がある。この城は早くから洪思俊によって六〇五年に築造した角山城[44]と比定されていたが、青山城北側の土城が羅城と連結しているため、羅城の築造時期を青山城、つまり角山城の築造時期である六〇五年と比定できるとした[45]。青山城を角山城に比定する根拠自体説得力がないため[46]、成立不可能である。

遷都以前に羅城が完成したとの見解の主要な論拠は、都城防御において必須施設である外郭が不備なまま遷都が断行されたと想定することが自然でないためである。それとあわせて、五五四年に戦死した聖王陵に比定される中下塚[47]を含んだ陵山里古墳群と羅城の位置関係も、やはり羅城築造時点の比定に対する傍証になる。都城の外郭である羅城と墓域の関係は、現在までわかっている資料のなかで最も早いものとして、『隋書』儀礼志の「在京師葬者、去城七里外」（五八一年撰定）を挙げることができる。しかしこのような喪葬規定は、隋以前の歴代北朝でもすでに存続していた可能性を、該当時期の歴代北朝の墓誌銘に言及されている葬地と城郭との距離の記事を通して確認することができ、しかも西晋代の泰始令（二六四年頒行）喪葬篇目にすでにそのような規定が含まれていたとみる見解もある。[48] 百済と密接な関係を維持していた南朝地域での事情についての詳細はわからないが、北朝のそれと類似した喪葬篇目があった可能性は十分で、百済もやはりそれと同様な喪葬令を参考にしていたと思われる。都城内つまり京域には墓を造らないという認識を、当時東アジアが共有していたものとみることができるなら、[49] 少なくとも五五四年に聖王陵が築造される頃には、すでに陵山里古墳群一帯が京域の外側と認識されていたものと考えられ、その境界は羅城とみなければならず、遅くとも五五四年以前にすでに羅城が築造されていたようである。[50]

これと関連して、最近陵山里の陵寺築造以前の溝渠から出土した木簡の性格、および陵山里寺址に面した羅城の非正常な屈曲状態が注目される。陵寺築造以前の水路から出土した木簡のうちいわゆる男根形木簡は、都城の外方道で行われた道祭に使用したものとみられ、[51] この一帯がまさに当時の東側の境界であったことがわかる。この木簡はその下限が陵寺創建時点である五六七年で、遅くともその頃には羅城が存在したことを再確認することができる。そして陵寺のすぐ西側部分の羅城城壁が、まるで甕門のように屈曲していることについては、この地点が陵寺建設以前の羅城の東門であったことを強く示唆しているものと理解できる[52]（図5参照）。その他、二〇〇二年度に実施した東羅城の塩倉里山麓地点の城壁切開調査時、築城盛土層内に混入された三足器[53]は、定林寺敷地整地土層から出土した三足器（図8参照）とともに六世紀前半に比定することが可能であることから、やはり羅城築造が遷都以前に行われた可能性が高い。

3 泗沘都城の造成過程

扶蘇山城と羅城の築造時点を基準にすると、泗沘都城の造成は遷都時である五三八年以前であった。しかし泗沘都城の都市内部の諸施設などが備えられた過程が具体的にどのようであったのかについては、まだ研究の蓄積が多くない。これと関連して李炳鎬[54]は、泗沘都城地域出土瓦当の形式分類と時期比定を通して、都城内部の築造過程を三段階に分けて理解した。それによると一段階は、熊津末から陵山里寺址築造以前の六世紀中葉までで、羅城などの防御施設と王宮および官衙建物の一部がこの時期に建設された。二段階は六世紀中葉から七世紀初までで、定林寺址・東南里遺跡・軍守里寺址など都城内の瓦建物が急激に増加した時期である。三段階は七世紀前半から滅亡までで、都市空間が羅城および白馬江西側まで拡大した時期である。

都市内部の施設の場合、その拡充または整備過程が漸進的であった可能性はいくらでもあり、陵山里地点の発掘調査での結果[55]を見てもそのように理解できる。羅城が築造される以前のこの一帯は低湿地で、羅城築造以後、最初の水田耕作面→水田廃棄後の堆積間層→第一生活遺構面→第二生活遺構面の順に変化していることがわかった[56]（図6参照）。第一生活面はこの一帯に道路網が開設される時点で、第二生活

図5　陵山里寺址西側に位置する東羅城屈曲地点

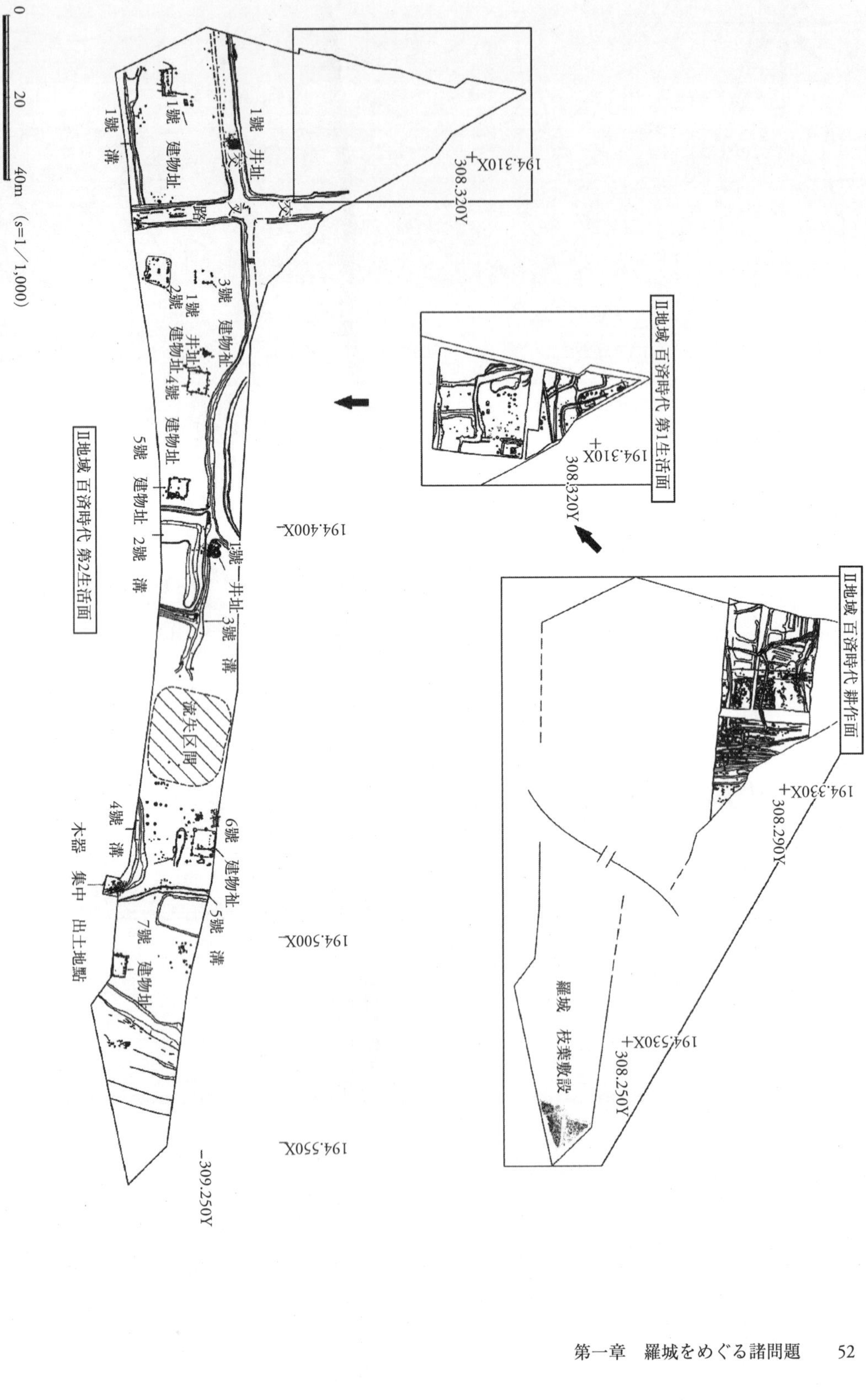

図6 陵山里・佳塔里第2地点遺構の層位別遺構平面図（註76朴淳發「泗沘都城の景観に対して」）

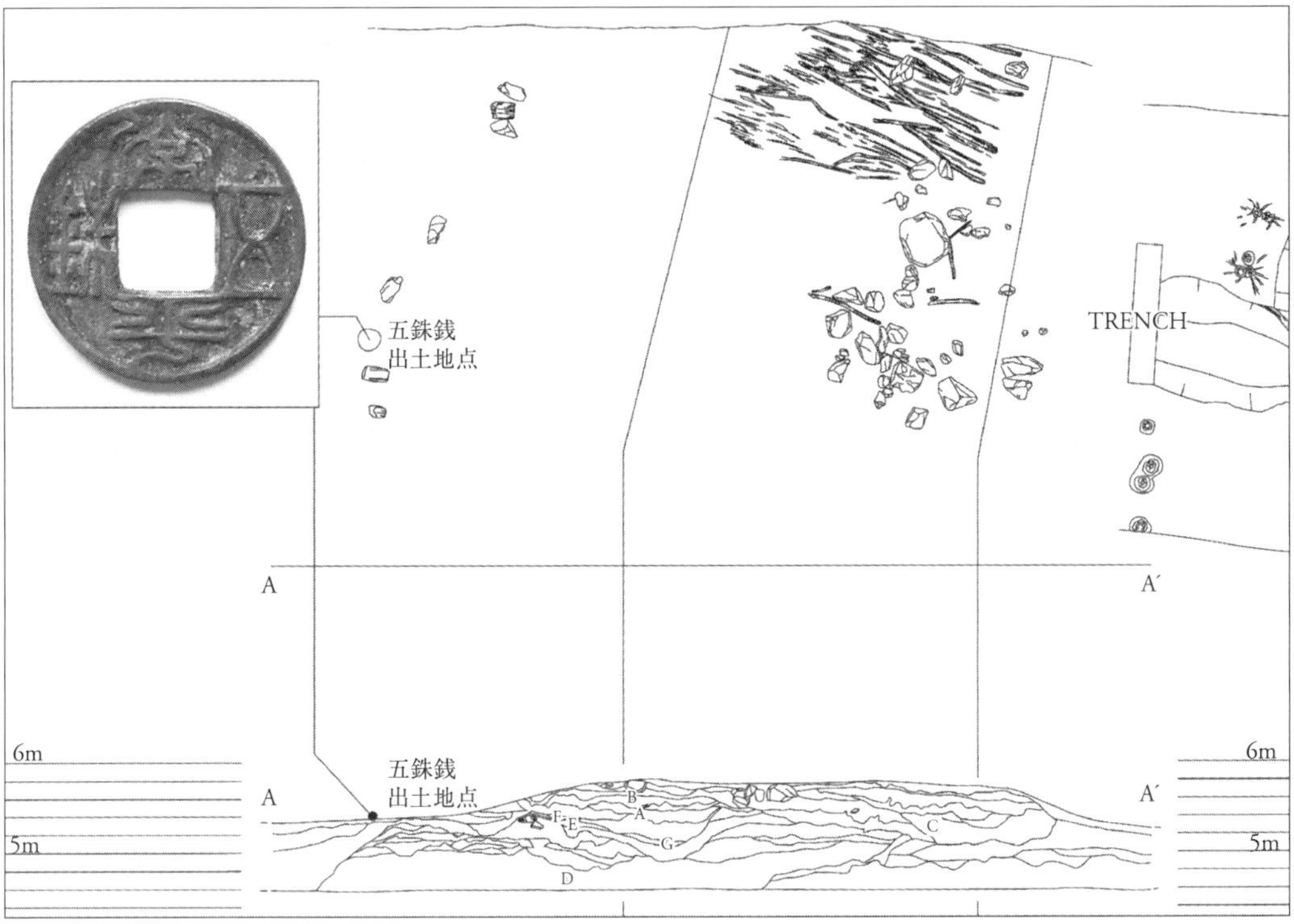

図7　双北里ヒョンネドゥル地点の道路遺構出土の常平五銖と層位

面は、隋の五銖銭からみて六世紀末～七世紀初に比定できる。この頃には羅城の外側にも住居址が確認されている。

ところで二〇〇六年度に発掘調査された双北里ヒョンネドゥル地点では、道路開設時期がわかる資料が出土した（図7参照）。道路の側溝充填土層の床面から常平五銖一点が出土したことによって、道路の開設時点は常平五銖の廃棄時点よりさかのぼるが、常平五銖は五五三年北斉が発行したものであることは周知のとおりで、五七七年に創建された王興寺木塔址の舎利装置孔の埋納遺物からも常平五銖が出土しており、おおよそ六世紀の第三四半期に百済地域で保有していたものとみることができる。そうなら双北里ヒョンネドゥル地点の道路はそれより早い六世紀中葉頃にはすでに開設されていた可能性が高く、陵山里・佳塔里一帯に道路が開設された時期もこれと大きくは違わないだろう。

陵山里・佳塔里地点と同じ都城内部の周辺地域は、羅城築造以後にも一時期水田として耕作されていたが、六世紀中葉頃以後、人口の増加とともに道路のような都市基盤施設が拡充され始めたものと理解できる。しかし王宮・官衙・士庶人の居住域の画定、宗廟・社稷や寺院などの都城の重要な基盤施設は、遷都と同時にほとんど完成していたものとみなければならない。五部五巷に編制された居住域の画定は、おおよそ遷都前後に行われていた可能性が高い。『日本書紀』に記載されている百済使臣の部名冠称史料[57]を見ると、五四一年以後出身部名が固定されていく姿を確認することができ[58]、五三四年の上部の己州己婁が五四三年には前部に変わっている事実から想定すると、五三八年前後に居住域の変化があったものと思われる。このような居住地域の変化は遷都を契機に居住地の再編があったことを示唆するものと理解

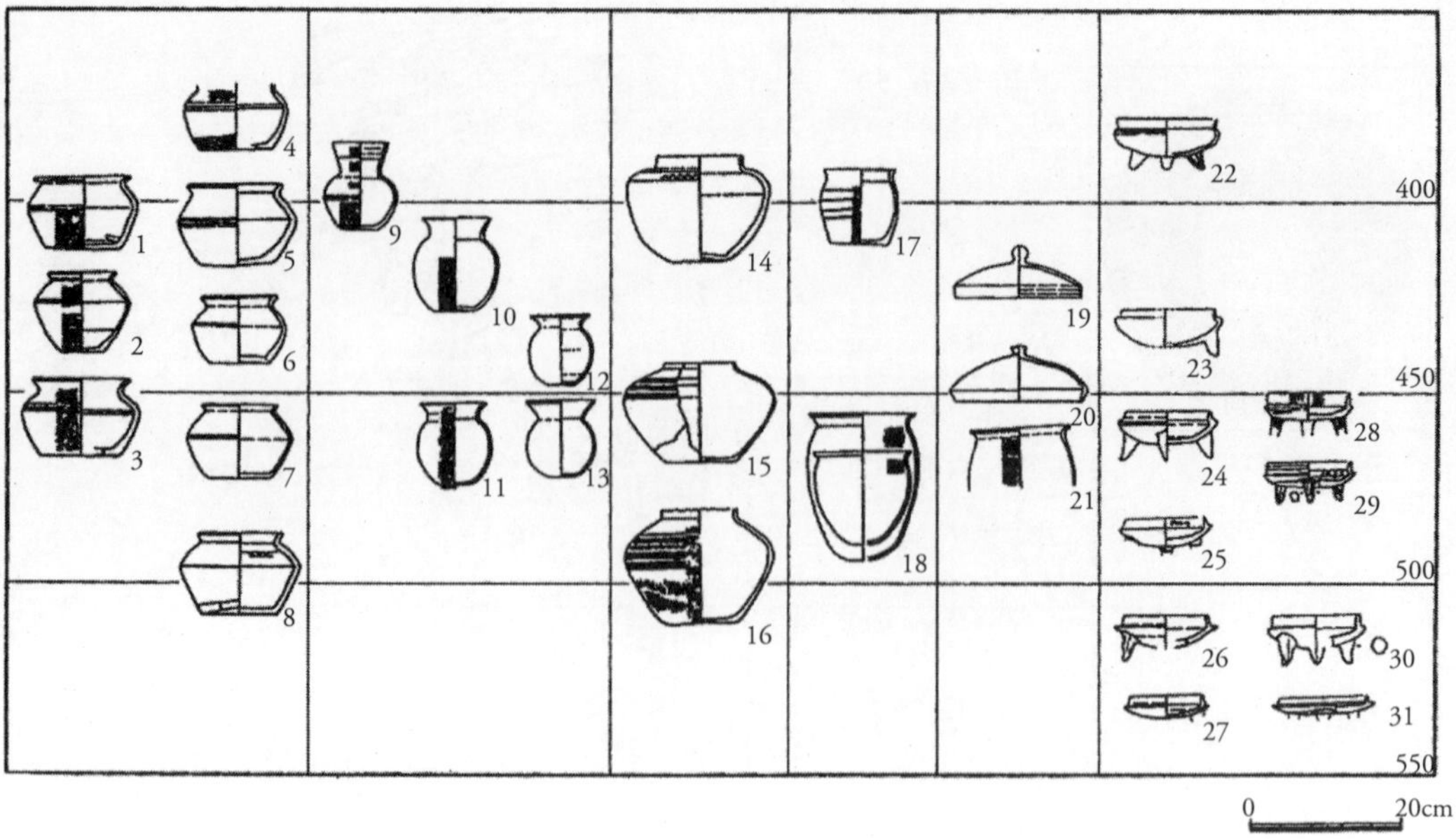

図8　漢城Ⅱ期～熊津期土器の変遷と定林寺址出土三足器（註61 朴淳發「熊津遷都背景と泗沘都城造成過程」）

できる。[59]

定林寺が都城内に位置する国家の中心寺刹であることについては異見がないが、この寺刹の建立時点も、やはり泗沘都城の造成過程の理解をする上で重要である。定林寺は低湿地を整地して建立したものと理解されているが、[60]敷地の埋立て土に混入された三足器（図8参照）を根拠に、筆者は五三八年以前に造成作業が進行していたとみた。[61]五四一年、聖王が梁に遣使して『涅槃経』などの経義とあわせて工匠・画師を請うたことは、[62]まさに定林寺の造成と関連するものとする見解[63]が有力であるが、この頃を定林寺の造営完成時点とみる立場[64]と、定林寺木塔内部の荘厳が造成された始点とみる立場[65]がある。遷都以前の五三四年には、梁に遣使朝貢していたことがある点[66]からみて、遷都に先立って、定林寺をはじめとした新都の主要な基盤施設の最後の作業と関連した、先進文物の確保に尽力していたものと理解できる。

『日本書紀』欽明紀に見られるとおり、五四一・五四四年の二回にわたって任那復建会議が聖王の主導で泗沘で開催された点からみて、少なくとも五四一年以前に新都の主要基盤施設は完成していたものとみてよいだろう。[67]泗沘新都の新文物は、加耶諸国の百済に対する好感を誘発する上でとても重要で、都城の面貌に遜色があっては困るからである。欽明六年（五四五）に任那復建会議に参加していた日本府の臣や加耶諸国の旱岐に、呉財つまり梁から入手した文物を差等贈与していたことは、[68]新文物の中心地である泗沘都城の面貌に対する百済の自負心と、それを通した外交行為をよく表している。

泗沘都城の工役には多数の労働力が必要であったが、これと関連して注目されるのは、扶餘一帯に発見されている高句麗系土器の存在である。筆者は、陵山里地の水田層などから出土した泗沘期の高句麗系

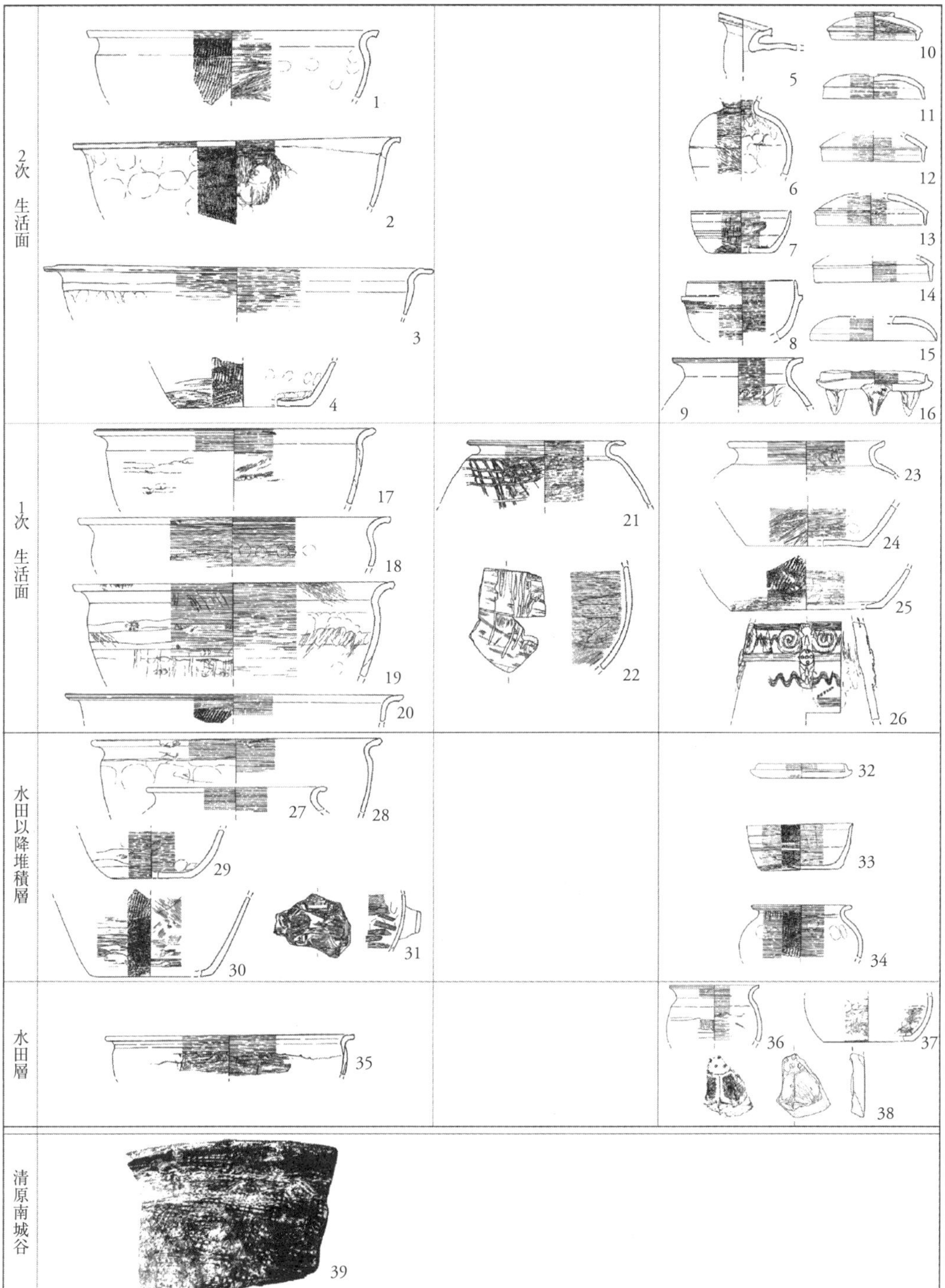

図9 陵山里・佳塔里出土の泗沘様式土器（註72 朴淳發「高句麗と百済」）

土器は、漢城陥落以後、高句麗地域に編入されていた住民を工役に動員した事情を示唆する資料と理解している。武寧王代の六世紀初頃に断行された、加耶地域に散らばった百済の民に対する括出[69]や内外の遊食者に対する帰農措置[70]などは、泗沘都城の工役に必要とされる人力の拡充と密接な関連があるものと思われる。このような一連の処置を泗沘都城の造成および遷都の経済的背景から理解することもできるが[71]、筆者は具体的に、高句麗治下から取り戻した地域の住民の従属、および泗沘都城の工役への投入と理解しようと思う。このような点は泗沘期に入って急に高句麗土器と酷似した泗沘様式土器[72]（図9参照）が登場したあと、それが持続している事実とも符合する。また泗沘遷都後、国号を「南扶餘」と改名したことも、そのような事情と関連があるものと考えている。すなわち旧高句麗治下の住民に新しい国家帰属感を付与するために高句麗と百済の共同出自である夫餘起源の出自観を強調した結果であると理解することはできないであろうか。

そのような観点から扶餘小学校および羅城外の龍井里から出土した高句麗様式の瓦当が注目される（図10参照）。この瓦当は四区画の蓮花文で比較的古式にあたる。中国の場合、蓮花文瓦当は雲文に続いて登場し、雲文が完全に消滅する時点は五世紀初頃とわかっており[73]、四区画の蓮花文はだいたい四世紀代以後に登場したものと判断できる。これとともに類似した瓦当が平壌の楽浪土城址から採集されたが、その時期は高句麗の平壌遷都以前とみている[74]。集安地域出土の瓦当のうち、この扶餘出土蓮花文瓦当と形式的に類似したものは、主に四世紀代の王陵に比定できる墓から出土したものである。そのうち西大墓からは「己丑」銘の雲文瓦当（図10の⑥）とともに蓮花文瓦当（図10の⑦）が出土したが、ここでの「己丑」は三二九年と比定できる[75]。集安の太王陵では雲文が見えず、蓮花文瓦当は六弁になっている。四区画蓮花文瓦当が六区画または八区画の蓮花文瓦当より先行するものとみられるが、四区画方式は、蓮花文が盛行する以前の段階である雲文瓦当から普遍的に採用された区画だからである。現在まで知られている高句麗瓦当のうちで、扶餘出土高句麗式瓦当と完全に一致する例はないが、これらが高句麗系統の蓮花文瓦当であることは確かである。

そうであるなら、高句麗式瓦当が泗沘期都城の内外の特定地点の建物址から出土する背景は何なのであろう。とくに四世紀代の古式瓦当が登場する理由は何だろうか。前述したとおり、泗沘遷都とともに国号を「南扶餘」に改名した背景を、夫餘継承意識の闡明および高揚と理解できるなら、古式高句麗系瓦当が使われた建物は、そのような出自観と関連が深い宗廟や社稷のような特殊な用途とみることはできないだろうか[76]。

このような推論が可能なら、高句麗式蓮花文瓦当が出土した扶餘地域の二地点には、それぞれ泗沘期百済の宗廟や社稷のような施設があった可能性が高い。扶餘小学校一帯はまさに扶蘇山城の南側斜面に該当し、早くから王宮をはじめとした当時重要な施設が位置していたものと思われてきた地点であった。そして龍井里寺址は一九八〇年までは、その存在を確認することができなかったが、耕地化の過程で、一九九一年度に発掘調査が行われたところである。調査の結果、上下二段階の建物址が重複していたことがわかった。この建物址の性格については まだ不明な点が多いが、最近熊津期の寺址とみる見解が発表された[77]。それによるとこの寺は、泗沘都城建設のため熊津期に建立したというものである。熊津期創建の初築建物は、発掘調査時確認した下層建物址であるが、これを破棄したあと、上層の建物址が造られた

①

②

③

④

⑤

⑥

⑦

⑧

① 扶餘　龍井里寺址 出土（扶餘文化財研究所　1993）
② 扶餘　双北里 出土（百済文化開発研究院　1983）
③ 扶餘　初校西側 出土（百済文化開発研究院　1983）
④ 扶餘　龍冠里 出土（百済文化開発研究院　1983）
⑤ 扶餘　初校 出土（百済文化開発研究院　1983）
⑥・⑦ 集安　西大墓 出土（吉林省文物古研究所・集安市博物館　2004）
⑧ 集安　太王陵（吉林省文物古研究所・集安市博物館　2004）

図10　扶餘および集安地域出土の瓦当（註76 朴淳發「泗沘都城の景観に対して」）

過程で、前述したとおり高句麗式瓦当が混入されていた。つまり下層建物が存続した頃に高句麗式瓦当が使用された可能性が高いが、熊津期に泗沘都城の造営のための拠点として造られた寺院になぜ復古風の高句麗式瓦当が使用されたのか説明することは難しい。龍井里寺址を単純な寺院でなく始祖の祠堂や国家的な社廟と関連した建物址とみるのがいちばん妥当であろう。

これと関連して注目できることは集安の東台子建物址である。この建物址は一九五八年度に発掘調査され、その規模や華麗さからみて王宮や社稷のような建物址であると報告されている。[78] その後この建物址の性格をより具体的に『三国史記』故国壌王九年（三九二）に重修したことが記録されている[79]国社と比定する見解が提示されたことがある。[80] このように集安の東台子建物址は、高句麗が集安の国内城に都邑していた時期の宗廟または社稷とみる見解が支配的である。東台子建物址は国内城から東側に約五〇〇m離れた台状地に位置しているが、これは『魏志』高句麗伝に見られる高句麗の社稷に関する説明[81]とだいたい一致する。宮城の東側に位置する社稷が東台子建物址だとすると、龍井里寺址もやはり羅城外側から東側約一・二km地点に位置しており、国内城と東台子建物址の相対的位置と比較することができるため、百済の宗社である可能性を排除することはできない。

4 泗沘都城の都市区画

羅城内部空間構造は、文献資料および最近まで確認された考古学資料によって五部に区分・偏在、各部はさらに五つの巷から構成されていたことがわかる。宮南池出土木簡の「西部後巷」などの表現からみて、五部の名称は前・後・上・中・下とともに方位名が併用されていた可能性があり、五巷の名称もやはり五部のそれと同様に前・後・上・中・下のような位置名が冠称されていたものとみられる。[82] しかし当時の泗沘都城内部の都市空間区画の具体的な姿については知られていないことが多い。

最近までにわかっている発掘調査結果をもとに、筆者は都内の空間区間の様相を把握しようした。[83] 扶蘇山南麓の官北里道路遺跡、宮南池北側地点で確認された道路遺跡[84]、そして軍守里地点の道路遺跡[85]などを当時の市街地区画の痕跡を根拠にGPS測量から再構成を試みた。このような一連の作業から、扶蘇山南麓の現国立扶餘文化財研究所一帯の発掘調査を通して確認された蓮池をはじめとした道路遺構・建物址・井泉など[86]は、重要な糸口になる。扶餘文化財研究所の東側にある扶蘇山南麓には、東西方向の石築によって扶蘇山南地区とその南側の平坦地域が区画されており、この石築に直交する南北方向で幅八・九mの南北大路を確認した。区画石築から南北大路に従って約一〇三mの南側地点に至って、大路は幅三・九mの東西道路と直交する。交差地点には南北大路路辺の排水路が、東西道路下を暗渠として通過するように造られていた。一方、南北大路から東側に約八六m離れた地点から山地と平坦地を区画する石築に直交し、南北方向とはまた別の道路が確認できた。この道路の路幅は、前述した東西道路の幅と同じである。これらの道路によって区画された空間は真北を基線にしたもので、現在の磁北とは約六～七度の偏差があり、南北大路・東西道路そして南北小路によって巡らされた部分は、東西八六m、南北一〇三mの正方形を成している。[87]

このような区画が、都城内部全体にわたって実施されていたかという問題については、具体的な根拠資料がないが、一九一八年度発行の五万分の一地形図を詳細に観察した結果、官北里地点で確認できた区間と同一な大きさの区間が、今の扶餘文化財研究所地点から南側に三つ、そして東側に四つ程度確認されることによって、少なくともこの一帯には一定の区画があったものと思われる。発掘調査の結果確認できた南北大路の延長線が、当時都城内の中心寺刹である定林寺址の現西側垣牆とほとんど一致している点からも、やはり都城内部空間区画に一定の企画性が適用されていたものと推測することができる。

都市区画に適用されていた企画性を把握するため、前述した道路遺構間の関係をGPS測量から確認した結果、官北里地点の路幅八・九m、南北大路と路幅三・九mの南北小路および東西小路によって区画された単位ブロックの大きさは、各道路の中心線を基準にすれば縦一一三・一m、横九五・五mという計測値で、縦の方向は、現在の磁北から六・五度偏東していた。この単位区画は、日帝時代の地籍図からもはっきりわかるもので、「官北里長方形区画」と呼ばれており、隣接した現在の扶餘市街地の一部に該当する旧衙里一帯にも同一な区画が確認でき、「旧衙里正方形区画」と呼んでいる[88](図11参照)。

官北里長方形区画が泗沘都城内部全体にわたって配置されていたのかについては疑問が残るが[89]、二〇〇四年度に発掘調査した陵山里・佳塔里地点でも、ほとんど類似した道路区画が確認でき、その可能性を広げている。陵山里・佳塔里地点の道路遺構によって区画された単位区画の大きさは南北の長軸一一七mで、官北里長方形区画に比べて多少異なるが、東西幅の長さは同一である。二〇〇六年度には双北里ヒョンネドゥル地点と双北里北浦地点でも次々と道路遺構が確認されているが、やはりこれらも、すでに知られている道路遺構によって把握した区画線と大きく違わないため、都城内部全地域にわたって同一な空間区間が適用された可能性がより高まった。このように、いままで確認した道路遺構の分布と、官北里長方形区画との関係は図12のとおりである。

一方、都市空間区画に適用した尺度と関連して、高句麗尺が使用されたという見解[90]が提起されたことがあるが、中国南朝尺を使用した可能性を提起した見解[91]や、それらとは異なり一尺二六・七cmの固有の古韓尺を使用したという見解[92]もある。定林寺址の塔部材や陵山里型の横穴式石室墓の規格に二五cm単位の尺度が使用されたことを確認したことがあり[93]、おおよそ二四～二五cmの尺度が適用された可能性が高い。官北里区画と隣接する旧衙里地点で確認された区画の大きさを高句麗尺・南朝尺・古韓尺に対比した結果では、南朝尺によって完数が得られるという観察[94]があり、やはり泗沘都城空間区画に適用された尺は南朝尺である可能性が最も高い。実物資料によると南朝尺の長さはおおよそ二四～二五cm間に分布していることがわかっているが、最近南京で発見された西晋代の象牙製官尺の寸法が幅二・三～二・五cmで、全体の長さが二四・三cmであった[95]。

泗沘都城の中心施設だということができる王宮の位置については、早くから扶蘇山城南麓の現国立扶餘文化財研究所一帯が注目されてきた[96]。官北里地点では蓮池・道路遺構などが発見されたことによってこのような見解はより説得力を増し[97]、筆者もやはり前述したとおり、一九一八年度発刊の地形図上で観察できた区画の痕跡が王宮と同じ特殊地域であったことを示唆するものと理解した[98]。最近この一帯に対する発掘調査の結果、木槨庫のような貯蔵施設を確認し、王宮の内裏地域

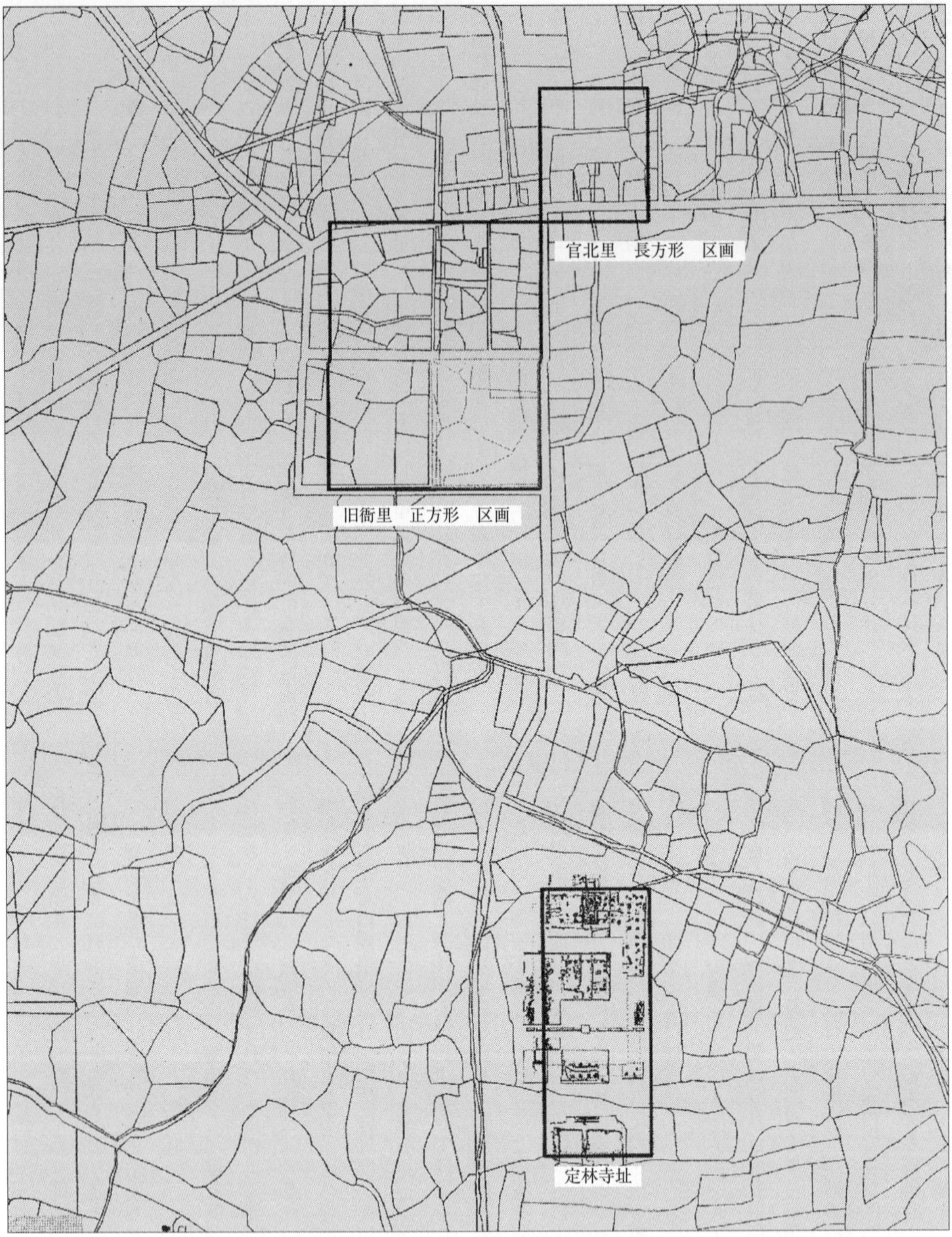

図 11　日帝時代の地籍図に見える泗沘都城内区画痕迹（註 89 李炳鎬「扶餘定林寺趾の創建背景と都城内位相」）

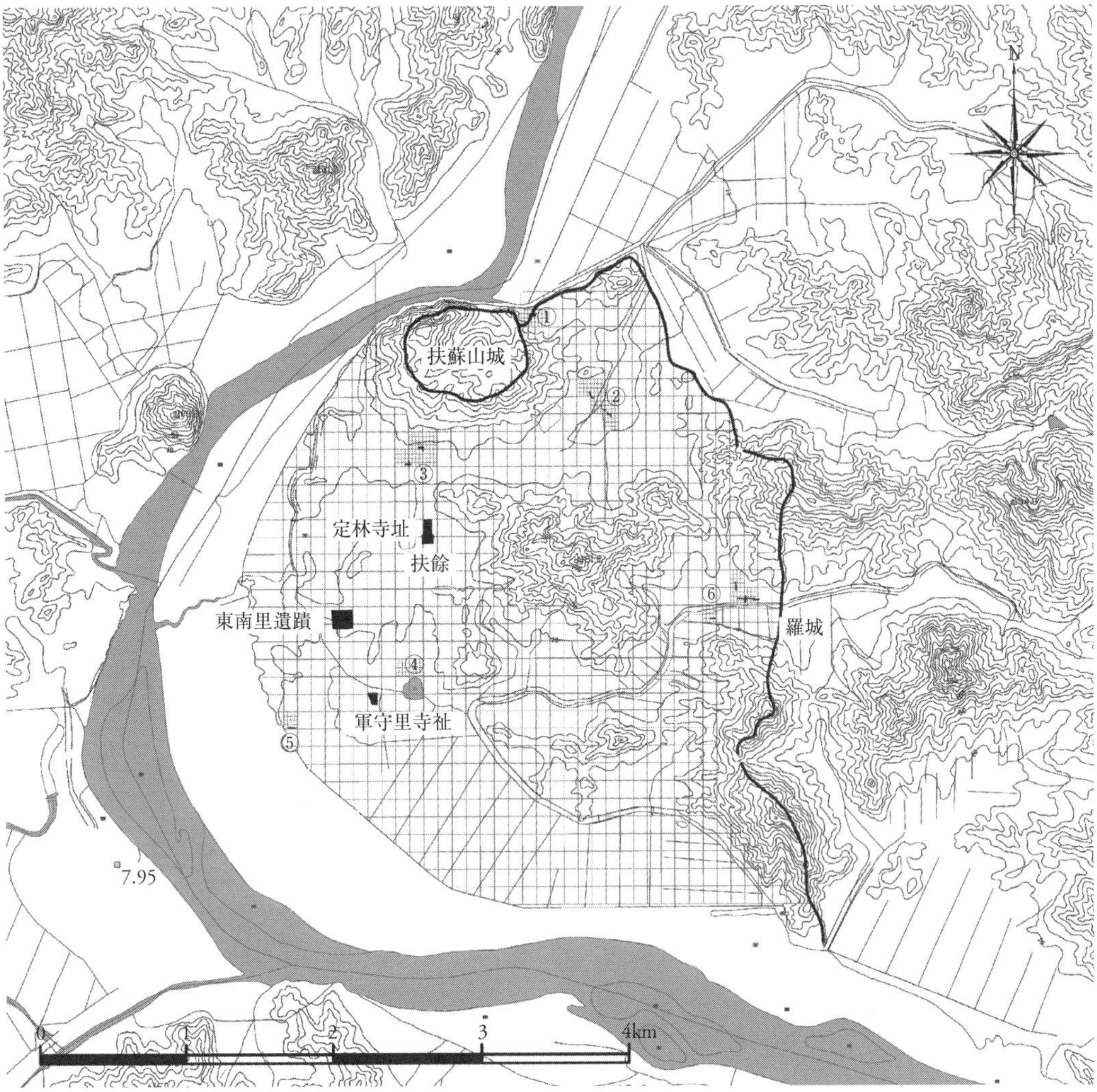

図 12　泗沘都城空間区画の模式図と道路遺構分布

である可能性[99]がより高まり、正殿級に該当する大形建物址も確認された。[100]現在の推定王宮址一円が、王宮の内裏地域に該当するなら、王宮はそれより南側の今の市街地一帯に位置した可能性が高いが、これに関連していわゆる旧衙里正方形区画を王宮址と推定することにする。[101]官北里一円に対するいままでの調査結果から、官北里地点は、はじめは工房などの施設とともに倉庫のような貯蔵施設があったが、道路の開設に合わせて建物址の垈地が造成され、最終段階に大形建物が建てられたものと把握できる。[102]道路および垈地の造成時点は六世紀後半頃と比定でき、[103]大形建物は七世紀前半~中頃である可能性が高い。[104]

　このように官北里一帯は、王宮の背後地域に該当するものとみられるため、王宮はその南側に位置した市街地地域の調査に期待するほかない。しかし泗沘期の離宮と推定される益山の王宮城から、その姿をおおよそ推察することができる[105]（図13参照）。王宮の規模については具体的に推測することができる資料がないため、少なくとも益山王宮遺跡よりもっと規模が大きかったとみなければならないだろう。

　都城内部の居住民の家屋の規模は、もちろん地位の上下によって差異があるだろうが、中級

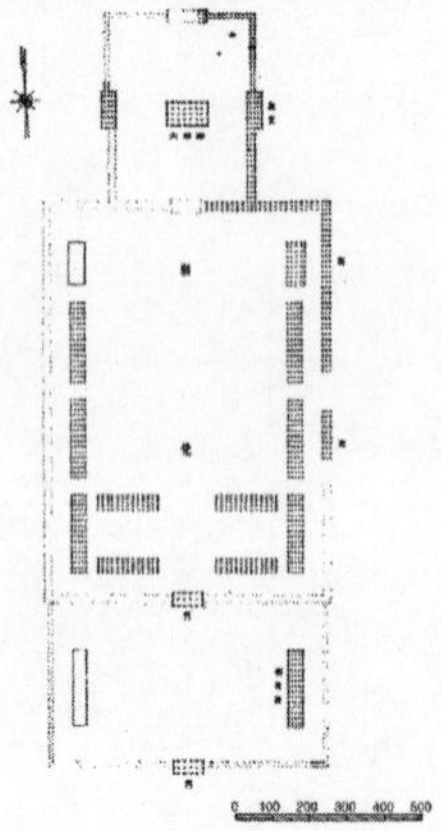

藤原宮 復元案
（奈良国立文化財研究所 1996：50）

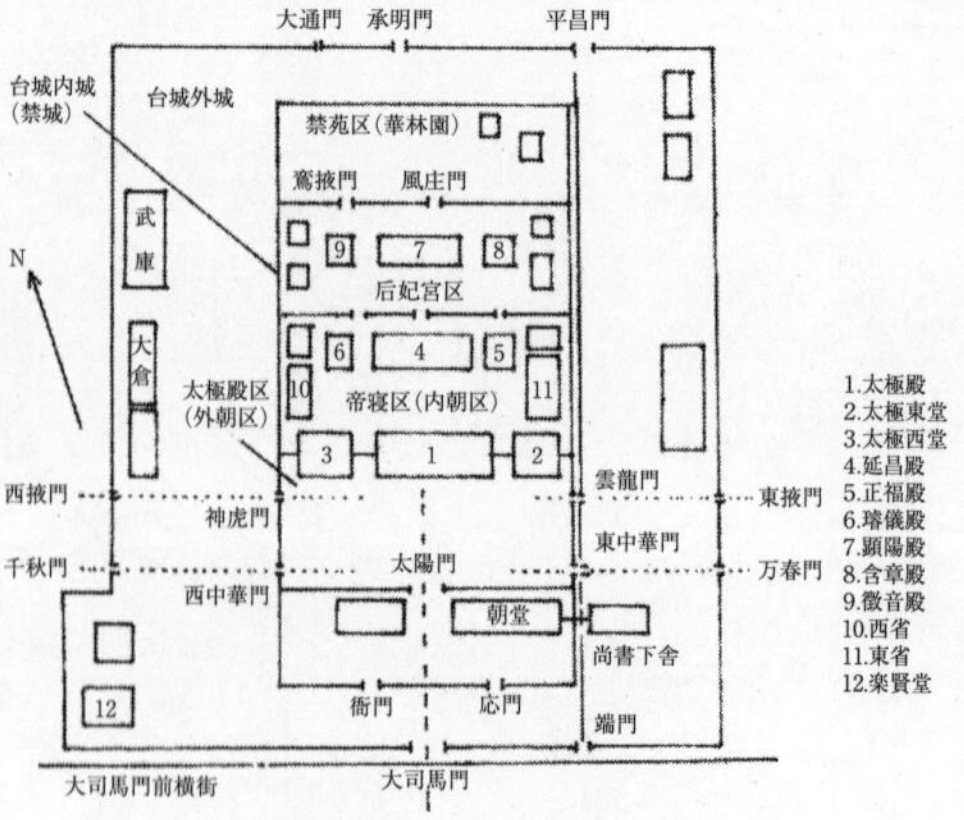

建康 東晋～南朝宮城殿舎配置
（賀云翺 2005：137）

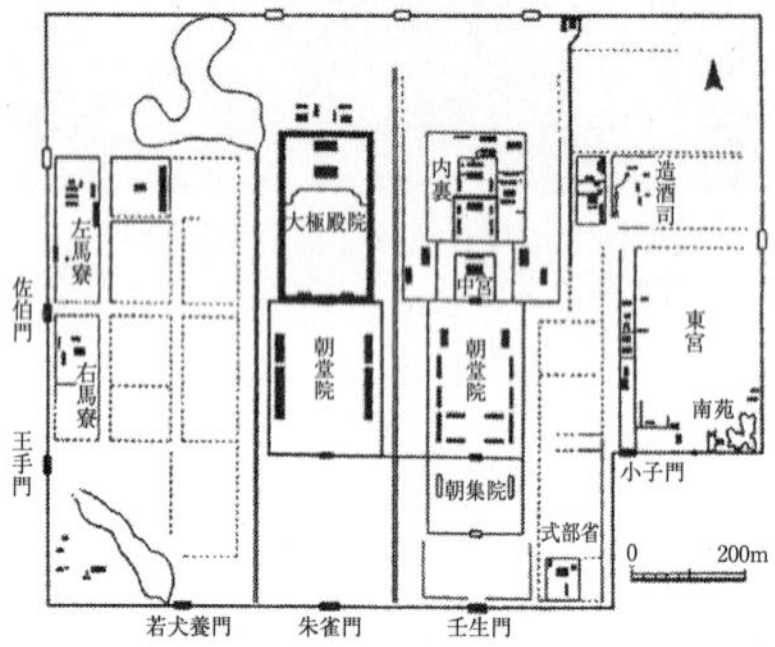

奈良時代前半の平城宮（小沢毅作成）
平城宮 復元案
（奈良国立文化財研究所 1996：75）

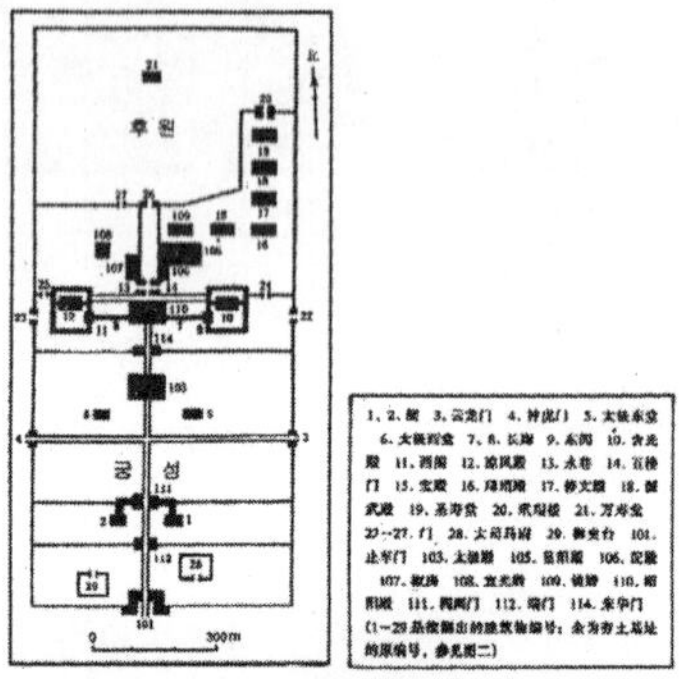

北朝 鄴南城宮城殿舎配置
（金容民2004：200）

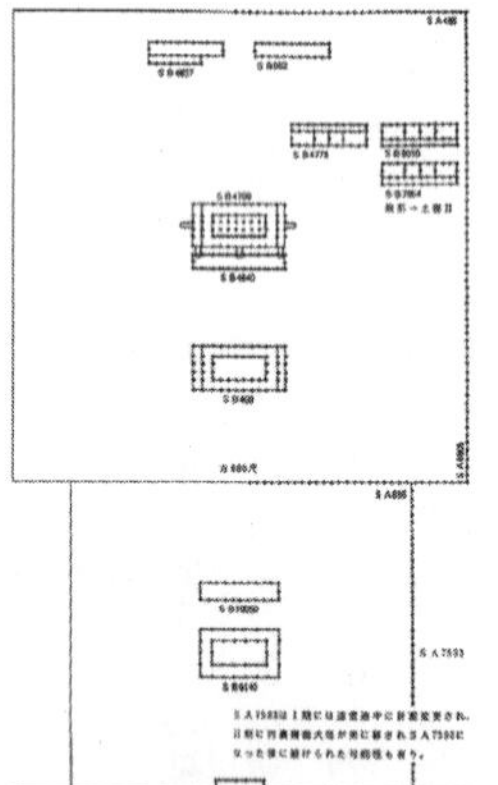

平城宮 内裏殿舎配置
（奈良国立文化財研究所 1996：108）

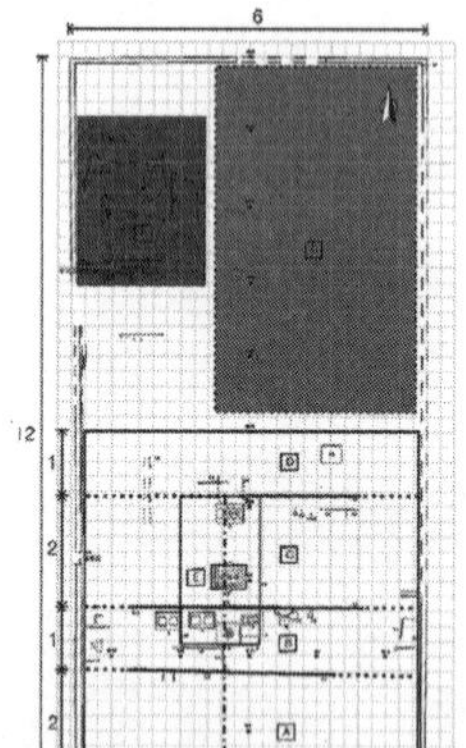

益山 王宮里遺構分布
（金容民 2004：196）

図 13 益山王宮里遺跡遺構配置および各国の宮城平面（註 56 朴淳發「泗沘都城と益山王宮城」）

官僚の家屋と推定できる[106]軍守里地点小区画の規模[107]が参考になる。軍守里地点で確認できた区画は二八・二×二五・八ｍ（七二七・五六㎡、約二二〇坪）で、これは官北里区画の約一六分の一にあたるが、このような単位家屋敷地の規模は、当時の泗沘都城内部の最小単位区画として理解できる[108]。陵山里・佳塔里地点でもほとんど同じ規模の面積に壁柱建物が一棟ずつ配置され、その周囲には小道が開設されているため（図6参照）、これを泗沘都城内部の単位家屋敷地の規模とみることができると思われる。

　文献資料によると、泗沘都城内部は前・後・上・下・中などの五部と各々その下五つの巷に編制されていることは周知のとおりだが、これらの具体的な位置比定は現在までの資料では未詳である。しかし、前述したとおり、一つの大区画が基本家屋敷地になる小区画一六個で構成されているなら、当時泗沘都城内の供給可能な宅地の規模についてのおおよその推定は可能になる。もちろん大区画の中には王宮・官府・寺院そして貴族邸宅など一般の士庶人の家屋敷地用途と違うものもあったであろうから、これらを除いた正確な規模を言及することは難しい。『周書』百済伝などには当時都城には万家があったと記録されているが[109]、ここの「家」を軍守里地点または陵山里・佳塔里地点の最小家屋敷地と対応してみると、総六二五個の大形区画を所有できる。図12を見ると山地を除いて今の市街地が造成されている程度の低平地に設置した大区画の数は、おおよそ六五〇個になる。これらのうち王宮・官衙・寺院・貴族の邸宅などの用途に五〇余個程度を想定できるなら、残り六〇〇余個程度が士庶人の宅地として使用できた。この場合一つの大区画が一六個の小区画つまり一六家を受容することができるため、現在の羅城内部には約九六〇〇家程度を受容することができる。これは文献資料に見られる泗沘都城内の家宅数とだいたい一致することがわかる。

　都城内の全体の家戸は五つの部に編制されているが、この場合、部間の戸口数がお互い大きく異なったものであったというよりは、各部は約一二〇個程度の大区画を占めていたものとみられる。図12を参考に、現扶餘の市街地の真ん中部分に位置している山地を自然境界として一二〇個程度の大区画を受容することができる地点を物色してみると、扶蘇山城と青山城の間にある双北里・石木里地点、錦城山東南斜面の陵山里・佳塔里・旺浦里地点、軍守里一帯地点、東南里・旧校里地点などを挙げることができる。これら各々を五部のうちの一つとみればどうだろうか。

　部の位置比定と関連して、早くに、「前部」銘および「上部前部川自此以□□」銘の推定標石の出土地を根拠に、定林寺の南側が「前部」で、その北側が「後部」であるという主張[110]が提起されたことがあるが、標石の出土地点に対する疑問とともに本来羅城の築造区間を表示した銘文城石であった可能性も提起[111]されており、受け入れがたい。五部の位置を概念的に想定した見解[112]とともに具体的な位置を比定した見解[113]もあるが、確定するだけの根拠が不足している。

結論

　いままで泗沘都城に関する研究成果を泗沘都城の平面構造、泗沘都城の築造時点、泗沘都城の造成過程、泗沘都城の都市区画などに分けて検討した。その内容を要約すると以下のとおりである。

羅城の平面形態と規模は、扶蘇山城の東側から青山城に至る北羅城区間〇・九㎞と・山城～石木里～陵山里～塩倉里に続く東羅城区間五・五㎞で、総延長六・三㎞に及ぶ。平面形態は半月形である。城壁は盛土によってまず内托部を造ったあと、幅二m程度の石築部で外部を締め切ったもので、大田の月坪山城・扶餘の聖興山城など熊津～泗沘期の山城でも同一な築造技法が確認されている。羅城には青山城の門址と一致する北門址、石木里の東羅城一門址、陵山里の裏山の東羅城二門址、扶餘～論山間国道四号線が通過する三門址、塩倉里の四門址そして東羅城の端部分の五門址などが確認されている。陵山里寺址西側の城壁屈曲地点は、現在の三門址以前にあった門址である可能性が高い。

扶蘇山城は総延長約二・五㎞の包谷式版築城壁で、北門址・東門址・南門址および雉などの施設がある。東門址付近出土の大通銘の瓦片から五二七～五二八年頃に築造が完了したとみることができる。外郭である羅城に対応する内城として認識していたものと判断でき、王宮の後苑の可能性があるものと思われる。

泗沘都城は五三八年の遷都以前に羅城や扶蘇山城など重要施設を含んだ王宮・官衙などの核心施設は、すでに完成されていたものと判断できるが、遷都計画の樹立時点は熊津期の武寧王代に具体化されていた可能性が高く、実際の工事は聖王代に行われたものとみられる。工役には旧高句麗治下から回復した民が多数動員されたものとみられ、塩倉里の東羅城切開調査時に確認した城壁以前の遺構から出土した高句麗系土器や陵山里・佳塔里最下層出土の高句麗系土器などの存在からも裏づけられる。泗沘都城の完成以後、彼らは都城の住民として充員されたことは、泗沘期に新しく登場する高句麗系土器が百済土器の主流を占めることからも推測できるが、国号を「南夫餘」と改名した背景にはそうした新都城の住民の構成とも密接な関連があるものと思われる。

泗沘都城内部は官北里地点から確認された南北約一一三m、東西約九五mの大きさの基本区画を単位として空間分割していた可能性が高いが、そのような企画が同時に都城全体に適用されたかについては、まだ明らかになっていない点があるが、道路のような基盤施設はおおよそ六世紀中葉以前にはほとんど備わっていたと思われる。都城の居住民の家屋の規模は、地位によって差異があるだろうが、軍守里地点で確認した小区画（二八・二×二五・八m）が基本区画単位の一六分の一にあたり、これを基準としてみたとき、都城内部には約九六〇〇家を受容することができると推算した。

本節では具体的に扱わなかったが、羅城を備えた泗沘都城の都城制的意義については、将来研究の深化が必要である。これと関連して中国南朝建康城[114]との比較検討も活発に行われる必要がある。都城の外観形態に関する比較だけでなく、運営原理などに対する深層的な比較作業も要求される。

註（＊は韓国語、◎は中国語文献）

1 『旧唐書』蘇定方伝
「賊傾國來拒、大戰破之、殺虜萬余人、追奔入郭。其王義慈及太子・奔于北境、定方進圍其城。」

2 ＊田中俊明「王都としての泗沘城に関する予備的考察」（『百済研究』二一、一九九〇年）。

3 『呉越春秋』「鯀築城衛君、造郭以守民、此城郭之始也。」

4 『東国輿地勝覧』扶餘県古跡条「半月城。石築。周一萬三千六尺。即古百濟都城也。抱扶蘇山而築両頭抵白馬江、形如半月故名。」

5 関野貞「百済の遺蹟」(『考古学雑誌』六―三、一九一五年)。

6 岡崎敬「百済古都巡禮」(『仏教芸術』八三、毎日新聞社、一九七二年)。

7 ＊忠南大学校百済研究所『扶餘地域遺物・遺蹟調査および整備計画案』一九七八年。

8 ＊成周鐸「百済泗沘都城研究」(『百済研究』一三輯、一九八二年)。

9 ＊洪再善『百済泗沘城研究』(東國大学校大学院碩士学位論文、一九八一年)。

10 ＊朴淳發ほか『泗沘都城』(忠南大学校百済研究所、二〇〇三年)。

11 ＊朴淳發・成正・『百済泗沘羅城』(忠南大学校百済研究所、二〇〇〇年)。

12 註2＊田中俊明「王都としての泗沘城に関する予備的考察」。田中俊明「百済後期王都泗沘城をめぐる諸問題」(『堅田直先生古希記念論文集』真陽社、一九九七年)。

13 ＊朴淳發、「泗沘都城の構造―羅城構造を中心として―」(『泗沘都城と百済の城郭』書景文化社二〇〇〇年)。＊朴淳發『百済泗沘羅城Ⅱ』(忠南大学校百済研究所、二〇〇〇年)。

14 総二五回の調査のうち、緊急調査は一九九一年度の泗沘楼広場東南側の建物址の調査、一九九一年南門址西側の百済雉城調査、一九九四年度泗沘楼南側の百済城壁調査など三件(以上、『扶蘇山城』国立扶餘文化財研究所、一九九九年)で、残りはすべて整備復元のための年次的学術調査である。各年度別調査地点の内容は次のとおりである。

一九八〇年:廃寺址地点/一九八一・一九八二年:軍倉址地点/一九八三・一九八四・一九八五年:推定西門址一帯/一九八六・一九八七年:南門址調査(以上、『扶蘇山城發掘調査報告書』国立文化財研究所、一九九六年)/一九八八・一九八九・一九九〇・一九九一年:東門址調査(以上、『扶蘇山城―発掘調査中間報告―』国立扶餘文化財研究所、一九九五年)/一九九二・一九九三・一九九四・一九九五年:軍倉址一帯および鉢巻式山城城壁調査(以上、『扶蘇山城―發掘調査中間報告Ⅱ―』国立扶餘文化財研究所、一九九七年)/一九九六・一九九七:泗沘楼東南辺城壁および建物址調査(以上、『扶蘇山城―發掘中間報告書Ⅲ―』国立扶餘文化財研究所、一九九九年)/一九九八年:北門址西側城壁調査、一九九九年:南門址西側百済雉城部分調査、二〇〇〇・二〇〇一年:北門址東側城壁内部地点調査(以上報告書未刊)。

15 ＊尹武炳「扶蘇山城城壁調査」(『韓国考古学報』一三輯、一九八二年)。

16 ＊尹武炳「百済王都泗沘城研究」(『学術院論文集』〈人文・社会科学篇〉第三三輯、一九九四年)。＊尹武炳・成周鐸「百済山城の新類型」(『百済研究』八、一九七七年)。

17 註8＊成周鐸「百済泗沘都城研究」。

18 ＊扶餘文化財研究所『扶蘇山城―発掘調査中間報告―』一九九五年。

19 ＊成周鐸「百済泗沘都城再齣―発掘資料を中心に―」(『国史館論叢』四五、国史編纂委員会、一九九三年)。

20 註2＊田中俊明「王都としての泗沘城に関する予備的考察」。

21 ＊国立扶餘文化財研究所『扶蘇山城―發掘調査中間報告Ⅱ―』一九九七年。

22 ＊国立扶餘文化財研究所『扶蘇山城―發掘中間報告書Ⅲ―』一九九九年。

23 ＊国立扶餘文化財研究所『扶蘇山城』一九九九年。

24 ＊国立文化財研究所『扶蘇山城發掘調査報告書』一九九六年。

25 註18＊扶餘文化財研究所『扶蘇山城―発掘調査中間報告―』。

26 ＊国立扶餘文化財研究所『扶蘇山城―發掘中間報告Ⅳ―』二〇〇〇年。

27 ＊盧重国「百済王室の南遷と支配勢力の変遷」(『韓国史論』四、ソウル大学校国史学科、一九七八年)。

28 註16＊尹武炳「百済王都泗沘城研究」。

29 ＊梁起錫「百済の泗沘遷都とその背景」(『百済と錦江』書景文化社、二〇〇七年)。

30 森公章「任那復興会議と倭国」(『東アジアの動乱と倭国』吉川弘文館、二〇〇六年)。

31 註16＊尹武炳「百済王都泗沘城研究」。註16＊尹武炳・成周鐸「百済山城の新類型」。註8＊成周鐸「百済泗沘都城研究」。註2＊田中俊明「王都としての泗沘城に関する予備的考察」。

32 註18＊扶餘文化財研究所『扶蘇山城―発掘調査中間報告―』。

33 ＊文東錫「梁武帝の仏教政策について―百済と関連性を中心として―」(『東亜考古論壇』二、忠清文化財研究院、二〇〇五年)。

34 ＊国立公州博物館『艇止山』一九九九年。

35　＊朴淳發「泗沘都城の構造について」（『百済研究』三一、二〇〇〇年）。
36　＊李炳鎬「百済泗沘都城の造営過程」（『韓国史論』四七、ソウル大学校国史学科、二〇〇二年）
37　『三国史記』百済本紀・東城王八年（四八六）条「秋七月重修宮室。築牛頭城。」
38　＊沈正輔「百済泗沘都城の築造時期に関する一考察」（『東北アジアの古代都城』東亞大学校　開校五〇周年紀念　国際学術大会発表論文集、一九九六年）。
39　＊朴淳發「泗沘都城」（『錦江』国立公州博物館、二〇〇二年）。
40　＊成周鐸「百済泗沘都城」（『百済城址研究』書景、二〇〇二年）。
41　金正浩『大東地志』韓山郡沿革条「本百済牛頭城」。
42　註16＊尹武炳「百済王都泗沘城研究」。註2＊田中俊明「王都としての泗沘城に関する予備的考察」。亀田博「泗沘と飛鳥の比較試論」（『橿原考古学研究所紀要』一九、橿原考古学研究所、一九九五年）。註3＊朴淳發「泗沘都城の構造について」。註38＊朴淳發「泗沘都城」。
43　註19＊成周鐸「百済泗沘都城再齣―発掘資料を中心に―」。
44　『三国史記』百済本紀・武王六年（六〇五）条「春二月、築角山城。」、＊洪思俊「百済城址研究―築城を中心に―」（『百済研究』二、一九七一年）
45　註8＊成周鐸「百済泗沘都城研究」。
46　註2＊田中俊明「王都としての泗沘城に関する予備的考察」。
47　＊姜仁求『百済古墳研究』（一志社、一九八四年）。
48　和田萃「東アジアの古代都城と葬地―喪葬令皇都条に関連して―」（『古代国家の形成と展開』吉川弘文館、一九七六年）。
49　註2＊田中俊明「王都としての泗沘城に関する予備的考察」。＊山本孝文「泗沘期石室の基礎編年と社会構造―塩倉里・陵山里地域を中心に―」（百済研究公開講座発表論文、二〇〇五年）。
50　註2＊田中俊明「王都としての泗沘城に関する予備的考察」。
51　＊尹善泰「扶餘陵山里出土百済木簡の再検討」（『東国史学』四〇、二〇〇四年）。平川南「百済と古代日本における道の祭祀―陽物木製品の検討を中心に―」（『百済泗沘時期文化の再照明』春秋閣、二〇〇六年）。
52　註13＊朴淳發『百済泗沘羅城Ⅱ』。
53　＊朴淳發・董寶・山本孝文『百済泗沘羅城Ⅲ』（忠南大学校百済研究所、二〇〇二年）。
54　註36＊李炳鎬「百済泗沘都城の造営過程」。
55　＊丘冀鍾・李販燮「扶餘陵山里東羅城内・外部百済遺蹟調査略報」（『湖西地域＊文化遺跡発掘成果』〈第一二回　湖西考古学会学術大会発表集〉湖西考古学会、二〇〇五年）。
56　＊朴淳發「泗沘都城と益山王宮城」（『古代都城と益山王宮城』〈第一七回馬韓・百済文化国際学術会議論文集〉圓光大学校馬韓・百済文化研究所、二〇〇五年）。
57　＊鄭載潤「熊津・泗沘時代百済の地方統治体制」（『韓国上古史学報』一〇、一九九二年）。
58　＊金英心「百済の支配体制整備と王都五部制」（『百済の地方統治』学研文化社、一九九八年）。
59　註36＊李炳鎬「百済泗沘都城の造営過程」。
60　註36＊李炳鎬「百済泗沘都城の造営過程」。
61　＊朴淳發「熊津遷都背景と泗沘都城造成過程」（『百済都城の変遷と研究上の問題点』国立扶餘文化財研究所、二〇〇二年）。
62　『三国史記』百済本紀・聖王十九年（五四一）条「遣使入梁朝貢、兼表請毛詩博士・涅槃等経義、并工匠・画師等。従之。」
63　註33＊文東錫「梁武帝の仏教政策について―百済と関連性を中心として―」。＊李炳鎬「扶餘定林寺址出土塑造像の製作時期と系統」（『美術資料』七四、国立中央博物館、二〇〇六年）。
64　註33＊文東錫「梁武帝の仏教政策について―百済と関連性を中心として―」。
65　＊李炳鎬「扶餘定林寺址出土塑造像の製作時期と系統」（『美術資料』七四、国立中央博物館、二〇〇六年）。
66　『三国史記』百済本紀・聖王十二年（五三四）条「春三月、遣使入梁朝貢」。『梁書』東夷伝百済条「中大通六年・大同七年、累遣使獻方物、并請涅盤等經義毛詩博士并工匠畫師等。勅並給之。」
67　註36＊李炳鎬「百済泗沘都城の造営過程」。＊近藤浩一「扶餘陵山里羅城築造木簡の研究」（『百済研究』三九、二〇〇四年）。

68 『日本書紀』欽明紀六年（五四五）秋九月条「百済遣中部護徳菩提等、使于任那。贈呉財於日本府臣及諸旱岐、各有差。是月、百済造丈六佛像。」

69 『日本書紀』継体紀三年（五〇九）条「括出在任那日本縣邑、百済百姓、浮逃絶貫、三四世者、竝遷百済附貫也。」

70 『三国史記』百済本紀・武寧王十年（五一〇）条「下令完固堤防、驅内外游食者歸農」

71 註36＊李炳鎬「百済泗沘都城の造営過程」。

72 ＊朴淳發「高句麗と百濟―泗沘様式百済土器の形成背景を中心として―」（『高句麗と東アジア』〈高麗大学校開校一〇〇周年　記念国際学術会議発表文集〉高麗大学校博物館、二〇〇五年）。

73 ◎錢國祥「漢魏洛陽城出土瓦當的分期與研究」（『考古』一九九六―一〇、一九九六年）。

74 谷豊信「平壌遷都前後の高句麗瓦に関する覚書―東京国立博物館収蔵資料」（『MUSEUM』五九六、東京国立博物館、二〇〇五年）。

75 ◎吉林省文物考古研究所・集安市博物館『集安高句麗王陵』（文物出版社、二〇〇四年）。

76 ＊朴淳發「泗沘都城の景観に対して」（『古代都市と王権』書景、二〇〇五年）。

77 ＊趙源昌「百済熊津期扶餘龍井里下層寺院の性格」（『韓国上古史学報』四二、二〇〇三年）。

78 ◎文物出版社・蘇才「吉林輪安高句麗建築遺址的清理」〈『考古』一九六一―一、一九六一年〉）。

79 『三国史記』高句麗本紀・故国壌王九年（三九二）条「三月下教、崇信佛法求福。命有司立国社、修宗廟。」

80 ◎方起東「集安東台子高句麗建築遺址的性質和年代」（『東北考古與歴史』一、一九八二年）。

81 『魏志』高句麗伝「於所居之左右立大屋、祭鬼神。又祠靈星・社稷」

82 註12田中俊明「百済後期王都泗沘城をめぐる諸問題」。註35＊朴淳發「泗沘都城の構造について」。

83 註35＊朴淳發「泗沘都城の構造について」。＊朴淳發「泗沘都城空間区画予察」（『湖西地方史研究』景仁文化社、二〇〇三年）。＊朴淳發「泗沘都城」（『東アジアの都市形態と文明史』國際日本文化研究センター、二〇〇四年）。

84 ＊国立扶餘文化財研究所『宮南池Ⅱ―現宮南池　西北便一帯―』二〇〇一年。

85 註10＊朴淳發ほか『泗沘都城』。

86 ＊尹武炳『扶餘官北里百済遺蹟発掘報告（Ⅰ）』（忠南大学校博物館、一九八五年）。＊尹武炳『扶餘官北里百済遺蹟発掘報告（Ⅱ）』（忠南大学校博物館、一九九八（九？）年）。

87 註35＊朴淳發「泗沘都城の構造について」。

88 ＊李炳鎬「扶餘定林寺址の創建背景と都城内位相」（『百済と錦江』書景文化社、二〇〇七年）。

89 註8＊成周鐸「百済泗沘都城研究」。註12田中俊明「百済後期王都泗沘城をめぐる諸問題」。＊李炳鎬「泗沘都城の構造と運営」（『韓国の都城―都城造営と伝統―』ソウル市立大学校付属ソウル学研究所、二〇〇三年）。

90 註86＊尹武炳『扶餘官北里百済遺蹟発掘報告（Ⅱ）』。

91 註51＊尹善泰「扶餘陵山里出土百済木簡の再検討」＊盧重国「百済の度量衡とその運用―尺度の変化を中心に―」（『韓国古代史研究』四〇、二〇〇五年）。

92 新井宏「《三国史記・遺事》記事による　新羅王京復元と古韓尺」（『百済研究』三六、二〇〇二年）。

93 ＊山本孝文『百済泗沘期石室墳と政治・社会相研究』（忠南大学校大学院修士学位論文、二〇〇一年）。

94 ＊李炳鎬「泗沘都城の構造と築造過程」（『百済の建築と土木』百済文化史大系研究叢書一五、忠清南道歴史文化研究院、二〇〇七年）。

95 馬濤・賈維勇「南京發現西晉水井」、『文物』二〇〇二―七、二〇〇二年。

96 ＊註44洪思俊「百済城址研究―築城を中心に―」、註8＊成周鐸「百済泗沘都城研究」。

97 註85尹武炳『扶餘官北里百済遺蹟発掘報告（Ⅰ）』。註86＊尹武炳『扶餘官北里百済遺蹟発掘報告（Ⅱ）』。

98 註35＊朴淳發「泗沘都城の構造について」。

99 註36＊李炳鎬「百済泗沘都城の造営過程」。

100 ＊申鍾國「泗沘都城発掘調査成果と意義」（『百済泗沘時期文化の再照明』春秋閣、二〇〇六年）。

101 註87＊李炳鎬「扶餘定林寺址の創建背景と都城内位相」。
102 註100＊申鍾國「泗沘都城発掘調査成果と意義」。
103 註88＊李炳鎬「扶餘定林寺址の創建背景と都城内位相」。
104 註94＊李炳鎬「泗沘都城の構造と築造過程」。
105 ＊金容民「益山王宮城の造営と空間区画についての考察」（『古代都市と王権』〈第一二回　百済研究国際学術大会発表論文集〉忠南大学校百済研究所、二〇〇四年）。註56＊朴淳發「泗沘都城と益山王宮城」。
106 ＊山本孝文「百済泗沘都城の官僚と居住空間―京域と埋葬地の分析を中心に―」（『古代都市と王権』書景、二〇〇五年）。
107 註10＊朴淳發ほか『泗沘都城』。
108 ＊李亨源「泗沘都城内軍守里地点の空間区画および性格」（『湖西考古学』八、二〇〇三年）。
109 『周書』異域列伝百済「都下有萬家、分爲五部。曰上部・前部・中部・下部・後部、統兵五百人。」
110 註8＊成周鐸「百済泗沘都城研究」。
111 註94＊李炳鎬「泗沘都城の構造と築造過程」。
112 註12田中俊明「百済後期王都泗沘城をめぐる諸問題」。李ダウン「百済五部銘印刻瓦について」（『古文化談叢』四三、一九九九年）。
113 註108＊李亨源「泗沘都城内軍守里地点の空間区画および性格」。
114 秋山日出雄「南朝都建康の復原序論」（『橿原考古学研究論集』七、橿原考古学研究所、一九八八年）。中村圭爾「建康の「都城」について」（『中国都市の歴史的研究』刀水書房、一九八八年）。◎羅宗眞「江蘇六朝城市的考古探索」（『中国考古学会第五次年会論文集』文物出版社、一九八八年）。◎塩澤裕仁「六朝建康的城市防衛体系試探」（『東南文化』二〇〇〇―一一、二〇〇〇年）。◎賀云翺『六朝瓦當與六朝都城』（文物出版社、二〇〇五年）。

【参考文献】

『大東地志』
『三国史記』
『新増東国輿地勝覧』
『日本書紀』

（韓国語）

＊尹武炳『定林寺址発掘調査報告書』（忠南大学校博物館、一九八一年）。
＊尹善泰「熊津・泗沘期百済の尺度制―泗沘都城の空間構成と関連して―」（『古代東亜細亜と百済』忠南大学校百済研究所、二〇〇三年）。
＊金英心「五～六世紀百済の地方統治体制」（『韓国史論』二二、ソウル大学校国史学科、一九九〇年）。
＊金寿泰「百済威・王代扶餘陵山里寺院の創建」（『百済文化』二七、一九九八年）。
＊金誠亀「百済の瓦塼」（『百済の彫刻と美術』公州大学校博物館、一九九二年）。
＊金泰植『加耶聯盟史』（一潮閣、一九九三年）。
＊国立扶餘文化財研究所『宮南池』一九九九年。
＊国立扶餘博物館『陵寺―扶餘　陵山里寺址發掘調査　進展報告書―』二〇〇〇年。
＊崔孟植ほか『王宮里遺蹟発掘中間報告』（扶餘文化財研究所、一九九二年）。
＊崔孟植ほか『扶餘舊衙里百済遺蹟発掘調査報告書』（扶餘文化財研究所、一九九三年）。
＊崔孟植ほか『扶蘇山城発掘調査中間報告』（扶餘文化財研究所、一九九五年）。
＊崔孟植・金容民「扶餘宮南池内部発掘調査略報―百済木簡出土意義と成果―」（『韓国上古史学報』二〇、一九九五年）。
＊申光燮「扶蘇山城―廃寺址発掘調査報告―（一九八〇年）」（『扶蘇山城発掘調査報告書』国立扶餘文化財研究所、一九九六年）。
＊沈正輔「古代扶餘の歴史考古学的検討」（『扶餘の昨日と今日そして明日』〈第一回　韓国伝統文化大学校文化財管理学術セミナー発表論文集〉韓国伝統文化大学校文化財管理学科、二〇〇一年）。
＊沈正輔ほか「扶蘇山城―竪穴住居址・西門址・南門址発掘調査報告―（一九八三―一九八七年）」（『扶蘇山城発掘調査報告書』国立扶餘文化財研究所、一九九六年）。
＊成周鐸「都城」（『韓国史論』一五（国史編纂委員会、一九八六年）。
＊張慶浩・洪性彬「扶蘇山城内建物址発掘調査略報告」（『文化財』一七、文化財管理局、一九八四年）。

＊忠南大学校博物館『東南里遺蹟発掘調査略報告書』一九九三年。
＊扶餘文化財研究所『龍井里寺址』一九九三年。
＊朴淳發「百済都城の変遷と特徴」（『重山鄭・基博士華甲紀念韓国史学論叢』一九九六年）。
＊朴淳發「百済泗沘都城の羅城構造について」（『古文化談叢』四五、二〇〇〇年）。
＊朴淳發「泗沘都城研究現況と課題」（『百済泗沘時期文化の再照明』春秋閣、二〇〇六年）。
＊山本孝文「百済泗沘期石室墳の階層性と政治制度」（『韓国考古学報』四七、二〇〇二年）。
＊山本孝文『韓国古代律令の考古学的研究』（釜山大学校大学院博士学位論文、二〇〇五年）。
＊李炳鎬「百済泗沘時期都城と地方都市」（『地方史と地方文化』第六巻一号、歴史学学会、二〇〇三年）。
＊盧重国『百済政治史研究』（一潮閣、一九八八年）。

（日本語）


東潮・田中俊明『韓国の古代遺跡』2百済・伽耶篇（中央公論社、一九八九年）。

東潮・田中俊明『高句麗の歴史と遺跡』（中央公論社、一九九五年）。

井上秀雄「都城の形成」『古代東アジアの文化交流』（溪水社、一九九三年）。

井上宗和『城』（法政大学出版局、一九九二年）。

岩永省三「平城宮」（『古代都城の儀礼空間と構造』奈良国立文化財研究所、一九九六年）。

申光燮・洪性彬「扶蘇山廃寺遺蹟の発掘」（『仏教芸術』二〇七、毎日新聞社、一九九三年）。

杉本憲司「中国古代の城」（『城』社会思想社、一九七七年）。

礪波護「中国都城の思想」（『都城の生態』中央公論社、一九八七年）。

花谷浩「藤原宮」（『古代都城の儀礼空間と構造』奈良国立文化財研究所、一九九六年）。

山中章「条坊制の変遷」（『日本古代都城の研究』柏書房、一九九七年）。

日本古代宮都の羅城をめぐる諸問題

山中　章

【キーワード】　条坊制　四至　方格地割

はじめに

日本古代に[1]宮都と称される宮城と都城を備えた首都が整備されるのは天武五（六七六）年、『日本書紀』に初出の新城である。その考古学的な資料は「先行条坊」と呼称され、持統朝に造営された新益京（「藤原京」）の遺構に破壊されて検出され、飛鳥地域の広い範囲で確認できる。本節に課せられた「羅城の比較研究」が可能な宮都は、この新城以降である。

ところで飛鳥には上ツ道、中ツ道、下ツ道、横大路、阿倍山田道と呼ばれる古道が存在する。その創建年代は推古朝にさかのぼり、飛鳥地域の東西四・二㎞、南北三・二㎞ほどの範囲を区画する機能を果たした。この中央を走るのが中ツ道で、その想定線上に沿うようにして東に飛鳥寺、飛鳥正宮が配され、西には豊浦宮（のちに豊浦寺）、小墾田宮、石神遺跡、水落遺跡、飛鳥宮苑池遺構、川原寺などが建設されていた。とくに南北道である上・下ツ道や山田道（上ツ道から連続して飛鳥南東部の丘陵裾部に沿うようにして南西行し横大路から三㎞ほどのところで真西へと方向を変える）は大和盆地南部の東・西・南端に沿うようにして設けられており、別に分析したことがある。[2]これら古道の外（それぞれ東・西・南）に葬地が展開した。まさに古道によって飛鳥に政治的・宗教的空間が区分けされていたのである。もちろん、区分けの機能を果たしたのが城壁ではなく道路であった点は、その後の日本古代宮都にも共通する大きな特徴でもあった。

では条坊制に基づく方格地割によって、都市空間を備えたその後の宮都はどのような構造を成していたのであろうか。各宮都の羅城推定地の施設のあり方を解明することによって日本の古代王権にとって宮都とは何であったのかについて考察してみたい。

1 新城と京極

（1）新城の京極

新城の規模、構造については小澤毅、中村太一両氏の見解による十条十坊説[3]が提示され、有力視されている。しかし、近年、東洋史の立場から疑問が呈されたほか[4]、発掘調査の成果だとされる宮都の四至についてもはたして断定していいのかどうか疑問を抱かざるをえない資料もある。

そこでまず、新城の四至について再検証してみよう。

十条十坊説の有力な根拠が、西十坊大路と北四条大路の交差点（土橋遺跡）の状況であった[5]。西十坊大路の東西両側溝と北四条大路の南北両側溝が検出された土橋遺跡での発掘調査では、東側溝に南北両側溝が「T」字型に流れ込み[6]、路面を越えてさらに西には延びないことが明らかになったのである。すなわち、この交差点より西へは道路が延びないのである。新城が四至を持つ方形の宮都として完成していたことが確実ならば、西十坊大路を西京極大路と解釈して問題はなかろう。

さらにその後、桜井市上ノ庄遺跡において西十坊大路を藤原宮中軸線を中心にして東へ折り返した位置から南北方向の二本の溝が検出されたのである。東十坊大路である。新城が左右対称であると仮定すればこの道路こそ東京極大路にほかならないとされたのである。ただし、西京極大路とした西十坊大路との相違は、東十坊大路のさらに東から同時代の数基の遺構が検出されていること、さらに四路（一坊）東には飛鳥地域の地割の基準となった上ツ道が存在するのであり、北四条大路との交差点のような「T」字形交差点がいまだに検出されているわけではないのである。「東十坊大路東京極」説はあくまで新城を「十条十坊」の正方形とした仮説の上での解釈にすぎないのである。林部均氏が図示するように、「東十坊大路」のさらに東に方各地割が延びている可能性は十分あるのである。上ノ庄遺跡で検出された条坊遺構を東京極とする根拠は必ずしも明確ではないことがわかる。

また、十条十坊説で南限とされる推定地よりさらに南から、やはり同時代の掘立柱建物群が整然とした形で検出されている[7]。南限についてもその位置は単に藤原宮中軸線を南に五条分折り返したにすぎないのであり、ここでも仮説「十条十坊」説によれば、という条件の下でしか成り立たない「事実」なのである。もちろんここでも「T」字形交差点は検出されていない。新城および新益京内から検出される条坊道路の交差点のあり方から、これらの条坊がきわめて機械的に造作されていた事実を明らかにしたことがある[8]。十条十坊想定域を超えて方格地割が検出される事実と合わせ考えると[9]、新城を建設した天武王権は天武五年の新城建設の中断状況に如実に認められるように、少なくとも初期段階には明確な宮都の構造は定まっていなかったと言える。

北京極についても状況は全く変わらない。むしろ、耳成山一帯には長屋王家木簡で明らかになった高市皇子の所有した耳成御田の存在が指摘されており[10]、当該地一帯には、皇族の所有する水田が広がっていた可能性が高いのである。長屋王がこれを継承した事実からみると、少なくとも耳成御田は奈良時代初めまで維持されていたと見なさざるをえない。平城京以後の宮都において京内に設けることが禁じられた水田が少なくとも新城段階から「藤原京」段階には存在していたので

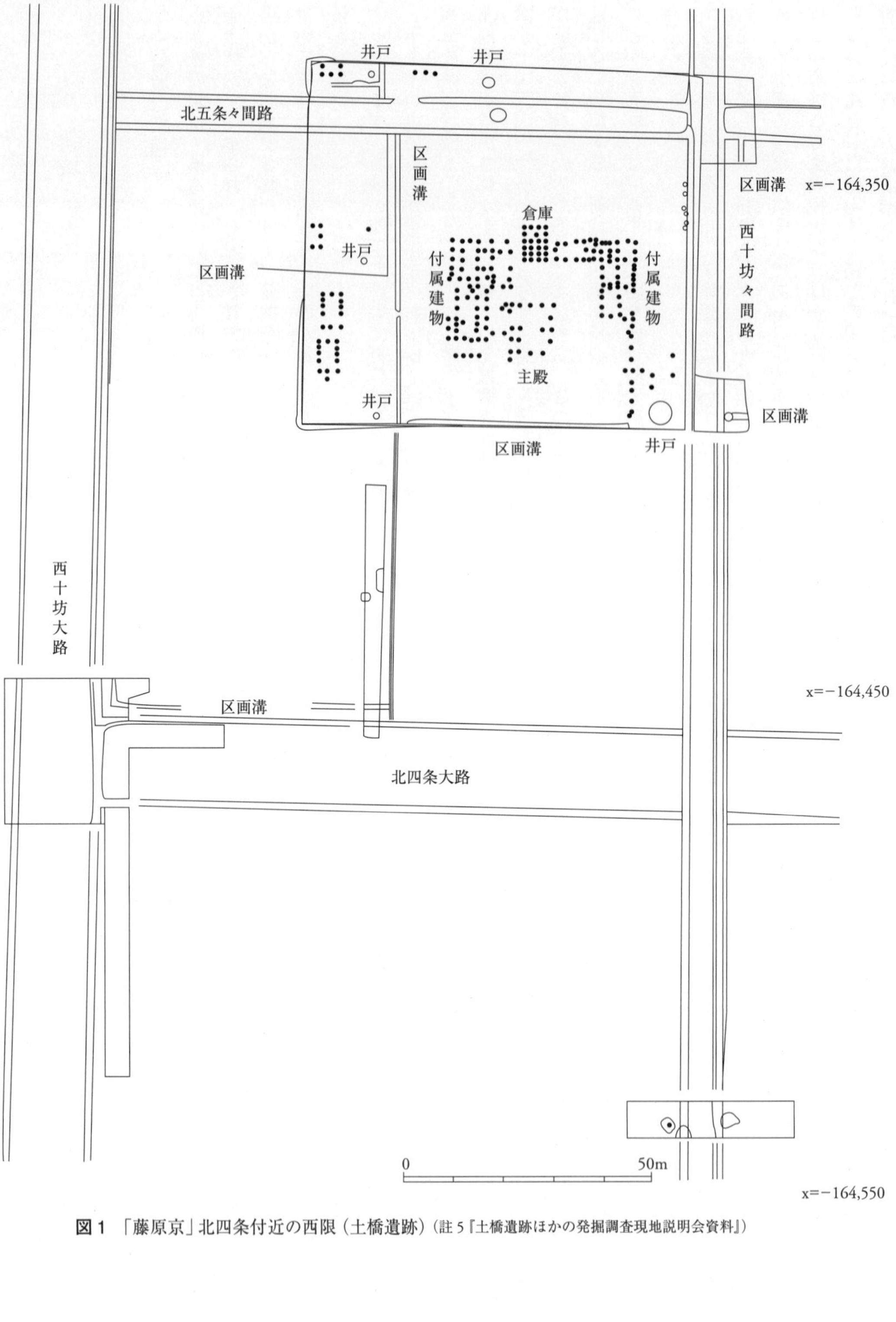

図 1　「藤原京」北四条付近の西限（土橋遺跡）（註 5『土橋遺跡ほかの発掘調査現地説明会資料』）

図2 「藤原京」東限とされる遺構（上之庄遺跡）（註5『上ノ庄遺跡第四次発掘調査現地説明会資料』）

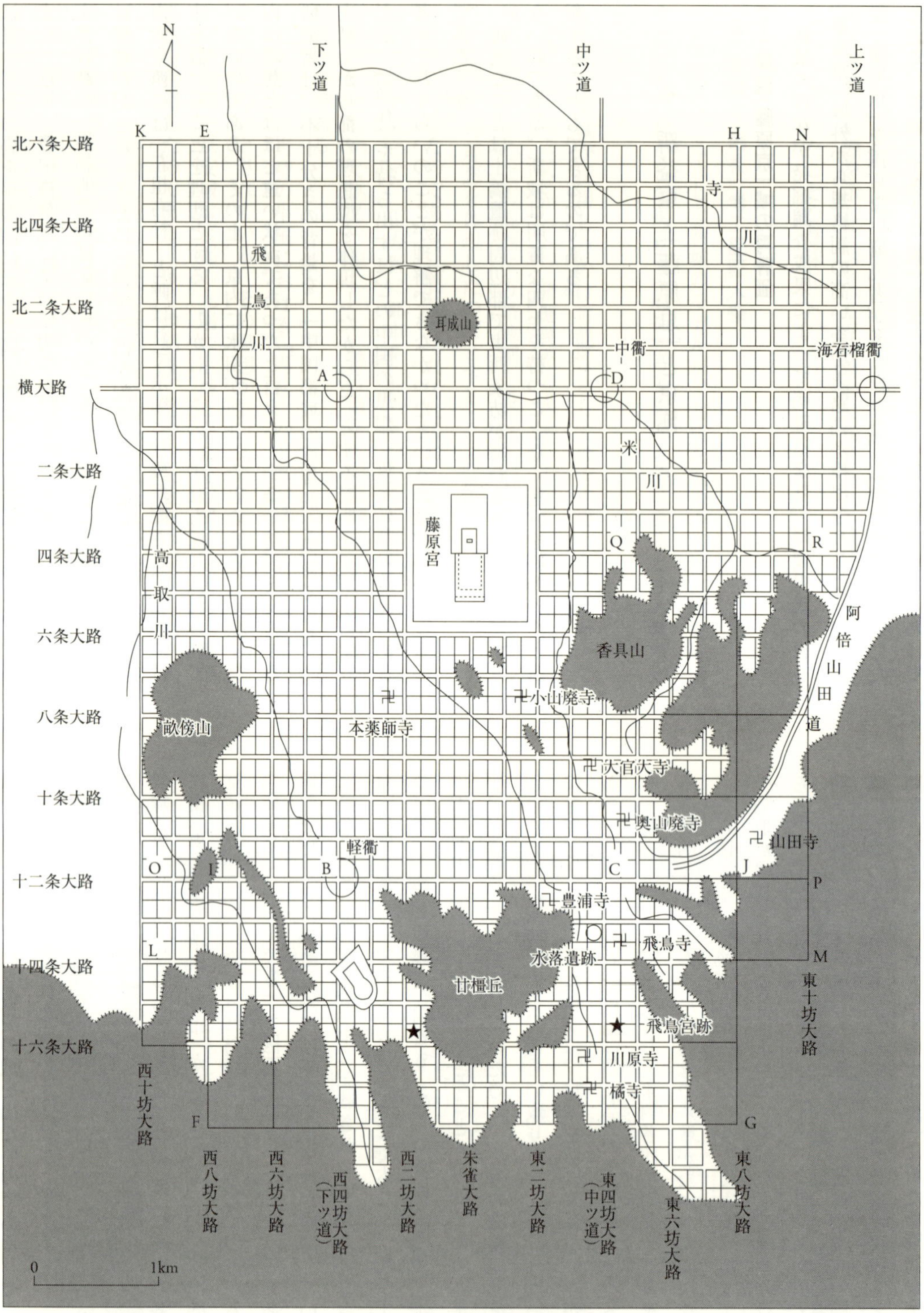

図4　新城・「藤原京」復元図

「十条十坊」より広範囲に方格地割は拡がっている。これを恣意的に解釈したのが「十条十坊」説である。

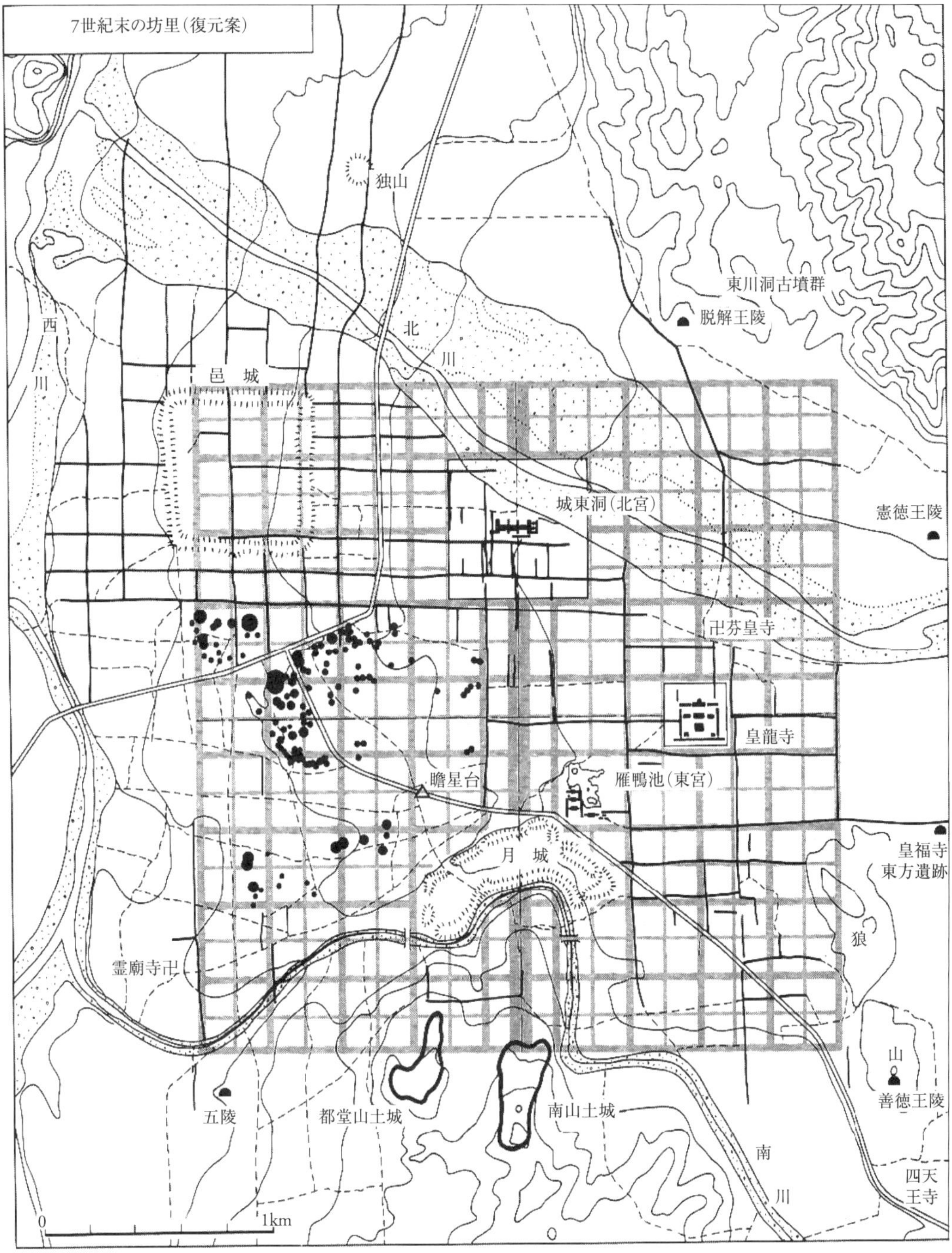

図5　新羅の都慶州の七世紀末の坊里復原図（註13田中俊明『韓国の古代遺跡』による）

のである。

(2) 新羅慶州と新城・新益京

ところで新城が造営されていた同じ頃、朝鮮半島を統一した新羅もまた中国の強い影響を受けて都づくりを始めていた。慶州における統一新羅の都について分析した田中俊明氏によると、新羅においても七世紀後半頃から都城の造営が進められ、正方形に近い「宮都」が形成されるという。[13] 新羅における統一以前の王権の所在地は慶州南端の月城に置かれていたが、月城の北に城東洞（北宮）が設けられ、これを核にして新たな宮都が展開したという。田中氏の推定では東西、南北各一九条ずつの道路を想定し、二区画を一単位（坊）とすれば九（坊）九（里）の区画から成るという。四至における羅城の存否については明確ではないが、羅城の痕跡も認められるという。

田中氏の仮説が正しいとして、統一新羅の首都慶州内部に着目すると、大きな問題が出てくる。南西部に集中する古墳群である。伝説上の王墓に比定されているが確証はない。慶州は三国鼎立時代の都をそのまま整備して新都に改修したと考えられており、このため、都城内部に数多くの王墓を取り込まざるをえなかったのである。なお、統一新羅以前の慶州は、飛鳥地域における幹線古道によく似た古道網が認められており、王権に関係する施設群が幹線道によって結ばれる飛鳥という共通の道路網を有していた。新城はむしろこうした慶州のあり方と多くの共通性をもっていたとみるべきであろう。

なお前項で検討した結果、「藤原京」が「十条十坊」ではない可能性が高まった。羅城が明確に確認されているわけでもない。慶州の都城をあえて「九条九坊」で解釈する必要性は全くない。慶州もまた『周礼』の思想とは相容れない構造をしているからだ。

3　平城京の京極

(1) 平城京羅城の研究

平城京の羅城に関する最新の研究は井上和人氏によるものである。[14] その論点を整理すると、

①平城京南京極南面の全面に中国都城を模倣して推定高五m余の羅城が設けられていたこと。

②羅城門は従説のように朱雀門と同規模ではなく、七間（一一五尺）、二間（一五尺）と平城京内随一の大規模な京城門であったこと（同様にして平安京羅城門も裏松固禅の推測したとおり桁行九間であったこと）。

③平城京の羅城門は「藤原京」で欠いた都城としての要件を克服し、唐長安城の明徳門の形制を意識して造営されたこと。

等であった。条里型地割の再検討や九条周辺部検出の条坊遺構の造営方位までをも分析して導き出された結論は批判の余地がないと思われた。

ところが、二〇〇五年になって、奈良県郡山市に所在する下三橋遺跡の発掘調査が開始されると状況は一変した。[15] 九条大路のさらに南から平城京の条坊と全く同じ規範で造営されている条坊跡が検出され、少なくとも十条まで延びていることが明らかになったのである。と同時に九条大路南側溝に平行して幅四・五mの溝が検出され、両溝間に二条の掘立柱柵列の設けられていたことが明らかになったのである。

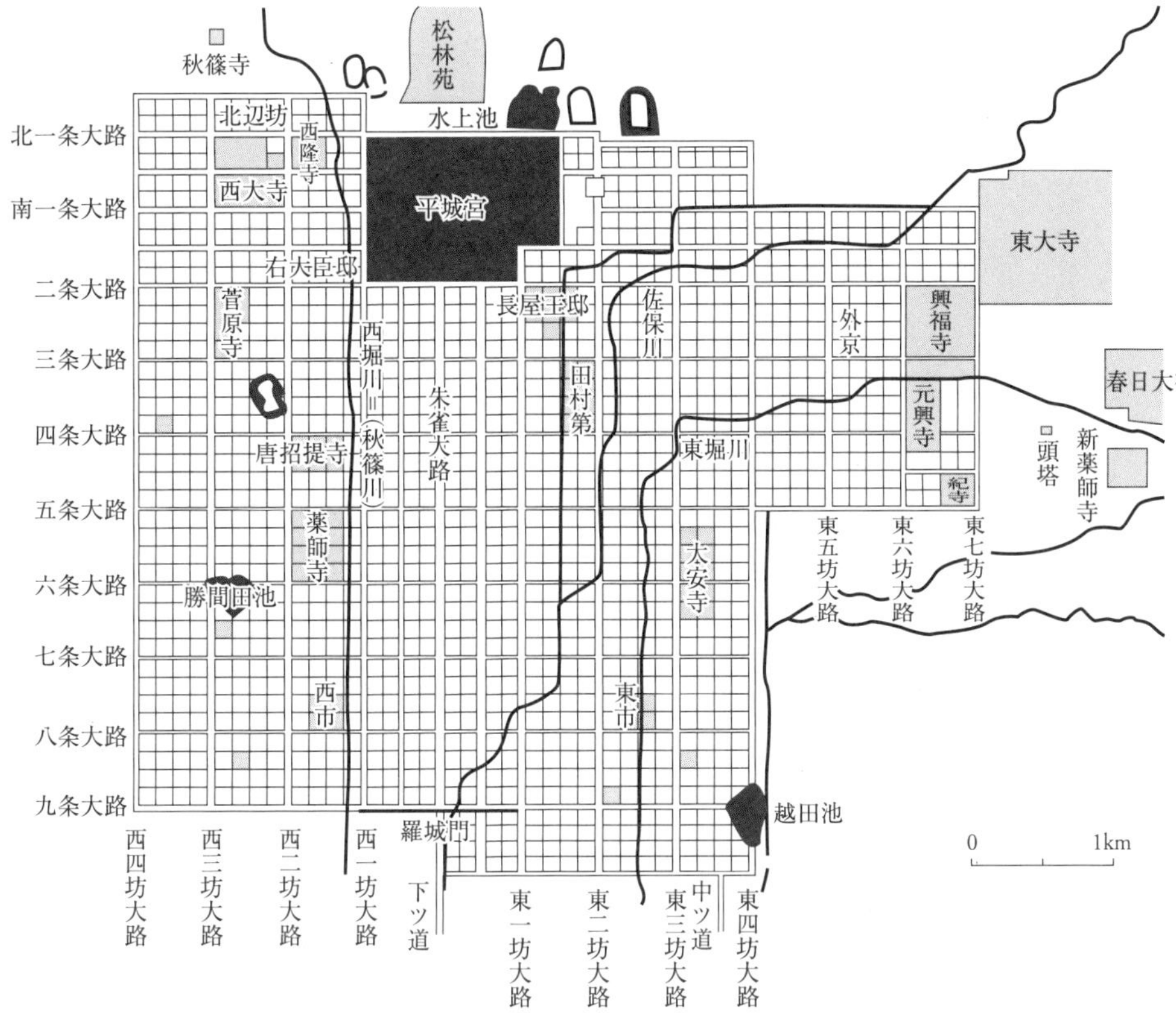

図6　平城京前期の条坊復元図（註15『下三橋遺跡第三回現地説明会資料』）

柵列は八世紀中頃の土器が大量廃棄されている土壙を切っており、八世紀中頃以降に設けられたことも明らかになった。これらの遺構は先に井上氏が分析した羅城の東延長線上にあたる。発掘調査された場所は東一坊大路の西の街区から東一坊坊間小路の東の街区までの間に相当するが、二条の掘立柱塀は東一坊大路以東には延びない。

検出された遺構を羅条と認識してよいなら、新たな資料によって、平城京羅城は次のように変更されなければならなくなる。

①平城京初期に築造された羅城門や羅城は十条以南に存在すること。

②九条の南に羅城門や羅城が築造されるのは八世紀中頃以降であること。

③新しい羅城は築地塀ではなく、掘立柱塀であること。

④新しい羅城は平城京の南面全面に設けられたのではなく、東西一坊大路間の宮城正面幅と同じ位置にだけ設けられたこと。

新たな九条以南の条坊が確定しないいま、平城京造営当初の羅城門、羅城の構造、規模、位置について検討する余地は全くないが、長岡京や平安京との関係からみても重大な課題を提供したと言える。本調査例をみても、少なくとも八世紀中頃以降の日本古代宮都では、羅城門は大規模に造るが、羅城は中国の都城とは全く異なるきわめて象徴的なものにすぎなかったのである。

(2) 平城京と松林苑

ところで平城京の北郊外には、羅城ではないが、基底部に大規模な土塁を設ける築地塀で囲繞された特異な空間が存在する。聖武王権の時期に初出する松林苑である。城壁の規模は東西一km、南北二kmほど

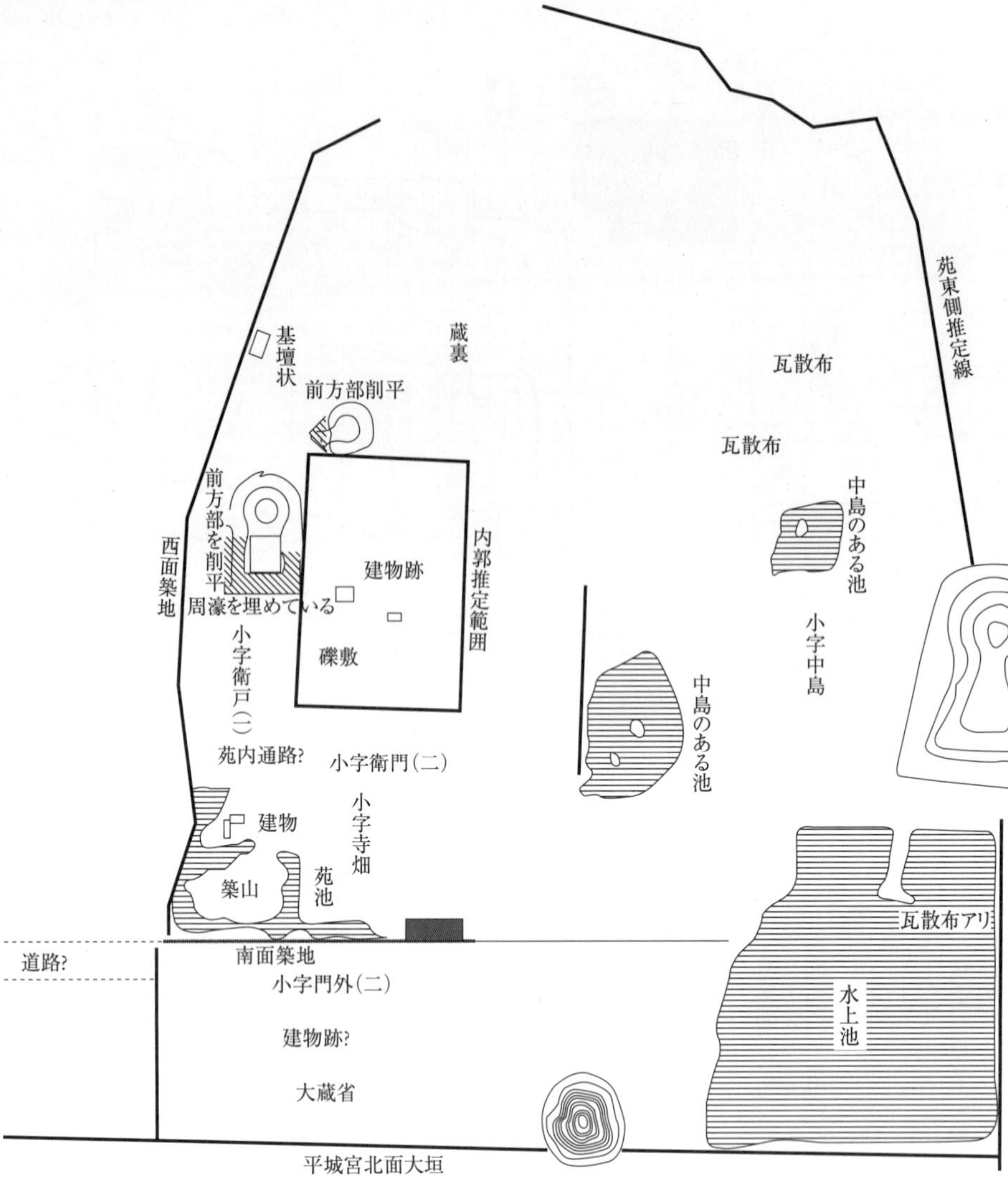

図７　松林苑の城壁と平城宮北部

（川上邦彦　1990）

の隅丸方形をなしており、内部からは掘立柱建物やこれを囲繞する掘立柱塀などが検出されている。松林苑と宮城北大垣との間には二町（坪）余の空間を残しており、岸俊男氏はこの空間に大蔵が所在した可能性を指摘している。[16]本空間の西には、北辺坊が推定されており、平城京では本来の京の北辺にさらに二町分の官衙などを配する特殊な空間が所在したのである。ただしこの空間は外京には及ばない。

このほか、平城京北郊外には二〇〇mを越す前方後円墳からなる佐紀盾列古墳群が展開しており、拙稿[17]でも分析したとおり、当該地は王権の墓域として意識されていた可能性が高い。また、井上内親王の野宮や北池新宮が松林苑の南東部に位置する中島池に想定されており[18]禁苑的な性格を有していたと推定できる、唐長安城の禁苑の城壁ほどの規模ではないが、全体が築地塀で囲繞されていた。

平城京では北辺の宮城部にのみ大垣が設けられたが、それ以外の城壁はなかったと考えられている。

(3) 外京と京極

平城京東部にはほかの宮都には認められない外京と呼称される特殊な空間が併設されている。平城京一条大路の東延長部から五条大路の東延長部まで、東へ三坊分の合計一九二町分に及ぶ広大な空間である。外京の発掘調査は必ずしも十分ではなく、得られる資料は断片的であるが、その性格は現存する寺院や文献史料から類推することが可能である。外京南端五条七坊には紀寺、五坊には佐伯院が四町規模で所在し、次いで四条から三条にかけての七坊には元興寺が八町を占有している。さらに三条七坊全域とその周囲八町を占有する興福寺が東辺に接して配されている。当時の王権を構成した大貴族の氏寺が集中する「寺町」的な要素の強い空間であった。

外京の東に造営されたのが東大寺である。東大寺と外京東面との関係を示す興味深い施設が東大寺西門である。東大寺西門は平城京二条大路延長線上に開門しており、西門には聖武天皇の勅額が掲げられていたとされる。このことから推測できることは、外京東辺にもまた、羅城に相当する城壁は設けられていなかったということである。東大寺に参詣する場合の聖武天皇の行幸ルートは、宮城門（基本的には朱雀門か）を出て二条大路を東進し、東大寺西門から寺内に入ったものであったろう。この際、外京に城壁が設けられていたとすると京城門と東大寺西門が接して対峙することになり見栄えのよいものではない。外京を画する城壁もなかったと判断すべきであろう。西京極に関する資料はほとんどないが、同様にして羅城は形成されていなかったと判断せざるをえない。

平城京では八世紀中頃に九条付近の東西一坊間に羅城が設けられるが、以外には何も設けられず、都と周辺地域との関係は京極大路と呼称した道路が画するだけだったのである。そしてこの構造は基本的に後続する宮都に継承された。

4 長岡京の京極

(1) 長岡京の四至

近年長岡京の四至について、日本の古代都城制の変遷の歴史を全く無視し、発掘調査資料を誤読した見解が示されることがたびたびあるが、近年の右京一・二条西四坊域での調査成果は完全にこれを否定している[19]。その大きな特徴が、膨大で正確な発掘調査資料を提示している長岡京については、考古資料に限定して分析し、比較の対象とする平安京については、平安京造営当初の発掘調査資料がほとんど検出されないにもかかわらず、文献史料を用いて長岡京と同レベルの比較を行い、長岡京の「非完成性」を論じるという方法論である。

とりわけ肯首しがたいのは、全体像を示すことなく発掘調査により新たなデーターが提示されるたびに既説との違いを強調し、自ら仮説と提示することなく既存の仮説を否定する方法論である。そのような「個別データー」が考古学による説だというのなら、都城研究は広大な遺跡を前に永遠にその構造や規模について仮説すら得られないままに、遺跡の全域を発掘し尽くして初めて分析を開始することになるのである。とくに看過できないのが、発掘調査によって遺構の検出された地域を結んで、その範囲しか長岡京はできておらず、未完成で不十分な都であるかのごとき印象を与える資料提示である。仮に同手法を使えば、平安京は言うに及ばず、平城京や「藤原京」もその四至は不

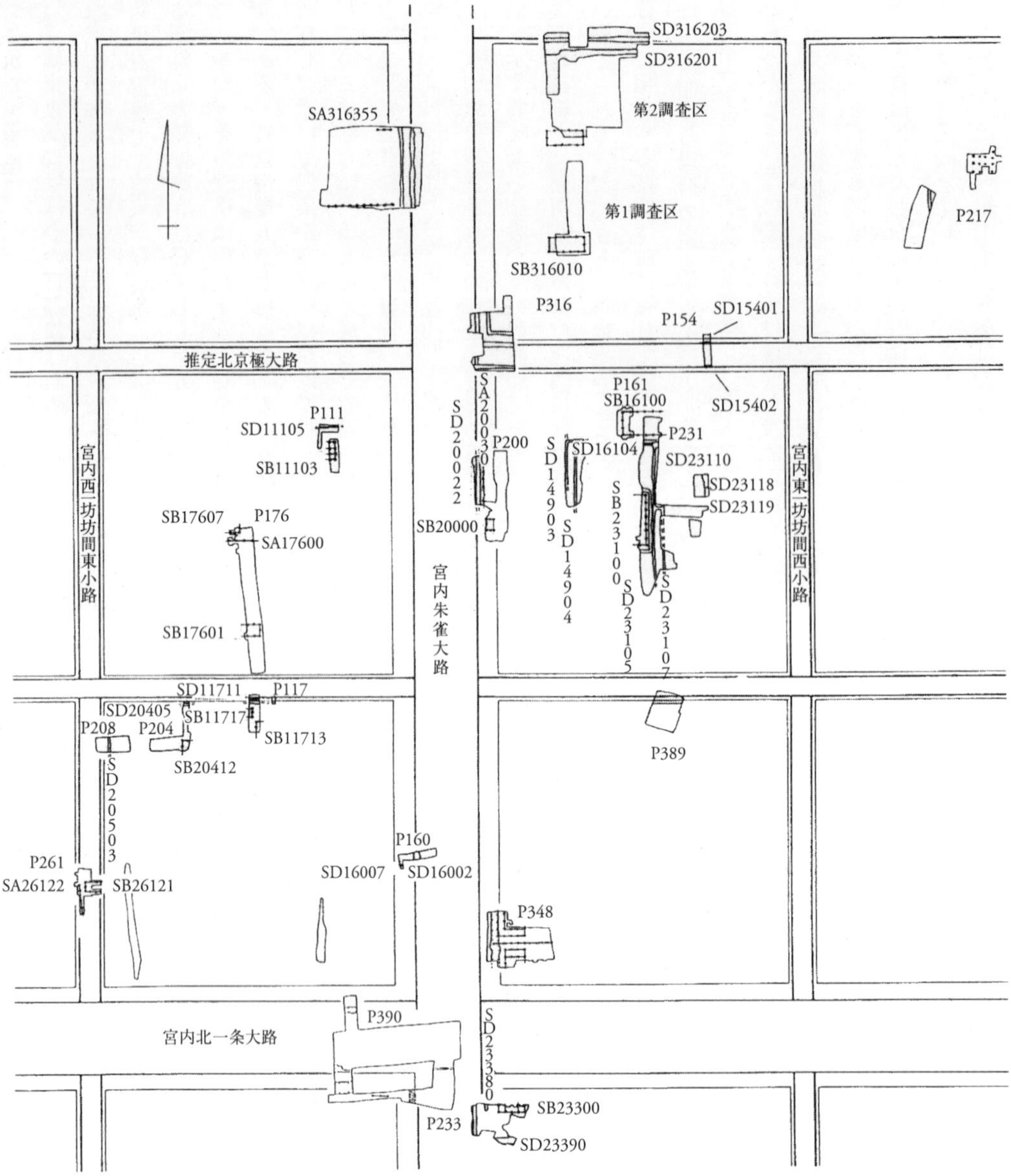

図8　長岡宮「北苑」の施設群

透明なままなのである。にもかかわらず、いずれの報告者もそれらを不十分で未完成な都とは表記せず、堂々と京域図を掲載するのである。これほど非科学的で予断と偏見に満ちあふれた見解はないであろう。

　ところで長岡京の条坊制についてはすでに拙稿を示したことがある。[20]その後多くの条坊調査データーが集積されているが、長岡京条坊制の基本については変更する必要性はほとんどないと考えている。とくに東・西京極については拙稿で想定した位置に存在したことは間違いなく、南京極についても、いまのところ、その位置を移動させるに必要な資料は提示されていない。

　ただし、北京極について、前稿では「北京極大路」とされた条坊が小路規模しかなく、不適当であることは指摘したが、その適正な位置については保留せざるをえなかった。ところがその後、左京北一条二坊一・二・三・四町から大規模な四町利用の宅地が検出され、出土木簡の分析から延暦十二（七九三）年正月に遷都のために内裏機能を移した東院であることが実証され、その分析の中から、東院の南を画する北一条大路が長岡京の北限をなす北京極大路である可能性を指摘した[21]。

このような既存の研究成果によって、長岡京でもまた羅城は設置されなかったことが明らかになった。ただし、羅城門について推定地はあるものの、未確認であり、その東西に羅城が延びるか否かについても不明である。

長岡京の造営当初の基本構造には、聖武天皇の難波京の基本構造が大きく影響しているとされる。難波京の羅城および羅城門もまた、未確認のため長岡京について類推することは難しい。

(2) 長岡京の北京極と「禁野」

長岡京の羅城に関するもう一つの課題が、北京極（現北一条大路）以北から次々と検出された遺構群の解釈である。既説北京極大路が南二町の北一条大路である根拠についてはすでに述べたが、北一条大路に沿って羅城が設けられることはなかった。

北一条大路以北と以南の条坊制については、いまのところ断片的な資料しか公表されていないので、規格の相違の有無についても検討することができないが、長岡宮跡第三一六次発掘調査成果などによれば、宮城東西面街区の南北長が原則的に三七五尺で企画されているのとは異なり、四〇〇尺の可能性が指摘できる。仮にこの原則と同じ規格が以北についても用いられたのだとすると、長岡京左・右京街区と規範が共通することになる。

東院の発見によって、長岡京の北郊外には①東院前進の離宮的施設、②藤原旅子、藤原乙牟漏、高野新笠などの皇族墓ほか、王権に関する様々な施設が集中していたことが明らかになってきた。「北苑」の建物は内に設置された道路網に沿って築地塀を設けて囲繞するだけで、特別な囲繞施設は持たなかった。長岡京「北苑」（禁野）を画したのは、北―北東―東と大きな半円弧を描きながら長岡京左京域から南西流する桂川と、西に聳える西山山塊だったのではなかろうか。こうした自然の要害を利用する点は、日本独自の構造なのかもしれない。

5 平安京の京極

(1) 羅城と羅城門

平安京の羅城に関する情報は大半が文献史料によるものであり、考古資料からはほとんど知ることができない。

『延喜式』左・右京職式京程条に拠れば平安京の南について「南極大路十二丈。羅城外二丈垣基半三尺。犬行七尺。溝広一丈。」と南京極大路（九条大路）の外に羅城の設けられていたことが知られる（図9）。先に紹介した井上和人氏の比較研究に拠れば、平城京の羅城門と平安京のそれとは用いた尺度が大尺と小尺の違いがあるがその数値は同じで、羅城の規模は基底幅六尺（平安京はいずれも小尺）、犬走七尺、高さ一三尺、羅城の濠幅一丈であったとする。平城京で検出した九条大路南側溝との関係から推定すると、側溝の南一丈の位置を羅城心として二丈南が羅城の濠端として建設されたことがわかる。平城京では羅城は東西一坊大路間にのみ設置されていたが、平安京でも、羅城門の

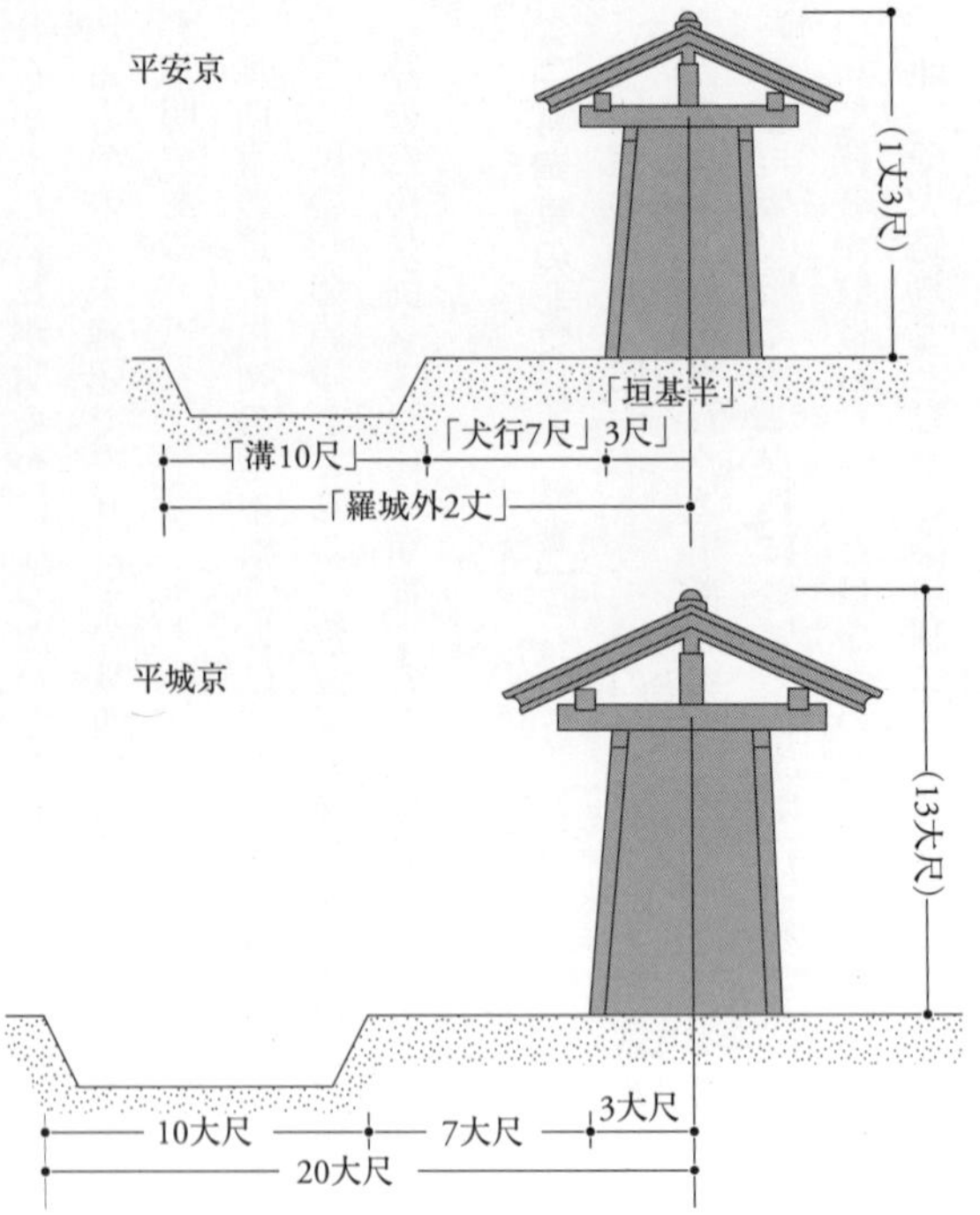

図９　平安京と平城京の羅城

東西に形式的に羅城が延びるだけであった。平城京以上に平安京の羅城門の東西に延びる羅城は小規模化していたのである。

なお、羅城門の規模についても、井上氏は平城京の研究成果を基礎にして従説を覆し、裏松固禅の推測した東西九間説を支持する。[22]

（2）西京極と法金剛院

平安京内の京極大路に関する数少ない発掘調査成果の中で、京極との関係を知ることのできる興味深い資料に法金剛院跡旧境内の発掘調査成果がある。[23] 法金剛院は平安時代初期に清原夏野が用いた山荘跡を待賢門院璋子（白河天皇養女、鳥羽天皇皇后、崇徳・後白河天皇母）が再興した寺院である。

公表された資料を参考に分析すると、法金剛院は西京極大路の西に接して設けられたもので大規模な苑地を持つ寺院であったことが知られる。興味深いのは西京極大路に開く東門との関係である。資料に拠れば、法金剛院が整備されるのが一二世紀前半であるにもかかわらず、寺域は西京極大路より東に出ることはなく、東門は正確に西京極大路路面に向かって開門していることである。

こうした発掘調査の資料からも平安京西京極に羅城が存在することがなかったことが実証できる。と同時に、平安京内に東寺・西寺の二寺以外を建立しないという定めが平安時代を通じて遵守されたことが知られる。その場合の平安京と京外との境界施設が（西）京極大路だったのである。

平安時代後期になって院政が敷かれ、その政治的・宗教的拠点として二条大路の東に白河、朱雀大路の南に鳥羽が形成され、都市空間を形成する。これらの空間もまた個別施設が築地塀で囲われることは

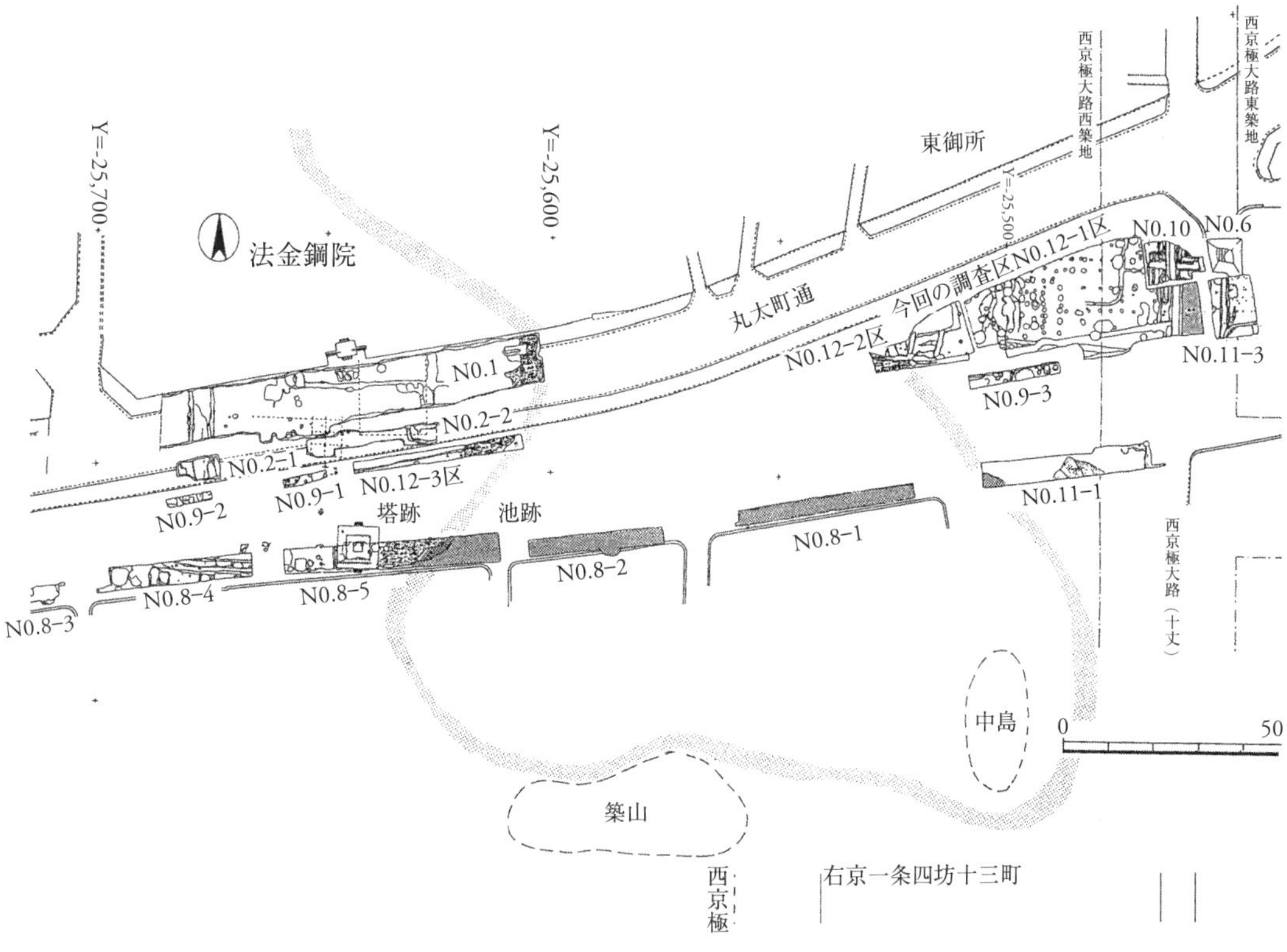

図10　法金剛院発掘調査区配置図

あっても、全体が城壁で囲繞されることはなかった。

おわりに

日本古代宮都はその前代の飛鳥京域に始まり、平安京に至るまで一貫して王権の所在地に羅城を設けることはなかった。わずかに平城京中頃から平安京造営時の間のみ、羅城門の東西にせいぜい二坊分の城壁を形式的に設けるだけであった。このため、宮都と宮都の所在する国郡との境界はせいぜい幅十丈（三〇ｍ）余の道路でしかなかったのである。京極外側の側溝を飛び越えればそこは京外であった。

日本列島という東海の島に形成された日本古代王権にとって、城壁はきわめて内なる存在だったのである。

註

1　岸俊男「京域の想定と藤原京条坊制」（奈良県教育委員会『藤原宮―国道一六五号線バイパスに伴う宮域調査―』一九六九年）、同「飛鳥から平城へ」（『古代の日本』五〈近畿〉角川書店、一九七〇年）、同「日本都城制総論」（『都城の生態』日本の古代5、中央公論社、一九八七年）。いずれも岸俊男『日本古代宮都の研究』（岩波書店、一九八八年）再録。

2　山中章「日本古代宮都の周辺　宮都と葬地」（国立歴史民俗博物館『国立歴史民俗博物館研究報告第一三四集研究報告特集号　律令国家転換期の王権と都市』二〇〇七年）。

3　小澤毅「古代都市『藤原京』の成立」（『考古学研究』四四―三、一九九七年）、中村太一「藤原京と『周礼』王城プラン」（『日本歴史』五八二、一九九六年）。

4　豊田裕章「藤原京の宮城と周制の王城（國）との関わりについて」（『古代文化』五九―二、二〇〇七年）。
5　橿原市教育委員会『土橋遺跡ほかの発掘調査現地説明会資料』一九九六年、桜井市教育委員会『上ノ庄遺跡第四次発掘調査現地説明会資料』一九九六年。
6　山中章「古代都城の交通―交差点からみた条坊の機能―」（『考古学研究』三七―一〈通巻一四五号〉、一九九〇年）。
7　山中章「古代宮都成立期の都市性」（佐藤信・吉田伸之編『新体系日本史6 都市社会史』山川出版、二〇〇一年）。
8　註6山中章論文。
9　林部均『古代宮都形成過程の研究』青木書店、二〇〇一年。
10　奈良国立文化財研究所『平城京左京二条二坊・三条二坊発掘調査報告―長屋王邸・藤原麻呂邸の調査―』（奈良国立文化財研究所、一九九五年）。
11　豊田裕章氏のご教示に拠る。二〇〇八年四月二十四日朝日新聞夕刊文化欄記事参照。
12　平安京では坊令が実質的に管理したかどうかは別として、宮城は明確に一坊（北辺・一条・二条一坊）と認識されており、これらを含めて坊令の担当範囲であった。
13　東潮・田中俊明『韓国の古代遺跡　1新羅篇（慶州）』（中央公論社、一九八八年）。
14　井上和人「平城京羅城再考」（『条里制・古代都市研究』一四、一九九八年。のち井上和人『古代都城制条里制の実証的研究』〈学生社、二〇〇四年〉に「7章　平城京羅城門再考―平城京の羅城門・羅城と京南辺条条里―」として再掲）。
15　大和郡山市教育委員会『下三橋遺跡第一回現地説明会資料』二〇〇五年、大和郡山市教育委員会・（財）元興寺文化財研究所『下三橋遺跡第三回現地説明会資料』二〇〇七年。
16　註1岸俊男著書。
17　註2山中章論文。
18　金子裕之『東アジア古代都城の苑地に関する基礎的研究』二〇〇〇四年。
19　（財）京都市埋蔵文化財研究所『京都市埋蔵文化研究所発掘調査概報（二〇〇二―二）長岡京右京一条四坊一三・十四町跡』二〇〇三年。以後二〇〇九年までの調査で数多くの遺跡が検出されている。
20　山中章「古代条坊制論」（『考古学研究』三八―四、一九九二年）。
21　山中章「長岡京東院の構造と機能―長岡京「北苑」の造営と東院―」（『日本史研究』四六一、二〇〇一年）。
22　註14井上和人論文参照。
23　（財）京都市埋蔵文化財研究所『平安京右京一条四坊十三町跡発掘調査現地説明会資料』二〇〇四年、（財）京都市埋蔵文化財研究所『京都市埋蔵文化財研究所発掘調査概報』二〇〇四年、平安京右京一条四坊十三町跡。

■研究ノート

朝鮮都城史研究の現況

中国歴代王朝が採用したグリッド・プランの都城制とは異なり、朝鮮では風水思想にのっとって漢城の自然地形を活用した楕円形の都城が建設された。朝鮮時代の都城史研究の先駆的業績としてはソウル特別市史編纂委員会編『ソウル特別市史―古蹟篇』（ソウル特別市、ソウル、一九六三年）の第二部第二章「都城」（執筆は主に李丙燾）があり、城郭に関する官撰史料『朝鮮王朝実録』の記事を収録する。その成果は同編『ソウル六百年史―文化史蹟篇』（ソウル特別市、ソウル、一九八七年）第三章第3節の「都城」、第4節の「都城門とその門楼」（執筆はいずれも元永煥）、同編『ソウル建築史（ソウル歴史叢書2）』（ソウル特別市、ソウル、一九九九年）第四章第2節2の「城郭と門楼」（張順鏞）に発展的に継承される。都城門を含め、漢城の制度史に関する総括的な専著に元永煥『朝鮮時代漢城府研究』（江原大学校出版部、春川、一九九〇年）がある。都市行政学の観点からは孫禎睦『朝鮮時代都市社会研究』（一志社、ソウル、一九七七年）、商業史との関連では高東煥『朝鮮時代ソウル都市史』（太学社、ソウル、二〇〇七年）を挙げることができよう。ソウル歴史博物館編『都城大地図』（同博物館遺物管理課、ソウル、二〇〇四年）は一八世紀半ばの漢城の行政区域を詳細に伝えており、資料的価値は高い。

研究史に関しては李康根「宮闕と官衙」（韓国建築歴史学会編『韓国建築史研究1―分野と時代』発言、ソウル、二〇〇三年）、徐致祥「伝統建築の生産と技術」（同編『韓国建築史研究2―理論と争点』発言、ソウル、二〇〇三年）に漢城建設と宮闕に関して若干の言及があるほか、韓国の都城史研究の現況は禹成勲「韓国の前近代都市研究史―高麗時代と朝鮮時代の都市史研究を中心に」（『年報都市史研究』一三、山川出版社、二〇〇五年）、高東煥「ソウル都市史研究の成果と課題―朝鮮時代（一三九二～一九一〇）を中心に」（『ソウル歴史博物館研究論文集　都市歴史文化』第四号、ソウル、二〇〇六年）に詳しい。最近では閔徳植「朝鮮初期都城の築造」（『郷土ソウル』第六九号、ソウル、二〇〇七年）が実録記事を中心に都城の築造過程を総合的に整理し、築城謄録の復元を試みる。

日本では杉山信三『韓国の中世建築』（相模書房、一九八四年）、中西章『朝鮮半島の建築』（理工学社、一九八九年）の刊行後、吉田光男「漢城の都市空間―近世ソウル論序説」（『朝鮮史研究会論文集』第三〇集、一九九二年）、同「朝鮮近世の王都と帝都」（『年報都市史研究』7、山川出版社、一九九九年。いずれも吉田光男『近世ソウル都市社会研究―漢城の街と住民』〈草風館、二〇〇九年〉に再録）が漢城の都市理念と空間構造を素描して以来、目立った論考はない。ただ、朝鮮建築史の通史として尹張燮（西垣安比古訳）『韓国の建築』（中央公論美術出版、二〇〇三年。原著は『韓国の建築』ソウル大学校出版部、ソウル、一九九六年）、「開港期以前の都市計画概観」を収録した孫禎睦（西垣安比古他訳）『日本統治下朝鮮都市計画史研究』（柏書房、二〇〇四年。原著は『日帝強占期都市計画研究』一志社、ソウル、一九九〇年）が刊行されたことは朗報であろう。

都城制に限らず、韓国では国立文化財研究所や大学博物館が遺構の発掘調査を主導することが多い。そのため建築史研究者が発掘現場から距離を置き、考古学者の手のみに学術研究を委ねるのは望ましくない、との自省もある。歴史学界では空間論の立場から都城制に接近する手法が主流となっているが、建築史・考古美術史との連携は必ずしも活発ではない。むろん、自己完結型の一国史的観点からではなく、時間的にも空間的にも視野を広げ、中国古代・近世の都城制との比較研究が喫緊の課題となっていることは言うまでもない。

（桑野栄治）

第二章　都城と葬地

城址と墓葬にみる楚王城の非郡県治的性格

馬　彪

【キーワード】　睡虎地秦墓竹簡　郡県治所在地説

はじめに

雲夢楚王城[1]は中国湖北省の江漢平原東北部（約北緯三一度、東経一一三・四五度）古雲夢沢地域内[2]に位置する古城跡である。一九七五年十二月、この古城の郊外で史学界を驚かせた睡虎地秦墓竹簡が発見された。以来、学界では睡虎地秦墓竹簡について豊富な研究成果[3]をあげると同時に、この古城遺跡の性格についても探求してきた。

しかし、古城遺跡は住宅地内にあり大規模な発掘ができないため、今日まで雲夢楚王城の性格については明らかにされていない。もちろん、この古城跡の性格をはっきりさせなければ、そのすぐ近くで発見された睡虎地秦墓竹簡の性格もはっきりわからないであろう。例えば、研究者は睡虎地秦墓竹簡の「秦律十八種」は厖大な秦律のなかのごく一部だけであることを知ってはいるが、これがどの秦律であるのか、誰もはっきりとは言えない。換言すれば、今いわゆる「顕学」となっている睡虎地秦墓竹簡研究でも、この秦簡がいったいどのような性格のものであるかもわからない、という現状である。したがって、雲夢楚王城の性格を明らかにするための研究が、都城学だけでなく簡牘学においても必要であると思われる。

小文は、三十余年来の「定論」とされている楚王城郡県治説を紹介し、その説の問題点を指摘しつつ、楚王城の城址と墓葬によって該当遺跡の非郡県治的性格を提示しようとするものである。

1　楚王城郡県治説とその問題点

楚王城遺跡の性格に関しては、秦代においては安陸県県治説が、漢代においては江夏郡郡治説がある。この二説には多くの研究者によって独自の視点から提出された様々な見解が存在する。以下、それらの見解を研究者ごとに整理しつつ、それぞれの問題点を指摘したい。

(1) 宋換文氏の「安陸邑城は、現在の雲夢県城であろうと思う」説[4]

宋氏の論拠はだいたい三つある。

第一は、文献によって杜預『左伝』の注に記録されている。鄖は「江夏安陸《ママ》に在り、県の東南に雲夢城有り」（「在江夏安陸《ママ》、縣東南有雲夢城」）と。また、『漢書』地理志の漢の高祖の六年に、「南郡の地を分けて江夏郡を置く。郡治は安陸に設く」と記録されている。（唐）杜佑の『通典』安州安陸郡「雲夢」条の注に記録されている「江夏郡は故城今の県の東南にあり」（「江夏郡故城在今縣東南」）である。また、（唐）『元和郡県志』巻二七「安州」総序に記録されている「故の漢の理《おさ》むる所の江夏郡は、前書多くは安陸にありと言う。其れ雲夢県東南の四里、涓水の北に、江夏古城あり、（北）周の理むる所、山川によりて之を言えば、此の城、南は夏水に近し、余址は寛大にして、則ち前江夏郡の理むる所なり」（「故漢所理江夏郡、前書多言在安陸、其雲夢縣東南四里、涓水之北、有江夏古城、（北）周所理、據山川言之、此城南近夏水、餘址寛大、則前江夏郡所理也」）である。また『太平寰宇記』安州・雲夢県に記す「江夏の故城は漢郡城と為す、今の県の東南にあるなり」（「江夏故城、漢為郡城、在今縣東南也」）である。

宋氏の結論は「即ち現在の雲夢城、或いは其の付近は、戦国のとき鄖国であったが、秦に至って安陸県治になり、漢に至って江夏郡治になった」というのである。しかし、筆者が考えるに、たしかに以上の文献の記載によって秦の安陸県治の所在地が現在の安陸県城ではないことは証明できるが、今の雲夢楚王城は即ち秦の安陸県治であることは証明できそうもないということである。したがって、宋氏の結論にある「或いは其の付近」のような曖昧な言葉を使わざるをえなかったのではないか。

第二は、考古資料によれば、現在の雲夢城付近で大量の秦墓といくつかの戦国墓葬が発見された。その遺物には「咸陽」という文字を刻んだ漆器や、「安陸市亭」の印章を押した跡のある陶器がある。また秦文化を代表する「蒜頭壺」や「蚕形壺」もある。これによってこの城は秦人の政治と軍事要地であったことが証明される。また、睡虎地一一号墓の主人の「喜」という人物は、かつて安陸令史の履歴があり、彼の死後、今の安陸城ではなくここで埋葬されたことにより、ここが秦の安陸県治の所在地にあたるということが証明される。そこで宋氏は、「逆に考えると、今の安陸城周辺でその時期における墓葬や文物が殆ど発見されないのは、必ずしも偶然とは考えられない」と指摘した。筆者は睡虎地秦墓葬の出土遺物によって、楚王城がかつて秦の占拠期間における城であったことは確かであるが、この城が当時の安陸県治であると証明できる証拠とはならないだろうと考える。

第三は、歴史地理の視点から宋氏は「現在の雲夢県の周辺は地勢が低い丘陵地域であって、南は平野（＝古雲夢沢）であり、東北は鄂東や豫南に至る要道である。ここを占拠すると、南には江漢流域を、北には三関（すなわち古の冥阨・大隧・直轅という関）を抑え、まさに秦人の戦略的な要地であろう」と指摘している。たしかにこの地は古雲夢沢を占めていて、中原や関中へ行く交通上の重要な要衝ではあるが、楚王城の性格には直接に関係がないのではないだろうか。

(2) 黄盛璋氏の「（睡虎地）秦墓の所在した雲夢古城は、即ち楚・秦・漢代における安陸である」説[5]

黄氏の考えは三つの出土木牘資料に基づいたものである。

第一、睡虎地秦墓四号墓から出土した六号木牘（すなわち第二の書簡）の中の「新地城」は楚王城を指すものであるとの判断。理由は木牘に記した、「新地城空多く実《み》たざるを聞けば、且《しばら》く故の民の為すこと令の如くせざる者をして実たしむ」（「聞新地城多空不實者、且令故民有爲不如令者實」）、「新地に盗が入り、衷（人名は引用者注）、唯だ母方、新地より行《はな》（離）れよ。急急」（「新地入盜、衷唯母方行新地、急急」）である。ここの「行」という表現は「離れる」の意と解釈でき、衷は手紙で自分の「母に新地から離れるように」と勧告したと解した。当時近くで埋葬する習俗があったことを考えると、今の睡虎地古墓の隣りに位置する雲夢古城は、まさに秦の「新地城」であったであろうと述べている。

第二、睡虎地秦墓七号墓の槨室の門楣に刻まれた「五十一年曲陽士五邦」の文字によって、その墓葬は秦昭襄王二十九年の安陸占拠から二三年後の墓葬であると考えれば、「今の雲夢古城城址は楚の安陸が秦に入ってから新しく建てか又は改建した新地城だろう」としている。

第三、四号秦墓の一一号木牘（第一の書簡）に「母、安陸の絲布の賤《やす》きを視る」（「母視安陸絲布賤」）という部分があり、また一一号と一四号秦墓とも「安陸市亭」の印章を捺した陶器が発見されたので「故にこの雲夢古城はまさに秦の安陸県城であろう」としている。

しかし、黄氏は根拠となった木牘の「毋」字を、「母」と誤読している点を批判されている。[6]

（3）劉玉堂氏の「秦の安陸県城は今の雲夢古城であるかどうかという質問に対して、私は肯定的な答えをしたい」説

すなわち「秦簡「編年紀」に記載されている「二十八年、今安陸を過ぎる」とは、秦始皇二十八年の巡行の途中、安陸を経過したことを指す。しかも墓主人の喜は当時安陸にいた。目撃者としてそのことを記事にしたのは間違いない。墓主人は死後、安陸境内に埋葬されたはずで、その一一号墓を含めた睡虎地墓地が雲夢古城の東側に位置するのも偶然ではないであろう」と判断している。

（4）漢代の江夏郡治説

これはむしろ秦代の安陸県治説の延長とも言える。例えば、上述した宋煥文氏は「即ち現在の雲夢城、或いは其の付近の所で、戦国時代の鄖国は秦に至って安陸県治となって、漢に至って江夏郡治となった」と言う。[7]

張沢棟氏も「漢初江夏郡説」[8]を提出した。彼の文献の根拠も『史記』高祖本紀に記載された、「漢高祖六年、江夏郡を立つ、安陸県を置く」と、『元和郡縣志』に記される「雲夢県の東南四里、涓水の北に江夏古城あり」という史料である。彼が挙げた考古発掘資料には以下の三つがある。

①楚王城の西城で発掘された大型建築台遺跡の資料、および大型建築材料の紅砂石柱礎（直径四五cm、厚さ二二cm）等

②西城内で発見された厚さ一mの前漢代の整地層によって「楚王城の西城区の年代の下限は前漢代に至る」ことが証明できること

③楚王城の西の郊外にある大墳頭と睡虎地墓葬の埋葬年代は、楚王城西城区の遺跡の整地層の年代と一致すること

そこで、張氏は「これらの資料により、今の雲夢楚王城の西城は江夏郡の郡治となったのだろう」と結論づけた。しかし、筆者はただ楚王城西城の年代下限が前漢にあたることや、大型建築材料の発見だけ

では、楚王城が『史記』に言う漢高祖六年に建てた江夏郡であることを証明できないと考える。

黄盛璋氏も「秦および漢初の安陸は南郡に属し、江陵鳳凰山九号墓で出土した安陸守丞の綰の三つの木牘は南郡（太守）に上呈した文書であるので、文帝十六年まで安陸は依然として南郡に属したことが証明できる。南郡の一部（安陸を含め）を分離して江夏郡を成立させ、しかも安陸を郡治となしたのはそれ以後のことであろう」と述べている。[9]

もう一つ、やや特異な考え方があるので、ここで紹介しておきたい。それは「鄂東北地区を考古調査して、数多くの戦国時代における楚文化の特徴をもつ古城址を発見した。それらの古城址は武勝関・九里関・大勝関を結ぶ線の南に分布していて、鄂東北地域における一つの強大な軍事防禦システムをなしている。[10]」という熊卜発氏の軍事施設説である。しかもこの「強大な軍事防禦システム」の第一位とされる施設が雲夢楚王城であるというのである。

(5) 郡県治説の問題点

以上の諸説は、言うまでもなく郡県治所在地説が主流の認識で、ほぼ動かない定論となっていると思われ、最新考古発見の龍崗秦墓をめぐって考えた観点としては、非常に魅力的だと感じられる。ここで各々の観点から残されている課題を以下の二点にまとめようと思う。

(1) 墓主人と楚王城との関係をどのように証明したらよいか。

大多数の論者は「死んだ現場で埋葬される習俗」という理由から墓主人は生前に楚王城に住んでいたと考えている。筆者も基本的にはそのように考えているが、ただ特例がないわけではないので、具体例によって個々に分析する必要があるのではないかと思う。例えば、睡虎地一一号墓の墓主の「喜」は確かに楚王城の城外に埋葬されたが、「編年記」には彼がこの城で過ごしたことを全く記していない。ゆえに、彼は没後その遺体は故郷に送られ、「帰葬」した説もある。[11]

研究者が墓葬の類型や出土文物によって墓主人の身分を考証することは、もちろん非常に重要な方法であると思われる。例えば、研究者は典型的な秦文化特色の「蒜頭壺」「蚕形壺」などによって、楚王城の住民は秦人だろうと判断する。しかし反論者には、当時ここは秦の占領地であったから秦化された楚人の秦式墓葬である可能性も否定できないだろうという見方もある。[12]

また、研究者が墓から出土した文字によって墓主人の身分を研究するのは、最も確実な方法だろうと思うが、実際にはそんなに簡単ではない。例えば遺物に刻んだ「咸陽」「安陸市亭」という文字について、正反対の意見が出されたこともある。

(2) 楚王城の性格については郡県治所在地以外の可能性もあろう。

たしかに、古代都城の一つのきわめて重要な性格はいわゆる「衛君守民」であるので、研究者たちが都城の性格についてまず考えるのは、その政治的・軍事的な空間存在の意義である。大多数の研究者は、楚王城は秦代の安陸県治所在地や漢代江夏郡治所在地だろうと推定する。ただ、この方法論には多少とも先入観の色が濃厚ではないかという気がする。また、結果からみると、諸説の結論はそれぞれに問題が指摘できる。例えば龍崗秦簡の内容によれば、秦の始皇帝は当年、巡行の途中でこの城に泊まっている。これが事実とすれば、典籍に記載された始皇帝は当年にここで「望祭」したことと関連して追求しなければならなくなる。

つまり、一般論の「衛君守民」以外に、古代における最も大事な祭祀機能と都城性格とのつながりについても考えるべきだろう。

2 楚王城遺跡の非郡県治的性格

楚王城遺跡の調査と部分的な発掘は何回も行われた。一九五八年、当時の文物調査によってここは一つの古城遺跡であることがわかった。[13] 一九七八年、武漢大学考古班は睡虎地秦墓の発掘の延長として楚王城を調査し、一九八四年に孝感地区博物館も再調査した。[14] 一九八六年十一月～一九八七年四月、改線工事のために漢孟公路が楚王城遺跡の中を横断した。その際に孝感地区博物館と雲夢県博物館とが連携して、工事現場だけでなく、北城垣の東段まで発掘し、[15] この古城の平面および城内の構造を明らかにした。また一九九二年六月に、湖北省文物考古研究所・孝感地区博物館・雲夢県博物館の合同調査によって、雲夢城遺跡の中垣と南垣およびその結合部の発掘が行われ、さらに城垣の初建・改造・廃棄の年代が明らかとなった。[16] この複数の遺跡調査の発掘報告資料により、楚王城遺跡の特徴を以下のようにまとめることができる。

(1) 防衛性の高い堅固な城址構造

楚王城の城址は「日」字が横になっている形で、総面積は約一九〇〇㎡である。東西の長さは約一九〇〇m、南北の幅は約一〇〇〇mである。南北に走る中垣で城址を西大城と東小城に分けられている。版築の城壁は全部で九七〇〇mの長さがある。[17] 東城遺跡は、今はほとんど農田となっているが、西城遺跡はすべて現在の雲夢県城の下にある[18]（図1参照）。

東城壁と北・南城城壁の東段はよく残っており、北城の城壁の西段と西城城壁の北段も形がよく見え、その南段と南城城壁の西段の痕跡が残されている。北城壁は長さ一八八〇mで、西段は八五〇mである。南城壁は二段に分けられ、東段の長さは一〇五〇mで、西段は八五〇mである。中垣の長さは一一〇〇mある。城壁の残りの部分の現在の高さは二～四mで、幅は三五mである。城壁の内外とも護坡（固めた斜面）があって、護坡は城壁に接しており、断面から見ると護坡は三角形となっている。[19]

城門跡……四面とも各一門を設ける。門跡の位置としては東門跡がT字路にあたり、南・西・北の三門の外側には各一つずつの小丘があった（今日では珍珠坡・季堵坡・黄土坡と呼ぶ）と考えられる。[20] しかし、北の門跡を除いて確かな遺構はほとんど残されていない。北の城門跡の外壕の中には長さ三〇m・幅五mの一つの台があって、北城門外にあった吊り橋の基礎であろうと推測されている。[21]

見張台……城址の東南角・西南角・東北角・西北角にはみな高台建築跡が残されている。ただ東北角の一つの姿は割合によく見ることができ、今の円柱形土台は高さが六mある。[22]

壕……北側の壕がよく残っており、南側の壕は涢水という川につながっており、それは現在でも雲夢県城の排水路として使われている。現存している壕は幅三〇～三五mで、深さは二～五mである。南壕は城壁の跡から約八m離れている。[23]

注目すべきは、城壁の内側に発掘者に「内壕」と呼ばれている一つの地帯がある。平面図で確認すると、その場所は北城壁の中段の内側にあたる所である。「発掘簡報」には「内壕はすでに平地となっている

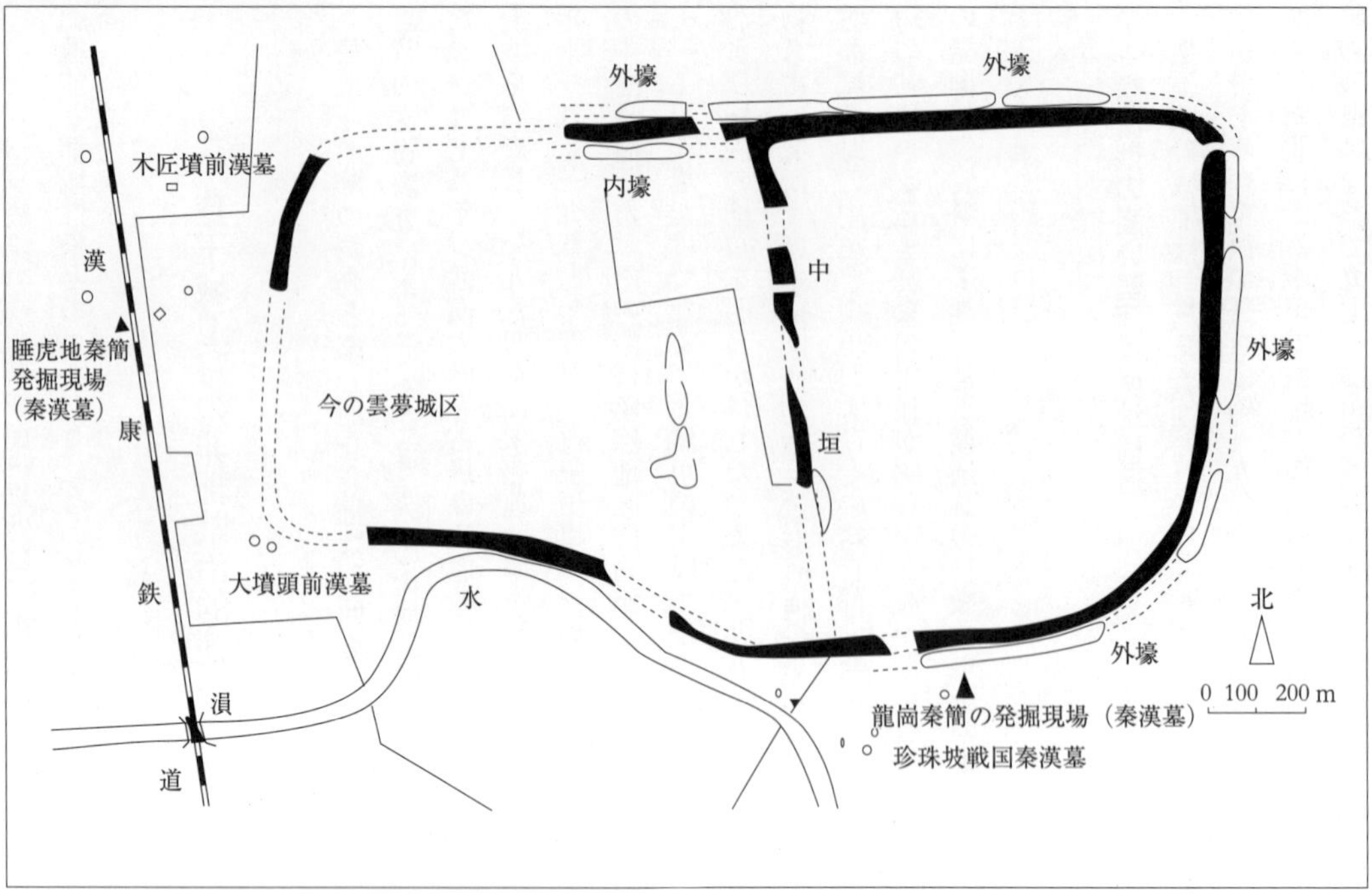

図１　楚王城遺跡平面図（『考古』1991 年 1 期「湖北孝感地区両処古城遺址調査簡報」所載の付図に基づく）

が、他の地面と比べてみると幅約三三mである。しかし具体的な構造は不明である。[24]」と記されている。

（2）戦国末から前漢における城壁

発掘によって城壁の年代が明らかとなった。南垣を造った時代は中垣より早く、南垣は大城全体の造営年代と同じであるので、大城は中垣より古い。また、南垣の下に戦国中晩期の整地層が発見された。南垣で見つかった遺物の中には戦国より遅いものがないことから、城壁を造った年代は戦国中期より早くはなく戦国末期より遅くないことが判明した。中垣の造営年代については、中垣が南垣の上に組み立ててある跡地があることにより、けっして戦国末より早くはないと思われるが、中垣の下と南垣の上にある第五整地層の中から、戦国中晩期の罐・盆・豆・長頸壺と前漢初期の盆が発見され、加えて漢初より遅い遺物がいっさいないということから、中垣の造営年代が前漢の初期であることが確定した。

城壁の廃棄年代については、中垣の上の後漢早期の墓の発見により、城壁全体の廃棄年代は後漢早期かそれより少し早かったかのかもしれないと思われる。つまり、楚王城は戦国の中晩期から造られ始め、前漢初年には中城垣が加えられ、後漢の早期、あるいはそれより早い時期に廃棄されたと思われる。[25]

（3）大型の土台がある城内遺址

これまで楚王城の発掘の多くは城壁を対象としたものだったが、一九八六年十一月〜一九八七年四月に、道路工事のために、城内遺跡で城内の中区と南区において五㎡の試掘区域が八つ掘られた。それは中

図２　楚王城遺跡北垣の裏側（左側：龍崗秦漢墓の発掘担当者の楊文清氏、右側：筆者）

区の七つ（Ｆ１–Ｆ７）と南区の一つ（Ｆ８）である。発掘面積は二〇〇㎡[26]、整地層の特徴というと、最下層は東周で、中層は秦代、最上層は漢代である。[27]

出土遺物の情況[28]は以下のようである。

戦国時代の遺物……主に陶器（鬲・罐・甕・豆・盆・盂形器・蓋器・錐形器・陶紡錘・陶網墜・筒瓦など）であるが、少量の銅器（鏃一つと蟻鼻銭五〇枚余り）もある。

秦漢時代の遺物……すべては陶器で、主に罐・甕・盆等。盆が最も多い。

城内で発見された土台の遺跡については三つの説がある。一説では「城内に元は三つの大型土台があったが、一九四九年以来の数回の大規模土木工事によって、土台はわずか一部しか残っていない」という。[29]第二の説では「東・西城址には二カ所の土台が残っており、土台は地面から約五ｍも高くなっていて、面積は約五〇〇〇㎡である」としている。[30]最後の一説では「西城で秦漢時代の大型建築土台が発見されて、紅砂石の柱礎などの建築遺物を発掘した。その下には東周時代の整地層がある」とする。[31]

排水給水設備……Ｆ３で二つの陶製排水管が発見されている。一端の直径は四〇㎝で、もう一端の直径は三〇㎝である。[32]現在城内の新しい漢孟道路の西側南段で六つの井戸が集中している井戸群が発見された。[33]

3　墓葬の分布とその非郡県治的性格

城があれば必ず墓葬がある。雲夢楚王城の周辺には複数の大型古代墓地が分布しており、城西には睡虎地秦漢墓・木匠墳秦墓・大墳頭前漢墓が、城南には珍珠坡戦国秦漢墓・龍崗秦漢墓が、城東・城北には後漢墓などがある。これらの墓葬が城壁からあまり離れていないのは、墓葬が楚王城を使用していた間にできたものと考えられることから、この墓葬も楚王城遺跡の性格を研究する絶好の資料になるであろう。

（1）城址と一致する墓葬の年代

発掘者の一人張沢棟氏が言うように、楚王城周辺にある墓葬は、すべて城壁から一㎞の範囲内に分布している。[34]

発掘の順番はというと、一九七二年十二月に楚王城の西南城外で大墳頭一号漢墓を、[35]一九七五年十二月に城西の睡虎地で戦国末期～漢の文景時代における墓葬を、[36]一九七五年十二月に西北城外で木匠墳秦墓を、[37]一九七八年二月に南の城外珍珠坡で戦国早中期の楚墓を、[38]一九八九年十～十二月に南城外の垣から四五〇m離れた所で龍崗秦漢墓葬をそれぞれ発見した。[39]

墓葬の数は城址の西南・西・西北城外で五〇基を発掘し、その中に一二基の戦国墓と三〇基の秦墓と八基の前漢初期墓がある。南の城外では三五基を発掘し、そのなかの二〇基は戦国墓で、一六基は秦漢の墓葬である。

年代順にいうと、珍珠坡は戦国の墓葬、睡虎地は基本的に秦代の墓葬、大墳頭と木匠墳は漢代の墓葬で、廃棄された楚王城の城址東部には後漢時代の墓葬がある。

（2）小型で単純型式の墓葬の特徴

上述した楚王城周辺の墓葬のなかで、珍珠坡の戦国初中期の楚墓の他、戦国後期・秦・漢初のいくつかの墓葬群は、すべて小型で単一型式という墓葬の特徴がある。

例えば、睡虎地秦漢墓葬は三回の発掘調査で明らかになった四七基の墓葬のなかで、発掘したものは三六基に至った（図3参照）。一九七五年十二月に発掘した最も有名なM11に続いて、一九七七年十月に一〇基を発掘した。それについての「発掘簡報」には以下のように記されている。「この一〇基の墓葬はみな竪穴土坑墓であって」、そのなかの「八基はみな一棺一槨であって、しかも棺槨の構造はだいたい同じである。」「今回発掘した一〇基の墓葬の墓葬形式と副葬品の組み合わせや形の特徴は、M1とM2以外の八基は以前発掘した睡虎地秦墓と大墳頭漢墓とほとんど類似している。[40]」

また、一九七八年十一～十二月に行った睡虎地の二五基の秦漢墓と大墳頭M2、M3の二基の前漢墓の発掘についての「発掘報告」にも、各墓葬の類似性を以下のように指摘している。「二七基の墓葬はみな長方形の竪穴坑墓であって、墓道がなく、封土堆も見当たらないが、形式は基本的に同じであり、小型の秦漢墓葬である」また「今回発掘した二七基の墓葬は、過去に発掘した秦漢墓と基本的に類似している」という。さらにその墓葬の形式上の類似性は以下の五点にまとめられる。

①墓の向きは大半以上が東を向いている。

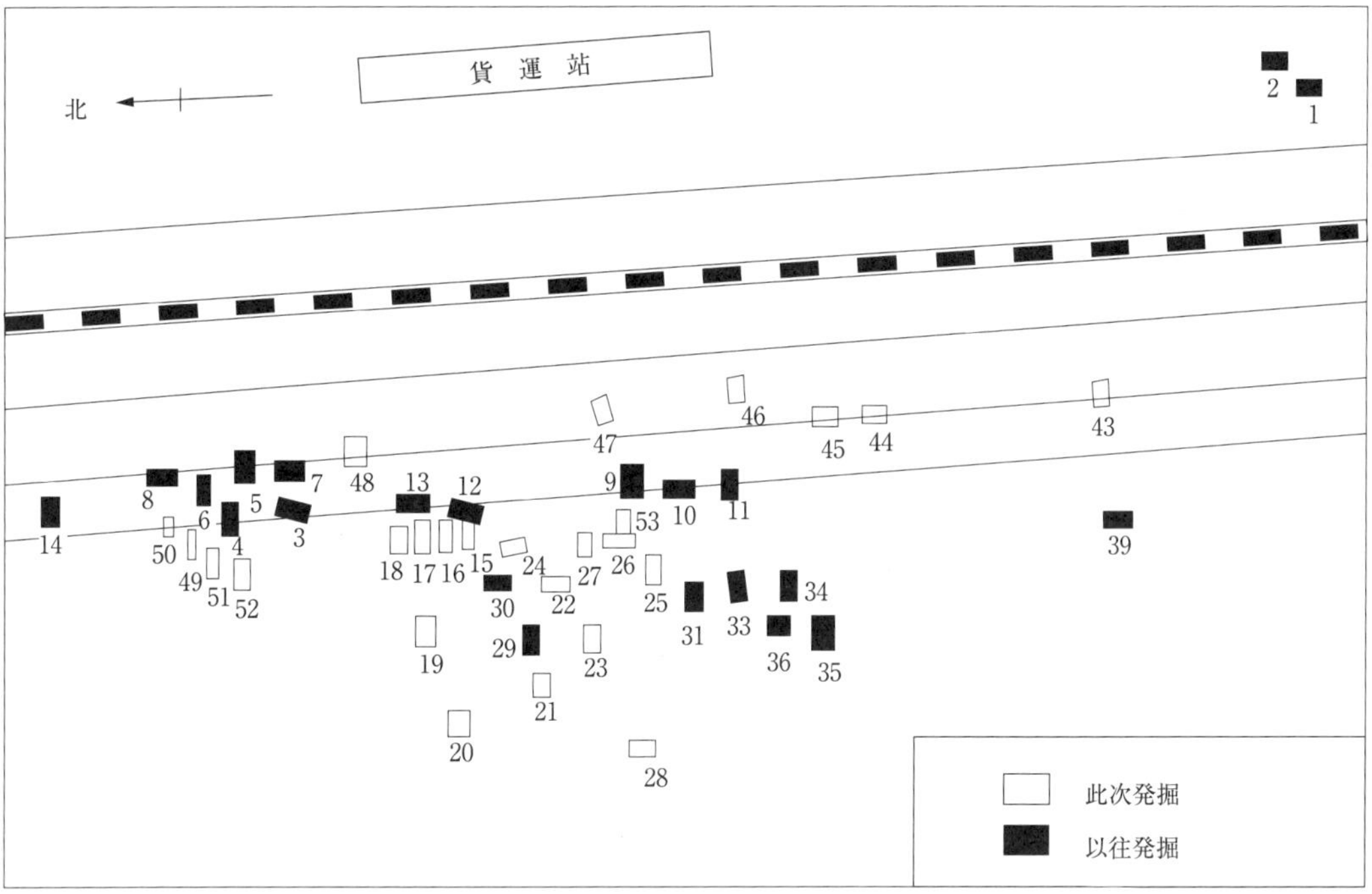

図３　雲夢睡虎地秦漢墓坑位置図（『考古学報』1986 年第 4 期）

②すべて小型の長方形竪穴土坑墓であって、封土堆も墓道もない。
③葬具は単槨単棺と単棺の二種類しかない。
④死体の多くは仰身直肢の埋葬方法である。
⑤一般の副葬品は陶釜・小口甕・甑・盂・小罐など陶器のワン・セットであるが、陶製の礼器がない。一部の単槨単棺墓には銅鼎・蒜頭壺・鈁・鍪などの銅器の副葬品が少しあるが、大多数の墓葬は漆器の副葬品であり、兵器が副葬されたものはわずかである。[41]

実はこのような特徴は睡虎地・大墳頭秦漢墓にあるだけではなく、木匠墳秦墓[42]や龍崗秦漢墓[43]や大墳頭M１前漢墓[44]でも同じである。例えば、龍崗秦漢墓の第二次発掘で発見された六基中、四基にある副葬品の陶器もすべて同じ状態を示している。発掘者は「以前、雲夢楚王城の周辺にいくつかの秦墓を発掘し、時代の差はあるが、その陶器の基本的な組み合わせは上述した四墓と同じである」と言っている。[45]

(３) 墓主の身分は文職小吏が多い

楚王城周辺墓葬の墓主の身分については、睡虎地一一号と龍崗六号墓とも竹簡や木牘が副葬されているので、その墓主の身分は確実に判る。睡虎地一一号墓の墓主は副葬された秦簡「編年記」から「喜」という人物である。この人物は秦の始皇帝の時代における安陸御史・安陸令史・鄢令史などの履歴を持っているので、墓主と同一人物だと推測されている。[46]龍崗秦墓の墓主の身分は、睡虎地一一号墓の県令史より低く、前述したように雲夢禁苑の小吏である。

また、一一号墓以外の睡虎地墓葬の一〇人の墓主の身分については、発掘者は「われわれはこの八基墓の主人は生前の社会的地位はだいたい中小地主に相当する」、また他の二基の「墓主は生前、だいたい平民に属していた」と推定している。[47] つまり、中小官吏くらいの身分であったのだろう。

さらにもう一つ注目すべき現象がある。それは睡虎地一一号秦墓の発掘簡報において、副葬品の中にわざわざ「文書工具」という項目を設けて、「棺内に筆（筆入れ付き）二本・頭箱にも筆（筆入れ付き）一本と銅削一つ」と記している部分である。[48] これだけでなく、睡虎地M31秦墓にも鉄削一つが出土した。[49] また、大墳頭一号漢墓から一六本で一束の簪が出土している。筆者は、これはおそらく算木であろうと考える。

墓葬から大量の文書簡牘の発見されたこともきわめて珍しいことであろう。睡虎地一一号秦墓から出土した一一五五枚の竹簡文書は「編年記」「語書」「秦律十八種」「效律」「秦律雑抄」「法律答問」「封診式」「為吏之道」「日書」（甲種）「日書」（乙種）など一〇部の秦国の法律と文書である。また、龍崗六号秦墓からも竹簡二九三枚が発見された。その内容の大部分は禁苑に関する法律文である。

楚王城周辺で発見された、戦国末から秦漢の墓葬における墓主の身分の特徴の第一は、身分が低く、大半以上は基層行政機関の小吏や大吏のレベルである。第二は、官職には全く武職の痕跡がなく、むしろ文職の色彩が濃厚である。

4　雲夢楚王城と宜城楚皇城との比較

前述したように、楚王城の性格についての諸説のなかの主流となっているのは、これ郡県治所在地と、政治的・経済的な中心地であるという見方である。しかし、この城址と墓葬の発掘結果からみると、どう考えてもその意見が正しいとは認められない。ここで楚王城と同時代同地域の湖北宜城楚皇城との比較によって、筆者の考えを提出したい。

宜城楚皇城は考古発掘と典籍記載が一致する戦国・秦漢時代の古城遺跡である。しかも研究者にはその城址の性格については異議がない。それは戦国時代の楚国の別都であるであり、秦の南郡の属県で、漢に至ってあらためて宜城県と称した、すなわち宜城県治の所在地であると明確に判断されている。[50] そこで宜城楚皇城の県治所在地という性格を基準として比較すれば、雲夢楚王城が郡県治の所在地にあたるのかどうかが判別できるはずである（図4参照）。

(1) 両城における構造や内包の相違

論述の便宜のために、「発掘報告書」[51]によって、湖北宜城楚皇城遺址諸特徴の一覧（表1）を作ってみた。

上述した雲夢楚王城址の特徴について、この表で示す宜城楚皇城址の諸特徴と比較して判明したことがいくつかある。

第一、両城とも戦国時代に初めて作られたもので、秦漢代まで使われていた都城である。両方とも楚城→秦城→漢城という発展の沿革がある。両者とも漢水流域に位置する古城址、しかも規模はみな約二〇〇〇㎡で当時の中等程度の都城であった。

第二、両城址の構造的な相違点。たしかに両城とも堅固な城壁と見張り台があるが、面積の小さい雲夢楚王城のほうが警備はより厳重であったと考えられる。例えば、楚皇城にはただ壕が存在した可能性が

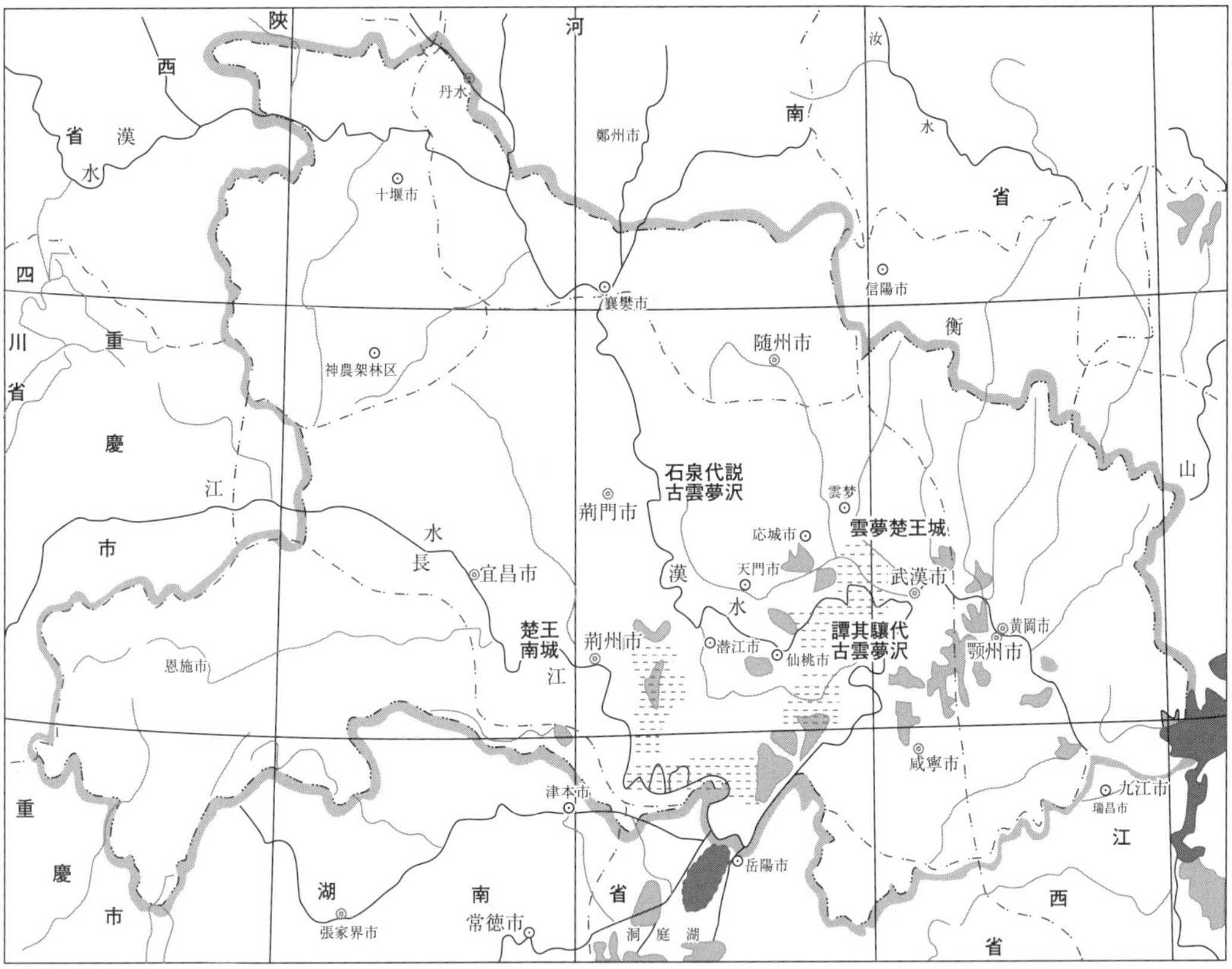

図４　古雲夢沢・雲夢楚王城・宜城楚皇城の位置図（『中国文物地図集』湖北分冊「秦時期地図」に基づく）

あるだけだが、楚王城には明らかに壕遺跡がある。また、前者は内壕がなく、後者には一般都城には見られない内壕がある。前者には城門が八カ所もあるが、後者には四つの城門があるだけではなく、城門の外側に吊り橋の遺址がある。

第三、城内の遺跡・遺物の相違。楚皇城内には計画的に作られた道路跡があるが、楚王城内には道路跡が見当たらない。前者には大量の銅鏃と一つの「中左偏将軍」の印章が発見されており、城内に常備軍があったという証拠となるが、後者には銅鏃一枚以外に兵器は全くないので、ここはふだん軍隊が必要なかったようである。前者には手工業工場遺跡があるが、後者には工場が見当たらない。楚皇城内で発見された三種類の軍政長官の印章によって、その県治の所在地に各種の管理機関が存在したと考えられるが、楚王城にはそのような痕跡がない。また前者の城内には大型墓葬があるが、後者にはないのである。

（２）両城周辺墓葬の共通点と相違点

雲夢楚王城と表２とを比べてみると、以下のような三つのことが判明する。

第一、時代性からみると、両城の周りの墓葬はともに戦国中期〜秦漢時代のものであって、発掘者も「墓中の副葬品は雲夢秦墓および大墳頭Ｍ１などの漢初墓葬と一致している」と断定した[52]。

第二、埋葬方法の相違。楚皇城墓葬はいくつかのランクに分けられる。例えば封土堆の有無、墓道の有無、規模の大小である。これに対して、楚王城墓葬の埋葬方法は非常に単純であるだけでなく、封土堆や墓道が見られない。

第三、副葬品の相違。楚皇城墓葬の副葬品は墓によってかなりの差

表1　湖北宜城楚皇城遺址の特徴一覧

名称	湖北宜城楚皇城
年代	戦国から秦漢
位置	漢水上流の夷水畔
城址の構造	不規則の矩形。面積 2200 ㎡。城垣の周長は 6440m。東西南北の長さは，各 2000，1500，1800，1080m である。 城壁は壁の本体・壁の基礎・内外の固め斜面を含む。4 つの見張台が 3 つ残っている。 四面の城壁に各 2 つ（計 8）の城門跡があり，道路の遺跡が発見された。 城外に部分的な古い川の遺址と壕の可能性がある場所が一カ所。
城内遺跡・遺物	「金城」という小城が 1 つあり，年代は大城よりずいぶん遅い。8 つの城門址につながる道は城の中心部で「井」の形で交差している。城内址で何回も「郢爰」という貨幣が見つかった。前漢墓葬の大型封土堆がある。 西南部で製陶手工業工場があり，城内外ともに陶製井戸がある。 城内出土の遺物：春秋戦国時代の大型銅方壺・銅鼎・銅壺・帯鈎・大型銅車軗など。 銅鏃（一度に数百本出土）・鉄鏃があり，秦漢時代の「邑君」「將軍」「邑長」の銅印と秦半両・漢半両・両漢の五銖・新莽「大布黄千」などの貨幣があり，瓦当・陶器などがある。
性格	戦国時代の楚国の別都である鄢であり，のちに秦南郡の属県となり，のちに漢の宜城県治の所在地となった。
出典	「湖北宜城楚皇城勘査簡報」『考古』1980 年第 2 期

があり、ごく一部の墓葬には玉器があるが、一般的にはない。青銅器の副葬品にも多少がある。また、車馬器の出土した墓葬や児童の墓葬など類別が明確なことは一つの特徴である。それに対して、楚王城墓葬の副葬品は青銅器がかなり少なく、ほとんどが様式の単純な生活用陶器の組み合わせである。前者は兵器が多く副葬されているが、後者には兵器の副葬品は全く見られない。前者には文具と文書が全くないが、後者にはきわめて精巧な文具と大量の文書が発見されている。

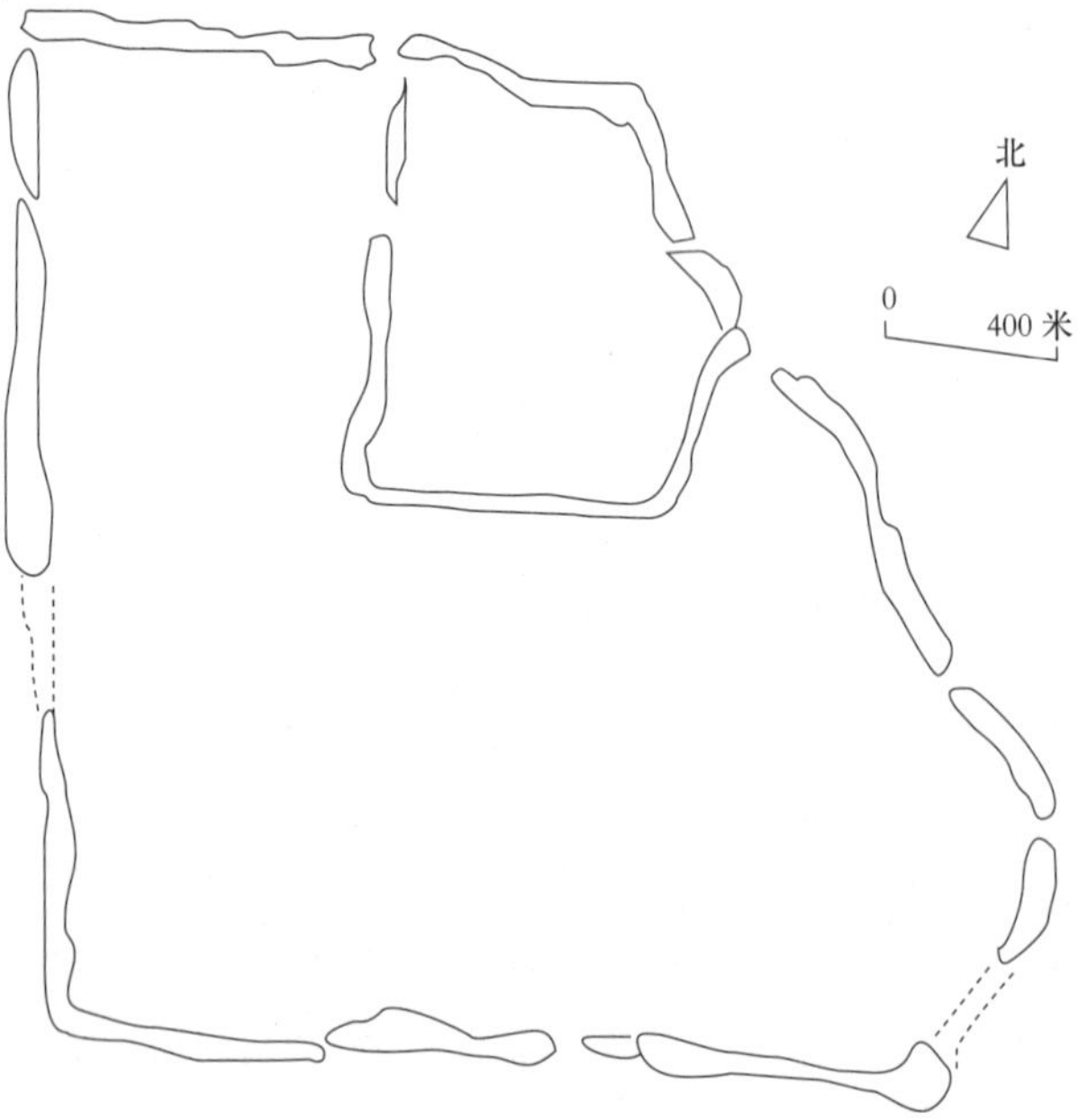

図 6　湖北宜城楚皇城遺跡平面図
（『考古』1980 年 2 期による）

（3）両者の相違からみた楚王城の非郡県治的文官役所の性格

第一、城壁およびその関連施設や道路の構造を見ると、楚王城には

表 2　湖北宜城楚皇城戦国秦漢墓葬の特徴一覧

名称	湖北宜城楚皇戦国秦漢墓	
年代	戦国 8 基中，6 基が発掘された。	秦の 6 基，漢の 3 基を発掘した。
位置	西の城外に 400m 離れた場所。	同上。
形制	みな単棺単槨であるが，そのうち 3 つに墓道がある。	不明。
副葬器	陶鼎・敦・壺・豆・盤・銅剣・戈・矛，鏃。匕首・矢・勾・蓋弓帽・LM1 車馬器・鏡・漆器・玉璧・料珠があり，主に陶器である。一部の墓葬には銅の兵器があり，唯一 LM1 墓葬に車馬器が数件ある。	多くの銅（鉄）器がある。戈・矛・鼎・鍪・壺等。銅鏡・鈁・勺・劁・燈・蒜頭壺・鉄釜。陶器：豆・盂・甑。玉器・秦半両銭。銅器の副葬品の多い墓が 1 つある。
墓主	児童墓が 1 つある。城西にある大封土堆は，時代が古く，楚の貴族のものと推測されている。	
出典	「湖北宜城楚皇城戰國秦漢墓」『考古』1980 年第 2 期	

出入の便のよい賑やかな地方政府所在地の条件がほとんど見られず、むしろ立ち入り禁止のような警戒の物々しい情景が感じ取れる。非常に堅固な城壁とほとんど兵器が出土していないという二つの現象を合わせて考えれば、この都城は一般郡県治の所在地のように軍隊によって日々守られる場所ではなく、もちろん軍事施設とも言えないであろう。まさに厳重に警備された、一般民衆は立ち入り禁止の禁苑のような場所ではなかったのだろうか。

第二、城内には工場も道路も残っておらず、大型の土台と給水排水路以外、楚皇城にある道路網や中央区域、また工場や大量兵器の出土するような軍事区間や墓葬地など、機能区間の分布はいっさい見当たらない。ここは一般住民を管理する施設は必要ではなく、城と市の計画も必要がない特別な場所ではなかっただろうか。大型の土台と給水排水路と密集している井戸群の遺構を合わせて考えてみると、必ず多くの官僚と軍隊を率いてくる秦漢代の皇帝のための地方にある禁苑での宿泊所、つまり一時的な駐屯地の施設だったと考えられる。

第三、墓葬にあまり兵器が副葬されない一方で、文具・文書が多く副葬されていることは、墓主たちの多くが文職官吏の身分であったことが推測できる。また単純すぎる墓葬の形式によっても、ここが貴族や平民の住む多様性のある一般都城であったとはとうてい考えられず、むしろランクの高くない行政機関のような所在地であったのだろうと思われる。

おわりに

つまり、楚王城の城址および墓葬による総合的な考察に加えるとともに、同時代同地域にある、性格の明らかな宜城県治の所在地の楚皇城と比較することにより、筆者は雲夢楚王城がけっして郡県治所在地ではないと断定するに至ったのである。

註

1　楚王城はまた「雲夢古城」とも称する。（宋）『輿地紀勝』巻七七「楚王城。在雲夢縣東一里。」とある。（宋）『太平寰宇記』巻一三二に「雲夢縣、本漢安陸縣地。後魏大統末於雲夢古城置雲夢縣、因以爲名。」とある。

2　古雲夢沢の位置については、譚其驤氏の「江陵以東江漢之間」という説もある（「雲夢與雲夢澤」〈『長水集』（下）、人民出版社一九八七年〉所収）。『中国歴史地図集』第一冊「秦淮漢以南諸郡」の歴史地図を参照。雲夢楚王城は正にその古雲夢沢の北縁に位置する。また、石泉氏の研究によれば春秋・戦国時代における江漢平原には二つの雲夢沢があったはずである。その最も古く最も有名なものは今の鐘祥と京山の間にあった「雲杜夢」であり、のち、漢初に消滅した（『古雲夢澤研究』湖北教育出版社、一九九六年）。ゆえに、雲夢楚王城は「雲杜夢」の東から少し離れた所に位置するという説もある（図4参照）。

3 筆者の統計によると約二〇〇余りの論文があり、また中国の学者の論文も約一四〇余り（同上）に至っている。馬彪「日本雲夢睡秦簡研究文献目録（一九七七—二〇〇四）」（雲夢秦漢文化研究会『雲夢睡虎地秦竹簡出土三十周年紀念文集』二〇〇五年）を参照。

4 「安陸考源」（『江漢考古』一九八〇年第二期）。

5 「雲夢秦墓両封家信中有関歴史地理的問題」（『文物』一九八〇年第八期）。

6 「秦漢之安陸並非新地城」（『文物』一九八二年第三期）。

7 「安陸考源」（『江漢考古』一九八〇年第二期）。

8 「雲夢楚王城古城址初探」（『江漢考古』一九九〇年第二期）。

9 「雲夢秦墓両封家信中有関歴史地理的問題」（『文物』一九八〇年第八期）。

10 「鄂東北地区古城址考古調査」（『鄂東北地区文物考古』湖北科学技術出版社、一九九五年）。

11 籾山明『秦の始皇帝』（白帝社、一九九四年）、工藤元男『睡虎地秦簡よりみた秦代国家と社会』（創文社、一九九八年）。

12 松崎つね子「湖北における秦墓の被葬者について」（『駿台史学』第七三号、一九八八年）。

13 「雲夢楚王城遺址発掘和城垣解剖」（一九八六〜八七年の発掘簡報）（『鄂東北地區文物考古』湖北科学技術出版社、一九九五年）。

14 「湖北孝感地区両処古城遺址調査簡報」（一九八四年の発掘簡報）（『考古』一九九一年第一期）。

15 「雲夢楚王城遺址発掘和城垣解剖」（一九八六〜八七年の発掘簡報）（『鄂東北地區文物考古』湖北科学技術出版社、一九九五年）。

16 「'92雲夢楚王城発掘簡報」（『文物』一九九四年第四期）。

17 同前。

18 「湖北孝感地区両処古城遺址調査簡報」（一九八四年の発掘簡報）（『考古』一九九一年第一期）。

19 同前。

20 「雲夢楚王城遺址簡記」（『江漢考古』一九八三年第二期）。

21 「湖北孝感地区両処古城遺址調査簡報」（一九八四年の発掘簡報）（『考古』一九九一年第一期）。

22 同前。

23 同前。

24 「雲夢楚王城遺址発掘和城垣解剖」（一九八六〜八七年の発掘簡報）（『鄂東北地区文物考古』湖北科学技術出版社、一九九五年）。

25 「'92雲夢楚王城発掘簡報」（『文物』一九九四年第四期）。

26 「雲夢楚王城遺址発掘和城垣解剖」（一九八六〜八七年の発掘簡報）（『鄂東北地区文物考古』湖北科学技術出版社、一九九五年）。

27 「鄂東北地区古城址考古調査」（『鄂東北地区文物考古』湖北科学技術出版社、一九九五年）。

28 「雲夢楚王城遺址発掘和城垣解剖」（一九八六〜八七年の発掘簡報）（『鄂東北地区文物考古』湖北科学技術出版社、一九九五年）。

29 「雲夢楚王城遺址簡記」（『江漢考古』一九八三年第二期）。

30 「鄂東北地区古城址考古調査」（『鄂東北地区文物考古』湖北科学技術出版社、一九九五年）。

31 『長江古城址』第二章第二節の七「雲夢楚王城」（湖北教育出版社、二〇〇四年）。

32 「雲夢楚王城遺址発掘和城垣解剖」（一九八六〜八七年の発掘簡報）（『鄂東北地区文物考古』湖北科学技術出版社、一九九五年）。

33 「湖北孝感地区両処古城遺址調査簡報」（一九八四年の発掘簡報）（『考古』一九九一年第一期）。

34 「雲夢楚王城遺址簡記」（『江漢考古』一九八三年第二期）。

35 「雲夢大墳頭一号漢墓」（『文物資料叢刊』四、文物出版社、一九八一年）。

36 「湖北雲夢睡虎地十一号秦墓発掘簡報」（『文物』一九七六年第六期）、「湖北雲夢睡虎地秦漢墓発掘簡報」（『考古』一九八一年第一期）。

37 「湖北雲夢木匠墳秦墓発掘簡報」（『江漢考古』一九八七年第四期）。

38　「湖北雲夢県珍珠坡一号楚墓」(『考古学集刊』一九八一年第一期)。
39　「雲夢龍崗秦漢墓地第一次発掘報告」(『江漢考古』一九九〇年第三期)、「雲夢龍崗秦漢墓地第二次発掘報告」(『江漢考古』一九九三年第一期)。
40　「湖北雲夢睡虎地秦漢墓発掘簡報」(『考古』一九八一年第一期)。
41　「一九七八年雲夢秦漢墓発掘報告」(『考古学報』一九八六年第四期)。
42　「湖北雲夢木匠墳秦墓発掘簡報」(『江漢考古』一九八七年第四期)。
43　「雲夢龍崗秦漢墓地第一次発掘簡報」(『江漢考古』一九九〇年第三期)。
44　「雲夢大墳頭一号漢墓」(『文物資料叢刊』四、文物出版社、一九八一年)。
45　「湖北雲夢龍崗秦漢墓地第二次発掘報告」(『江漢考古』一九九三年第一期)。
46　『睡虎地秦墓竹簡』(文物出版社、一九七八年)。
47　「湖北雲夢睡虎地秦漢墓発掘簡報」(『考古』一九八一年第一期)。
48　「湖北雲夢睡虎地十一号秦墓発掘簡報」(『文物』一九七六年第六期)。
49　「湖北雲夢睡虎地秦漢墓発掘簡報」(『考古』一九八一年第一期)。
50　「湖北宜城楚皇城勘査簡報」(『考古』一九八〇年第二期)。
51　同前。
52　「湖北宜城楚皇城戦国秦漢墓」(『考古』一九八〇年第二期)。

隋唐長安城と郊外の誕生

妹尾達彦

【キーワード】　郊外社会の形成　官人別荘　「人面桃花」

はじめに──中国における郊外の誕生──

本節の目的は、隋唐長安城という大都市の形成とともに、都城を囲む地域に郊外が生まれることの歴史的意義を論じることである。八世紀における長安という大都会の誕生が城内外の土地利用と人々の生活に影響を与えて、郊外という新しい社会空間を生み出していく過程を多角的に論じてみたい。

ただ、長安の郊外が誕生する前提として、隋大興城の建造の経緯と唐長安城における外郭城の城壁（羅城）の整備の過程を整理する必要がある。そもそも都城が生まれないと、都城の郊外も生まれない。もともと郊外の「郊」とは、都を中核とする空間の範囲を指す周の制度の用語であり、都から百里の範囲を遠郊といい五〇里の範囲を近郊という（『周礼』春官、肆師の鄭玄の注など）[1]。「郊外」とは、遠郊すなわち都城から百里内の空間を指す言葉として用いられている[2]。郊の語は、都城の象徴的中心性をしめす空間概念である。

前近代の中国都城は、儒教の王権論に基づく独特の都城理念をもっている。儒教の王権論に基づき、天と地を祀る郊祀をはじめとする祭壇は、文字通り都城の郊に置かれた。王権儀礼を挙行するために、都城は郊の空間を必要としたのである。ただ、唐代になると、郊の語は、都城の象徴的な中心性を示す語としての色彩を弱め、郭外の語と等しくなり単に城外を指す言葉として広く用いられるようになった。とくに、唐中期以後の都城の外郭城の整備によって、城壁の外＝郊外という認識が浸透し、城外の空間が城内とは異なる一つの独立した社会空間になっていくと思われる。本節では、隋大興城と唐長安城の建造と外郭城の整備の過程を整理して、八世紀以後の長安の都市社会の爛熟とともに都の郊外の社会が形成されていく過程を論じてみたい。

なお、現在普通に用いる郊外の語は、通常、産業革命後の交通・情報機関の発達により都心の職場から離れた都市近郊に形成された居住地域のことを指す。郊外の住民の大半は、都市で働く労働者とその家族である。郊外の多くは近代都市計画によってつくられ、安全性と利便性をかねた街づくりをめざした。そして、郊外居住の都市労働者とその家族が生み出す社会問題を論じる学問分野として、郊外論という分野が生まれている。たとえば、一見画一的に見える郊外の核家族の奥底に潜む複雑な心理を示すサバービア（suburbia）をめぐる議論は、近年の郊外論で取り上げられる格好の論題の一つとなっている。[3]

近代社会の形成にあわせて生まれる郊外（近代的郊外）は、近代を象徴する空間の一つである。日本の東京の例でいえば、東京の成長に伴う公私の交通機関の発達や自動車の普及が職住の分離を進展させ、都心の周辺に労働者の居住地域を生み出した。田園調布市から多摩ニュータウンに至る郊外の空間が形成されていったのである。そして、郊外の形成は、単に、近代産業社会の成立に伴う職住分離の展開と居住環境の改良を示すだけではなく、人間の新たな行動様式を生み出していく点で重要である。ある意味において、郊外が存在しなければ近代社会はありえない。[4]

本節では、この郊外の語を、より広く「大都市近郊の地域」を指す言葉として用いており、産業革命後に生まれた都心の職場から離れた居住地域に限定して用いているのではない。この意味での郊外とは、前近代にも広く存在すると考えられる。

前近代の前産業型都市においても、都市人口の増加と社会生活水準の上昇、通信・交通機関の一定の発達、余暇や娯楽の増加などによって、大都市の人口密集地の周辺には、別荘や荘園、墓、宗教施設、狩猟地、行楽・娯楽地などの都心部の居住地の生活と密接に関連する空間がしだいに広がっていった。郊外を活用できる階層は、大都市城内の支配層や富裕層にほぼ限られていた。しかし、このような前近代の郊外（前近代的郊外）の歴史的経験を踏まえて、近代都市の郊外が形成されることも確かである。

中国では、古くから都市の周辺には都市住民の別荘や荘園、宗教施設、名所、墓葬地などが存在していた。しかし、これらの諸施設が、濃い密度と数量、使用頻度を伴って分布するのは、八、九世紀の長安の近郊が初めてであったと思われる。九世紀には長安からの日帰り交通圏が形成され、さらに関中平野を長安の後背地とする大きな都市圏が形成されていくのである。本節では、近代社会を構成する郊外の原型が九世紀の長安城の近郊に誕生することの意味を考えてみたい。

本節では、第一項において、隋大興城の建造と唐長安城における城郭整備の経緯をまとめ、外郭城の城壁と王朝儀礼の舞台との関連に触れたい。中国において都城と郊外は、何よりも王権儀礼の儀礼空間として登場するのである。

第二項では、八世紀以後の社会経済の変貌の中で、郊外の社会が誕生することを論じる。長安近郊に別荘や荘園、宗教施設、娯楽施設、狩猟地、墓葬地などを備えた都市の郊外社会が誕生することの意味を論じたい。[5]

1 隋大興城の建造と城内外の世界

（1）隋大興城の建造

冒頭で述べたようにもともと、郊とは都城の外を示す言葉である。隋大興城・唐長安城の城内外の行政区画は、城内外を包み込む行政区画として、京兆府、長安県、万年県がある。城外の区画として郷・村があり、城内の行政区画として宮城・禁苑・皇城・外郭城、坊があるが、行政区画においては、城内外を峻別する規定は存在しない。

しかし、王権儀礼の点からいえば、都城とその郊外は明確に区別される。そして、都城と郊外を分ける基準となるのが、外郭城の城壁と城門である。しかし、隋大興城の外郭城の建造をめぐっては古来議論があり、不明瞭な点が残されている。『長安志』巻七には「隋開皇二年に（外郭城を）築く」という記事があるものの、他の文献史料で確認できないために議論が生じるのである。[6]

隋大興城の外郭城の建造の経緯を示す史料を列挙すると、以下のようになる。

①「（大業九年三月丁丑）發丁男十萬城大興」（『隋書』巻四、煬帝本紀、中華書局標点本八四頁）

②「楊玄感反後城大興城、（李）敏之策也」（『隋書』巻三七、李敏、一二二四頁）

③「（永徽五年〈六五四〉三月）以工部尚書閻立徳、領丁夫四万、築長安羅郭」（『旧唐書』巻四、高宗本紀、七二頁）。

④「（同十月）雇雍州四万一千人、築長安外郭、三旬自畢。癸丑、雍州参軍薛景宣上封事言、漢恵帝城長安、尋晏駕、今復城之、必有大咎」（『資治通鑑』巻一九九、永徽五年冬十月、中華書局標点本六二八六頁）。

⑤「（同十一月）築京師羅郭、和雇京兆百姓四万一千、板築三十日而罷、九門各施観」（『旧唐書』巻四、高宗本紀、七二頁）。

⑥「（開元十八年〈七三〇〉四月）築京城外郭城、凡十月而功畢」（『旧唐書』巻八、玄宗本紀、一九四頁、『資治通鑑』巻二一三、六七八八頁は「九旬而畢」とする）。

⑦「（天宝一二載〈七五三〉十月）和雇京城丁戸一万三千人、築興慶宮牆、起楼観」（『旧唐書』巻九、玄宗本紀、二二七頁）。

このように、開皇三年（五八三）の隋大興城建造時に外郭城が完成していたことを示す史料は残っていない。上記の史料によれば、唐の高宗に至り長安城の外郭城の造築がようやく完成したような印象を抱く。しかし、辛徳勇氏が論じるように、隋大興城建造時に、少なくとも城門が整備され土壁が造られていたことは間違いないだろう。城門が存在しないと、城門からの距離を基準に設置される王権儀礼の祭壇を造営することができない。隋大興城の建造時にある程度の城壁があり、その後、繰り返し修築され唐高宗時に至り外郭城全域の重修がなされたのであろう。[7]

ここで重要な点は、玄宗の開元十八年（七三〇）に、一〇カ月の期日をかけて外郭城の城壁が増修されたことである。この時の工事は、玄宗が長安を拠点に進めた政治の集権化の一環としてなされたと思われ、長安城の歴史の上で重要な意義を持っていたと思われる。本節で論じる郊外社会の形成は、この開元十八年の外郭城の増築が一つの契機となって進展したと考えている。

(2) 外郭城城壁の発掘

隋唐長安城の羅城（外郭城）に関する発掘成果として、陝西省文物管理委員会（杭徳州・雒忠如・田醒農執筆）「唐長安城地基初歩探測」（『考古学報』一九五八年第三期）七九〜九〇頁と、中国社会科学院考古研究所西安唐城発掘隊（馬得志執筆）「唐代長安城考古紀略」（『考古』一九六三年第一期）五九五〜六一一頁の二篇が公刊されている。

これによると、城壁としての外郭城の材質・形状は、土・磚であり、規模は、発掘結果によれば、東西九七二一m、南北八六五一・七mとなる。基部は九〜一二m、高さは不明ながら、文献によると五・三mになる（『唐六典』巻七、工部尚書郎中、員外郎条の記載から計算）。ただし、外郭城の城壁実測では、最も幅の狭い部分では、三mしかない個所もある。皇城・宮城部分の城壁の幅は、一〇mを超していることと比べると、外郭城の貧弱さが印象づけられる。

すなわち、外郭城の城壁の大きさは、私たちが想定しがちな堂々たる姿とは異なり、城内と城外を分かつ儀礼的なものであり、軍事防衛上は、ほとんど何の役にも立たなかったと考えたほうがよい。隋末に李淵が大興城を攻撃した際に、隋軍は防衛ラインを宮城・皇城に絞り、外郭城では防戦しなかった[8]。その後の長安城の攻防戦でも同様のことが繰り返されている。隋唐長安城の防衛線は外郭城ではなく、あくまで宮城と皇城の外壁に置かれていたのである。

上述のように、城内外を包含する行政単位である県（万年県・長安県）や府（京兆府）はあっても、外郭城は行政区画の境域にはなっていない。ただし、城内を対象とする治安行政の単位にはなっており、左右金吾衛と坊（坊正）によって、外郭城内の空間の治安が担われる（『唐六典』巻二五、左右金吾衛）。また、交通行政として、長安と洛陽の都城のみに都亭駅（唐朝の中央駅）が存在する。

（3）王権儀礼と都城の宮城・城門・外郭城の役割

城門と城壁は、王権儀礼の舞台の位置を定める機能があった。天と地を祀る郊祀とは、都城の城壁の外側のまつりのことである。天と地の祭祀以外に、天界の五帝（黄帝・青帝・赤帝・白帝・黒帝）や日・月を祀る儀礼をはじめとする王権儀礼も、羅城の城門からの距離によって祭祀場所が設定された（『隋書』巻六・七、礼儀志、『大唐開元礼』巻一二～二一、吉礼等）。

図1と、図5のように、後漢長安城以後の中国の都城は儒教に基づく王権儀礼の舞台として造営されている。都城は、このように、天と地の神々に抱かれた儀礼空間である。王権儀礼の祭壇の場所は、宮城や城門、城壁からの距離に基づき決められた。王権儀礼の挙行のためには、城門と城壁が必要だったのである。外郭城の城壁は、城民の防御のためではなく、あくまで儀礼挙行に必要とされたために建造された。軍事防衛上、城壁が貧弱であるのはそのためであろう。

都城の外側の城壁としての外郭城は、中国古代では、城内と城外を結ぶ境域として神の宿る場と考えられており、呪符が置かれて儀礼の行われる聖なる場所であった。ユーラシア大陸の農業地域と遊牧地域の境域地帯に広く分布する城壁都市において、城壁は、単なる軍事防御の施設だけではなく、神々と人間を媒介する儀礼の場でもあった[9]。

都城の城壁は、城郭都市のハードな景観をつくりあげるとともに、城内と城外の世界を区別する聖なる境域だった。城壁は、人間のつくりあげた文化と人間が制御できない自然の境域に存在する境であるがゆえに、自然界と人間界が未分化な前近代社会にあって、二つの世界を区別する存在と考えられ、同時に、二つの世界が出会う聖なる場所とも考えられていたのである。

このような城壁と、城外に造られた墓葬地との関係は、前近代社会における自然界と人間界、超自然界の関係をうかがい知ることのできる格好の事例である。というのも、隋唐の都城の墓葬地の場所は、都城の内と外を区別する城壁の羅城（外郭城）から、一定の距離に位置することが規定されており、羅城は、人間界と自然界を区切る目安となっていたからである。

すなわち、隋唐代の墓葬地は、「都の住民の埋葬は、都城から七里

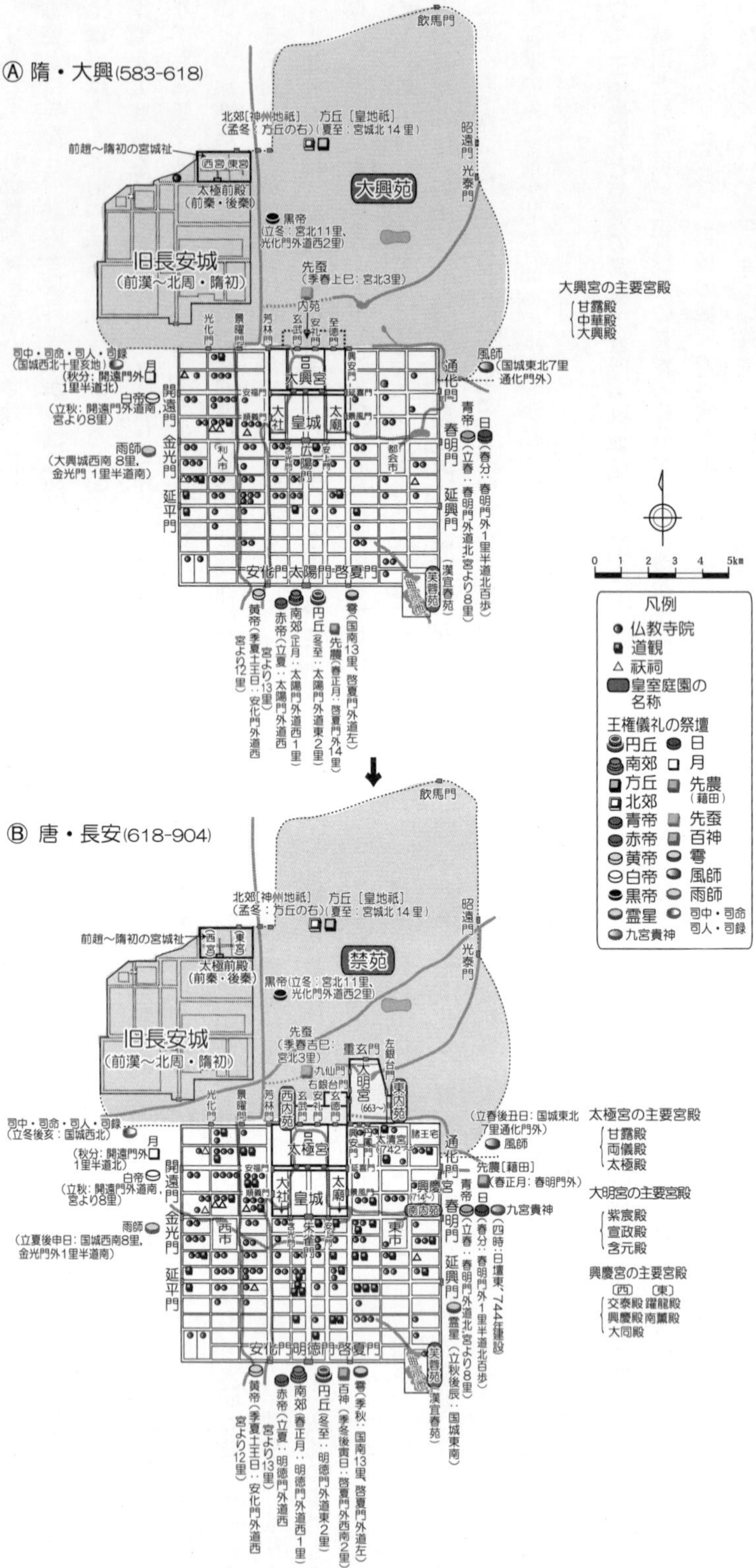

図1　都城の儀礼空間─隋大興城・唐長安城を事例に─

本書第三節妹尾達彦「隋唐長安城の皇室庭園」(図3の③と④を一部改変)。郊祀等の城外祭祀の配置は，遺跡の残存する隋唐の円丘壇を除き，すべて文献による推測。依拠した文献は，表1を参照。

以上〔約三・八五㎞〕離れた場所で行う〔在京師葬者、去城七里外〕〕（『隋書』巻八、礼儀志）とある。また、高官の埋葬に際しては、外郭城の城門まで使者を派遣して、一品には馬と束帛、三品以上は束帛を贈る儀礼を行うことが、高官を埋葬する際の規定に挙げられている（『六典』巻一八、司儀令条、同書巻四、礼部員外郎条、『通典』巻八六、礼四六、喪制之四、器行序など）。さらに、都城の城門は、様々な葬喪儀礼（凶礼）が行われる場所であった（『大唐開元礼』巻一三一～一五〇、凶礼）。城門と城壁なくして王朝の王権儀礼は存在できないのである。[10]

ただ、八世紀以後になると、都城の中心性をしめす象徴性重視から住民の生活を重視する機能性重視へと都城が変化し始める。この変化に合わせて、外郭城のあり方も変化していく。

（4）儒教の王権理論が中国の都城を生み出した

本節の前提として、都城を成り立たせる儒教の王権理論について説明してみたい。四世紀から七世紀にかけて仏教の王権理論が大きな力を持ちだすことは確かであり、とくに、儒教の王権理論をそのまま用いることができない非漢人系の国家において、仏教に基づく転輪聖王と鎮護国家の王権論に価値を置かざるをえなかった。天皇制を施行した日本も儒教よりも仏教に基づく王権の正統化をめざした国家の一つである。

しかし、中国大陸華北・華南において、前漢末から唐代にかけて、王権を正統化する思想として儒教は依然として力を持ち続けた。儒教の王権論は、前一一〇〇年頃の殷周交代期に生まれた天命思想と、前漢（前二九二～後八）の末期に浸透した五行思想に基づく五徳終始説に依拠した。

天命思想は、天帝が命を授けた天子のみが地上の統治者として世界に君臨できると論じる。天命思想においては、地上のすべての生物は天命を受命した天子の恩沢を受けて生きているとされ、この天子の恩沢に報いるために、人民は貢納と労役の義務があると説く。

五徳終始説は、為政者となるべき人間に天命を授ける天帝には、最高神の昊天上帝のほかに、五行にのっとる五帝（木徳の青帝・火徳の赤帝・土徳の黄帝・金徳の白帝・水徳の黒帝）が存在するとする。後漢になると、各王朝の開祖が五帝のいずれかの天帝の精を受けて生まれると説く考えが力を得て、五帝の中で各王朝の開祖を産む天帝（感生帝という）は、五徳終始説に基づき五行が生まれる順序（木→火→土→金→水）に従って決められているとされるようになった。一般に、昊天上帝は北極星になぞらえられ、五帝は北極星を囲む五つの星座になぞらえられた。

五徳終始説では、王朝の交替は、この五行の移行によって法則づけられる。天命と徳のつきた前王朝の君主が、五行の循環によって、新たな天命を受けた有徳の君主に位を譲ることを禅譲といい、新たな姓の君主が天命を受けるので、王朝の交替を易姓革命という。この考えを理論化した人物が、前漢に代わって新という王朝を建てた王莽である。王莽は、前漢長安城を儒教の王権理論に基づいて改造し、後の時代の都城理論に決定的な影響を与えた（この点に関しては、本書第三章の妹尾達彦「隋唐長安城の皇室庭園」での叙述を参照）。

（5）後漢洛陽城の王権理論—五行相克説から五行相生説の都城へ—

五徳終始説とは、五行（土・木・金・火・水）の循環にのっとり、王朝の交替が法則的に生じるという説である。五行の循環には、主に二

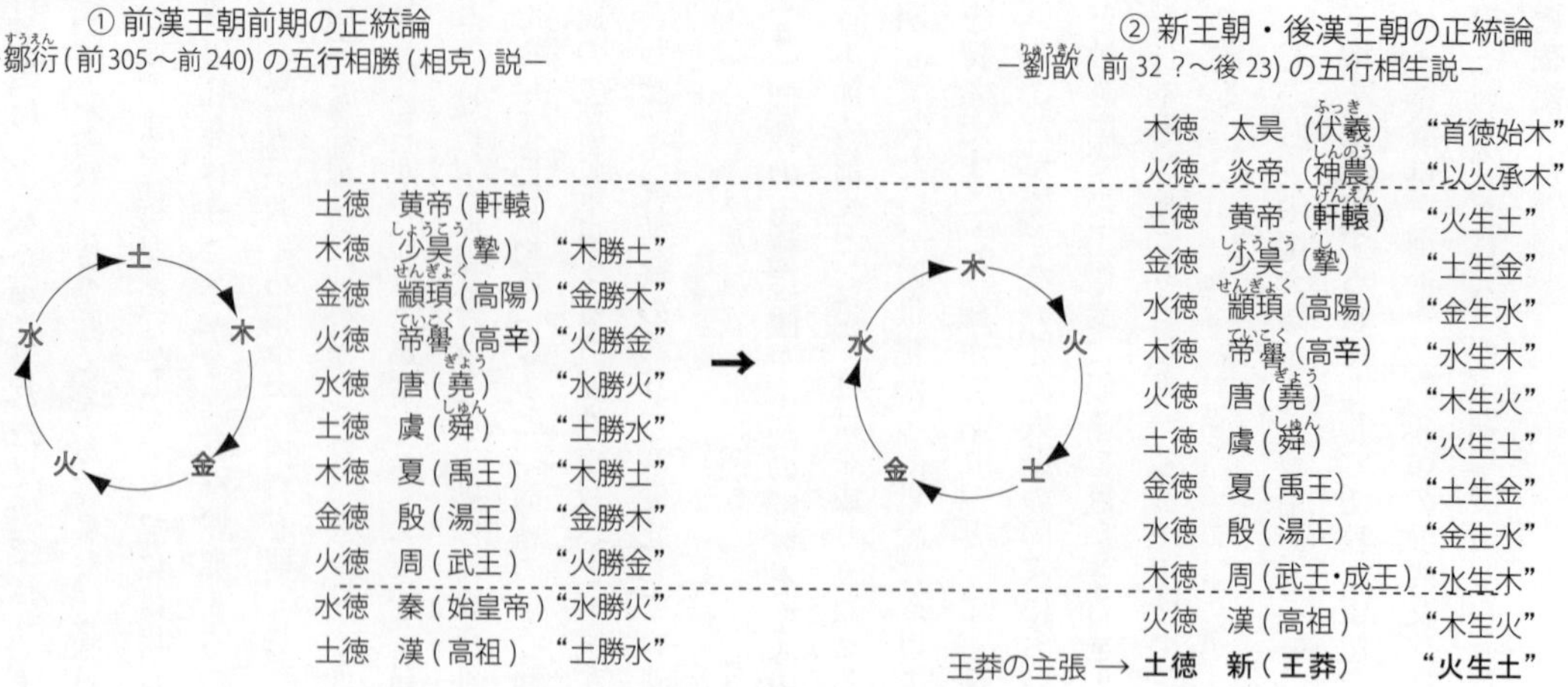

土徳	黄帝（軒轅）	
木徳	少昊（摯）	"木勝土"
金徳	顓頊（高陽）	"金勝木"
火徳	帝嚳（高辛）	"火勝金"
水徳	唐（堯）	"水勝火"
土徳	虞（舜）	"土勝水"
木徳	夏（禹王）	"木勝土"
金徳	殷（湯王）	"金勝木"
火徳	周（武王）	"火勝金"
水徳	秦（始皇帝）	"水勝火"
土徳	漢（高祖）	"土勝水"

木徳	太昊（伏羲）	"首徳始木"
火徳	炎帝（神農）	"以火承木"
土徳	黄帝（軒轅）	"火生土"
金徳	少昊（摯）	"土生金"
水徳	顓頊（高陽）	"金生水"
木徳	帝嚳（高辛）	"水生木"
火徳	唐（堯）	"木生火"
土徳	虞（舜）	"火生土"
金徳	夏（禹王）	"土生金"
水徳	殷（湯王）	"金生水"
木徳	周（武王・成王）	"水生木"
火徳	漢（高祖）	"木生火"
王莽の主張 → 土徳	新（王莽）	"火生土"

図2　漢代における正統論の確立—五行相勝説から五行相生説へ

饒宗頤『中国史学上之正統論』（上海遠東出版社、1996年〈初出1977年〉）19〜20頁を参考に作図。王莽（前45〜後23）は，自らの王朝を土徳にすることのできる劉歆の説を採用して，王権の正統化を試みた。劉歆の五行相生説によれば，木徳の太昊から五徳の循環が始まり，漢王朝は火徳の王朝となる。これに対して，鄒衍の五行相勝説は，土徳の黄帝から五徳の循環が始まり漢王朝は土徳となる。なお，五徳相生説では，秦始皇帝の正統性を認めない。王莽の依拠した五行相生説は，王権と都城の正統性を論拠づける思想となり，後漢以後の都城の王権理論として継承された。

つの異なる説がある。五行相勝説（五行相克説ともいう）と五行相生説である。時期的には、前漢前半期の五行相勝説から前漢末期の五行相生説へと転換する。ちなみに、司馬遷『史記』は、五行相勝説に基づき、班固『漢書』は、五行相生説に基づいて王朝の交替を叙述している。

五行相勝説は、戦国時代の陰陽五行家の鄒衍《すうえん》（前三〇五〜前二四〇）が体系化した。五行相勝説では、王朝の徳が土↓木↓金↓火↓水の順に循環し、五行に対応して王朝の交替が法則的に生じると説く。五行相勝説をとなえた鄒衍は、黄帝の土徳以下、相勝（相克）の順序で循環する徳を獲得した者が王となり、新たな王朝の出現時には、その徳に対応する気が瑞祥を現し、新王朝はその徳に対応する諸制度を完備しなければならないと考えた。この考えに基づき、武帝は、暦の改訂（太初改暦）の際に漢を土徳と決定した。しかし、前漢末になると、五行相生説に基づく劉向《りゅうきょう》・劉歆《りゅうきん》の考えによって漢を火徳とする考えが力を得だした。王莽の新王朝はこの考えを採用して、自らの王朝を土徳の王朝と称した。図2のように、王莽の依拠した五行相生説が、その後の中国歴代王朝の徳の循環を定めることになったのである。

五徳終始説の考えが、易姓革命論（天命を失った天子は新たに天命を受けた天子に交代しなければならない、という皇帝の姓を易《か》える王朝交代の論）や、天人相関説（天の運行と地上の人事が天子—皇帝を媒介に対応するという説）、天譴論《てんけんろん》（天人相関説に基づき地の災いは天の譴責であるという論）と結びついて、王朝の正統性を決定する儒教の政治哲学となった。

図3で整理したように、前漢の火徳から始まった五徳相生説に基づく徳の循環は、宋代に至るまで継続して力を持ちつづけた。とくに後

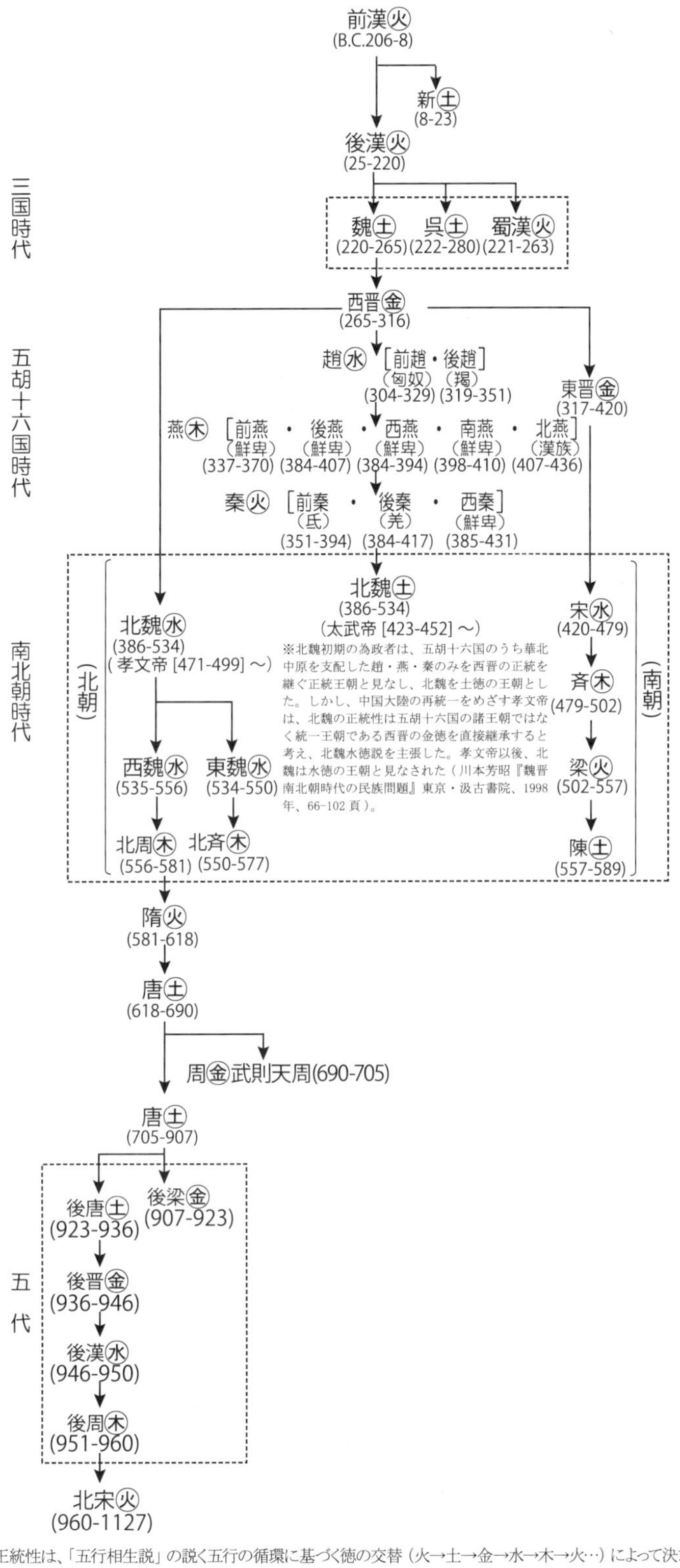

※王朝の正統性は、「五行相生説」の説く五行の循環に基づく徳の交替（火→土→金→水→木→火…）によって決まる。
分裂期には複数の国家が正統性を求めて争う。

図 3　漢から宋に至る五徳の循環

小島毅『東アジアの儒教と礼』（山川出版社，2004 年）32 頁図「漢から宋にいたる五徳終始」を改変。

漢になると、華北の諸王朝では、上記のように五徳終始説が神秘的な讖緯思想とむすびつき、感生帝の祭祀を中核に採り入れる形で王権儀礼が再編されていく。隋大興城と唐初の長安城の王権儀礼は、このような後漢以来の王権思想の流れの中から形成されたものである。

(7) 隋王朝の都城の王権儀礼[11]

隋の建国と新都・大興城建造前後の王権儀礼の推移を概観すると、都城と王権儀礼が不可分の関係にあることがわかる。都城の空間は、各種の国家祭祀の挙行と密接に関わっていた。表1は、隋大興城の郊外に設営された天と地の神々の祭壇を一覧表にしたものである。このように、各祭壇は、都城からの距離によって場所が定められた。この表に基づいて、隋大興城の王権儀礼の空間と時間を概念化した図が、図5である。都城の王権儀礼は、図4のように、陰陽五行思想に基づく空間の分割に対応した。また、王権儀礼の年間の儀礼暦は、図6に整理した。儒教の王権儀礼は、陰陽五行思想が述べる時間と空間の枠組みの中で挙行されたのである。

表2は、隋の建国の開皇元年から南朝の陳を滅亡させて中国を再統一した開皇九年に至る時期の都城の王権儀礼を編年したものである。この時期は、旧長安城の宮殿での建国から始まり、新長安城（大興城）に遷都して大興城を核に各種の儀礼を行っていく時期である。[12] 以下、表2を踏まえ、関連事項を盛り込みながら、開皇年間前半の王権儀礼と都城との関係を簡潔に整理してみよう。

開皇元年（五八一）二月甲子（十四日）、楊堅は、旧長安城臨光殿で文帝として即位し、ただちに有司による南郊祀天、告廟、大赦、開皇改元、北周の官制を改めて漢魏の旧に依る、などを実施する。同年二月十五日に、皇考を追尊し廟号を太祖としている。翌一六日には、修廟社、立皇后、立皇太子を行う。その頃、赤雀が祥を降し、五徳相生じて赤を火色となす。これは、五徳終始説に基づき、隋王朝が木徳の北周王朝を継承する正統なる王朝であり、赤徳の新王朝であることを顕示する行為である。

六月五日、赤徳の隋は、郊祀・廟社の冕服は必ず礼教に依り、朝会の服・旗幟・犠牲はみな赤を尚ぶことになる。十月十二日には新律（開皇律）が頒行される。

開皇二年（五八二）六月十四日、いよいよ新都建築の詔が出され、新都建築の工事が始まる。七月二十二日に新令（開皇令）三〇巻が頒行された。十二月七日には新都を大興城と命名する。大興城の名称は、北周の時に文帝が大興郡公の爵位を持っていたことにちなみ、禅譲によって新たな王朝の天子＝皇帝に即位するための演出である。

開皇三年（五八三）正月一日、文帝は旧長安城を出て新都の大興城に入り、大赦を行う。ただし、この時点ではまだ工事は完成しておらず、宮城と皇城がようやく姿を現したにすぎなかったと思われる。文帝は、大赦のあとで再び旧長安城の宮城に戻っている。正月には高麗の遣使が来朝した。この時の高麗の遣使は、旧長安城の宮殿で接待されたと思われる。

三月十八日、大興城の一応の完成に即し、文帝は旧長安城を出て常服で新都の大興城に入った。四月二十六日に大雩《う》（隋の雩壇は国南十三里啓夏門外道左にあり）のまつりを行う。翌二十七日に突厥の遣使が来朝した。五月八日、後梁の皇太子蕭琮（後の後梁第三代皇帝〈後主〉、在位五八五～五八七）が来朝し遷都を賀す。五月に方沢を祀る。この年に、新律（開皇律）を五〇〇条・一二巻に刪定した。

表1　隋代における郊祀と城外の王権儀礼

城外の祭壇	祭壇の位置	建築構造	祭祀形態	出典
円丘	為圓丘於**國之南，太陽門外道東二里**	其丘四成，各高八尺一寸，下成廣二十丈，再成廣十五丈，又三成廣十丈，四成廣五丈	再歳冬至之日，祀昊天上帝於其上，以太祖武元皇帝配	『隋書』巻6，礼儀志，116頁，『旧唐書』巻21，820頁
南郊	為壇於**國之南，太陽門外道西一里。去宮十里**	壇高七尺，廣四丈	孟春上辛，祠所感帝赤熛怒於其上，以太祖武元皇帝配	『隋書』巻6，礼儀志，117頁
方丘	為方丘於**宮城之北十四里**	其丘再成，成高五尺，下成方十丈，上成方五丈	夏至之日，祭皇地祇於其上，以太祖配	『隋書』巻6，礼儀志，116頁，『大唐郊祀録』巻八，782頁
北郊	北郊在**都城之北**		毎歳孟冬祭神州之神，以太祖武元皇帝配	『隋書』巻6，礼儀志，117頁
青帝壇	國東**春明門外道北，去宮八里（春明門外一里半，道北）**	高八尺		『隋書』巻7，礼儀志，130頁，『大唐郊祀録』巻5，767頁
赤帝壇	國南**明德門外道西，去宮十三里（明徳門外道西二里）**	高七尺		『隋書』巻7，礼儀志，130頁（『大唐郊祀録』巻五，767頁）
黄帝壇	國南**安化門外道西，去宮十二里（安化門外道西一里）**	高七尺		『隋書』巻7，礼儀志，130頁，（『大唐郊祀禄』巻5，768頁）
白帝壇	國西**開遠門外道南，去宮八里（開遠門外道南一里）**	高九尺		『隋書』巻7，礼儀志，130頁，（『大唐郊祀禄』巻5，769頁）
黒帝壇	**宮北十一里丑地（光化門外道西二里）**	高六尺		『隋書』巻7，礼儀志，130頁，（『大唐郊祀禄』巻5，770頁）
朝日壇	開皇初，於**國東春明門外**為壇。（**春明門外一里半，道北**）	如其郊	毎以春分朝日	『隋書』巻7，礼儀志，141頁，『大唐郊祀禄』巻6，773頁
夕月壇	又於國西**開遠門外**爲坎。開遠門外一里半，**道北**	深三尺，廣四丈。爲壇於坎中，高一尺，廣四尺	毎以秋分夕月	『隋書』巻7，礼儀志，141頁，『大唐郊祀禄』巻6，773頁
先農壇	於國南十四里啓夏門外，置地千畝，爲壇。**万年県東北十五里滻水東**		孟春吉亥，祭先農於其上	『隋書』巻7，礼儀志，144頁，『長安志』巻11，153頁
先蚕壇	**於宮北三里為壇** **宮北苑中**	高四尺	季春上巳	『隋書』巻7，礼儀志，146頁，『大唐郊祀禄』巻10，799頁
司中司命司人司禄壇	隋制，於**國城西北十里亥地**。為司中，司命，司祿三壇（**光化門外二里，道北**）	同壝。壇皆三尺	祀以立冬後亥	『隋書』巻7，礼儀志，147頁，『大唐郊祀禄』巻7，779頁
風師壇	國城**東北七里通化門外**爲風師壇。**通化門外道北二里近苑墻**	壇皆三尺	祀以立春後丑	『隋書』巻7，礼儀志，147頁，『大唐郊祀禄』巻7，776頁
雨師壇	**國城西南八里金光門外**爲雨師壇（**金光門外一里半，道南**）	壇皆三尺，牲並以一少牢	祀以立夏後申	『大唐郊祀禄』巻7，777頁
靈星壇	又於**國城東南七里延興門外**，爲靈星壇（**春明門外二里，道南**）		立秋後辰，令有司祠以一少牢	『隋書』巻6，礼儀志，143頁，『大唐郊祀禄』巻7，778頁
百神壇	**明德門外一里道東**			『大唐郊祀禄』巻6，774頁
馬祖先牧馬社馬歩壇	**金光門外四十里，灃水西，道北龍臺沢中**			『大唐郊祀禄』巻7，780頁
九宮貴神壇	**朝日壇之東**			『大唐郊祀禄』巻6，771頁
太一壇	**円丘東**			『旧唐書』巻10，252頁

『隋書』巻6，巻7，礼儀志，中華書局標点本を基礎とし，「出典欄」の関連文献を参照した。

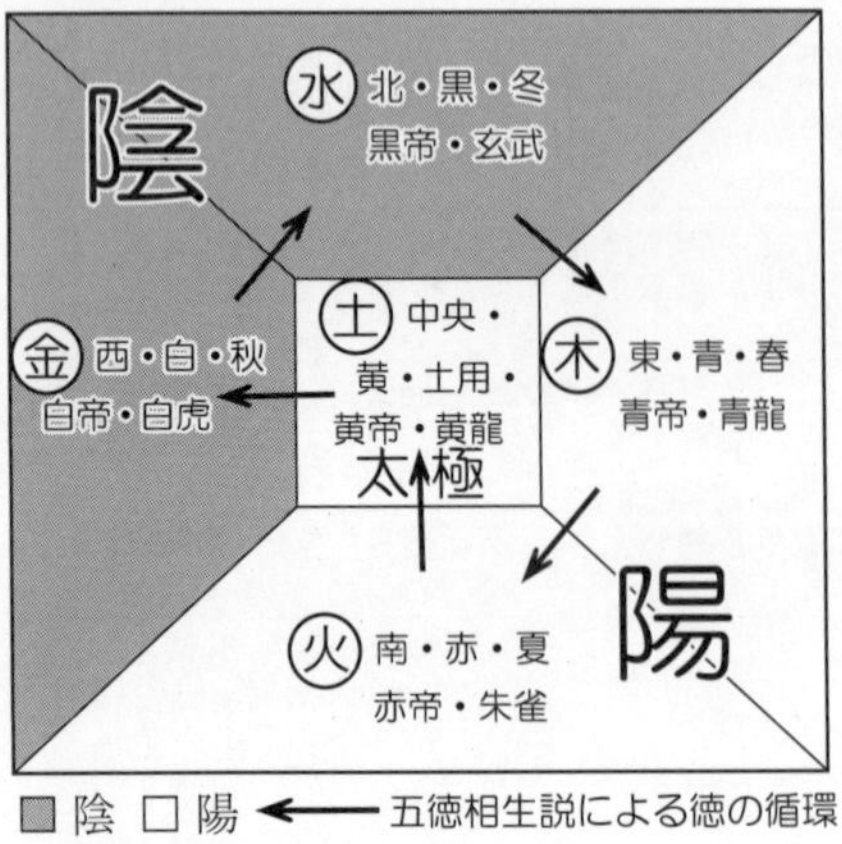

図 4　陰陽五行思想の空間と五徳の循環

妹尾達彦『長安の都市計画』（講談社，2001 年）148 頁所載図 43「陰陽五行の空間」を改図。

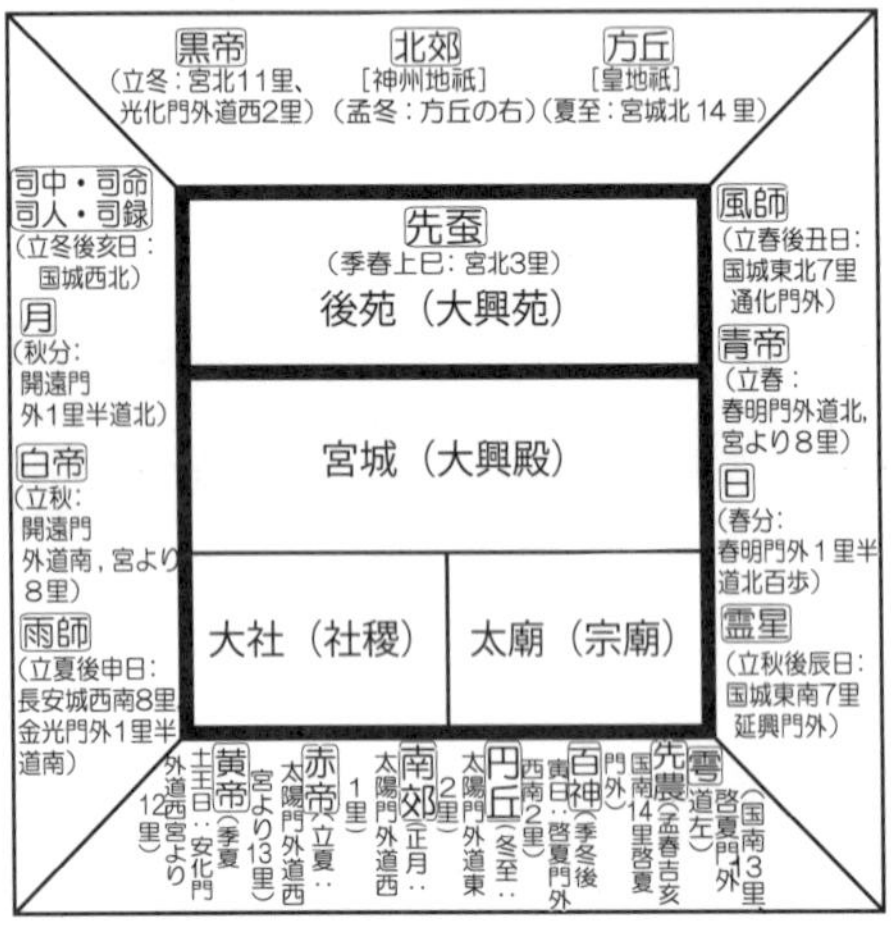

図 5　国家儀礼の空間と時間
―隋大興城をモデルに―

『隋書』巻 6・巻 7，礼儀志の記述に基づく。

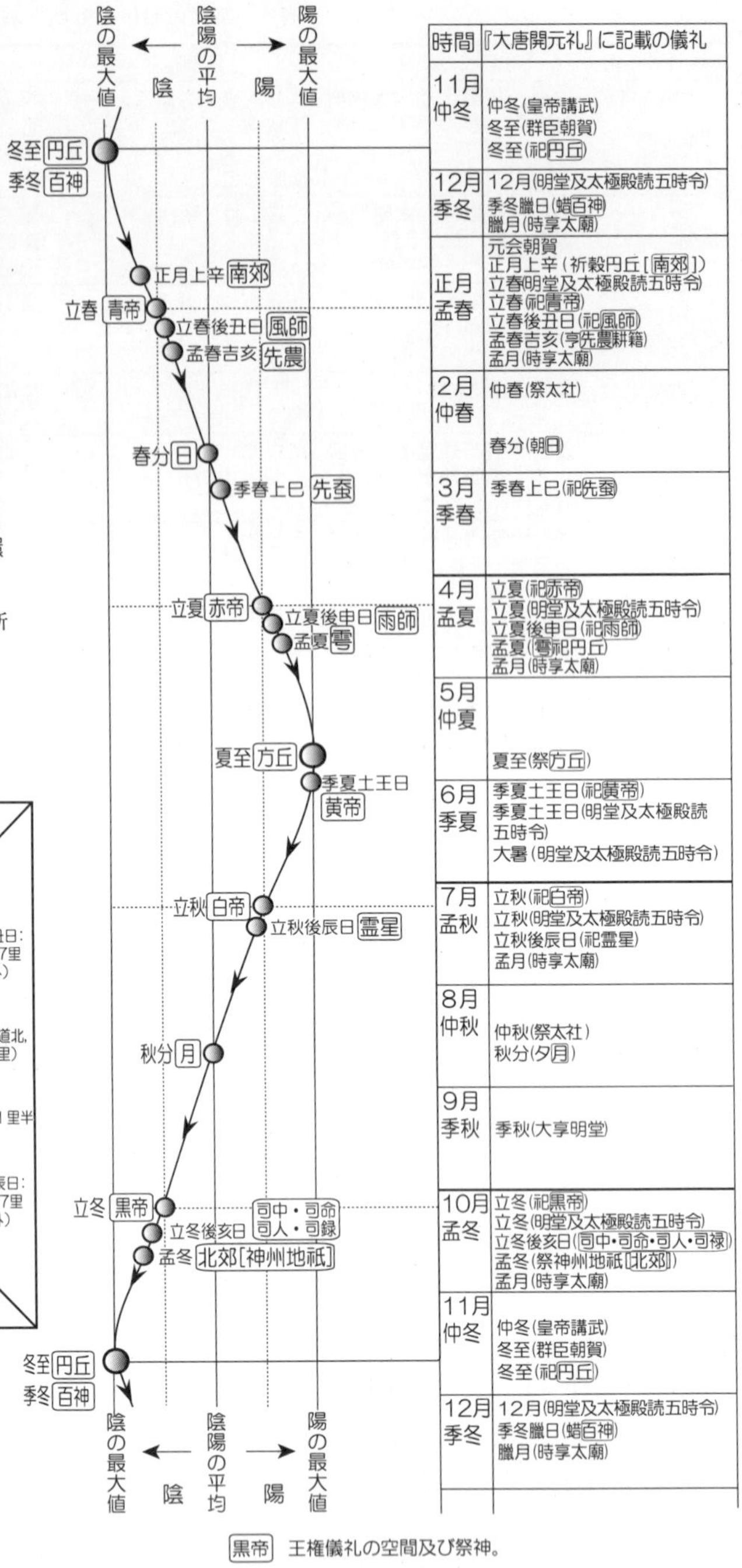

図 6　隋・唐初の主な吉礼の周期

妹尾達彦「礼儀之都城―以円仁『入唐求法巡礼行記』為素材―」（栄新江主編『唐研究』15，2009 年）397 頁表 1「9 世紀唐朝的主要吉礼・仏道礼儀・年中行事及科挙行事的周期」を増補。

表 2　隋文帝の王権儀礼　開皇元年～開皇 9 年（581～589）

都城	年	月日	主な王権儀礼	出典
長安城時代	大定 13 年（581） 陳太建 13 年 梁天保 20 年	2 月 甲子	文帝，長安城臨光殿にて皇帝位に即位。南郊で祀天（有司摂事）。告廟。大赦	隋書巻 1，13 頁
	開皇元年（581） 陳太建 13 年 梁天保 20 年	同日	改元。京師に慶雲あらわる。北周の官儀を改め，漢魏の旧に依る	同
		乙丑	皇考を追尊して武元皇帝とし，廟号を太祖とする	同
		丙寅	廟社を修す。王后独弧を皇后とし，王太子勇を皇太子とする	
		3 月 辛巳	高平にて赤雀を獲る。太原にて蒼烏を獲る。長安にて白雀を獲る。各一。洛陽の宣仁門の槐樹が連理し，衆枝内附する	同 14 頁
		壬午	白狼国，方物を献じる	同
		己丑	盩厔県（長安西方）が連理の樹を献じ，宮庭に植える	同
		丁未	梁の明帝蕭巋，大宰蕭巌と司空劉義を使わし来たり駕する	同
		4 月 辛巳	大赦	同
		6 月 癸未	詔し「初めて天命を受け，赤雀が祥を降す。五徳相生じて，赤を火色となす」とする。郊廟の冕服は礼経により，朝会の服，旗幟，犠牲はみな赤を尚び，戎服は黄とし，常服は雑色を通用する。〔及受禪，上召仲方與高熲議正朔服色事。（崔）仲方曰「晉為金行，後魏為水，周為木。皇家以火承木，得天之統。又聖躬載誕之初，有赤光之瑞，車服旗牲，並宜用赤」〕（『隋書』巻 60，崔仲方，1448 頁）	同 15 頁，通鑑 5441-42 頁
		7 月 乙卯	文帝，始めて（皇帝の服の色である）黄を服，百僚，畢く賀する	隋書 15 頁
		庚午	靺鞨の酋長，方物を朝貢する	同
		8 月 壬午	突厥の阿波可汗，使をして方物を朝貢する	同
		9 月 壬申	突厥の沙鉢略可汗，使をして方物を朝貢する。この月，五銖錢を施行する	同
		10月 戊子	新律を施行する〔高祖既受周禪，開皇元年，乃詔尚書左僕射・渤海公高熲（中略）更定新律，奏上之。其形名有五。（下略）〕（『隋書』巻 25，刑法志，710 頁）	同 15-16 頁
		乙酉	百濟王の扶餘昌，使を遣わして来賀する。扶餘昌に上開府，儀同三司，帶方郡公を授ける	同 16 頁
		12月 壬寅	高麗王の高陽，使を遣わして朝貢し，高陽に大將軍，遼東郡公を授ける	同
	開皇 2 年（582） 陳太建 14 年 梁天保 21 年	5 月 甲子	伝国の璽を改めて受命の璽とする	同 17 頁
		6 月 甲申	隋，南朝陳宣帝の葬儀に際し，使いを遣わし弔問する	同
		丙申	新都建築の詔。左僕射高熲を領営新都監とし，太子左庶子宇文愷を新都副監とする	隋書 17-18 頁
		10 月 庚寅	文帝，疾愈え，百僚を観徳殿に享し，銭帛を賜う	隋書 18 頁
		11 月 丙午	高麗，使を遣して方物を献じる	同
		12 月 辛未	文帝，後園で講武をおこなう	同
		丙子	新都を大興城と命名する	同
大興城時代	開皇 3 年（583） 陳至徳元年 梁天保 22 年	正月 庚子	文帝，新都に入る。大赦	同
		癸亥	高麗，使を遣して来朝する	同
		2 月 癸酉	陳，使いを遣わして来聘する	同
		3 月 丙辰	文帝，常服で新都に遷る。京師（新都）で醴泉が出る	同 18-19 頁
		4 月 甲申	旱。文帝，親ら雨師を国城之西南に祀る（隋の雨師壇は，国西南 8 里，金光門 1 里半道南。図 1 参照）	同 19 頁
		癸巳	文帝，親ら雩をまつる（隋の雩壇は，国南十三里啓夏門外道左。図 1 参照）	同
		甲午	突厥，使を遣わし来朝する	同
		5 月 甲辰	高麗，使を遣して来朝する	同
		乙巳	梁の太子蕭琮来たり，遷都を賀す	同
		丁未	靺鞨，方物を朝貢する	同
		辛酉	文帝，方沢を事《まつ》る。（隋の方沢〔方丘〕は，宮城北 14 里にあり。図 1 参照）	同
		6 月 戊寅	突厥，使を遣して和を請う	同
		8 月 丁丑	靺鞨，方物を朝貢する	同
		戊子	文帝，太社を事《まつ》る	同
		9 月 壬子	文帝，城東に行幸し稼穀を観る	同

開皇 4 年（584） 陳至徳 2 年 梁天保 23 年	正月己巳	文帝，太廟を事《まつ》る	同 21 頁
	辛未	文帝，南郊を事《まつ》る	同
	壬申	梁明帝蕭巋，隋に来朝し，通天冠・絳紗袍を服し北面して郊労を受く。その後で大興殿に入見し，隋皇帝は通天冠・絳紗袍を服し，梁明帝は遠遊冠・朝服を服す。君臣みな拜す	同，通鑑 5472 頁
	甲戌	北苑で大射し，十日して罷める	隋書 21 頁
	辛卯	渝州，麋に似た一角同蹄の獣を捕獲する	同
	壬辰	新暦を班する	同
	2 月乙巳	文帝，梁明帝蕭巋を霸上に餞る	同
	丁未	靺鞨，方物を朝貢する。突厥蘇尼部の男女万余人来降する	同
	庚戌	突厥の可汗阿史那玷，その属を率いて来降する	同
	4 月丁未	突厥・高麗・吐谷渾の使者を大興殿にて宴する	同
	5 月癸酉	契丹の莫賀弗，使を遣して降を請い，大將軍を拜する	同
開皇 5 年（585） 陳至徳 3 年 梁天保 24 年	正月戊午朔	礼部尚書牛弘に命じて五礼を修めしめ，百巻を勒成す	通鑑 5840 頁
	戊辰	詔して新礼を行う	隋書 22 頁
	4 月甲午	契丹の多彌可汗，使を遣し方物を朝貢する	同
	7 月壬午	突厥の沙鉢略，上表して臣を称する	同 23 頁
	8 月丙戌	沙鉢略可汗，子の庫合真特勤を遣わして來朝させた	同
開皇 6 年（586） 陳至徳 4 年 梁広運 1 年	正月庚午	隋，暦を突厥に頒す	同
	2 月庚子	大赦	同
	3 月癸亥	突厥の沙鉢略，使を遣して方物を朝貢する	同
	9 月辛巳	文帝，素服にて射殿に御し，百官に命じて射せしむ	同 24 頁
	10 月甲子	甘露，華林園に降る	同
開皇 7 年（587） 陳至徳 5 年・禎明元年 梁広運 2 年	正月癸巳	文帝，太廟を事《まつ》る	同
	2 月丁巳	文帝，朝日を東郊に祀る	同 25 頁
	4 月癸亥	文帝，青龍の符を於東方の総官・刺史に頒つ。西方は騶虞，南方は朱雀，北方は玄武を頒つ	同
	8 月庚申	梁の靖帝蕭琮，来朝する	同
	9 月辛卯	梁（西梁・後梁）を廃する江陵に曲赦し梁青靖帝蕭琮を隋の柱国とし莒国公に封じる	同
開皇 8 年（588） 陳禎明 2 年	正月乙亥	陳，使いを遣わして来聘する	隋書巻 2，29 頁
	10 月甲子	文帝，陳に出師するに際し，太廟を事《まつ》る	同 31 頁
開皇 9 年（589） 陳禎明 3 年	正月丙子	陳，滅亡	同 32 頁
	癸巳	使持節を遣わして陳を巡撫せしむ	同
	4 月己亥	文帝，驪山に幸し，親ら旋師を労う	同
	乙巳	三軍凱旋して入朝し，俘を太廟に献じる	同
	庚戌	文帝，広陽門に御し将士を宴する。頒賜に各々差あり	同
	辛亥	天下に大赦する	同

【出典】『隋書』巻 1，高祖上―同書巻 2，高祖下，中華書局標点本 13–32 頁，『北史』巻 11，隋本紀上，403 頁–415 頁，『資治通鑑』巻 175，陳紀，太建 13 年，5432 頁―同書巻 177，隋紀 1，文帝開皇 9 年，5517 頁。

開皇四年（五八四）正月六日、太廟を亨《まつ》る。正月八日に南郊の儀礼を挙行し、隋の徳である赤徳の五方上帝「赤帝赤熛怒」を祀った。正月九日、後梁明帝蕭巋（在位五六二〜五八五）が来朝し大興殿で入見し、隋文帝は通天冠・絳紗袍を服し、梁明帝は遠遊冠・朝服を服して君臣の礼をとった。これは後梁が隋の皇帝のもとに臣属することを示す政治行為である。四月には、突厥・高麗・吐谷渾の使者を新都城の真新しい大興殿で宴した。以下の展開は、表2を参照願いたい。

　このように、隋の建国に際し、新王朝の樹立を証明するための一連の必要な手続き、すなわち、皇帝即位、受命、改元、官制整備、新都・大興城の造営と遷都、五徳相生説による隋の徳の確認、都城の南郊・北郊における天と地の神々の祭祀、太廟・社稷の祭祀、立皇后・立皇太子、外国（突厥・高麗・吐谷渾・梁など）による新王朝の承認（外国使節の入朝・朝貢）などがなされている。都城の建造と律令の施行は、新政権を正統づけるこのような一連の象徴行為の中核にある。

　六一八年五月、唐が建国した際は、隋の

都城を大興から長安に改称してそのまま継承し、洛陽に実質的な都城を置いた隋煬帝期の大業律令を廃して、王朝の基本法を隋初の開皇律令にもどし、武徳新格（六一八年六月）を施行した。続けて武徳律令（六二四年四月）を施行するまでの間、唐朝は、隋の建国時と同様の政権を正統づける一連の政治行為を繰り返したのである。[13]

現在残されている史料では、表1「隋代における郊祀と城外の王権儀礼」と、図5「国家儀礼の空間と時間」とに記したような王権儀礼のすべてが挙行されたことを記しているわけではない。そのために、『隋書』礼儀志に記された隋の王権儀礼がどの程度、実際に挙行されたのか不明な点も残されているが、図5や図6「隋・唐初の主な吉礼の周期」に描いたように、儒教の王権理論に基づいて、皇帝親祭のかたちをとらない場合は有司摂事によってある程度厳密に挙行されたと考えられる。隋大興城も唐長安城も王権儀礼の舞台として造営されていたのである。

（8）日本の都城に中国都城のような外郭城の城門・城壁が造営されなかった一つの理由

日本の都城においても、中国の都城の外郭城に類する壁が羅城門の東西に建築されたことがわかってきた。[14] ただ、中国都城の外郭城を成り立たせる城門は、羅城門を除いて存在しない。日本の都城に外郭城の城門や中国のような広大な城壁が存在しない理由の一つは、今まで指摘されてきたように外敵の脅威の強弱にあると思われるが、中国でも隋大興城・唐長安城の外郭城の城壁は防御上ほとんど役立たず、都城の外郭城の城壁が防衛上の要請だけで設営されたのではないことをうかがわせる。

日本の畿内政権は、天皇制度を皇帝制度に対峙させたために、唐王朝とは異なる独自の王権理論の構築が必要となった。唐王朝のように、天命の交替を論じる易姓革命論や感生帝の循環を説く五徳終始説は排除され、円丘や方丘、皇帝の霊を祀る宗廟、大地の霊を祀る社稷、五方上帝の祭壇（青帝・赤帝・黄帝・白帝・黒帝）もあえて設置されなかった。日本の都城は、「北郊―華林園―太極殿―太廟・社稷―南郊」という同時代の中国都城を構成する諸要素を完備せず、「後苑―大極殿」の二要素だけにとどめたのである（本書第三章妹尾達彦「隋唐長安城の皇室庭園」を参照）。

上述のように、天や地を祀る郊祀や、五方上帝の儀礼等の中国の王権儀礼の中核をなす祭祀施設は、宮殿や外郭城の城門からの距離によって設営された（図1・図5も参照）。易姓革命を認めない日本の都城は、易姓革命を前提とする郊祀や城外の諸祭祀を行わず、そのために、祭壇を設置する基準をなす城門や城壁の造営・整備を必要としなかったと思われるのである。日本は、唐王朝などと対抗して独自の王朝であることを主張するために、儒教の王権理論に基づく都城や律令制、国号、元号、暦、貨幣などの制度は採用したが、天皇制度に抵触する儒教の根幹をなす儀礼思想はあえて採択しなかったのである。そのために、日本では、儒教ではなく、仏教や道教の思想が天皇の王権儀礼を支える重要な要素となったと思われる。

2　郊外の誕生
―別荘・荘園・宗教施設・行楽地・墓地―

長安の郊外についての従来の研究は、すでに多くの成果を上げている。武伯綸氏が、初めて長安の郊区の問題を論じた一九六〇年代初期と比べると隔世の感に堪えない[15]。すなわち、武伯綸の「唐長安郊区的研究」を嚆矢に、その後、愛宕元[16]、桑紹華[17]、史念海[18]によって、長安近郊の郷里や行政区画の研究が進められた。歴史地理の分野では、史念海氏の系統的研究を継ぎ[19]、史念海氏の教え子にあたる李健超[20]、李之勤[21]、辛徳勇[22]、侯甬堅[23]、呉宏岐[24]、李令福[25]らによって、長安近郊の自然・人文環境が復原されてきている。

これらの研究によって、当時の長安城内が、現在に比べると想像できないほどの豊かな植生と動物分布に恵まれ、地表水と地下水ともに豊富な水量を有していたことが明らかにされている。また、厳耕望[26]、黄盛璋[27]、廖幼華[28]は、長安近郊の交通網や灌漑網を総体的に復原し、唐代の長安の都市的発展とともに長安を核とする都市圏が形成されていくことを論じてのちの研究の基礎となった。

長安城周辺の皇族や官人、寺院、富裕層の所有した荘園の分布や変遷については、加藤繁[29]、日野開三郎[30]、周藤吉之[31]が先駆的研究を行った。また、新羅から長安に来た人々と長安社会との関連を論じる卞麟錫[32]や、城南の畢原に存在した露仙館を手がかりに長安城内外の道観の役割を論じる池田温[33]、唐代の終南山と長安社会との密接な関連を詳論する王静[34]は、それぞれの観点から長安城南の歴史を詳細に分析する。とくに長安と終南山の関連を系統的に論じる王静の論考は、長安史研究に新たな視角を提供する好論文である。

唐代長安における文学活動にとって、近郊の風物は汲めども尽きぬ創造の源泉を提供した。長安周辺の別荘と文学の関連を論じる李浩[35]や、文学における終南山の変容を論じる斬新な川合康三の論著[36]、楽遊原を題材とする文学を論じる簡錦松[37]、別荘と文学を論じる左鵬[38]、柳宗元の長安近郊の別荘を手がかりに長安近郊の風物全体を復原する戸崎哲彦[39]、長安城民の行楽地としての終南山を論じる詹宗祐[40]、終南山と唐代文人との分かちがたい関係を説く劉芳[41]らによって、唐代文学の源泉の一つとなった長安城南の風物と文学の関係が多角的に明らかにされてきている。郊外の風物は、文学の創造にとってなくてはならないものであると同時に、変わらぬ風景の中に変わりゆく世情を写し出す鏡のような存在だった。

このように、長安の郊外に関する研究は、文献史学・歴史地理・文学・思想史の各方面から進展してきた。以上の研究によって、八、九世紀の長安近郊において城内の人々が頻繁に訪れる郊外の空間が誕生していたことが、すでに明らかになっている。今後は、別個に進められてきた長安の郊外に関する研究を、互いに連結してより総合的な分野に育て上げる必要があり、本節はそのための試論をなしている。

元の李好文は、『長安志図』巻上「城南名勝古跡図」において、九世紀の長安南郊に誕生した名勝を網羅的に描いている（図7参照）。実際に、九世紀の長安の多くの住民は、この「城南名勝古跡図」に描かれたように、自分たちの住む長安城の南方に、終南山の北麓から長安城にかけて自然豊かな美しい山河が広がっており、その間に多くの文化施設が立地して自分たちの到来を待っていると感じたことであろう。

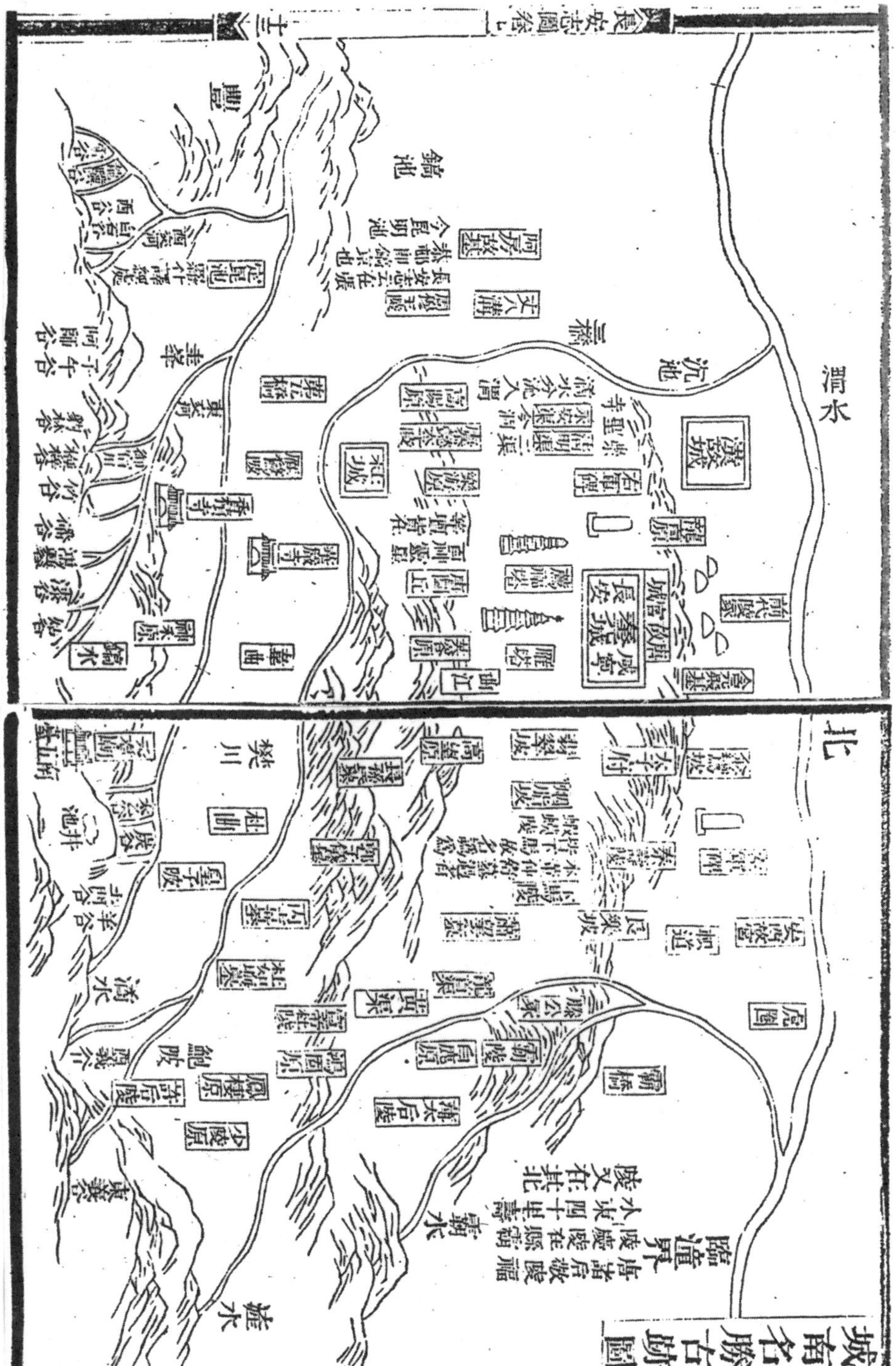

図7　元・李好文『長安志図』巻上所載「城南名勝古跡図」（清・乾隆52年刊経訓堂叢書本）

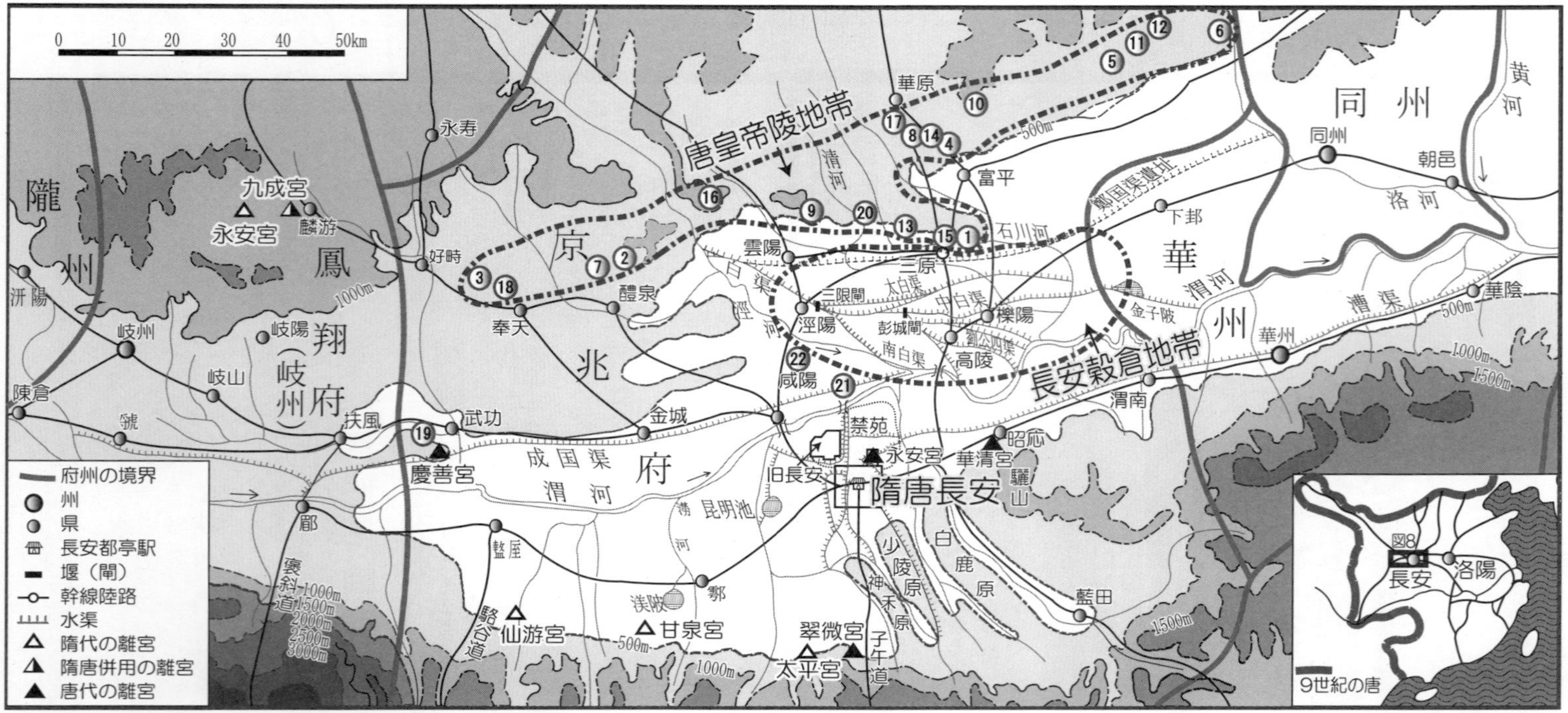

隋唐皇帝陵の立地

①高祖献陵 ②太宗昭陵 ③高宗乾陵 ④中宗定陵 ⑤睿宗橋陵 ⑥玄宗泰陵
⑦粛宗建陵 ⑧代宗元陵 ⑨徳宗崇陵 ⑩順宗豊陵 ⑪憲宗景陵 ⑫穆宗光陵
⑬敬宗荘陵 ⑭文宗章陵 ⑮武宗端陵 ⑯宣宗貞陵 ⑰懿宗簡陵 ⑱僖宗靖陵
⑲隋文帝太陵 ⑳太祖永康陵 ㉑世祖（高祖李淵の父李昞）興寧陵 ㉒武則天母順陵

図8　9世紀関中平野の中心部

黄盛璋「関中農田水利的歴史発展及其成就」（同『歴史地理論叢』北京・人民出版社，1982年，初出1958年）に所収の「関中漢唐故渠示意図」を底図に，史念海「開皇天宝之間黄河流域及其附近地区農業発展」（同著『河山集1集』1963年に所収の「隋唐時期黄河流域地区分布図」および譚其驤編『中国歴史地図集　隋唐五代十国時期』地図出版社，1982年）を参照して作図。隋唐の離宮の位置は，呉宏岐『西安歴史地理研究』（西安・地図出版社，2006年）283頁「図8-1関中地区隋唐帝王避暑行宮分布示意図」に基づき，長安穀倉地帯の灌漑網は，妹尾達彦「関中平原灌漑設施的変遷与唐代長安面食」（史念海主編『漢唐長安与関中平原：中日歴史地理合作研究論文集第二輯』西安・陝西師範大学出版社，1999年）46頁所載付図「三原口・彭城堰及劉公四渠（9世紀）」に基づき作図。

(1) 皇帝の行動範囲の縮小と長安郊外社会の形成

関中平野を中核に広く分布した離宮、皇帝陵、禁苑を描いたものが、図7である。このように、九世紀になると、関中平野は、

①北部の丘陵地帯の皇帝陵地帯

②平野の中央部の穀倉地帯（長安の住民に供する冬小麦の主要生産地）

③長安城の近郊

というように、重層的な土地利用の分化が進み、それぞれの地区が有機的に連結していく。長安城の周辺は、関中平野全体の機能分化の一環として地域としてのまとまりを強めていくのである。長安城の後背地をなす関中平野の穀倉地帯は、八世紀から九世紀にかけて都城の胃袋として重きをなした[42]。

さて、皇帝の行動圏の変遷が、長安における郊外の形成と関連する。皇帝の行動圏（行幸や狩猟、軍事行動などでの行動範囲）は、唐前期には長安を核とする華北を広く往来した皇帝が、唐後期になると長安周辺に行動圏を限定させていくことがわかる[43]。この傾向は、玄宗期以後に顕著となり唐末に至るまで続いており、唐前期から後期にかけての政治・軍事・経済・文化の様々な変化の一つの現れと考えられる。

中国大陸の都城を考える際に注意すべきは、四、五世紀から六、七世紀にかけての時期が、ユーラシア大陸東部の遊牧民・狩猟民が中国大陸の華北に侵入して遊牧系政権を次々と建てた時期にあたることである。この時期の都城には、遊牧民と農耕民の文化の複合が顕著に表れた[44]。この時期に現れた独特の複都制度もその一つである。五胡十六国の諸国では、前秦の上都（統万城）と長安や、北魏の平城と洛陽の関係などがあげられる。後の時期の例をあげれば、遼の上京と中京、金の大定府と中都、元の上都と大都、清の熱河と北京、や、天山ウイグル王国の北庭と高昌のように、オアシスを含む農耕地域と遊牧地域の両者に拠点を置く国家において設置された複数の都が、遊牧民特有の夏営地と冬営地に対応している[45]。

遊牧系政権においては、複都制をとらないまでも、夏の離宮と冬の都城の往復という形をとることも多い。たとえば、隋の仁寿宮と大興城、唐の九成宮・翠微宮と長安の関係などである。遊牧系政権の色彩の濃い隋・唐前期の場合は、関中平野の周辺に分布する数多くの離宮と長安城の間を皇帝は絶えず往来していた。しかし、遊牧系政権の色彩が薄れる唐後期になると、皇帝はもっぱら長安に閉じこもるようになる。

本節において重要な点は、玄宗期以後に顕著となる皇帝の長安常住が、長安の近郊と城内を包む生活圏の形成を加速させ、郊外社会を生み出す背景の一つとなったと思われる点である。もちろん、八世紀の玄宗期以後における長安城内外を連結する交通網の改革が、長安の日帰り交通圏の形成に与えた影響も考慮しなければならない[46]。

玄宗期になると、唐前期に頻繁に行われた洛陽と長安との往来も、漕運が改革されて江南や山東の穀物が直接に長安まで運ばれるようになったので行われなくなる。玄宗期以後、長安を中核とする様々な政治改革が進み、長安は名実ともに中国大陸を代表する都城になっていくのである。玄宗期以後、長安城近郊の開発が加速していく背景には、以上のような要因が絡んでいたと考えられる。

(2) 城内の生活の変遷

六世紀末の隋代に、天命を受ける宇宙の都として建設された大興城（唐長安城）は、八世紀の唐代中期になると、皇帝の居住する主要宮殿

を従来の太極宮から東北部の大明宮に移転させた。それに伴って、官人の居住地も大明宮寄りに動き始め、それを契機に城内の棲み分けが進展して、都市の生活機能の充実が模索されてゆくことになった。新宮殿への出勤に至近で、高台の山の手にあたる城内の街東が官僚街となる一方で、低地で下町にあたる街西は、徐々に庶民街となってゆくのである。

街東に官人たちの居住が集った結果、八世紀以後、城内外の土地利用の連動現象が生じた。まず、街東中部の地区が、華やかな賑わいで西市を凌ぐ城内随一の盛り場を形成した。この地域を核に、城外にも広く販圏を有する高級品が売買されて、最新の政治情報が交換され、長安のエリート文化が醸成された。

街東に官人の居住区が生じるのに対応して、低地の街西は庶民街の色彩を濃くしてゆき、城内には、街西と街東という対照的な居住者階層を有する街区が形成されてくる。住民階層と地域文化の異なる二つの対照的な街区が並立することで、八、九世紀の長安城内の社会構造ができあがるのである。

官人の邸宅が、街東中北部に集まることによって、街東南部の曲江池周辺に、風致地区とも呼べる景勝地が形成された。そして、街東官人の一族の墓地は、多くが城東の丘陵地に造成され、官務の余暇に城南・城東の別荘を訪ねて散策し、清明節には、東郊と南郊の墓地に家族で墓参りに出かけることが、官人生活の中に定着してゆく。

図9は、八、九世紀の長安近郊に、墓域と別荘地が、誕生していく様を描いている。とくに、長安城の南郊は、終南山から続く森林地帯の風景美に恵まれ、城内とも比較的近く、墓域と別荘地が密度高く分布する地区となった。

図10は、九世紀の長安城近郊に生まれた日帰り交通圏内の諸施設を描いている。この図は、九世紀の長安に、城内外を結びつける一つの社会空間が誕生したことを示している。ただし、当時の官人は馬に乗って城内外を往来していたので、日帰り交通圏は比較的広かったと考えられるが、一般の庶民は徒歩での移動となるので、この図10の範囲を越えて日帰りの行動をとることは難しかった。しかし、街道や水路の整備や交通技術や治安の改良などによって、人々の日帰り交通圏は広がっていった。

八、九世紀になると、長安において官人・庶民を包み込む都市生活のライフスタイルが形成され始めた。従来にない商業活動の活発化と交通網の整備、生産の拡大は、都市の消費生活を多様かつ豊富にし、伝統文化と新しい文化要素が長安で融合する契機をつくった。それまでの衣食住や年中行事等の生活習慣は、八、九世紀以後に体系的に再編されて都市生活の型をつくりあげ、後代の都市生活の一つのモデルとして継承されていくのである。[47]

(3) 長安近郊の自然環境[48]

武則天が皇帝となった周王朝の時期には洛陽が王朝の都であったが、八世紀初に玄宗が長安を再び都に選んで唐朝の復興の拠点とすると、都城の開発が本格化するようになった。都城の近郊の便利な場所を選んで、別荘の開発が急速に進展したことも、その現れの一つである。長安の近郊の中でも、禁苑のある北郊と低地にあたる西郊を除く、東郊と南郊が、別荘開発の一等地となっていった。当然のことだが、このような別荘開発と長安城近郊の自然環境とは密接に関連している。古来、「八百里秦川」と呼ばれた肥沃な関中平野（渭河平原）のなかでも、渭河の南岸から秦嶺北麓にかけてのいわゆる渭南地域は、渭北に比べると、豊富な地下水と地表水に恵まれ自然環境に優れている。

関中平野全体の現在の降水量は、年間約五〇〇㎜程度にすぎないが、平野の南の境界をなす秦嶺山脈には、八〇〇～一〇〇〇㎜に達する降雨があり、その雨水は、秦嶺北端の大断崖層を一気に平野部へと流れ落ちる。そして、いったん、平野部に出ると、今度は扇状地を各地で作りながら乱流となり中小河川のまま北の渭河へと流れ込む。したがって、これらの河川は、年間流水量も多く、山谷からの流域が短いこと、渭河南岸の黄土層の厚さが北岸に比して薄いことにより、水流の清く澄んでいることが特徴である[49]。

一方、山谷から流れ出た水は、一部、谷の出口の扇頂から砂礫層に吸い込まれて伏流水となって北流し、渭河南部の諸都市や村落に豊富な地下水を提供し、扇端の黄土溝に至って各所で湧泉して、渭南に大小の池沼を生み出す。漢唐長安城近郊に点在した、曲江池や昆明池等の池も、もとは、自然の湧泉による池を、拡張して造成したものである（図10参照）[50]。

秦嶺山脈が、中国の気候の南北の境界線をなしていることは述べるまでもないが、豊富な雨水に恵まれた秦嶺の北麓一帯は、森林分布において、秦嶺南側の大巴山脈一帯とともに、北亜熱帯北部の森林区に入れる論もあり、松・柏・杉・櫟・樺・楊・柿等の針葉樹や落葉広葉樹が混淆した森林地帯をなし、秦嶺の北麓は、秦嶺の南に位置する漢中盆地の自然に近い。実際、今日、関中平野を訪れると、渭河北部の黄土高原の樹影を見ない褐色の山並みと対照的に、渭河南側の秦嶺北麓の緑の木々と、水牛の耕す水田風景が目に映るのである。

自然条件に恵まれた渭河南部は、この自然を生かした土地利用が古くから進んできていた。西周の灃京・鎬京、秦阿房宮、漢唐長安城等がこの地に建設され、秦漢時代の渭河南部一帯は、数多くの離宮と庭園を包含した広大な上林苑の苑内であった。

漢代上林苑は、農業・牧畜・漁業・狩猟の物産で溢れ、多量の木炭を必要とする鋳鉄・鋳銭の中心地でもあった。唐代に至っても、秦嶺北麓には高木が生い茂り、清冽な河水が平野部へ幾筋も流れ出て、秦嶺北麓に広がる数多くの低い台地（原）も、現在のように一面の畑として耕されているのではなく、まだ秦嶺北麓の森林帯まで続く鬱蒼とした緑におおわれていた。一方、河川沿いに始まった土地利用は、唐代に入ると一段と進展し、灌漑用水を利用した水稲田や小麦畑、野菜畑、果樹園が渭河南の平野部に広がってゆく。

さて、渭河南部地域のなかでも、西周の灃京・鎬京から唐長安城に至る歴代の王都の立地場所は、渭南中、随一の自然の美しさを誇っていた。秦嶺北麓の台地の神禾原・少陵原・白鹿原・銅人原・細柳原などは、唐代にはまだ柏や松、竹などの木々に覆われて鹿が群れ遊び、これらの台地の間を河川が水量豊かに流れていた。唐代長安城の東には灞河・滻河、西に灃河、南に潏河・洨河等の河川が筋をなして北へ流れている。

終南山北麓の山並が、東西になだらかに延びる幾条かの低い丘をつくりながら、打ち寄せる波のように西北へかけて消えてゆく地に、唐代長安城は立地していた。したがって、長安城は、街東北部と街西全域が低く、城外の四郊には、滻水・灞水・潏水等の川とその支渠が流れ、漢代に造られた昆明池や、唐代に入って新たに穿たれた定昆池が広がり、大小の池沼が点在していた。

この地勢から、隋代の大興城（唐長安城）建築とほぼ同時に、街東北部と街西に水渠が造られ、街西では、城内を南北二列となって走り抜ける清明渠と永安渠が、それぞれ、宮城・皇城と宮苑へ水を運んでいた。天宝元年（七四二）、街西金光門から西市に漕渠が開鑿され、さらに、永泰二年（七六六）、街東を経て大明宮にまで延ばされるに至って、街西は、縦横の水渠が交叉する地となった。考古調査により、街東北部を流れる龍首渠の幅が六m、街西の清明渠が、興化坊（D７）を経る地点は九・六mであったことが判明している。水量は豊かであった。

（４）近郊の別荘と墓域の自然環境

隋唐長安城は、黄土高原地区の南端の緑豊かな丘陵地帯の上に建築されていた。終南山北麓の山並が、東西になだらかに延びる幾条かの低い丘をつくりながら波のように西北の渭河流域へかけて消えてゆく地に、長安は立地していたのである（図10参照）。

墓域の適地として挙げられる当時の条件には、

①城内の居住地との至近距離と交通の便の良さ

②造営の便（土地が厚くて地下水が深い〈土厚水深〉場所）

③地勢が相墓術（墓地占い）に適っていること

などがある。洛陽の北に広がる邙山が、以上の条件をすべて備えた理想の墓域であることは、よく知られている。長安の場合は、長安城の東郊から南郊にかけて広がる複数の黄土原が、以上の条件を備えた墓葬の適地と見なされた。

黄土原とは、黄土におおわれた平坦な高原面のことで、四周を浸食谷によって蚕食された台地状の土地を指す。黄土高原地帯に複数の黄土原が形成された主な要因は、ヒマラヤ山脈の造山運動による秦嶺の隆起や、海面の低下、気候変動、流水の浸食などにより、渭河とその支流が下方浸食を起こして、もとの沖積平野が段丘化したことにある[51]。この黄土原は、見晴らしが良い上に地下水が深いので、墓域の適地となった。とくに、長安に近い龍首原や白鹿原、銅人原、少陵原、鳳棲原、神禾原、畢原などが、墓地として好んで選ばれた（図９・図10を参照）。

秦嶺北麓に広がるこれらの原は、唐代では、現在のように一面の畑として耕されているのではなく、まだ秦嶺の森林地帯に続く鬱蒼とした緑におおわれていた。原の間を、大小の河川が水量豊かに流れていたのである。原の上は、松や柏（コノテガシワ）、竹などの木々におおわれ、鹿が群れ遊んで兎が飛びまわり、時おり虎も出没して、長安居住の貴族達に狩猟の楽しみを与えていた。当時の壁画に描かれた狩猟に出かける貴公子の像や、墓に埋められた明器の狩猟像の数々は、唐代長安城近辺の自然環境が、現在と全く異なる情況にあったことを教えてくれる[52]。

八世紀以後、これらの原の縁から河川沿いにかけての土地に、長安の高官たちの別荘が建ち並んでゆくのである。そして、別荘の持ち主と墓主の出身階層の分布状況は、類似した傾向を持っていた。安史の乱（七五五～七六三年）以後、東市を核とする街東の中北部に、官僚街が形成されてくると、街東に本宅を持つようになった高官たちは、本宅内に庭園を築くとともに、街西中南部の清明渠・永安渠沿いの水と緑に恵まれた閑静な諸坊にも、渠水を利用した庭園を持つ別荘を相次いで建築していった。

一方、城外においても、風光明媚で水の利用に便があり、城内との

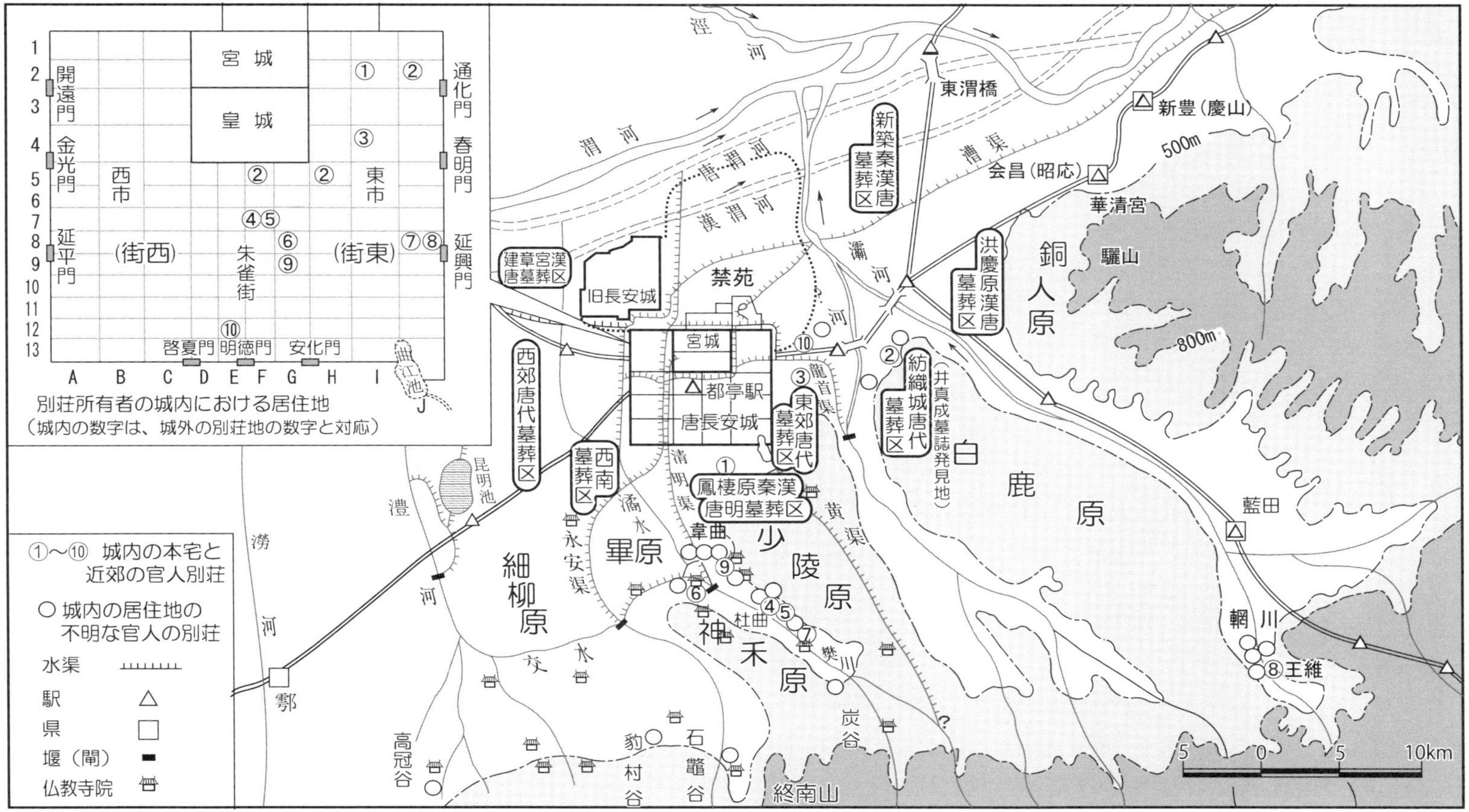

【図例】 ①～⑩ 城内居住地と城外別荘の両方が判明する官人（城内の本宅と城外の別荘の両方の居住地が判明する官人のみ。詳細は表３を参照）

― ①仇士良 ②太平公主 ③寧王憲 ④杜佑・杜牧 ⑤于頔⑥裴度 ⑦牛僧孺 ⑧王維 ⑨韓愈 ⑩魚朝恩 ―

図９ 長安都市圏―８，９世紀の交通・水利・別荘・寺院・墓域・行楽地―

妹尾達彦「唐代長安近郊の官人別荘」（唐代史研究会編『中国都市の歴史的研究』刀水書房，1988年）132-133頁所載図「唐長安城近郊の官人別荘の分布」，及び同「唐長安の都市生活と墓域」（『東アジアの古代文化』123号，2005年）53頁所載図１「長安の郊外―八，九世紀の交通・水利・別荘・墓域―」を補訂。墓葬区の名称と位置は，西市文物保護考古研究所の発掘地域図に基づく。

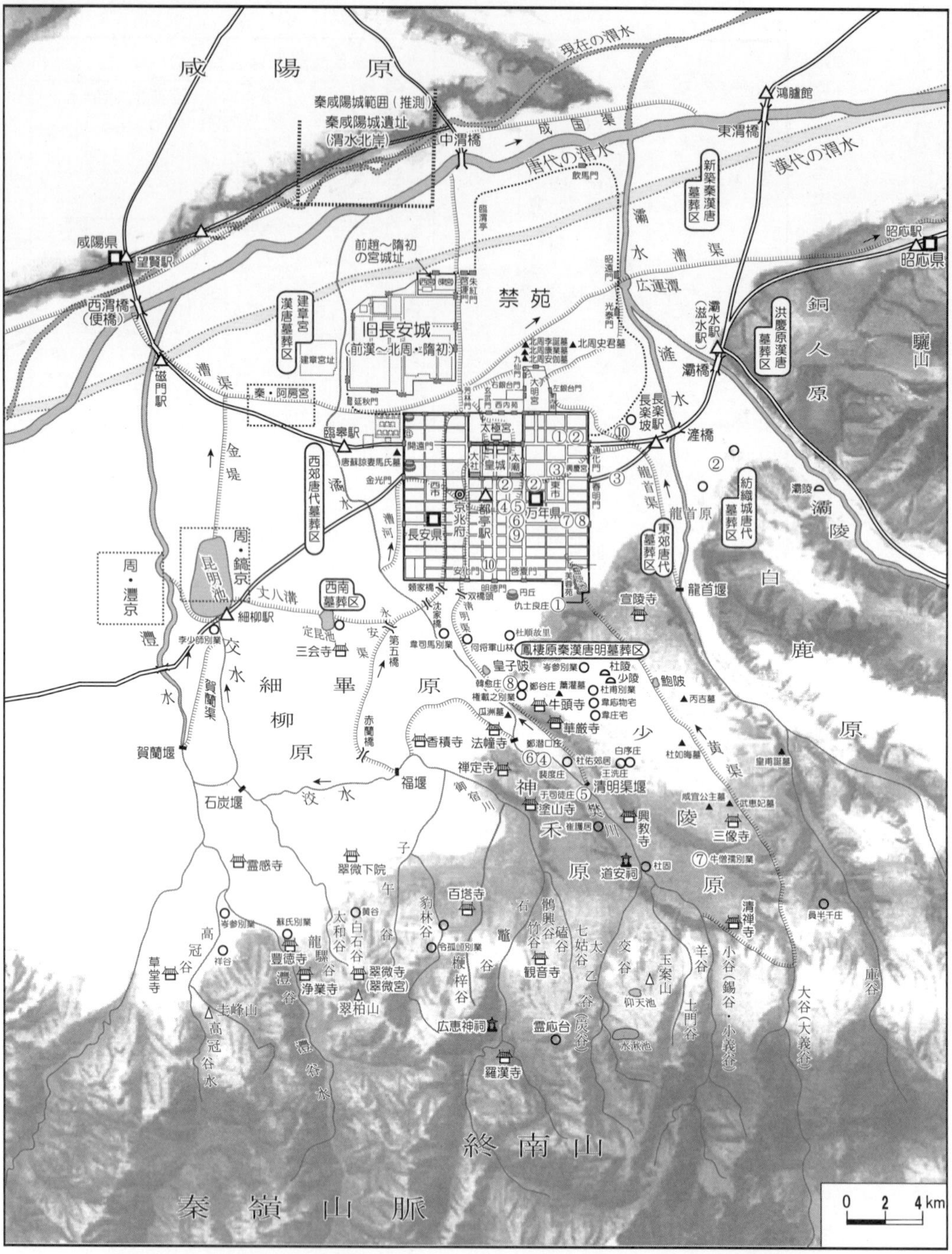

【図例】①～⑩ 城内居住地と城外別荘の両方が判明する官人（城内の本宅と城外の別荘の両方の居住地が判明する官人のみ。詳細は表３を参照）

－ ①仇士良 ②太平公主 ③寧王憲 ④杜佑・杜牧 ⑤于頔 ⑥裴度 ⑦牛僧孺 ⑧王維（別荘は藍田）⑨韓愈 ⑩魚朝恩 －

○ 官人の別荘（城内の居住地が不明の官人別荘）　△ 駅　▲ 墓

◎ 京兆府　仏教寺院　━ 堰

□ 県　祠　△ 山

図10　郊外の誕生―８，９世紀の長安の日帰り交通圏―

史念海編『西安歴史地図集』（西安地図出版社，1996年）所載「唐長安県・万年県郷里分布図」及び「唐長安城南図」を底図にし，辛徳勇『古代交通与地理文献研究』（中華書局，1996年）143頁所載図「隋唐時期長安附近陸路交通示意図」を参照して，妹尾達彦「中国の都城と東アジア世界」（鈴木博之等編『都市・建築・歴史１　記念的建造物の成立』東京大学出版会，2006年）180頁，図3-9「唐代長安城の近郊―交通路・灌漑施設・別荘・行楽地・墓域―」を補訂。

交通に便利な場所を選んで、別荘の開発が急速に進展しだした。その結果、禁苑のある北郊と低地にあたる西郊を除く、長安の東郊と南郊が、別荘開発の一等地となっていった。別荘には、洛陽や江南諸都市の庭園を模した、池と渠水をもつ庭がつきものであり、長安の東郊と南郊の自然が、洛陽風や江南風の庭造りの条件を備えていたのである。[53]

(5) 城内外における別荘の分布

唐長安城の近郊に多数存在した、唐代官人の別荘については、北宋・張礼『遊城南記』の調査記述がある。『遊城南記』については、史念海・曹爾琴校注『遊城南記校注』(三秦出版社、二〇〇六年)、愛宕元『遊城南記／訪古遊記』(京都大学学術出版会、二〇〇四年)が公刊された。右の両書では、数度に及ぶ実地調査を踏えた綿密な注釈が試みられている。筆者も、一九八七年夏に、史念海先生や曹爾琴先生たちの調査に同行し、『遊城南記』を手に、長安城の南郊の風景を探索したことがある。この時、唐代の寺院のいくつかが残存していることに感慨を覚えたことをいま思い出す。[54]

城内における別荘の開発[55]

街西には、修徳坊(C1)西北隅の興福寺北にある二つの池や、延寿坊(C5)東南角の蔓草のはびこる古池、延康坊(C7)の東北角の大池、永達坊(E10)の華陽池などの池沼が点在しており、延寿坊東南隅の地は、「土地平敞にして水木清茂、京城の最たり」と称されており、水に比較的恵まれた街西は、緑も多かったと思われる。このような街西の自然環境によって、官人達が別館を建て自然林を取り入れ水渠の水を引いた庭園の造成が可能となった。唐代に至り、自然と人工の要素を融合した庭園様式が全国的に普及してきたが、長安城内の街西の水渠沿いに、唐代中期(開元・天宝年間)以降、官人の庭園が多く造られてゆくのである。

唐代中期以降の街東官僚街の形成に伴い、街東万年県の西側に住む高官たちは、水に恵まれて閑静な街西中南部の清明渠・永安渠沿いに、渠水を利用した庭園を持つ別宅を相次いで建築していった。街西中南部は、皇城の南を東西に延びる交通幹線や市場からも離れていたため、唐代中期でも比較的閑地であった。街西の緑濃い水渠沿いのこれらの閑坊に、唐代後半期に至ると街東の高官の別荘の建設が続き、その庭園には、樹木・草花・石組・池亭を配し、水禽が集い彩船が浮かび、城内においてなお山岳渓谷の趣きを備えていたのである。官人たちは、ここに寄って長安の暑気を避け、宴会を開いては交流を深めあった。城外の別荘の建築と同時に、城内においても、街西水渠沿いの諸坊が、街東の西側寄りの諸坊に住む高官の保養地として開発されるに至ったのである。

近郊の官人別荘の分布

唐後半期に城内街東部に官人の邸宅が集中しだすと、官人の居住地に近く、しかも自然に恵まれた、洛陽へ向う街道沿いの白鹿原北麓や、少陵原北麓や、少陵原と神禾原に挟まれ、真ん中を潏河が流れる樊川の、長安城東郊と南郊の地域の二つの地域が、別荘用地として脚光を浴びてきた。

樊川は、西魏から北周、隋、唐初にかけての政府高官を輩出させた関中六姓のうちの、京兆韋氏および京兆杜氏の居住地であり、それぞれ、樊川北部の韋曲と中部の杜曲に一族が集居していた。唐代に至っ

表3　唐長安城近郊の官人別荘一覧

番号	官人名	別荘所有時の官職	別荘所在地・名称	城内居住坊	別荘所有時期	出　典
①	仇士良	武宗時，内侍監知省事（『新』207）	◎啓夏門南，仇家荘	安興（I2）	9世紀前半（843年まで）	『遊城南記』
②	太平公主（？–713）	高宗女（『旧』183）	灞滻・南荘・山荘	(1) 興道（F5） (2) 平康（H5） (3) 興寧（J2）	7世紀末から8世紀初	『全唐詩』巻73，蘇頲「奉和初春幸太平公主南荘応制」 『宋之問集』下「奉和春初幸太平公主南荘応制」
③	寧王憲（679–741）	睿宗長子（『旧』95）	春明門外園池	勝業（I4）	8世紀前半	『旧唐書』巻8，玄宗，195頁
④	杜佑（735–812）	憲宗時，司徒同平章事（『旧』147）	◎樊川，瓜州村，佳林亭	安仁（F7）	9世紀前半	『旧唐書』巻147，杜佑，3981頁，同杜式方，『全唐文』巻477，杜佑「杜城郊居王処士鑿山引泉記」，『権載之文集』31「司徒岐公杜城郊居記」
④	杜牧（803–52）	文宗時，中書舎人（『旧』147）	◎（同上相続）	安仁（F7）	9世紀前半	『樊川文集』序，『遊城南記』
⑤	于頔（？–818）	憲宗時，司空同平章事（『新』172）	杜佑別墅隣，城南郊居	安仁（F7）	9世紀前半	『権載之文集』巻2「奉和于司空二十五丈新卜城南郊居東接司徒公別墅即事書情奉献兼呈李裴相公」『昌黎先生集』9遊城南「題于賓客荘」
⑥	裴度（765–839）	穆宗時，司徒同平章事（『旧』170）	◎蓮花洞東三，四里，郊居	永楽（G8）	9世紀前半	『遊城南記』
⑦	牛僧孺（780–848）	宣宗時，太子少師（『新』174）	◎樊郷郊居	新昌（J8）	9世紀前半	『新唐書』巻174，5229頁，『遊城南記』
⑧	王維（699–761）	粛宗時，尚書右丞	輞川荘（宋之問の藍田県南，別墅購入）	新昌（J8）	8世紀中葉	『旧唐書』巻190下，5052頁，『唐王右丞集』4「輞川集序」
⑨	韓愈（768–824）	穆宗時，京兆尹兼御史大夫（『旧』160）	◎韋曲東，韓荘	靖安（G9）	9世紀前半	『遊城南記』，『長安志図』中
⑩	魚朝恩（722–770）	代宗時，観軍容使	通化門外賜荘	光行（E12）	8世紀中葉（767年まで）	『旧唐書』巻184，魚朝恩，4764頁

【出典】妹尾達彦「唐代長安近郊の官人別荘」（唐代史研究会編『中国都市の歴史的性格（唐代史研究会報告臺Ⅳ集）』刀水書房，1988年）127–131頁表「唐長安城近郊の官人別荘一覧」より抜粋。各別荘の番号は，図9長安都市圏と図10郊外の誕生の図中番号に対応している。◎の別荘は，北宋に継承された別荘をしめす（『遊城南記』の記述による）。『新』は『新唐書』，『旧』は『旧唐書』の略。

て、韋杜の両氏族が樊川にあって繁栄を極めたことは、よく知られている。一方、次に論じるように、玄宗朝から、安史の乱を経て唐代後半期に至ると、樊川東岸・少陵原西麓の地域や神禾原東麓北部は、城内居住者の保養地として、急速に開発が進展するようになった。

表3にまとめたように、別荘を所有する官人は、城内居住地が街東に集まっており、これは、街東に官人居住地の集中しだした玄宗朝以後に、別荘地の開発が本格化していったことと時期的に対応している。街東から距離的に近いことが、東郊と南郊における別荘地開発を促したと考えられる。また、南郊別荘所有者は、街東中南部に多い傾向がうかがえる。[56]当時の別荘の名称は、別墅・別業・郊居・野居・山居・山荘・山墅・林墅・林亭・池台など様々であり、これらの名称からもうかがえるように、自然環境に勝れた庭園の中に華麗な亭館が建てられていた。唐代の終南山の北麓には、竹林がとりわけ多く、したがって、別荘の庭園にも竹が多く、松・柏・楡、更に楊・牡丹・藤・菊・桃・石榴などが植わっており、春から秋にかけては、種々の花が芳しく咲き誇っていた。寒食・清明の頃から、城内の人々は郊外に足を延ばしだし、春の景観を求めて、官人たちも公務の余暇に、別荘へ繰り出すようになる。とくに、夏

は、城内の酷暑を逃れて、避暑のために別荘へ赴いた。城内と別荘との往復には、車馬を用い、別荘を持たない者も、馬を駆って知人の別荘を訪ねて廻ることが、春から夏にかけて普通であった。

このように、唐代の中期以後、盛んに建設された官人の別荘は、一部、宋代に継承されてはいるが、その多くが、長安城の壊滅とともに姿を消すことになった。宋代に入って、浙江の人・張礼は、友人の楚人・陳微明とともに、元祐元年（一〇八六）の季春戊申、京兆府東南門（唐皇城安上門）を出発し、丁度一週間かけて、唐代城南の樊川と神禾原の遺跡を訪ね、その調査記録『遊城南記』を記した。それによると、唐代の別荘で宋代に存続するものわずか九例、唐代に繁盛した城南の寺院の多くも荒廃に帰していた。宋人の別荘も散在はしていたが、地方官の小別荘に過ぎず、往昔の面影は、杜牧の九曲池の景勝をとどめている郊居などの数カ所によって偲ぶより術のない状況であった。要するに、唐長安城の消滅とともに、近郊の官人別荘は急速に衰退してゆき、逆にこれにより、唐代長安城近郊の官人の別荘が長安城の政治・経済・社会・文化と不可欠の関係にあったことを知ることができるのである。

3　隋唐長安城の墓葬地の分布とその変遷

(1) 唐代の墓葬をめぐる研究課題

唐代長安城に暮らした官人と彼らの墓葬地についての研究は、ここ二〇年間に次々と公刊された新出墓誌によって、初めて系統的な研究が可能となってきた。ただ、膨大な墓誌を系統的に整理して、墓誌からうかがえる唐代の葬喪制度の実態や変遷を明らかにする研究は、まだ緒についたばかりで、研究の基礎となる情報の整理も始まったばかりである。

墓の制度を研究する際には、墓主の階層や職業（皇帝・皇后・皇帝親族・文武官・庶民・賎民などの別）や、墓の立地・建築構造・埋葬品（墓誌・墓蓋・壁画・明器など）、墓をめぐる法制・礼制（喪葬令・葬礼）とその実効力の程度、墓の思想（地域ごとの伝統・慣習、儒教と仏教の影響、埋葬と火葬の別）などを、順次、情報を整理しながら分析し、総合していかなくてはならない。

葬儀制度や墓の制度の時期・地域的違いや、同時代の中国・朝鮮・日本の墓葬との比較を考えなければ、ばらばらな個別の事例の集積に終わってしまう。研究の現段階では、墓葬制度の時間的・地域的・階層的相違の総合的な分析は、まだ先のことと言える。

本節は、このような研究の現状を踏まえ、新出墓誌約六〇〇〇点を集大成する周紹良主編『唐代墓誌彙編』上・下に収録の墓誌のうち、都城の官人居住地と官人たちの城外の墓葬地との関連がうかがえる墓誌の整理を行うものである。同時に、今後の本格的な研究に備え、唐代の都城と墓葬地に関する研究の覚え書きを記してみたい。

(2) 唐代の墓葬をめぐる研究史[57]

唐代の墓葬をめぐる半世紀に及ぶ発掘の成果の一端はすでに様々な形で公表されており、新出の墓誌の整理も、考古学者や文献学者の手で進んでいる。とくに、文化大革命を挟んで出版された、中国社会科学院考古研究所編『西安郊区隋唐墓』（科学出版社、一九六六年、一四二頁、図版四八頁）と、同編『唐長安城郊隋唐墓』（同前、一九八〇年、九二頁、一〇四頁）は、隋唐長安城近郊の墓葬の報告として最もまとまっており、現在でも、長安郊外の唐墓研究の基本書となっている。『西安郊区隋唐墓』は、隋唐墓一七五座（墓誌存在は一六座）を整理・分析し、『唐長安城郊隋唐墓』は、隋唐六座（すべて墓誌存在）を詳しく紹介している。

以上の両書の出版を契機に、包括的な論文の刊行も始まった。すなわち、墓誌の出土した一一〇の隋唐墓の建築構造の変遷を論じた、孫秉根「西安隋唐墓葬的形制」（除元邦編『中国考古学研究—夏鼐先生考古五十年紀念論文集（二集）』科学出版社、一九八六年、一五一〜一九〇頁）や、二〇〇余の唐代墓の墓葬の等級を整理した、斉東方「試論西安地区唐代墓葬的等級制度」（北京大学考古系編『紀念北京大学考古専業三十周年論文集　一九五二—一九八二』文物出版社、一九九〇年、二八六〜三一〇頁）、唐墓の建築構造を四つの等級に分類して変遷を俯瞰した、宿白「西安地区的唐墓形制」（『文物』一九九五年第一二期、四一〜四九頁）の刊行である。その他、個別の唐墓の発掘報告は、すでに数百点におよび今も増えつづけており、枚挙にいとまがない。

とくに注目すべきは、唐墓壁画の総合的研究である李星明『唐代墓室壁画研究』（陝西人民美術、二〇〇五年）が刊行され、関中唐墓の墓葬をめぐる諸問題を系統的に論じた程義『関中唐代墓葬初歩研究』（西北大学博士学位論文、二〇〇七年四月）が完成したことである。両書によって、今後の唐墓研究の基礎が確立したと言っても過言ではないだろう。

また、北宋天聖令の発見は、唐喪葬令の研究を一段と加速させている。池田温「唐・日喪葬令の一考察—条文排列の相違を中心として—」（『法制史研究』四五、一九九五年）や、稲田奈津子「日本古代喪葬礼の特質—喪葬令からみた天皇と氏—」（『史学雑誌』一〇九—九、二〇〇〇年）、池田温編『唐令拾遺補』（東京大学出版会、一九九七年）をはじめとする喪葬令の復原に関する研究は、長安近郊の墓葬の変遷を考える際にも大きな示唆を与えてくれる。石見清裕「唐代凶礼の構造—『大唐開元礼』官僚喪葬儀礼を中心に—」（『福井文雅博士古稀記念論集　アジア文化の思想と儀礼』春秋社、二〇〇五年）によって、『大唐開元礼』所載の凶礼の構造が、初めて本格的に論じられることになった。また、『通典』の中に残された代宗の元陵の儀注の訳注と校注が、金子修一氏や呉麗娯氏を中心とする研究者たちによって進められ、皇帝陵の儀礼の具体像が判明してきている。

（3）外郭城内の官人居住地と城外の墓葬地の立地との密接な関係

P. B. Ebely[58]、愛宕元[59]、長部悦弘[60]、羅新[61]、室山留美子[62]、江川式部氏[63]らの研究によって、隋唐長安城・洛陽城の建築後に、地方に居住していた多数の貴族が中央官庁との接触を求めて、あるいは強制的に族を挙げて両都ないしその近郊に移住し始め、彼ら一族の共同墓地が長安城や洛陽城の郊外に造営されていくことが、近年明らかになってきている。

長安に移住してきた一族は、城内の居住地と比較的近い場所に一族の共同墓地を造成しており、都城における官人の居住地と城外の墓葬地は、官人たちの生活の上で密接に関連していた。この点は、近年の数千点の新出墓誌の系統的の進展によって、ますます具体的に明らかになってきている。

（4）隋唐長安の墓葬地の発掘状況[64]

西安市文物保護研究所の陳列室の入り口には、漢唐長安城周辺の発掘の対象となる墓葬区（発掘地区）が図示されており、長安の周囲に墓域が造られたことがわかる。同研究所・隋唐研究室副主任の楊軍凱氏の説明によると、漢唐長安城を囲む墓葬区は八つに区分され、地区ごとに発掘が順次進められてきたという。八つに区分けされた墓葬区は、現在の地名に基づいて命名されている。

西安の文物保護研究所によって地区分けされた、以上の各墓葬区から、今までに合計数千（正確な数は不明。唐墓は三〇〇〇座を優に超す）にものぼる歴代の墓が発掘されており、考古学者によって、各王朝それぞれの墓葬区の時期的な特色も整理されてきている。最近は、従来の発掘の対象地から漏れていた、唐長安城西南の墓葬区の発掘が、陝西省考古研究所と西北大学考古系によって進められている。

今までの諸研究によって、長安郊外の唐墓の建築構造・随葬品・壁画・埋葬習俗等と、墓主の等級との対応関係、その時期的・地域的変遷について、大ざっぱな見通しを得ることができるようになった。

すなわち、長安近郊の唐墓は、時期的には、高祖・太宗期（六一八～六四九年）、高宗～玄宗期（六五〇～七五六年）、安史の乱後～唐末期（七五六～九〇七年）の段階を追って、その建築構造や随葬品、壁画の種類を変化させてゆく。建築構造は、建材によって土洞墓と磚室墓、構造によって単室と双室に分かれ、安史の乱の前後で建築構造が大きく変化し、あわせて墓主の出身・身分、随葬品・壁画の規模や内容も変遷する。

地域的な特徴を見れば、長安城の東郊の墓葬区では、墓主が皇室・高官・富商で墓誌を持つ大型墓が比較的多く、また、城内の朱雀街の街東に住む人々が多い。西郊では、大半が庶民（平民）の墓であり、墓主が官人の場合でも中下級の官人が多く、西域から来た非漢人の墓が目立つ傾向がみとめられる。

また、尚民傑氏は、唐皇室の墓は長安城の東郊（万年県と照応県）に最も多く、南郊に少なく、西郊には見られないことを論じている[65]。亀井明徳氏は、長安城の東側の万年県から出土した墓誌約四六〇方を系統的に整理して、井真成の墓誌を万年県出土の墓誌全体の中に位置づけた[66]。

なお、周紹良主編・趙超副主編『唐代墓誌彙編上・下』（上海古籍出版社、一九九二年）と、周紹良・趙超主編『唐代墓誌彙編続集』（同前、二〇〇一年）は、長安近郊で出土した唐墓の相当量を収録している。両書では、長安城内の居住地と墓葬地の両方がわかる墓誌が、多数存在している。これらの墓誌を系統的に分析すると、城内の官人居住地と城外の墓地を両方とも記す墓誌は四〇〇弱に上り、これらの墓誌の検討により、上記の見通しを肉づけするとともに、よりきめの細かい変遷を明らかにすることも可能となる。唐代の墓域と墓葬をめぐる研究は、新しい段階を迎えていると言えよう。

（5）郊外文学の誕生―人面桃花―

すでに八世紀前半には、清明節（冬至から一〇五日目の節日。陽暦の四月五日または六日にあたる）の墓参りが、長安で一般化していた。この節日に集まった家族は、行楽を兼ねて郊外の先祖の墓に参ることによって、家族の紐帯を再確認した。城内から日帰りできる圏内に広がる墓域は、季節ごとに城内住民の生活を活性化する空間となったのである[67]。

五品以上の高官の場合は、城外の墓とあわせて、城内の閑散な場所に家廟を建てた。祖先の遺体を安置する城外の墓に対して、家廟は一家一族の祖霊が宿る位牌を置く城内の建物を指す。死者の霊魂は魂と魄に分かれ、魂は城内の家廟で祀り、魄は城外の地中の墓に遺体とともに祀ったのである。

清明節が、単にお墓参りだけではなく、春を迎える行事として都城に住む多くの人々が郊外に出かけて春を探る行事となったことは、『太平広記』巻二七四、情感、崔護（中華書局標点本二一五八〜二一五九頁）に描かれた著名な小説「人面桃花」からもよくうかがえる。

博陵崔護姿質甚美、而孤潔寡合、擧進士下第。清明日、獨遊都城南、得居人莊。一畝之宮、花木叢萃、寂若無人。扣門久之、有女子自門隙窺之、問曰「誰耶。」護以姓字對曰「尋春獨行、酒渴求飮。」女入、以盃水至、開門、設牀命坐、獨倚小桃斜柯佇立、而意屬殊厚、妖姿媚態、綽有餘妍。崔以言挑之、不對、彼此目注者久之。崔辭去、送至門、如不勝情而入、崔亦睠盼而歸、爾後絶不復至。

及來歲清明日、忽思之、情不可抑、徑往尋之。門院如故、而已扃鎖之。崔因題詩於左扉曰

「去年今日此門中、人面桃花相暎紅。
人面不知何處去、桃花依舊笑春風。」

後數日、偶至都城南、復往尋之、聞其中有哭聲。扣門問之、有老父出曰「君非崔護耶。」曰「是。」也又哭曰「君殺吾女。」崔驚怛莫知所答。父曰「吾女笄年知書、未適人。自去年已來、常恍惚若有所失。比日與之出、及歸、見在左扉有字。讀之、入門而病。遂絶食數日、而死。吾老矣。惟此一女、所以不嫁者、將求君子、以託吾身。今不幸而殞、得非君殺之耶。」又持崔大哭。崔亦感慟、請入哭之。尚儼然在牀。崔擧其首枕其股、哭而祝曰「某在斯。」須臾開目、半日復活。老父大喜、遂以女歸之。（『太平広記』巻二七四、情感、崔護に引く『本事詩』。古典文学出版社本により一部改める。）

博陵郡出身の名族で崔護という青年がいた。容姿はとりわけ美しく、人におもねることもなく孤高を保っていた。崔護は、科挙の進士科を受験する資格をもつもまだ合格できなかった。

清明節の日のこと、一人で長安城の城南に遊びに出かけ、人の住む家の前に至った。一畝ばかりの質素な家で、花や木々が茂りひっそりとして誰もいないようだった。門をたたくとしばらくして少女が現れ、門の隙間からそっと外をうかがい、「どなたですか」とたずねた。崔護は、姓名を名乗り、「春を訪ねて一人でやってきました。酒が尽きましたので飲みものがほしいのですが」と答えた。娘は家に引き返し盃に水をついできた。門を開き青年を家に招きいれ、牀を設けてそこに坐るように告げた。少女は、庭の小さな桃の木に一人寄り添い青年をじっと見つめた。その姿はなまめかしくあでやかで、奥ゆかしさと美しさを備えていた（妖姿媚態、綽有餘妍）」。

崔護は、話しかけて気を引こうとするも、少女は答えず黙ったままだった。二人は、しばらく互いに目を見つめ合うだけだった。崔護が家を辞する時、少女は門まで送ってきて高まる感情を押さえきれないように家にもどった。崔護もまた何度も振り返りながら帰った。しかし、その後、またその家を訪ねることはなかった。

再び清明節の日がめぐってきた。ふと昨年の城南の少女の姿を思い出し、崔護は、自分の感情を押さえることができなくなっ

た。そこですぐに少女の家を再訪することにした。訪れると、門と家は昨年と同じようである。しかし、門には鍵かけられて閉まっている。そこで、崔護は、詩を作り左の門の扉に書きつけた。

去年今日此門中　去年の今日　この門の中で
人面桃花相映紅　人面に桃の花　たがいに映じて紅なり
人面不知何処去　人面は知らず　今何れの処に去るや
桃花依旧笑春風　桃花はもとのまま　春風に微笑んでいるのに

数日後、たまたま都城の南郊に出て、再びその家を訪ねると、門の中から大声をあげて泣く声が聞こえる。門をたたきその理由をたずねると、出てきた老父が言う。「あなたは、門の扉に詩を書いた崔護さんではありませんか」。「そうです」と崔護が答えると、老父は、また激しく泣きながら「あなたが、私の娘を殺したのです」と叫んだ。崔護はびっくりして返す言葉もなかった。

老父は、「娘は適齢期で知識もありましたが、まだ嫁いではいませんでした。去年からというもの、娘はずっと恍惚として何も手がつかなくなりました。あの日、娘と外出して帰ると、門の左の扉に字が書かれていました。娘はこの詩を読むや門に入り病に伏し数日間食べ物ものどを通らず、とうとう亡くなったのです。私はもう老いています。ただこの娘一人がいるだけです。そのためにすぐには嫁がせず、娘にふさわしい君子を求めて我が身を託したいと考えていました。いま不幸にして娘は亡くなりました。あなたが娘を殺したのです」と言い、崔護の身体をゆすって大声を上げて泣き伏した。

崔護もまた情が高まって慟哭し、娘のなきがらを安置した部屋に入り哭かせてくださいと願い出た。少女は、あたかも生けるがごとく牀に横たわっている。そこで、崔護は、少女の首を持ち上げて股《もも》に頭を埋め、哭きながら祝《のりと》を上げ「わたしはここにいるよ」と告げた。すると、たちまち少女は目を開けて生き返り、半日もするとすっかり元気になった。老父は大喜びして、娘を崔護に嫁がせたという。

この物語は、もともと、唐詩にちなむ話を集めた『本事詩』（八八六年序文）という書物に掲載されており、作者の孟棨《もうけい》は、三十数年の浪人生活を経て唐末の乾符二年（八七五）に進士科に合格した人物である。この物語に男性科挙受験生の価値観が色濃く反映しているのは、そのためである。この物語が、当時、科挙受験生の男性知識人の間で流行した「才子佳人」小説の一変型であり、男性知識人から見た理想的な女性像の造形に腐心していることは確かである。

ただ、「人面桃花」として知られるこの小説は、単に男性知識人の妄想の産物というだけではなく、様々なモチーフが込められた複雑な物語でもあり、単純なようにみえて意外と奥が深い。この人面桃花は、再生譚の一種であり、白雪姫や眠れる森の美女のような「眠り姫」の物語の一変型でもある。とくに、死亡した少女が男性の愛によってよみがえる話は、死亡した男性が少女の愛でよみがえる話型とともに古今東西に広く存在する。本節では、この「人面桃花」の物語が、大都会に住む男性と郊外に住む女性との男女関係を語っている点に注目したい。「人面桃花」は、九世紀の長安に誕生した「才子佳人」型の恋愛小説の一事例である。

恋愛小説が通常採用する形式のように、この小説でも、男性と女性の立場には差違がある。男性が名門出身の才に長けた見目麗しい才人であり、科挙合格が期待される将来を嘱望された存在であるのに対して、女性は、容姿麗しく教養を持つ佳人ではあるが、どこの出身ともわからない郊外の質素な家に老いた力のない父と暮らす身である。社会的差違は著しく、通常はありえない二人の婚姻の障害が恋愛によって超越できるように男性が描く時、この物語が誕生した。

科挙制度の確立によって中国に業績主義社会が形成されるのは、九世紀のことである。恋の力によって社会的制約を乗り越えられるという発想が、人間の力によって世界を変えられるという人間主義的で近代的な思想と行為であることは言うまでもないだろう。中国における恋愛小説の誕生は、科挙受験生の誕生をまって初めて可能であった。[68]「人面桃花」は、大都会とその郊外が誕生することによって、両者の関係を結ぶ新しい文学が生まれることも物語っているように思われる。この物語では、長安の郊外が、城内と密接な関連を持ちながらも、独立した一つの魅力的な空間として描かれており、都会の男性と恋に悩む郊外の女性が対照的に描かれている。

この物語には、郊外の細やかな自然と風物、都会とは異なる開放的な人間関係の存在が反映されており、一面に咲きほこる紅色の桃花のもとにたたずむ女性の姿が、春を迎えた城南の美しさの化身でもある。都城は城南と結ばれるのである。九世紀の長安の城南が、恋愛という新たな男女関係をつくりだす文学の舞台を提供したということは許されるだろう。[69]

前近代の中国都城は、儒教の王権論に基づく独特の都城理念を持っていた。儒教の王権論に基づく都城造営が、都城の中心性を示すための「郊」をつくりだす前提をなすのである。ただ、唐代になると、郊の語は、都城の象徴的な中心性を示す語としての色彩を弱め、単に城外を指す言葉として広く用いられるようになった。[70]とくに、唐中期以後の都城の外郭城の重修や城内外の交通網の整備、社会経済の変化などによって、長安からの日帰りの行楽圏が生まれ、城壁の外＝郊外という空間が鮮明となり、そのために、城外の空間が一つの独立した社会になっていくと思われるのである。

おわりに

本節で論じようとした点は、隋唐長安城における外郭城の城壁（羅城）の機能と、城壁の外側の郊外の墓葬地や別荘地、寺観、行楽地等の分布の変遷の相関の問題である。本節の分析からうかがえることは、以下のとおりである。

隋唐長安城の外郭城の役割の変遷を眺めると、隋唐初においては、主に城内（都市）と城外（自然）を区別する儀礼的・象徴的な役割を担っていたが、八世紀の玄宗期の外郭城の重修以後、住民の側からみると城内と郊外の生活景観を分ける表象としての意味を強め、城内と城外という二つの異なる生活空間の形成をうながした。同時に、城門を媒介に城内外を連結する陸上交通路が整備され、城内外を結ぶ城門の存在は人々の生活に身近となっていく。

玄宗の治世となる開元・天宝年間以後から、安史の乱後にかけての八世紀になると、唐代長安城では、城壁に囲まれた城内に人々が居住地を持ちながらも、城内外を頻繁に往来する都市住民が育ち、城内外が有機的に連結する生活空間が誕生した。日帰り交通圏の中に、多数の別荘や墓域、寺院や行楽地がつくられ、都城の人々の生活の楽しみの幅を広げ暮らしを充実させていった。これは、巨大な人口を持つ都城が誕生することによって、城内の都市社会が形成されるとともに、郊外においても城内の生活圏からは異なる人文・自然環境を持つ住空間が誕生したからである。

とくに、八世紀以後、城内の街東に官人居住区が形成されてくるのに伴い、官人居住地に近い城外地区、すなわち、東郊と南郊の開発が一挙に進みだすことが興味深い。八世紀から九世紀にかけて、城外の墓葬地や別荘地、寺観、娯楽施設などの開発が、相関連しながら進んでいくのである。このような動きは、一言で言えば、社会の世俗化ということになるだろう。そして、世俗的な文化が共有されることによって、一つの都城に住むという住民意識の形成が可能となってくると思われるのである。

おそらく、以上の変化は、隋唐初まで人々の心をとらえていた人間認識、すなわち、人間界や自然界、超自然界がたがいに分かちがたく、渾然と一つの宇宙を形成していた状況から、九世紀以後に、あくまで人間を中心とし人間を主体とする認識が形成されていくことと並行した現象と考えられる。王権儀礼の舞台として整備された隋唐初の城外に、城内に暮らす人々の生活圏と密接に関連しながらも独立した郊外社会が生まれていく経緯は、この変化のありさまをよく物語っているだろう。王権儀礼自体が、八世紀以後は、世俗化の波に洗われるようになるのである。[71] ただ、本節は、今までの研究成果に基づいて急いでまとめたものであり、多くの問題を残していることは確かである。今後、さらに様々な事例を分析することによって、本節で提起した課題にさらに検討を加えていきたい。

註

1 『周礼』春官、肆師に「〔肆師〕與祝侯禳于畺及郊（〔肆師〕祝と畺《きょう》及び郊に侯《こう》禳《じょう》す）」とあり、鄭玄の注に「畺五百里。遠郊百里。近郊五十里」とある。また『儀礼』聘礼に「有司展羣幣以告、及郊、又展如初（有司、羣幣を展《み》て以告す。郊におよびまた展《み》ること初のごとし）」とあり、鄭玄の注に「郊、遠郊也。周制、天子畿内千里、遠郊百里。以此差之、遠郊上公五十里、侯・伯三十里、子・男十里也。近郊各半之」とある。

2 『墨子』尚賢上には「逮至遠鄙郊外之臣、門庭庶子、國中之衆、四鄙之萌人聞之、皆競爲義」とあり、孫詒譲の『墨子間詁』には「『周礼・載師』杜子春注云「五十里爲近郊、百里爲遠郊」又引『司馬法』云「王国百里爲郊」」とある。すなわち、「郊」の語を都城から百里以内を指す語とし、「郊外」を百里の外を意味する語と解釈している。

3 今橋映子『都市と郊外―比較文化論への通路―』（NTT出版、二〇〇四年）に収録の諸論文を参照。また、小田光雄『「郊外」の誕生と死』（青弓社、一九七七年）の議論も参照。

4 この点に関しても、註3今橋映子『都市と郊外―比較文化論への通路―』に収録の諸論文を参照。

5 ただ、隋大興城・唐長安城の官人邸宅と城外の墓葬地との関係については、紙幅の関係でごく簡単に触れるにとどめた。詳細は、妹尾達彦「隋唐長安城の官人居住地と墓葬地」（同編『都市と環境の歴史学［増補版］』第三集、二〇一一年刊行予定）を参照。

6 武伯綸『西安歴史述略』（陝西人民出版社、一九七九年）、中島比「大興城の城壁」（『東洋史苑　故小笠原宣秀博士追悼号』二四、二五、一九八五年）、辛徳勇「大興外郭城築成時間弁誤」（同『隋唐両京叢考』三秦出版社、一九八九年）、村上嘉美「隋代の庭園」（『滋賀県立短期大学学術雑誌』第二号、一九六一年）。

7 辛徳勇氏の見解は、現時点で最も説得力を持つと考えられるので、少し長くなるが全文を引用しておく。註6辛徳勇「大興外郭城築城時間弁誤」。（ ）内は注文。

大興城開皇二年六月詔建、開皇三年、「三月丙辰、雨、常服入新都」（隋書巻一高祖紀上）。其時大興外郭城是否同時完工、在唐以前文献中没有明確記載、宋敏求長安志以為「隋開皇二年築」（長安志巻七）。一般都沿襲這一説法。武伯綸撰著的西安歴史述略、是近年来衆多有関西安城歴史的著述中学術性較強的一部書籍、書中根拠冊府元亀巻十三帝王部都邑類中「（大業）九年三月丁丑、発丁男十万城大興」一条記載（冊府元亀的這条材料本来抄自隋書巻四煬帝紀下、武氏失考）、認為「営建新都開始於隋文帝開皇二年、最先修的是大興宮城、到煬帝大業九年三月動用十万多人、修築外郭城、才算完成大興城的工程。」（西安歴史述略一九七九年版、一四九頁）更明確些説、就是「長安外城始修於煬帝大業九年」（西安歴史述略一五〇頁）。這種看法、実際上很難成立。隋唐城市尚多積土為垣、在修築較大規模的城市時、城垣往往是累次疊築、逐漸加高。即以大興城而論、隋代也不止修築過一次。如隋書巻三七李敏伝載「楊玄感反後城大興。敏之策也。」唐高宗永徽五年也曾先後修築過両次（旧唐書巻四高宗紀上）。直至唐玄宗開元十八年、還曾歴時九旬、大規模修築（旧唐書巻八玄宗紀上云「凡十月而功畢」、通鑑巻二一三作「九旬而畢」、当以通鑑為是）。武伯綸同志則対累次修築城垣迷惑不解、云「長安外郭城始修於隋煬帝大業九年、至高宗永徽五年才四十年、却又重修、是嫌隋代修的不堅固、還是另立規模、原因不明。」其実唐長安城宮市坊里一仍隋大興城之旧、隋末李淵攻取大興城時隋軍也只是固守子城、在外郭並未遇到抵抗（大唐創業起居注巻二）、因此也就不会毀壊羅城、唐高宗根本没有任何必要再「另立規模」。長安志巻一〇醴泉坊載坊「本名承明坊、開皇二年、繕築此坊、忽聞金石之声、因掘得甘泉浪井七所、飲者疾愈、因此名坊。」又両京新記残巻帰義坊蜀王秀宅「文帝以京城南面闊遠、恐竟虚耗、乃使諸子並於南郭立第。」其他諸坊之隋代寺観宅廨也多建於隋初或是由大興城規劃人宇文愷設計、説明坊里寺観宅第在隋初都已造就、何以外郭城垣竟会遅遅不築、一拖到大業九年？　続高僧伝巻八曇延伝云「開皇四年下勅……京城之東西二門、亦可取延名為延興、延平也。」由此可以確証大興外郭城在開皇三年初遷入新都前応已築成、長安志的記載是正確無誤的、大業九年及以後歴次修築、只是増高城垣而已。事実上大興城面積過大、要把「周六七里」的外郭城一次修築很高是十分困難的（玉海巻一七四引両京新記）、経隋唐両代多次増修、至唐開元年間也不過「墻高一丈八尺」（唐六典巻七工部尚書郎中、員外郎条）。正因為如此、在隋唐期間的争戦中雖数次攻奪長安、却従未曾有人在外郭城設防拒守、争戦総是在宮城後面的禁苑中進行。

8　『大唐創業起居注』巻二。

9　妹尾達彦「中国の都城と東アジア世界」（鈴木博之・石山修武・伊藤毅・山岸常人編『都市・建築・歴史』東京大学出版会、二〇〇六年）註2参照。

10　唐長安城近郊の王権儀礼の舞台とその機能については、妹尾達彦「唐長安城の儀礼空間―皇帝儀礼の舞台を中心に―」（『東洋文化』七二、東京大学東洋文化研究所、一九九二年）、同「天と地―前近代の中国における都市と王権―」（大阪市立大学大学院文学研究科ＣＯＥ・大阪市立大学重点研究共催シンポジウム報告書『中国の王権と都市―比較史の観点から―』大阪市立大学大学院文学研究科　都市文化研究センター。二〇〇七年）を参照。

11　本節は、妹尾達彦「都城と律令制」（大津透編『日唐律令比較研究の新段階』山川出版社、二〇〇八年）を増補したものである。

12　以下の整理は、『隋書』巻一、高祖上（中華書局標点本、一三～二一頁）、『隋書』巻二五（刑法、七一〇～七一三頁）、『冊府元亀』巻四（帝王部、運歴）、『資治通鑑』巻一七五～一七六（陳紀九～陳紀一〇、宣帝太建十三～十四年条、五四三二～五四七三頁）、『玉海』巻六五（詔令、律令上、隋新律）等に基づく。

13　唐初における政権正統化の詳細については、現在でも、Wechsler, Howard J., *Offerings of Jade and Silk, Ritual and Symbol in the Legitimation of the T'ang Dynasty*, New Haven and London: Yale University Press, 1985. が最も系統的な分析であり示唆に富む。同書の意義と問題点については、妹尾達彦「書評 Howard J. Wechsler 著『玉と帛のそなえもの―唐王朝の正統化における儀礼と象徴―』」（『社会文化史学』二六、一九九〇年）を参照。

14　井上正人『古代都城制条里制の実証的研究』（学生社、二〇〇四年）。

15　武伯綸「唐長安郊区的研究」（『文史』三、一九六三年）、同「唐万年・長安県郷里考」（『考古学報』一九六三年第二期）。

16　愛宕元『唐代地域社会史研究』（同朋舎、一九九七年）「第一章両京郷里村考」「第二章唐代京兆府の戸口推移」「第三章五代・宋初における長安とその周辺」「第四章唐代関内道の城郭規模と構造―畿内の辺境化との関連を中心にして―」。

17　桑紹華「唐万年県洪固郷地望考」（『中国考古学研究論集―紀念夏鼐先生考古

五十周年—』三秦出版社、一九八七年)。

18 史念海『西安歴史地図集』(地図出版社、一九九六年)。

19 史念海『河山集』第一集~第九集に所載の諸論考を参照。

20 李健超『漢唐両京及絲綢之路歴史地理論集』(三秦出版社、二〇〇七年)。

21 李之勤『西北史地研究』(中州古籍出版社、一九九四年)。

22 辛徳勇『古代交通与地理文献研究』(中華書局、一九九六年)。

23 侯甬堅『歴史地理学探索』(中国社会科学出版社、二〇〇四年)。

24 呉宏岐『西安歴史地理研究』(西安地図出版社、二〇〇六年)。

25 李令福『関中水利』(人民出版社、二〇〇四年)。

26 厳耕望『唐代交通図考　第一巻京都関内区』(中央研究院歴史語言研究所、一九八五年)、同「唐人習業山林寺院之風尚」(同『厳耕望史学論文選集』聯経出版社、一九九一年)。

27 黄盛璋『歴史地理論集』(人民出版社、一九八二年)。

28 廖幼華「史書所記唐代関中平原諸堰」(史念海主編『漢唐長安与関中平原』陝西師範大学出版社、一九九九年)。

29 加藤繁『支那経済史考証(上)(下)』(東洋文庫、一九五三年)。

30 日野開三郎『唐代先進地帯の荘園』(自費出版、一九八六年)。

31 周藤吉之『中国土地制度史研究』(東京大学出版会、一九五四年)。

32 卞麟錫『唐長安의新羅史蹟』(이제이문허사、二〇〇〇年)。

33 池田温「唐長安畢原露仙館略考」(『敦煌学』二六、二〇〇五年)。

34 王静「終南山与唐代長安社会」(栄新江主編『唐研究』九、二〇〇三年)。

35 李浩『唐代園林別業考論』(西北大学出版社、一九九六年初版、一九九八年修訂再版)、同『唐代関中士族与文学』(文津出版社、一九九九年)。

36 川合康三『終南山の変容　中唐文学論集』(研文出版、一九九九年)。

37 簡錦松「長安唐詩楽遊原現地研究」(『台大文史哲学報』六〇、二〇〇四年)七五~一一二頁、同「唐詩与長安現地研究—以唐長安城東半部至藍田華県為中心—」(台湾行政院国家科学委員会専題研究計画成果報告、二〇〇四年)。

38 左鵬「論唐代長安的園林別業与隠逸風習」(『雲南大学学報(社会科学版)』二〇〇七年第三期)。

39 戸崎哲彦「柳宗元の荘園と唐長安県—柳宗元の故郷・荘園と唐代長安城・長安県に関する歴史地理学的考察の試み—」(『滋賀大学経済学部研究年報』二、一九九五年)。

40 詹宗祐「試論隋唐時期終南山区的旅遊」(『白沙歴史地理学報』一、二〇〇六年)。

41 劉芳「唐代文人与終南山」(暨南大学碩士学位論文、二〇〇七年)。

42 妹尾達彦「関中平原灌漑設施的変遷与唐代長安的面食」(史念海編『漢唐長安城与関中平原』陝西師範大学出版社、一九九九年)。

43 李健超「唐長安的夏宮」(註20李健超『漢唐両京及絲綢之路歴史地理論集』)、同「翠微寺的歴史、文物及其在歴史上的地位」(同書)、呉宏岐「隋唐両京周囲行宮与園林研究」(註24呉宏岐『西安歴史地理研究』)。

44 この時期に形成された長安の混淆文化の特質については、妹尾達彦「都市の生活と文化」(谷川道雄・堀敏一・池田温・菊池英夫・佐竹靖彦編『魏晋南北朝隋唐時代史の基本問題』汲古書院、一九九七年)、および、同論文の増補版である「城市的生活与文化」(谷川道雄主編『魏晋南北朝隋唐時代史的基本問題』中華書局、二〇一〇年)参照。

45 夏営地と冬営地に対応する夏都と冬都がユーラシア大陸に広く分布することは、大元ウルスの大都と上都の事例などをもとに、杉山正明氏が同著『疾駆する草原の征服者—遼 西夏 金 元—(中国の歴史08)』(講談社、二〇〇五年)等の書物で早くから論じている。また、五胡十六国時代の夏都と冬都については、朴漢濟「五胡赫連夏國의都城統萬城의選址와그構造—胡族國家의都城經營方式—」(『東洋史學研究』六九、二〇〇〇年)を参照。

46 玄宗期における長安を中核とする交通制度の整備については、『西安古代交通志』(陝西人民出版社、一九九七年)を参照。

47 八、九世紀の長安都市文化については、妹尾達彦『長安の都市計画』(講談社、二〇〇一年)を参照。

48 本節は、妹尾達彦「唐代長安近郊の官人別荘」(唐代史研究会編『中国都市の歴史的性格(唐代史研究会報告第Ⅵ集)』(刀水書房、一九八八年)の記述を増補したものである。

49 史念海「唐長安城的池沼与園林」(同編『漢唐長安与関中平原—中日歴史地理合作研究論文集第二輯—』陝西師範大学出版社、一九九九年)、同「西安周囲諸河流量的変化」(同『河山集』七集、陝西師範大学出版社、一九九九年)。

50 史念海著、森部豊訳「漢・唐時代の長安城と生態環境」(『アジア遊学(特

集）黄土高原の自然環境と漢唐長安城』二〇、勉誠社、二〇〇〇年）、馬馳「唐長安城的流水与園林」（『尋根』二〇〇二年二期）。

51 史念海「唐長安城外龍首原上及其隣近的小原」（同著『黄土高原歴史地理研究』黄河水利出版社、二〇〇一年、初出一九九七年）。

52 翁俊雄「唐代虎・象的行蹤―兼論唐代虎・象記載増多的原因」（『唐研究』第三巻、一九九七年）、曹志紅「唐宋時期黄土高原的獣類与生態環境初歩探討」（『歴史地理』二〇、二〇〇四年）。

53 註48妹尾達彦「唐代長安の官人別荘」。

54 樊輝亭『終南山仏寺遊訪記』（陝西人民出版社、二〇〇三年）によれば、現在でも相当数の寺院が終南山一帯には存在しており、そのうちに唐代以来の寺院も少なくない。これらの各寺院の来歴を丁寧に調査する研究が望まれる。

55 本節は、妹尾達彦「唐代長安の街西」（『史流』二五、北海道教育大学史学会、一九八四年）と、註48同「唐代長安近郊の官人別荘」での考察をもとに、まとめ直したものである。

56 城外別荘の分布の詳細については、註48妹尾達彦「唐代長安の官人別荘」所載の表「唐代長安城近郊の官人別荘一覧」を参照。なお、同表は、註35李浩『唐代園林別業考論』をはじめとする近年の研究成果や新出墓誌などの史料によって全面的な増補が必要である。

57 唐代墓葬の研究論著に関しては、妹尾達彦編「隋唐長安城関係論著目録稿　一九一一年～二〇〇九年」（註5妹尾達彦編『都市と環境の歴史学［増補版］』第三集）の「皇帝陵」「墓の発掘」の項目を参照していただきたい。

58 Ebery, Patricia Buckley, *The Aristocratic Families of Early Imperial China, A Case Study of the Po-ling Ts'ui Family*, Cambridge: Cambridge University Press, 1978.

59 愛宕元「唐代滎陽鄭氏研究―本貫地帰葬を中心に―」（『人文』三五、一九八八年）。

60 長部悦弘「隋の辟召制廃止と都市」（『東洋史研究』四四―三、一九八五年）。

61 羅新・葉煒『新出魏晋南北朝墓志疏证』（中華書局、二〇〇五年）。

62 室山留美子「隋开皇年間における官僚の長安・洛陽居住―北人・南人墓誌記載の埋葬地分析から―」（『都市文化研究』一二、大阪市立大学大学院文学研究科都市文化研究センター、二〇一〇年）。

63 江川式部「唐代の上墓儀礼―墓祭習俗の礼典編入とその意義について―」（『東方学』一二〇、二〇一〇年）。

64 本節は、妹尾達彦「唐長安の都市生活と墓域」（『東アジアの古代文化（特集　遣唐使墓誌をめぐる日中交流史）』一二三、二〇〇五年）を近年の研究によって増補したものである。

65 尚民傑「長安城郊唐皇室墓及相関問題」（栄新江主編『唐研究』九、二〇〇三年）。

66 亀井明徳「井真成墓の位置と構造」（『専修大学・西北大学共同研究プロジェクト　井真成墓誌研討会資料』専修大学・朝日新聞社、二〇〇五年）。

67 礪波護『唐代政治社会史研究』（同朋舎、一九八六年、初出一九八二年）。

68 妹尾達彦「詩のことば、テクストの権力―九世紀中国における科挙文学の成立―」（『中国―社会と文化』一六、二〇〇一年）。唐後期の科挙受験生たちの思想における「主体化」のあらわれについては、妹尾達彦「九世紀的転型―以白居易為例―」（栄新江主編『唐研究』一三、二〇〇五年）、同「韓愈与長安―九世紀的転型―」（杜文玉編『唐史研究論集』、二〇〇七年）を参照。

69 当時の才子佳人小説の持つ歴史的意味についての筆者の考えは、妹尾達彦「恋をする男―九世紀の長安における新しい男女認識の形成―」（『アジア史研究』二六、二〇〇二年）、同「恋愛―唐代における新しい両性認識の構築―」（『唐代史研究』六、二〇〇三年）、同「〝才子〟与〝佳人〟―九世紀中国的新的男女認識形成―」（北京大学中古史研究中心編『唐宋婦女史研究与歴史学』上海辞書出版社、二〇〇三年）を参照。

70 たとえば、『全唐詩』には「効」や「郊外」の用語を用いる例が多く掲載されている。これらの使用例の大半は城外の意味で用いられている。

71 唐後期の王権儀礼の世俗化についての筆者の見解は、妹尾達彦「唐代長安城的儀礼空間」（溝口雄三・小島毅主編『中国的思惟世界』江蘇人民出版社、二〇〇六年）、同「長安、礼儀的都―以円仁『入唐求法巡礼行記』為素材―」（栄新江主編『唐研究』一五、北京大学出版社、二〇〇九年）を参照。

北京城と葬地 ——明王朝の場合——

新宮　学

【キーワード】　墓誌　天寿山　西山　太監墓　漏沢園　義塚

はじめに

中国の首都北京には、金の中都以来、元の大都、明清の北京と、歴代の都が置かれていた。[1] また遼代には五京の一つ「南京」が置かれたこともある。一千年の古都と称される所以である。したがって、北京を取り上げて「都城と葬地」という問題設定を行う場合には、一王朝のみを取り上げた断代史的考察だけではとうてい十分ではない。少なくとも北京の都城空間が確定された明清両朝にまたがる考察を試みなければならない。また明清の北京城の都城空間は、元の大都の都城空間や金の中都の都城空間、遼の南京の都城空間、さらにはさかのぼれば、唐の幽州城の都城空間とも部分的に重なっており、これらの時代の通時的変容をも視野に入れる必要がある。[2] しかし、これらを含めた検討は、現在の筆者の能力をはるかに超えており、ここでは、明王朝に限って北京の都城空間に居住する諸階層の葬地についての先行研究を整理しつつ、初歩的考察を試みることにしたい。

近刊の張学峰編『中国墓葬史』上・下（広陵書社、二〇〇九年）は、一九九〇年代以降続々と発掘成果が報告されている考古資料を歴史研究と結合させて、中国墓葬の史的展開を包括的に紹介した最初の通史である。第十編で明清墓葬（夏寒執筆担当）を伝統中国社会における墓葬の最後の耀きとして位置づけている。

明代の墓葬研究は、董新林『中国古代陵墓考古研究』（福建人民出版社、二〇〇五年）も指摘するように、前近代の墓葬研究のなかでも研究が少なく、考古学的な基礎研究が遅れており、今後の研究強化が期待されている分野である。

北京地区から出土した墓誌の整理と研究は、先行する西安や洛陽地区に比べて大きく遅れをとっていた。[3] とはいえ、八〇年代末から北京図書館の徐自強主編にかかる『北京図書館蔵中国歴代石刻拓本匯編』（同金石組編、中州古籍出版社、一九九〇年）と『北京図書館蔵北京石刻拓片目録』（書目文献出版社、一九九四年）が相次いで刊行されて、北京地区における明代の墓碑一三四種と墓誌一二八種の存在が知られるようになった。前者の歴代石刻拓本匯編全一〇〇冊のうち、第五一冊から第六〇冊までの一〇冊が明代の石刻拓本約二〇〇〇種を収めている。また九六年からは『北京文博』誌上に孔繁雲等「北京文物局所蔵資料信息中心蔵北京地区墓誌拓片目録」が分載された。[4] さらに二〇〇三年には、北京で出土した墓誌の収集を進めている北京市文物研究所(その前身は北京市文物調査組・北京市文物工作隊)や北京石刻芸術博物館から墓誌の資料集が相次いで出版されて、研究環境がようやく整いつつある。[5]

中国文物研究所・北京石刻芸術博物館編『新中国出土墓誌・北京』(文物出版社、二〇〇三年)は、北京石刻芸術博物館と北京古代建築博物館および朝陽・海淀・豊台・順義・昌平・門頭溝・通州・房山・大興・懐柔・平谷・密雲の各区県文物管理所が収蔵する墓誌四一一種を収録している。これらはすべて、一九四九年以後に出土あるいは収蔵されたものである。最も早期の墓誌は、隋の開皇九年(五八九)の韓智墓誌であり、最も晩期のものは、民国三〇年(一九四一)の中興宏慈広済律寺の第九代住持現明老和尚王光徳塔銘である。収録墓誌四一一種のうち、約三分の二を占める二七五種が明代墓誌である。ほかに、年代不詳の塔銘と墓誌蓋三種と明清時期の買地券一五種を収めている。王素・任昉・劉衛東による「前言」において、北京出土の明代墓誌の特徴として、

①北京以外に籍貫のある高官の墓誌が非常に少ないこと

②皇族外戚および宦官の墓誌が少なくないこと

③衛所の将軍・兵士およびその後裔の墓誌が甚だ多いこと

の三点を挙げているのは、とても興味深い。

北京市文物研究所編『北京市文物研究所蔵墓誌拓片』(北京燕山出版社、二〇〇三年)は、同研究所が近五〇年来収集した墓誌拓片二七一種を収録している。このうち、明代墓誌は一八四種で、同様に約三分二を占めている。明代墓誌のなかには、大量の太監墓誌が含まれている。また重要な墓誌として後述する萬貴墓誌や張懋墓誌を挙げている。

両資料集が収録する明代墓誌は、それぞれ収蔵する機関が異なっていることもあって、それほど重なっていない。新たに利用可能になった四〇〇種を超えるこれらの大量の墓誌に対して詳細な分析を加えることより、「北京城と葬地」という本節の研究課題がより深められることが十分に期待できるが、時間的制約からその一部の紹介に留まらざるをえないことを、あらかじめおことわりしておきたい。[6]

1　皇帝と皇后

明王朝の皇帝の葬地は、[7] 北京城の北郊約五〇kmにある天寿山に置かれた。現在の北京市昌平区にある明十三陵(図1参照)である。明朝第三代皇帝成祖(太宗)永楽帝(朱棣)以下、第一七代の思宗崇禎帝(朱由検)に至る一三人の皇帝が埋葬されている(表1参照)。第七代の景泰帝のみが、奪門の変で廃立されたため天寿山には埋葬されていない点については、次項で詳しく述べる。

山陵の天寿山の造営は、永楽十九年(一四二一)の北京遷都に先立つ永楽七年に開始された。天寿山に最初に置かれた永楽帝の陵墓「長陵」の建設については、かつて考察を加えたことがあるので、そちらを参照されたい。[8] 山陵の営建については、明末には王府や職官の墳塋とともに工部の屯田清吏司が掌っていた。[9]

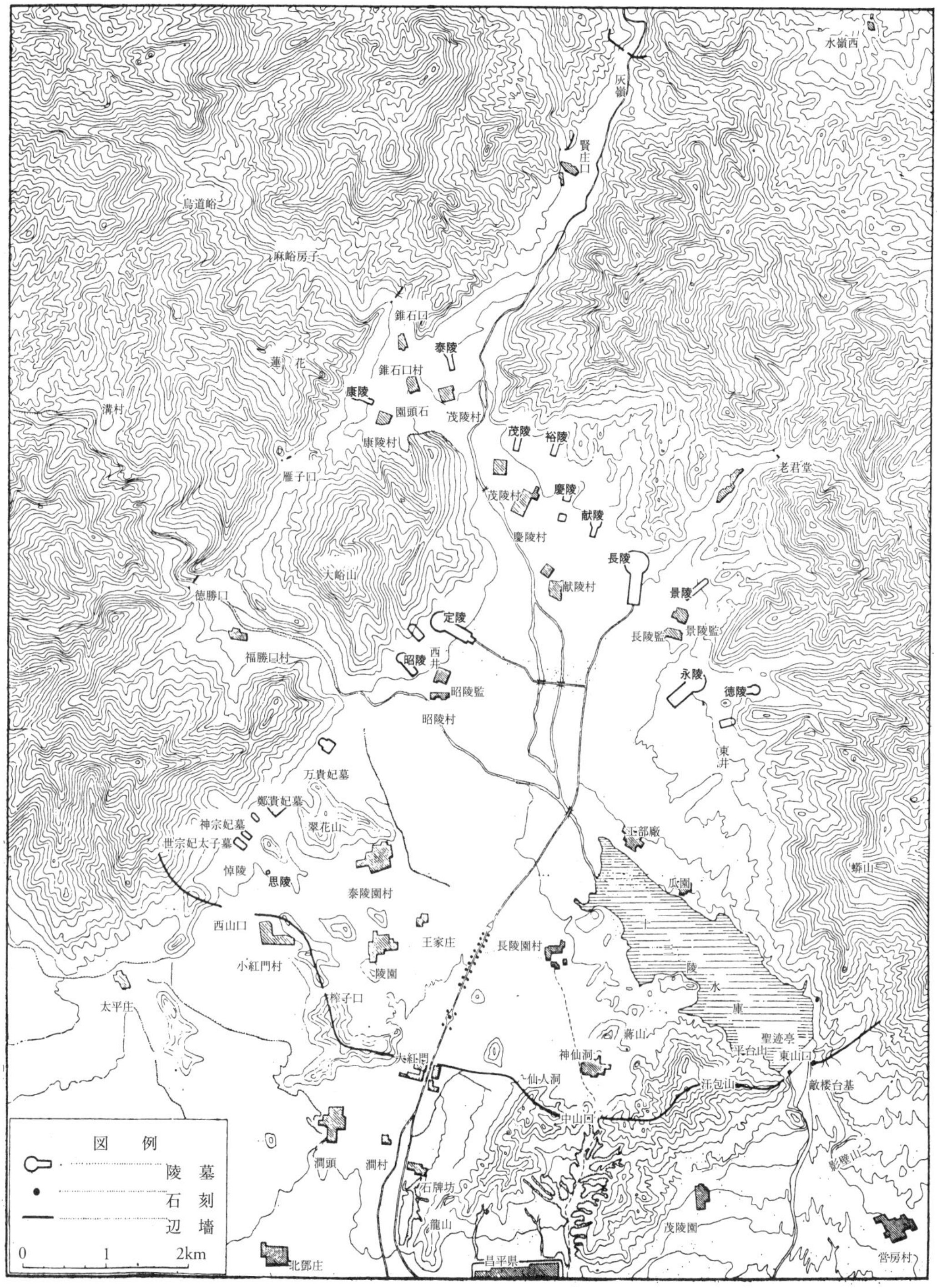

図 1 明十三陵位置図（出典：『定陵』文物出版社，1990 年）

表1　明十三陵に埋葬された皇帝

陵名	帝名	廟号と諡号	元号	在位年	享年	世系	合葬皇后	位置
長陵	朱棣	成祖文皇帝（太宗）	永楽	22年	65歳	太祖四男	徐氏	天寿山中峰の下
献陵	朱高熾	仁宗昭皇帝	洪熙	1年	48歳	成祖長男	張氏	天寿山西峰の下
景陵	朱瞻基	宣宗章皇帝	宣徳	10年	38歳	仁宗長男	孫氏	天寿山東峰の下
裕陵	朱祁鎮	英宗睿皇帝	正統 天順	14年 8年	38歳	宣宗長男	銭氏，周氏	石門山
茂陵	朱見深	憲宗純皇帝	成化	23年	41歳	英宗長男	王氏，紀氏，邵氏	聚宝山
泰陵	朱祐樘	孝宗敬皇帝	弘治	18年	36歳	憲宗三男	張氏	史家山
康陵	朱厚照	武宗毅皇帝	正徳	16年	31歳	孝宗長男	夏氏	金嶺山
永陵	朱厚熜	世宗粛皇帝	嘉靖	45年	60歳	憲宗の孫	陳氏，方氏，杜氏	十八道嶺
昭陵	朱載垕	穆宗荘皇帝	隆慶	6年	36歳	世宗三男	孝懿李氏，陳氏，孝定李氏	文峪山
定陵	朱翊鈞	神宗顕皇帝	万暦	48年	58歳	穆宗三男	孝端王氏，孝靖王氏	大峪山
慶陵	朱常洛	光宗貞皇帝	泰昌	1月	39歳	神宗長男	郭氏，王氏，劉氏	天寿山西峰の右
徳陵	朱由校	熹宗悊皇帝	天啓	7年	23歳	光宗長男	張氏	檀子峪
思陵	朱由検	思宗愍皇帝	崇禎	17年	35歳	光宗五男	周氏，（貴妃田氏）	鹿馬山

皇帝の陵墓には、それぞれの皇后も合葬された。合葬された皇后は合わせて二三名である。崇禎帝の思陵に貴妃田氏が合葬されているのは例外である。これは、崇禎帝の山陵の地がまだ決まっていない段階で亡くなった田氏の葬地に、明朝滅亡後に李自成軍が昌平州に運び込んだ崇禎帝と皇后周氏との梓宮を当地の士民の手で合葬したためである。[10]

明の十三陵については、一九五六年から五八年にかけて第一四代万暦帝（朱翊鈞）の陵墓「定陵」の試掘が行われて、研究が大きく進展した。この定陵試掘は、中国社会科学院と北京市文物局から組織された「長陵発掘委員会工作隊」によって行われた。[11] 計画当初は、委員会の名称が示すように永楽帝の陵墓「長陵」の発掘を予定していたが、第一次調査の段階でたまたま地下玄宮の入り口に通じる洞口の発見された定陵の試掘に計画が変更されて実施された。[12] 発掘作業を現場で指揮したのは、工作隊の隊長趙其昌と副隊長白万玉であった。一九九〇年には、その報告書がまとめられて、陵墓「定陵」の構造、遺物等について詳細なデータが公表された。[13] 定陵の玄宮の後殿内には、万暦帝の梓宮を中央に右側に孝端皇后王氏、左側に孝靖皇后王氏（光宗の生母）の梓宮が配置されていた。

2 廃帝と廃后

廃立された皇帝や皇后は、帝陵天寿山とは別にいわゆる「西山」に埋葬された。そもそも西山とは、京西の諸山の総称である。京西地区は、北京でも代表的な葬地として知られているが、[14] なかでも西山南麓に沿った一帯は、明代から「一溜辺山七十二府」（図2参照）と称され、廃帝・廃后、妃嬪、太子、諸王、公主および駙馬都尉、その他（夫人や親王の子女）が埋葬された。[15] 西山一帯には、金山[16]（海淀区青龍橋の西北）と翠微山[17]（石景山区八大処の南）という二つの相対的に葬地の集中した地域がある。

明代には廃立された皇帝として、第二代建文帝と第七代の代宗景泰帝（朱祁鈺）がいる。北京城と関係するのは、後者の景泰帝である。

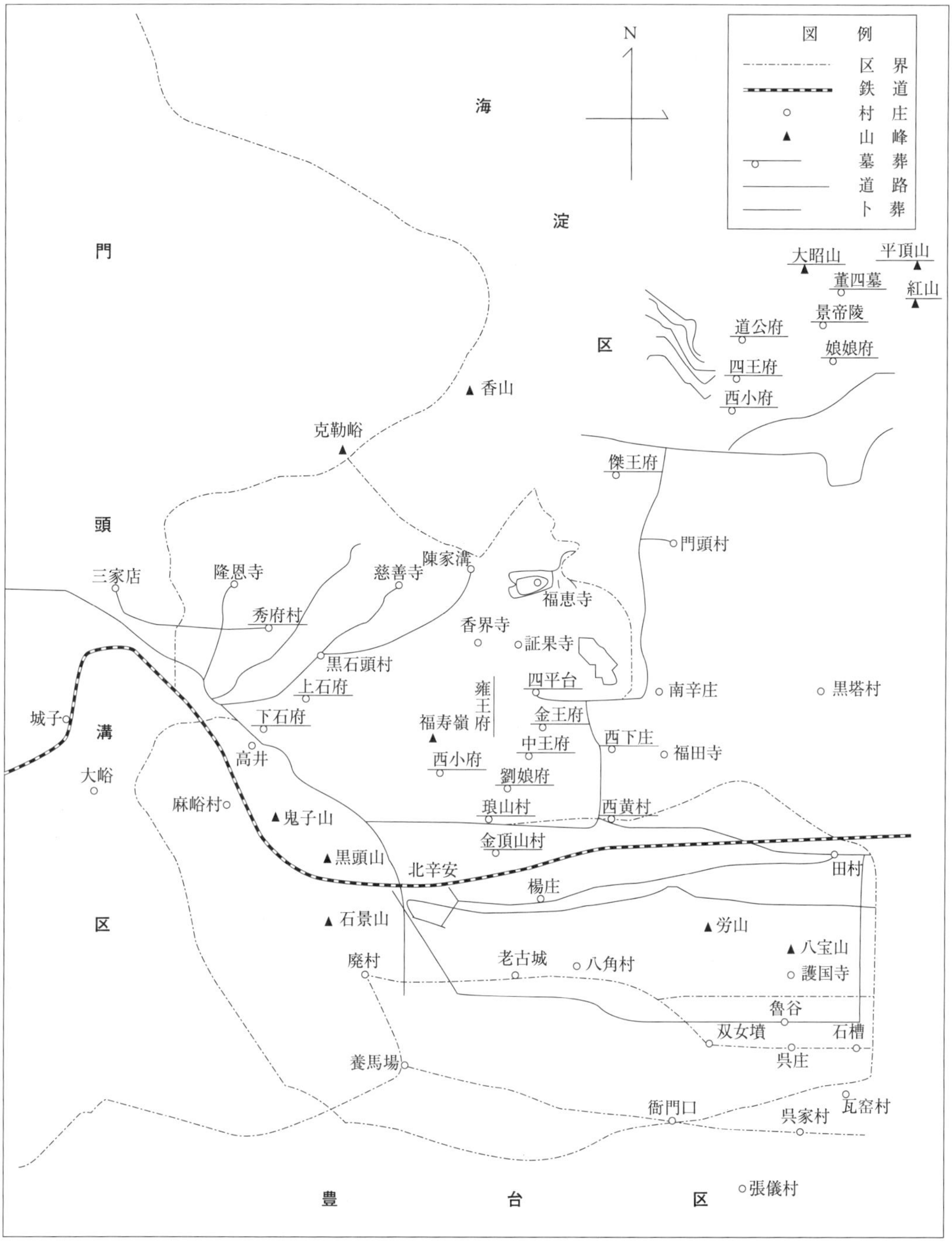

図 2　明代一溜辺山七十二府図（出典：陳康「一溜辺山府考略」〈『北京文博』2004 年 2 期〉）

帝は、奪門の変で廃立されて郕王に改められていたために、天順元年（一四五七）二月に死去すると、「親王の例」で葬祭されることになった。埋葬の地の選択も、親王の例に準じた。そのため、帝陵天寿山で造営工事が始まっていた景泰帝の寿陵を壊した上で、西山の玉泉山金山口に埋葬されたのが、景帝陵の前身となる郕王陵である。[18]

それから、二〇年近くを経た成化十一年（一四七五）十二月に帝号を復することを命じられ、郕王陵も皇帝陵の待遇に改められた。[19] これに伴い稜恩殿の緑の瑠璃瓦は黄の瑠璃瓦に替えられたという。

なお、海淀区娘娘村にある景帝陵の碑亭には、現在も乾隆三十四年（一七六九）の紀年をもつ「大明恭仁康定景皇帝之陵」の石碑が立っている。

金山口の景帝陵には、廃后の汪氏も合葬されている。汪氏は、英宗が奪門の変で復辟すると、郕王妃を称していた。正徳元年（一五〇六）十二月に死去し、景帝陵に合葬された。翌年に「貞恵安和景皇后」と諡された。[20] 景泰帝との間に見濟を生んだ杭氏は、景泰三年（一四五二）に廃立された汪氏に代わって皇后に立てられた。杭氏は七年に死去したから天寿山の寿陵に埋葬されたはずであるが、帝の廃立後に寿陵が毀されると、金山に遷葬されたかどうかは、明らかではない。[21]

このほか、正統年間に広西思恩府で自ら建文帝と名乗り出たため捕らえられ、北京の錦衣衛の獄中で死亡した人物も、[22] 西山に埋葬されたようである。[23] 民間伝承では、建文帝は靖難の役の最終局面の南京城陥落の際に僧侶に身をやつして逃げ延びたとされている。ただし、西山にある金山寺への埋葬は、廃帝としての処遇ではなく僧侶としてのそれであろう。

次に廃立された皇后についてであるが、当然のことながら廃立された皇帝と同様に天寿山には埋葬されていない。明朝で最初に廃立された皇后は、宣宗の恭譲章皇后胡氏である。宣徳三年（一四二八）三月に廃立され長安宮で生活していたが、正統八年（一四四三）亡くなると嬪御の待遇で金山に埋葬された。『明史』巻一一三、后妃列伝の記載では、万暦『大明会典』巻九〇、礼部、陵寝の記載と同様に「金山」に埋葬されたとあるが、沈榜『宛署雑記』巻一八、恩沢、一墳墓の「陵園」には、「恭譲章皇后陵、在西山玉泉山」とあることから、より正確に言えば玉泉山であった。

その後、廃后の場合は金山に埋葬するようになったことは、同じく『宛署雑記』巻一八、「陵園」の記載から知られる。まず憲宗廃后呉氏が、天順八年（一四六四）七月に皇后に立てられ、一カ月ほどで廃立されて西宮に移された。のちに孝宗弘治帝となる朱祐樘が西宮で生まれると、その保育に努めた。弘治帝が即位すると、その功労から服色や食事は母后の礼で遇された。正徳四年（一五〇九）正月に亡くなると、劉瑾はその遺骸を茶毘に付そうとしたが、大学士王鏊の反対により妃礼で埋葬された。[24] 世宗嘉靖帝の廃后張氏も、はじめ順妃に封じられたが、嘉靖七年（一五二八）十月に陳皇后が亡くなると、代わって皇后に立てられた。しかし、十三年正月、廃されて別宮に移された。十五年に薨じると、宣宗の廃后胡氏に準じて金山に埋葬された。[25]

3 妃嬪

皇后以外の第二夫人や第三夫人に相当する妃嬪の葬地は、天寿山内と北京西郊の金山に置かれていた。天寿山に埋葬された妃嬪は、後述する殉葬が行われていた初期を除けば、その数は少ない。生前に皇帝の寵愛を受け、死後も特別な待遇で山陵内に陪葬されたケースである。[26]

明末清初の顧炎武は、『昌平山水記』の中で妃嬪の陪葬墓として、東井（徳陵東南の鰻頭山の南）、西井（定陵の西北、昭陵の西北）、憲宗成化帝の万貴妃墓（蘇山、昭陵の西南約一km）、神宗万暦帝の鄭貴妃墓（銀銭山、万娘墳村の南約一km）と四妃墓（鄭貴妃墓の南約〇・五km）、世宗嘉靖帝六妃・二太子墓（襖児峪、神宗四妃墓と悼陵の間）、世宗三妃墓（悼陵、六妃・二太子墓の南）を挙げている。[27] 東井と西井については、顧炎武は永楽帝の一六妃の従葬（殉葬）墓としているのに対し、王岩・王秀玲は、永楽帝の諸貴妃・妃嬪を埋葬した陪葬墓の可能性を新たに指摘している。殉葬の場合には、墓主人の墓室や墓道内に入れられるのが一般的であることや、東西井の規格が他の陪葬墓と同等であることを理由に挙げている。

明初には、天寿山では成祖永楽帝以来、仁宗洪熙帝、宣宗宣徳帝と、三代にわたって妃嬪の殉死による陪葬が行われていた。これは、太祖洪武帝の死去の際に四〇人の妃嬪が南京の孝陵に殉葬された故事[28]を踏襲したものであったが、天順以後、英宗の遺詔によって諸妃の殉葬が禁止され、陪葬者がなくなった。[29] 遺詔では、皇后の合葬と恵妃の遷葬、諸妃の順次祔葬を指示していた。この遺詔に基づき凄惨な殉葬は廃止され、皇后銭氏の裕陵合葬と恵妃周氏の祔葬は行われたが、諸妃の祔葬は行われなかった。したがって、妃嬪の金山（西山陵園）への埋葬は、この殉葬の廃止によって定まったと言えよう。

金山に埋葬された妃嬪墓については、崇禎年間に編纂された『太常続考』巻四「長陵等陵事宜」および「西山陵園事宜」に詳しい記載が残されている。皇帝ごとにまとめると、表2のとおりである。[30] 妃嬪の葬地については、殉葬が廃止された英宗と九妃一墓の制が行われた世宗の時期に画期が存在したことがうかがわれる（表2参照）。

金山の南麓の董四墓村遺光寺付近で発見された妃嬪墓ついては、一九五一年八、九月に中国科学院考古研究所と北京市人民政府、文化部文物局が共同して発掘を行った。[31]「董四墓」の地名は、東四墓が訛伝したものという。第一号墓の構造は、地上の一基の墳堆と地下の一座の平面上工字形を示す宮殿式建築からなる。墓室内はすでに盗掘を被っていたが、墓誌から熹宗天啓帝の張裕妃、段純妃、李成妃の三名を埋葬したものであることが判明した。墓誌の篆蓋には、それぞれ「熹廟悼順裕妃壙誌」「熹廟恭恵純妃壙誌」（C60/34）、「熹廟成妃李氏壙誌」（C60/88）とあった。張裕妃の場合、天啓三年（一六二三）八月二十二日死去し、崇禎四年（一六三一）閏十一月二十二日に「金山之原」に遷葬された。段純妃は崇禎二年五月十三日死去、四年閏十一月二十三日に埋葬、李成妃は崇禎十年十一月六日死去、十一年四月十六日に埋葬された。

二号墓は、一号墓の東北三〇〇mの地点で発見された。墓には七つの棺が置かれていた。壙誌から神宗万暦帝の九嬪のうち、それぞれの時期に亡くなった順嬪張氏（C57/166、万暦十六年十二月二十四日死去、十七年七月四日埋葬）、悼嬪耿氏（C57/168、万暦十七年六月四日死去、八月九日埋葬）、敬嬪邵氏（C58/182、万暦三十四年五月十七日埋葬）、慎嬪魏氏（C58/181、万暦三十四年正月二十七日死去、敬嬪と同時に埋葬）、栄嬪李氏（C59/182、天啓六年四月二十一日死去、閏六月十二日埋葬）、徳嬪李氏（C60/19、崇禎元年八月十八日死去、二年六月二十日埋葬）、和嬪梁

表2　金山に埋葬された妃嬪

廟号	年号	姓氏と諡号	備考
仁宗	洪熙	恭靜賢妃李氏，恭懿惠妃趙氏，貞靜敬妃張氏	7妃のうち残りの4妃はともに献陵に殉葬
宣宗	宣徳	榮思賢妃呉氏	8妃のうち残りの7妃はともに景陵に殉葬
英宗	正統	靖荘安穆宸妃萬氏，恭荘端惠徳妃魏氏，昭肅靖端賢妃王氏，端靖安和惠妃王氏，荘和安靖順妃樊氏，荘僖端肅安妃楊氏，端荘昭妃武氏，恭安和妃宮氏，端和懿妃黄氏，荘靜安榮淑妃高氏，安和榮靖麗妃劉氏	18妃のうち，17妃が金山に埋葬され，貞順懿恭惠妃劉氏は「錦山（枕山）」に別葬
	天順	恭僖成妃張氏，昭靖恭妃劉氏，僖恪充妃余氏，惠和麗妃陳氏，榮靖貞妃王氏，恭靖荘妃趙氏	
憲宗	成化	端榮昭妃王氏，端順賢妃柏氏，端僖安妃姚氏，康順端妃潘氏，靜僖榮妃唐氏，和惠靜妃楽氏，恭惠和妃梁氏，荘懿徳妃張氏，恭懿敬妃王氏，靖順惠妃郭氏，荘靖順妃王氏，榮惠恭妃楊氏，昭順麗妃章氏	14妃のうち，13妃が一墓。恭肅端順榮靖皇貴妃萬氏は茂陵の西南に別葬
武宗	正徳	榮淑賢妃沈氏，淑惠徳妃呉氏	
世宗	嘉靖	悼隱恭妃文氏，温靖懿妃趙氏 宜妃包氏，靜妃陳氏，睦妃何氏，（恭僖）麗妃王氏，晏妃褚氏，常妃張氏，荘妃王氏，和妃高氏，安妃彭氏　9妃ともに一墓 平妃耿氏，定妃呉氏，順妃李氏，壞嬪王氏，御嬪黄氏，宛嬪趙氏，懷妃王氏，常嬪馬氏，安妃張氏，9妃嬪ともに一墓 常嬪劉氏，常嬪楊氏，常嬪張氏，宜妃于氏，康嬪劉氏，常嬪傅氏，常嬪張氏，常嬪楊氏，常嬪劉氏，9妃嬪ともに一墓 昭嬪張氏，常嬪武氏，宜嬪宋氏，靜妃朱氏，和妃張氏，寧嬪郭氏，靜嬪田氏，安妃高氏，安嬪孟氏，9妃嬪ともに一墓 麗嬪宋氏，荘妃杜氏，和嬪任氏，康妃王氏，常嬪高氏，常嬪王氏，温靖懿妃張氏，7妃嬪ともに一墓 徳妃張氏，徽妃王氏，荘嬪王氏，惠嬪韋氏，常妃陳氏，常嬪李氏，裕嬪王氏，7妃嬪ともに一墓	33妃26嬪のうち，榮安惠順端僖皇貴妃閔氏，荘順安榮貞靖皇貴妃沈氏，恭僖貞靖貴妃文氏，恭順端和温靖皇貴妃王氏，壞榮賢妃氏，恭淑安僖榮妃楊氏の7妃は天寿山襖児峪に別葬
穆宗	隆慶	昭順英妃魏氏，安妃楊氏，恭妃李氏，荘僖榮妃王氏，敬妃荘氏，和妃趙氏，荘妃劉氏，端妃董氏，懿妃于氏，榮徳妃李氏，康靖容妃韓氏，貞惠賢妃姜氏，昭懿奇妃葉氏	
神宗	万暦	温靖順妃常氏，荘靖徳妃許氏，榮惠宜妃楊氏，端靜淑妃秦氏，端靜榮妃王氏，僖妃王氏 順嬪張氏，悼嬪耿氏，徳嬪李氏，榮嬪李氏，敬嬪邵氏，愼嬪魏氏，和嬪梁氏，7嬪ともに一墓	9妃6（7）嬪のうち，恭順榮荘端靖皇貴妃李氏，靖惠順妃李氏，恭恪榮和靖皇貴妃鄭氏の3妃が昌平州銀銭山に別葬
光宗	泰昌	恭懿惠順荘妃李氏	
熹宗	天啓	悼順裕妃張氏，恭惠純妃段氏，（成妃李氏）	

氏（C60/122、崇禎十六年正月十七日死去、七月十八日埋葬）の七嬪が、「金山之原」に順次に埋葬されたことが判った。

一九六三年には、鑲紅旗にある董四墓から「憲廟荘靖順妃壙志」と「憲廟荘懿徳妃張氏壙志」が出土した。墓誌より、順妃王氏は弘治八年二月二十八日に、徳妃張氏は十年九月四日に埋葬されたことが知られる。[32]

金山のほかに、石景山区劉娘府村の北にある翠微山にも妃嬪が埋葬されていたことが、永定河引水渠の開鑿で劉娘府村（龍匯橋付近）から出土した「光廟恭懿荘妃壙誌」（C59/165）によって明らかになった。一九五〇年代に出土したこの墓誌は、そのまま劉娘府門診部院内に保管されたままになっていたが、石景山文物管理所の調査追跡を経て二〇〇〇年に田義墓（現、北京宦官文化陳列館）に運び込まれ、収蔵されることとなった。[33]

墓誌によれば、荘妃李氏は、順天

府宝坻県の人。生没年は、万暦十六年（一五八八）十月十七日に生まれ、天啓四年十月二十六日に没した。十二月二十六日、「翠微山の原」に葬られたとある。墓誌の出土した劉娘府村という村名は、かつてここに崇禎帝（の生母）の孝純劉太后の墓があったことに由来するものである。劉太后はのちの崇禎帝（朱由検）を生んだが、のちの泰昌帝（朱常洛）の寵愛を失い譴責を被って亡くなり、西山に葬られた。[34] 崇禎帝が即位すると、「孝純恭懿穆荘静毗天毓聖皇太后」と諡されて泰昌帝の陵墓慶陵に遷葬されたため、この地はついに空墳となった。[35]

4　皇太子および諸王・公主

（1）皇太子

沈榜『宛署雑記』巻一八、恩沢、一墳墓の「各太子墳」には、金山に葬られた太子として憲宗の悼恭太子と穆宗の憲懐太子を掲げている。しかし、『明史』諸王列伝によれば、皇帝の長子で皇太子に冊立されたものの、即位前に夭逝した者として以下の八名が知られている（表3参照）。

これらのうち、景帝の懐献太子をはじめ憲宗の悼恭太子、穆宗の憲懐太子は、いずれも西山の金山に葬られている。ただ、世宗の第一子哀冲太子と第二子の荘敬太子の両太子は、死後にいったん金山に葬られたが、皇貴妃王氏が嘉靖二十九年十一月に死去し、翌年正月に天寿山の襖児峪にある閻貴妃墓に祔葬されると、十月に母妃墓の両側に改葬された。[36] これは、嘉靖帝が「冲幼《おさなご》は母に随う」の義を重んじて金山埋葬の原則を変更したためである。また熹宗の懐沖・悼懐・献懐の三太子の場合は、いずれも西山の玉泉山に埋葬された。

表3　即位前に夭逝した皇太子の葬地

	皇太子名	冊立年	諡号	葬地	備考
景帝第一子	朱見濟	景泰3年	懷獻太子→懷獻世子	金山	景泰4年11月死去，「西山」に埋葬。天順元年，懷獻世子に降す。成化5年3月丁酉に懷獻世子墳を修理
憲宗第二子	朱祐極	成化7年	悼恭太子	金山	成化8年正月26日死去，3月20日金山道公府に埋葬
世宗第一子	朱載基	—	哀冲太子	襖児峪	嘉靖12年10月，生後2カ月で死去。諸陵の後に埋葬
世宗第二子	朱載壑	嘉靖18年	莊敬太子	襖児峪	嘉靖28年3月冠礼を行い，2日後に死去。諸陵の後に埋葬
穆宗第一子	朱翊釴	—	裕世子→憲懷太子	金山	5歳，死去。「裕世子」と追封，「西山」に埋葬。隆慶元年追諡
熹宗第一子	朱慈然	—	懷沖太子	玉泉山	夭逝
熹宗第二子	朱慈焴	—	悼懷太子	玉泉山	夭逝
熹宗第三子	朱慈炅	—	獻懷太子	玉泉山	夭逝

これらの皇太子のほかにも金山に埋葬された者が存在していたことが、二〇〇一年九月に大型の明代太子墓一基が発見されたことによって明らかとなった。この太子墓は、海淀区香山路軍科院の施設工事の際に出土した。北京市文物研究所による緊急発掘調査の簡報[37]によれば、当該墓地は北京市の西北近郊に位置し、北は金山に依り、南は香山路に臨み、東は解放軍三一六医院、西は香山向陽新村となっている。墓葬は磚と石で組まれ、「北に坐し南に朝す」方向を取っていた。墓道・墓門・前室・過道・後室から構成されている。明代の妃嬪墓の規格とほぼ同様である。早い段階で盗掘を被っており、前室と後室は重大な破壊を受けていたが、一盒の墓誌と副葬品の磁器青花梅瓶一件と金属装飾品三件が出土

表4　金山に埋葬された諸王

	諸王名	就藩年	備考
仁宗第三子	越靖王朱瞻墉，貞惠妃呉氏	未就藩	正統4年6月壬寅，死去
仁宗第四子	蘄獻王朱瞻垠	未就藩	永楽19年死去。綿山に埋葬
仁宗第八子	滕懷王朱瞻塏	未就藩	洪熙元年死去
仁宗第十子	衞恭王朱瞻埏，貞烈妃楊氏	未就藩	正統3年10月癸卯，死去。綿山に埋葬
英宗第四子	許悼王見淳	未就藩	景泰3年封，明年死去
英宗第五子	秀懷王見澍，妃黄氏	成化6年（汝寧）	成化8年9月己卯死去。無子，封除
英宗第八子	忻穆王見治	未就藩	成化8年死去。無後
憲宗第五子	岐惠王，妃王氏	弘治8年（徳安）	弘治14年死去。無子，封除
憲宗第八子	雍靖王，妃呉氏	弘治12年（衡州）	四川敘州徙居。正徳2年死去，無子，封除
憲宗第九子	壽定王朱祐榰，妃徐氏，継妃呉氏	弘治11年（保寧）	嘉靖24年死去，無子，封除
憲宗第十一子	汝安王朱祐梈，嫡妃李氏，次妃晋氏	弘治14年（衛輝）	嘉靖20年死去，無子，封除
憲宗第十二子	涇簡王朱祐橓，妃曹氏	弘治15年（沂州）	嘉靖16年死去，子厚烇未封而卒。無子，封除
憲宗第十四子	申懿王朱祐楷，妃項氏	未就藩（敘州）	弘治16年死去，無子，封除
憲宗第一子	未名		未名，殤
憲宗第十子	未名		未名，殤
孝宗第二子	蔚悼王朱厚煒		生3歳死去，追加封謚
世宗第五子	穎殤王朱載壐		生未踰月，死去
世宗第六子	戚懷王朱載𡐤		未踰歳，死去，追加封謚
世宗第七子	薊哀王朱載�		未踰歳，死去，追加封謚
世宗第八子	均思王朱載堸		未踰歳，死去，追加封謚
世宗第四子	景恭王朱載圳	嘉靖40年（徳安）	居4年，死去。無子，北京に帰って西山に埋葬，封除。
穆宗第二子	靖悼王朱翊鈴		生未踰年，死去，贈藍田王。隆慶元年追加封謚。
神宗第二子	邠哀王朱常溆		生1歳，死去。
神宗第四子	沅懷王朱常治		生1歳，死去。
神宗第八子	永思王朱常溥		生2歳，死去
光宗第二子	簡懷王朱由檸		生4歳，死去。翠微山に埋葬
光宗第三子	斉思王朱由楫		生8歳，死去。翠微山に埋葬
光宗第四子	惠懷王朱由模		生5歳，死去。翠微山に埋葬
思宗第二子	懷隱王朱慈烜		殤。翠微山に埋葬

した。

墓誌蓋には、「故皇子壙志」の五文字が陰刻してあった。壙誌によれば、憲宗の長子で成化二年（一四六六）正月十九日に生まれ、同年十一月二十六日に死去した。生母は貴妃萬氏で、憲宗に寵愛されて成化朝の政治にも様々な影響を引き起こした人物として知られている。[38]

(2) 諸王

明朝では皇太子以外の諸子は、成年に達すると王に封じられ、都から遠く離れた王府に就藩した。洪武年間に定められた『皇明祖訓』の規定では、就藩後は毎年の朝覲も許されていたが、宣徳年間に起きた漢王高煦の乱以後、特例を除いて入朝が禁じられた。そのため、諸王の就藩は宮城はもちろん都北京との永遠の訣別を意味した。[39]したがって、諸王が北京城の周辺に埋葬されるのは、以下の三つ例外的なケースに限られていた。[40]

①王府に就藩した諸王が死後、息子がなく封除されて北京に戻ることを許された場合

②王に封じられたものの、まだ就藩せずにそのまま北京に留まっていた場合

③早死にした場合

明代の諸王には、③の早死した者が少なくない。これらの者も諸王に追封されて金山に埋葬された。

『太常続考』巻四「西山陵園事宜」には、西山の金山に葬られた諸王として次の者を挙げている（表4参照）。

諸王の壙誌として一例を挙げれば、「永思王壙誌」(A317)が一九四九年以後に海淀区から出土しており、海淀区文物管理所に収蔵されている。壙誌によれば、永思王の名は朱常溥、万暦帝の第八子である。万暦三十二年(一六〇四)六月二十五日生まれ、三十四年正月二十日に没した。同年六月十七日に、「金山之原」に祔葬(合葬)したとある。

(3) 公主と駙馬都尉

夭逝した公主(皇帝の娘)も、同じく金山に埋葬された。『太常続考』巻四「西山陵園事宜」には、以下の二〇人の公主名を載せている。

宣宗の娘　永清公主
憲宗の娘　長泰公主、仙遊公主
孝宗の娘　太康公主[41]
世宗の娘　帰善公主、常安公主、思柔公主
穆宗の娘　蓬萊公主、太和公主、棲霞公主
神宗の娘　仙居公主、静楽公主、雲夢公主、霊丘公主、雲和公主、泰順公主
光宗の娘　悼懿公主、悼寧公主、悼康公主、悼泰公主

ほかに、神宗の娘では、香山公主、天臺公主が洪達山に葬られた。光宗の娘では、悼順公主と悼淑公主が、熹宗の娘では、永寧公主、懐寧公主が楊家頂山に葬られた。

また公主が下嫁した場合には、死後は夫の駙馬都尉の墓近くに埋葬されたり、合葬されたりした。洪熙帝の娘で宣徳四年三月駙馬都尉王誼のもとに下嫁した真定公主は、景泰元年十二月に亡くなった。[42]夫の誼はすでに香山に葬られていたが、公主の遺言に従いその柩を公主墓に遷して合葬することを願い出て許された。洪熙・宣徳年間以後は、主に西山に埋葬されるようなり、前述した「翠微山之陽」は、公主墓が集中している葬地であった。[43]

石景山文物管理所の陳康は、以下の九種の公主壙誌と駙馬都尉の墓誌および出土地点を紹介している。

①「大明廣德長公主壙誌」一九六四年に北京鉄路局西山療養院内で出土。広徳長公主は英宗の第五女。
②「明故駙馬都尉樊公墓」一九七〇年代に上記の同一地点で出土。樊公(凱)は広徳長公主の夫。
③「故固安郡主壙誌」(C53/117)八大処で出土。固安郡主は景帝の長女で、英宗が復辟すると公主から郡主に降称された。
④「太康公主壙誌」一九八三年に海淀区香山正藍村東の金山南麓で出土。太康公主は孝宗の皇女。
⑤「寧安大長公主壙誌」二〇〇一年に石景山区文物管理所が崀山村で回収。寧安大長公主は、世宗嘉靖帝の第三女。
⑥「棲霞公主壙誌」一九五五年に董四墓出土。棲霞公主は、穆宗隆慶帝の第七女。
⑦「永寧長公主壙誌」一九七〇年に石景山区西下庄の西側の北京工人療養院(旧、梁家府村)で回収。永寧長公主は、穆宗の第四女。
⑧「永寧公主壙誌」(C59/147)一九五四年に董四墓で出土。永寧公主は、熹宗の女。
⑨「懐寧公主壙誌」(C59/162)一九五四年に董四墓で出土。熹宗の女。

ほかに、近年出土した二種の壙誌がある。

⑩「静樂公主壙誌」(A305)一九九九年六月海淀区廠窪工地で出土し、北京石刻芸術博物館の所蔵。静楽公主は神宗の第三女。名は

朱軒媺。万暦十二年六月一日生まれ。翌年閏九月二十一日亡くなり、十二月四日に都城西の「金山之原」に葬られた。

⑪「遂平長公主壙誌」（A327）一九九九年海淀区の鮑家窯で出土。海淀区文物管理所所蔵。光宗の第七女。名は朱徽婧。万暦三十九年九月十六日生まれ。崇禎六年正月一日に没し、八年三月十日「普安山之陽」に葬られた。遂平長公主のことは、前掲の『太常続考』に載せていないが、『太常続考』編纂後に死去したために載らなかったのであろう。

（4）夫人

『宛署雑記』巻一八、恩沢、墳墓には、夭折したため金山に葬られた公主に続けて「夫人墳」の項目があり、保聖賢順夫人馮氏以下の三七人を掲げている。ここにいう「夫人」とは、郡王の子、鎮国将軍（三品）や郡王の孫、輔国将軍（四品）の妻のことであろう。[44]これらの夫人も、金山に埋葬された。

5　太監

一九五〇年代以来、北京地区では明代中晩期の太監の墓葬が大量に発見された。北京市文物研究所編『北京考古四十年』[45]によれば、不完全な統計と断っているものの、一九五五年から八四年までに一〇〇基あまりの墓が発見されたという。太監墓についての最初の報道となったのが、広安門内「老君地」付近の発掘である。[46]広安門以北から西便門以南にかけては、多くの墳墓があり玉帯・銅銭・瓷罐・墓誌等が出土していることから、明代太監の聚葬区の可能性が指摘された。しかし残念なことに、その後詳しい発掘報告は出されていない。

一九九〇年代に入って、出土した明代太監の墓誌や葬地についてのデータもようやく蓄積されつつある。その研究の先鞭をつけたのは、王春瑜・杜婉言であった。[47]近年では、前述した『新中国出土墓誌』の「執行主編」を務める任昉が、新出墓誌を用いて精力的に研究を進めている。[48]以下では、主に出土墓誌の報告に基づきながら、太監の葬地について紹介する。

①内宮監太監張端墓誌（海淀区静明園内出土　A126, B110）

北京石刻芸術博物館所蔵。墓誌蓋はなく墓誌のみで、首題には「大明贈内官監太監張公墓誌銘」とある。[49]墓誌によれば、張端の号は、怡春居士。嘉興府平湖県の人。生没年は、永楽十七年二月二十一日に生まれ、成化十八年九月二十四日に没した。

②御用監太監銭義墓誌（海淀区白石橋五塔寺村真覚寺出土　A129, B111）

墓誌は、海淀区の北京動物園後方の南長河北岸にある北京石刻芸術博物館内から出土した。[50]同館所蔵。墓誌の首題には、「大明御用監太監銭公墓誌銘」とある。銭義は女真の出身で、宦官銭能の弟。生没年は、宣徳九年（一四三四）十二月二十七日に生まれ、成化二十年（一四八四）七月二十二日に没した。

銭義は、勅命を奉じて都城西郊の香山郷に真覚寺[51]を建てた。彼はかつて同僚の太監郭潤と柯興に告げて、「亡くなったら、私を必ずここに埋葬してほしい。身体と魂魄のよりどころがあるように。よく覚えておいてくれよ」と述べた。義の死後、葬儀を執り行うことを命じられた潤と興は、その宿願に従って真覚寺のかたわらに葬った。真覚寺は成化九年に成化帝が建てた寺であり、墓誌から銭義はその工事監督を務めたことが知られるから、生前ゆかりの寺のかたわらに埋葬されたことになる。真覚寺は、現在の五塔寺であり、北京石刻博物館内にある。墓誌がここから出土したのは、まさに墓誌の記載と一致している。

③司礼監太監張永墓誌（海淀区二里溝の外貿談判大廈出土　A229, B177）

墓誌の首題は「明故司禮」の文字のみ残り、後半が欠けているが、本文から張永の墓誌であることが判る。[52]正徳年間に劉瑾を筆頭に悪名をはせた「八虎」の一人。成化元年七月二十六日に生まれ、嘉靖七年十二月三十日に没した。その翌年三月七日に、柩を奉じて「阜城門西香山郷[53]之祖塋」に葬った。正徳の初め、太監張永が古刹の混元霊応宮を再建して、雲恵寺の名を賜った。[54]張永が城外一〇里にあるこの寺院を再建したのは、張氏の祖塋の所在地であったからである。

④御馬監太監署乙字庫事劉忠墓（所在：北京海淀区香山南側の山崖下）

一九八〇年六月、北京市が香山飯店を建設した際に発見された。[55]墓は以前に盗掘に遭っていたため、木棺、遺体および随葬品はすでに破壊されており、墓室の建築や彩色および室内の石雕や陳設のみがよく残されていた。劉忠の生没年は、成化二十三年（一四八七）～嘉靖三十三（一五五四）。弘治帝、正徳帝、嘉靖帝と三代五九年間にわたって皇帝に近侍した。

⑤御馬監太監高忠家族墓（所在：甘家口の五鉱集団西側）

二〇〇三年八月、甘家口五鉱集団西側の工事の際に、明嘉靖時期の太監高忠の墓葬一基が発見された。[56]すでに盗掘にあっていたが、墓誌一盒と須弥座式石棺床が出土した。この場所からは、中華人民共和国成立以後これまでに、高忠の兄高恕と夫人康氏、侄の高鳳（A306）と王氏（A281）、継夫人劉氏（A314）の墓誌各一盒、計五盒が発見されており、高忠の家族墓がここに設けられていたことがわかる。

高忠の生没年は、弘治九年（一四九六）～嘉靖四十三年（一五六四）。卒年の七月九日に、「阜成關外香山郷二里溝之原」に葬られた。なお、高忠は後述する宦官の祭祀組織「黒山会」の有力な出資者でもあった。

⑥司礼監掌印太監田義墓（所在：石景山区模式口大街五一号院内）

田義の墓は万暦年間に建てられた。約四〇〇〇㎡を占め、四周は石墻で囲まれている。墓は北に坐し南に面し、墓前の顕徳祠と墓地とで前後に分かれている。墓門の北には、三座の碑亭と以下の石碑がある。「敕内官監太監田義」（万暦十年　C57/110）、「皇帝敕諭南京司禮監太監田義」（万暦十一年　C57/117）、「乾清宮近侍司禮監掌印兼掌酒醋麪局印總督禮儀房司禮監太監渭川田公墓表碑銘」（万暦三十三年、沈一貫撰　C58/173）[57]。別号は渭川、陝西華陰県の人。生没年は、嘉靖十三年（一五三四）～万暦三十三年（一六〇五）。

⑦御用太監趙芬墓（所在：海淀区甘家口の北京工商大学内）

二〇〇二年五月、北京工商大学グラウンドの整地作業中に発見され、北京市文物研究所が調査した。[58]墓は石砌穹窿頂の単室墓で、副葬品の玉帯、磁瓶、紫砂壺、紫砂杯と墓誌一盒も出土した。墓誌の首題には、「皇明御用監太監西漳趙公墓誌銘」とある。

生没年は、正徳三年（一五〇八）～万暦十年（一五八二）。西漳は別号で、名は芬。字は蘭谷。北直隷真定府趙州の人。万暦十年五月十六日に七十五歳で死去し、同月二十八日に阜成門関廂外の「四里園之陽」に葬られた。

⑧剛鉄墓（所在：石景山区八宝山南麓）

宦官墓で懸案となっているのが、剛鉄墓である。沈榜『宛署雑記』巻一八、恩沢、一墳墓、功臣によれば、剛鉄は朝廷に功績のあった功臣として勅命を奉じて埋葬され、その墓地も「都城西十八里黒山下」にあると明記されている。[59] また一名、剛炳とも言われる。墓碑資料では、「洪武年開國元勲正承奉剛鉄《ママ》之墓」（C53/41）や「大明洪武開國元勳司禮太監剛公諱鐵之墓」（C56/139）とも記されているが、実録などの明代の史籍にはその名は登場しない。

この問題について最初に本格的な分析を加えたのが、梁紹傑論文である。[60] これによれば、剛鉄の事蹟は永楽帝の靖難の役やモンゴル親征に従って功績を挙げた宦官狗児（賜名、王彦）に最も類似しており、明朝の宦官が朝廷に対する忠誠を顕示するために彼の事蹟に仮託して造り上げた宦官の英雄であるとした。この英雄の「造史過程」は、宦官が抑圧された時期の嘉靖年間に始まるという。

これに対し、趙世瑜・張宏艶[61]は、宦官王彦の葬地は北京昌平県の桃谷口にあり、そこに広寧寺と賜額された大規模な寺院を創建していることから、剛鉄と黒山会に借りてその名を伝える必要はなかったとして王彦仮託説を否定した。その上で、宦官の祭祀組織「黒山会」の分析から出発して剛鉄という宦官の祖神が造り上げられた意味を明らかにし、社会史の角度から宦官と京師の民間社会の関係について分析を加えた。

ここでは、剛鉄墓の起源と宦官祖神の形成過程についての検討はひとまずおいて、宦官の祭祀組織が北京においてすでに弘治年間に形成され、上述した個々の太監墓とは別に、無名の宦官の共同墓地が都城の西二十里の元の霊福寺に設けられていたことを「重修黒山会墳塋碑」（弘治八年　C53/35　所在：石景山区八宝山剛鉄祠）の記述から確認するに留めたい。[62]

このほか宮人の例では、敕賜墓が宛平県南の上下庄に造られたことが『宛署雑記』巻一八、恩澤、一墳墓、夫人墓の項に見える。嘉靖末年に発生した宮廷内の火災で焼死した宮人孫氏らを埋葬したもので、特例であろう。

宦官の葬地は、つとに劉若愚が『酌中志』の中で指摘しているように、まず仏寺の付近が選ばれた。[63] これは、彼らの大多数が仏教を篤く信仰していたからであるが、道教や儒家の葬送儀礼を取り入れたものも見られた。また生前に自らの葬地を卜占するなど、明代の太監が一般の人々以上に自らの葬送問題をきわめて重視していたことは明らかである。[64] こうした風潮の中で、正徳十二年には病没した宦官の造墳を皇帝の特恩にすがって妄りに行うことを禁じたこともあった。[65]

6 品官

品官の葬地の選択については、正徳『大明会典』巻九二に記載がある。[66] 葬地は土色が光潤で草木が繁茂しているのが相応しく、将来、①道路が切られる、②城郭内に取り込まれる、③水路や池となる、④有力者に占有される、⑤農地化する、というような五つの患《うれ》いを被らない場所を「美地」としている。なかでも、都市開発によって城郭内に取り込まれないこと、道路・水路や農地化など土地利用の変化に巻き込まれないことなどを挙げているのは興味深い。神霊の安静を邪魔する改葬を避けるためである。

なお、徐萃芳によれば、明朝の官僚や地主の墓葬の多くは簡単な長方形の磚室墓であるが、棺椁の密封性と防腐措置に工夫が見られること、このため墓室内の随葬品や屍体の多くは保存状況がよいことを指摘している。[67]

(1) 功臣

功臣の葬地については、まず明初の功臣の一人、定国公徐景昌を例に見てみよう。正統二年（一四三七）に徐景昌が亡くなると、その墳墓が都城の西郊にある宛平県京西郷に設けられた[68]。墳塋を造成するための民地六〇余畝について、宛平県に命じてその税糧を免除する措置を取らせた。景昌は中山王徐達の孫にあたる。父の増寿は、靖難の役に際して南京の情報を燕王側に流していたが、建文帝の察知するところとなった。帝は当初これを不問に付していたが、燕王の軍が長江を渡る及んで増寿を殺害した。永楽帝の即位後、定国公に追封された[69]。

楊士奇の手にかかる「欽承祖業推誠奉義武臣特進榮祿大夫右柱國定國公徐墓誌銘」（『東里続集』巻三四）によれば、同年六月十二日に病で亡くなった。その訃報が届くと、帝は関係官庁に賜祭と治葬を命じた。九月九日に「宛平縣京西郷黄家臺之原」に葬ったとある。北京の都城空間が形成されつつあった正統年間[70]に、すでに京西郷の地は功臣にとっても葬地として相応しい場所と考えられていたことを示している。

また『宛署雑記』巻一八、恩澤、一墳墓には、賜与された功臣墓として、

①河間・定興王墓（所在：宛平県南蘆溝橋新店）
②新寧伯墓（所在：西山下）
③茂国公墓（所在：宛平県西四五里、西安祖卧龍岡下）
④彰武侯墓（所在：宛平県南、京西郷太子峪）
⑤安郷伯墓（所在：宛平県西四〇里、京西郷）

を挙げている。

①の河間・定興王墓は、河間王張玉と定興王張輔父子の墓である。張玉は、靖難の役に従事し東昌で死去し、張玉の長子張輔は土木の変で死去し、父子ともに王事に死した。宛平県の南蘆溝橋新店に衣冠冢を勅賜され、その上に祠が建てられた。

なお、張輔の子懋の墓誌銘が一九五八年に趙辛店呂村から出土している。墓誌の首題には、「明故特進光禄大夫左柱國太師兼太子太師英國公謚恭靖追封寧陽王墓誌銘」（B146）とある。明の正徳十年（一五一五）三月二十三日に卒し、その年八月四日に「宛平縣京西郷連三岡呂村東莊之原」に葬られた。

(2) 外戚

外戚の葬地も、北京郊外の各地で発見されている。ここでは、発見された墳墓と出土した墓誌をもとに紹介する。

①萬貴墓誌（右安門外彭莊出土）

一九五七年、右安門外の彭莊で出土した。墓誌の首題には「贈驃騎錦衣衞都指揮使萬公墓誌銘」（B102）とある。萬貴は憲宗萬貴妃の父[71]で、成化十一年（一四七五）七月九日に卒し、九月十五日に「都城南之原」に葬られた。

なお、萬貴の妻王氏墓誌も同じ年に同所から出土した。首題には「故萬母太夫人王氏墓誌銘」（B104　C52/135）とある。成化十四年正月

一日に歿し、二月三日に「都城南之原」に葬り驃騎公の兆（墳墓）に附すとある。

②慶陽伯夏儒墓（所在：南苑葦子坑）

一九六一年六月、北京文物工作隊により南苑葦子坑で一基の明代墓が発掘調査された。[72]「清理簡報」によれば、一〇m四方、深さ四m土坑内にある墓室は、磚壁と木槨からなっていた。墓室内の遺物の残り具合はよく、男女二つの木棺と絹織物の服飾八三件などが出土した。同工作隊では、二年前の一九五九年に南苑東鉄匠営四道口村から一件の墓誌蓋と一盒の買地券を入手保管していた。地券の末尾には「一本給付墓中亡過顯考慶陽伯夏儒收執付身、永爲備照」とあり、墓誌蓋には、「明故昭勇將軍錦衣衞指揮使夏子獻之墓」と刻んであった。墓中の出土遺物と買地券の文および『明史』輿服志の記載と対照して、この墓葬が夏儒の夫婦合葬墓との判断を下した。この判断は妥当なものと考えられる。[73]

夏儒は順天府大興県の人。先祖の籍貫は、南京応天府上元県。字は宗魯、別号は一中で、正徳帝の毅皇后の父である。はじめ、中軍都督府都督同知を授かり、正徳二年に慶陽伯に封じられた。生没年は、成化三年（一四六七）～正徳十年（一五一五）。『国朝献朝録』巻三に収める靳貴「榮祿大夫柱國慶陽伯一中夏公墓誌銘」によれば、墓葬された年は正徳十年十二月のことであった。都城の南の「魏村社」に葬ったとある。この魏村社が、墓の見つかった南苑葦子坑（現、豊台区東鉄匠営）にあたるであろう。永定門外の南約三kmの地点にある。正徳年間にはまだ外城が建設されていないが、夏儒の葬地はのちに建設される外城よりもさらに南に設けられていた。前述したように、葬地が城郭内に取り込まれることがなかったわけで、この葬地の選択は正しかったことになろう。

③安平侯方鋭墓（所在：朝陽区東大橋）

一九五三年、朝陽区東大橋の東郊人民公墓の付近で見つかった。[74]方鋭は嘉靖帝の孝烈皇后の父である。[75]墓はすでに盗掘に遭っており、墓誌と少量の随葬品の銅銭や金製首飾などが残されていた。墓誌の首題には、「明故安平侯贈太保謚榮靖方公墓誌銘」（B202）とある。字は、廷器。原籍は、応天府江寧県。祖父皋のとき錦衣衛に占籍し、北京に住むようになった。孝烈皇后は、はじめ九嬪の一人であったが、嘉靖十三年に張皇后が廃されると、代わりに皇后に冊立された。鋭も錦衣正千戸から都指揮使に陞った。嘉靖帝の承天府巡幸（南狩）に扈従し、後軍都督府左都督を拝命した。その後安平伯に封じられ、さらに侯に進んだ。成化二十三年（一四八七）十一月十五に生まれて、嘉靖二十五年（一五四六）二月四日卒した。同年三月二十七日「朝陽關之車營」に葬ったとある。

④武清侯李偉夫婦合葬墓（所在：海淀区八里庄慈寿寺塔西北）

一九七七年十月に北京市文物管理所がこの合葬墓について調査を行った。[76]墓制は、一棺一槨で、男性は東側、女性は西側に置かれていた。墓誌各一盒が置かれ、それぞれの墓誌蓋には「明故武清侯贈太傅安國公謚恭僖李公墓誌」「皇明誥封武清侯贈太傅安國夫人王氏合葬墓誌銘」とあった。武清侯李偉は、万暦帝の生母李太后の父で、外祖父にあたる。[77]字は世奇。原籍は、山西平陽府翼城県。曾祖父の政が、靖難の役にあたり燕王軍に随征して、順天府漷県永楽店に占籍した。嘉靖二十九年（一五五〇）に俺答《アルタン》が通州を略奪した際に、李偉は家族を携えて北京城に避難した。のちに娘が嘉靖帝の第三子裕王府に入り、四十二年に朱翊（のちの万暦帝）を生んだ。隆慶元年貴妃に封じられ、万暦帝が即位すると、「慈聖皇太后」と尊号を奉られた。[78] 偉も武清伯に封じられ、万暦十年武清侯に進んだ。正徳五年（一五一〇）正月十八日に生まれ、万暦十年（一五八三）十二月十三日に卒し、阜城関八里庄に葬られた。その墳塋は、生前の万暦三年に価銀三万両を賜って造営したものである。[79] 墓地の現在の地名となっている慈寿寺塔は現存していないが、原名は永安万寿塔であった。李太后が四年にここに寺塔を建てたのは、この墳塋の存在と関係していた。

(3) 武官

武官については、右軍都督府都督僉事房能の墓誌（A125）の一例のみ紹介する。

一九九五年七月、北京動物園後方の高梁河北岸（現、海洋館の工事現場）で一盒の墓誌が出土した。[80] 墓誌蓋には、「明故驃騎将軍右軍都督府都督僉事房公墓誌銘」と篆書してあった。墓誌の右側と右下角の比較的大きな部分が剝落している。この墓誌は、現在、北京石刻芸術博物館に所蔵するが、李巍論文では墓の存在までは言及していない。

房能の祖籍は、南直隷鳳陽府泗県。字は仕達。生没年は、永楽十六年（一四一八）十月二十四日～成化十八年（一四八二）六月。房能の曾祖父俊興は、朱元璋が挙兵すると元帥張天祐に従って功を立て河南中護衛百戸となった。永楽・洪熙の間に懐来衛に移り、さらに彭城衛（中城小時雍坊）に改調されて占籍した。

(4) 文官

文官の葬地については、朝陽区文物管理所で所蔵する工部尚書曽鑑の家族墓誌銘をもとに紹介する。

① 工部尚書曽鑑墓誌銘（A164）

一九四九年以後に朝陽区架松（現、勁松東口南）で出土した。墓誌の首題には、「明故工部尚書進階榮禄大夫致仕贈太子太保曽公墓誌銘」とある。宣徳九年（一四三四）六月二十三日生まれ、正徳二年（一五〇七）閏正月八日に卒した。曽鑑の訃報が届くと、帝は太子太保に追贈した。中官を遣わして宝鏹一万貫を送り、有司に命じて葬事を営ませた。三月二十七日に、都城の南の「五基之原」に葬られた。その妻陳夫人はすでに賜葬されていたが、このときに夫の鑑とともに合葬された。鑑の字は克明。天順三年に挙人となり、八年に進士となる。工部左侍郎を経て、弘治十三年に尚書に進んだ。正徳元年、盧溝橋隄を修築、病を得て致仕を乞うたが、その命が下る前に亡くなった。原籍は湖広の郴州桂陽県。曾祖父の民遠は、洪武の初め南京の虎賁右衛に隷籍した。祖父徳壽のとき、永楽帝の巡幸に扈従し、北京に移り住んだ。

② 曽鑑の妻、陳恵明墓誌（A156）

一九八七年五月二十六日に同じく朝陽区架松で出土した。墓誌の首題には、「明封淑人亡妻陳氏墓誌銘」とある。姓は陳氏。宣徳九年の生まれ。諱は恵明で、廬州合肥の人。父の栄は羽林前衛正千戸であった。墓誌には、弘治十四年閏七月七日に卒し、翌年三月十日に「崇文門外五基北之原」に葬ったとある。

③ 曽鑑の母艾果墓誌銘（A118）

二〇〇一年に朝陽区太陽宮郷十字口村で出土した。墓誌の首題には、「勅封曽母太安夫人艾氏合葬墓誌銘」とある。姓は艾氏、諱は果、江西の臨川県出身。永楽十年四月六日生まれ、成化十一年十月十七日に卒した。十一月十五日に、十年前に亡くなっていた夫の贈承徳郎工部主事有誠君とともに、「遷民□（屯）之原」にある祖塋に合葬された。

④曽鑑の子、曽洪墓誌銘（A153）

同じく二〇〇一年に同区太陽宮郷十字口村で出土した。墓誌の首題には、「亡兒太学生曽洪壙誌銘」とある。成化十五年生まれ。字は景疇。弘治癸卯《ママ》、鑑が工部右侍郎の三年考満の際に援例乞恩し、息子の洪を国子監に入れて肄業させた。洪は、尚宝司で歴事して吏部の選を待っていたところ、病で亡くなった。弘治十三年九月二十九日に卒した。十月十三日に東直門外の「遷民屯之原、祖塋之次」に合葬された。

曽鑑夫妻とその母や息子の葬地が異なっているのは、南京から移り住んだ曽家の祖塋が東直門外の「遷民屯之原」に設けられていたのに対し、正徳年間に亡くなった曽鑑は生前に祖塋とは別の崇文門外に墓地をあらかじめ用意していたからである。その地が、夫妻の墓誌銘が出土した朝陽区架松であったと考えられる。

7　庶民

庶民の個々の葬地については、ほとんど研究がなされていない。近年利用可能になった墓誌も、その多くは品官以上のものだからである。明初には、庶民の墳塋地は九歩と定められていた。また五品以上の品官は墓碑、六品以下は墓碣を立てるのを許されていたのに対し、庶民はただ壙誌しか許されなかった[81]。葬地を購入する財力に乏しい庶民には、遷都以来、官設官営の共同墓地の「漏沢園」が設けられていた。明末には、民間の運営する共同墓地の「義塚」が多く設けられるようになった[82]。

（1）漏沢園

北京では、天順年間までに北京城の崇文門・宣武門・安定門・東直門・西直門・阜成門外に、それぞれ漏沢園が設けられていた[83]。京城九門のうち、南城壁の正門の正陽門、東城壁の朝陽門、北城壁の徳勝門を除く六門の外に漏沢園が設置されていた。これらは、皇帝の命により設置されたもので、当初は官設官営であった。

明末、宛平県に設けられていた漏沢園の実情については、『宛署雑記』巻二〇、志遺六、漏沢園に記録が残されている。阜成門外と西直門外に設けられていた漏沢園は、長年の間に墳丘が累々と造られ、隙間もないほどになっていた。崩れかけた墓の上にさらに埋葬されるようになり、遺骨が野ざらしになっていた。隆慶年間に、このことが宮中まで達すると、毎年内帑金若干が支出されて、僧侶に命じて火葬の上、埋葬させた。

さらに続けて、近年以来、仁聖皇太后陳氏（慈慶宮）と慈聖皇太后李氏（慈寧宮）の両宮の布施により遺骨が収集され、清明節の日に火葬の上、埋葬が行われるようになったことを記している。

（2）義塚

『宛署雑記』巻二〇、志遺五、義塚には、万暦年間、北京城の附郭西側を占める宛平県に設けられていた義塚一〇所についての詳しいデータを収めている（表5参照）。

設置された経緯を見ると、歴代の西城御史が設置したもの三所、南城御史が設置したもの一所、知県が設置したもの一所である。ほかに、武官、太監、民間人が寄付したものがある。これらの義塚の中には、前述した西直門外の漏沢園と阜成門外の漏沢園の二所が含まれてい

表5　宛平県の義塚

位　置	面積	設置時期	設置経緯	四至
西直門外　1所	計80畝		係官，漏沢園	東・南はともに各家墳に隣接，西・北はともに道
七賢村　1所	計86畝	万暦13年	西城御史劉霖の設置	敷地内に詹法王の古塔あり。東は千戸馬雄の地，南は大道，西は王家莊，北は張内相の地
阜成門北岔路1所	計15畝	万暦21年	西城御史劉洪科の設置	東・北はともに道，南は売主の地，西は耿家墳
阜成門外北岔路1所	計80畝		係官，漏沢園	東・北はともに道，南・西はともに各家墳
阜成門外馬家廟後　1所	計50畝	20畝―正徳年間	民人李佐の寄付	東・南・北はともに道，西は王内相の地
		30畝―万暦7年	西城御史涂杰の設置	
阜成門外北岔路1所	計1400畦	先年	包都司の寄付	東・西・北はともに小道，南は各家墳
阜成門外南岔路1所	計1200畦	万暦19年	太監張□の寄付	敷地内に地蔵菴が建っている。東・北はともに道，南は各家墳，西は溝
広寧門外白家凹道北　1所	計17畝		張千戸が白茂の地を購入	東・南は道，西は梁百戸の墳，北は張芹の地
広寧門外道南1所	計17畝	万暦20年	南城御史徐□の設置	東・北はともに道，南は柴祥墳，西は観音寺
彰義門外　1所	計43畝	万暦21年	知県沈榜が府尹謝杰に申請して設置	地名，普済菴後。東は菴後畦地，南北は大道，西は柳内相の地

る。かつて官設官営であった漏沢園が、万暦年間には民間が運営する義塚となっていたようである。

ここでは、宛平県の知県沈榜が万暦年間に順天府尹謝杰に申請して設置が許可された彰義門外の義塚について、その設置経緯を明らかにしたい[84]。

宛平県の管轄区域内には、都城の西側半分が含まれている。北京城の正陽門と徳勝門の二門はもともと皇帝の御輦が通る禁路のため、門外に墓地は設けられていなかった。それ以外の城門外には、それぞれ義塚が設けられた。とくに阜成門と西直門の二門には、朝廷によって設置された漏沢園のほか、官・民によって設けられ義塚がとても多かった。ただ、宣武門（順城門[85]）から西に彰義門[86]外に通じる一帯には義塚がなく、付近の住民には不便であった。

この門の界隈は、天下の通衢で車馬の輻輳するところであったが、道路の南側は内府司苑の菜地であり、その北側は民間の耕地とはいえ権勢のある勲戚や宦官の所有地が広がり錯綜していたためである。因みに東側の大興県の場合には、安定門外に義塚がなかった。

宛平県の知県沈榜は、赴任後三年目の万暦二十一年（一五九三）に彰義門外に義塚を設置する手続きを進めた。この義塚の設置は、当地の里老人張臣らの訴えに端を発していたようだ。沈は、里老人の趙勲・張臣・董忠・王仲學・常守義らを選んで、義塚の候補地を調査させたところ、彰義門外の普済菴後の地一段が見つかった。東西の長さ一三一丈、南北の幅二〇丈、面積四三畝の土地である。もとは普済菴が購入した民地で、売買可能である。その上、地勢は高く大道の間にあり、二つの水路が合流しており、堪輿家が「上水靈龜之象」と見なす土地で、ちょうど風水にも適っていた。

沈は、自ら工面した銀三六両に順天府が支給した一〇両を加えて四六両を普済菴の僧に給付して売買契約を立てて購入し、義塚とした。順天府が支給した銀一〇両は、府尹謝杰がこの趣旨に賛同して援助したものであった。[87]

義塚が設けられた場所は南北の要衝にあたり、土地が侵占される懼れがあった。墻壁で囲むのも難しいので、趙勲らに命じて、春に義塚の傍らに柳一二〇〇本を植えさせ、その外側には深さと広さ二、三尺の溝を掘らせて境界とした。また傍らに門を立て進入路としたほかに、道の南北には、石碑二座を立て土地の丈尺・四至・畝数を大書し、後世の人々にも伝えようとした。義塚の管理運営のために、官簿一扇を用意して本菴の僧人に給付して管理させた。義塚内では、後日探しやすいように、西から東へ順次埋葬することにした。

このほかに、税糧と科差の当てられていない宛平県所有の土地約二頃（一四段）を用意した。この土地の租銀を毎年畝ごとに銀五分と定めた。これを本僧に給与して香火（線香代）とし、義塚の修理、溝塹の浚渫、義塚周囲の樹木の栽植の費用に当てた。また義菴護墳地約三八・八畝は、もともと僧慶成、妙明、慶喜が購入した土地であった。契約どおり管業させる代わりに税糧と科差を免除してやり、義塚を看守するための資金とした。

義塚として設定された四三畝の土地は、一万三二〇弓（一弓は五尺平方の広さ）であったから、当初、一万人分を塚に葬ることができると見込んでいる。石碑と門を立てる磚石や工事費用は、別に商工業者から徴収した鋪行銀内から支給した。[88]

（3）戦没者墓地

北京の西山の麓には、「憫忠義阡」と呼ばれる戦没者墓地も設けられていた。[89] 土木の変では、宣徳・正統年間にあらためて首都空間の整備が進められていた北京城[90]がモンゴルの軍事的脅威に曝された。このとき、オイラト軍数万騎による蹂躙から畿内地域を守った兵士はもちろん、先を争ってこれに加わった郷村の民も多く命を落とした。その数千の屍が、近親者による身元確認もできずに景泰二年（一四五一）に至っても阜成門外の西南に放置されたままであった。それらの遺骸を西山に移し、大きな墓穴を造って埋葬した。墓道が設けられた墓地では、戦没者を顕彰する祭祀が毎年行われ、それは明末の万暦年間に至っても続けられていた。憫忠義阡の設置経緯については、同書同巻、御製に景泰二年四月三日に立てられた「御製憫忠義阡之碑」が載せられている。御製碑には、この墓地設置の提案は宦官の上言によるもので、景泰帝がこれを嘉納したとしている。そもそも、このことに最も心を痛めていたのは、「2　廃帝と廃后」で言及した景泰帝の皇后汪氏であったという。汪皇后の懿旨に基づき、五八〇〇体の遺骨収拾が行われた。[91]

結びにかえて

ここまでの考察を、都城と葬地と関わりに注目してまとめると、以下のようになる。

(1)　北京遷都に先立って永楽帝は、北京城の北郊五〇㎞の地を葬地として選び、「天寿山」と命名した。天寿山には原則として皇帝と皇后のみが埋葬を許された。

(2) 廃立された皇帝や皇后はもちろん、その他の皇族であっても、帝陵の天寿山に埋葬することは許されなかった。

(3) 即位以前の皇太子や就藩以前の諸王、下嫁する前の公主などが夭逝した場合には、西山すなわち北京城の西郊約一〇kmにある金山に埋葬された。

(4) 殉死した妃嬪は、天寿山内に従葬されていたが、殉葬の廃止後は北京西郊の金山埋葬が定まった。

(5) 都城内の有力層であった功臣・外戚・太監・武官の葬地として、京西の西山が好まれる傾向にあったとはいえ、それ以外の城南や城東地域も葬地として選ばれた。

(6) 太監は、勅建寺の建設工事の監督を務めたが、そのゆかりある寺や自ら建てた寺の側を葬地として選ぶことが多かった。

(7) 文官の場合は退職後に郷里に戻ることが多く、都城周辺に葬地を設けることは少なかった。

(8) 葬地の選択にあたっては、品官や庶民を問わず、いったん埋葬された神霊がいつまでも安静で、のちに城郭内に取り込まれたり、道路が切られたりして改葬されることがないような場所が好まれた。

(9) 葬地を購入する財力に乏しい庶民層は、京城各門外に設けられた共同墓地の漏沢園や義塚に埋葬されたから、結果としてその葬地は、都城に最も近いところにあった。

註

1 新宮学「近世中国の首都北京の成立」(伊藤毅等編『近世都市の成立』シリーズ都市・建築・歴史⑤、東京大学出版会、二〇〇五年)。

2 唐代幽州の墓葬と墓誌については、劉耀輝「試論北京地区唐墓」(『北京文博』一九九八年四期)、および陳康「試論北京唐代墓志的地方特色」(『北京文博』二〇〇五年二期)がある。陳氏は、現在までの北京出土の唐代墓誌数として約八〇種という数字を挙げている。遼代については、北京市文物管理処「近年来北京発現的幾座遼墓」(『考古』一九七二年三期)、金代については、北京市文物工作隊「北京金墓発掘簡報」(北京市文物研究所編『北京文物与考古』一輯、北京燕山出版社、一九八三年)、元代については、黄秀純・雷少雨「北京地区発現的元代墓葬」(北京市文物研究所編『北京文物与考古』二輯、北京燕山出版社、一九九一年)、清代については、劉小萌(綿貫哲郎訳)「清代北京旗人の塋地と祭田—碑刻による考察—」(『満族史研究通信』一〇号、二〇〇一年)などがある。

3 墓誌を含む中国の石刻全般については、高橋継男「近五十年来出版の中国石刻関係図書目録(稿)」(『唐代史研究』四、二〇〇一年)、および『中国石刻関係図書目録(一九四九—二〇〇七)』(汲古書院、二〇〇九年)参照。北京地区における元朝石刻については、森田憲司「北京地区における元朝石刻の現況と文献」(『碑刻等史料の総合的分析によるモンゴル帝国・元朝の政治・経済システムの基礎的研究』、平成一二~一三年度科学研究費補助金・基盤研究B⑴研究成果報告書、二〇〇二年)が、近年の研究を網羅して参考になる。ほかに、松田孝一「北京の元代石刻—その残り方—」(『一三、一四世紀東アジア史料通信』第一号、二〇〇四年)などがある。

4 『北京文博』一九九六年一~三期、一九九七年一~四期、一九九八年一~三期。

5 本節では、以下の三つの資料集に墓誌銘の拓本または釈文が収められている場合に、参照の便のために次のように略記している。例えば、A317は『新中国出土墓誌・北京』の編号三一七に収載する墓誌の図版(上冊)と釈文(下冊)を、B110は『北京市文物研究所蔵墓誌拓片』の編号一一〇に収載する墓誌拓片の図版と図版説明を、C59/147は『北京図書館蔵中国歴代石刻拓本匯編』の第五九冊一四七頁に収載する拓本図版を、それぞれ示している。

6 本節は、『都市と環境の歴史学〔増補版〕』第3集、二〇一一年掲載論文として執筆された。本書に収録するにあたって加筆補訂を加えたが、紙幅の関係から史料の引用は大幅に省略せざるをえなかった。詳しくは、『都市と環境の歴史学』所載論文を参照されたい。

7 周知のように明朝の太祖洪武帝の孝陵は、南京城東郊の鍾山南麓にある。このほか、追尊された帝陵墓として、太祖の高祖父母・曾祖父母・祖父母三代の陵墓「祖陵」（江蘇省盱眙県管鎮郷）、太祖の父母の陵墓「皇陵」（安徽省鳳陽県西南）、世宗の父母の陵墓「顕陵」（湖北省鍾祥県松林山）の三陵がある。詳しくは、胡漢生『明朝帝王陵』（北京燕山出版社、二〇〇一年）、劉毅『明代帝王陵墓制度研究』（人民出版社、二〇〇六年）参照。

8 新宮学『北京遷都の研究』（汲古書院、二〇〇四年）第三章第三節7「天寿山の造営」。

9 万暦『大明会典』巻二〇三、工部二三、屯田清吏司、山陵。

10 顧炎武『昌平山水記』（北京古籍出版社、一九八〇年）巻上。

11 長陵委員会発掘工作隊「定陵試掘簡報」（『考古通訊』一九五八年七期）、同「定陵試掘簡報（続）」（『考古』一九五九年七期）。

12 趙其昌「定陵発掘始末」（『文物天地』一九八五年二期）。蘇宝敦「大明十三陵与地宮発掘始末」（『北京皇陵集萃』北京燕山出版社、二〇〇一年）。龐中威『定陵発掘親歴記』（学苑出版社、二〇〇二年）。

13 中国社会科学院考古研究所・定陵博物館・北京市文物工作隊『定陵』上・下（文物出版社、一九九〇年）。中国社会科学院考古研究所等『定陵掇英』（文物出版社、一九八九年）。何宝善・王秀玲「明陵辺城初探」（『北京史苑』二輯、北京出版社、一九八五年）。

14 張宝章・厳寛『京西名墓』（北京燕山出版社、一九九六年）。

15 陳康「一溜辺山府考略—明廃帝后及皇室墓地考」（『北京文博』二〇〇四年二期）。

16 『宛署雑記』巻四、山川・山。

17 翠微山は平坡山とも呼ばれた。『宛署雑記』巻四、山川・山。

18 『明史』巻一一、景帝本紀、景泰八年二月癸丑の条。『明英宗実録』巻二七五、天順元年二月癸丑の条。沈榜『宛署雑記』巻一八、恩沢、一墳墓。

19 『明憲宗実録』巻一四八、成化十一年十二月戊子・庚子の条。

20 『明武宗実録』巻二〇、正徳元年十二月丁卯の条。『明史』巻一一三、后妃列伝一、景帝廢后汪氏伝。

21 註15陳康論文。

22 『明英宗実録』巻七三、正統五年十一月丁巳の条。

23 蔣一葵『長安客話』巻四、郊坰雑記、「建文帝墳」。

24 『明史』巻一一三、后妃列伝一、憲宗廢后呉氏。

25 『明史』巻一一三、后妃列伝一、世宗廢后張氏。

26 秦大樹『宋元明考古』第九章（二）4「明代的妃嬪墓葬」（文物出版社、二〇〇四年）。

27 顧炎武『昌平山水記』巻上。地名は同書に基づく。現在の位置については、王岩・王秀玲「明十三陵的陪葬墓 —— 兼論東西二井的陪葬墓的墓主人」（『考古』一九八六年六期）による。

28 『万暦野獲編』巻三、英宗敬妃喪礼。万暦『大明会典』巻九〇、礼部四八、陵墳等祀、陵寝。

29 『明英宗実録』巻三六一、天順八年正月己巳。蔣一葵『長安客話』巻四、郊坰雑記、「諸王公主墳」。劉精義・魯琪「明代妃嬪陵園及壙志」（『故宮博物院院刊』一九八〇年二期）、註7胡漢生著書中編第一章第一節、および註15陳康論文。

30 表2は、『太常続考』（文淵閣四庫全書影印本、上海古籍出版社、一九八七年）のほか、沈榜『宛署雑記』巻一八、恩沢、一墳墓および註31董四墓に関する発掘記を参照して作成した。

31 考古研究所通訊組（安志敏）「北京西郊董四墓村明墓発掘記—第一号墓」（『文物参考資料』一九五二年二期）、考古研究所京郊発掘団通訊組「北京董四墓村明墓発掘続記—第二号墓」（同上、一九五二年二期）。註29劉精義・魯琪論文。

32 註15陳康論文。

33 苗天娥「光廟恭懿荘妃壙誌略考」（『北京文博』二〇〇五年三期）。荘妃壙誌の拓本図版と釈文を載せている。

34 『明史』巻一一四、后妃列伝、孝純劉太后伝。

35 註15陳康論文。

36 『明史』巻一二〇、諸王列伝五、世宗八子。王岩・王秀玲「明十三陵的陪葬墓—兼論東西二井陪葬墓的主人」（『考古』一九八六年六期）。

37 王艶玲「海淀区香山軍科院明太子墓発掘簡報」（『北京与考古』五輯、北京燕

山出版社、二〇〇二年）。簡報には、「故皇子壙誌」の釈文を載せている。

38 『明史』巻一一三、后妃列伝、恭粛貴妃萬氏伝。

39 布目潮渢「明朝の諸王政策とその影響」（『史学雑誌』五五編三・四・五号、一九四四年、のち『隋唐史研究』〈同朋舎、一九六八年〉に収録）。漢王高煦の乱については註8新宮学著書三六八頁で考察を加えた。

40 註15陳康論文八一頁参照。

41 『太常続考』巻四では、憲宗の公主としているが、『明史』巻一二一、公主列伝や『明孝宗実録』巻一四一、弘治十一年九月己酉の条では、「皇女太康公主」とあり孝宗の娘としている。詳しくは、註15陳康論文参照。

42 『明宣宗実録』巻五二、宣徳四年三月戊申の条。『明英宗実録』巻一九九、景泰元年十二月乙酉の条。

43 註15陳康論文八四頁。

44 正徳『大明会典』巻五三、礼部一二、王国礼一、封爵、事例、「弘治十年定」。

45 北京市文物研究所編『北京考古四十年』第四章第五節「明太監墓」（北京燕山出版社、一九九〇年）。

46 同前。『宛署雑記』巻一八、恩沢、一祠祭、祀親。

46 同前。『文物参考資料』一九五五年四期の「文物工作報導」欄の「北京広安門老君地基建工地発現古物（楊宗安）」によれば、北京外城広安門内迺南の城壁付近にある「老君地」からは、白釉細磁胎製の男子生殖器一件が出土した。明代における当該地名は「老軍地」で、当時の太監の聚葬地であったとしている。劉耀輝「明代太監的墓葬」（『北京文博』二〇〇一年三期）も、墓誌の出土情況からみて、「老君地」のある広安門内郝井台や魏公村などは明代の太監の聚葬地であったと指摘している。

47 『明朝宦官』（紫禁城出版社、一九八九年）。ただし、第四章「明朝宦官事例」において、文集所載なども含めて宦官の墓誌や墓碑として挙げているのは一四件にすぎない。

48 任昉「北京地区新出明代宦官墓誌零拾」（『明史論叢』中国社会科学出版社、一九九七年）、同「北京明代石刻三題」（『首都博物館叢刊』一四期、二〇〇〇年）、同「明代宦官籍貫与民族考論—明代宦官墓志研究之一」（『首都博物館叢刊』一五期、二〇〇一年）、同「明代宦官選用与仕進探研—明代宦官墓志研究之二」（『首都博物館叢刊』一六期、二〇〇二年）、同「明代宦官退休与養老考察—明代宦官墓志研究之三」（『首都博物館叢刊』一七期、二〇〇三年）。

49 註48任昉論文「北京地区新出明代宦官墓誌零拾」。

50 同前。

51 『宛署雑記』巻一九、僧道、真覚寺。

52 註48任昉論文「北京地区新出明代宦官墓誌零拾」。『明史』巻三〇四、張永伝。

53 香山郷は、『宛署雑記』巻二、分土によれば、城を離れること一五里から二五里の間にある。

54 『宛署雑記』巻一九、僧道、雲恵寺。

55 北京市文物工作隊「北京香山明太監劉忠墓」（『文物』一九八六年九期）。

56 賈瑞宏「高忠家族墓志考」（『北京文博』二〇〇四年四期）。同論文には、高忠の墓誌「明故乾清宮掌事司禮監太監進齋高公墓誌銘」の釈文を付している。

57 北京市文物事業管理局編『北京名勝古迹辞典』（北京燕山出版社、一九八九年）、肖紀龍・韓永編『北京石刻擷英』（中国書店、二〇〇二年）。

58 王清林「明御用監太監趙西漳墓誌考」（北京市文物研究所編『北京文博与考古』六輯、民族出版社、二〇〇四年）。同論文には、趙西漳の墓誌銘の拓本と釈文を収載している。

59 沈榜『宛署雑記』巻一八、恩沢、一墳墓、功臣、「鉄剛太監墓」、同書巻一九、僧道、寺・祠。註60梁紹傑論文二〇三頁。

60 梁紹傑「剛鐵碑刻雑考—明代宦官史的一個謎」（『大陸雑誌』九一巻五期、一九九五年）。

61 趙世瑜・張宏艶「黒山会的故事—明清宦官政治与民間社会」（『歴史研究』二〇〇〇年四期）。

62 「重修黒山会墳塋碑」に「永樂年間、開國元勲司禮監太監剛公鉄葬于是、茲後内官内使瘞此者、不下百數家。」とある。註56賈瑞宏論文では、黒山会に関連する碑刻としてほかに、「義会壽塋地産碑」（嘉靖二十九年、C55/145：所在　朝陽区広渠門外）、「黒山会流芳碑記」（嘉靖三十年 C55/153）、「重修黒山会褒忠祠碑」（万暦三十五年、C58/195）を掲げている。

63 劉若愚『酌中志』巻二二、見聞瑣事雑記。

64 註46劉耀輝論文。陳玉女『明代二十四衙門宦官与北京仏教』（如聞出版社、二〇〇一年）第四章第四節。

65 万暦『大明会典』巻二〇三、工部二三、職官墳塋。
66 正徳『大明会典』巻九二、礼部五二、喪礼三、品官喪礼、大明集礼、「択地」。
67 徐苹芳「明代陵墓的発掘」（中国社会科学院考古研究所編『新中国的考古発現和研究』文物出版社、一九八四年）所収。
68 『明英宗実録』巻三二、正統二年七月乙未の条。京西郷は、『宛署雜記』巻二、分土によれば、城を離れること五〇里から六〇里の間にある。
69 『明史』巻一二五、徐達伝。
70 註8新宮学著書第七章「北京定都」。
71 『明憲宗実録』巻一四三、成化十一年七月戊午の条、『国朝献徴録』巻一〇九、錦衣衛、「錦衣衛指揮使萬貴伝」。
72 北京市文物工作隊「北京南苑葦子坑明代墓葬清理簡報」（『文物』一九六四年一一期）。簡報には、「夏儒墓券」の釈文を収載している。
73 『北京図書館蔵中国歴代石刻拓本匯編』には「夏儒墓券」（C54/28）と「皇明誥封戚畹慶陽伯夫人夏母葉氏墓誌銘」（C54/185）を収載している。
74 北京市文物研究所編『北京考古四十年』（北京燕山出版社、一九九〇年）第四編第四章「第四節明代外戚墓葬」。
75 『明史』巻一一四、后妃列伝、孝烈皇后方氏。および同書巻一八八、方鋭伝。
76 張先得・劉精義・呼玉恒「北京市郊明武清侯李偉夫婦墓清理簡報」（『文物』一九七九年四期）。簡報には、李偉の合葬墓誌拓本（部分）を図版として収載するのみである。
77 『明史』巻三〇〇、李偉伝。『国朝献徴録』巻三、戚畹、王家屏「武清侯贈太傅安國公諡莊簡李公行狀」。
78 『明史』巻一一四、后妃列伝二、孝定李太后伝。
79 『明神宗実録』巻三六、万暦三年三月辛酉の条。
80 李巍「明房能墓志考」（『北京文博』一九九七年一期）。同論文には、房能墓誌の拓本図版と釈文を収載している。
81 正徳『大明会典』巻一六二、工部一六、屯田清吏司、墳塋、職官墳塋、「大明令」。
82 星斌夫「明代の賑済施設について」（『明清時代社会経済史の研究』国書刊行会、一九八九年）。
83 万暦『大明会典』巻八〇、礼部三八、恤孤貧。
84 『宛署雜記』巻二〇、志遺五、義塚、記一。
85 原文には「順城門」とある。宣武門は、元の大都城以来「順承門」と呼ばれてきた。これが訛ったものであろう。
86 彰義門は、金・元の中都城の西城壁の門名である。明代でも城門とその西城壁の一部は残っていたらしい。外城の西側の広寧門外の約二kmに位置する。
87 『宛署雜記』巻二〇、志遺五、義塚、記「萬曆癸巳三月吉日順天府尹長樂謝杰書」。
88 鋪行銀については、新宮学「明代北京における鋪戸の役とその銀納化―都市商工業者の実態と把握をめぐって―」（『歴史』六二輯、一九八四年）。
89 『宛署雜記』巻一八、恩沢、一墳墓、憫忠義阡。
90 註8新宮学著書第七章「北京定都」。
91 『明英宗実録』巻二〇一、廃帝郕戻王附録一九、景泰二年二月乙未の条。

韓国古代の都城と墓域 ― 百済を中心に ―

朴　淳發

【キーワード】　京域　百済都城　都市　墓域

序論

人間が死んだ者を処理する方法として墓を造り始めた例は、旧石器中期のネアンデルタール人から始まったことは周知のとおりだが、一定の空間を設定して多数の死者の墓を反復的に造った墓域の成立は、その後も多くの時間の経過を必要とした。死者に対する公式的な処理空間としての墓域の出現は、人間集団の間で重要な資源をめぐって競争的な関係が成立した頃に初めて出現したというヨーロッパ地域の観察結果がある。[1] 農業社会への転換に伴って土地資源に対する競争的占有の過程から墓域や巨石墳墓が出現したと理解することができる。[2]

そのような点は、中国と韓半島地域でも適用可能であると思われる。中国の場合、新石器時代中期前半（前七五〇〇～前六〇〇〇年）には住居址周辺に墓が散発的に分布していたが、その後半（前六〇〇〇～前五〇〇〇年）に至って、ようやく居住区域と分離した集団墓域が出現し始め、晩期（前五〇〇〇～前三〇〇〇）に該当する陝西臨潼縣姜寨・西安半坡などに至ると、集落の居住空間の境界として環濠が登場し、墓域が環濠の外に配置される定形性を見せている。[3] 韓半島では青銅器時代のおおよそ前八〇〇～前七〇〇年頃に集落周辺で墳墓が確認され始めるが、江原道春川泉田里・忠□南道天安云田里・舒川烏石里・慶尚南道晋州大坪里などからもわかるように、周溝石棺墓がそれに該当するもので、その時期は青銅器時代前期の欣岩里類型や駅三洞類型段階である。この頃また支石墓が登場し、青銅器時代の墓制の主流をなすようになる。蔚山検丹里環濠集落では環濠外部に支石墓が分布しており、居住域と墓域の明確な区分が観察でき、環濠を伴っていない大部分の集落遺跡でも支石墓をはじめとした一連の墳墓が居住域と分離していたものと理解できる。

居住地域と墳墓域が分離したこのような集落類型（settlement pattern）は、以後持続していたものと理解できる。最近、百済地域の場合、原三国時代（前一〇〇～後二五〇年）の小国の中心集落と推定できる所から周溝土壙墓で構成された墓域が続々確認されており、そのような推定を裏づけている。韓半島の場合、居住区域を城壁で区画して境界をはっきりさせた集落類型つまり囲壁集落は、国家の成立と密接な関連がある。いままで知られた資料からみると、囲壁集落は、高句麗・百済・新羅など三国時代の国家の中心集落である都城地域からだけ発見されている。しかし、国家の成立期の各国の都城からいままで確認できた城の規模から、その内部には王をはじめとした支配者集団だけ居住していたものと判断でき、一般人たちは城の外で居住していたものと推定できる。したがって都城の居住地域の範囲は、城壁で囲まれた城内はもちろんのこと、その周辺地域も含まれていなければならないだろう。これと関連して重要なことは、まさに都城地域の墓域の分布様相である。青銅器時代以来持続した居住域と墓域が分離した集落類型なら、都城地域の住民の居住域の範囲は当然集落周辺の墳墓域をその境界としているからである。

1　百済の都城と墓域

本節ではこのような観点から、漢城時期~泗沘期に至る百済の都城地域を対象に墓域の分布様相を詳しく見、それから類推できる居住域の範囲を把握してみることにする。都城周囲を羅城で区画する新しい形態の泗沘時期の都城制に至る過程を、そのような居住空間の範囲拡大および都市的集住域としての発展という観点から迫ってみることができるのではないかと考えている。

(1) 漢城時期

⑴ 都城の構造

漢城時期の百済の都城は、風納土城[4]と夢村土城[5]の二つの城で構成されている。いままでのいくつかの考古学資料を見ると、この二つの城はすべて三世紀中・後葉以後に築造されており、『三国史記』および『日本書紀』などの文献史料の内容からみて、高句麗によって四七五年漢城が陥落した時点には共存していたことがわかっている。しかし、この二つの城の具体的な築造時点の先後関係や性格については見解が食い違っているため、まずこの問題について簡略的に整理する必要がある。

風納土城の平面形態は真ん中が膨らんでいる楕円形に近い長方形で、城壁全体の長さが三四七〇mに及ぶ。一九二五年の大洪水によって、漢江に近い西側の城壁のほとんどを流失してしまったが、残りの城壁は比較的原状を維持している。城壁の基底部の最大幅は四三m、残存城壁の最高が約一一mで、城内部の面積は約七五万九〇〇〇㎡(約二三万坪)に達する。一九二五年の大洪水時に青銅鐎斗などの遺物が出土し注目されたが、一九六四年、故金元龍の主導のもと、ソウル大学校考古学科が一回発掘調査して以後、一九九七年度、アパート建設工事場で偶然に百済の遺物包含層が確認されるまで、関心から遠ざかっていた。二〇〇八年まで風納土城内部また隣接地点に対する発掘調査が行われた所は総一一地点に及ぶが、これは城内部全体の面積の約一〇%に該当する。

発掘調査成果のうち、この城の築造時点がわかるのは、風納土城の築造以前にあった環壕集落の存在と城壁の切開調査の結果である。環濠に破棄された土器と城壁築造土に混入された土器のうち、注目されるのは深鉢形土器である。これは漢江流域の原三国時代Ⅲ期に初めて出現したもので、環濠が廃棄された後に造られた城壁は、けっして三世紀中頃以前よりさかのぼることはない[6]。その後、具体的にいつ築造されたのかを現在の資料から特定することは難しいが、少なくとも三世紀中葉を遡及することがないことは明らかである。

夢村土城は『高麗史』『新・東国輿地勝覧』など朝鮮前期の文献記録に「夢村」という地名とともに「古垣城」と記録されているが、学界に紹介されたのは、一九一六～一七年の朝鮮総督府殖産局山林課によって実施された全国の林野に残っている古跡調査だった。[7] 一九七五年、故李基白によって河南慰礼城の候補地として挙論されたことを契機として学界の注目を浴びており、ついに八八年ソウルオリンピック準備過程の一九八三～八九年にわたって発掘調査が行われた。自然地形を最大に活用し、押し固めた盛土方式で築造した城壁は、全体の長さ二二八五m、城壁の高さ一二～一七m、城内の総面積二一万六〇〇〇㎡（約六万七四〇〇坪）であると確認できた。一カ所の城壁切開調査によって、最初の築城時点は三世紀後半頃であると推測できるが、五世紀前半頃に部分的に修築があったことが判明した。[8] 最初の築造時点比定の主要な根拠になったのは、東北地域の城壁切開調査時、城壁崩落土中から収集した中国製の灰釉銭文陶器であった。銭文陶器は、三世紀中葉頃から四世紀第一四半期まで中国の長江中下流地域で盛行していた特徴的な陶磁器で、城壁はこれ以前に築造した可能性が高い。

以上のように、風納土城は城壁の築造の上限が三世紀中葉である反面、夢村土城の初築の下限は三世紀中葉～四世紀第一四半期である。したがって、現時点では相変わらず、どの城を先に築造したのかをはっきりさせる資料が不足している。二つの城の性格についてのいままでのいくつかの見解を総合すると、以下のとおりである。

前述したとおり、漢城時期の百済の都城制度は、『三国史記』百済本紀・蓋鹵王二十一年条と『日本書紀』雄略二十年条の記事[9]によると北城・大城と南城・王城など二つの城で構成されており、夢村土城はそのうち南城で王が居住していた王城であるという見解[10]が提起された。二つの城で構成された百済都城は、慰礼城または漢城になっており、慰礼城と漢城は同意とみる見解が有力であるが、[11] それぞれ別の城を指すという主張もある。最初百済の都城は慰礼城であったが、近肖古王二十六年（三七一）に漢山に遷都したため、漢山に位置した城を意味する漢城という名称が登場し、以後三九六年広開土王によって百済都城が攻撃を受け高句麗に降伏したのち、再度慰礼城に移したとするものである。このときの慰礼城は北城である風納土城で、漢城は南城の夢村土城ということになる。その後、高句麗の圧迫が激しかった蓋鹵王代に、南城である夢村土城を再度修理して王が生活を営んでいたため王城と呼んだりもしたが、高句麗が都城を占領して以後、北城は捨てて南城である漢城だけを使用したため、漢城がまさに漢城時代百済の都城を代表する名前に固着したものと推測できる。[12]

一方、近肖古王二十六年に移った漢山の位置を二聖山城と比定する見解もある。考古学資料の裏づけを得ることはできなかったが、最近、夢村土城を漢山に比定する見解[13]は説得力がある。高句麗の平壌城の攻撃以後、相対的に防御力が高い夢村土城に王の居所を移したものと理解できる。しかし夢村土城がまさにその頃初築したものとみることはできない。前述したとおり夢村土城は、四世紀第一四半期以前にすでに築造されていたものとみなければならないためである。漢山からの移都とは実状、三七一年高句麗の平壌城攻撃を終えて撤兵した近肖古王が相対的に防御力が卓越している夢村土城に移御した事実を物語っているものと理解できる。以後、夢村土城は漢山に位置した城という意味の「漢城」を引き続き称したものと理解できる。夢村土城内部から発見された金銅銙帯金具・瓦当・中国磁器などは、そのような漢城の位置と釣り合う。三九六年、広開土王の漢城攻撃に降伏し、風納土城に還宮するまで夢村土城は王が居所していた城だった。『三国史記』百済本紀・枕流王二年（三八五）に仏寺を建てた所として出てくる「漢山」[14]や同書阿莘王即位条[15]に阿莘王が生まれた所として記録されている「漢城別宮」は、すべて夢村土城と関連がある可能性が高い。高句麗の軍事的圧迫が激しかった蓋鹵王代に、再度、夢村土城に移御したものと推測できるが、これは四七五年、漢城陥落時点に王城と記録された南城に居所していたものと記録されているからである。東南地区で確認された五世紀前半代と比定できる盛土層は、まさにその頃にあった夢村土城に対する修葺と関連があるものであろう。

前述したとおり、いままでの考古学資料上から、風納土城と夢村土城のどちらを先に築造したのかを正確に知ることはできないが、百済が国家として成立していた三世紀中・後葉頃に、少なくとも二つのうち一つの城が先に出現したものと思われる。風納土城内部から確認できた城壁築造以前の段階の環壕集落からみて、城の登場以前にも百済の建国主導集団は風納洞一帯に位置していたことがわかる。この段階の考古学資料が夢村土城内部からはほとんどない点からみて、城壁以前の中心集落は風納土城一帯にあったものと思われる。

(2)墓域の分布

漢城時代都城の中心墓域は、夢村土城から南西側に約二㎞程度離れた石村洞古墳群にある。この古墳群は日帝時代からその存在が知られていたが、ソウルの急激な都市化によって学術的な調査を行うことができないまま大部分消失し、その全貌を把握することが難しくなった。ここではまず、石村洞古墳群に対するいままでの調査内容を整理したのち、最近、風納土城および夢村土城などの都城の中心地から五～六㎞程度離れた地点で新しく確認できた漢城時代の古墳群についても詳しくみることにする。

①石村洞古墳群

この古墳群は、行政区域上ソウル市松坡区石村洞・可楽洞にわたっており、漢城期百済の中心的墳墓域である。一九一六年度に発刊された『朝鮮古蹟図譜』三巻に掲載された分布図によると、当時地上でその存在を確認することができる墳墓は「甲塚」と命名された土築で造られた封墳二三基、そして「乙塚」と命名された積石封墳六六基で構成されていた（図1参照）。

発掘調査は、一九一一年九月の「松坡の古墳」調査が最初であると思われる。封墳の傾斜が緩慢な円墳で、封墳表面の一面は川石で覆い、埋蔵主体部は石槨がなく地平面上に木棺だけを安置して土をかけた様相で、土器破片などが発見されたと簡単に言及されている。[16]その後一九一六年度に調査した石村洞「第一積石塚」[17]は、高さ約六ｍ、直径約二七ｍの規模と記録されているだけで、その他の詳細な様相はわかっていない。一九一七年度に調査された「石村里六号墳」「石村里七号墳」は、封墳がお互い連結したもので、六号墳は埋蔵主体部を積石して封土をかけた後に墳丘表面を割石葺石した方台形である。七号墳の埋蔵主体部には積石はないが、墳丘面にはやはり割石を葺石している。[18]しかし埋蔵主体部の具体的な形態は不明であるとしている。この時「可楽里二号墳」も一緒に調査されたが、この古墳は山斜面に立地した中央羨道式の横穴式石室墓で、出土遺物は紹介されていない。一九七五年度の蚕室地区遺蹟発掘調査の一環として調査された可楽洞三・四・五・六号墳[19]のような性格の六世紀中葉以後新羅の横穴式石室

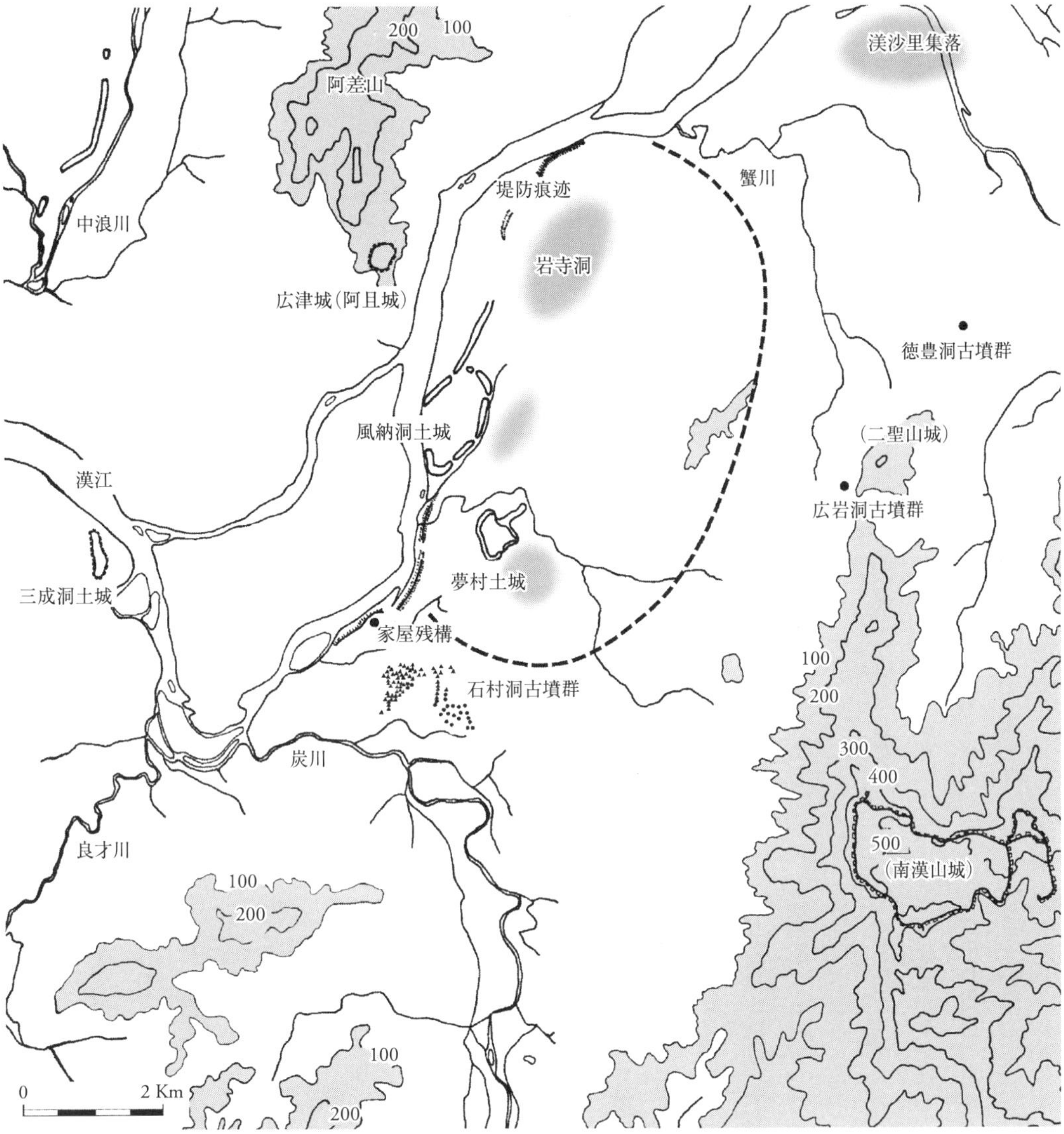

図１　漢城期の都城と墓域

墓であると判断できる。

一九六九年度には、封土墳の可楽洞一号墳と二号墳の発掘調査[20]が行われ、石村洞・可楽洞などの古墳群の封土墳の構造を具体的に把握することができた。木棺または甕棺など、多数の埋蔵主体部がお互い異なる時点で造営されたあと、一つの封土をかぶせて表面を葺石したもので、これは一九一二年最初に調査された「松坡の古墳」と同一であることがわかる。

これと同一な封土墳としては、一九七六年度に調査された石村洞五号墳と石村洞破壊墳がある。石村洞五号墳は、封墳の一部に対する調査だけが行われ埋蔵主体部は確認できなかったが、封墳の構築方法は可楽洞一・二号墳とほとんど同じであるとみられる。五号墳の南方約二〇〇m地点にあった破壊墳は、調査前すでに封墳が完全に毀損していたが、調査結果、木棺と判断できる埋蔵主体部五つを確認できたため、やはり二号墳と同じ多葬墓であることがわかった。

一九七四年には、日帝時代からその存在が知られていた石村洞三号および四号積石塚についての発掘調査が行われた[21]。三号墳については整備復元のため一九八三年と一九八四年に再調査が行われた。その結果、三号墳では基壇部の幅が五五・五×四三・七mに達する基壇式積石塚で、後代の攪乱がひどかったため埋蔵主体部を確認することができなかったが、築造基盤と判断できる粘土が混ざった礫石層から東晋代の青磁盤口壺の口縁部片が出土したため、近肖古王陵と比定されたりもした[22]。青磁盤口壺は口径一四・四㎝ほどだが、報告者はこれを「六朝初期」の磁器片とした[23]。盤口の口縁部全体の形態が水平状で大きく外反し、頸の直径の上下幅が大体同じである点などから、南京象山七号墳（三二二年紀年墓）・郭家山M一墓（三四七年紀年墓）など、比較的早い時期の特徴を持っている。このような点からみると、この盤口壺は四世紀中葉以前に比定でき、これは三号墳の築造上限年代になる。

四号墳は第二基壇の上に平面形が横穴式石室墓と類似した遺構が残っているが、毀損が激しいため詳細を知ることができない。報告者は横穴式石室墓を象徴的に表現しており、その内部に墓壙を掘って石槨を造り、その中に木棺を安置したと説明しているが、基壇面の上から出土した瓦片などからみて、横穴式石室墓が破壊されその基礎だけ残っていた可能性がある。出土遺物のうち肩部文様帯がない直口短頸壺の破片から、漢城Ⅱ期（三五〇～四七五年）の比較的遅い時期であると比定できる。

一九八六年度には、石村洞三号墳の整備復元と関連して民家などが撤去した東側一帯に対する発掘調査が行われた（図2参照）。土壙木棺墓・葺石封土墓・甕棺・石棺墓・破壊積石塚などの多様な墓制を確認した[24]。そして一九八七年度には四号墳と五号墳間の整備復元地域を対象とした調査が行われ、石村洞一・二号墳などの積石墓とともにいくつかの遺構が調査された[25]。これからをもとに林永珍は石村洞・可楽洞一帯の百済の墓制を、土壙墓（埋葬主体部は木棺、木板を敷いたもの、直葬または屍身だけ入れたものなど）・甕棺墓・高句麗式積石塚（封墳全体を積石充填）・百済式積石塚（内部を粘土で充填、外部は積石）・葺石封土墳・囲石封土墓・土壙積石墓などで区分・説明した[26]。

土壙積石墓は、夢村土城でもその存在を確認・報告したことがあるが、夢村土城の遺構は墓ではない。これについては後述する。囲石封土墓は当初報告書[27]では石槨墓と理解していた。石槨の形態が明らかでなく、床に石を敷いて周辺に比較的大きい石が置かれてあった点に注目し、そのように呼ばれた。いままで知られている漢城期の百済墓制の資料からみる限り、これと比較できるものはなく、遺構の性格規定に多くの疑問を投げかけている。いわゆる「囲石封土墓」は四基報告されているが、すべて残存状態が整然としておらず、墓制と認識するには難しい面があるが、原型に復元された土器・棺釘およびL字形固定鉄が出土した遺構は、墳墓とみることできるようだ。以前確認した可楽洞一・二号墳と類似した墓制と理解することができる。出土土器から四世紀末～五世紀前半頃と比定できる。

葺石封土墳は、石村洞三号積石塚の東側の地域調査から一基確認し命名したもので、これと同一な墓制の例としては、前述したとおり日帝時代に調査したことがある「松坡古墳」・石村洞六・七号墳、そして可楽洞一・二号墳・石村洞破壊墳・石村洞五号墳などがある。「封土土壙墓」[28]または「木棺封土墳」[29]などと呼ばれたりもする。この墓制の登場時点は、可楽洞二号墳出土黒色磨研土器の直口広肩壺および帯頸壺（頸部突帯壺）などの時期からみて、三世紀中後葉頃と比定する見解[30]が有力である。

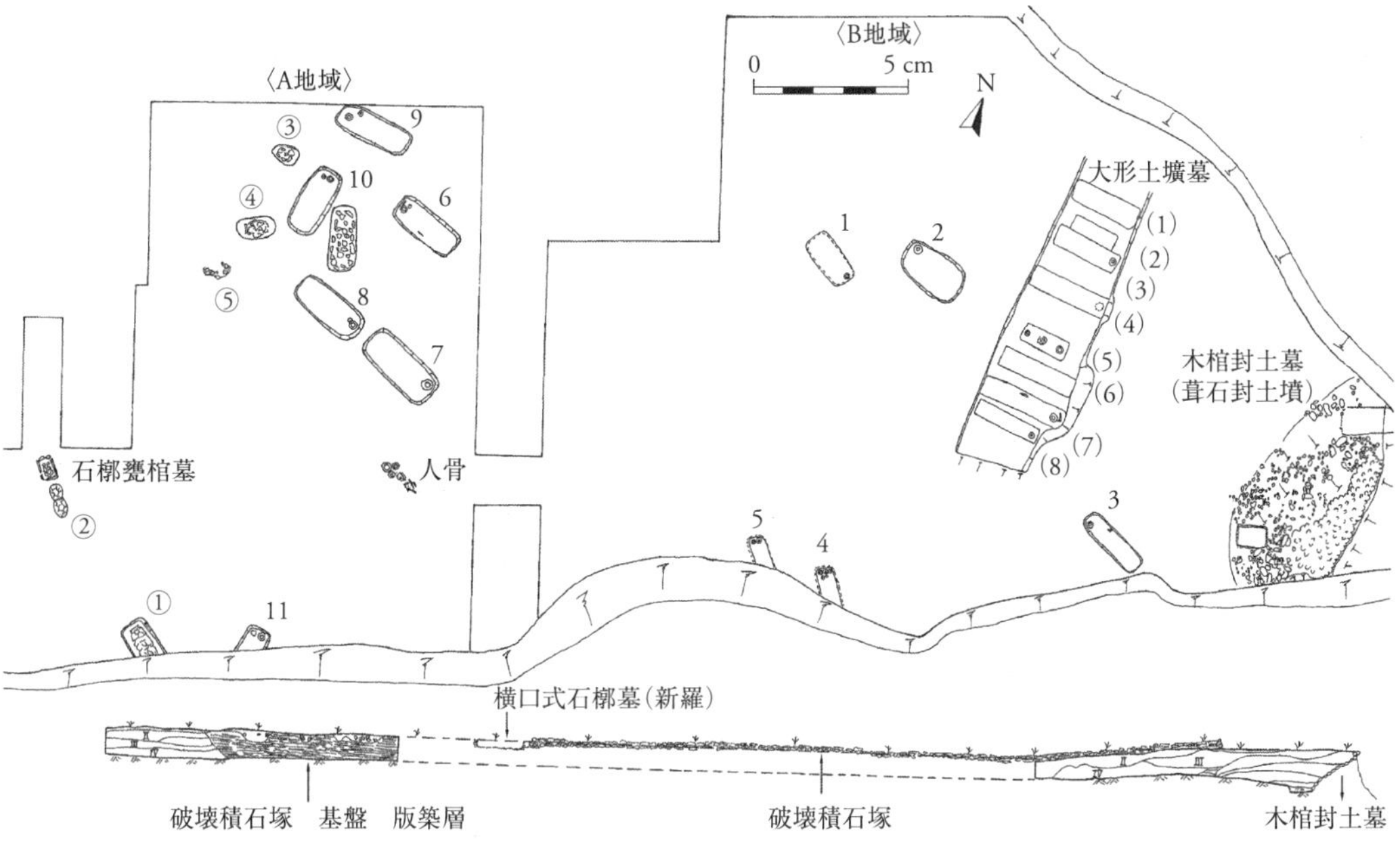

図2　石村洞3号積石塚東側古墳群の層位と遺構分布

基壇式積石墓は、その外形が高句麗の基壇式積石墓と同一で、百済の建国勢力が高句麗系統であることを裏づける考古学資料であると注目されてきた。その出現時期は三世紀後半頃で、そのうち積石内部を粘土で充填したいわゆる「百済式積石塚」は、土着集団出身の王妃家族の墓であるという主張もある。[31] 基壇式積石墓を三世紀後半と比定すること自体問題があり、粘土充填積石墓の被葬者を土着の王妃家族だとする解釈は、考古学資料それ自体で証明するには困難な主張である。基壇式積石墓の登場時点は、現在までの資料からみて四世紀後半代に比定でき、[32] その頃の高句麗系積石塚が百済王室の墓制に採択された背景についてはまだはっきりしていない点が多い。[33]

石村洞三号積石塚の東側地域の調査からも、やはりこのような積石塚の出現時点を裏づけている。三号積石塚調査から明らかになった築造工程は、旧地表面に約四〇～五〇cm程度の厚さで粘土を押し固めて盛土したあと、基壇周囲にはもう一度二〇～三〇cm程度の厚さで小石を敷いて積石をした。[34] 三号墳から東側に約二〇m離れた地点から粘土版築層が出現したが、[35] これは東側に隣接した「破壊積石塚」築造のための基盤整地土である。破壊積石塚は「葺石封土墳」・「大形土壙墓」・一～五号「土壙墓」など既存の墳墓上に約二〇cmの厚さに盛土したあと築造した。「A地域の人骨」および土器は、破壊積石塚に先行する墳墓の痕跡で、報告書の「中層」から出土した土器も、やはり積石塚先行墳墓と関連する副葬品であったことには間違いない。報告書の「中層」出土土器のうち、直口短頸壺などの形態からみて、おおよそ四世紀中葉を前後した時点に比定することができる。[36] 中層出土の東晋青磁四耳壺は、公州水村里一号墳出土の青磁四耳壺よりは多少遅い形式であるが、四世紀中・後半頃と比定でき、直口短頸壺の時期と符合する。破壊積石塚の築造時点は五世紀前半頃を上限としているが、これは層位的に先行する一〇号土壙木棺墓などが五世紀初・前半代と比定できるからである。[37]以上の点からみて、基壇式積石墓は三世紀後半頃に登場したと言えず、前述した石村洞三号積石塚の築造基盤層から出土した東晋の青磁片などからみて、四世紀中葉以前に遡及することはないだろう。

　石村洞三号の東側地域では、横口式石槨墓も一基確認されている。新羅の短脚高杯が出土しているため六世紀中葉以後の新羅の墓とみなければならない。石村洞・可楽洞古墳群では、いままで漢城期百済の石槨墓は確認されていないが、華城馬霞里[38]および白谷里[39]・原州法泉里[40]などでは、漢城期百済の石槨墓が確認されており、石村洞・可楽洞古墳群に石槨墓が存在しなかったと断定することは早急である。周辺地域の石槨墓について、筆者は四世紀中葉頃以降と比定したことがあるが[41]、最近の研究成果によると、車嶺山脈以北の場合、おおよそ四世紀を前後した時点から五世紀前半頃まで存続し、以南地域は五世紀前半から六世紀初半まで続くものと[42]理解できる。

　石村洞・可楽洞古墳群では横穴式石室墓が確認されたことはない。前述した石村洞四号墳の埋蔵主体部が、横穴式石室墓の平面形と類似した点は注目できるが、いまとなってはこれ以上の論議は難しい。しかし、都城以外の地域では、四世紀後半頃に横穴式石室墓が登場している。京畿道華城馬霞里一号墳[43]・江原道原州法泉里四号墳[44]などがそれにあたるが、以後しだいに漢城期の地方に編入された地域に拡散する様相を見せている。

　いままで詳しくみたとおり、石村洞古墳群は、漢城時期全期間にわたって持続的に墓が造られ、墓制の構成からみて最上位の王陵級から甕棺に至るまで多様で、都城居住の各階層の墳墓が一緒に造営された墓域であると理解できる。そして時間の経過とともに先行墳墓の上に後代の墓が造られたりした様相がわかる。

②夢村土城内の墳墓の問題

　夢村土城から発見された墳墓は、甕棺墓五基・「積石土壙墓」四基・「土壙墓」二基などが報告されている。[45]そのうち甕棺墓は墳墓であることは間違いないが、残りについてはその性格を再検討する必要がある。まず甕棺墓は、東南地区の城壁外の斜面から二基発見されたが、北門址外の城外部からも一基発見された。これらはすべて城外で、西北地区から発見された残りの一基は、城壁と連接した内側の高地帯に該当する。一九八五年度の報告書で三号甕棺墓と名前を付けたものと一九八七年度に調査された甕棺墓一基などがそうだが、八五―三号甕棺に使用された長卵形土器の口縁部の形からみて、おおよそ四世紀代のものであると判断できる。この時期は夢村土城の機能が維持されていた時点であり、城内にも甕棺墓が築造されていたものとみることができないわけではない。甕棺墓は幼小児を埋葬した墓制で、先史時代以来住居址の周辺に造られた事例がある。幼小児の死体を釜として使われていた長卵形土器に入れて簡単に埋葬したこのような墓制は、密かに行われていたり、もしくは黙認されていた可能性があるものと考えられる。

　しかし、いわゆる積石土壙墓や土壙墓の場合、遺構の性格についての再検討が必要である。積石土壙墓に対する百済土壙墓の墓制に、高句麗の積石の伝統が加えられ出現したという見解が提示されているが[46]、そのような推論の妥当性を問う前に、遺構の性格自体に対する検討が先行されなければならない。これと関連して夢村土城八五年度調査報告書では、いわゆる「三号石塚」に対する次のような説明がある。
長さ四・五m、幅二m規模の川石で形成された三号石塚は、東西方向の楕円形をなしており、形態・規模すべてにおいて一号と類似する。中央部分が東西方向に多少陥没しており、陥没部の積石を取り除いて調査した結果、二号と同じく土壙を掘ったあと川石を三〜七重に凸レンズ形態で覆い、土壙床にところどころ木炭が混じった腐植土があった。ここでは積石内部と外廓周辺の土壌を採取しリン（P）成分分析をした結果、積石内部土壌の濃度（0.70ppm）が積石外部の濃度（0.041ppm）より二倍という高いものであり、土壙の構造・積石中央部の陥没状態などから、この積石遺構が埋葬施設であったことを物語っている。

このような分析内容は一見もっともらしいが、夢村土城一帯の土壌中に含まれた燐の平均濃度をまず測定しなければならず、人体を含めた動物死体の埋葬によるリンの増加量がどの程度なのかについて、基本的な比較資料があってこそ判断可能である。土壌中のリンの測定濃度は、強雨などによって拡散稀釈されるが、もし強雨を遮断したなら、該当地点のリンの濃度が周辺に比べて相対的に高くなる。そのため、積石した所はそうでない周辺に比べて多少リンの濃度が高くなるのは当然の現象であると言える。したがってリンの濃度を比較して埋葬施設として断定する根拠にはならない。それでは埋葬のための土壙の存在は確かなものなのか詳しくみてみよう。一九八五年度の報告書に提示した図面からみる限り、そのような形は観察できない。一号石塚と命名されたものは、むしろ積石部分が周辺に比べて高いほうで、二号石塚は積石が多い部分だけが自然な陥没、つまり掘削の痕跡としてみることができる明確な掘広線がない、単純な陥沒があるだけである。このような部分的な陥没は、積石の重量によって十分に起こりうる。このような点からみて、夢村土城内で発見された積石遺構が墳墓である可能性はない。

これに対して、筆者は先にも指摘したとおり、積石遺構は投石用の石を集めて置いたものであると考えている。このような投石用の石の小山は一九七七年度に調査した高句麗の保塁遺跡である九宜洞遺跡でも確実に明らかになったこともあり、そのような推定を裏づけている。一九八七年度に調査された積石遺構は、住居址が廃棄された後につくられた場合もあり、高句麗の占有時点にこのような投石用の積石がつくられた可能性が高い。

次に「土壙墓」について詳しくみることにする。一九八五年度調査時に一号と二号と名前が付けられた二基の遺構中、まず八五―二号をみる。一九八五年度の報告書には、この遺構について次のような記述がある。

結局この土壙は……（中略）……地山層を掘って幅一・七〜一・八m、長さ三・三〜三・四m、深さ五五（東）〜七五（西）cmの大きさの長方形土壙を……（中略）……つくって土壙床に約五cm厚さの赤褐色粘質土を敷いたあと、中央に大形三足器二点を積み重ねて裏返しに置き、その横に台附有蓋小壺二点を並べて置いて、土壙をつくるために掘った地山をその上に覆いながら三足土器・把杯などの土器類を外で割って、その破片を主に壙内西北と東南側に投げておいたものと見える。

まず土壙の中央に三足器などの土器が置かれている点に注目できる。この遺構が墓であるならこの部分は当然屍身が置かれていなければならない所で、これ自体が墓である可能性がないことを物語っている。いままでこれと同様な土器副葬様相は百済時代はもちろん、原三国時代の土壙木棺墓や木槨墓でもその類例がないためである。そして土器を埋納しながら完全に破砕して墓壙に投げて置いた点も、やはりいままでの墓で観察できる副葬様相とは距離が遠い。これと類似した土器の破砕行為は、扶安竹幕洞祭祀遺跡[47]のような祭儀関連遺跡に典型的に見られることを想起する必要がある。いずれにせよ、このような土器の出土様相からみて、少なくともこの遺構が墳墓である可能性はかなり薄い。そして万が一この遺構が墳墓であるなら、その副葬品の内容に疑問が生じる。いままで漢江流域の百済墳墓から三足器が副葬品として埋納された例が、これ以外に一例もないゆえである。

それならばこの遺構の性格は何であろうか。筆者はこの遺構を、何らかの祭儀行為と関連があるものと考えている。上記で言及したとおり、土器を破砕して投げる行為は、古代の祭祀遺跡で一般的に見られる典型的な行為であるためである。夢村土城が城という機能を果たしていた漢城期のある時期に、何らかの目的で祭儀行為が行われていた結果形成された遺構であるとみなければならない。

八五―一号「土壙墓」は東北地域の高地帯で発見されたが、長方形の坑の床は幅〇・四～〇・五m、長さは一・七mで、一方が別の一方に比べて多少広い平面形である。床に比べ掘壙の肩部分は長さ二・一m、西側の幅一・二m、東側の幅〇・八～一m程度になる。これから掘壙の始まり部分と床は比較的緩慢な傾斜をなし、一般的な墓の墓壙とは形態が異なっている。そして墓壙内部に堆積している層位と出土遺物の様相を見ると、表土のすぐ下は「赤褐色粘土質層（Ⅱ層）」で、続いて「灰褐色粘土層（Ⅲ層）」になっているが、この層からそれぞれ長頸壺の上部破片・高杯・深鉢形土器・蓋などが出土している。床からは中央部分の南側で、瓶一点がやや傾いた状態で出土したという。坑の形態や土器片が混ざった堆積層の様相からみて、一時的で人為的な埋没の結果というよりは、逐次的な自然堆積の結果とみなければならない。墓壙内部を埋めたときに生じる層位様相は、小さい単位の土壌層が断続的に交差重複する様相を帯びるものとは距離が遠いためである。一方、この遺構が墓であるなら、原形に復元することができない土器破片が多数存在する点もおかしい。以上筆者は、この遺構を墓としてみることができない。夢村土城が城として機能を維持していた時点に貯蔵穴のような機能をしていた孔が廃棄されたあと、周辺の遺物が混入して自然層位が形成された結果として理解している。

以上の検討から、夢村土城内には甕棺を除いた墳墓は存在しないことがわかった。この城が百済によって占有された期間はもちろん、以後高句麗・新羅などの墓が存在したことはない。

③都城隣接地域の墳墓域

石村洞古墳群以外の漢城時期百済墳墓群が、最近、京畿道河南市一円で発見された。河南広岩洞古墳群[48]と徳豊洞古墳群[49]がそれである（図1参照）。これらは、すべて漢江の支川である蟹川の上流地域に位置しており、風納土城および夢村土城が位置した都城中心地から約五～六㎞程度離れた距離にある。距離上だけでみると、これら古墳群が都城の住民の墳墓群であると理解することもできる。しかし前述したとおり、石村洞古墳群が都城の中心古墳群であることは間違いないだけでなく、被葬者の階層的構成が単一でない点などからみて、漢城時代当時に、住民の階層ごとにお互い地域を別にした墳墓域が存在した可能性はごく低いため、河南市一円で発見された古墳群は、都城地域とは別の地域の古墳群であった可能性が高い。

広岩洞古墳群は、二聖山城北斜面に位置しているが、二〇〇五年度、道路工事区間に含まれていたため発見された。百済の横穴式石室墓二基と新羅の横口式石槨墓一一基が混在していたが、百済の石室墓は出土遺物から四世紀末～五世紀前半頃と比定することができた反面、新羅石槨墓は六世紀後半以降である。同一な墓域を使用している点から、百済の石室墓の被葬者と新羅の石槨墓の被葬者は、漢城時代以来この一帯に居住していた住民である可能性が高い。この古墳群は、新羅が漢江流域に進出したあとに設置した新州（漢山州）の治所である二聖山城に隣接した最大の古墳群である金岩山古墳群の一部に該当する所でもある。

漢城時期の横穴式石室墓は、前述したとおり、四世紀後半頃に出現した。いままで知られた例からみて横穴式石室墓は漢城に近い地域から出現し始め、しだいに拡大する時空間的分布様相を見せている。錦江以北地域の場合、京畿道華城馬霞里一号墳（四世紀後半）・清原主城里二号墳（五世紀前半）・清原芙江里二号墳（五世紀初前半）・原州法泉里一号墳（五世紀前半）・四号墳（四世紀後半）などが、錦江以南は公州汾江・楮石里一二号墳（五世紀前半）・益山笠店里一号墳（五世紀後半）などがそうである。石村洞古墳群でみたように漢城時期に中央の王墓また王族の墓制に横穴式石室墓を採用したのかどうか確実ではなく、その可能性は薄い。王室の墓制に採択した時点は熊津遷都以降からである。

百済地域の横穴式石室墓は、中央でまず採択されたあと、地方に波及されたのではなく、地方の首長層の墓制として出発した可能性が高い。前述した墳墓拡大過程からみると、中央の影響力が及びながら新しく地方に編制された地域の首長層が、まず彼らの墓制として採択していたことがわかる。このような点からみて横穴式石室墓は、その地域の中央に対する政治的位相、つまり中央と地方の関係設定過程と密接な関連性を反映しているものと思われる。横穴式石室墓が存在する地域は、そうでない地域に比べて相対的に中央の政治舞台において地位が高かった所だと言える。しかし、横穴式石室墓の出現以後おおよそ一～二世代程度の時間が経過すると、該当古墳群の築造が中断される姿が多く見られるが、これは土着首長を通した間接支配から中央の直接支配への転換と密接な関連があるものと思われる。[50]

このような事情からみると、広岩洞古墳群の位相は比較的高いものとみることができる。ところで、特異な点は横穴式石室墓に先行する墓制がないという点である。もちろん調査された地点だけで漢城時代百済の墳墓域を推定できない資料的限界はあるが、後述する京畿道城南市三坪洞でも、横穴式石室墓だけで構成された古墳群が確認されているため、広岩洞古墳群もやはり横穴式石室墓だけで構成されていた可能性を排除することはできない。いままで知られている漢城時代の百済古墳群は、原三国時代の小国中心集落ごとに造営されていた周溝墓で構成された墓域を継承している。[51] このような点からみて、広岩洞古墳群は、後述する三坪洞古墳群とあわせてとても特異である（表1参照）。先行の墓制がないということは、古墳群築造以前の段階には土着勢力が微々たるものだったと理解することができる。そうであるなら、横穴式石室墓の築造で出現した高い地域位相は、百済中央によって設定されたものとみてもよいだろう。現在確認できた石室墓はわずか二基だが、出土土器によって墓の築造時点が四世紀末～五世紀前半頃と比定でき、被葬者の生存時点を勘案すると、おおよそ四世紀後半以後に広岩洞古墳群を代表するこの一帯の集落が新しく形成され

表1　漢城時期の百済地方古墳群の墓制変遷（註51朴淳發「墓制の変遷から見た漢城期百済の地方編制過程」）

区分	A 周溝墓持続	B1 周溝墓→土壙墓	B2 周溝墓→土壙墓→石槨墓→石室墓	B3 周溝墓→石槨墓→（石室墓）	B4 周溝墓→土壙墓→石室墓	C 土壙墓→石槨墓→石室墓
I （原三国段階局限）	天安清堂洞・牙山湯井里・扶餘甑山里・保寧寛倉里・舒川堂丁里					
II （原三国～5世紀前半）		龍仁類型 （龍仁杜倉里，烏山水清洞，天安新豊里→花城里，大田弓洞→九城洞・龍山洞，舒川烏石里）	道基洞類型			
III （原三国～漢城期百済全期間）	富長里類型（機池里→富長里）		斗井洞類型（馬霞里・龍院里類型の一部：清原上坪里→松垈里→主城里）	笠店里類型（瑞山餘美里・舒川鳳仙里・群山山月里） 論山・全州類型	新鳳洞類型（清州松節洞→鳳鳴洞→新鳳洞）	
（原三国～漢城期百済全期間）						馬霞里・龍院里類型（華城馬霞里，天安龍院里，錦山水塘里，公州水村里，汾江石里） 法泉里類型（原州法泉里）

た可能性がある。この頃は近肖古王が旧帯方・楽浪郡地域をめぐって高句麗と交戦した時期にあたり、その過程で黄海道などの住民を従属させた結果だったのかもしれない。広岩洞の石室墓の築造技法に楽浪特有の胴張技法が観察できる点はそのような推定を可能にしている。

徳豊洞古墳群では、漢城時期の土壙墓二基と七世紀後半以後の統一新羅の横口式石槨墓五基が調査された。土壙墓出土土器からみて、四世紀後半頃と比定できる。古墳群の全貌が把握できていないが、前述した広岩洞古墳群に比べて位相が低い地域の古墳群であると推定できる。土壙墓に先行する原三国段階の墓制は確認できなかったが、渼沙里遺跡とわずか一・五km離れている程度であるため、二つの遺跡は相互密接な関連があったものと思われる。渼沙里は原三国～漢城時期の集落であるが、現在まで遺跡内では幼少児用の甕棺以外にどんな墓制も発見されていない。多分徳豊洞古墳群が渼沙里集落の墳墓域の一部分であるものと推定できる。渼沙里は風納土城内部の環壕集落とともに百済国家形成の一翼を担っているが、もし徳豊洞古墳群がこれらの墓域であるなら、石村洞古墳群を墓域と利用していたであろう風納土城の環濠集落とは墓域を異にしていたことになる。

三坪洞古墳群は、京畿道城南市板橋新都市建設敷地の発掘調査で初めてその存在が知られ、二〇〇七～二〇〇八年にわたって調査された。報告書はまだ未刊であるが、筆者が現場で観察したところによると、胴張技法が採択された九基の横穴式石室墓で構成された古墳群である。そのうち一基（九号墓）は、石室の床と壁面に灰が塗ってあった。この古墳群は四世紀後半～五世紀後半にかけて造営されたものと比定できる。六号墓からは金版を花弁模様に作った女性の髪飾りが出土した。このような花弁形飾は忠南公州金鶴洞古墳群[52]の二・一二・二四・二六号墓と舒川楸洞里古墳群[53]のA—二七号墓・全北群山余方里八[54]三号墓などの熊津時代の墳墓出土品として知られているが、漢城時代のものは三坪洞が最初である。楽浪地域からは四世紀中葉と比定できる平壌駅前二室墳[55]出土品、四世紀末~五世紀初に比定できる台城里一号墳[56]出土品などが知られており、三坪洞六号墓出土品と時期的に関連が高い。石室築造に採用された胴張技法とともに楽浪地域との親縁性がうかがえる資料である。

三坪洞古墳群は、風納土城・夢村土城を中心とした都城から約一二km程度南に位置しており、都城の居住者の墓とみることはできない。先にみた広岩洞古墳群と同じく、先行墓制がなく、横穴式石室墓だけで構成された古墳群であるため、四世紀後半以後、中央勢力の介入で新しく登場した地域集団と思われるが、石室の胴張技法花弁形飾などからみて楽浪・帯方など旧郡県地域と縁故があった集団である可能性がある。

そのほかに、横穴式石室墓だけで構成された可楽洞・芳荑洞古墳群がある。これらについては、久しく築造時期および性格をめぐって論議が対立していたが、すべて六世紀中葉以後の新羅の古墳群であることが明らかになったため[57]、もうこれ以上論議の対象にはならない。

(3)都城の居住域

漢城時期の都城地域には、風納土城・夢村土城など二つの城があり、その中で王をはじめとする国家運営の中心階層が居住していたことは、言うまでもない。城の規模からみて城外にも多数の一般人の居住区域が必要であったことは十分に予想される。しかし急激な都市化によって、現時点において考古学資料で確認することができる余地は非常に少ない。ここではその間、上記の二城以外の地域で発見された居住遺跡の事例を詳しくみることにする。

まず夢村土城南門外で確認された漢城時期の住居址がある。南門址から約一二〇m程度離れた場所から発見されたこの住居址は、平面六角形の典型的な漢江流域の百済住居址形態をしている。[58]住居址が確認できた地点は、夢村土城の基盤になる丘陵地の一部分で、河川辺の低地帯を除いた比較的排水が良好な地点には、このような住居址が分布していたものと推測できる。

次に、岩寺洞一円もやはり漢城時代の住居遺跡が分布しているものと推測できる。考古学調査を通して確認できた例は、岩寺洞先史遺跡展示館建設敷地で確認できた住居関連遺構[59]が全部であるが、風納土城から岩寺洞に続く漢江辺の沖積地からは、多くの百済時代の遺物が出土している。このような状況からみて、この区間の沖積地は都城内の最大住居地域のうちの一つであったものと思われる。日帝期に漢江流域から採取された百済土器は、ソウル大学校博物館に所蔵[60]されているが、その出土地はやはり風納洞・渼沙里・岩寺洞などで知られたところが大部分であり、そのような推定を裏づけるものである。

そして石村洞古墳群にすぐ隣接した地点にも、住民が居住していた可能性を排除することはできない。一九七〇年代、蚕室地域の開発とともに埋立てられた南側分江の江岸の堆積層から発見された住居遺構[61]が百済のものである可能性があるためである。

たとえ些細な資料であっても風納土城・夢村土城以外の漢江辺の沖積地と丘陵性低地帯は、当時都城住民たちの住居地域として活用されていたものと思われる。これらが相互空間的に連結し、都市の機能的関連性をもって配置されたとみることは難しいが、すべて国家成立以前の段階から存在していた土着集落がそのまま拡大・発展したものとみることはできない。原三国時代初から持続していた遺跡は渼沙里だけで、風納土城内部の環濠集落もやはり三世紀代に入って形成されたものと理解できる。その他の地点は、国家成立以後流入した人口の増加に伴って新しく形成された住居区域としてみなければならないだろう。そのうち、先にみたように都城地域と墓域を別にする例として、河南市広岩洞古墳群の被葬者集団も含まれる。

2　熊津時期

(1) 都城の構造

熊津時代の都城の構造と関連して論争になっている問題として、王宮の位置が挙げられる。今の公山城が当時の城として活用されていたことは間違いのない事実だが、公山城の立地が高地である点と、いままで城内から発見された遺構のうち王宮とみられるものがないという点などを根拠に、平常時の王宮は公山城外部の現公州の市街地にあったものとみる立場もあり[62]、新しい資料が確保されるまでは、この問題についての解決は難しいものと思われる。そして羅城の存在の可能性[63]は根拠資料の裏づけなしで成立することはない。

このような問題をいったんおいて、現時点で把握可能な熊津都城の構造を把握してみることとする。これと関連して注目すべきことは、『三国史記』の記事に見える。東城王二十年（四九八）に「熊津橋」を建設した事実と、東城王十三年（四九一）に洪水で「王都」の民家二〇〇余家が漂没した事実がある。現在の公州市街地を横切って流れる河川の済民川は、錦江本流の水位が上昇すると汎濫する可能性が十分ある。東城王十三年の状況がまさにそれに該当するものと推測できるが、これからまた王都の民家が済民川辺の現在の公州市街地一円に密集していたこともわかる。済民川が市街地を貫通し、狭い都城空間の効率的活用のためには橋梁の設置が必須で、多分そのような必要に応じて東城王二十年にやっと橋梁を建設したものと思われる。以後、済民川西側地域での空間活用が増加し、五二六年、大通寺が済民川の西側に建てられたことは、そのような一連の事情と関連があるものと思われる。

以上、熊津都城のおおよその景観を推測することができたが、熊津城と呼ばれていた今の公山城の下にある現市街地に、民家をはじめとした都城の主要施設が密接しており、橋梁を設置し済民川の西側に空間をしだいに拡大していたものと思われる。都城内には「熊津市」[64]も設置されていたことを『三国史記』百済本紀三斤王二年（四七八）条の記録を通して知ることできる。

(2) 墓域の分布

現在の公州市街地周辺から確認できた熊津時期の古墳群は、公山城を三角形の底辺の真ん中と仮想した場合、だいたい二等辺の外郭に分布している（図3参照）。これはまた市街地を囲んでいる山地の分布と一致してもいる。

西側に位置する古墳群は校村里古墳群・宋山里古墳群・熊津洞古墳群などで、金鶴洞ウグンチ古墳群を頂点にして、東南側には金鶴洞南山古墳群・金鶴洞古墳群・金鶴洞ヌンチ古墳群・新基洞古墳群・玉龍洞月城山古墳群・玉龍洞ポトンゴル古墳群などがある。これらのうち金鶴洞ヌンチ古墳群と新基洞古墳などは、現在の公州市街地を囲んでいる稜線の南側、つまり外側斜面に位置しており、都城内の居住民の墳墓とみるには難しい点もある。

以上の古墳群のうち、最上位はやはり武寧王陵を含んだ宋山里古墳群で、王室の墓域であることは明らかである。これと隣接した校村里古墳群は市街地にいちばん近いということだけでなく、宋山里古墳群に続いている点や塼築墓が存在している点などからみて、比較的位相が高かったものと思われる。

宋山里古墳群の次に該当する位相の古墳群としては、金鶴洞古墳群を挙げることができる。漢城時期の墳墓群の説明から、前述したとおり、金製花弁形飾をはじめとした金製品が副葬品として墓に多数存在した点からみて、貴族の墓域であると推測できる。その他の古墳群は、その位相から別段差異がない都城居住の士庶人の墓であるものと思われる。

以上、熊津時代の古墳群の分布は、漢城期と比較していくらか差異がある。もちろん漢城時期の古墳群の資料が良好でないため、直接比較することはできないが、石村洞古墳群と同じ中心古墳群にいくつかの階層の墓が混在する様相と比較する場合、熊津期の墓域は王室・貴族など確実に位階的な空間区分が進展していたことがわかる。

(3) 泗沘時期

⑴都城の境界と居住域

泗沘都城は外郭の羅城を備えている点が最大の特徴である。中国の伝統的な内城外郭体制と同一の都城構造であるということはできないが、羅城を都城住民の居住域の境界として受け入れたなら、城郭体制と類似したものであると言うことができる。このような点から羅城を都城の境界と理解する立場が優勢であるが、実際の居住域は羅城内部全体でないこともあるという見解もある。

京域を羅城内部地域のうちでも現在の扶餘市街地の集住域とみる立場がそうで、その根拠は集住域と推定した範囲外郭に該当する地点に分布している火葬墓である。京域に墓を造らないという観念に基づくと、火葬墓が分布する地点は当時京域外と認識していた可能性がある[65]。しかし火葬墓と認識した根拠の有蓋直口壺が、はたして火葬人骨の蔵骨器であるかという可否が不明確[66]であるというだけでなく、当時百済において火葬がけっして流行していなかったこと[67]からもわかるように、現時点で有蓋直口壺の単独出土例を火葬墓と前提して、その分布を根拠に、京域を設定することは大変危険である。

陵山里寺址出土の男根形木簡が、都城の境界である羅城の門外で行われた道祭と関連がある点[68]、疫病など邪悪で安危に悪い影響を与えるあらゆるすべてを禁衛していた事項と関連がある木簡が、羅城門一帯と推定できる陵山里寺址から確認できた点[69]などからみると、やはり羅城が京域の限界であることは確かである。

都城の居住民の居住地域が、羅城内部であったことは確かだが、最近までの調査結果を総合してみると、現在田として耕作されている比較的低い地点からも住居遺跡が発見されており、現在の扶餘市街地内の活用空間よりむしろもっと広かった可能性が高い。具体的な居住空間の配置や階層別居住地の規模などについては、また未精査の部分も少なくない。官北里推定王宮址で確認できた一一三・一×九五・五m区画を基本区画としたとき[70]、軍守里地点の単位家屋敷地[71]は、その一六分の一にあたり、これを最小単位区画と理解[72]することもできる。このような単位家屋の敷地が持っていた定型性からみて、当時一定の宅地

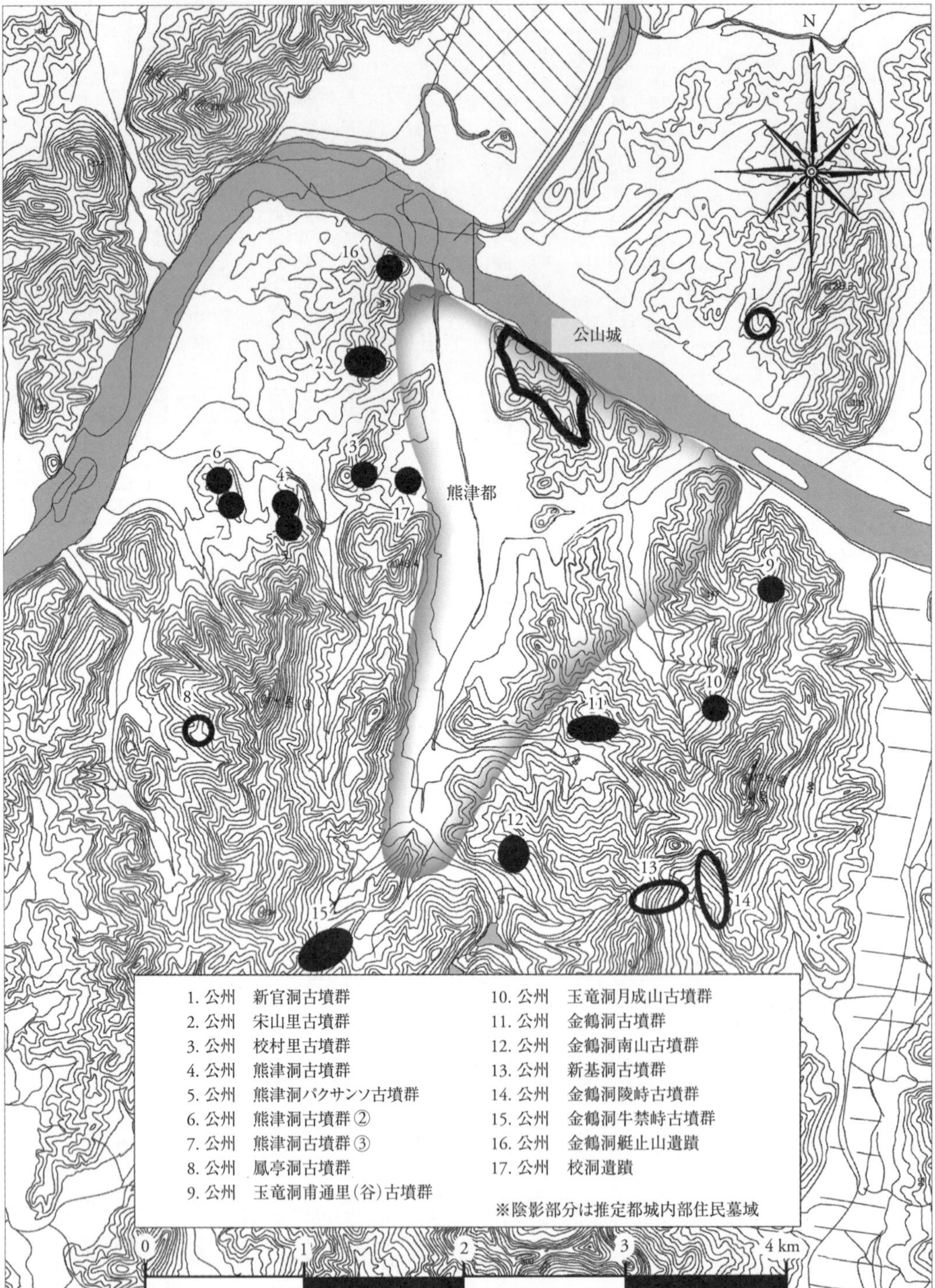

1. 公州	新官洞古墳群	10. 公州	玉竜洞月成山古墳群
2. 公州	宋山里古墳群	11. 公州	金鶴洞古墳群
3. 公州	校村里古墳群	12. 公州	金鶴洞南山古墳群
4. 公州	熊津洞古墳群	13. 公州	新基洞古墳群
5. 公州	熊津洞パクサンソ古墳群	14. 公州	金鶴洞陵峙古墳群
6. 公州	熊津洞古墳群②	15. 公州	金鶴洞牛禁峙古墳群
7. 公州	熊津洞古墳群③	16. 公州	金鶴洞艇止山遺蹟
8. 公州	鳳亭洞古墳群	17. 公州	校洞遺蹟
9. 公州	玉竜洞甫通里(谷)古墳群		

※陰影部分は推定都城内部住民墓域

図3　熊津期の都城の墓域分布

班給基準が設定されていた可能性があるが、官北里区画の規模は、日本の藤原京一町と類似しているという指摘[73]もある。軍守里地点の家屋規模は、陵山里の羅城内部遺跡などから確認できたものと類似した大きさで、当時の単位小区画とみることができるが、これよりもっと小さい規模の一辺五m内外の方形住居址だけで構成された家屋もなくはなく、このような単位小区画が下層民の住居址の規模とみることはできない。これと関連して軍守里小区画を中級官僚の位相を持った者の家屋としてみる見解もある。[74]軍守里単位家屋規模を基準とした場合、『周書』百済伝に記録された泗沘都城の人口「都下万余家」は、おおよそ羅城内部に収用可能であると思われる。[75]

文献史料や木簡などの資料からみて、羅城内部の都城地域は五部に編制され、各部は再度五巷に細分できるものと判断でき、五部の位置比定や具体的な規模についてはまだ詳細なことはわかっていない。

(2) 墳墓域の分布

泗沘都城を囲んでいる現在の扶餘邑一円には四〇余地点から墳墓域が確認されている。そのうち最も密集度が高い所は東羅城から約五km以内の地域で、分布地点数の基準約八〇%がこの一帯に集中している(図4参照)。

白馬江を渡って西側で発見された墳墓域は、東羅城外部に比べて著しく低い密度を見せているだけでなく、距離上においても、東羅城外部の墓域より遠いために、都城の居住民の墓域とみることはできない。しかし先行墓制がない点から、原三国時代以来持続した土着勢力の墓域ではない。泗沘遷都以後、都城周辺に居住するようになった地域住民の墓域であると理解できる。

東羅城外部の墓域は、遷都以前から持続した土着勢力の墳墓、泗沘時期の羅城外部の居住民の地域墳墓、そして都城居住民の墳墓などが混在したものと判断できる。汾江・楮石里古墳群および楮石里古墳群(図4の1・2)は原三国時代から泗沘期に至る墓制であると判明[76]しており、遷都以前からこの地域に居住していた土着勢力の墳墓であることは間違いない。井洞里および佳増里墳墓は(図4の3〜5)、東羅城内部のそれ以外の古墳群と差異があるだけでなく、ちょうど隣接した所に住居遺跡[77]が分布しており、泗沘時期の羅城外部の居住民の墓域とみてもかまわない。東羅城外部に密接した古墳群の中でも、都城内の居住民だけでなく外部居住民の墓域が含まれている可能性があるが、青馬山城の東側に位置した一連の古墳群がそれに該当するものと思われる。そして石城山城の近隣の古墳群は、聖興山城近隣の古墳群の場合と同じ山城に駐屯していた将兵の墓であるものと判断できる。

これらを除いた残りの古墳群は、都城居住民の墓域であるとみられるが、現在まで確認できた資料からみたとき、王および王室、貴族・官僚、庶人など階層別に墓域を別にしていた可能性が高い。東羅城に隣接した陵山里古墳群は王および王族の墓域とみて間違いない。

泗沘期の墓制と官等間の対応関係についての検討結果[78]によると、陵山里古墳群に隣接している陵山里東古墳群も、やはり王室の墓域であると思われる。これら王室の墓域からもう少し東側に離れた所に位置する陵山里ヌンアンゴル古墳群では、いわゆる陵山里規格の石室墓、つまり整えた石の板石で造った玄室の平面二五〇×一二五cm内外の石室に、銀花冠飾が副葬された墓が含まれており、高級貴族・官僚などの墓であると思われる。山本孝文は泗沘期の墳墓築造に一定の規定があったものとし、[79]その内容を復元したことがある。それによると王族以上は整えた板石による陵山里規格以上の石室を使用し、一〜三品の

1. 青陽　冠峴里古墳群①
2. 青陽　冠峴里古墳群②
3. 青陽　冠峴里古墳群③
4. 青陽　分香里古墳群①
5. 青陽　分香里古墳群②
6. 青陽　牙山里古墳群①
7. 青陽　牙山里古墳群②
8. 青陽　牙山里古墳群③
9. 青陽　東江里古墳群①
10. 青陽　東江里古墳群②
11. 青陽　甑山里古墳群
12. 青陽　王津里古墳群①
13. 青陽　王津里古墳群②
14. 扶餘　楮石里古墳群
15. 扶餘　桂症里古墳群
16. 扶餘　羅福里古墳群
17. 扶餘　合井里古墳群
18. 扶餘　新里古墳群
19. 扶餘　双北里　火葬墓
20. 扶餘　井洞里　古墳群
21. 扶餘　佳増里　プント古墳群
22. 扶餘　上金里　フェジョンゴル古墳群
23. 扶餘　上金里　ボガクゴル古墳群①
24. 扶餘　上金里　ボガクゴル古墳群②
25. 扶餘　龍井里　青馬山城古墳群①
26. 扶餘　松谷里　カジャンゴル古墳群
27. 扶餘　松谷里　トジャンゴル古墳群
28. 扶餘　松谷里　チュンサンゴル古墳群
29. 扶餘　龍井里　青馬山城古墳群②
30. 扶餘　龍井里　青馬山城古墳群③
31. 扶餘　陵山里　ヌンアンゴル古墳群
32. 扶餘　陵山里　ケバンチュクゴル古墳群
33. 扶餘　中井里　タンサン火葬墓
34. 扶餘　龍井里　青馬山城古墳群④
35. 扶餘　陵山里　チェマソ古墳群
36. 扶餘　陵山里　東古墳群
37. 扶餘　陵山里古墳群
38. 扶餘　陵山里西古墳群
39. 扶餘　塩倉里　グンソク古墳群
40. 扶餘　陵山里　オサルミ古墳群
41. 扶餘　塩倉里　甕棺墓
42. 扶餘　塩倉里　サンヨン村古墳群
43. 扶餘　陵山里　サンマクゴル古墳群
44. 扶餘　塩倉里　トドクゴル古墳群
45. 扶餘　県北里　ナマル古墳群
46. 扶餘　県北里　ヒオティ古墳群
47. 扶餘　県北里　インガンジェ古墳群
48. 扶餘　沙山里古墳群
49. 扶餘　長蝦里古墳群
50. 扶餘　上黄里古墳群
51. 扶餘　上黄里　伝百済王陵
52. 扶餘　亭岩里古墳群
53. 扶餘　石東里古墳群
54. 扶餘　紙土里古墳群
55. 扶餘　旧校里　聖興山城古墳群
56. 扶餘　旧校里　トントゥム古墳群
57. 扶餘　店里　古墳群
58. 扶餘　店上里古墳群

※陰影部分は推定都城内部住民墓域

図４　泗沘期の都城の墓域分布

貴族・官僚は整えた塊石で造った陵山里規格の石室を築造する。四品～一一品は、陵山里規格以下の石室墓を、整えた石もしくは自然石で造り、それ以下は、自然石で石槨を使用するものとみている。最近発掘調査された塩倉里古墳は[80]、三〇〇余基で構成されているが、そのうち陵山里規格石室は約二〇基に満たず、治石された陵山里規格の石室墓はわずか四基にすぎないが、前述した陵山里ヌンアンゴル古墳群とは差異があり、中・下級の官僚の墓域であると思われる。残りの陵山里ヌンアンゴル一古墳群・陵山里オサルミ古墳群・陵山里ケバンチュクゴル古墳群・陵山里サンマクゴル古墳群・陵山里チェマソ古墳群・塩倉里グンドルゴル古墳群・塩倉里サンヨム古墳群・青馬山城古墳群なども都城の住民の墓域であると推定されている[81]。

以上詳しくみたとおり、泗沘時期には王をはじめとするすべての都城の居住民の墓域が羅城の外部に位置していることがわかる。羅城がなかった漢城期と熊津期にも居住域と墓域が一定区分されていた可能性を除くことはできないが、以下そのような点を中心に居住域と墓域の関係について詳しくみることにする。

3　都市的集住域の成立とその境界としての羅城

漢城期から泗沘期に至る百済都城の墓域と居住域の変遷過程で興味深い点が観察できた。まず城内と城外に分散してあった居住域がしだいに統合され、泗沘期になるとすべて城内つまり羅城内部に集住する傾向になる点である。

漢城期には、風納土城・夢村土城内部はもちろん、城外にも居住域があったことが確認されているが、城内外の居住民の間の階層的関係などについては、推定できるだけの資料がない。中国の都市国家の特徴のうちの一つとして、国つまり城内には君子(貴族)が、野つまり城外には民(被支配者)が居住する国野の区分があった点を勘案すると、城内の居住民は王をはじめとした貴族・官僚が中心であったものとみてよいだろう。

熊津期には、王宮の所在を特定することは難しく、王をはじめとした支配集団の居住域に対する把握も困難であるが、現在の公州市街地とするほかない「王都」に起こった洪水によって二〇〇余の民家が漂没したという『三国史記』の記事内容からみると、都城内に民家とともに含まれていたことを推測することができる。都城の居住域の範囲を明確にすることはできないが、墳墓域の分布から現在の公州市街地がそれに該当することは推測可能である。

泗沘期には都市空間の限界として羅城が登場し、都城の居住民は五部で編制され、支配者集団と同じ都市空間に集住する形態が現れる。このような形態の都市的集住は、国家が運営に必要な都城内の人的構成が、以前の時代とは違った結果であろう。このような観点からみると漢城期以来、都城内部の居住一般人の規模は、しだいに拡大されてきたことがわかる。それだけでなく、都市空間の外、つまり羅城外部にも多数の一般人が居住していた。前述した墳墓域の分布からみても推測ができるが、陵山里の東羅城外部で耕作地とともに住居址が確認されたことがあり、そのような推定を裏づけている。

城外の居住民の城内への集住現象は、中国でも確認されており興味深い。おおよそ西周代までは、一般民の居住区域が城壁に象徴される都市の境界内外に散在していたが、東周代以後には城内に集中しながら、都市と村落の境界がはっきりしてくる[82]。このような変化は、国家の民に対するより強力な掌握の必要性に起因するものとみている。百済都城の居住域の変化は、つまり百済の国家の集権力拡大と民に対する統制力の強化とが組み合わさって出現した現象であると理解することができる。

次に都城の墓域から観察できる、被葬者集団の階層別空間の差別性の増加現象についてである。漢城期の都城居住民の中心墓域である石村洞古墳群には、王をはじめとする多様な階層の被葬者が混在していることがわかった。もちろん時期的な先後関係に従った層位的な重複の結果によって、階層別空間の差別性が認識されていなかったためだとも考えられるが、以後の時期に比べてはっきりしていないことは確かである。熊津期以後には階層別の墓域が、お互い地域を別にして出現している。このような現象は、一連の居住域の統合状況と対比することができ興味深い。居住域が分散されていた漢城期には、墓域での階層別区分が相対的に微弱だったのに対して、居住域が都城内で統合されながら、墓域での階層別区分が明確になっている。このような現象の背景や意味については、これから多角度にわたって検討しなければならないが、墓域での階層別区分の深化現象は、血縁などに基づいた共同体制の消滅と、それに反比例した国家による民に対する一元的支配の増加現象と関連があるのではなかろうか。

最後に羅城築造の意味についてである。泗沘都城において、羅城の機能はいくつかの側面から推察することができるが、いままで主に都城空間の軍事的防御の必要性に注目する立場が優勢だった。そのような側面も無視することができず、白馬江が自然的防御線の役割をする西側に羅城がない点などは、羅城が持っている都城の防御的機能を知ることができる。しかし百済都城の居住域と墓域の分布に現れる都城内の居住域の統合という観点からみると、羅城は都市的集住域の境界としての重要な象徴的機能を果たしていたと思われる。民に対する国家の支配力強化の必要性にしたがって、多数の一般民を都城内に都市的集住形態として収容し、その境界を城壁として可視化したものがまさに羅城であろう。このような意味で、百済の都城に羅城が登場したことは、百済の古代国家成長の重要な画期を意味すると言える。高句麗の平壌長安城の築造もこれと同様な脈絡で理解することはできないであろうか。

結論

韓国古代の都城で墓域を配置する様相を詳しくみるため、百済の都城を中心に検討した。その結果次のような点について注目できる。

韓半島において、居住域と墓域が空間的に区分され始めたのは、青銅器時代後期の松菊里類型集落からである。環壕などによって居住域の限界を表示した事例もあるが、物理的な境界がなくても、居住域で一定に分離され墓域が設定された例が大部分である。居住域と墓域が一緒に発見された良好な事例はまだないが、そのような墓域の分離は以後原三国時代の集落でも持続されたものと理解できる。

国家成立とともに、都城地域には城壁をもった新しい形態の集落が登場する。百済の場合、風納土城と夢村土城がそれである。漢城時期の都城は、これら二つの城と周辺の一般民の居住域で構成されており、中心墓域は石村洞古墳群である。城内には国家の支配階層である王・貴族とともに士庶人が居住しており、周辺の集落には大部分一般人が居住していた集落が散在していたものと推測できる。そのうちには、以前から居住していた土着勢力の村もあったが、大部分は国家成立以後、都城地域に人口が増加したため成立した村であると思われる。このような都城の居住民の村は、熊津時期に至って空間的に圧縮され、王をはじめとした支配者階層が居住する都城地域内に統合された様相で変化し、同時に居住民の墓域の階層別区分が明確化する。泗沘期に入って都城の居住域は、羅城という物理的境界の出現とともに都市的集住形態として完成される。

　都城の居住民が城内に集住する現象は、中国においては春秋時代以後普遍的に見られるが、その裏面には民に対する国家の強力な統制の必要性が適用されていたものとみられる。そのような点で、羅城は都城の軍事的防御の機能を超えて、民に対する一元的な支配を通した国家の集権力の増大という、百済の古代国家の成長において重要な画期と相伴って出現したものと理解できる。

　一方、居住域の中には墓域を配置しないことが青銅器時代以来の伝統であり、城壁などの居住域の境界がはっきりした城内で墓が造られた例は漢城期以来確認されていないため、羅城が境界になる泗沘期の都城居住域内でも、墓がないということは当然である。したがって泗沘期百済の羅城と墓域の配置をあえて『隋書』儀礼志の「在京師葬者、去城七里外」のような京域墓域不配置規定[83]と関連付けて解釈しなくてもよいものと考える。

註（＊は韓国語、◎中国語文献）

1　Robert Chapman 一九八一　The emergence of formal disposal area and the 'problem' of megalithic tombs in prehistoric Europe, *THE ARCHAEOLOGY OF DEATH* EDITED BY ROBERT CHAPMAN, IAN KINNES, KLAVS RANDSBORG, Cambridge Univ. Press.

2　＊朴淳發『漢城百済の誕生』（書景、二〇〇一年）。

3　◎任式楠「我國新石器時代聚落的形成與發展」（『考古』七期、二〇〇〇年）。

4　＊金元龍『風納里包含層調査報告』（ソウル大学校考古人類学科、一九六七年）。＊漢陽大学校博物館『風納土城隣接連合住宅地域試掘調査報告書』一九九六年）。国立文化財研究所『風納土城Ⅰ―現代連合住宅およびⅠ地区再建築敷地―』二〇〇一年、同『風納土城Ⅱ―東壁發掘調査報告書―』二〇〇二年。＊李南珪ほか『風納土城Ⅲ』（韓神大学校博物館、二〇〇三年）。＊権五栄ほか『風納土城Ⅳ―慶堂地區　九号遺構に対する発掘報告―』（韓神大学校博物館、二〇〇四年）。＊国立文化財研究所『風納土城Ⅴ』二〇〇五年。＊権五栄・韓志仙『風納土城Ⅵ―慶堂地区中層一〇一号遺構に対する報告―』（国立文化財研究所・韓神大学校博物館、二〇〇五年）。＊権五栄ほか『風納土城Ⅶ―慶堂地区上層廃棄場遺構に対する発掘報告―』（韓神大学校博物館、二〇〇六年）。

5　＊夢村土城発掘調査団『整備・復元のための夢村土城発掘調査報告書』一九八四年。同『夢村土城発掘調査報告』一九八五年。＊金元龍・任孝宰・林永珍『夢村土城―東北地区発掘報告―』（ソウル大学校博物館、一九八七年）。＊金元龍・任孝宰・朴淳發『夢村土城―東南地区発掘調査報告書―』（ソウル大学校博物館、一九八八年）。＊金元龍・任孝宰・朴淳發・崔鍾澤『夢村土城―西南地区発掘調査報告書―』（ソウル大学校博物館、一九八九年）。

6　＊朴淳發「漢城百済考古学の研究現況点検」（『考古学』第三巻第一号、ソウル京畿考古学会、二〇〇四年）。

7　朝鮮総督府『朝鮮寶物古蹟調査資料』一九四二年。

8　註6＊朴淳發「漢城百済考古学の研究現況点検」。

9　『三国史記』百済本紀・蓋鹵王二一年（四七五）条「（前略）攻北城七日而抜之、移攻南城。城中危恐、王出逃。麗將桀婁等（中略）縛送於阿且城下、戕之」『日本書紀』雄略二〇年（四七六）条「狛大軍来、攻大城七日七夜。王城降陥、遂失尉礼」

10　＊李道学「百済漢城時期の都城制に関する検討」(『韓国上古史学報』九、一九九二年)。

11　註10＊李道学「百済漢城時期の都城制に関する検討」。朴淳發『百済国家の形成研究』(ソウル大学校大学院博士学位論文、一九九八年)。田中俊明「百済漢城時代における王都の変遷」(『朝鮮古代研究』第一号、朝鮮古代研究刊行会、一九九九年)。

12　＊余昊奎「漢城時期百済の都城制と防禦体系」(『百済研究』三六、二〇〇二年)。

13　註11田中俊明「百済漢城時代における王都の変遷」。

14　『三国史記』百済本紀・枕流王二年(三八五)条「春二月、創佛寺於漢山、度僧十人」

15　『三国史記』百済本紀・阿莘王即位(三九二)条「枕流王之元子。初生於漢城別宮」

16　谷井済一「彙報：朝鮮通信」(『考古学雑誌』三―四、一九一二年)。関野貞・谷井済一・栗山俊一『朝鮮古蹟調査報告』(朝鮮総督府、一九一四年)。

17　朝鮮総督府『大正五年度　朝鮮古蹟調査報告』一九一七年。

18　朝鮮総督府『大正六年度　朝鮮古蹟調査報告』一九二〇年。野守健・神田惣藏「忠清南道公州宋山里古墳調査報告」(『昭和二年度古蹟調査報告』二、一九三五年)。

19　＊蚕室地区遺蹟発掘調査団『蚕室地区遺蹟発掘調査報告』一九七五年。

20　＊尹世英「可楽洞　百済古墳　第一号・第二号発掘調査略報」(『考古学』三、一九七三年)。

21　＊ソウル大学校博物館・同考古学科『石村洞積石塚発掘調査報告』一九七五年。

22　＊石村洞遺蹟発掘調査団『石村洞　三号墳(積石塚)復元の為の発掘報告書』一九八四年。

23　＊金元龍・李熙濬「ソウル石村洞三号墳の年代」(『斗溪李丙燾博士九旬紀念韓国史論叢』一九八七年)。

24　＊ソウル大学校博物館『石村洞三号墳東側古墳群整理調査報告』一九八六年。

25　＊石村洞発掘調査団『石村洞古墳群発掘調査報告』、一九八七年。＊ソウル大学校博物館『石村洞　一・二号墳』一九八九年。

26　＊林永珍『百済漢城時代古墳研究』(ソウル大学校大学院博士学位論文、一九九五年)。

27　註25＊『石村洞古墳群発掘調査報告』。＊註25『石村洞　一・二号墳』。

28　＊朴淳發「漢城百済成立期諸墓制の編年検討」(『先史と古代』六、一九九四年)。

29　註11＊朴淳發『百済国家の形成研究』。

30　同前。

31　註26＊林永珍『百済漢城時代古墳研究』。

32　註28＊朴淳發「漢城百済成立期諸墓制の編年検討」。

33　註11＊朴淳發『百済国家の形成研究』。

34　註22＊『石村洞　三号墳(積石塚)復元の為の発掘報告書』。

35　註24＊『石村洞三号墳東側古墳群整理調査報告』。

36　＊朴淳發「熊津・泗沘期百済土器編年について」(『百済研究』三七、二〇〇三年)。

37　註28＊朴淳發「漢城百済成立期諸墓制の編年検討」。

38　＊金載悦・金邱軍・辛勇旻・李根旭『華城馬霞里古墳群』(湖巖美術館、一九九八年)。＊李鮮馥・金成南『馬霞里古墳群』(崇実大学校博物館・ソウル大学校博物館、二〇〇四年)。

39　＊韓国精神文化研究院発掘調査団『華城白谷里古墳』一九九四年。

40　＊宋義政・尹炯元『法泉里Ⅰ』(国立中央博物館、二〇〇〇年)。＊尹炯元『法泉里Ⅱ』(国立中央博物館、二〇〇二年)。

41　註28＊朴淳發「漢城百済成立期諸墓制の編年検討」。

42　＊李晟準『百済竪穴式石槨墓の型式学的研究』(忠南大学校大学院碩士学位論文李晟準、二〇〇三年)。

43　註38＊李鮮馥・金成南『馬霞里古墳群』。

44　註40＊宋義政・尹炯元『法泉里Ⅰ』。

45　註5＊『夢村土城発掘調査報告』。註5＊金元龍・任孝宰・林永珍『夢村土城―東北地区発掘報告―』。

46　註26＊林永珍『百済漢城時代古墳研究』。

47 ＊国立全州博物館一九九四『扶安竹幕洞祭祀遺蹟』
48 ＊崔楨苾ほか『河南広岩洞遺蹟─徳豊～甘北間道路拡・舗装工事四次区間発掘調査報告書─』（世宗大学校博物館、二〇〇六年）。
49 ＊畿甸文化財研究院『河南徳豊洞スリゴル遺蹟』二〇〇五年。
50 ＊朴淳發「四～五世紀韓国古代史と考古学のいくつかの問題」（『韓国古代史研究』二四、二〇〇一年）。
51 ＊朴淳發「墓制の変遷から見た漢城期百済の地方編制過程」（『韓国古代史研究』四八、二〇〇七年）。
52 ＊柳基正・梁美玉『公州金鶴洞古墳群』（忠清文化財研究院、二〇〇二年）。
53 ＊全鎰溶・李仁鎬・尹淨賢『舒川楸洞里遺蹟─I地域─』（忠□文化財研究院、二〇〇六年）。
54 ＊崔完奎・金鍾文・李信孝『群山余方里古墳群─西海岸高速道路舒川～群山間建設区間内文化遺蹟─』（圓光大学校博物館、二〇〇一年）。
55 ＊「平壌駅前二室墳発掘報告」（『大東江流域古墳発掘報告』考古学資料集第一輯、科学出版社、一九五八年）。
56 ＊『台城里古墳群発掘報告』科学出版社、一九五八年。
57 ＊崔秉鉉「ソウル江南地域石室墳の性格─新羅地方石室墳研究（一）─」（『崇実史学』一〇、一九九七年）。
58 ＊国立文化財研究所『ソウルオリンピック美術館建設敷地発掘調査報告書』二〇〇四年。
59 ＊任孝宰『岩寺洞』（ソウル大学校博物館、一九八五年）。
60 ＊崔鍾澤『ソウル大学校博物館所蔵漢江流域採集百済土器類』（ソウル大学校博物館、一九九六年）。
61 ＊金元龍「石村洞発見原三国時代の家屋残構」（『考古美術』一一三・一一四、一九七二年）。
62 ＊成周鐸「都城」（『韓国史論』一五、国史編纂委員会、一九八六年）。＊朴淳發「百済都城の変遷と特徴」（『重山鄭徳基博士華甲紀念韓国史学論叢』景仁文化社、一九九六年）。
63 軽部慈恩『百済遺蹟の研究』（吉川弘文館、一九七一年）。
64 『三国史記』百済本紀・三斤王二年（四七八）条「撃殺解仇、燕信奔高句麗。収其妻子斬於熊津市」
65 ＊山本孝文「百済火葬墓に対する考察」（『韓国考古学報』五〇、二〇〇三年）。山本孝文「百済泗沘都城の官僚と居住空間─京域と埋葬地の分析を中心に─」（『古代都市と王権』書景、二〇〇五年）。
66 ＊金鍾萬「泗沘時代扶餘地方出土外來系遺物の性格」（『湖西地方史研究』景仁文化社、二〇〇三年）。
67 ＊註65山本孝文「百済火葬墓に対する考察」。
68 ＊尹善泰「扶餘陵山里出土百済木簡の再検討」（『東国史学』四〇、二〇〇四年）。＊平川南「百済と古代日本における道の祭祀─陽物木製品の検討を中心に─」（『百済泗沘時期文化の再照明』春秋閣、二〇〇六年）。
69 ＊尹善泰「百済泗沘都城と〝嵎夷〟」『東亞考古論壇』二（忠清文化財研究院、二〇〇六年）。
70 ＊朴淳發、二〇〇〇年
71 ＊朴淳發ほか『泗沘都城』（忠南大学校百済研究所、二〇〇三年）。
72 ＊李亨源「泗沘都城内軍守里地点の空間区画および性格」（『湖西考古学』八、二〇〇三年）。
73 註65＊山本孝文「百済泗沘都城の官僚と居住空間─京域と埋葬地の分析を中心に─」。
74 同前。
75 ＊朴淳發「泗沘都城の景観に対して」『古代都市と王権』（書景、二〇〇五年）。
76 ＊李南奭『汾江・楮石里古墳群』（公州大学校博物館、一九九七年）。
77 ◎柳基正ほか『扶餘井洞里遺蹟』（忠清文化財研究院、二〇〇五年）。
78 ＊山本孝文「百済泗沘期石室墳の階層性と政治制度」（『韓国考古学報』四七、二〇〇二年）。
79 ＊註65山本孝文「百済泗沘都城の官僚と居住空間─京域と埋葬地の分析を中心に─」。
80 ＊李南奭ほか『塩倉里古墳群』（公州大学校博物館、二〇〇三年）。
81 ＊註65山本孝文「百済泗沘都城の官僚と居住空間─京域と埋葬地の分析を中心に─」。
82 兪偉超「中國古代都城規劃的發展階段性」（『文物』二期、一九八五年）。
83 和田萃「東アジアの古代都市と葬地─喪葬令皇都条に関連して─」（『古代国家の形成と展開』吉川弘文館、一九七六）年。

朝鮮三国の陵寺について

田中俊明

【キーワード】　定陵寺　泗沘　陵山里寺址　哀公寺

陵寺とは、王陵の近くに造営され、王の冥福を祈り法要を行い、また陵の管理を行う寺院を指す。中国や日本においても、その存在について確認できるものがある。朝鮮三国ではどうであったかといえば、高句麗・百済においては、陵寺とみて間違いないものが存在するが、新羅については、明確とは言えない。そのような状況について詳細にみていき、三国の王権にとって、それぞれ陵寺がどのような意義をもつのかについて検討してみたい。

1　高句麗の陵寺

高句麗に仏教が伝わったのは、三七二年のこととされている。『三国史記』巻一八・高句麗本紀六には、小獣林王二年（三七二）条に、

夏六月、秦王苻堅、使及び浮屠順道を遣わし佛像經文を送る。王、使を遣わし廻謝し、以て方物を貢がしむ。

とあり、長安を都とする前秦から、使者と順道という僧侶が派遣され、仏像・経文がもたらされたことを伝える。前秦は三七〇年に、高句麗と仇敵関係にあった慕容氏の前燕を滅ぼし、遼東方面にも進出したのであったが、その際に高句麗は、亡命してきた慕容評を捕えて前秦に送り届けるというかたちで交渉が始まっている。最初から友好的な対応をしたのであるが、それをうけて僧侶や仏像・経文が送られたことになる。前秦が高句麗王を冊封した、という記録はなく、冊封関係が生じたのかどうかは不明であるが、僧侶・仏像・経文というセットを国家的に送ってきたことは、冊封を前提にするとみる意見がある[1]。

その後、小獣林王四年（三七四）条には「僧阿道來たる」とあり、同五年（三七五）条には、

春二月、始めて肖門寺を創し、以て順道を置く。又た伊弗蘭寺を創し、以て阿道を置く。此れ海東佛法の始まりなり。

とある。順道は魏や東晋から、また阿道は魏から来た、という所伝もある。魏は年代的に合わず問題にならないとしても、異伝がいろいろとあったことを知ることができる。

高句麗では、順道と阿道のために、省門寺と伊弗蘭寺を創建し、そ

郵便はがき

料金受取人払郵便

左京支店
承認
5099

（差出有効期限 平成24年 9月30日まで）

606-8790

（受取人）
京都市左京区吉田近衛町69
京都大学吉田南構内

京都大学学術出版会
読者カード係 行

▶ご購入申込書

書　名	定　価	冊　数
		冊
		冊

1. 下記書店での受け取りを希望する。

都道府県　　　市区町　店名

2. 直接裏面住所へ届けて下さい。

お支払い方法：郵便振替／代引　　公費書類（　　）通　宛名：

送料　税込ご注文合計額3千円未満：200円／3千円以上6千円未満：300円／6千円以上1万円未満：400円／1万円以上：無料
代引の場合は金額にかかわらず一律200円

京都大学学術出版会
TEL 075-761-6182　学内内線2589 / FAX 075-761-6190または7193
URL http://www.kyoto-up.or.jp/　E-MAIL sales@kyoto-up.or.jp

手数ですがお買い上げいただいた本のタイトルをお書き下さい。

名）

本書についてのご感想・ご質問、その他ご意見など、ご自由にお書き下さい。

お名前

（　　歳）

ご住所

〒

TEL

ご職業	■ご勤務先・学校名

所属学会・研究団体

E-MAIL

ご購入の動機

A.店頭で現物をみて　B.新聞・雑誌広告（雑誌名　　）
C.メルマガ・ML（　　）
D.小会図書目録　E.小会からの新刊案内（DM）
F.書評（　　）
G.人にすすめられた　H.テキスト　I.その他

日常的に参考にされている専門書（含 欧文書）の情報媒体は何ですか。

ご購入書店名

都道府県　　市区町　　店名

ご購読ありがとうございます。このカードは小会の図書およびブックフェア等催事ご案内のお届けのほか、広告・編集上の資料とさせていただきます。お手数ですがご記入の上、切手を貼らずにご投函下さい。
各種案内の受け取りを希望されない方は右に○印をおつけ下さい。　案内不要れぞれを住まわせたという。この二寺は、当時の王都集安に創建されたとみるのが自然であろうが、一二一五年頃に成立した『海東高僧伝』釈順道条は、「古記」を引用するかたちで、省門寺について「今の興國寺、是れなり」とし、伊弗蘭寺についても「興福寺、是れなり」としている。興国寺は、高麗の王都松京（開城）にもあったことが確認でき、『三国遺事』では撰者一然が、『海東高僧伝』の記事を引きつつ、興国寺を松京のそれを指すものととった上で、誤りだとしている。しかし『高僧伝』は、松京の寺と言っているわけではない。両寺名は、『新増東国輿地勝覧』平壌府・古跡に見えており、前者は「遺基は府城の内にある」、後者は「府の南百歩にある」としている。高麗時代に平壌に両寺があったことは、『高麗史』でも確認することができ、むしろそれを指しているとみるのが正しいであろう。[2]

高句麗滅亡後の平壌で、寺院が維持されたとは思えないが、かつての寺址に再興された可能性は残る。もし「古記」に拠りどころがあったとすれば、集安が王都の時代に平壌に最初の寺院を創建し、僧侶も平壌に置いたことになる。申東河は、はじめ集安に創建され、のちに平壌に移ったとみてはどうかと提唱しているが、[3]最初から平壌に創建されたとすれば、きわめて興味深い。『三国史記』によれば、すぐ後の広開土王の二年（三九三）八月に、平壌に九寺を創建したという。その具体的な名や位置は全くわからないものの、平壌に創建されたことは確かである。

省門寺と伊弗蘭寺はさておいて、九寺創建のみを取り上げても、集安王都の時代に、意識的に平壌に寺院を建立したようにみえる。あるいは平壌地方を仏教の中心にしようと意図していたのかもしれない。その場合、平壌およびそこから南の一帯を、中国から流入してきた人たちの居住地としていたことも関わっていよう。四〇九年完成の徳興里古墳の被葬者は、残された墨書に「釋迦文佛弟子」とあり、壁画に大蓮華図があるなど仏教的色彩が見られることからも、仏教信者であったことがわかるが、その活躍した時代は、四世紀後半であり、まさにこの時代にあたる。

平壌地方では、いくつかの寺址が確認されている。それに対して集安地方では、いまのところ寺址が確認されたとの報告はない。小泉顕夫によれば、一九三六年に集安を訪れた際に、県城の一隅で、蓮華を陽刻した柱座のある礎石のある遺構を目撃し、仏教的な殿堂址ではないかと思ったという。[4]しかしその遺構も含めて、確認されてはいない。ただし、長川一号墳などでは、仏像を描いたと思われる壁画もあり、仏教と無縁であったわけではない。[5]

その後滅亡に至るまで、仏教は盛んに信仰され、それに対応して寺院の建立もまたさかんに行われたと想像される。『旧唐書』高麗伝には「其の居る所は必らず山谷に依り、皆な茅草を以て舎を葺く。唯だ佛寺・神廟及び王宮官府のみ乃ち瓦を用う」とある。瓦を用いた仏寺は、目につく建造物であった。しかし記録としては文咨明王七年（四九八）秋七月に「金剛寺を創す」とあるくらいで、それほど残されていない。

さて、高句麗における陵寺であるが、それに該当する寺院が一つある。それは、定陵寺と呼ばれている寺院である。

定陵寺は、平壌市力浦区域戊辰里王陵洞にある。背後（北）の丘陵には高句麗の古墳群（真坡里古墳群）があり、とくに寺址のすぐ北一五〇m離れて伝東明王陵がある。寺址の一帯が、瓦片の散布地であることは知られていたが、一九七四年に伝東明王陵とあわせて発掘され、

図1　「定陵」「陵寺」銘土器

上は金日成綜合大学『東明王陵とその附近の高句麗遺蹟』(金日成綜合大学出版社，1976年)，下は朝鮮遺蹟遺物図鑑編纂委員会『朝鮮遺蹟遺物図鑑』第四巻（1990年）。

遺構が確認された。

その寺名について、まず指摘しておく必要がある。「定陵」「陵寺」という銘のある土器片が発見されたため（図1）、それをもとに「定陵寺」という寺名であったと推定されたのであるが、「陵寺」銘土器片の「陵」字の上に残る字画を「定」の一部とみるのは難しい。とすれば、これまで疑問がもたれていないが、はたして「定陵寺」であったとみてよいのかどうか、きわめて疑問である。現状では、確実な「陵寺」をとるべきであり、また「陵寺」は一般名詞であったかもしれない。それが伝東明王陵と関わるものであることは疑いなく、その陵寺ということで、何らおかしくないが、寺名には問題があるということである。ただここでは、便宜上、通称に従っておく。

発掘は、一九七四年に、東西二三三ｍ、南北一三二・八ｍの範囲で行われた（図2）。中門とみられる門址をはさむ東西の廻廊よりも北側部分で、周囲は廻廊と、その外側の石組みの水溝に囲まれている。一八の建物址と多くの廻廊が検出された。寺域は南側にもう少し延びるものとみられる[6]。

南北の廻廊によって、五つの区域に分かれ、中央を第一区域と呼ぶ。当然、伽藍の中心で、中門址（四号建築址）を入ったすぐに八角建物址がある（一号）。一辺七・三ｍの基礎部分は全面に一〇～二〇cmの石を敷き、礎石は残っていなかった。その外側の幅八〇cm部分には石を敷かず両側に板石を立てる。その外側に雨落溝とみられる幅六〇cmの石敷きが続る。その外辺で一辺八・四ｍある。その東西南北四面は、中央を石敷きしないが、南北では幅一・三ｍ、東西では幅二ｍある。階段の跡とみられる。

八角建物址の東には五・五ｍ、西には九・二ｍ離れて、それぞれ正

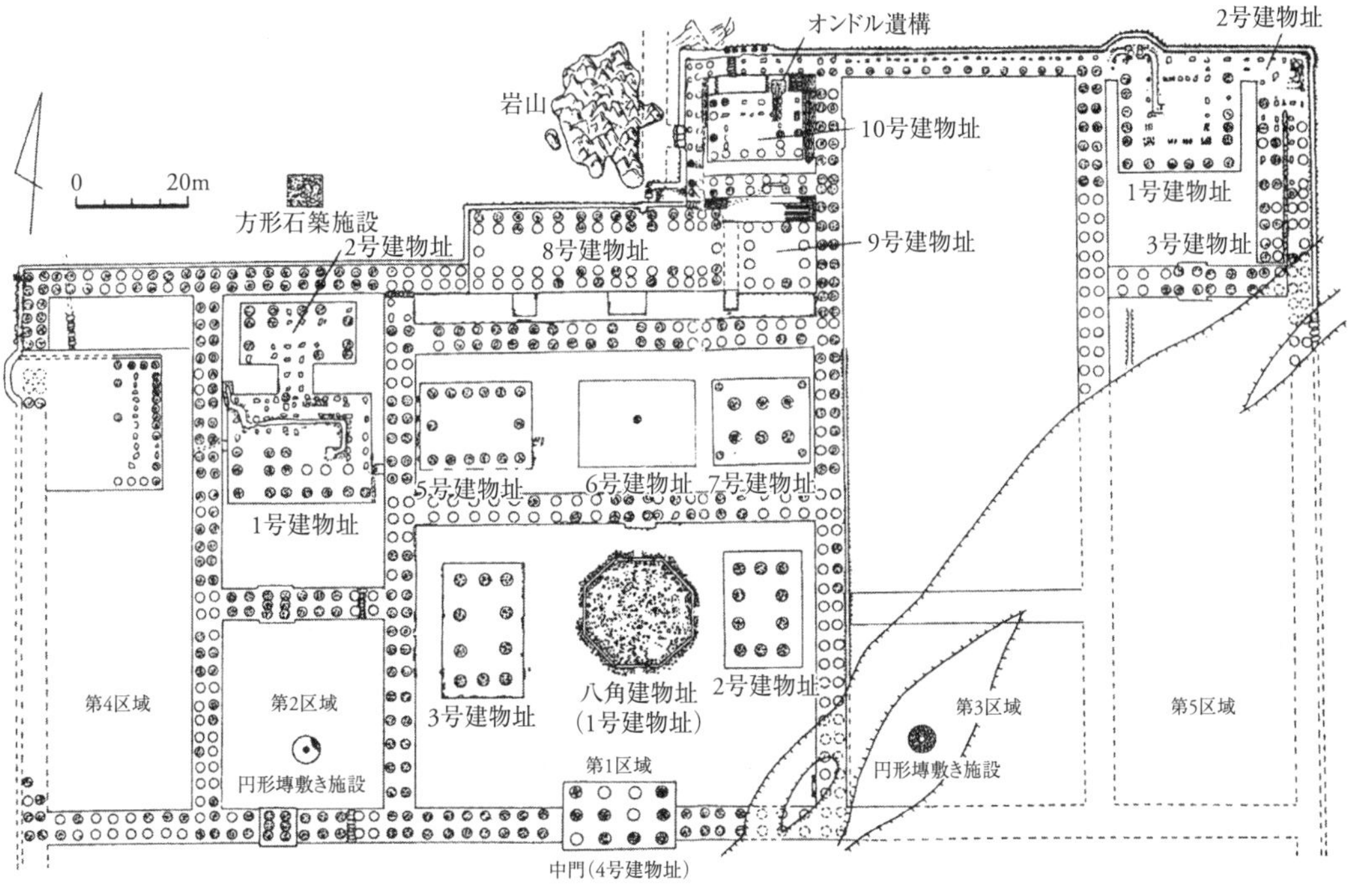

図2　定陵寺平面図

金日成総合大学『東明王陵とその附近の高句麗遺蹟』（同前）所掲の図に加筆して田中俊明・東潮『高句麗の歴史と遺跡』（中央公論社, 1995年）に掲載。

面三間、側面二間の南北に長い建物址があるが、柱間は同じではなく、東（二号）は南北二〇・〇五m、東西一三・四mで、西（三号）は南北二二・八m、東西一三・八mと、西の建物址が大きい。左右対称ではない。礎石そのものは残らないが、根石は残っている。北には四・四mのところに幅六・八mの東西の廻廊があり、清岩里廃寺の伽藍配置とは異なる。ただし、廻廊をはさんで、八角建物址からは一六m北に建物址を想定し、それを北の金堂として、やはり一塔三金堂式とみるのが、報告書の見解である。この建物址（六号）は、南北に土留め石がいくつか残るにすぎず、礎石も根石も残っていない。田村晃一は、これを建物址と認めず、また廻廊がさえぎることなどから、一塔二金堂式ではないかとする。[7]それに対して韓仁浩は、ここは発掘前に民家と井戸があったため破壊がはなはだしいが、土留め石は南北の基壇石で、また建物址中心部北よりにある円形の基礎施設は、仏像台座の基礎であるから、金堂とみてよい、とする。[8]報告書では、この建物址を東西一七・八m、南北一四・八mと推定する。この東西には、東西に長い建物址がそれぞれあり、東（七号）は四隅に根石があり、その内側に東西に三個二列の根石がある、特異な構造で、鐘楼かとされる。西（五号）は内部の空間が広く、経楼かとされる。北にまた廻廊が走り、その北に東西四四m、南北一四・五mの長い建物址（八号）があるが、位置から講堂址とされる。北側には水溝があり、その背後は庭園遺構とみられる岩山である。その東（九号）と東北（一〇号）にも建物址があり、東北のものは廻廊に囲まれた中にある。廻廊と建物址のあいだを塼敷きし、内部には瓦塼を用いたオンドル施設がある。報告書では高位者の寝室かとみる。

門と講堂（八号）の南北軸は一致するが、八角建物と北の金堂（六号）の南北軸とはずれがある。これを設計上の問題とみる意見と、時期差ととらえる意見がある。

第一区域の東西は、それぞれ二つの区域に分かれる。最も西の第四区域は、西端の水溝までであるが、破壊がはなはだしく、北よりに建物址が一つ検出されただけである。その東の第二区域は、東西の廻廊があり、その北側に、南北に並ぶ二つの建物址がある。南側（一号）は東西二六・一m、南北一八・二mで、礎石も多く残り、オンドル施設もあった。それと廊下でつながった北側（二号）は、東西二〇m、南北一一・二mで、こちらも礎石の半数は残り、また周辺からは、有銘土器のほとんどを含む多くの土器片が出土した。報告書では、第二区域を厨房ではないかと推測している。

第一区域の東は第三・第五区域であるが、東南部は小川の流れなどによって、ほとんど破壊され、第三区域では建物址は検出されなかった。第五区域は、北よりに廻廊があり、その北側に三つの建物址があった。中央（一号）は北廻廊と連結し、東西二一・四m、南北一五・六mで、方形の柱跡もある。オンドル施設もある。東北隅（二号）は東西九m、南北七・四mで、東よりにオンドル施設がある。その南（三号）は南北に長い長廊式である。この区域は僧坊であろう。

第二・第三区域の南より、ほぼ対称な位置に、円形の塼敷き施設がある。東は直径四・六mで、円形にほりくぼめた底に塼を敷き、周縁に塼を立てる。その用途はよくわからない。

遺物は、鴟尾・瓦当を含む瓦塼類や甕・壺などの土器が多く、平瓦には「寺」「泉」「定」などの刻印のあるものもあり、土器には先に触れた「定陵」などのほか、「衆僧」「飛」「恵堪」「小玉」などヘラ書きの銘のあるものもある。ほかに鉄釘・鉄鉾や、「復興」銘のある青銅製の刀子鞘、円面硯、玉類などが出土している。

報告書では、平面構造から清岩里廃寺よりも古いとしているが、根拠が不確かである。伝東明王陵を平壌遷都を前後する時期すなわち五世紀前半とみる年代観とも関わるのであろう。田村晃一は出土瓦が清岩里廃寺のものよりも型式的に新しいとみ、清岩里廃寺を金剛寺にあてる前提のもとで、定陵寺を六世紀前半以後の創建とする。(9) 清岩里廃寺自体の年代がまだ不確定であるから、それをもとにした年代限定は難しいが、前後関係は認めて問題ない。

伝東明王陵は、そのとおり、高句麗の始祖とされる東明王の陵であると伝わってきている。その石室構造からみると、五世紀後半が妥当であろう。そして、「陵寺」の背後にあることからすれば、王陵であることは確実である。

高句麗王で、五世紀に薨去したのは、広開土王（四一二年）・長寿王（四九一年）のみであり、次の文咨明王は五一九年である。東明王とは、高句麗の始祖であり、伝説上の人物で、実在していたわけではない。しかし、葬地は伝わっている。『三国史記』巻一三・高句麗本紀一・東明王十九年（前一九）条には「秋九月、王、升遐す。時に年四十歳。龍山に葬る。東明聖王と號す」とあり、葬地を龍山とする。李奎報「東明王篇」（『東国李相国集』）分註に引く「旧三国史」では、

秋九月、王、天に升りて下らず。時に年四十。太子、遺す所の玉鞭を以て、齢山に葬むる。云云

というように「齢山」としている。いずれにしても、前期王都である卒本（遼寧省桓仁）の地名と考えなければならない。

この伝東明王陵が、東明王の陵であるというのは、李朝時代における認識であった。『新増東国輿地勝覧』巻五一・中和郡・陵墓に「東明王墓」があり、

龍山に在り。俗に眞珠墓と號す。

とある。李朝時代には、高句麗発祥の地である卒本についても、平壌から近いところと考えていた。『新増東国輿地勝覧』も、平壌から東北に五〇㎞ほどの成川が卒本であるとしている。すなわち巻五四・成川都護府の建置沿革条には「本と沸流王松讓の故都なり。高句麗の始祖東明王、北扶餘より來たりて卒本川に都す。……」とあり、同・山川条には「沸流江」が見え、「即ち卒本川なり」とある。

このような認識からすれば、伝東明王陵についても、李朝の人々にとっては、本来の葬地としての「龍山」に葬られていると見なしていたと考える必要がある。しかし、本来の「龍山」とは大きく異なるのであり、もし「龍山」に東明王の陵が造られていたのであれば（伝説に対応するように）、この伝東明王陵は、高句麗が四二七年に平壌に遷都してから後に、こちらに新たに造られたものと考えなければならない。

『三国史記』高句麗本紀には、巻一四・高句麗本紀二・大武神王三年（二〇）条に、

春三月、東明王廟を立つ。

とあり、それ以後、次のとおり、「始祖廟を祀る」記事が散見する。

①巻一六・高句麗本紀四・新大王三年（一六七）条

秋九月、王、卒本に如き始祖廟を祀る。冬十月、王、卒本より至る。

②巻一六・高句麗本紀四・故国川王二年（一八〇）条

秋九月、王、卒本に如き始祖廟を祀る。

③巻一七・高句麗本紀五・東川王二年（二二八）条

春二月、王、卒本に如き始祖廟を祀る。大赦す。

④巻一七・高句麗本紀五・中川王十三年（二六〇）条

秋九月、王、卒本に如き始祖廟を祀る。

⑤巻一八・高句麗本紀六・故国原王二年（三三二）条

春二月、王、卒本に如き始祖廟を祀り、百姓老病を巡問し賑給す。三月、卒本より至る。

⑥巻一九・高句麗本紀七・安蔵王三年（五二一）条

夏四月、王、卒本に幸し始祖廟を祀る。五月、王、卒本より至る。經る所の州邑の貧乏なる者に穀を賜うこと人ごとに一斛。

⑦巻一九・高句麗本紀七・平原王二年（五六〇）条

春二月……王、卒本に幸し始祖廟を祀る。三月、王、卒本より至る。經る所の州郡の獄囚、二死を除き皆な之を原す。

⑧巻二〇・高句麗本紀八・栄留王二年（六一九）条

夏四月、王、卒本に幸し始祖廟を祀る。五月、王、卒本より至る。

このように、平壌遷都以後においても、滅亡近くまで「始祖廟を祀」っており、一方、始祖陵について触れた記述はいっさいない。

『周書』高麗伝には、

佛法を敬信し、尤も淫祀を好む。又た神廟二所有り。一を夫餘神と曰う。木を刻みて婦人の象を作る。一を登高神と曰い、是れ其の始祖にして夫餘神の子と云う。竝びに官司を置き、人を遣わし守護せしむ。蓋し河伯の女と朱蒙なり、と云う。

とあり、夫餘神・登高神を祀っていることが記されている。そのうちの夫餘神とは、河伯の女で、朱蒙の母である。朱蒙とは始祖東明王のことである。登高神は、東明王朱蒙である。ここにも、始祖母子の神廟があることを伝えているが、始祖陵についての記述はないのである。その点からすれば、東明王陵を遷都先に造ったとみることには、問題が残ると言えよう。

伝東明王陵については、すでに長寿王の寿陵であるとみる意見も出されているが[10]、始祖東明王の陵を移葬したのでなければ、先にみたこの時期の王の薨去年から考えても、そのようにみるしかない。

高句麗においては、現在までのところ、この陵寺以外に、陵寺に該当するような寺院は確認されていない。平壌地区において王陵と推定される古墳の近くで、寺院の存在が確認された例もない。高句麗史にとって、このような陵寺を造営するというのは、きわめて特殊なことであったと言わざるをえない。その場合、始祖である東明王の陵を遷都先に造ったというのは、十分に可能性があるが、遷都を実現し、実際に長寿であった長寿王が特別視されたということもまた、十分に可能性がある。

伝東明王陵は、石室に遺物はほとんどなかったものの、棺飾金具などが残っており、棺が置かれていたことは確実である。もちろん、形式的に棺を置いたということも考えられるため、それのみではどちらとも判断しがたい。

結局、陵寺の背後の王陵が、伝わっているとおりに始祖東明王の陵としてよいのか、それとも、遷都した長寿王の陵とみるべきであるか、明確には言えないことになるが、寺が陵寺であることは間違いがないのであり、しかも、とくにそこへの拝礼等が盛んに行われたというような記録がないことも事実である。

2　百済の陵寺

百済への仏教伝来は枕流王元年(三八四)である。『三国史記』百済本紀・枕流王元年条に、

秋七月、使を遣わし晉に入りて朝貢せしむ。九月、胡僧摩羅難陁、晉より至る。王、之を迎えて宮内に致し、禮敬す。佛法此に始む。

とあるとおりで、同二年(三八五)条には、

春二月、佛寺を漢山に創め、僧を度すること十人。

とある。

これ以来、百済で仏教が盛行していき、寺院も多く造られるようになっていった。ただし全体として、確認されている百済寺院は、それほど多くはない。

仏教伝来は、王都がまだ漢城にあった時代であり、漢城でも寺院造営が行われたはずであるが、現在まだ確認されていない。ソウル江南の岩寺洞で、以前に寺址が発見され、百済時代にさかのぼるとする意見も出されたが、確実ではない。ただし今後の調査の進展によっては、確認されるかもしれない。

熊津(公州)に王都が移って、寺院造営が記録にも残るようになる。大通寺と水源寺である。しかし短いながらも王都が置かれた地であり、当時の寺院はもっと多かったはずで、現に当時の創建になると推定される寺址がいくつかある。またこの地方の特徴として、西穴寺・南穴寺など、山中にあって自然の洞窟を利用した石窟を伴う寺院が多いことが挙げられる。石窟は、慶州・石窟庵のような礼拝窟ではなく、修行窟であったと考えられている。某穴寺という寺名は言うまでもなくそれにちなむものである。ただしそれらがいずれも自然窟を利用したものである以上、この地にそうした石窟寺院が多いことを過度に評価すべきではなかろう。

大通寺・水源寺は現存しない。公州市街の南部、班竹洞にある寺址から「大通」銘の瓦片が発見されており、そこが大通寺址と考えられている。かつて一六〇cm×五五cmの板石を横に立てた、東西五三m×南北二五mの講堂基壇が確認され、その南に金堂址・塔址も推定できた。また講堂址の前には東西両側に、方形の台石に伏蓮形の支柱石を立て、その上に円形の石槽をのせた水槽があった(現公州博物館蔵)。一つは直径一八八cm、高さ七五cm、もう一つは直径一三四cm、高さ七二cmで、蓮池として用いられたものらしく、李朝時代には菖蒲が植えられていた。いまは統一新羅のものとみられる高さ三二九cmの幢竿支柱が残るのみである。一九九九年には、その周辺で発掘調査が行われたが、寺域の外であったようで、何も確認されていない[11]

水源寺については、市街の東に水原谷であり、その玉龍洞に寺址がある。月城山の西北麓にあたる。数度にわたって調査されているが、塔址と建物址、建物址内の梵鐘鋳造施設などが確認された。しかし伽藍構造は不明で、また統一新羅時代～李朝時代の遺構が確認されただけで、百済にさかのぼるものは確認されなかった[12]。したがって、探索は今後も続けられなければならない

『周書』百済伝に、

僧尼・寺塔甚だ多し。而して道士無し。

とあり、『隋書』百済伝に、

僧尼有り。寺塔多し。

とある。これは、最後の都泗沘（扶餘）の状況と伝えたものであろう。ただし、史料に伝える泗沘時代の寺院は、王都の内外を問わず王興寺・漆岳寺・烏含寺・天王寺・道譲寺・白石寺・虎岩寺・師子寺・弥勒寺・大官寺・修徳寺などで、それほど多くはない。多くは逸名で、通例に、地名をとって某里寺址と呼んでいる。伽藍配置のわかるものも多い。塔・金堂・講堂が一直線上に並ぶ一塔式が中心で、百済様式と言ってもよいが、それに属さないものもしだいに多く知られるようになり、多様性を見せている。新羅の場合も、およそ統一以前の一塔式から統一後の双塔式に変わると考えられてきたが、近年になってそう単純ではないことがわかってきた。百済の場合も、今後の調査に期待するところが大きい。

さてこのようななかで、一九九二年からの発掘調査によって確認されたのが、いわゆる陵寺である。陵山里古墳群の西側、東羅城の外側にあり、陵山里に位置するため（図3）、陵山里寺址ともいうが、性格から考えて、陵寺と通称されている。

国立扶餘博物館によって発掘調査が行われ、現在は復元整備が進行している。ここからは金銅製の博山香炉が発見されたことで話題を呼んだ。

伽藍は中門・塔・金堂・講堂が一直線に並ぶ典型的な百済様式であり、東西に工房や僧坊が配置される。

中門址は、正面三間・側面一間で、柱列間の距離は正面で一〇・〇二m、側面で三・七〇mあった。中門址中心と木塔址中心との距離は一八・六〇mあった。

木塔址は上部が削平されていたが、基壇の幅が一辺一一・七三m

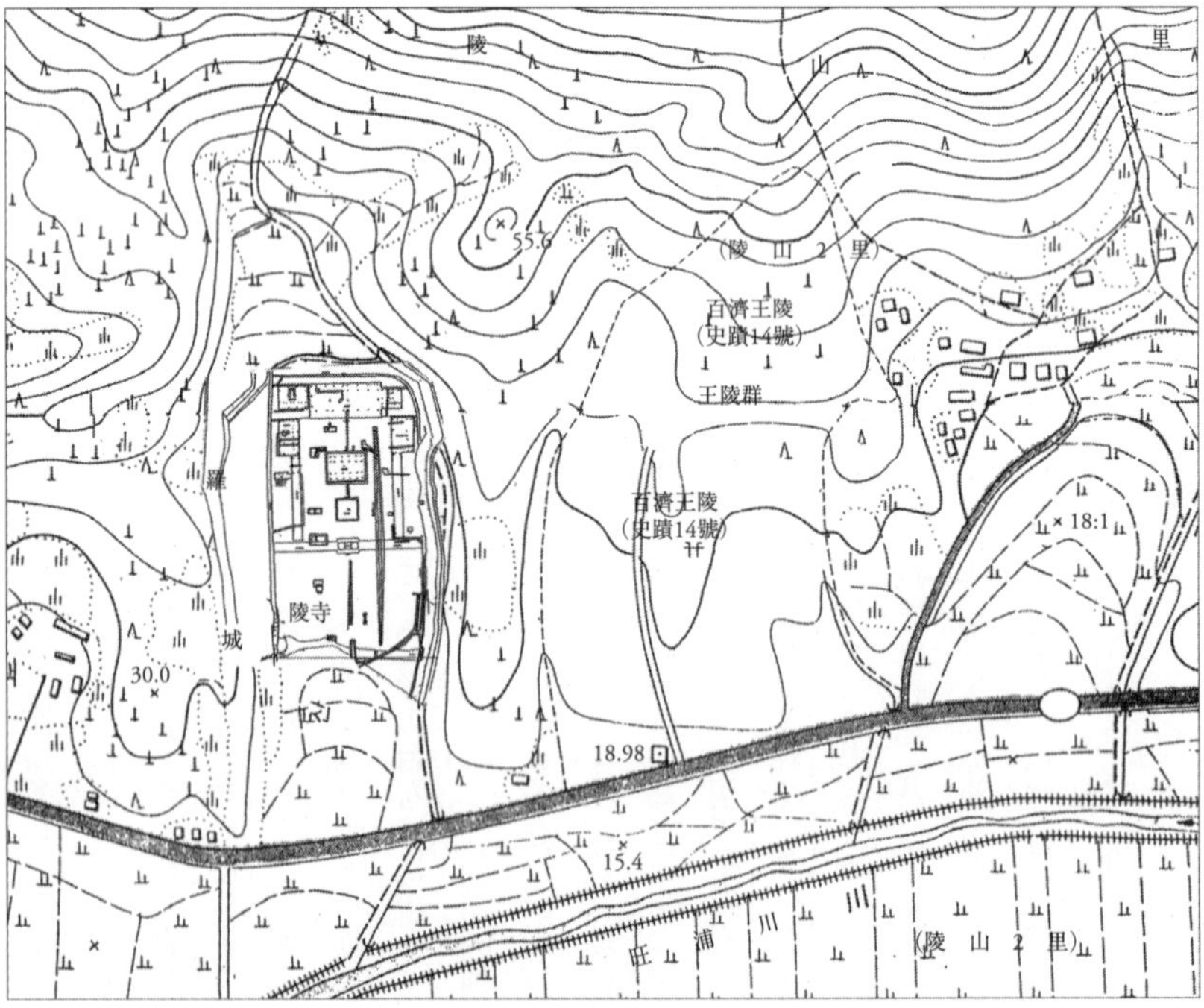

図3　扶餘の陵寺と王陵

『陵寺　扶餘陵山里寺址発掘調査進展報告書』（国立扶餘博物館・扶餘郡，2000年）掲載の図を合成。

で、二重基壇をなし、その中心部からは、心柱と心礎・石造舎利龕が出土した。

木塔址中心と金堂址中心の間は、二一・一〇mで、やはり上部は削平されていた。上層基壇で、東西一九・九四m、南北一四・四八m、下層基壇で、東西二一・六二m、南北一六・一六mである。正面五間・側面三間で、根固め石の中心間で正面一六・九三m、側面一一・二八mである。

講堂址中心と金堂中心間は一六・二五mで、基壇は東西三七・四〇m、南北一八・〇〇mあった。講堂は、一つの屋根の下に二つの異なる部屋があり、その間には狭い通路があり、西側には工房（工房址Ⅱ）が続く。東側には性格のわからない小さい建物があり、左右対称ではなかった。東西室ともに、正面三間・側面三間で、西室は東西一四・三m、南北九・七m、東室は東西卆五・七五m、南北九・七mである。西室では煙道施設も確認されている。

西廻廊址は、基壇の幅が四・六〇m、長さが四二・四mで、その東側基壇面は、北に続く工房址Ⅰの東側基壇面と一致するように造成されている。礎石がほとんど残っておらず、推定で南北一一間とみられる。東西は一間である。東廻廊址は、西廻廊址よりも残りが悪く、基壇幅は西廻廊址とも対比して四・六〇mとみられ、長さは四二・九四mで、やはり一一間に復元される。こちらは、性格不明の建物に連結する。南廻廊址はいっそう残りが悪いが、東西の水路まで、中門址両側にそれぞれ三八・八m延びる。幅は四・六〇mと推定される。博山香炉は、工房址Ⅰで出土した[13]。

木塔中心部から出土した石造舎利龕には、

百濟昌王十三季太歳在／丁亥妹　公主供養舎利

と刻まれていた。その十三年丁亥は、五六七年にあたる。妹兄公主が昌が昌であった。その十三年丁亥は、聖王を継いだ、息子の威徳王のことで、名が昌であった。妹兄公主が昌王の娘か、聖王の娘かわからないが、王女であり、その王女が供養した舎利であるというのである。それは、一三年前に死んだ聖王の冥福を祈るためのものではないかと想像される。

陵山里古墳群に、聖王の陵も存在するかどうかは、明らかではないが（聖王一五年に泗沘に遷都したのであり、それ以前に寿陵として陵が作られ始めたとすれば、熊津にあったとしてもおかしくない）、おそらく、この古墳群にあるのであろう。そして、その古墳群の横に創建されたこの寺院は、王室と関わりが深く、王の冥福を祈るために造られたものであると考えることができる。

木簡も出土し、その中には、「寶憙寺」「子基寺」の名も見えるが、この寺の名であるかどうかはわからない。木簡の時期については、この寺を造営する以前のものとみる見解が多く、羅城の造営に関わるとする見解や、羅城の門の祭祀に関わるとする見解があるが、この寺と関連させて考えることができるとみる意見もある[14]。

3　新羅の陵寺

新羅に仏教が伝わったのは、高句麗や百済とはかなり遅れて、六世紀の前半である。ただしそれは、仏教の公認ということであり、公認を進める王と、それに反対する真骨貴族とのあいだで対立があり、すんなりとはいかなかった。法興王一四年（五二七）、王は仏教を正式に認め、その中心として寺の造営を始める。しかし、貴族たちの反対で、暗礁に乗り上げる。その王の窮状を救ったのは、異次頓という近臣であった。仏教の効用を説き、それが受け入れられないと知るや、自ら殺されることを志願する。つまり、もし仏教が霊験あるものであれば、自分が死んだのち、必らずや異変が起こるであろう、それを見れば誰も仏教を信じないわけにはいくまい、というのである。こうして異次頓は処刑され、その首ははるか金剛山まで飛び、切口からは白い血が噴き上げたという。この異次頓の殉教により、新羅は仏教を正式に受容することができるようになり、寺の工事も再開される。そしてできあがったのが、興輪寺である。工事再開は、法興王二二年であり、このような経緯からすると、この年こそ、仏教公認の年次としてふさわしい。[15]

もちろん、公式に受容される前、新羅に仏教が伝わっていなかったわけではない。高句麗や百済にかなり早くから伝わっているのであり、当然、新羅にも入ってきているはずである。『三国遺事』巻三・阿道基羅条によれば、阿道が高句麗から伝えたこと、およびそれを訥祇王代（五世紀半ば）・毗処王代（五世紀末）・未雛王代（三世紀後半）とする諸説を紹介し、訥祇王代がよいのではないか、としている。五世紀にはすでに伝来していたであろう。王室は、早くに仏教を信奉していたようであり、宮内には、王室の内仏堂があった。また、五世紀末の炤知王（毗処王）代に「内殿」に修行僧がいたことが知られる（巻一・射琴匣条）。

さてこうしていち早く王室が仏教を信奉し、さらに正式に認めると、あちこちに寺院が建立されるようになる。新羅の仏教は、しだいに護国仏教的な色彩を強めていくが、その中心となったのは、皇龍寺である。このほか、国家的な寺院から貴族や庶民の喜捨による私的な寺院まで、王都の内外が数多くの寺院で埋まり、末年までには「寺寺は星張し、塔塔は雁行す」（『三国遺事』巻三・原宗興法厭髑滅身条）と形容されるほどになる。しかしその後はしだいに廃れ、とくに李朝時代以降の政策もあり、現代にまで法灯を伝える寺院はきわめて稀で、大半は礎石・幢竿・塔などが残るのみである。

このような新羅において、陵寺として明言できるものはほとんどない。新羅の王都は、「建国」以来、九三五年の滅亡に至るまで変わらずに、現在の慶州にあった。いわゆる千年の都、と呼ばれるとおりである。新羅は、伝説的な王も含めて五八代の王が続いた。最後の敬順王は、一族を引き連れて、高麗の王都開城に行き、高麗に降ったため、死後、開城の近くに葬られたが、それ以外の王は、基本的には、王都内外に墓が造られた。ただし、明確に王陵といえ、被葬者も確定的に言えるものはわずかしかない。

しかし記録の上で、王陵と寺院が関係するかたちで述べられているものは少なくない。まず、そうした記録を中心に、陵寺的な性格をもつとみられるものを挙げていきたい。

『三国史記』新羅本紀および『三国遺事』王暦には、ほとんどの王の葬地について記している。その場合に、寺院とともに記されている例も多い。以下、いずれかに、葬地が寺院とともに記されている例を挙げる。aは『三国史記』新羅本紀、bは『三国遺事』王暦である。

①a巻一・赫居世居西干六十一年（四）条

春三月、居西干、升遐す。蛇陵に葬むる。□（曇）巖寺の北に在り。

b新羅始祖赫居世王条

國を理むること六十一年にして、王、天に升る。七日の後、遺體、地に散落す。后も亦た亡くなると云う。國人、合せて之を葬らんと欲するも、大蛇有りて逐禁す。各々五體を葬り、五陵と爲す。亦た蛇陵と名づく。曇巖寺の北の陵、是れなり。太子南解王、位を繼ぐ。

②a巻四・法興王二十七年（五四〇）条
秋七月、王薨ず。謚して法興と曰う。哀公寺の北峯に葬る。

b第二十三法興王条
陵は哀公寺の北に在り。

③a巻四・眞興王三十七年（五七六）条
秋八月、王薨ず。謚して眞興と曰う。哀公寺の北峯に葬る。王、幼年にして位に卽き、一心に奉佛す。末年に至るや祝髪し僧衣を被て自ら法雲と號して以て其の身を終わる。王妃も亦た之に効い尼と爲り、永興寺に住す。其の薨ずるに及ぶや、國人、禮を以て之を葬る。

b第二十四眞興王条
終時、亦た剃髪して卒す。

④a巻四・眞智王四年（五七九）条
秋七月十七日、王薨ず。謚して眞智と曰う。永敬寺の北に葬る。

b第二十五眞智王条
善北□に喪（葬）る。

⑤a巻四・太宗武烈王八年（六六一）条
六月、大官寺の井水、血と爲る。金馬郡の地、流血すること廣五歩。王薨じ、謚して武烈と曰う。永敬寺の比（北）に葬る。太宗を上號す。高宗、訃を聞き、哀を洛城門に擧ぐ。

b第二十九太宗武烈王条
名は春秋。金氏。眞智王子龍春卓文興葛文王の子なり。龍春、一に龍樹に作る。母は天明夫人。謚は又眞文后。眞平王の女なり。妃は訓帝夫人。謚は文明王后。庾信之妹。小名文熙なり。甲寅立ち、治むること七年。

⑥a巻七・文武王二十一年（六八一）条
秋七月一日、王薨ず。謚して文武と曰う。羣臣、遺言を以て東海口の大石上に葬る。俗に傳う、王化して龍と爲れり、と。仍りて其の石を指して大王石と爲す。

b第三十文武王条
陵は感恩寺東海中に在り。

⑦a巻八・孝昭王十一年（七〇二）条
秋七月、王薨ず。謚して孝昭と曰う。望德寺の東に葬る

b第三十二孝昭王条
陵は望德寺の東に在り。

⑧a巻八・聖德王三十六年（七三七）条
王薨ず。謚して聖德と曰う。移車寺の南に葬る。

b第三十三聖德王条
陵は東村の南に在り。一に楊長谷と云う。

⑨a巻九・景德王二十四年（七六五）条
六月……是の月、王薨ず。謚して景德と曰う。毛祇寺の西岑に葬る。

b第三十五景德王条
初め、頃只寺の西岑に葬る。石を錬して陵と爲す。後ち移して楊長谷中に葬る。

⑩a巻一〇・元聖王十四年（七九八）条

冬十二月二十九日、王薨ず。諡して元聖と曰う。遺命を以て柩を擧げ、奉徳寺の南に燒く。

b第三十八元聖王条

陵は鵠寺に在り。今の崇福寺なり。崔致遠立つる所の碑有り。

⑪a巻一〇・憲徳王十八年（八二六）条

冬十月、王薨ず。諡して憲徳と曰う。泉林寺の北に葬る。

b第四十一憲徳王条

陵は泉林村の北に在り。

⑫a巻一一・憲康王十二年（八八六）条

秋七月五日、薨ず。諡して憲康と曰う。菩提寺の東南に葬る。

b第四十九憲康王条

金氏。名は□。父は景文王。母は文資皇后。一に義明王后と云う。乙未立つ。理むること十一年。

⑬a巻一一・定康王二年（八八七）条

秋七月五日、薨ず。諡して定康と曰う。菩提寺の東南に葬る。

b第五十定康王条

金氏。名は晃。閔哀王の母弟なり。丙午立ちて崩ず。

⑭a巻一二・孝恭王十六年（九一二）条

夏四月、王薨ず。諡して孝恭と曰う。師子寺の北に葬る。

b第五十二孝恭王条

師子寺の北に火葬す。骨は仇知堤の東山に藏す。

⑮a巻一二・景明王八年（九二四）条

秋八月、王薨ず。諡して景明と曰う。黄福寺の北に葬る。太祖、使を遣わし弔祭せしむ。

b第五十四景明王条

皇福寺に火葬し、省等仍山の西に散骨す。

以上のとおりである。ただし、これらの中には、王陵の位置を示す指標として用いているのみで、その王陵と関わりがあるわけではないものも含まれている。そこで、詳細にみていくことにしたい。

①赫居世の虵陵と曇巌寺

虵陵は、五陵と呼ばれ、陵園として五つの古墳があり、始祖赫居世のほか、夫人閼英および南解・儒理・婆娑諸王の陵とされる。最も大きいのが西塚で、一般には、これが赫居世の陵とされ、それに次ぐ瓢形墳の南塚が、閼英夫人の陵とされている。円墳の中塚が南解、小さくて低い北塚と東塚が、儒理・婆娑の陵とされている。かつて五陵を奉祀する崇徳殿の門柱に、曇巌寺の幢竿支柱が転用されていたというが、はたしてそこが曇巌寺址であったかどうかはわからない。また、両者の関係についても、位置を示すために用いているという以上に、知ることができない。

虵陵との関係でいえば、むしろ神元寺に注目すべきかもしれない。『三国遺事』巻一・桃花女鼻荊郎条に、

眞平大王其（＝鼻荊郎）の殊異なるを聞き、宮中に收養す。年十五、執事を授差す。毎夜逃去して遠く遊ぶ。王、勇士五十人をして之を守らしむ。毎に飛んで月城を過ぎ、西のかた荒川岸上（京城の西に在り）に去き、鬼衆を率いて遊ぶ。勇士林中に伏して窺伺するに、鬼衆、諸寺の曉の鍾を聞き各々散ず。郎も亦た歸る。軍士、事を以て來奏す。王、鼻荊を召して曰わく、「汝、鬼を領して遊べるは信なるか」と。郎曰わく、「然り」と。王曰わく、「然らば則ち汝、鬼衆をして橋を神元寺の北渠（一に神衆寺に作るも、誤りなり。一に荒川東深渠と云う）に成せ」と。荊、勅を奉じて其の徒をして石を錬し大橋を一夜に成す。故

に鬼橋と名づく。

とあるが、五陵の北の南川の中に石材が残る橋址がこの鬼橋である可能性があり、[16]そうであれば、その近くに神元寺があったことになる。その名からすれば、五陵を意識したものと考えられるのではないか。ただし、その点を明言する史料はない。

なお、新羅においても、始祖廟の祭祀は行われており、即位儀礼化している。

②〜⑤法興王・真興王・真智王・武烈王と哀公寺・永敬寺

哀公寺の名は、ここに掲げた史料以外に、『三国遺事』巻一・太宗春秋公条に「眞徳王薨ずるや、永徽五年甲寅（六五四）を以て位に即く。國を御すること八年、龍朔元年辛酉（六六一）崩ず。壽五十九歳。哀公寺の東に葬る。碑あり」とある。また、同・王暦の真智王条に「墓は哀公寺の北に在り」とあったとみる見解もある。現行本では、その部分は④で挙げたように、そのようには読めないが、かなり摩耗しており、別系統の版本で確認されるのかもしれない。それも含めて、すべて王陵の位置を示す起点として用いられている。つまり、哀公寺の「北峯」「北」に法興王・真興王・真智王の陵が、「東」に武烈王の陵が、というように。

一方、真智王・武烈王の陵について、『三国史記』では、ともに「永敬寺の北に葬る」としている。もしこれらの方位観を厳密に受け取れば、哀公寺の北にある真智王陵と東にある武烈王陵とが、ともに永敬寺の北にあることになるが、方位をおよそで考えれば、ありえないことではない。

現在、王陵として明確なもののうちの一つである、武烈王陵は、市街の西、西岳洞にある。そして、いわゆる真興王陵・真智王陵は、その西北にあるものがあてられている。それに対して伝法興王陵は、大きく西に離れた孝峴洞にある。これらは不確かなものであり、確かな武烈王を基準とすれば、その西にあった哀公寺の北に法興王・真興王・真智王の陵がなければならないことになる。

現在、一般的に哀公寺とされるものは、伝法興王陵のある孝峴洞にある三層石塔の残る寺址である。また、武烈王陵の西北にも、模塼三層石塔が残る寺址があり、それは永敬寺址とされている。しかしそうであれば、これらの記事を満足させることはできない。

永敬寺址とされる寺址を哀公寺址とみれば、武烈王陵から見て西にあたると言ってよく、そのさらに北に広がる西岳洞古墳群の中に、それらの王陵があったという可能性はある。現在、伝真興王陵・伝真智王陵は、その中にある。ただその場合、永敬寺にあてるべき寺址はないということになる。

しかし、武烈王陵の西に続く四基の大型の古墳を重視すれば、別の想定も可能である（図4）。最近、李根直は、それら大型古墳を、西端から真智王・真興王・保刀夫人（法興王妃）・法興王に比定し、またそれらの南側に哀公寺があったとみている。さらに哀公寺と永敬寺は、同一のものとみている。[17]これには、ほかの意見もある。[18]

いずれにしても、現在、王陵の比定も、寺址の比定も、確かではなく、また哀公寺と永敬寺との問題も残っている。ここでは、この両寺が、陵寺的な性格をもっているかどうかに関心をもつのであるが、李道學は、その寺名が「貴人を哀悼して永遠に敬慕する」という意味であるとして、追福寺刹であるとみている。[19]李根直は、真興王の長子で早死した銅輪のための寺であるとみている。

それらは興味深い見解であるが、現在確認されていない寺址を想定

図 4　西岳洞古墳群写真（呉世允撮影）
道路の西（上）に 1 基見えるのが武烈王陵，その西に大型古墳が 4 基並ぶ。

するものであり、問題も残る。ただしもしそのような想定ができ、また実際に、寺址が存在することになれば、それはやはり、この法興王から武烈王に至る一族の冥福に資するための寺院であった可能性が高くなると思われる。今後の調査が期待される。

⑥文武王と感恩寺

感恩寺の創建については、『三国遺事』巻二・万波息笛条に次のようにある。

第三十一神文大王、諱政明、金氏。開耀元年辛巳（六八一）七月七日位に即くや、聖考文武大王の爲に感恩寺を東海邊に創す（寺中記に云わく、「文武王、倭兵を鎭せんと欲し、故に此の寺を創る。未だ畢らずして崩じ、海龍と爲る。其の子神文立ち、開耀二年（六八二）畢る。金堂の砌下を排し東向して一穴を開く。乃ち龍の寺に入り旋繞するの備えなり。蓋し遺詔の藏骨處を大王岩と名づく。寺を感恩寺と名づく。後ち龍の形を現わせしを見るの處を利見台と名づく」と）

分註の「寺中記」によれば、文武王が倭兵を鎮めようとしてこの寺を創し始めたが、完成しないうちに薨じた。そこでその子の神文王が遺志を継いで工事を継続し、その即位二年（六八二）に完工した、ということになる。本文では神文王が聖考文武大王のために創した、とあるが、父の遺志を継ぐことが父のためでもあり、また新たに父の追福を祈願する意を込めたと考えることもできる。

寺址は慶州市陽北面龍洞里塔洞にある。一九五九年および一九七九～八〇年に発掘調査がなされている。伽藍は典型的な双塔式で、西塔は一九五九年末から六〇年にかけて解体修理がなされている。第三層屋身からは創建当時の舎利蔵置が発見された。一九七九～八〇年の発掘調査では、講堂の東西が複廊であることがあらためて確認され、僧房址かとも考えられる。一九五九年の発掘調査において最も注目されたのは、金堂基壇上面の石造遺構であった。その構成は、花崗岩の石材を使用して、三尺四方で高さ一・五尺前後の基礎石を東西に六個ずつ、南北に四列、計二四個配置する。その上にさらにそれと同じ大きさの別の石を重ねならべ、南北の側に溝穴をあける。その石の形はいわばH字形ということになる。その溝穴を利用して、南北に長い石材をわたして連結する。横の四列には中央に、縦の六列には、二と三、三と四、四と五各列の間にH字形礎石よりもやや小さい石を配置し、これには溝をあけないで、縦長の石材をただのせるだけとする。そしてその縦長の石材の上に、横長の石材をわたし、ぎっしりと詰めて並べる。礎石はH字形礎石の上に置かれる。——およそこのような特異な構造を持っている。「これは金堂建物の平面底部に一定の高さの空間を維持するために造った一種の石床ともみることができる奇妙な遺構で」あり、建物の基礎を強化するどころか、弱化させるもので、構造上の必要からなされたものとはみられない。[20] これを説明するのが上記の「寺中記」の「金堂の砌下を排して東向して一穴を開く。乃ち龍の寺に入り旋繞するの備えなり」という記事で、つまり海龍となった文武王を迎えるための設備ということになる。なお、大王岩は、感恩寺の東南の海中にある岩礁で、うがたれた水路の中の石室に文武王の遺骨が蔵置されたものとして、海中王陵とされているが、近年の調査によれば、王陵とみるのは困難なようである。そうなると、陵寺ということにはならないが、文武王の冥福に資するべき寺院であることは疑いない。

⑦孝昭王と望徳寺

望徳寺も、創建の由来は明確に伝わっている。『三国遺事』巻二・文虎王法敏条には、

　後年辛未、唐更ためて趙憲をして帥と爲し、亦た五萬の兵を以て來征す。又た其の〔文豆婁の〕法を作す。船沒すること前の如し。是の時、翰林郎朴文俊、仁問に隨いて獄中に在り。高宗、文俊を召して曰わく、「汝の國に何ぞ密法有らん。再び大兵を發するも、生きて還る者無し」と。文俊奏して曰わく、「陪臣等、上國に来たりて一十餘年、本國の事を知らず。但だ一事を遙聞せる爾。厚く上國の恩を荷け、三國を一統す。之が徳に報いんと欲し、新たに天王寺を狼山の南に剏し、皇壽の萬年なるを祝ぎ、長く法席を開きしのみ」と。高宗之を聞き大いに悦び、乃ち禮部侍郎樂鵬龜を遣わし羅に使いして其の寺を審べしむ。王先に唐使將に至らんとするを聞き、茲の寺を見しむること宜しからず、乃ち別に新寺を其の南に剏し、之を待つ。使至りて曰わく、「必ず先ず皇帝祝壽の所たる天王寺に行香せん」と。乃ち新寺に引見す。其の使、門前に立ちて曰わく、「是れ四天王寺ならず。乃ち望徳遙山の寺なり」と。終に入らず。國人、金一千兩を以て之に贈る。其の使、乃ち還り奏して曰わく、「新羅、天王寺を剏し、皇壽を新寺に祝ぎしのみ」と。唐使の言に因りて、因りて望徳寺と名づく或いは孝昭王代に系く、誤りなり。

とある。つまり望徳寺は、唐兵を駆逐する目的で創建された四天王寺を唐使に見せるのをはばかって、その南に急遽建てたもので、寺名も唐使の言にちなんで付けたというのである。[21]

　その後も、唐における異変と対応して、寺の双塔が揺れ動いたという。孝昭王とはほとんど関係がないとみるべきである。

⑧聖徳王と移車寺

　現在、移車寺に比定される寺址は、塔石等の残る道只里の廃寺である。それは、伝聖徳王陵との位置関係が根拠である。現在、聖徳王陵と伝わるものは朝陽洞にあり、その北の寺址として比定されたのであ

る。ただし大坂金太郎によれば、「同里民は寺址後方の山を有徳山と呼ぶことから、この寺址を有徳寺といつて居る」という。[22]

これも、両者の関係を見出す記事はない。

⑨景徳王と毛祇寺・頃只寺

『三国史記』と『三国遺事』の記事が異なっており、両寺が同じかどうかも明かではない。また、伝景徳王陵も、それら寺址についても、確かな手がかりがない状態であり、当時における両者の関係については、いっそう不確かである。

⑩元聖王と鵠寺・崇福寺

市街から蔚山街道を八㎞ほど南下し、末方里から二㎞ほど入れば、山麓の傾斜地を段状に造成した上に双塔が見える。そこから一九三一年以来碑片が十数点発見されており、それが崔致遠撰の「崇福寺碑」(八九六年。写本が伝存)の一部であることから、崇福寺址であると確認された。[23]

碑文によれば、当初金元良が喜捨し、寺地の巖が鵠のようであったので鵠寺といった。のち定康王が元聖王園陵追福のために修建し、大崇福の号を賜ったという。「金城之离・日觀之麓に伽藍の崇福と號する者有り。乃ち先朝嗣位の初め、載奉して列祖元聖大王の爲に、園陵追福の修建せる所なり」とある。また崇福寺の位置が確認されたことから、元聖王の陵があらためて考えられるようになり、寺址から最も近い王陵級の古墳である掛陵がそれにあてられることになった。

これは、碑文を通して、明確に元聖王追福のためと確認できる。ただし、掛陵が元聖王陵であるとすれば、直線で三㎞ほどあり、また寺址からは見ることができない。

⑪憲徳王と泉林寺

『三国史記』巻八・聖徳王十四年(七一五)条に、

六月、大いに旱す。王、河西州の龍鳴嶽の居士理曉を召して林泉寺の池の上に祈雨せしむ。則ち雨ふること浹旬。

という記事もある。寺址については、大坂金太郎によれば「川北面東川里林泉里の里名により、廃塔遺存の同寺址を推定して居る」という。現在、北川の河床に廃材が置かれているが、そのあたりが寺址に比定されているところであり、また伝憲徳王陵はその北西にある古墳にあてられている。

しかし、これについても、両者の関係を明言するものがなく、未詳とするしかない。

⑫⑬憲康王・定康王と菩提寺

憲康王陵・定康王陵とされるものは、南山の東麓にあり、菩提寺と称するものは南山の東北麓にある。しかし憲康王陵は、発掘調査の結果、そうではないことが確認されており、[24]定康王陵についても、確かな根拠がない。これも両者の関係は不詳である。

⑭孝恭王と師子寺

現在、孝恭王陵とされるものは、排盤洞にあり、その近くの寺址を師子寺にあてているが、いずれも確かな根拠がなく、当時における両者の関係も不詳である。

⑮景明王と黄福寺(皇福寺)

『三国遺事』巻四・義湘伝教条に「法師義湘、考を韓信と曰う。金氏。年二十九に京師皇福寺に依りて落髪す」とある。高僧義湘は、『浮石本碑』(『三国遺事』巻三・前後所将舎利条に所引)によれば、「武徳八年(六二五)に生まれ、丱歳にて出家し、永徽元年庚戌(六五〇)元曉と同伴して西入せんと欲するも、高麗に至り難ありて廻る。龍朔元年辛酉（六六一）入唐し智儼に就學す。……咸亨二年（六七一）湘新羅に來還す。長安二年壬寅（七〇二）示滅し、年七十八」という。これによって、義湘の生没が六二五〜七〇二年であることがわかるが、出家の年齢については、先の義湘伝教の記事と異なる。ただし二十九歳は六五三年となり、元暁との入唐の試みが永徽元年（六五〇）でよければ、それよりも遅いことになって、おかしい。したがって、義湘伝教の記事を訂して、「廿歳」に皇福寺で出家した、と考えたい。すなわち六四四年である。とすれば、皇福寺はそれまでに創建されていたとみなければならない。[25]

⑮の『三国史記』の記事に見える「黄福寺」は皇福寺を指しているとみられるが、そうであれば、皇福寺は景明王陵の南にあったことになる。現在、景明王陵として伝わっているものは、南山西麓の三陵にあり、それが正しければ、皇福寺も南山西麓にあったとみなければならない。しかし⑮の『三国遺事』王暦の記事では「皇福寺に火葬す」とあるのみで、陵の位置を皇福寺に結びつけてはいない。問題のある記事である。

実は、皇福寺址と伝えるものがそれとは全く別の地にある。大坂金太郎によれば「内東面排盤里皇福山（狼山の北嶺）の山名から石塔一基巖存の寺址を之に推定して居る」という。古くから、皇福という地名によって、狼山の東北麓（九黄洞）の三層石塔を皇福寺塔と伝承してきたようである。

一九四二年六月、この石塔の解体修理中、第二層屋蓋上部から金銅製の舎利函に入った舎利具一式が発見された。その舎利函の蓋の裏側に、一八行・行二〇字の銘文が刻まれていた。その中に次のような文がある。

神文大王……天授三年壬辰（六九二）七月二日乗天し、所以に神睦大后・孝照大王、宗庴聖靈の奉爲に、禪院伽藍に三層石塔を建立す。聖暦三年庚子（七〇〇）六月一日、神睦大后遂に以て長辞し高く淨國に昇り、大足二年壬寅（七〇二）七月廿七日、孝照大王登霞す。神龍二年景午（七〇六）五月卅日、今主大王、佛舍利四・全金彌陀像六寸一軀・無垢淨光大陀羅尼經一巻もて石塔第二層に安置し、以て卜す。此の福田を以て上して神文大王・神睦大后・孝照大王代代の聖庴に資し、涅槃の山に枕し菩薩の樹に坐せしめん。隆基大王が壽、山河と同じく久からんことを……

これによれば、神文王が亡くなったため、あとを継いだ太子孝昭王即ち「孝照大王」とその生母である神穆王后すなわち「神睦大后」が発願して三層石塔を建立し、両者の死後、七〇六年に「今主大王」＝「隆基大王」すなわち聖徳王が仏舎利等を安置し、冥福を祈った、ということになる。塔の完成年次は記していないとみるべきで、六九二年の発願後、七〇六年までには完成していたのであろう。もっとも、舎利函用の納置孔を造るとか、舎利具の納置などは当初からの予定通りであろうから、聖徳王の銘文は、すでに用意されていた舎利函にただ刻んだだけのものであろう。つまり、七〇六年の納置に至るまで、一連のものとしてとらえなければならず、結局、七〇六年かもしくはその直前の完成と考えてよかろう。

さて、この三層石塔について、先にみたように皇福寺のものとする説が古くからあるのである。ただし、舎利函銘には、「禪院伽藍」という表現が見えるのみで、皇福寺の名が全く現れていない。それもあってか、それを皇福寺のものとする説には慎重な意見もある。

しかし、これまで、位置は不確実ながら、この付近で「皇福寺」（一九三七年頃）「王福」（一九六九年）という銘のある平瓦が発見されている。したがって、これを皇福寺址とみるのが、有力な案として定着しているようである。

ところで、義湘と皇福寺塔をめぐる説話として、次のようなものがある。

湘、皇福寺に住せし時、徒衆と与に塔を繞るに、毎に虚を歩いて上り、階を以て升らず。故に其の塔、梯磴を設けず。其の徒、階を離れること三尺、空を履みて旋る。湘乃ち顧みて謂いて曰わく、「世人此れを見て必ず以て怪と爲す。以て世に訓うるべからず。」と。

ここに、義湘が「皇福寺に住せし時」と言うのは、いつであろうか。『三国遺事』では義湘伝教条の末尾にあり、「徒衆と与に」という表現等から、唐からの帰国後、しかも遅い時期とみるのが自然であろう。帰国の年次は、上記の「咸亨二年」説以外に、「咸亨元年」説もあるが（義湘伝教条）、死の七〇二年より遅いことはない。しかし、もしそれに近い年代ということでも、当該の塔を上記の三層石塔のこととみるのは難しそうである。説話であるから、史料的に使えるかどうか問題もあるが、もし義湘が皇福寺にいたときに、塔があったということであれば、それは別の塔ということになろうか。その場合、塔がまだ新しい時期に、新築するとは考えがたいから、創建は義湘の時代より、かなりさかのぼることになるであろう。

このようにみれば、皇福寺は、景明王とは関わりがなく、むしろ神文王との関わりが注目されるのである。

新羅の王室と寺院とが関わる例は、ほかにも少なくないが、王陵と関わる例として挙げることができるのは、ほぼ以上のとおりである。

おわりに

以上、高句麗・百済・新羅の陵寺、あるいは陵寺とされるものについてみてきた。史料的に陵寺と呼ぶことができるのは、高句麗の例のみであるが、百済の場合も、実質的に陵寺と称してもおかしくない。一方、新羅の場合は、明確な例とは言えないが、そのような性格をもつと考えてもよい寺院がいくつか存在する。新羅は、他の二国に比べて存続時期が長いので、多くの関連寺院を拾うことができるという点も考慮しなければならないが、王室と寺院との関係という点でも、新羅はとくに深い関わりがあったことを指摘することができる。

そもそも新羅は、仏教の公伝としては、他の二国からすれば、かなり遅れたのであり、その当初から王室の関与があった。王室においては、公伝以前から仏教信仰がなされ、導入に際しても、貴族との対立および殉教者を出して、ようやく受け入れられるようになったのであった。

高句麗は前秦から北方的仏教が伝わっており、護国仏教的な性格があったものと考えられるのであるが、記録の限りでは、王室と仏教との深い関わりはあまりうかがえない。百済は、もともと護国的な仏教ではなく、民衆の支持を得て、民衆に広まった仏教であると言える。それらに比べて、護国仏教としての性格が強い新羅では、王室が積極的にそれを支持したということが、陵寺的なものの造営につながっていたのではなかろうか。王室寺院というべきものがいくつも存在し、またそれらが、国家的な修築がなされる、成典寺院として改編されている。それは、新羅国・新羅王室と仏教寺院との密接な関わりを示すものであり、またほかの二国と大きく異なる点と言える。そのような、仏教に対する関わりの違いが、陵寺的な寺院の造営の差となっているということであろう。

註

1 田村圓澄「仏教伝来の道」（『仏教伝来と古代日本』講談社、一九八六年）
2 林泉「高句麗における仏教受容—肖門・伊弗蘭寺の位置をめぐって」（『駿台史学』九六号、一九九六年）。
3 申東河「高句麗の寺院造成とその意味」（『韓国史論』一九輯、ソウル大学校人文大学国史学科、一九八八年）。
4 小泉顕夫「高句麗清岩里廃寺址の調査」（『仏教美術』三三号、一九五八年）。
5 「長川一号墳」（『東北考古与歴史』一輯）。
6 金日成綜合大学『東明王陵とその附近の高句麗遺蹟』金日成綜合大学出版社、一九七六年。
7 田村晃一「高句麗の寺院址に関する若干の考察」（『佐久間重男教授退休記念中国史・陶磁史論集』燎原、一九八三年）。
8 韓仁浩「定陵寺に対して」（『朝鮮考古研究』一九八六年一号）。
9 註7田村晃一論文。
10 永島暉臣慎「高句麗の都城と建築」（『難波宮址の研究　第七』論考篇、大阪市文化財協会、一九八一年）。
11 公州大学校博物館『大通寺址』一九九九年。
12 公州大学校博物館『水源寺址』一九九九年。趙源昌「公州地域寺址研究」（『百済文化』二八輯、一九九九年）。
13 『陵寺　扶餘陵山里寺址発掘調査進展報告書』（国立扶餘博物館・扶餘郡、二〇〇〇年）、『陵寺　扶餘陵山里寺址6～8次発掘調査報告書』国立扶餘博物館、二〇〇七年。
14 近藤浩一「扶餘陵山里羅城築造木簡の研究」（『百済研究』三九輯、二〇〇四年）、尹善泰「扶餘陵山里出土百済木簡の再検討」（『東國史学』四〇輯、二〇〇四年）、李炳鎬「扶餘陵山里出土木簡の性格」（『木簡と文字』創刊号、二〇〇八年）。
15 李基白『新羅時代の国家仏教と儒教』（韓国研究院、一九七八年）。
16 沈榮燮ほか『五陵北便橋址発掘調査報告書』（慶州文化財研究所、二〇〇二年）。
17 李根直『新羅王陵の起源と変遷』（嶺南大学校大学院文化人類学科考古学専攻博士学位論文、二〇〇六年）。
18 李仁哲「新羅上代の仏寺造営とその社会・経済的基盤」（『白山学報』五二輯、一九九七年）、朴スンギョ「新羅中代始祖尊崇観念の形成」（『韓国古代の考古と歴史』学研文化社、一九九七年）。
19 李道學「古新羅期鎮護寺刹の機能拡大過程」（『白山学報』五二輯、一九九七年）。
20 金載元・尹武炳『感恩寺址発掘調査報告』（国立博物館、一九六一年）。
21 武田幸男「創寺縁起からみた新羅人の国際観」（『中村治兵衛先生古稀記念東洋史論叢』刀水書房、一九八六年）。
22 大坂金太郎「慶州に於ける新羅廃寺址の寺名推定に就て」（『朝鮮』一九七輯、一九三一年）。以下の引用も同じ。
23 黄壽永「新羅崇福寺碑片」（『考古美術』一四号）、洪思俊「崇福寺碑片」（『考古美術』一五号）、秦弘燮「慶州甘山寺址・崇福寺址の調査」（『考古美術』五八号）、黄壽永「新羅崇福寺碑片」（『考古美術』九六号）。
24 張正男『憲康王陵補修收拾調査報告書』（慶州文化財研究所、一九九五年）。

日本古代宮都と陵墓・葬地 ―― 宮都内古墳の処理にみる陵墓意識 ――

山中　章

【キーワード】　前方後円墳の破壊　横穴式石室　陵墓の配置

はじめに

『続日本紀』和銅二年（七〇九）十月十一日条は「癸巳。勅造平城京司。若彼墳隴。見發堀者。随即埋斂。勿使露棄。普加祭醑。以慰幽魂。」と、平城京の造営を担当する造平城京司に対し、あらかじめ京内に古墳が点在していることを熟知していたのか、その取り扱いについて丁重な対応を命じている。平城京ほど具体的ではないが、新益京造営に際しても「甲子。遣使者鎮祭新益京。[1]」と、また、藤原宮においても「丁亥。遣浄廣肆難波王等鎮祭藤原宮地。[2]」と予定地を鎮祭しており、宮都造営に際し、遷都予定地を鎮めるのが習わしであったことがわかる。鎮祭の主旨は地鎮であろうが、地鎮の具体的な対象は先の『続日本紀』の記事に見られるとおり、畿内に点在する古墳群だったのではなかろうか。

また、『日本書紀』天武天皇十一年（六八二）三月甲午朔条では「命小紫三野王。及宮内官大夫等。遣于新城令見其地形。仍將都矣。」と、新都予定地はあらかじめ地形を見させている。同様に長岡京遷都に際しても「丙戌。勅遣中納言正三位藤原朝臣小黒麻呂。従三位藤原朝臣種繼。左大弁従三位佐伯宿禰今毛人。參議近衞中將正四位上紀朝臣船守。參議神祇伯従四位上大中臣朝臣子老。右衞士督正四位上坂上大忌寸苅田麻呂。衞門督従四位上佐伯宿禰久良麻呂。陰陽助外従五位下船連田口等於山背國。相乙訓郡長岡村之地。爲遷都也。[3]」と造長岡宮使を実際に現地に派遣して地形を確認させている。宮都造営は綿密な地形分析を経た上で鎮祭を加えて実施されていたのである。

では、古代王権はどのような地形を選び、鎮祭の対象とする古墳をいかなる基準で選び、どのように対処したのであろうか。本節は古代宮都造営に際し、宮都内に所在した古墳がいかに処理されたかを通して、古代王権が宮都と始祖墓および現世王墓の配置にいかなる規範を定めたのかについて考察するものである。

1　平城京と「陵墓」

（1）平城京以前の宮都と葬地

日本古代において、宮城と都城からなる宮都が王権の所在地として設けられたのは、七世紀後半の新城が初めてであった。以後、新益京、平城京、恭仁京、長岡京、平安京と、わずか一〇〇年のあいだに宮都は遷都を繰り返した。遷都に際して王権が考慮したのは、政治、文化、経済の中核としての宮都の選地であり、構造であった。と同時に、王権の正当性、連続性を表現するものとして王陵の選地にも意が尽くされた。

王陵と宮都との関係性については別に検討したことがある。[4] これによって、日本の古代王権が宮都を建設することにより、始祖墓や現世王の「陵墓」をどのように配置するかについて各宮都ごとに明確な選地の意図を持っていたことを確認した。

新城では方格地割の外に「陵墓」や葬地を配することが明確に意識されていた。藤原宮の中軸線と天武・持統合葬墓（野口王墓古墳）が一致することは、あらかじめこれらの配置が確定していたことを示す。[5] さらに、「藤原京」になると、明確な方針の下にその配置が決定された。宮の中軸線上に現世王の「陵墓」群を配置し、これを基準に宮城の真西に始祖墓を配したのである。[6] なぜ南や西であったのかについては明確にできなかったが、少なくとも南については現世王族の祖先の王陵がこの地域に集中していたことに起因しようか。最新の情報では、発掘調査により牽牛子塚古墳が巨大な刳り抜き式の石郭を有し、八角形に成形された古墳であることが確定し、斉明天皇の「陵墓」である可能性が高まったという。もしこの推定が正しいとすると、牽牛子塚古墳のほぼ真東に天武・持統合葬陵（野口王墓古墳）が所在する。斉明天皇の「陵墓」がなぜこの位置なのかという課題は残るが、天武・持統にとって、その母であり、祖母である斉明の墓が西にあったことが、始祖墓の位置を西にした可能性はあろう。[7] 七世紀以降の王権が、明確に「始祖墓」を意識していたことの証拠である。

（2）平城京の選地

平城京は「藤原京」以前の宮都および宮の所在地から大きく移動し、大和盆地の北端に造営された。その選地に際しては、「藤原京」の設計に大きな役割を果たした下ッ道、中ッ道が基準として採用され、下ッ道を朱雀大路、中ッ道付近を東京極として、これを西に折り返した位置を東京極としたとされる。宮城の中心となる中央区や東区の大極殿地域の選地にも相当の配慮が加えられ、中央区大極殿が宮城内での最高所に近い地形を利用して建設され、東区大極殿から内裏一帯も、造営当初所在した神明野古墳を利用して建築されている。さらに、北京極の位置には巨大な前方後円墳・市庭古墳（全長二五三ｍ）があったが、この古墳の前方部を切り取り、周濠の一部を埋め立て、京の北端としており、巨大前方後円墳を破壊して（利用して）宮城造営を行っているのである。にもかかわらず、市庭古墳の所属する佐紀盾列古墳群の大半は破壊されることなく残されている。これまでの研究成果を活かすと、平城京造営時の王権は、佐紀盾列古墳群の被葬者を『日本書紀』に示した陵墓のどれに当てるべきか決定していた可能性が高い。[8] 市場古墳については治定すべき天皇（皇后）がいなかったので、前方部だけとはいえ、破壊したのではなかろうか。平城京を造営するに際し、当該王権はそれまでの天皇など諸陵の治定を終え、明確な基準をもって前方後円墳の破壊、利用を決めていたと考えざるをえないのである。その上で平城京の北限を決定し、北京極以北には歴代天皇陵が来る配置を採ったのである。

さらに、平城京造営後には、外京の北を中心に現世王の陵墓群が形成される。元明・元正・聖武（光明皇后を含む）天皇の陵墓はいずれも平城京北郊外に設けられたと考えられている。

すでに知られているように、新京平城宮の中枢部は中国唐の長安を模した壮大な大極殿を核に形成された。唐の律令をモデルにして大宝律令の制定を主導した藤原不比等の設計だとされる。唐長安の陵墓は、漢の皇帝陵に倣って、基本的に渭水の北岸に整然と配された。[9] 不比等が宮城の設計のみならず、宮都と陵墓の関係にも意を尽くしたからこそ、平城京は佐紀盾列古墳群の南に置かれたのではなかろうか。

(3) 官寺と前方後円墳（図1）

ところで、平城京内にも巨大な前方後円墳が所在する。西の宝来山古墳（垂仁天皇菅原伏見東陵）と東の杉山古墳である。これらも破壊されることなく今日までほぼその全形を保って遺存している。京内に未発見の削平された古墳がある可能性は残るが、現状では杉山古墳周辺に大安寺古墳群が知られる程度であろう。ではなぜこの古墳は残されたのであろうか。これについて少し検討を加えておこう。

(1) 杉山古墳と大安寺伽藍

大安寺は平城京左京六条四坊に所在し、一五町（坊）を占有したという。その境内には現在五世紀初めの築造と考えられる杉山古墳が所在する。杉山古墳は全長一二〇mの墳丘を持ち、周濠も入れると一五四mの大規模な前方後円墳である。杉山古墳が大安寺の「資財」であることは『大安寺伽藍縁起并流記資財帳』にこれを指して「池并丘」と記載されていることから知ることができ、大安寺建立時点から意図的にこれを取り込んでいた。その背景として、これを「苑池」として利用したとする説[10]も出されたことがあるが、奈良市教育委員会による発掘調査の結果、「苑池」とする状況になかったことが立証され、その可能性は消えた。

また、寺域十五町について、左京六条四坊二〜七町、十〜十二町、七条四坊一・二・七〜十町と、六条大路を挟んで東三坊大路から東へ三町幅で南北に五町分、合計一五町という選地の仕方であったとする説が有力であったが、発掘調査の進展により、東院や塔院の位置が明確になり、伽藍の範囲についても再検討が試みられている。とくに、杉山古墳の発掘調査を通じて、既存説では墳丘を六条条間北小路が通過することになるが、杉山古墳の墳丘にそうした痕跡は認められず、古墳全体が寺域に取り込まれていたと推定せざるをえない事実が明らかになり、奈良市教育委員会の正報告書では、五条大路と六条大路の間の東三坊大路から三町分東（ただし左京六条三坊十二町は「東院」として除く一一町分）と六条大路南の「塔院」が所在する四町分の一五町として杉山古墳全体を寺域に入れた復原図を掲げている。[11]

ではなぜ杉山古墳は、国家寺院として建立された歴史的背景をもつ大安寺の境内に、「苑池」としてでもなく取り込まれたのであろうか。

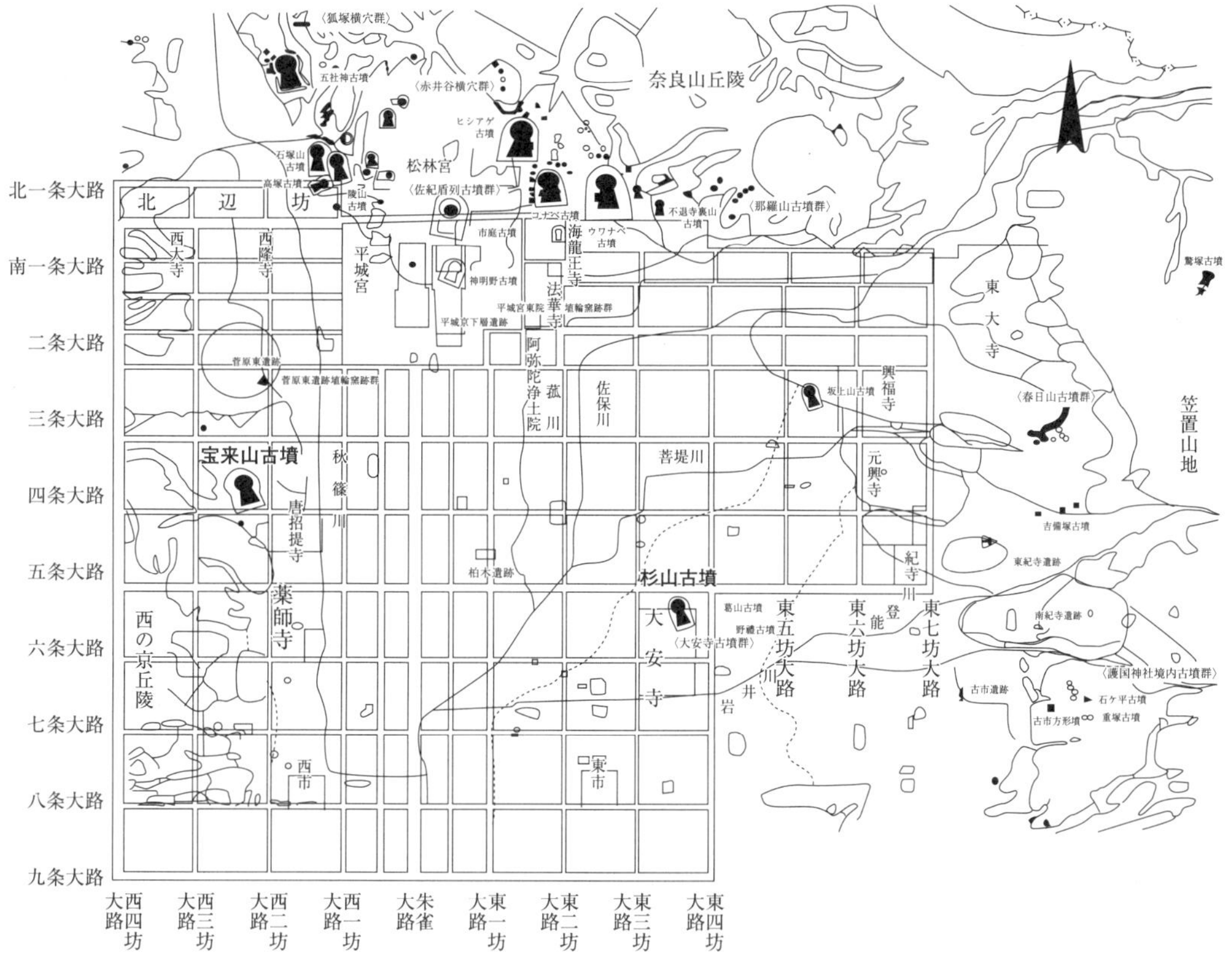

図１　平城京と主要古墳の分布

（橿原市教育委員会「奈良県橿原市植山古墳現地説明会資料」2000年）

(2)杉山古墳周濠と僧坊

『史跡大安寺旧境内Ⅰ』（奈良市教育委員会、一九九七年。以下『大安寺報告』と略す）によると、大安寺建立当初の杉山古墳と伽藍との関係を詳細に知ることができる。以下『大安寺報告』の記述を要約して伽藍建立者が杉山古墳をいかに扱おうとしていたかを確認してみよう。

①墳丘の復原長は南北一五四m、後円部径約八四m、前方部長約八五m、前方部幅約九五mあり、周囲には盾形の周濠が巡り、外堤が備わっている。周濠を含めた全長は約二〇二m、最大幅一四四mを計る大前方後円墳である。

②周濠の西南部分の一定範囲が大安寺建立段階で埋め立てられ、北東中房が建築されたことが確実である。

③『大安寺伽藍縁起幷流記資財帳』によれば天平十九年（七四七）段階で僧房は一三棟建っており、北西中房や北・西小子房が記載されていないが、調査の結果では確認されており、これ以降に建築されたものと推定できる。

④一方東の僧房は大・中・小子房ともに当初から確認されており、その建築のために周濠の南西部は埋め立てられていた。

⑤延暦三年（七八四）の長岡京遷都が決定されると、西周濠がさらに埋め立てられ、外堤部分をも取り壊し、寺内から出たゴミとともに埋め立てられた。

⑥さらに同じ頃、墳丘の南西部に瓦窯が設けられ、これま

で手が付けられてこなかった墳丘部が初めて破壊されるのである。

杉山古墳は大安寺造営当初に周濠の一部が埋め立てられ、天平十九年以降には北西中房の建設などのために南周濠がさらに埋め立てられ、延暦三年の長岡京遷都によって西周濠は外堤部分をも取り壊して寺内から出たゴミとともに埋め立てられ完全に機能を失う。それだけではなく、墳丘の破壊が行われ、杉山古墳は往時の姿をほぼ失ってしまう。

(3) 垂仁天皇陵と薬師寺

平城京右京四条三坊に所在する宝来山古墳は全長二二七ｍの前方後円墳である。現在宮内庁が垂仁天皇菅原伏見東陵として管理しているため内部に立ち入ることすらできないが、先にみた佐紀盾列古墳群の治定状況をみると、往時から宝来山古墳を垂仁天皇陵に治定していた可能性が高い。宝来山古墳は、平城京では東を西三坊大路、南を四条大路に接する位置を南東部として立地している。築造当時の周濠の規模や位置などは正確な発掘調査がなされていない現状では不明だが、西三坊大路は東周濠をかすめるように微妙な位置を通っている。後述する長岡京域ではこうした場合、周濠部分を利用して祭祀行為を実施しているが、当該古墳では不明である。

ところで宝来山古墳の一条南には薬師寺が建立されている。薬師寺と大安寺はいずれも六条大路に南大門を開いており、大安寺が左京六条四坊および七条四坊にまたがる一五町、薬師寺が右京六条二坊の一〇町と四分の一町を占有していたとされる。これらは藤原京における相対的な位置関係—大安寺の前身寺院である大官大寺は左京八条四坊[12]、本薬師寺は右京八条二坊—を踏襲したものとされている。両寺院の平城京での選地には、あらかじめ、ある程度の制約があったものと推定できる。しかし、「藤原京」には杉山古墳や宝来山古墳に相当する巨大前方後円墳は伽藍周辺にはなかった。それゆえ、両寺をこの地に設置すると決めたときにまず問題になったのは、大安寺選地空間における杉山古墳（大安寺古墳群）の存在であったはずだ。薬師寺の北一条に位置する宝来山古墳は、治定対象人物を垂仁天皇とする可能性があったからこれを残すことに問題はなかったろうが、二〇〇ｍ未満の規模しかなく治定人物の想定できない杉山古墳が寺域に入ることは、大きな問題であったはずである。前項で確認したとおり、杉山古墳は長岡京遷都が確定した八世紀末頃から西側の周濠部分を中心に大量のゴミ類で埋め立てられはじめ、九世紀には墳丘の前方部南西隅を破壊して瓦窯が構築されるなど、激しく破壊されている。ところが、大安寺建立当初は、南周濠は僧坊建築のために埋め立てられたものの、墳丘には手が付けられていないのである。

大安寺は舒明天皇十一年（六三九）日本最初の国家寺院として建立された寺院であり、「藤原京」の大官大寺を経て平城京では大安寺とされた寺院である。国家にとって最重要寺院としての位置づけを与えられていた。一五町という広大な面積を占有するのもそのためであろう。であれば、杉山古墳を削平し、寺域として平坦面を確保することは容易であったはずである。にもかかわらずこの古墳を残した背景はどこにあるのであろうか。偶然とはいえ、歴代天皇を菩提し、天皇の健康を願う目的で建てられた薬師寺のすぐ近くには、宝来山古墳が所在した。治定する対象は明確ではないが、杉山古墳の被葬者をそれ相応の存在と仮定したとき、これを破壊することが躊躇されたのではなかろうか。

平城京の北に位置した佐紀盾列古墳群については、明確に歴代王墓として認識し、中国に倣って宮都の北を陵墓空間として残した。一方杉山古墳は、大安寺と薬師寺の相対的位置関係の踏襲という方針の下、薬師寺と宝来山古墳（垂仁天皇陵）、大安寺と杉山古墳というセット意識から残させたのではないだろうか。同様の様相は長岡京においてより明確に認めることができる。

2　長岡京と「陵墓」・葬地（図2）

長岡京域に所在する前方後円（方）墳は、規模こそ二〇〇m未満で、歴代天皇陵に治定されるものは皆無である。しかし京内には数多くの前方後円（方）墳の所在していることが知られている。このため、長岡京建設時にも平城京同様、破壊しない古墳と破壊する古墳[13]が区別されたと推定できる。その最も典型的な古墳が向日丘陵古墳群・山畑古墳群・今里車塚古墳・井内車塚古墳・井内稲荷塚古墳・恵解山古墳である。本節では長岡京造営に際し破壊された古墳とされなかった古墳を検証しながら、桓武王権がこれらの古墳をどのように評価していたのかについて考察する。

(1) 長岡宮城の古墳

長岡宮城内に所在した古墳の処置をめぐっては、すでに奥村清一郎氏が詳しく分析している[14]。奥村氏の分析を基礎に長岡宮城内に所在した古墳を確認すると、次のような古墳（群）のあったことが知られる。

A群　中ノ段古墳を中心とする長岡宮城西辺付近に所在した古墳群である。

B群　長岡宮跡第四一・四六・六二・六八・七三・一〇九・一五八次調査で検出された長岡宮城の中枢部、大極殿・朝堂地区、朝堂院西方官衙地区に所在した古墳群である。山畑古墳群（大極殿古墳を含む）とも呼称される。当該古墳群内には乙訓評衙・郡衙が長岡京造営直前まで所在し、鞆岡廃寺と同笵瓦を持つ「乙訓郡衙附属」寺院のあったことも明らかで、すでにこれらの造営に伴って古墳群の一部が破壊されていることが知られている。

C群　山開古墳群を核とする長岡宮城東北部を中心に所在した古墳群である。

次にこれら各群の古墳と長岡宮城造営との関係について検討してみよう。

①A群の古墳と宮城西辺の造営

【中ノ段古墳】　北山古墳東側の丘陵斜面が造成により平坦化した位置から検出されたのが中ノ段古墳である。立会調査により発見され、一部を発掘しただけの調査であるため、詳細は不明であるが、古墳の周濠の一部とこれに埋没していた埴輪を検出している。注目すべきはこの古墳は明らかに長岡京期に削平されており、周濠を埋め立てた後の遺構面からは長岡京期の瓦や土器が出土している点である。調査地の西に想定されている北山古墳への対応とは明らかに異なっている。

②B群の古墳と宮城西辺の造営

【大極殿古墳】　平城宮同様、長岡宮大極殿もまた、古墳を破壊、利用して構築されたことを明らかにした古墳である。規模、形態は不明であるが、大極殿院の東回廊推定位置のすぐ東での発掘調査で、墳丘

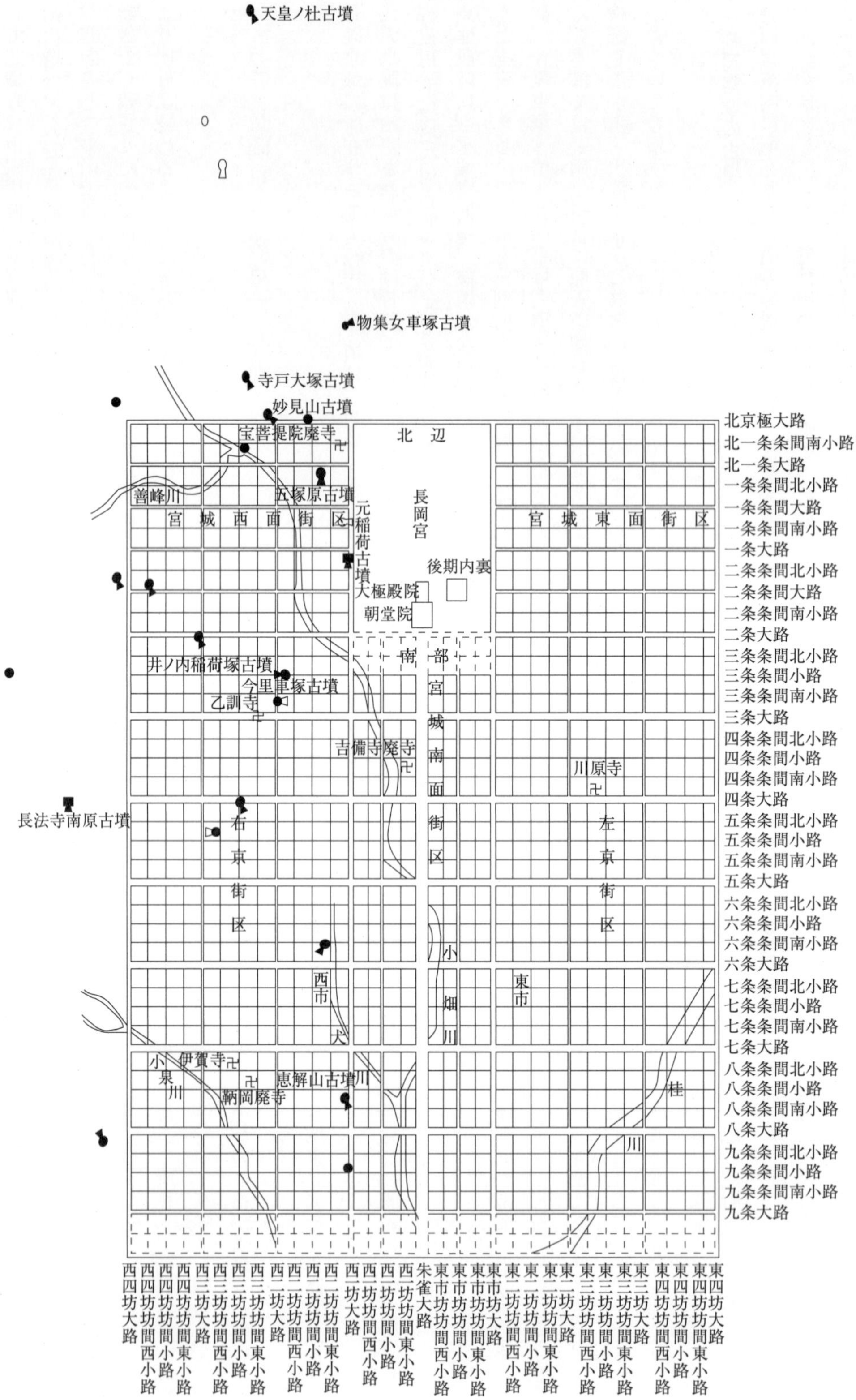

図2　長岡京と主要古墳の分布

の一部と思われる盛り土と、その裾に設けられた周濠の一部を検出している。出土した盾形埴輪の形状などから中期の古墳であったことが知られている。[15] 大極殿院北面回廊の北からも長岡宮跡第四六次発掘調査によって大量の埴輪が検出され、小規模な前方後円墳または方墳の所在が推定されている。[16] 墳端の北側からは東西に並ぶ長岡京期の掘立柱の柱列も検出されており、当該古墳が長岡京造営によって破壊されたことが確実である。このほか第四六次調査地のすぐ西側で行われた長岡宮跡第六二次調査からも、長岡宮の建物の下層から方形に繞る溝跡や竪穴住居址、須恵器、埴輪などが検出されている。大極殿院やその周辺部に五世紀代の群集墳が所在し、これらを凹凸の激しい地形の整地に利用するため破壊したことが明らかにされている。なお、現状では古墳の破壊に伴う鎮祭の痕跡などは明らかにされていない。

【山畑古墳群】 一～三号墳はいずれも方墳と推定され、朝堂の西部一帯から墳丘の一部や埴輪、須恵器が出土している。地層の堆積状況から推測して七世紀後半から八世紀にかけての時期に行われた乙訓評衙ないしは郡衙造営によって破壊されたとされている。規模はいずれも確定できないが、一〇m前後の小規模な古墳であろう。このほかにも朝堂の東第四堂の東地域から二基の方墳が検出されている。この破壊の時期は明確ではないが遅くとも長岡京期には削平されたものと思われる。山畑古墳群の西部一帯は七世紀以降、弟国評の中心として整備されるが、この時代にあっても小規模な古墳群が完全に破壊されている。築造時期から二〇〇年余を経て弟国評の評督や助督になったと思われる在地豪族にとって、無縁の古墳群であったか、もはやその伝承が失われ、評衙造営という新たな目的のために排除されたのかもしれない。いずれにしろ、宮都を造営した王権だけではなく、地方首長層にあっても、その公的機関設置のためには古墳（群）を破壊することがあったことが知られる興味深い事例である。

③C群の古墳と宮城東辺の造営

【山開古墳】 朝堂院北東官衙域に所在した古墳である。直径二二・五mに復原できる円墳である。周濠底から出土した須恵器によって、五世紀中頃の古墳と推定されている。墳丘の南西部を長岡京期に掘削された溝が横切っており、この頃破壊された可能性が高い。なお、このすぐ北側に接する官衙域からは「八条四甕納米三斛九斗」と記された木簡が出土しており、造酒に関する施設のあったことが知られている。宮殿の造営だけではなく、こうした官衙の造営に置いても小規模な古墳は柵平の対象になったことが判る。

以上、長岡宮城内に所在した古墳（群）の大半は破壊されたことが明らかになった。しかし、宮城西大垣に沿ってありながら破壊されなかった古墳が元稲荷古墳と北山古墳であったことは後述する王権の前方後円（方）墳観を考える上で示唆的である。

（2）長岡京域の古墳

(1)「北苑」の古墳

長岡京には北京極大路（現北一条大路）以北に方格地割を備え、様々な施設を配置する空間が所在する。これを一応「北苑」と仮称している。「北苑」の規模、構造についてはいまだ明確ではないが、最大桂川以南・以西、西山以東の空間に広がる可能性がある。[17] 現北京極に接して方形の池や畑の痕跡が見つかっており、平安京の北野における園池司の菜園と同様の機能があった可能性が考えられている。また、延暦十二年（七九三）正月二十一日に平安遷都のために置かれた内裏（東院）も配置されており（『日本紀略』）、多様な機能を果たしていた。

この「北苑」空間には数多くの古墳（群）が所在している。

前期古墳には長岡京では右京域に所在する元稲荷古墳、北山古墳に続き、妙見山古墳、寺戸大塚古墳が向日丘陵古墳群の北系譜として知られる。[18]また、「北苑」が桂川の北端まで延びていたとすると北部には一本松古墳、百々池古墳、天皇の杜古墳なども同一空間に所在することになる。いずれも一〇〇m前後の前方後円墳で当該地域の首長墳であったと推定されている。

【寺戸大塚古墳】　全長九五mの四世紀前半の前方後円墳で、六次にのぼる発掘調査によってその詳細が判明している。[19]近世末に始まった孟宗竹の植林、筍栽培によって墳丘は激しく破壊されており、後世の利用実態はほとんど知られていないが、後述する妙見山古墳とともに付近に「長岡寺」の所在も指摘されたことがあり、古代における何らかの開発があった可能性がある地域である。

【妙見山古墳】　五塚原古墳の北に位置する全長一一四mの向日丘陵古墳群中最大規模の前方後円墳である。四世紀後半の築造とされる。近代に入って激しく削平され詳細は不明だが、長岡京期の遺物は確認できていない。ただし、かつて墳丘近くから古代の瓦が収拾されており、「長岡寺」と呼称されたこともある。この点については第六向陽小学校建築に伴う事前発掘調査によって確認されず、その可否は保留されたままであるが、当該調査において長岡京期に使用されたと思われる難波宮式重圏文軒丸瓦が発見されており、あるいはそれなりの寺院が所在した可能性は否定できない。

【伝高畠陵古墳】　妙見山古墳の東二〇〇mに位置する直径六五mの円墳（または帆立貝式古墳）である。[20]宮内庁が桓武天皇皇后乙牟漏高畠陵に治定して管理しており、詳細は不明である。墳端付近からヒレ付き円筒埴輪を用いた埴輪棺が発見されており、前期末から中期初頭の古墳とされている。桓武天皇皇后とは年代が一致しないのは言うまでもないが、長岡京期にこれを再利用したのか否かについては不明である。

中期古墳には樫原系譜に穀塚古墳が中期末の前方後円墳としてあるだけで、首長墳級の前方後円墳は姿を消す。ただし、実体は不明だが、桓武天皇夫人藤原旅子（伊予内親王母）や桓武天皇生母高野新笠の陵墓もまた、京の北側の地域に集中する点は注意しなければならない。

【物集女車塚古墳】　北苑の中で際だった特徴をもつのが物集女車塚古墳である。山背地域北部で初めて横穴式石室を採用した全長四八mの前方後円墳で、多彩な副葬品類は当該王権との強いつながりを示すものとして知られる。この墳丘の南側周濠のくびれ部付近から和同開珎他相当量の長岡京期の遺物が出土している。[21]また、古墳に近接する北側からも長岡京期の複廊に囲繞された大規模な建物群が検出されており、「北苑」内部の広範囲に施設群の存在することが明らかになった。[22]和同開珎は墳級裾部に置かれており、これを「墓」と認識していた往時の人々が鎮祭のために用いたのではないかと考えられている。これまでの調査では墳丘上部からは長岡京期の施設は検出されておらず、北側施設群との関係は明確ではないが、あるいは周辺を展望する施設として用いられたのかもしれない。なお、幕末には当該古墳は淳和天皇に関係する施設として検討され、「陵墓参考地」として守戸を置いて管理されたことも知られる。

「北苑」には、後期に入ると向日丘陵上に多数の群集墳（南条古墳群、長野丙古墳群など）が形成されるとともに、西山の裾部にも多くの古墳群（大枝山古墳群、福西古墳群、灰方古墳群など）が確認できる。明瞭に削平された古墳はなく、物集女車塚古墳のように墳墓として意識され鎮祭された古墳や、延暦九年（七九〇）までに亡くなった皇族の陵墓が配置されていた。

このほか、廃都後にはやはり北苑地域に当たる向日丘陵上から九世紀前半の火葬墓である長岡古墓も発見されている。後述する淳和天皇の火葬に際し茶毘に付した地点が山城国乙訓郡物集村であったとされ、廃都後も墓域あるいは埋葬関連地として利用されていた可能性が高い。

(2) 右京域・宮城西面街区の古墳

左京域は桂川の氾濫原であり、現時点では埋没古墳も含めて古墳は認められない。そこで右京域の古墳について検討することにする。

【元稲荷古墳】　宮城西辺と重なって所在するのが元稲荷古墳である。全長九二ｍの前方後方墳であるが、一九六〇年の町営上水道給水施設の建設により、後方部の主体部は失われてしまった。二〇一〇年までの七回の発掘調査によりほぼその全容が明らかになり、後方部が台形状を呈する初期前方後方墳であることが確定した。長岡京との位置関係でみると宮城西面街区[23]に位置し、宮城西大垣推定芯が前方部南東隅墳端推定位置の東約一四ｍに位置しており、宮城西面大垣の西には西一坊大路が南北走するはずで、元稲荷古墳は確実にその路面上を覆っていたことになる。しかし、墳丘全体に及ぶ発掘調査にもかかわらず、長岡京期に古墳を破壊、祭祀した痕跡は認められていない。元稲荷古墳は西一坊大路の路面上に位置することが判っていながら削平されなかった古墳であった。

【北山古墳】　元稲荷古墳の北一〇〇ｍの位置に所在したと推定されている。東に主軸を向ける前期の前方後円墳とも伝えられているが、詳細は不明である。明治十七年（一八八四）の病院建設他で墳丘を完全に失ってしまい、その後住宅開発や競輪場造成によって地形は激変している。古墳に関する資料としては出土したと伝えられる三角縁神獣鏡のスケッチが残されているだけである[24]。当該地は元稲荷古墳を載せる向日丘陵部に当たり、周辺部では数回の発掘調査が実施されているが、東裾の斜面部分からは長岡京期の施設や造成の痕跡などは検出されていない。ところが北山古墳推定地のすぐ北に位置する長岡宮跡第一六四次調査では、標高四〇ｍの調査地から長岡京期の瓦や土器のほか、方形の土坑から緑釉唾壺を出土した[25]。北山古墳の所在推定地の現標高が四二ｍ前後であるから、後述する五塚原古墳との間の狭い谷地形を利用して祭祀的な行為が実施されていたものと推定できる。北山古墳は元稲荷古墳同様意図的に残された可能性が高いのである。

【五塚原古墳】　全長九一ｍの前期の前方後円墳で、長岡京右京の北端、宮城北西隅の西側に位置する古墳である。前方部の南端は東西に延びる谷によって境されている。この谷部に大量の土馬、ミニチュアカマド、墨書人面土器等大量の祭祀遺物が発見されている[26]。

五塚原古墳の墳丘の発掘調査でも他に長岡京期に属する施設の確認はなく、長岡京の造成によって破壊、利用された形跡を認めることはできない。西一坊大路路面に所在した元稲荷古墳や北山古墳などとともに、向日丘陵上の前方後円墳群は、長岡京の重要な位置にあっても破壊されることはなかった。あるいは、これら前方後円（方）墳が宮城内に入ることがないよう意図的に宮城の位置が設計されたのかもしれない。

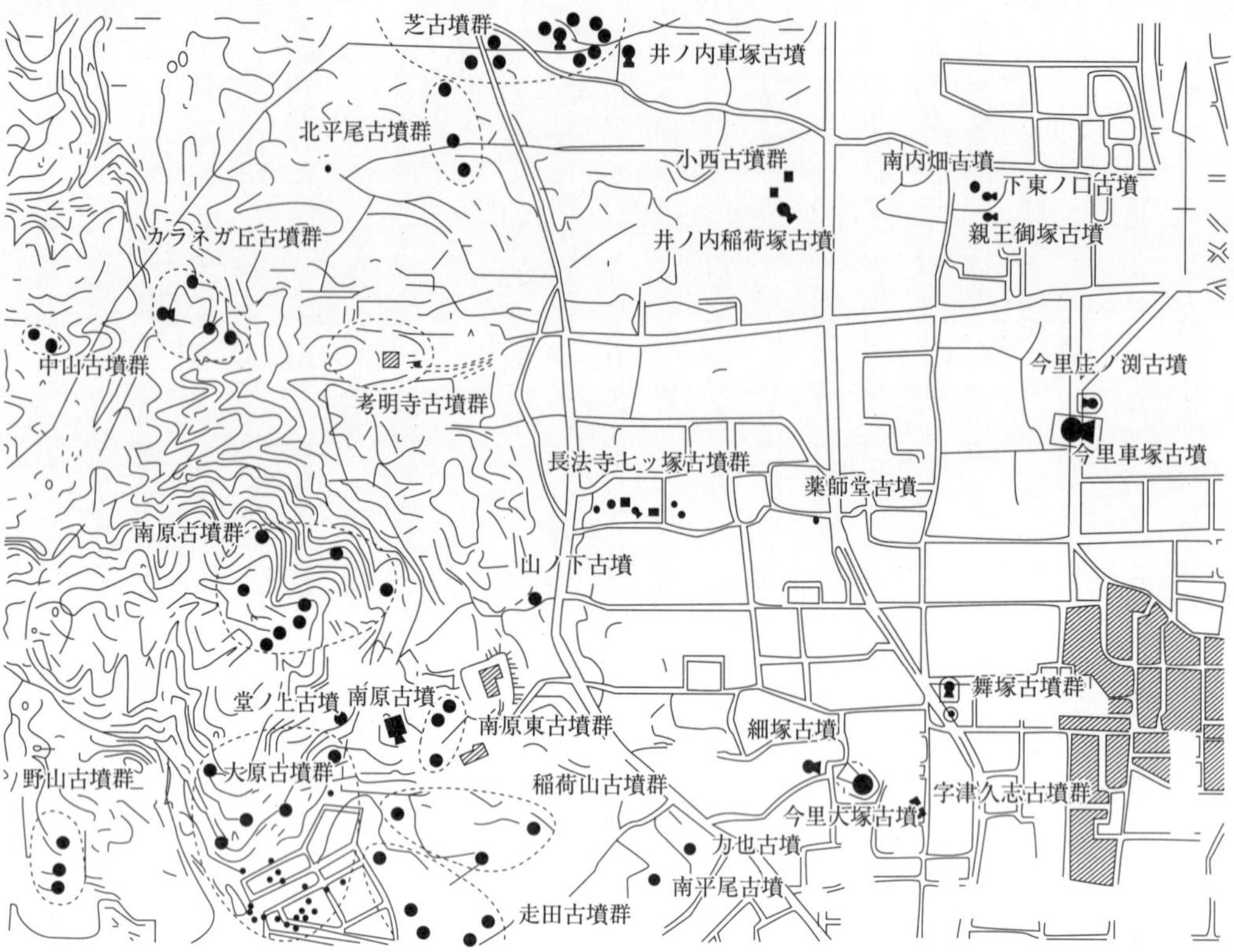

図3　長岡京右京西域の古墳分布

(3) 右京街区の古墳（図3・図4）

右京街区は宮城西面・南面街区を除く右京域である。西山丘陵の裾部やこれに連なる段丘面が広がり、各所に様々な時期の古墳（群）が所在する。

【南栗ヶ塚古墳】　長岡京跡右京第三九次発掘調査によって発見された一七m×一四mの方墳である。[27]後述する恵解山古墳の南東五〇mに位置し、長岡京右京八条一坊十四町内に所在した。調査時の所見では南東部の周濠の一部が長岡京期の溝と重複しており、当該期に何らかの影響を受けたものとされる。ただし奥村氏が指摘するように、「南栗ヶ塚」という地名にあるように近代まで塚と認識される墳丘が遺存していたものと思われる。[28]

【今里車塚古墳・今里庄ノ渕古墳】　今里車塚古墳は全長約七五m、中期の前方後円墳である。今里庄ノ渕古墳は全長三〇mの中期の帆立貝式古墳墳丘である。両古墳は南北に並列しており、いずれも西二坊大路路面と重複して位置しているが、墳丘は削平されなかったものと推定されている。ただし、条坊側溝との交差付近に当たる周濠内には長岡京期の祭祀遺物が認められ、墓として認識されていた。

【井ノ内稲荷塚古墳】　全長四五mの後期の前方後円墳である。長岡京右京二条四坊に所在した。墳丘は完存するにもかかわらず横穴式石室は大きく破壊されており、石室内から長岡京期の土師器などが出土する。当該期に長岡京の施設建築のために石材を取り出したのち、祭祀を行ったものだろう。古墳を墓と認識しつつ長岡京造営のための資材供給地として利用したことが明らかである。[29]ところが東七〇〇mに位置する長法寺七塚古墳群の大半は近年まで墳丘を残しており、破壊されなかった。

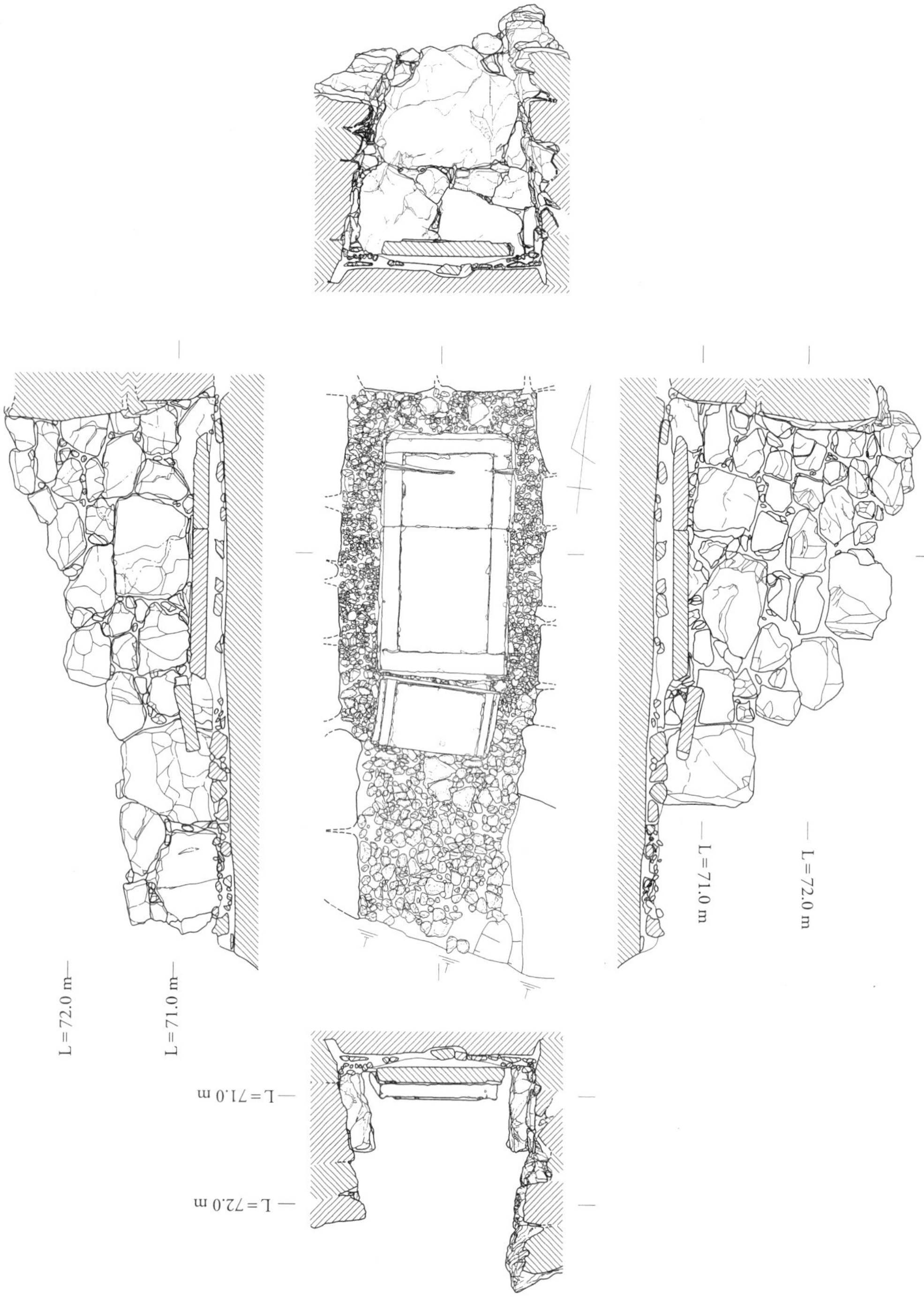

図４　石棺材が転用された走田９号墳の石室

【井ノ内車塚古墳】　全長三七mの後期の前方後円墳である。井内稲荷塚古墳の北西五〇〇mの、長岡京右京の西辺付近に位置する。墳丘は激しく破壊されており、長岡京期にどのような状態であったかは全くうかがい知れない。

【舞塚古墳】　今里車塚古墳の南西七〇〇mに位置する前方後円墳である。すぐ南に直径二〇m程度に復原可能な円墳（二号墳）が見つかっている。長岡京右京四条三坊十二町に位置し、付近からは奈良～長岡京期の建物などが発見されているが、重複関係は不明である。舞塚という地名の遺存から破壊は近年までなかったとされる。他に南西二〇〇mに直径四五mの後期の横穴式石室を持つ円墳である今里大塚古墳が所在する。

【塚本古墳】[30]　全長三〇mの後期の前方後円墳である。長岡京右京六条二坊六町北端に所在し、後円部の周濠が六条条間小路南側溝と重なっている。ところが南側溝は掘削されず古墳手前で中断している。古墳の周濠からは長岡京期の土器等は出土しており、当該期に周濠はかなり埋没していたものと推定できるが、地名の遺存などから墳丘の削平は近代以降とされている。

【恵解山古墳】　同様にして条坊道路の交差点に位置した全長約一二八mの前方後円墳である。長岡京右京西一坊大路と八条条間小路の交差点付近に位置したが、墳丘が削平されることなく、ほぼそのまま残されたのである。ただし近年の発掘調査の成果によれば周濠部分は相当量の長岡京期の遺物で埋没しており、ここでも墓として認識されていたのは墳丘であったことが確認できる。

【走田古墳群】　長岡京五条の西郊外には平安時代建立の海印寺が所在するが、この子院である寂照院の本堂裏山に展開する古墳群である。発掘調査された八・九号墳のうち九号墳は比較的よく遺存しており、直径一二mの七世紀前半の円墳で、両袖式の横穴式石室を主体部とする。石室内部には竜山石製の組み合わせ式家形石棺の底石と長側石の一部などが遺存しているが、大半は持ち去られてなくなっている。石室の破壊時期を推測する遺物が石室隅にまとめて置かれており、長岡京期の土師器食器のセット坏・皿・椀各二点と祭祀用土器壺B一点がある。これらはほぼ完形品で意図的に置かれたことを物語っている。とくに人面を墨書して使用することが多い壺Bの出土は、これらが古墳破壊の鎮祭のために使用されたものと推し測れる。長岡京造営に際しては壇上積基壇の構築のために大量の二上山産凝灰岩が使用されたことが判明しているが[31]、これより硬質な竜山石（流紋岩質溶結凝灰岩は貴重で、長岡京内では宮城北部から発見された推定大蔵跡の池の排水暗渠の先に設けられた沈殿槽の底石として使用されたことが判明しているだけである[32]。本例の石材の寸法と近似しており、あるいはこの構築のために古墳が破壊され、石材が持ち去られたのかもしれない。

(4) 右京街区における古墳の破壊と長岡京造営

長岡宮城が丘陵（長岡）の先端部、小畑川の右岸にあたる段丘崖を利用して設けられたため、宮城自身が東や南へ激しく傾斜する土地条件にあたっており、西辺部は西に向かって急崖をなしていた。向日丘陵古墳群の南部に位置する元稲荷古墳や北山古墳は、当該地に西一坊大路が位置したため、古墳群を削平することは不可能ではなかったはずである。しかし、両古墳とも墳丘をほぼそのまま残したものと推定できた。つまり古墳群は意図的に残されたと解釈できる。

古墳群が残された理由として、長岡宮城造営の進捗状況との関係で解釈する立場もあるが、長岡京のそれ以外の地域の造営の進捗状況からみて、意図的に残された可能性のほうが高い。とくに残された古墳が一〇〇m前後の前方後円墳ばかりである点は注意を要する。

ところで、長岡京に都が所在した時期には天皇陵は築造されていないが、延暦七年から八年にかけて相次いで亡くなった夫人たちの墓が乙訓郡に設けられたことが知られる。大伴親王（淳和天皇）母・藤原旅子墓や皇后・藤原乙牟漏陵、桓武天皇母・高野新笠陵が山背国乙訓郡にそれぞれ、宇波多陵、長岡山陵（高畠陵）、大枝山稜として営まれたとされる。その詳細は不明であるが、地名などを参考にすれば、いずれも長岡京外の北部・「北苑」地域に展開した可能性が高い。「北苑」推定地内には物集女車塚古墳や、現在桓武天皇皇后藤原乙牟漏高畠陵として管理されている伝高畠陵古墳ほか、多数の群集墳が点在しているが、これらの大半は破壊されることなくほとんどすべてが残されている。宮城内に点在した山畑古墳群をはじめとする古墳群の大半が破壊されたのとは大きな違いである。

さらに、物集女車塚古墳では墳丘端で祭祀が行われているほか、北接する位置からは複廊の回廊を持つ長岡京期の施設が発見されており、墳丘が利用された可能性もある。「北苑」や宮城に隣接する右京域の古墳は丁重に扱われたのである。

では、長岡京内に位置した古墳はどのような基準で破壊、非破壊が決定されたのであろうか。これを探るに相応しい古墳（群）が右京域西部に展開する古墳の取り扱い方であった。

右京域に所在した中期以前の埴輪を有する前方後円墳はそれらが長岡京造営の妨げになる位置にあった場合でも、今里車塚古墳を典型例とするように、破壊されることはなかった。ただし周濠を持つ古墳では、周濠部分は埋め立てられたり、ゴミ投棄の土坑として利用されたりした場合が一般的だった。その場合も周濠部から祭祀遺物が発見される例が多く、古墳の一部と認識されていたのではなかろうか。中期以前の前方後円墳の墳丘は破壊しないが、周濠は利用したり埋め立てて利用したりしたのである。

これに対して、後期の横穴式石室を持つ古墳は、前方後円墳であっても、破壊の対象とされた可能性がある。井ノ内稲荷塚古墳、走田九号墳がそれである。とくに後者は石棺材が意図的に持ち出されており、古墳の破壊には古墳内部の様相に熟知した者による取捨選択が行われたのではないかと思わせる事例もある。後期古墳には宮城建設に必要な石材を多くの古墳が持っていることを知っての破壊ではなかろうか。ただしこの場合でも、今里稲荷塚古墳に近接して所在する長法寺七つ塚古墳は全く手を付けられなかった。小規模群集墳の石材は不要だったのかもしれない。

3　桓武天皇柏原陵と深草山

最後に、長岡京、平安京の二京を造営しながら、宮内庁ですらその治定陵墓を明確にしえない桓武天皇陵の所在地について若干の考察を加えておこう。[33]

（1）「延暦十一年八月四日」禁令と深草山

『日本紀略』によると長岡京廃都の詔が出る五カ月前、不思議な禁令が出されたことが知られる。禁令は短く「禁葬埋山城国紀伊郡深草山西面縁近京城也」とだけ記す。六月には皇太子安殿親王の病を占うに早良親王の祟りとの卜占結果が出、王権内部では遷都に向かって準備段階に入っていた時期だと考えられる。その時期に長岡京とも新都（平安京）とも離れた深草の地がどうして「近京城」だとして問題視されたのであろうか。「深草」と「埋葬」のキーワードからすぐに思い浮かぶのが『日本後紀』大同元年四月七日に「葬於山城国紀伊郡柏原山陵」として改葬された桓武天皇陵である（文末、桓武天皇柏原陵関係参考史料参照）。

『日本後紀』によれば、桓武天皇は延暦二十五年（八〇六）三月十七日に亡くなり、翌十八日には葬儀の次第が決められ、十九日に山陵を山城国葛野郡宇太野に決定する旨の詔が出される。ところが決定直後から宇多野周辺で不審火が相次ぎ、二十二日には京中が煙によって視界が開けないほどになったという。ついに二十三日に至り山陵地を占ったところ「賀茂神祟」と出る。賀茂神は王権との関係のきわめて深い神である。さらに、賀茂神の所在地と宇太野とは相当な距離がある。なぜ賀茂神が祟るのであろうか。王権を守護する神を持ち出すことによって山陵の決定に異を唱える政治的な動向を読み取ることはできないであろうか。

西本昌弘氏によれば、桓武死後の皇位継承をめぐっては、きわめて微妙な政治的動きがあったことが知られる[34]。西本氏は、桓武天皇は死後の皇位継承の混乱を恐れ、三人の皇子たちに十年交替の皇位継承を遺言したとする。ところが、平城天皇はこれを反故にし、神野皇太子廃太子、高岳親王立太子を画策したという。神野廃太子に失敗した平城天皇の矛先は神野親王派と目された伊予親王に向けられ、「伊予親王事件」となった。

これほどまでの策を弄して平城天皇が桓武天皇の遺志に反した背景は不明であるが、西本氏の説には説得力があり、桓武死亡直後から、平城が自らの意思で独自の政策を展開しようとした姿勢がうかがえる。

そこで問題になるのが、山陵地の「不審火」と「賀茂神祟」である。平城天皇が桓武天皇の遺志に反して葛野郡宇太野に山陵を築造しようとしていたとしたなら、反対派が「遺言」を盾にこれに抵抗した可能性は十分あろう。この場合の反対派とはその後の「桓武遺言」を守った神野親王（嵯峨天皇）と大伴親王（淳和天皇）となる。とくに賀茂神を持ち出して「祟り」とさせたところに抜群の効果があったのではなかろうか。嵯峨・淳和兄弟は、西本氏によれば、桓武遺言どおり一〇年で皇位を交替した。

さて、問題は桓武「山陵」の場所である。その有力な候補地を私は深草山西面に求めたい。

大同元年四月七日、ようやく新しい葬地が決定された。山城国紀伊郡柏原山陵である。もちろんその地がどこかは諸説あって明らかではない[35]。しかし諸説で見落とされているのが、紀伊郡の立地である。紀伊郡は西、南が賀茂川や宇治川、小椋池によって境されており、山陵を築造できる空間は「深草」の地をおいてほかにない。ただし、当時の深草の地がどこまでの範囲であったかということは定かではなく、これもまた、諸説を生み出す原因にもなっている。そこで、眺望という視点から柏原陵を推定してみることにする。

（2）柏原山陵からの眺望

古代王権がその死後も影響力を残そうとして、陵を営むことは想像に難くない。もちろん、古墳時代のような巨大な前方後円墳を築造してその力を誇示しようとした時代では最早なく、墓の規模はほとんど問題にされなかったことが、天武・持統合葬陵とされる野口王墓古墳（大内陵）によって確認することができる。

その一方で、大内陵が藤原宮の真南に営まれたように、天武王権以後は、「陵墓」が新たな王権のシンボルである宮都との位置関係を配慮して決定されてきたことも諸説が証明している。

仮に桓武天皇柏原陵も宮都との関係を意識して営まれたとすると、どのような関係が想定できるであろうか。すでに述べたとおり、深草の地は平安京の南東にあり、同都との関係は明瞭ではない。もし平安京との関係を重視するなら、当初の葛野郡宇太野あるいは愛宕郡の北や東が有力地である。事実平安京の東には、のちに皇族や貴族などの葬地として利用される鳥部野がある。

そこで、宮都との関係を平安京だけではなく、長岡京とも関連づけることによって初めて、先の不思議な詔の意味、そして桓武天皇柏原陵の位置を分析することができると考えるのである。いま、深草の地に立ってみると、ほぼ正面に長岡京、右手に平安京の南半部を見ることが可能である。

仮にこれまでの柏原陵の代表的な二説を柏原陵A説（伏見稲荷・深草説）、柏原陵B説（桃山説）と仮称すると、いずれもこの条件に当てはまる。すでにこうした立地条件については山田氏も指摘しているが[36]、考慮されたことのないのが天智天皇山科陵（御廟野古墳）との関係である。これを条件に付加した場合両説はどうなるであろうか。

ＧＩＳを用いて両地点の視界を検討するとA説の伏見稲荷周辺部からのみ天智天皇山階陵を眺望することができるのである。B説は伏見桃山城の建設によって破壊されたとする説であるから、往時の地形が若干削平されている可能性はあるが、仮にそれを考慮しても東側の山塊によって、山科陵を臨むことは不可能である。当初の仮条件が当時設定されていたとしたならば、桓武天皇柏原陵はA説に有利になる。ただし、稲荷山周辺をどれだけ探索しても、考古学的な痕跡はいまだに認められないので、結局、周辺部の発掘調査の結果を待つ以外にないことになる。

ところが最近、A説を補強する説を吉川真司氏が提示している[37]。吉川氏は『清水寺縁起』に記された坂上田村麻呂の墓の位置と西野山古墓との位置関係を宇治郡条里を再検討する中から確認し、両者が深く関係することを示した。坂上田村麻呂は弘仁二年（八一一）五月二十三日粟田別業で亡くなったとされる。桓武天皇が亡くなって五年後のことである。田村麻呂には死後の十月十七日「山城国宇治郡地三町」が葬地として与えられている。その地は、平安京の裏側、東山の東斜面に当たる。伝説が伝える「東を向いて立ったまま葬られた」とするに相応しいところである。仮に田村麻呂が嵯峨天皇に葬地に関する「遺志」を願ったとすると、絶妙の地である。と同時に、仮にA説通り深草稲荷山周辺に桓武陵が置かれたとすると、田村麻呂墓はその北東背後に位置することになり、さらにその先には天智天皇陵を見ることができる。もちろん桓武陵の正確な位置がいまだ明確でない時点で比較するのは躊躇されるが、桓武をめぐる関係者の陵墓が一直線に配置されたとすると、これもまた興味深いこととなる。

桓武の遺言に「深草山陵」があったにもかかわらず、平城王権によって、いったんは反故にされた事態を目の当たりにして、嵯峨・淳和両天皇が、自らの葬地や葬法について、きわめて詳細な遺言を残していた[38]としたら、「延暦十一年八月四日禁令」に対する新たな解釈もまた意味をなすことになろう。

(3) 淳和天皇陵と眺望

桓武天皇の「陵墓」と同様、長岡京と平安京との位置関係を想起させる「陵墓」に淳和天皇陵(大原野西嶺上御陵)がある。桓武天皇と藤原旅子の間に生まれた大伴皇子もまた桓武天皇の遺言によって天皇位に就くことになった。淳和天皇である。淳和は、遺言通り一〇年の皇位を経て嵯峨天皇との「約束」によって、その子正良親王(仁明天皇)に譲位し、七年後の七四〇年に亡くなる。淳和天皇は、火葬に付した上、その骨を砕いて西山の峰の上から撒くように遺言して亡くなったとされる。散骨の地そのものを明らかにすることは不可能であるが、宮内庁が現在管理する西山のどの地点もさほど景観的には変わらない。仮に遺言どおり灰を撒くとしたら、西山山塊中最も高所にある現管理地あたりは有力地となる。そこで、現管理地周辺から眼下を望むと、見事に長岡京、平安京の全域を眺望することができる。さらに、母・藤原旅子の葬られたという大枝の地(大枝には藤原旅子陵(宇波多陵)とともに桓武天皇母・高野新笠陵(大枝陵)がある)や、桓武天皇柏原陵A説の深草山一帯を真東に見下ろすことができるのである。これは偶然ではなかろう。

桓武天皇柏原陵の位置比定の可否はともかくとして、淳和天皇陵の立地などをも分析すると、これまであまり考慮されてこなかった、天皇陵、大王墓からの眺望という視点も、GISという最新のIT機器の普及によって、新たな分析資料として参照すべきことが明らかになった。

おわりに

以上、藤原京以後の宮都と葬地の関係を分析した結果次のような実態を確認することができた。

(1) 平城京では二〇〇mを超す巨大前方後円墳が歴代天皇の始祖墓と認識され、宮城の北に位置するよう設計されたこと。

(2) 京内に遺存した二基の前方後円墳の南に大安寺と薬師寺という官寺を配置したこと。

(3) 平城京の造営においても宮都と葬地との関係にきわめて高い計画性を見出すことができたこと。

(4) 長岡京の造営においては前方後円墳が宮城に入ることのないよう配慮し、これを残した上で、宮城内の中小古墳(群)は整地のために破壊し、「北苑」や京域の前方後円墳は残したこと。

(5) 古墳の周濠が古墳の一部であることを強く認識した上で、破壊(利用)しうる場合には祭祀を行って鎮祭したこと。

(6) 右京域の西辺を中心に展開する後期古墳(群)は石材調達の施設として認識され、宮殿の造営に使用されたこと。

(7) 桓武天皇は始祖墓としての天智陵を強く意識して遷都や自らの陵墓の位置を決定したこと。

ただし平安京についてはほとんど検討することができなかった。嵯峨天皇の墓地と平安京との関係、仁明天皇以後の陵寺と陵墓の関係、賀茂川以東の地に集中する平安京の葬地と唐長安との関係等々、残された課題は多いが、別に論じることとする。

註

1 『日本書紀』持統五年（六九一）十月甲子（二十七日）条。

2 『日本書紀』持統六年五月丁亥（二十三日）条。

3 『続日本紀』延暦三年（七八四）五月丙戌（十六日）条。

4 山中章「日本古代宮都の周辺　宮都と葬地」（国立歴史民俗博物館『研究報告特集号令国家転換期の王権と都市』国立歴史民俗博物館研究報告一三四、二〇〇七年）。

5 野口王墓古墳が天武陵でよいとすると、同陵墓が天武の生前から計画された寿陵であるならば、天武は新城のある段階でその宮城をのちの藤原宮の位置または中ッ道と下ッ道を二等分するラインを中軸線とすることをすでに決めていたことになる。さらに、今尾文昭氏の分析によれば、藤原宮城の南北の中軸線を西へ延ばした位置に始祖王としての神武陵を配置したという。この決定が天武によってなされたものであるなら、新城の段階ですでにのちの藤原宮の地に宮城が決められていたことになるが、これまでに報告されている資料によれば、宮城内で天武朝にまで遡る資料はない。すると、これらの決定は持統朝以後になされたと判断できる。天武陵の位置と神武陵の位置が同時に決められたとすると、宮都と陵墓の位置についての基本的な考え方は、持統朝に定められた可能性が高くなる。別々に定められたとすると、まず天武陵が下・中ッ道の中間に配され、藤原宮決定後に宮城の南北中軸線の西延長部に始祖墓を配置する決定がなされたことになる。陵墓の問題の可否は新城あるいは新益京の宮城創出という問題にまで影響を与えることになる。

6 今尾文昭「古代『陵墓』管理の変質と地域」（『オオヤマト古墳群と古代王権』青木書店、二〇〇四年）。同「天皇陵古墳の実像」（『畿内の古代古墳とその時代』季刊考古学別冊一四、雄山閣、二〇〇四年）。同「考古学からみた律令期陵墓の実像」（『日本史研究』五二一、二〇〇六年）。

7 明日香村教育委員会の二〇一〇年九月九日の発表によると、牽牛子塚古墳は八角形の平面形をし、主体部は七〇トンの巨石を刳り抜いた二室から成る石槨であったことから、斉明天皇陵であることが確定的になったとする（二〇一〇年九月九日新聞発表記事による）。これが事実であるとするなら、天武の母であり、持統の祖母になる斉明天皇陵もまた新城の南に位置し、なおかつ、天武持統合葬陵のほぼ真西に位置することになる。始祖墓神武陵を西にもってきた背景にはこうした斉明陵の位置が関係しているのかもしれない。

8 北康宏「奈良平安時代における天皇陵古墳—律令国家の陵墓認識—」（山田邦和・高木博志編『歴史のなかの天皇陵』〈思文閣出版、二〇一〇年〉）によれば『続日本後紀』承和十年（八四三）十月乙卯条は「盾列北南二陵」に陳謝しているが、その二陵とは「北則神功皇后之陵。倭名大足姫命皇后、南則成務天皇之陵、倭名稚足彦天皇」と明記し、これに陳謝の使いを遣わしている。実際には直前の使者が誤って近くの別の陵に赴いたので、再度当時の王権が認識している二陵に使者を派遣し直したものであるが、このことは、混乱はしているとはいえ、佐紀盾列古墳群についてはどの古墳をどの天皇（皇后）の墓とすべきか定まっていたことになる。

9 黄暁芬「前漢都城と陵墓の方位と景観」（『日本秦漢史学会』会報、第六号、二〇〇五年、二六～四二頁）。

10 本中真『日本古代の庭園と景観』（吉川弘文館、一九九四年）。

11 ただし濠は完全には寺域に入っておらず、当時の人々は墳丘だけを墓と考えていた可能性がある。

12 岸俊男氏の条坊復元による呼称。

13 高橋美久二「第五十代「桓武天皇陵」」（『〈愛蔵保存版〉「天皇陵」総覧』新人物往来社、一九九四年）。奥村清一郎「長岡宮の造営によって壊された古墳」（『京都考古』三二、一九八四年）。同「長岡京の造営によって壊された古墳」（『長岡京古文化論叢』同朋社出版、一九八六年）。

14 註13奥村清一郎「長岡宮の造営によって壊された古墳」。

15 山中章「長岡宮跡第一五八・一六五次（7AN9N－1・2）～大極殿院北面回廊・大極殿古墳～発掘調査概要」（『向日市埋蔵文化財調査報告書第一八集』一九八六年）。

16 末本信策「長岡宮跡昭和四七年度発掘調査概要」（京都府教育委員会『埋蔵文化財発掘調査概報（1973）』一九七三年）。

17 財団法人向日市埋蔵文化財センター『向日市埋蔵文化財調査報告書第六六集　長岡宮「北苑」・宝幢遺構』二〇〇五年。

18 五塚原古墳は右京一条二坊七町に所在しており、後述するように右京北東端に位置する古墳である。祭祀遺構を宮都郊外の四隅で行う祭祀痕跡とする見解が出されているが、当該地を京の隅とすることはありえないことであり、これはすぐ北に位置する五塚原古墳の鎮祭のために置かれた遺物群と解釈した。

19 財団法人向日市埋蔵文化財センター『寺戸大塚古墳の研究Ⅰ』二〇〇一年。

20 前述のとおり向日丘陵の東斜面に相当する長岡宮城部には山畑古墳群や大極殿古墳など中期末の古墳が所在する。

21 向日市教育委員会『向日市埋蔵文化財調査報告書第二三集　物集女車塚』一九八八年。

22 中塚良「物集女車塚古墳周辺遺跡第八次」財団法人向日市埋蔵文化財センター『向日市埋蔵文化財調査報告書第六一集』二〇〇四年。

23 山中章「古代条坊制論」(『考古学研究』三八―四、一九九三年。のち同『日本古代都城の研究』柏書房、一九九七年所収)。

24 向日市『向日市史上巻』一九八三年。

25 石尾政信「長岡京出土の緑釉唾壺について」(『京都府埋蔵文化財論集』第Ⅰ集、一九八七年)。

26 財団法人向日市埋蔵文化財センター『向日市埋蔵文化財調査報告書第五二集　長岡京跡ほか』二〇〇一年。

27 岩崎誠ほか「長岡京跡右京第三九次(7ANQMK 地区)調査概要」(『長岡京市文化財調査報告書』一一、長岡京市教育委員会、一九八三年)。

28 註13奥村清一郎「長岡京の造営によって壊された古墳」。

29 長岡宮推定大蔵跡から発見された池の暗渠排水溝につながる泥土枡の底板に使用されていた石材は、竜山石の切石で、長岡京市長法寺所在の走田古墳群中の走田九号墳の組み合わせ式家形石棺の一部から取られたものと推定されている。このような対応関係が推定できる例は少ないが、長岡京周辺部の相当数の古墳から石材が抜かれたものと推定できる。

30 今里車塚古墳も塚本古墳も墳丘全体が破壊されたわけではなく、周濠の一部が埋め立てられたり、墳丘の一部が削平された可能性があるだけだが、古墳と意識されていたことはそれらの行為に従って祭祀遺物を埋納している点から知ることができる。同様の行為は五塚原古墳南の周濠内でも行われている。

31 山中章「凝灰岩と石工」(財団法人向日市埋蔵文化財センター『財団法人向日市埋蔵文化財センター年報　都城　一九九〇』一九九〇年。同『長岡京研究序説』塙書房、二〇〇一年所収)

32 宮原真一・山中　章「長岡宮跡第一三七次(7AN12E 地区)～北方官衙(南部)―推定大蔵～発掘調査概要」(向日市教育委員会『向日市埋蔵文化財調査報告書第一七集』一九八五年)。

33 註4山中章「日本古代宮都の周辺　宮都と葬地」。

34 西本昌弘「桓武改葬と神野親王廃太子計画」(『続日本紀研究』三五九、二〇〇五年)。

35 来村多加史『風水と天皇陵』(講談社、二〇〇四年)。

36 山田邦和「桓武天皇柏原陵考」(『文化学年報』四八、一九九九年)。

37 吉川真司「近江京・平安京と山科」(上原真人編『皇太后の山寺―山科安祥寺の創建と古代山林寺院―』柳原出版、二〇〇七年)。

38 山田邦和「淳和・嵯峨陵天皇の薄葬」(『花園史学(伊藤安男教授古稀記念号)』二〇、花園大学史学会、一九九九年)。

参考文献

・明日香村教育委員会『明日香村の文化財⑤　島庄遺跡』二〇〇六年
今尾文昭「新益京の借陵守―「京二十五戸」の意味するところ―」(『考古学に学ぶ　同志社大学考学シリーズⅦ』一九九九年)。
・今尾文昭「四条古墳群(天皇陵古墳解説)」(『天皇陵古墳』大巧社、一九九六年)
・岩崎誠他「長岡京跡右京第九四次(7ANQUD 地区)調査概要」(『長岡京市文化財調査報告書』一一、長岡京市教育委員会一九八三年)。
・岩崎誠他「長岡京跡右京第九〇次(7ANKTN 地区)調査概要」(『長岡京市文化財調査報告書』九、長岡京市教育委員会一九八三年)。
橿原市教育委員会「奈良県橿原市植山古墳現地説明会資料」二〇〇〇年。
・岸俊男「藤原宮の沿革」「藤原宮沿革史」「京域の想定と藤原京条坊制」(奈良県教育委員会『藤原京』一九六九年。のち『日本古代宮都の研究』〈岩波書店、一九八八年〉第一章「緊急調査と藤原京の復原」)。
・岸俊男「古道の歴史」(坪井清足・岸俊男編『古代の日本　5近畿』角川書店、

一九七〇年。のち『日本古代宮都の研究』岩波書店、一九八八年所収)。
・岸俊男「見瀬丸山古墳と下ッ道」(橿原考古学研究所『青陵』一六、一九七〇年。のち『日本古代宮都の研究』岩波書店、一九八八年所収)。
・北康宏「陵墓治定信憑性の判断基準」(『人文學』一八一、二〇〇七年)。
・北康宏「奈良平安時代における天皇陵古墳─律令国家の陵墓認識─」(山田邦和・高木博志編『歴史のなかの天皇陵』思文閣出版、二〇一〇年)。
・高橋美久二「長岡京跡右京第二六次発掘調査概要」(『京都府埋蔵文化財概報(1980-2)』一九八〇年)。
・長岡京市教育委員会『長岡京市における後期古墳の調査』(長岡京市教育委員会、二〇〇二年)。
・奈良市教育委員会『史跡大安寺旧境内I』(奈良市教育委員会、一九九七年)。
・山口博「長岡京跡右京第一〇五次(7ANINC-2 IMK 地区)」(『京都府埋蔵文化財情報7　財団法人京都府埋蔵文化財調査研究センター　1983年』一九八三年)。
・山田邦和「平安貴族葬送の地・深草─京都市深草古墳の資料─」(同志社大学考古学シリーズVI『考古学と信仰』同志社大学考古学シリーズ刊行会、一九九四年)。
・山田邦和「京都の都市空間と墓地」(『日本史研究』四〇九、一九九六年)。
・山田邦和「元明天皇陵の意義」(同志社大学考古学シリーズVII『考古学に学ぶ─遺構と遺物─』同志社大学考古学シリーズ刊行会、一九九九年)。
・山田邦和「桓武天皇陵」(別冊歴史読本78〔26-17〕『歴史検証　天皇陵』新人物往来社、二〇〇一年)。
・山田邦和「平安時代天皇陵研究の展望」(『日本史研究』五二一、二〇〇六年)。
・山田邦和「平安時代の天皇陵」(山田邦和・高木博志編『歴史のなかの天皇陵』思文閣出版、二〇一〇年)。
・山本雅和「平安京・京都近郊の陵墓・古墳」(山田邦和・高木博志編『歴史のなかの天皇陵』思文閣出版、二〇一〇年)。
・大和郡山市教育委員会『下三橋遺跡現地説明会資料』二〇〇六年。

桓武天皇柏原陵関係参考史料

(1)桓武天皇陵に関する史料(六国史抄)

※荷前奉幣・別貢幣に関連する記事は原則として除く

1　『日本後紀』延暦二十五年(八〇六)三月辛巳《十七》条　桓武天皇没
2　『日本後紀』延暦二十五年(八〇六)三月癸未《十九》条　山城国葛野郡宇太野を山陵地とする
3　『日本後紀』延暦二十五年(八〇六)三月丁亥《廿三》条　山火事　賀茂社の災異
4　『日本後紀』延暦二十五年(八〇六)四月庚子《七》条　山城国紀伊郡柏原山陵に葬る　桓武の経歴
5　『日本後紀』延暦二十五年(八〇六)四月辛丑《八》条　山陵にて三七斎を行う
6　『日本後紀』延暦二十五年(八〇六)四月丙午《十三》条　藤原朝臣緒嗣らに山陵を監護させる
7　『日本後紀』逸文(『類聚国史』三五諒闇)大同元年(八〇六)十月辛酉《二》条　今月十一日に桓武天皇を改葬する令
8　『日本後紀』逸文(『類聚国史』三五諒闇・『日本紀略』)大同元年十月庚午《十一》条　桓武天皇を柏原陵に改葬
9　『日本後紀』逸文(『類聚国史』三六山陵)大同二年(八〇七)八月己巳《十四》条　柏原山陵の兆域・四至を定める
10　『日本後紀』逸文(『日本紀略』)大同二年(八〇七)十一月甲午《十一》条　伊予親王を廃することを柏原山陵に告げる
11　『日本後紀』弘仁元年(八一〇)九月丁未《十》条　柏原山陵に遣使(薬子の変・『続日本紀』早良親王記事)
12　『日本後紀』逸文(『日本紀略』)弘仁五年(八一四)五月是月条　柏原山陵の樹木が虫害に遭う
13　『日本後紀』逸文(『日本紀略』)弘仁九年(八一八)四月己卯《廿六》条　柏原山陵に遣使(祈雨)
14　『日本後紀』逸文(『日本紀略』)弘仁十四年(八二三)四月己酉《廿五》

条　柏原山陵に遣使（淳和天皇受譲・定皇太子）

15 『日本後紀』逸文（『日本紀略』）天長二年（八二五）閏七月乙亥《四》条　柏原山陵に遣使（肥後国阿蘇郡にある神霊池の涸渇のため）

16 『日本後紀』逸文（『日本紀略』）天長四年（八二七）十一月甲子《六》条　柏原山陵らに遣使（狐鳴の怪）

17 『日本後紀』逸文（『類聚国史』三六山陵・『日本紀略』）天長四年（八二七）十一月癸未《廿五》条　柏原山陵に遣使（陵の樹木の伐採の許可を請う）

18 『日本後紀』逸文（『類聚国史』一一祈祷・『日本紀略』）天長五年（八二八）八月辛未《十八》条　柏原山陵に奉幣・起請（天地災変）

19 『日本後紀』逸文（『日本紀略』）天長八年（八三一）六月丙戌《廿》条　柏原山陵らに遣使（物怪）

20 『日本後紀』逸文（『日本紀略』）天長八年（八三一）六月壬辰《廿六》条　柏原山陵らで読経（物怪）

21 『続日本後紀』天長十年（八三三）三月壬辰《五》条　柏原山陵らに遣使（仁明天皇即位・恒貞親王立太子）

22 『続日本後紀』天長十年（八三三）十二月乙酉《三》条　柏原山陵らに遣使（奉唐物）

23 『続日本後紀』承和三年（八三六）五月庚申《廿二》条　柏原山陵らに奉幣（遣唐使）

24 『続日本後紀』承和五年（八三八）七月丙寅《十一》条　柏原山陵にて読経（物恠）

25 『続日本後紀』承和六年（八三九）十二月辛酉《十三》条　柏原山陵等に遣使（奉唐物）

26 『続日本後紀』承和七年（八四〇）六月己酉《五》条　柏原山陵に遣使・祈禱（物恠・柏原山陵の祟）

27 『続日本後紀』承和八年（八四一）五月壬申《三》条　柏原山陵らに宣命使を派遣（賽祟）

28 『続日本後紀』承和九年（八四二）八月乙丑《四》条　柏原山陵に遣使（道康親王立太子）

29 『続日本後紀』嘉祥三年（八五〇）二月丙辰《七》条　柏原山陵に遣使（仁明天皇病）

30 『続日本後紀』嘉祥三年（八五〇）三月壬辰《十四》条　柏原山陵に遣使（物恠・柏原山陵の祟）

31 『続日本後紀』嘉祥三年（八五〇）三月甲午《十六》条　柏原山陵に遣使（柏原山陵の伐採による祟）

32 『日本文徳実録』巻二嘉祥三年（八五〇）十月己酉《五》条　柏原山陵らに遣使（賀瑞）

33 『日本三代実録』巻一天安二年（八五八）十一月五日壬戌条　柏原山陵らに遣使（清和天皇即位）

34 『日本三代実録』巻一天安二年（八五八）十二月九日丙申条　十陵四墓が定められる

35 『日本三代実録』巻十貞観七年（八六五）二月十七日己巳条　柏原山陵らに遣使（天變地災・肥後國阿蘇郡の神靈池が沸溢）

36 『日本三代実録』巻十三貞観八年（八六六）九月廿五日丁卯条　柏原山陵らに遣使（伴善男の配流）

37 『日本三代実録』巻十四貞観九年（八六七）十二月十八日癸未条　柏原山陵兆域内にある伴善男建立の道場（報恩寺）を移却させる勅が出される

38 『日本三代実録』巻二十六貞観十六年（八七四）九月庚寅五日条　柏原山陵に遣使（申謝風水）

39 『日本三代実録』巻二十八貞観十八年（八七六）五月八日甲申条　柏原山陵に遣使（大極殿の火災）

40 『日本三代実録』巻三十一元慶元年（八七七）四月八日己卯条　柏原山陵に遣使（大極殿・東西楼廊等の施工開始）

41 『日本三代実録』巻三十七元慶四年（八八〇）二月五日己丑条　柏原山陵に遣使（告大極殿既成之状）

42 『日本三代実録』巻四十五元慶八年（八八四）二月廿一日壬子条　柏原山陵に遣使（光孝天皇即位）

43 『日本三代実録』巻四十六元慶八年（八八四）十二月廿日丙午条　毎年の献荷前幣十陵五墓を定める

（2）桓武天皇の改葬について

1 桓武天皇崩御（『日本後紀』延暦二十五年（八〇六）三月辛巳《十七》条）の

のち、山陵地を山城国葛野郡宇太野に治定（『日本後紀』延暦二十五年（八〇六）三月癸未《十九》条）。

2　西山と北山で火事（『日本後紀』延暦二十五年（八〇六）三月癸未《十九》条）。また、京の四周で山火事が起こる（『日本後紀』延暦二十五年（八〇六）三月丁亥《廿三》条）。これらの火災は山陵の地を賀茂神の近くに治定したために神社の災いで起こったとされ、陵地を変更して山城国紀伊郡柏原山陵に葬る（『日本後紀』延暦二十五年（八〇六）四月庚子《七》条）。

3　桓武天皇を柏原陵に改葬する（『類聚国史』三五諒闇大同元年（八〇六）十月辛酉《二》条・『類聚国史』三五諒闇大同元年（八〇六）十月庚午《十一》条・『日本紀略』大同元年（八〇六）十月庚午《十一》条）。翌年、柏原山陵らの兆域を定める（『類聚国史』三六山陵大同二年（八〇七）八月己巳《十四》条）。

※延暦二十五年（大同元年）の四月と十月に葬送記事が重出存在することについて、重出と見る見方と改葬とする見方がある。（註34西本昌弘論文三～四頁に詳しい。なお、西本氏は十月記事を改葬とし、その理由を神野親王廃太子計画との関わりで説明する。）

日本古代の宮都と葬地

橋本義則

【キーワード】　都市問題　火葬　埋葬地　遷都　貴族夫婦墓

はじめに

日本の古代において、条坊制の京を伴う宮都の成立は、その景観と背後にある思想の上ではもちろん、造り出された宮都自体においても、それ以前と全く異なる新しい状況を生み出した。すなわち、宮都の成立以前は、天皇の宮室を中心に支配階層の限られた人々とそれに仕える人たちが宮室の周囲に居住していたにすぎない。これに対して、宮都の成立は律令制を基盤とした官僚制の成立と相即的な関係にあり、天皇や貴族、そして官僚制を実現する官司に仕える官人とその家族が集住させられ、彼らを中心として京戸と呼ばれる数万人にのぼる膨大な数の住民が新たに創出されるに至った。その上さらに、租税の貢納などのために地方の民が多数宮都に集まるようになると、宮都成立以前には想像もできなかった様々な問題が惹起した。

例えば、生活に必要な多量の取水、生活排水や雨水の処理、そして彼らの消費によって生み出された大量の塵芥や排泄物の処理が律令国家の首都である宮都にとって焦眉の急であったことは間違いないが、さらに数万人にのぼる宮都住民の死に伴う遺体の処理と埋葬地の確保も、また当然大きな問題となったであろうことは想像に難くない。

文武四年（七〇〇）僧道昭に始まり、大宝二年（七〇二）持統太上天皇以降、文武天皇、元明・元正両太上天皇が次々と火葬され、奈良時代前半に火葬が支配階層から普及・流行した要因には、たしかに仏教の受容があったことは否定できない。しかし、それは宮都の成立によって生まれた夥しい宮都住民の死によって生じた遺体の処理と埋葬という、より切実な問題の解決を抜きにして考えることはできない。

ただいまひとつ注意しておきたいのは、宮都に仕える官人たちが生前宮都に集住させられ、本貫地との関係を希薄にしていっただけでなく、死後においても宮都の周囲に設けられた葬地に、あたかも宮都を取り囲み守るかのように葬られ、また死後においては明確に彼らの本貫地との関係を絶たれた事実である。

京を伴う宮都の成立とその住民の埋葬方法・埋葬地の問題は、切り離しがたく密接に関わる都市問題、都市環境の問題であるとともに、日本の古代における官人制の成立の問題とも深く関わり、宮都研究の上で日本の古代宮都と葬地の問題は重要な課題の一つである。それゆえに従前においても数多くの研究が行われてきた。[1] しかし、現在に至るまで文献史料の整理を中心とした基礎的な研究が十分に行われてきたとは言いがたい。前稿[2]では日本の古代宮都に伴う墓葬と葬地に関して、「藤原」京の造営期以降、平安京の前期までを対象にして、宮都ごとに文献に現れた史料や墓誌などの出土文献を整理する基礎的な作業を行った。本節では、そこで明らかになった貴族を主とした支配階層に関する墓葬・葬地に関する様々な事実、とくに宮都の成立・展開とともに変化して行く墓葬と葬地のありようについて概要を述べ、若干の考察を加えることとしたい。[3]

1 宮都（「藤原」京）の出現に伴う葬地の成立

飛鳥浄御原宮期
天武元年（六七二）～持統八年（六九四）

壬申の乱で勝利した大海人皇子は、「倭京」に向かい、嶋宮に入った（『日本書紀』天武天皇元年九月庚子条、以下『日本書紀』は『書紀』と略記する）のち、直ちに飛鳥岡本宮に移御した（『書紀』天武天皇元年九月癸卯条）。そして、同年中に宮室を岡本宮の南に営み、冬にそこに遷居した（『書紀』天武天皇元年是歳条）。これがのちに飛鳥浄御原宮と命名される宮（『書紀』朱鳥元年七月戊午条）である。[4]

しかし、天武天皇は飛鳥の地に営んだ宮室に満足せず、在位中、新式の都城を意味する「新城」の造営を企図した。まず、天武五年（六七六）に「新城」を造営しよう試みたが失敗した（『書紀』天武天皇五年是歳条）。それから六年後、天武十一年に再び「新城」の造営を開始し（『書紀』天武天皇十一年三月甲午朔条）、その二年後には「新城」の内に新たな宮室の地を定めた（『書紀』天武天皇十三年三月辛卯条）。これがのちに藤原宮と命名される宮である。しかし、天武天皇はついにその完成を見ることなく、朱鳥元年（六八六）に崩御してしまった（『書紀』朱鳥元年九月丙午条）。「新城」の造営は、天皇の殯の間頓挫のやむなきに至ったが、皇后鸕野皇女が即位した持統四年（六九〇）に再開されてのち順調に進み、同八年に持統天皇は夫の企図した宮室藤原宮に遷居した（『書紀』持統天皇八年十二月乙卯条）。[5]

表1　飛鳥浄御原宮期の葬地

	薨卒死年	薨卒死者	陵墓名	葬地名（国郡郷等地名）
①	天武六年（六七七）	小野毛人		山背国愛宕郡
②	天武七年（六七八）	十市皇女		大和国赤穂
③	天武十一年（六八二）	氷上夫人		大和国赤穂
④	朱鳥元年（六八六）	天武天皇	大内陵	大和国高市郡
⑤	朱鳥元年（六八六）	大津皇子		大和国葛城二上山
⑥	持統三年（六八九）	草壁皇子	真弓丘陵	大和国高市郡

『書紀』には、この間、すなわち天武・持統二代の天皇が飛鳥浄御原宮に居した二二年余りのあいだに、死去した人物たちについて多くの記述が見られるが、『書紀』や出土文字史料で埋葬地まで判明する人物はわずか六人にすぎない（表1）。そのうち五人が飛鳥浄御原宮のあった大和国に埋葬され、残る一人は山背国に葬られている。

六人のうち最も早く亡くなっているのは、天武六年（六七六）山背国愛宕郡に葬られた小野毛人である。小野毛人の墓は、江戸時代、慶長十八年（一六一三）に現在京都市左京区上高野にある崇道神社の裏山で見つかった。彼はこの墓に土葬され、墓からは彼の墓誌が発見された。墓誌は鋳銅製鍍金の長方形板で、表裏には（表）「飛鳥浄御原宮治天下天皇御朝任太政官兼刑部大卿位大錦上」（裏）「小野毛人朝臣之墓　営造歳次丁丑年十二月上旬即葬」と彫られていた。

問題は、小野毛人が天武天皇の居す飛鳥浄御原宮に仕える「太政官兼刑部大卿」で大錦上の位をもつ貴族であったにもかかわらず、大和国でなく山背国愛宕郡に葬られた事実である。後述するように、「藤原」京以降の宮都では、京に住む貴族・官人は基本的に宮都の所在国に葬られた。しかし、小野毛人は飛鳥浄御原宮の所在する大和国ではなく、遠く離れた山背国に葬られた。それは、愛宕郡に小野郷があり、氏神と考えられる小野神社もあって、毛人の埋葬地が小野氏の本拠地であったことによると考えられる。すなわち、小野毛人は本拠地に帰葬されたのである。ちなみに、小野毛人が亡くなった天武六年（六七七）は、上記した「新城」造営が頓挫した翌年であった。

それでは、大和国に葬られた残る五人の場合はどうであろうか。ここで注目したいのは、このうち天武七年と十一年に亡くなり、ともに「赤穂」の地に葬られた二人の女性である。

十市皇女は天武天皇と額田王のあいだに生まれ、天武七年四月に卒然として病を発して宮中（飛鳥浄御原宮）で薨じ（『書紀』天武七年四月癸巳条）、八日後に「赤穂」に葬られている（『書紀』天武天皇七年四月庚子条）。また、氷上夫人は藤原鎌足の女で、藤原夫人あるいは氷上大刀自と呼ばれた天武天皇の妻である。彼女は天武十一年正月、十市皇女と同様宮中（飛鳥浄御原宮）で薨じ（『書紀』天武十一年正月壬子条）、その九日後「赤穂」に葬られた（『書紀』天武天皇十一年正月辛酉条）。

天武天皇に関わる二人の女性が、ともに葬られた「赤穂」の地は同一の地と考えられ、現在の奈良市高畑町にある、延喜式神名帳に見える添上郡所在の赤穂神社付近をもって推定する説や北葛城郡広陵町大字三吉、赤部のあたりとする考えもあるが、桜井市赤尾、鳥見山山麓と推定する説も唱えられていて、まだ確説はない。[6]二人は天武天皇と関わりのある女性であるという点で共通するだけで、一人は皇親、一人は藤原氏でありながら、ともに「赤穂」に葬られている点が問題である。二人が赤穂に葬られた積極的な理由（各々の女性と「赤穂」の地の関係、例えば「赤穂」が二人の本貫地であるような関係）を見出すことは難しく、むしろそこにこそ意味があると考える。すなわち、当時、赤穂の地が皇親や天皇の夫人を葬るような葬地であったのではなかろうか。もしそうであるなら、それは「藤原」京以降の宮都に伴う葬地のあり方に通じ、その起源に近い状況を示していることになる。天武七年（六七八）には宮都の成立と深い関わりをもつ官人制の整備を示す重要な法令が出され（『書紀』天武七年十月己酉条）、天武十一年には「新城」の造営も再開された。また、天武六年から七年にかけて、五年に造営が中止された「新城」の代替でもあるかのように、飛鳥浄御原宮で新宮が造られ、七年半ば頃から飛鳥浄御原宮における儀礼の場のあり方に変化が生じてくる。[7]

以上、飛鳥浄御原宮期に亡くなり、埋葬地が明らかな六人のうち、三人について検討した結果、次の三点が明らかになってきた。

(1)　十市皇女と氷上夫人の二人の女性が同じ赤穂で埋葬されている事実から、これまで「藤原」京以降の宮都で確認されていた宮都に伴う葬地のあり方を、飛鳥浄御原宮期、天武七年（六七八）までさかのぼらせて考えることができる。

(2)　その一方、その一年前、天武六年には、飛鳥浄御原宮に仕えていた有力官人小野毛人は本貫地へ帰葬されていた。

(3) (1)(2)の二つの事実を対照的に捉えるならば、天武六年と七年の間において大きな制度的変化があったことになる。[8]

2 「藤原」京と葬地

持統八（六九四）〜和銅三（七一〇）

「藤原」京は、持統八年（六九四）の藤原宮への遷居（『書紀』持統八年十二月乙卯条）から、平城京に遷都する和銅三年（七一〇）（『続日本紀』和銅三年三月辛酉条、『続日本紀』は以下『続紀』と略記する）まで、一六年余り首都であった。この間に死去し、かつその埋葬地が『続紀』などの文献史料や墓誌などの出土文字史料で判明するのは一二人である（表2）。そして、注目すべきはこの一二人の埋葬地がすべて「藤原」京の造営された大和国内にあり、しかも「藤原」京の所在郡である高市郡をはじめ、京の南、吉野郡、京の東西、城上・宇陀・葛下の諸郡、すなわち奈良盆地の南縁辺部に分布することである。

「藤原」京期でまず問題となるのは、ちょうどこの時期に埋葬方法として火葬が採り入れられ始めたことである。

『続紀』によれば、持統太上天皇とその孫である文武天皇はともに飛鳥岡で火葬された（大宝三年十二月癸酉・慶雲四年十一月丙午条）。天皇・太上天皇の火葬は、すでに触れたように、元明・元正両太上天皇まで行われたのちに絶え（『続紀』養老五年十月庚寅条・天平二十年四月丁卯条）、聖武太上天皇（『続紀』天平勝宝八年五月丙辰・壬申条）以降天皇・太上天皇は火葬されなくなる。また、太皇太后藤原宮子は火葬された（『続紀』天平勝宝六年八月丁卯条）が、皇太后藤原光明子は火葬の可能性が低い（『続紀』天平宝字四年六月癸卯条）。これらのことから天皇・太上天皇・皇后においては奈良時代の中頃、天平勝宝末年頃から火葬は行われなくなり、[9] 平安時代初期淳和天皇に至る（『続日本後紀』承和七年五月戊子条、以下『続日本後紀』は『続後紀』と略記する）まで火葬されなかったと考えられる。

周知のように、火葬の濫觴は『続紀』僧道昭卒伝（文武四年三月己未条）に記されているが、火葬自体はこれ以前からすでに行われていたのであるから、問題は、何ゆえに「天下火葬」の濫觴が大宝令施行直前に亡くなった道昭に求められ、『続紀』でことさらに書かれたのかである。

表2 「藤原」京期の葬地

	薨卒死年	薨卒等者	陵墓名	葬地名（国郡郷等地名）
①	持統天皇十年（六九六）	高市皇子	三立岡墓	大和国広瀬郡
②	文武天皇四年（七〇〇）	道昭		栗原（火葬）
③	大宝二年（七〇二）	持統太上天皇	桧隈大内陵	飛鳥岡（火葬）→桧隈大内陵（合葬）
④	慶雲四年（七〇七）	文武天皇	桧隈安古山陵	飛鳥岡（火葬）→桧隈安古山陵（葬）
⑤	慶雲四年（七〇七）	文祢麻呂		奈良県宇陀郡榛原町八滝出土
⑥	慶雲四年（七〇七）	威奈大村		大倭国葛木下郡山君里狛井山崗（帰葬）
⑦	和銅元年（七〇八）	但馬内親王		吉隠猪養岡
⑧	和銅二年（七〇九）	紀橡姫	吉隠陵	大和国城上郡
⑨	?	石田王		泊瀬山、石上布留山
⑩	?	紀皇女		長谷
⑪	?	土形郎子		泊瀬山
⑫	?	出雲郎子		吉野

火葬の濫觴について注目されるのは、持統太上天皇・文武天皇の二人がともに飛鳥岡で火葬に付されている事実である。和田萃[10]によれば、「飛鳥岡は現在の飛鳥坐神社から岡寺にかけての丘陵（細川山からのびるいくつかの丘陵端部）の総称」であり、たしかに飛鳥岡は文字通り飛鳥を西眼下に見下ろす岡で、飛鳥の東を扼する南北線をなしている。飛鳥岡の南寄りには僧正義淵の創建にかかるといわれる岡寺（龍蓋寺）があり、南麓には草壁皇子の嶋宮（岡宮と同一か）、西麓には飛鳥岡本・後飛鳥岡本両宮が営まれた。これらが共通して「岡」、すなわち飛鳥岡を冠しているのは、飛鳥時代の中頃以降、飛鳥岡が飛鳥を象徴する存在であったからである。そのような性格の飛鳥岡に持統太上天皇と文武天皇の火葬所が選ばれたのは、二人の火葬が単なる遺体の処理ではなく、火葬を示威してその普及を図る、きわめて政治的に深い意図があったと考えられる。

もう一つ取り上げたいのは貴族・官人の帰葬の問題である。慶雲四年（七〇七）に亡くなった越後城司威奈大村の遺骨を納めた金銅製の骨蔵器は、江戸時代明和年間（一七六四〜一七七二）に葛下郡馬場村の穴虫山で大甕に入った状態で発見されたと伝えられ（明和七年摂津住吉霊松寺僧義端著『威奈卿墓誌銘私考』四天王寺蔵）、その蓋の外面に三九一文字の墓誌銘と序が三九行にわたって陰刻されている。そこには威奈大村の出自から始めて官歴を記したのち「越後城司」として赴任した「越城」で慶雲四年四月に亡くなり、その年の冬十一月「大倭国葛木下郡山君里狛井山崗」に「帰葬」されたと記されている。

年代は下るが、彼のほかに帰葬された官人として紀男人を確認できる。紀男人は天平十年（七三八）十月大弐として赴任していた大宰府で亡くなった（『続紀』天平十年十月甲午条）。男人が火葬され、その遺骨が周防国を経て平城京に運ばれたことが、「天平十年周防国正税帳」の正税の支出に関する記載によって判明する。骨送使として派遣された大学寮の音博士山背靺鞨には従者一九人が従い、男人の遺骨を持って四日間かけて周防国を通過し、平城京に向かっている。

この二例をもって一般化するのは難しい（もし京に「帰葬」することが通例であったとしても、それがどの官位にまで適用されたのか、またいつ頃まで行われたのかなどは不明である）が、一応外官として現地に赴いた官人が任地で亡くなった場合、火葬に付され、その遺骨は京から派遣された骨送使によって京に持ち帰られることになっていたと考えることができる。それは、京に住む貴族・官人が京外の任地で亡くなった場合でも、彼らは宮都に住むものとしてその葬地に葬られねばならなかったことを示している。

以上、「藤原」京の葬地は、その周囲、とくに南（高市郡・吉野郡）と東西（城上郡・宇陀郡・葛下郡）の丘陵や山間部に設けられた。ただ「藤原」京の所在郡である高市郡を含め、十市郡、城下郡、広瀬郡など、「藤原」京の北への葬地の設定については文献史料に明徴を欠いている。

また、最初の宮都である「藤原」京において火葬が、太上天皇・天皇を飛鳥の象徴である飛鳥岡で火葬するという示威まで行った上で、新しい葬法として採り入れられ、京に住む貴族・官人らは火葬によって京の葬地に葬られることになったと考えられる。

3 平城京と葬地

和銅三（七一〇）～天平十二（七四〇）
天平十七～延暦三（七八四）

平城京は、和銅三年（七一〇）に「藤原」京から遷都し、延暦三年（七八四）長岡京に遷都するまで、この間、天平十二年（七四〇）末から同十七年中頃まで恭仁京・甲賀宮に首都が置かれた時期を除き、七〇年近いあいだ首都であった。

この間に平城京で亡くなり、埋葬地が判明する事例は「藤原」京に比べ格段に増え、三四人にのぼる（表3）。これらの人々の埋葬地に注目すると、大和国に葬られた人々は二七人で、添上郡に最も多く一一人が葬られ、中でも佐保と田原に集中している。添上郡以外では、添下郡三人、山辺郡二人、平群郡五人、広瀬郡一人、宇智郡七人となる。これに対して、大和国外での埋葬は、山背国二人、摂津国一人、河内国二人、そして淡路国二人に止まり、大和国への埋葬が圧倒的である。ただ京住人の大和国外への埋葬が見られる点で「藤原」京と異なる。ここで気づかされることは、奈良時代前半には大和以外の国での京住人の埋葬を確認できないが、奈良時代中頃以降に、彼らの中には、大和国外、摂津・河内両国で埋葬されたものがいることである。

平城京と葬地の問題、とくに大和国内に葬られた人たちとその墓葬についてはすでに多くの先学が論じており、またその個々については前稿で整理した上で詳しく述べたので、それらに譲り、ここではむしろこの問題を考えるにあたって、奈良時代中頃以降に見られる大和国外での埋葬について検討しておく必要があろう。

まず、山背国に埋葬された宇治宿祢と藤原百川の二人であるが、前者は京の住人ではなく、山背国の豪族と考えられ、また、後者は改葬によって二次的に墓が大和国外に移されたのであり、いずれも平城京との関係で山背国をその葬地と考える必要性を迫る事例ではない。なお藤原百川の改葬による山背国内への墓の移動は別の意味で重要であるので、のちに詳しく述べることにする。

次に、摂津国に葬られた石川年足は、天平宝字六年（七六二）九月に亡くなっている（『続紀』天平宝字六年九月乙巳条）。江戸時代文政四年（一八二一）に摂津国嶋上郡真上光徳寺村（現大阪府高槻市真上一丁目付近）で石川年足が葬られた火葬墓が発見された。墓に残っていた木櫃の中から骨と金銅製の墓誌が見つかり、墓誌には石川年足の系譜から始まって、亡くなった場所が京宅で、死後三カ月を経て摂津国島上郡白髪郷の酒垂山の墓に葬られたことが書かれていた。

墓誌の記述から問題となるのは、京宅で亡くなった石川年足が何ゆえに摂津国島上郡白髪郷酒垂山に葬られたかである。石川氏は蘇我氏本宗家滅亡後そのあとを継いだ傍系で、本拠地はもちろん氏名に負う石川、すなわち河内国石川郡にあり、そこには蘇我氏の氏寺にあたる竜泉寺（蘇我馬子が当地に有していた石川宅を仏殿にしたものと伝える）もある。河内国石川郡と摂津国島上郡では南北に四〇㎞ほど離れ、石川氏あるいは石川年足と摂津国島上郡のあいだに直接的関係を見出しがたく、石川年足が当地に葬られた理由は明瞭でないが、彼が平城京の葬地とは考えにくい摂津国に葬られたことは間違いない。

一方、河内国に葬られた高屋枚人と紀吉継の二人は、ともに江戸時代にその墓と墓誌が発見されているが、二基の墓は実は大阪府南河内郡太子町にある同じ丘陵に営まれたものであった。

高屋枚人は、墓誌によると、常陸国の大目で、宝亀七年（七七六）

表3　平城京期の葬地

	薨卒死年	薨卒等者	陵墓名	葬地名（国郡郷等地名）
①	和銅七年（七一四）	道薬		〈奈良県天理市岩屋町出土〉
②	霊亀二年（七一六）	施基皇子	田原山陵・田原西陵	大和国添上郡
③	養老四年（七二〇）	藤原不比等		佐保山推山岡（火葬）
④	養老五年（七二一）	元明太上天皇	奈保山東陵	大倭国添上郡椎山陵
⑤	養老七年（七二三）	太安万侶		〈奈良県奈良市此瀬町出土〉
⑥	神亀五年（七二八）	山代真作 蚊屋秋庭		〈奈良県五条市東阿太町出土〉
⑦	神亀五年（七二八）	某王		那富山
⑧	神亀六年（七二九）	吉備内親王 長屋王		生馬山
⑨	天平二年（七三〇）	小治田安万侶		大倭国山辺郡都家郷郡里崗安
⑩	天平七年（七三五）	美努岡万		〈奈良県生駒市萩原町出土〉
⑪	天平九年（七三七）	新羅尼理願		山辺
⑫	天平十一年（七三九）	藤原武智麻呂	後阿陀墓	佐保（火葬）→大和国宇智郡
⑬	天平十一年（七三九）	大伴家持妾		佐保山
⑭	天平二十年（七四八）	元正太上天皇	佐保山陵・奈保山西陵	大和国添上郡
⑮	天平二十一年（七四九）	下道真備亡妣楊貴氏		〈奈良県五条市大沢出土〉
⑯	天平勝宝二年（七五〇）	菩提遷那		登美山右僕射林（火葬）
⑰	天平勝宝六年（七五四）	藤原宮子	佐保山陵・佐保山西陵・佐保山東陵	大和国添上郡
⑱	天平勝宝八年（七五六）	聖武太上天皇	佐保山陵・佐保山南陵	大和国添上郡
⑲	天平宝字四年（七六〇）	藤原光明子	佐保山東陵・佐保山西陵	大和国添上郡佐保山
⑳	天平宝字六年（七六二）	行基		大倭国平群郡生馬山之東陵（火葬）
㉑	天平神護元年（七六五）	廃帝（淳仁天皇）	淡路陵	淡路国三原郡
㉒	神護景雲二年（七六八）	石川年足		摂津国嶋上郡白髪郷酒垂山
㉓	神護景雲四年（七七〇）	称徳天皇	高野山陵・高野陵	大和国添下郡佐貴郷高野山陵
㉔	宝亀六年（七七五）	宇治宿祢		〈京都市右京区大枝塚原町出土〉
㉕	宝亀七年（七七六）	他戸親王 井上内親王	宇智陵	大和国宇智郡
㉖	宝亀八年（七七七）	高屋枚人		〈大阪府南河内郡太子町叡福寺東出土〉
㉗	宝亀十年（七七九）	藤原良継	阿陀墓	大和国宇智郡阿陀郷
㉘	天応元年（七八一）	光仁太上天皇	広岡山陵―（改葬）→田原陵・田原東陵	大和国田原陵
㉙	延暦三年（七八四）	藤原百川	相楽墓	山城国相楽郡（改葬）
㉚	延暦三年（七八四）	紀　吉継		〈大阪府南河内郡太子町春日妙見寺出土〉
㉛	?	安倍古美奈	村国墓	大和国添下郡
㉜	?	和　乙継	牧野墓	大和国広瀬郡
㉝	?	大枝真妹	大野墓	大和国平群郡
㉞	?	当麻山背	淡路墓	淡路国三原郡

十一月当地に葬られた。墓誌には埋葬した年月日は記されているが、枚人が亡くなった年月日は不明で、当地に営まれた墓が威奈大村のように帰葬によるものか、あるいは帰葬された上でさらに改葬されたものかは明らかでない。高屋連氏は『新撰姓氏録』河内神別天神に見え、また河内国古市郡を本拠地としていた（『続紀』慶雲元年六月乙丑条）[11]が、そこから墓誌発見地までは四㎞以上あり、当地と高屋連氏との関係は明らかでない。一方、紀吉継の墓は、高屋枚人の墓が見つかったと思われる地点の北四〇〇ｍほどで見つかったようである。墓誌には、紀吉継が延暦三年（七八四）に亡くなったこと、そして参議で陸奥国按察使兼守鎮守副将軍であった紀広純の女であることがきわめて簡略に書かれているが、彼女の場合も当地に葬られるに至った理由は明らかでない。

このように同じ丘陵上に時期を異にする二人の墓が設けられるに至った理由を容易に見出しえないとするならば、それはやはり当地が奈良時代末の葬地であったことにあるのであろう。もしそうであるなら、平城京の葬地が大和国を超え、周辺に拡大していたことになる。

最後に、淡路国への埋葬事例は言うまでもなく淳仁天皇とその母当麻山背である。天皇は、天平宝字八年（七六四）十月に起こったいわゆる藤原仲麻呂の乱で、廃位の上で親王とされ、淡路国公（淡路公）に退けられて母当麻山背とともに配所である淡路国に送られ、幽閉された（『続紀』天平宝字八年十月壬申条）。その後、天平神護元年（七六五）淡路公は脱出を図ったが、国司によって捕えられ、結局死に追い込まれた（『続紀』天平神護元年十月庚辰条）。亡くなった淡路公がどのように扱われ、いったいどこに葬られたのか『続紀』に記述はないが、『延喜式』巻二一諸陵寮陵墓条（以下「陵墓歴名」と称する）には彼の陵と母である当麻山背の墓に関する記載がある。それによれば、淳仁天皇とその母当麻山背は、淡路国の三原郡に別々に葬られている。この「陵墓歴名」に載せる淳仁天皇の陵は、宝亀三年（七七二）八月に改葬されたことによって生まれたもので（『続紀』宝亀三年八月丙寅条）、もともとはその身分が淡路公であることによって墓と呼ばれていたが、宝亀九年淳仁天皇の墓は山陵と称され、また母当麻山背の墓も「御墓」と称されるようになり、陵墓に近い百姓の戸一戸に守らせることにされた（『続紀』宝亀九年三月己巳条）。この事例をもって淡路国が京住人の葬地であったとすることはできず、むしろ後述する早良親王の埋葬の事実から、奈良時代後半の淡路国に対する支配階層の見方を知ることができる。

以上、平城京とその住人の埋葬地で確認できたことは、奈良時代の前半は大和国内で、平城京の南方を除く北と東西の三方に埋葬地が設けられていたが、後半になると大和国外で畿内諸国にも埋葬地が設けられ、とくに河内国へは平城京の埋葬地が拡大していく傾向をみてとることができる。また、淡路国への埋葬は、早良親王の例も勘案すると、危険人物や祟る可能性のある人物を幽閉し、あるいは封じ込め、そして埋葬する地となっていったと考えられる。このことは淡路国が記紀に見える神話で国づくりの始まりの地とされたことと関わるものであろう。

4 恭仁京と葬地

天平十二（七四〇）〜天平十六（七四四）

恭仁京は、天平十二年（七四〇）十月に始まる聖武天皇の関東行幸からの帰途、同年末急遽山背国相楽郡の恭仁宮に入ったときから紫香楽宮に行幸・遷都する同十六年前半まで、わずか三年余りのあいだの首都にすぎなかった。そのため、このあいだに恭仁京で死亡し、かつ埋葬されたことが史料に明確な人物は二名しか知られない（表4）。一人は、皇后藤原光明子とのあいだに生まれた某王の死後、聖武天皇の唯一の男子となった安積親王であり、今一人は内膳司の奉膳であった高橋朝臣（高橋国足か）の妻である。いずれも埋葬地を記す史料は『万葉集』である。

安積親王の死は『続紀』にも記事がある（天平十六年閏正月丁丑条）が、埋葬地を明記していない。『万葉集』巻三に収める大伴家持が安積親王の死を傷んで歌った一連の挽歌（四七五～四七九番）によって、安積親王が和束山に葬られたことを知ることができる。

これら三首の挽歌については、すでにやや異なる観点からその意味を述べたことがある[12]。その際とくに注目したのは四七五番であった。そこには「吾王皇子の命万代に食したはまし大日本久邇の京」が「いや日異に栄ゆる時に」「白妙に舎人装ひて和豆香山御輿立たしてひさかたの天知らしぬれ展転び沾ち泣けどもせむすべも無し」と歌われ、舎人たちによって担われ和束山に運ばれた「御輿」は、安積親王の遺体を載せた葬送のための霊柩とも、親王が天界に旅立つための乗り物とも考えられる。四七八番にも明らかなように安積親王は日常、狩猟

表4　恭仁京期の葬地

	薨卒死年	薨卒等者	陵墓名	葬地名（国郡郷等地名）
①	天平十六年（七四四）	安積親王	和束墓	山背国相楽郡和束山
②	？	内膳奉膳高橋朝臣の妻		山背相楽山

に赴くときなどには馬に乗っていたが、親王の乗る馬はとくに天皇に対して用いる最高敬語である「大御」を冠して「大御馬」と表記されている。歌の表現とはいえ「御輿」といい「大御馬」といい、いずれも親王の身位では考えがたい、天皇に相当する乗物を用いている。また四七五番でも四七八番でも親王は「皇子の命」と呼ばれているが、これは天皇たるべき、あるいは天皇に準ずる人物としてかつて草壁・高市両皇子に限って用いられた称である。これらの点を総合すると、大伴家持は安積親王を将来天皇たるべき人物と考えてこれらの挽歌を詠んだと思われる。おそらくそのような親王への期待は大伴家持一人の抱くところではなかったであろう。しかし、安積親王は亡くなり、死後四七五、四七六番に詠われているように「和束山」あるいは「和束杣山」に葬られた。「和束山」は「和束杣山」とも呼ばれているように、具体的な固有の山を指すのではなく、和束の地にあった杣山の総称であったと考えられる。

また、安積親王に対する挽歌六首に続く四八一～四八三番の三首は、奉膳であった高橋朝臣が亡き妻を偲んで歌った挽歌である。彼女の死亡年は未詳であるが、『万葉集』の体例からすると、天平十六年（七四四）かと思われる。四八一番に「山背の　相楽山の　山のまに行き過ぎぬれば」と歌われているように、高橋朝臣の妻は「山背の相楽山」に葬られた。「相楽山」も「和束山」と同様に具体的な固有の山を指すのではなく、恭仁京周辺の山、あるいは相楽神社の鎮座する地あたりまでの山を呼んだのかもしれない。

以上、わずか二例であるが、この二人を通じて、恭仁京に伴う葬地が、その所在郡である山背国相楽郡に設けられたことを確認できる[13]。なお、聖武天皇は天平十六年（七四四）二月恭仁京に次いで盧舎那

大仏建立の地として選んだ紫香楽に移り、ここに遷都して甲賀宮と改号したが[14]、早くも翌年五月には平城京に還都している。この間一年足らずのあいだに甲賀宮で死去し、葬られた人物は『続日本紀』に現れず、またその他の文献史料にも見えないので、甲賀宮に伴う葬地については明らかでない。

5　長岡京と葬地

延暦三（七八四）～延暦十三（七九四）

長岡京は、延暦三年（七八四）十一月、山背国乙訓郡長岡村で造営が開始されていた長岡宮へ桓武天皇が移幸してから、延暦十三年（七九四）十月平安京に遷るまで、一〇年足らずのあいだの都であった。この間の長岡京の葬地については、『類聚国史』巻七九禁制所収の左の二条の記事がまず注目される。

禁レ葬二埋山城国紀伊郡深草山西面一、縁レ近二京城一也、（延暦十一年八月丙戌条）

禁下葬二瘞京下諸山一及伐中樹木上、（延暦十二年八月丙辰条）

前者は長岡京から東に見える紀伊郡の深草山西面における埋葬を禁じたもので、後者はその一年後に、長岡京の周囲の諸山（長岡京は北と西に山が続り、南は淀川を挟んで交野山・男山などに面する）での埋葬とそれらの山々における樹木の伐採を禁じたものと考えられる。これらの記事については、従来から指摘がなされ、解釈も示されてきた[15]が、長岡京の葬地に関しては、これら以外の史料にあまり関心が払われてこなかった。ここでは従来研究のない長岡京の葬地についてやや詳しく検討することにする。

長岡京に都が置かれていたあいだに亡くなり、かつ埋葬地が判明する人物は七人おり、この他にその可能性のある人物が一人いるので、計八人となる（表5）。彼らの埋葬地は、これまでの宮都と異なり、山城・河内・大和・淡路の四カ国にわたる。

まず、山城国に埋葬された五人のうち、三人は長岡京の所在郡である乙訓郡に葬られている。いずれも桓武天皇と深い関係にある。

延暦七年（七八八）五月に亡くなった夫人藤原旅子は、『続紀』に死亡記事があり（『続紀』延暦七年五月辛亥条）、私第で妃と正一位を贈られたことがわかるが、埋葬地は記されていない。しかし、彼女の生んだ大伴親王がのちに即位したことによって「陵墓歴名」に墓が載せられ、それが山城国乙訓郡にある宇波多陵と呼ばれる陵であったことがわかる。

次に、延暦八年末生母である皇太后高野新笠が亡くなり（『続紀』延暦八年十二月乙未条）、翌年正月大枝山陵に葬られた（『続紀』延暦九年正月壬子条）。高野新笠の陵は大枝に営まれたが、そこは彼女の母方

表5　長岡京期の葬地

	薨卒死年	薨卒死者	陵墓名	葬地名（国郡郷等地名）
①	延暦四年（七八五）	早良親王	八嶋山陵	淡路国津名郡→大和国添上郡
②	延暦五年（七八六）	藤原諸姉	後相楽墓	山背国相楽郡
③	延暦七年（七八八）	藤原旅子	宇波多陵	山背国乙訓郡
④	延暦八年（七八九）	橘清友	加勢山墓	山背国相楽郡
⑤	延暦八年（七八九）	高野新笠	大枝山陵	山背国乙訓郡
⑥	延暦九年（七九〇）	藤原乙牟漏	長岡山陵・高畠陵	山背国乙訓郡
⑦	延暦十三年（七九四）	藤原帯子	河上陵	大和国添上郡
⑧	天長十年（八三三）以前	田口氏	小山墓	河内国交野郡

大枝氏の本拠地と考えられる。しかし、そもそも長岡京が大枝の属する山城国乙訓郡に作られたのであるから、本拠地に葬られたと言うのは必ずしも正確ではない。

最後に、皇后藤原乙牟漏が延暦九年閏三月に亡くなり（『続紀』延暦九年閏三月丙子条）、そののち長岡山陵に葬られた（『続紀』延暦九年閏三月甲午条）と『続紀』には記されているが、「陵墓歴名」では「長岡山陵」でなく「高畠陵」と記している。長岡山陵と高畠陵の関係は、すでに指摘されているように[16]、弘仁元年（八一〇）から天長元年（八二四）のあいだに高畠山陵から長岡山陵に改称されたためで、同一の陵と考えられるが、何ゆえに藤原乙牟漏の陵の名称が当初の高畠陵から長岡山陵に変更されたのかは不明である。

この三人の例をもって長岡京北方の地は当時の葬地で、しかも天皇の近親者が葬られる地であったと考えることができる。

これに対して、山城国に葬られた残り二人は、いずれも長岡京から遠く離れた相楽郡に埋葬されている。一人は、藤原百川の妻藤原諸姉で、彼女は延暦五年（七八六）六月に亡くなっている（『続紀』延暦五年六月丁亥条）。諸姉の薨伝はその埋葬地を記さないが、彼女が藤原百川に適して生んだ女藤原旅子が桓武天皇夫人となって大伴親王を生み、親王が即位したために、百川と諸姉は天皇の外祖父母となった。これによって二人の墓は「陵墓歴名」に登載されることになった。

「陵墓歴名」によれば、藤原諸姉の墓は後相楽墓と呼ばれ、山城国相楽郡にあったこと、またその墓は贈太政大臣、すなわち夫藤原百川の墓の内にあり、守戸はとくに置かれなかった。このように諸姉の墓は夫藤原百川と墓域を共有し、それゆえに墓を管理・守備する守戸も置かれず、夫の墓の守戸がそれらの業務を担当したと考えられる。しかし、「陵墓歴名」の記載からは、何ゆえに諸姉の墓が夫百川の墓の内にあるに至ったのかという疑問が生じる。この点については、のちに再び藤原百川の墓について論じる際に検討することにする。

いま一人は橘清友である。彼は女嘉智子が嵯峨天皇に嫁し、彼女の生んだ正良親王が即位したため、天皇の外祖父となり、その墓が「陵墓歴名」に山城国相楽郡所在の加勢山墓として登載された。彼が長岡京期の延暦八年（七八九）に死んだことは、女である嵯峨太皇太后橘嘉智子の薨伝（『日本文徳天皇実録』嘉祥三年五月壬午条、『日本文徳天皇実録』は以下『文実』と略記する）から明らかである。

「加勢山墓」は「拵山墓」とも記され（『続後紀』天長十年三月乙卯条等）、「加勢」「拵」は奈良時代の史料では「鹿背」と表記されることが多く、今日鹿背山と呼ばれる山は恭仁宮の西南、木津川左岸にある山を指している。当地は、奈良時代橘氏の祖である橘諸兄が相楽別業を営んだ（『続紀』天平十二年五月乙未条）、橘氏の本拠地[17]井手から直線距離で七km余りにすぎず、奈良時代以来の橘氏と山城国相楽郡との関係から、橘清友は橘氏にとって本拠地とも言うべき地に葬られたと考えることが可能である。しかし、橘清友だけでなく、すでに述べた藤原諸姉も相楽郡に葬られていた事実、そして橘清友が橘氏の本拠地からやや離れた地に葬られていることなどを重視するなら、むしろ相楽郡が長岡京期の葬地の一つであったと考えるほうが正鵠を射ているのではないか。なお、橘清友の加勢山墓が「陵墓歴名」で東西四町、南北六町の巨大な兆域を有しているのは、外孫正良親王が即位後、二度にわたって外祖父橘清友の墓を整備・拡大した（『続後紀』天長十年三月乙卯・承和八年二月己酉条）ことによると考えられる。

以上、山城国に葬られた五人に対して、山城国外に葬られた三人のうち、二人は特殊な事情によるかと考えられる。

一人は、「陵墓歴名」で大和国添下郡に所在する河上陵に葬られたとされる藤原帯子である。彼女は平城天皇の皇太子妃で、延暦十三（七九四）年病を得て急遽居所（おそらく皇太子安殿親王と東宮に同居していたものかと思われる）を木蓮子院に移し、そこで急死した（『類史』延暦十三年五月己亥条）。大同元年（八〇六）に夫安殿親王が即位すると、ほどなく皇后が贈られ、その墓は皇后陵とされた（『後紀』大同元年六月辛丑条）。

藤原帯子の墓が山背国でなく大和国に営まれた事情は明らかでないが、夫安殿親王が即位後速やかに皇后を追贈し、その旨を遣使し報告している（『後紀』大同元年六月辛丑条）ことや、その翌年桓武天皇の柏原陵および早良親王の八嶋陵とともに兆域・四至を定められ、とくに八嶋陵と帯子の河上陵については兆域の拡大・整備が行われたためか「其百姓并地、在㆓八嶋・河上二陵界内㆒者、以㆓乗田㆒賜之、但地者、准㆑估賜㆑直」う措置が採られている（『類史』大同二年八月己巳条）ことを考え合わせると、何らかの事情で山背国を避け大和国で墓が営まれたのではないかと憶測される。

いま一人特殊な事情があるのは、早良親王である。彼は延暦四年（七八五）九月、天皇の長岡京不在中留守として内裏に入っていたが、藤原種継暗殺事件の勃発によって東宮に帰され、その日に乙訓寺へ幽閉された。親王は淡路国に移送される途次食を絶って死亡したが、それにもかかわらず屍は淡路国に移されて埋葬された（『紀略』延暦四年九月庚申条）。親王の屍をわざわざ淡路国に移したのは、明らかに長岡京の近くに埋葬することを避けたためである。淡路国に移された親王の屍は津名郡に埋葬されたと[18]思われる（『類史』延暦十九年七月壬戌条）。埋葬から五年後、延暦九年にはその霊威を恐れ、淡路国に命じて親王の冢に守冢一烟を置き、随近郡司に専当させた（『紀略』・『類史』延暦十一年六月庚子条）が、霊威はとどまるところを知らず、延暦十一年に使を遣わして霊を鎮謝したり（『紀略』延暦十一年六月癸巳条）、冢の下に隍を設けて濫穢せず清浄に保つように処置している（『紀略』・『類史』延暦十一年六月庚子条）。そしてついに延暦十九年崇道天皇の号を追称し、冢を陵と称して（『類史』延暦十九年七月己未条・延暦十九年七月甲子条）陵戸二戸を置くことになった（『類史』延暦十九年七月壬戌条）。さらに延暦二十四年桓武天皇不豫にあたって霊威を和らげるための寺を建立することとなった（『後紀』延暦二十四年正月甲申条）が、それでも霊威は衰えず、同年四月には改葬司を任命し（『後紀』延暦二十四年四月庚戌条）、ほどなく大和国に改葬されたと考えられる。崇道天皇が改葬された陵が、「陵墓歴名」に大和国添上郡所在の八嶋陵として載せられている。改葬先の八嶋陵が大同二年に至って柏原・河上両陵とともに兆域が定められたことについては上述したとおりであるが、その際、藤原帯子の河上陵と同様の措置が採られ、またその改葬地が山城国でなく大和国であった点でも共通する。おそらく二人は長岡京・平安京が営まれた山城国を避けて大和国に埋葬されたのであろう。

この二人に対して、橘清友の妻田口氏の墓小山墓は、「陵墓歴名」によれば、河内国交野郡にある。交野郡は長岡京の所在郡である山城国乙訓郡に接し、長岡遷都後の桓武朝以降、郊祀の場（『続紀』延暦四年十一月壬寅条等）、遊猟地（『続紀』延暦六年十月丙申条等）として、また貴族の別業経営の地（『続紀』延暦十年十月丁酉条等）で、それゆえに貴族の隠棲地（『紀略』『類史』天長六年十二月乙丑条）としても史料に見え、さらに百済王ら渡来系氏族の本拠地（大阪府枚方市中宮西之町に百済王神社があり、これに接して百済寺跡がある）としても著名である。しかし、一方で交野郡が葬地としても重要な地であったことは、大同三年（八〇八）正月に雄徳山（男山）での埋葬が供御器を造る土を採取することを理由に禁止されている（『類史』大同三年正月庚戌条）ことから知られる。

田口氏は蘇我氏の支族であり、飛鳥に近接した地が本拠地で、その女が本拠地でない河内国交野郡に墓を営んだ理由は明らかでないが、それはおそらく、河内国交野郡が清友の妻田口氏の死亡した頃、葬地であったことによるのではないかと思われる。田口氏の死亡年は不明であるが、清友との婚姻は宝亀八年（七七七）以降で、女嘉智子を生んだのが延暦五年（七八六）以前と考えられる（『文実』嘉祥三年五月壬午条）から、奈良時代末から長岡京の時代には生存していた可能性が高い。ただ田口氏の死亡が長岡京期であるのか、あるいは平安京期に入ってからであるのかは文献史料から明らかにできない。しかし、田口氏の墓が交野郡にあることをもって長岡京の時代に死んだのではないかと憶測する。それは、長岡京のある山城国乙訓郡と河内国交野郡とが国を異にしながらも互いに接する位置にあり、交野郡が長岡京に付属する葬地であったのではないかと考えるからである。

以上のように、長岡京期には大和・淡路両国に葬られた人物もいるが、それらはいずれも山城国に葬りえない事情がある場合で、これらのような場合を除き、山城国および長岡京の隣接郡がある河内国に陵や墓を営むのが、はやり原則であったと考えられる。

6　平安京と葬地

延暦十三（七九四）以降

延暦十三年（七九四）十月、桓武天皇は長岡京から山背国葛野郡宇太村（『紀略』延暦十二年正月甲午条）に造営した新京に遷り（『紀略』・『類史』延暦十三年十月辛酉条）、平安京と命名した（『紀略』延暦十三年十一月丁丑条）。

平安京の葬地については、長岡京と同様に、次のような周知の史料がある。

是日、勅、山城国愛宕葛野郡人、毎レ有二死者一、便葬二家側一、積レ習為レ常、今接二近京師一、凶穢可レ避、宜下告二国郡一厳加中禁断上、若有二犯違一、移二貫外国一、（『後紀』延暦十六年正月壬子条[19]）

禁レ葬二埋於河内国交野雄徳山一、以レ採下造二供御器一之土上也、
（『類史』大同三年正月庚戌条[20]）

勅、禁レ葬二斂山城国愛宕郡神楽岡辺側之地一、以下与二賀茂御祖神社一隣近上也、
（『三実』貞観八年九月廿二日甲子条[21]）

太政官符
　定二葬送并放牧地一事
山城国葛野郡一処在二五条荒木西里・六条久受原里一
四至東限二西京極大路一　西・南限二大河一　北限二上件両里北畔一
紀伊郡一処在二十条下石原西外里・十一条下佐比里・十二条上佐比里一
　四至東限二路并古河流末一　西・南並限二大河一　北限二京南大路西末并悲田院南沼一

右、被右大臣宣偁、奉レ勅、件等河原、是百姓葬送之地、放牧之処也、而今有レ聞、愚暗之輩、不レ顧二其由一、競好二占営一、専失二人便一、仍遣二勅使一、臨レ地検察、所レ定如レ件者、事須下国司屢加二巡検一、一切勿上レ令二耕営一、若寄二事王臣家一、強作者禁レ身言上、百姓者国司任レ理勘決、但葛野郡嶋田河原、今日以往、加レ功耕作、為二熟地一、及紀伊郡上佐比里百姓本自居二住宅地一、人別二段已下者不レ在二制限一、其四至之外、若有二葬斂一者、尋二所由一糺責、勤加二検校一、不レ得二疎略一

貞観十三年閏八月廿八日

（『類聚三代格』巻十六）[22]

これら平安京の葬地に関する法制史料は平安時代前期に集中するが、新たな法令の発布やこれらの法令の実効性を考えることのできる史料などは確認できない。ここでは、一〇世紀半ばまでに亡くなり埋葬された地が明記されている四二人を対象として（表6）、平安京の葬地[23]を検討したい。

まず、埋葬地を国別に見ると、山城国は四〇人で圧倒的な数であり（藤原百川を入れると四一人となる）、山城国以外はわずかに大和国に葬られた平城太上天皇一人だけである。

平城太上天皇は、弘仁元年（八一〇）薬子の変によって平城旧京への遷都と皇位への復帰に失敗したが、そののちも山城国に戻ることなく平城宮の西宮に住み続け[24]、そこにはとくに太政官制下の諸司が直して平城太上天皇に奉仕した。しかし、太上天皇は同十五年七月に崩御し（『紀略』『類史』二五・三五、弘仁十五年七月甲寅条）、大和国で楊梅陵に埋葬された（『紀略』『類史』二五・三五、弘仁十五年七月己未条）。これらの状況から、平城太上天皇はその居所平城西宮との関係で大和国に葬られたのであり、明らかに例外と考えるべきである。

そこで、次に山城国の郡別に埋葬地を見ると、平安京に接する三郡では、遷都の地とされ、京の西にある葛野郡が最も多く一二人で、東に位置する愛宕郡が一〇人と拮抗する数の埋葬が行われている。愛宕郡では鳥辺山への埋葬事例が多く見られる。これに対して、紀伊郡はわずかに四人で、しかも彼らはいずれも深草山に含まれる地に葬られている。しかし、愛宕郡の鳥辺山から紀伊郡の深草山にかけて丘陵が断続的につながっており、この大きな丘陵地帯が平安京の葬地として最も代表的なものであることは問題ない。このように平安京の東南方に最大の葬地があり、これは、基本的には宮都の南に葬地を設けないことによると考えられ、平城京でも同じである。また、「藤原」京では北に葬地がなかった可能性のあることにも相通じている。

さて、以下では平安時代前期の平安京の葬地を考える上で、注意すべき事例に絞って取り上げ[25]、この時期における宮都の葬地における新しい状況を指摘しておきたい。

その最も大きな変化は貴族夫婦の墓のあり方であり、最も注目されるのは藤原百川・藤原諸姉夫妻の墓である。

藤原百川は「天皇甚信任之、委以二腹心一、内外機務莫レ不二関知一」く、また皇太子であった山部親王も百川に「特属レ心」け、自らが不豫に至ったとき、百川が医薬と祈禱によって心から回復を願ったことがあり、「由レ是重之」じたが、百川は宝亀十年（七七九）七月に平城京で亡くなってしまった（『続紀』宝亀十年七月丙子条）。平城京で亡くなった百川の墓がどこに営まれたかは明らかでないが、平城京で亡くなったのであるから、当然大和国に葬られたと考えられる。

一方、妻藤原諸姉は、すでに触れたように、夫百川の死の七年後、延暦五年（七八六）に長岡京で亡くなった。そしてその墓は「陵墓歴名」

表6　平安京前期の葬地

	薨卒等年	薨卒等者	陵墓名	葬地名（国郡郷等地名）
①	大同元年（八〇六）	桓武天皇	柏原山陵	山城国葛野郡宇太野→山城国紀伊郡柏原山陵
②	大同二年（八〇七）	伊予親王	巨幡墓	山城国宇治郡
③	大同二年（八〇七）	藤原吉子	大岡墓	山城国葛野郡大岡郷
④	大同四年（八〇九）	高志内親王	石作陵	山城国乙訓郡
⑤	弘仁二年（八一一）	坂上田村麻呂		山城国宇治郡
⑥	弘仁六年（八一五）	賀茂豊年		（嵯峨天皇陵下）
⑦	弘仁十五年（八二四）	平城太上天皇	楊梅陵	大和国添上郡
⑧	天長三年（八二六）	恒世親王		山城国愛宕郡鳥部寺以南
⑨	天長三年（八二六）	俊子内親王		山城国愛宕郡寺以南山
⑩	天長三年（八二六）	藤原冬嗣	後宇治墓	山城国愛宕郡深草山→山城国宇治郡
⑪	天長四年（八二七）	大僧都勤操		東山鳥部南麓
⑫	天長五年（八二八）	藤原美都子	次宇治墓	山城国宇治郡
⑬	承和六年（八三九）	藤原沢子	中尾山陵・中尾陵	山城国愛宕郡鳥部郷
⑭	弘仁二年（八一一）～承和六年（八三九）	藤原総継	拝志墓	山城国愛宕郡鳥戸郷
⑮	承和七年（八四〇）	淳和太上天皇	「大原野西嶺上陵」	山城国乙訓郡物集村・大原野西山嶺上
⑯	承和九年（八四二）	嵯峨太上天皇	「嵯峨山上陵」	山北幽僻之地
⑰	承和十四年（八四七）	有智子内親王		社里十三坪（嵯峨野斜行条里）
⑱	嘉祥三年（八五〇）	仁明天皇	深草陵	山城国紀伊郡深草山陵
⑲	嘉祥三年（八五〇）	橘嘉智子	嵯峨陵	深谷山・山城国葛野郡
⑳	斉衡三年（八五六）	源潔姫	神楽岡冢・愛宕墓	山城国愛宕郡神楽岡白川
㉑	天安二年（八五八）	文徳天皇	田邑山陵・真原山陵	山城国葛野郡田邑郷真原岳
㉒	貞観五年（八六三）	純子内親王	純子内親王冢	深草山陵南接
㉓	貞観六年（八六四）	藤原貞子		深草山陵兆域之内
㉔	貞観九年（八六七）	仲野親王	仲野親王墓・高畠陵	山城国葛野郡
㉕	貞観十三年（八七一）	藤原順子	後山階山陵	山城国宇治郡後山階山陵
㉖	貞観十四年（八七二）	藤原良房	後愛宕墓	山城国愛宕郡白川辺
㉗	元慶三年（八七九）	正子内親王		嵯峨之山腹・嵯峨山
㉘	元慶四年（八八〇）	清和太上天皇	「水尾山陵」	山城国愛宕郡上粟田山（葬）→丹波国水尾山（為終焉之地）
㉙	貞観五年（八六三）～元慶八年（八八四）	藤原数子	八坂墓	山城国愛宕郡八坂郷
㉚	仁和三年（八八七）	光孝天皇	小松山陵・後田邑陵	山城国葛野郡田邑郷立屋里小松原
㉛	寛平三年（八九一）	藤原基経	次宇治墓	深草山→山城国宇治郡
㉜	寛平八年（八九六）	藤原胤子	小野陵	山城国宇治郡小野郷
㉝	昌泰三年（九〇〇）	班子女王		山城国葛野郡頭陀寺辺
㉞	昌泰三年（九〇〇）	藤原明子	白河陵	山城国愛宕郡上粟田郷
㉟	延喜元年（九〇一）	藤原高藤	小野墓	山城国宇治郡小野郷
㊱	延喜七年（九〇七）	宮道列子	後小野墓	山城国宇治郡小野郷
㊲	延喜九年（九〇九）	藤原時平	又宇治墓	山城国宇治郡
㊳	延長八年（九三〇）	醍醐太上天皇	後山科陵	山城国宇治郡山科陵
㊴	承平元年（九三一）	宇多太上天皇	大内山陵	仁和寺奥池尾山
㊵	天暦三年（九四九）	陽成太上天皇	神楽岡東陵	神楽岡東地
㊶	天暦三年（九四九）	藤原忠平		法性寺外東北原
㊷	？	当宗氏	河嶋墓	山城国葛野郡

によれば相楽郡に営まれているが、それは長岡京の葬地の一つが相楽郡に設けられていたことに拠ると推定されることは先に述べた。

ところが、藤原諸姉の薨去から一一年を経た延暦十六年二月、山城国相楽郡の田を百川の墓地として賜るとの記事が『後紀』に現れる（延暦十六年二月丁巳朔条）。

賜二山城国相楽郡田二町六段一為二贈右大臣従二位藤原朝臣百川墓地一、

このとき賜った百川の墓について「陵墓歴名」は次のように記している。

相楽墓　贈太政大臣正一位藤原朝臣百川、淳和太上天皇外祖父、在二山城国相楽郡一、兆域東西三町、南北二町、守戸一烟

これ以後、百川の墓は『後紀』と「陵墓歴名」に記す山城国相楽郡に所在することになったと考えられる。

そこで、問題となるのは、まず第一に、百川が死亡からすでに一八年を経た延暦十六年に新たに墓地を賜与された理由である。平城京で薨じた百川の墓は、すでに述べたように、これ以前は当然大和国にあり、延暦十六年の墓地の賜与はそれを山城国に改葬したことを意味すると思われる。百川は桓武天皇擁立の立て役者であり、彼の子たちは桓武朝で重用された。それゆえに百川の墓が大和国から移され、山城国の相楽郡に設けられるに至った可能性もあるが、延暦十六年に山城国相楽郡に百川の墓が移設された具体的な事情を記す史料はない。

次に、第二の問題は、なぜ山城国相楽郡に墓地を賜ったのかである。「陵墓歴名」によれば、すでに見たように百川の妻である藤原諸姉の墓も山城国相楽郡にあり、しかもそれは「在二山城国宇治郡贈太政大臣墓内一」ると記されている。しかし「陵墓歴名」の記載を文字通りにとらえ、夫の墓の兆域内に妻の墓が営まれたと考える必要はない。「陵墓歴名」の記載が夫を主体としたもの[26]であると考えれば、事実は夫百川の墓と妻諸姉の墓が兆域を共有して存在していたということであろう。

ところで、上記のように『後紀』は百川の墓地として賜った田を二町六段とするが、「陵墓歴名」では相楽墓の兆域を東西三町、南北二町とし、兆域が方形であったとすればその面積は六町となり、『後紀』の記す「賜田」の二倍余りの規模である。この間の事情については、延暦十六年から「陵墓歴名」が成立するまでのあいだに兆域が拡大され、墓として整備が進められた結果とみて、百川の山城国相楽郡への改葬以後他所にあった諸姉の墓も改葬して百川と兆域を共有する墓としたと考えることもできる。また逆に、長岡京の時代に死亡した諸姉の墓がまず山城国相楽郡に造られ、延暦十六年にあらためて百川に対して妻と同地に墓地を賜与した結果、夫婦で兆域六町を共有する墓が成立したと考えることもできる。

前者のように夫婦各々に改葬を想定する場合、延暦十六年の時点で都が平安京にあったにもかかわらず、平安京の葬地ではない相楽郡に二人を改葬した理由を別に求めねばならない。それに対して、夫にだけ改葬を想定する後者の場合、諸姉が死亡した長岡京の時代、すでに述べたように相楽郡が長岡京の葬地であった可能性が高いことから、十分説明が可能であり、百川の改葬地が平安京期の葬地でない相楽郡であったことについて特別な事情を想定する必要がなくなる。その場合、藤原百川・諸姉夫妻は本来夫婦別々の墓で、夫百川は大和国、妻諸姉は山城国に各々葬られていたが、延暦十六年に百川が山城国相楽郡に改葬され、その結果二次的に夫婦が兆域を共有する墓が成立した

ことになる。このような推定が可能となると、なぜ本来夫婦別の墓であった百川夫妻に新たに墓地とすべき田を賜与してまでわざわざ百川を大和国から山城国へ改葬し、妻と同じ兆域を持つ墓としたのかという第一の問題が重要になってくる。桓武天皇の百川への信任と深い思いを考えるとき、そこに桓武天皇の積極的な意志を読み取ることができるのではなかろうか[27]。

貴族夫婦墓の問題以外に、氏墓・家墓と言ってもよい新しい形態の埋葬と墓地が平安京の葬地に現れるが、それらについてはすでに前稿で事例を検討したので[28]、ここでは省略に従い、最後に一つ、平安京に入って天皇陵兆域内への埋葬が許可される事例が現れることを指摘しておきたい。

養老喪葬令先皇陵条には「凡先皇陵、置㆓陵戸㆒令㆑守、非㆓陵戸㆒令㆑守者、十年一替、兆域内不㆑得㆓葬埋及耕牧樵採㆒」とあり、先皇陵兆域内への葬埋は禁止されていた[29]。

しかし、弘仁六年（八一五）六月に亡くなった賀茂豊年は、左大臣藤原冬嗣に、天皇が亡くなったときにはその陵の下に葬ってほしいと託して亡くなり、当日陵下への埋葬を許可する勅が出された（『後紀』弘仁六年六月丙寅条）。嵯峨天皇の死後、豊年の願いがかなえられたか否かは、天皇の骨が散骨されたため不明であるが、陵の兆域内への埋葬を許された最初の人物が賀茂豊年である。

また、仁明天皇女御であった藤原貞子は貞観六年（八六四）八月に亡くなった（『三実』貞観六年八月三日丁巳条）が、そのとき、勅によって従二位を贈られただけでなく、天皇が葬られている深草山陵の兆域内への埋葬を清和天皇が許している（『三実』貞観六年八月三日丁巳条）。それは、彼女は后位に昇らなかったが、とくに平昔から仁明天皇の寵愛がはなはだしかったことによるとも記され、貞子に対する天皇の寵愛振りと破格の厚遇を知ることができる。

このような陵兆域内への埋葬許可が可能となった背景には、天皇陵に対する扱いや観念に変化が起こったことがあったのであろう。

7　日本古代宮都の葬地と貴族

これまで「藤原」京の造営期から平安京の前期、すなわち日本の古代における宮都「藤原」京の誕生から宮都が固定する平安京の時期まで、宮都と葬地の関係を宮都ごとに注目される点に絞って検討してきた。最後に、以上の検討結果を承け、さらに二つの異なる観点から日本の古代宮都と葬地に関して明らかになった点を確認しておきたい。

(1) 宮都の移動（遷都）と葬地

まず、「藤原」京から平安京前期までの天皇・貴族・官人たちの埋葬例を、大和・山城・河内の三国について郡毎に整理した結果を図に表す（図1）と、当然予想されることであるが、宮都の移動（遷都）に伴って葬地が移動していることを確認できる。すなわち「藤原」京と平城京では基本的に大和国、平城京期半ばに短期間遷都した恭仁京でも山背国、これに対して長岡京では山城国と京の所在郡に隣接する河内国交野郡、そして平安京では山城国に、それぞれ葬地が設けられていた。

このように宮都の移動に伴って葬地も移動し、それが基本的に宮都所在国に設けられているのは、当然検討の対象が天皇や貴族・官人で

図1　日本古代宮都時期別埋葬地（郡単位）

あったためである。それは彼らが宮都の移動（遷都）に伴って移動（移貫）する政治的な存在であり、そのような天皇や貴族・官人たちのために、彼らが死後埋葬される葬地が宮都の移動のたびにその所在国に設け直されたことによる。

このような宮都に伴う葬地のあり方は天武朝以降に出された氏族の祖先の墓に関する法令と一見矛盾しているように思われる[30]。すなわち、これらの法令では氏族祖先の墓は氏族の本拠地で固定され、法令で維持管理が図られている。これに対して、宮都の成立によって宮都に本貫を持つに至った貴族・官人たちは遷都とともに個々に本貫を移すだけでなく、自らの葬地をも移動させた。「藤原」京や平城京・長岡京の場合、喪葬令の条文通り貴族は氏族としての本拠地と切り離され、個人として宮都に本貫を持ち、また墓も本拠地と関係なく営まれ、氏族祖先の墓がある地に葬られることはけっしてなかった。これは、とくに貴族の場合に顕著で、彼らは令で規定された貴族の「家」の主として個別に墓を営んでいた。天武朝以降の氏族の祖先墓の維持・管理に関する法令は、むしろこのような状況が生まれることによって本拠地における祖先墓の維持・管理が困難となったため、そのような事態を避けようとして出された可能性が強い。しかし、後述するように、平安京の時期に至り、彼ら宮都の住人たちの葬地に新しい様相が現れてくる。

次に、宮都の葬地は各々その所在国で宮都が造営された郡とその周囲の郡に主に設定されている（図1）。

「藤原」京では、京の造営郡を含めその南と東西、高市・城上・宇陀・葛下・吉野の五郡に設けられたが、史料上では「藤原」京が造営された高市郡に接する十市・葛下・忍海の三郡での埋葬を確認できず、また京の北には埋葬されていなかった。また「藤原」京から遷都した平城京では、造営郡を含めて京の北と東西、添上・添下・山辺・平群・広瀬・宇智の六郡に葬地が設けられていた。宇智郡が平城京から離れて西南に位置するが、平城京の南には埋葬されていない。平城京の後半期になると平群郡に接する河内国河内郡にも埋葬が認められ、葬地が拡大した可能性が考えられる。「藤原」・平城両京間で史料上葬地所在郡の重複が認められないが、このような状況が何らかの歴史的意味をもつか否かは現時点では十分な説明ができない。なお平城京期の半ば頃に短期間遷都した恭仁京では所在郡のみで葬地を確認できるにとどまる。

長岡京では宮都の所在する乙訓郡以外では京から東南に離れた相楽郡に葬地が置かれたことを確認でき、また宮都の造営郡に隣接するが、山城国外である河内国交野郡にも葬地が設定されたと推定でき、他の宮都と異なるようであるが、葬地設定の点で平城京の後半期を受け継いでいると考えられる。そして平安京に都が遷ると、葬地は平安京に隣接する四郡、とくに愛宕・宇治・紀伊三郡に集中して営まれるようになり、なかでも三郡にわたる深草山が貴族にとって平安京で最も主要な葬地として用いられている。平安京の場合も、平城京と同様、低地の広がる京の南には貴族たちは葬られていない。京の南辺の葬地佐比はあくまで一般民衆の葬地であり、貴族の葬地と同列には論じられない。

(2)「陵墓歴名」にみる貴族夫婦の埋葬

次にやや観点を変え、前稿[31]でも検討した「陵墓歴名」登載の天皇外祖父母、すなわち貴族夫婦の埋葬・葬地に関して、いま一度整理と検討を行うこととしたい。

まず「陵墓歴名」所載の天皇外祖父母を夫婦ごとに、死亡時の宮都を明示して整理し（表7）、次にこれを先に作成した図（図1）に重ね合わせる（図2）と、貴族夫婦の墓の設定のあり方が宮都の移動に伴って変化していることを容易に看て取れる。

平城京（あるいは「藤原」京）では貴族夫婦の場合各々の氏族の本拠地と関わりなく、また夫婦であることも考慮することなく、それぞれが郡を異にする別の葬地に埋葬された（❶❷、❸❹、❺❻）。そしてこのことは長岡京の場合にも当てはまる（❾❿）。

しかし平安京になると、貴族夫婦の墓は大半が夫婦別墓でありながら同郡（⓭⓮、⓯⓰）あるいは同郡同郷（⓳⓴）、さらには郷を異にした場合でも近接して営まれ（⓱⓲）、また兆域を共有する夫婦共域墓[32]（⓫⓬）すら見られるようになる。そしてさらに夫婦の墓に近接して子女、とくに女の墓が設けられる場合（⓭⓮、⓱⓲、⓳⓴）が現れ[33]、さらにそれが妻方の本拠地で実現し、そこに菩提寺を伴う場合も見られた（⓳⓴[34]）。

そして平安京では藤原北家嫡流の木幡のような新しい家単位の葬地も成立していくことになるが、その一方で、九世紀中頃には施薬院[35]の管理下にある藤原氏の共同葬地が深草山に存在し[36]、そこには貴族となり独立して葬地を設けることができるような人以外の人々が葬られていた[37]。

以上のように、貴族夫婦の墓は、長岡京までは決して同郡に営まれなかったが、平安京では同郡、同郷、さらには兆域を共有する墓すら営まれるようになる。

その転換点は、平安京遷都からほど遠からぬ延暦十六年（七九七）に行われた藤原百川の改葬による妻藤原諸姉墓地への移動（❼❽）にあったと考える。

すでに述べたように、藤原百川・諸姉夫妻は各々の死亡時の宮都が平城京と長岡京で異なり、妻諸姉が長岡京の葬地相楽郡に葬られたのに対して、先に亡くなった夫百川は平城京の葬地に葬られた。すなわち百川・諸姉夫妻は本来夫婦別墓で、しかも遠く離れた大和国と山城国とに各々墓が営まれたと思われるが、延暦十六年に百川が山城国相楽郡に改葬され、その結果夫婦共域墓が二次的に成立した。本来、夫婦別墓であった百川・諸姉夫妻を、土地を賜与し改葬までして夫婦共域墓に葬ることにしたのは、桓武天皇と百川との関わりを考え、また天皇の夫婦和合と男女差別の政策をみるとき、桓武天皇の意志によるとみることができる。いずれにしろこれを契機に貴族夫婦の墓のあり方は大きく様変わりした。

以上、八世紀から九世紀の貴族の葬地は宮都の移動とともに所在を移す政治的な存在であったが、長岡京までの時期と平安京以降で明確に性格を異にすることがわかった。長岡京の時期までは一カ所に集中せず、宮都の周辺諸郡に、場合によっては近接する都城所在国外にも葬地を設定したが、平安京の初期には、葬地は数郡にわたるものの、いわゆる東山、とくに深草山周辺に集中するようになる。また貴族夫婦の場合には、近接した土地に、あるいは兆域を共有して墓が営まれるようになってくることも明らかになった。このような変化は、律令国家の貴族の喪葬に関する原則である「家」を持つ貴族を対象として彼らを個別に埋葬する方針を捨て、新たに夫婦を単位とする埋葬が行われるようになり、さらにその子女たちも近接して埋葬するようになるのは、夫婦を中心とした新たな「家」の出現を意味するのではなか

表７「陵墓歴名」に記された貴族夫婦の陵墓

	陵墓名	陵　墓　主	所在地	備　考
①	田原西陵	春日宮御宇天皇（志貴皇子）	大和国添上郡	霊亀２年
②	吉隠陵	皇太后紀氏（橡姫）	大和国城上郡	？
③	牧野墓	太皇大后之先和氏（乙継・桓武外祖父）	大和国広瀬郡	宝亀以前？、本拠地＝大和国城下郡→添下郡
④	大野墓	太皇大后之先大枝氏（真妹・桓武外祖母）	大和国平群郡	宝亀以前？、本拠地＝山城国乙訓郡
⑤	阿陀墓	贈太政大臣藤原朝臣良継（平城外祖父）	大和国宇智郡	宝亀８年
⑥	村国墓	贈正一位安倍命婦（古美奈）同天皇外祖母（平城外祖母）	大和国添下郡	延暦３年、本拠地＝大和国十市郡
⑦	相楽墓	贈太政大臣正一位藤原朝臣百川淳和太上天皇外祖父（淳和外祖父）	山城国相楽郡	宝亀10年（延暦１６年墓地賜与←改葬？
⑧	後相楽墓	贈正一位藤原氏（諸姉）同天皇外祖母（淳和外祖母）	山城国相楽郡	延暦５年
⑨	加勢山墓	贈太政大臣正一位橘朝臣清友仁明天皇外祖父（仁明外祖父）	山城国相楽郡	延暦５年
⑩	小山墓	贈正一位田口氏同天皇外祖母（仁明外祖母）	河内国交野郡	？
⑪	後宇治墓	贈太政大臣正一位藤原朝臣冬嗣文徳天皇外祖父（文徳外祖父）	山城国宇治郡	
⑫	次宇治墓	贈正一位藤原氏（美都子）同天皇外祖母（文徳外祖母）	山城国宇治郡贈太政大臣墓内	
⑬	後愛宕墓	太政大臣贈正一位美濃公藤原朝臣（清和外祖父）	山城国愛宕郡	
⑭	愛宕墓	贈正一位源氏（潔姫）清和太上天皇外祖母（清和外祖母）	山城国愛宕郡	
⑮	高畠墓	贈一品太政大臣仲野親王（宇多外祖父）	山城国葛野郡	
⑯	河嶋墓	贈正一位当宗氏（宇多外祖母）	山城国葛野郡＜川嶋郷＞	本拠地＝河内国志紀郡
⑰	八坂墓	贈正一位藤原氏（数子・光孝外祖母）	山城国愛宕郡八坂郷	
⑱	拝志墓	贈正一位藤原朝臣総継（光孝外祖父）	山城国愛宕郡鳥戸郷	
⑲	小野墓	贈太政大臣正一位藤原朝臣高藤（醍醐外祖父）	山城国宇治郡小野郷	
⑳	後小野墓	贈正一位宮道氏（列子・醍醐外祖母）	山城国宇治郡小野郷	本拠地＝山城国宇治郡

＜凡例＞▇は「藤原」京期、□は平城京期、▇は長岡京期、▇は平安京期

図２ 日本古代宮都時期別貴族夫婦墓所在地（郡単位）

ろうか。

むすびにかえて

宮都が成立した「藤原」京から固定化する平安京の初期まで、宮都と葬地の関連を探る観点から、天皇をはじめ京に住む貴族・官人層を中心に彼らの葬地について史料を整理し、その成果を承ける形で、さらに若干の検討を加え、あわせて問題点を指摘してきた。そこからおおよそ確認できたことはすでに前章でまとめて記したので、ここでは繰り返さない。今後必要となる検討は文献以外の史料で確認できる当該時期の墓の分布との比較であり、その統合的な理解である。この点は今後の課題とし、ひとまず本節を終えることにする。

註

1　日本の古代宮都と葬地に関する先行研究は概ね二つに分けて整理することができる。一つは通時的な研究で、古墳時代あるいは「藤原」京から平安京までを時間を軸に概観する研究である。代表的な研究には、早く森浩一「古墳時代後期以降の埋葬地と葬地—古墳終末への遡及的試論として—」（森浩一編『論集終末期古墳』、塙書房、一九七三年）がある。これ以後通時的研究がいくつか試みられているが、この研究の範囲を大きく出るものはない。またいまひとつは個別宮都の葬地研究であり、金子裕之「平城京と葬地」（『文化財学報』三、一九八四年）や山田邦和の一連の平安京の葬地に関する研究（代表的で、かつ最もまとまっているものは「平安京の近郊〜墓地と葬送」（角田文衛総監修、古代学協会・古代学研究所編『平安京提要』、角川書店、一九九四年）に代表される。個別宮都の葬地研究は枚挙に遑がなく、今日までより個別的な問題が採り上げられてきている。これらに対して東アジアの古代都城と葬地の関係を検討しようと意図した和田萃「東アジアの古代都城と葬地—喪葬令皇都条に関連して—」（『日本古代の儀礼と祭祀・信仰』上、塙書房、一九九五年）もあるが、その後このような観点からの十分な検討は全く行われていない。

2　橋本義則「日本古代宮都と葬地—史料の整理と若干の検討—」（『都市と環境の歴史学』三〈増補版〉、二〇一一年）。

3　関連した拙稿には「古代貴族の営墓と「家」—『延喜式』巻二一諸陵寮陵墓条所載「陵墓歴名」の再検討—」（笠谷和比古編『公家と武家』Ⅱ—「家」の比較文明史的考察—、思文閣出版、一九九九年）、「律令国家と喪葬—喪葬官司と喪葬氏族の行方—」（『律令国家史論集』塙書房、二〇一〇年）、があり、本節でもこれらに基づいて記述を行った箇所がある。

4　今泉隆雄「飛鳥浄御原宮の宮号について」（『東アジアの古代文化』一一八、二〇〇四年）。

5　「藤原」京の造営過程の理解については、橋本義則「「藤原京」造営試考—「藤原京」造営史料とその京号に関する再検討—」（奈良国立文化財研究所『研究論集』Ⅺ、二〇〇〇年）参照。

6　大和国添上郡赤穂神社（奈良市高畠町）とする最有力説は岩波古典文学大系『日本書紀』頭注であるが、ただ「藤原」京以降の葬地設定の状況からみて、添上郡に求めるのは困難である。また『大和志』は北葛城郡広陵町大字三吉とし、具体的に二人の墓を「仁基墓」と「高津笠墓」に比定するが、前者は三吉陵墓参考地（新木山古墳）で五世紀初頭の前方後円墳、後者も高津笠城跡かとされ、いずれも年代的に問題がある。さらに桜井市赤尾に比定するのは、河合ミツ「地名「赤穂」について」（『続日本紀研究』一八八、一九七六年）で、「藤原」京以降における宮都と葬地の関係をそこに見出そうとする見解は基本的に支持されるべきであろう。

7　『書紀』では、天武七年正月まで射礼の場を南門と記すが、八年には西門とあり、飛鳥浄御原宮における射礼の場に変化が生じている。これは、南門が旧宮（飛鳥岡本宮）の正門、西門が新宮の正門であると考えられる（小澤毅「伝承板蓋宮跡の発掘と飛鳥の諸宮」〈『日本古代宮都構造の研究』青木書店、二〇〇三年〉）ことから、新宮がこの頃完成し、天武天皇が旧宮から新宮に遷御したことに伴って生じたものである。

8　制度的変化については、当然新式都城「新城」の造営がその視野に入る。天武天皇が新式都城造営を最初に試みたのは天武天皇五年（六七六）であったが、その計画は領域を囲むまでは行ったが失敗に終わった。それが再び開始されるのは六年後の天武十一年と考えられる（註5橋本義則論文）。天武五年から十一年までの新式都城造営をめぐる動向は『日本書紀』に明らかでないが、かつて指摘したように、「藤原」京にあった高市大寺から大官大寺への改号が天武六年頃と考えられることが留意される。のちの「藤原」京域が何らかの特殊な意味をもち始めたからこそこのような改号が行われたのではなかろうか。あるいはそれに伴い、この頃、京に居住する人たち（のちに「京人」あるいは「京戸」と呼ばれる人々）が設けられ、彼らに特別な意味がもたされ始めたのかも知れない。

9　黒崎直「近畿における八・九世紀の墳墓」（奈良国立文化財研究所『研究論集』Ⅵ、一九八〇年）。

10　和田萃「飛鳥岡について」（『橿原考古学研究所論集』創立三十五周年記念、吉川弘文館、一九七五年）。

11　『古事記』下巻に安閑天皇陵の所在を記して「御陵在㆓河内之古市高屋村㆒也。」なおかつて古市村古屋敷に高屋神社という神社があり、『延喜式』神名帳に載る古市郡二座のうちの一座に比定されている。物部氏系の高屋連の氏神かといわれる。

12　橋本義則「古代御輿考―天皇・皇后の御輿を中心として―」（上横手雅敬監修『古代・中世の政治と文化』思文閣出版、一九九四年）。

13　岸俊男『日本の古代宮都』（岩波書店、一九八一年）など。

14　橋本義則「紫香楽宮の宮号について―紫香楽宮攷―」（『平成五年度遺跡発掘事前総合調査事業にかかる紫香楽宮関連遺跡発掘調査報告』信楽町教育委員会、信楽町文化財報告書第八集、一九九四年）。

15　註1森浩一論文・山田邦和論文、など。

16　北康宏「律令国家陵墓制度の基礎的研究―『延喜諸陵式』の分析からみた―」（『史林』七九―四、一九九六年）。ただしこの推定が成立するためには、藤原乙牟漏の陵が弘仁元年（八一〇）～天長元年（八二四）のあいだに高畠山陵から長岡山陵へと改名されたことを想定しなければならないし、また藤原乙牟漏の陵名を何ゆえ改め、『続日本紀』の当該箇所を書き改めなければならなかったのかを明らかにする必要がある。

17　京都府綴喜郡井出町には、橘氏の氏寺でその祖橘諸兄の創建にかかると伝える円提寺（井手寺）や橘氏の氏神梅宮社の故地と伝える地、あるいは橘諸兄の相楽別業所在地という地など、橘氏ゆかりのものが多くある。

18　現在早良親王が最初に埋葬されたと考えられる淡路国津名郡における墓は不明であるが、その候補地は二つある。一つが淡路市北淡町久野々にある天王の森であり、いまひとつが同じ淡路市一宮町多賀にある高島陵である。天王の森は早良親王を葬った所と伝え、現在小さな祠があって早良親王を祭り、またその前方に位置する池は俗に早良池とも呼ばれている。その南方には常隆寺があり、古く廃帝院常隆寺と称し、延暦二十四年（八〇五）正月に親王の霊を安んずるために淡路国に建てられた寺がこれにあたると伝えられている。また高島陵は早良親王の墓とする説がある一方で、淳仁天皇陵とする言い伝えもあるなど問題がある。

19　平安京は愛宕・葛野両郡だけでなく、その南辺は紀伊と接し、宇治・乙訓両郡にも近い。何ゆえにこの勅が平安京に近接するすべての郡を対象としていないのか疑問である。紀伊・宇治・乙訓三郡の人びとは愛宕・葛野両郡の人たちとは異なり、家側への死者の埋葬を認められていたのか、また、平安京にとって左京と右京をほぼ占める愛宕郡と葛野郡に対しては他の周辺諸郡とは異なる意識があったのかなど、考えるべき問題がある。

20　大同三年（八〇八）に出された禁では、供御器を作製するための土を採取することを理由に河内国交野郡の雄徳山への埋葬を禁じているが、すでに述べたように、長岡京に南接する河内国交野郡は長岡京に伴う葬地であると推定された。しかし、山城国綴喜郡の雄徳山に貞観元年（八五九）から翌年にかけて僧行教が奏請の上で宇佐八幡宮を勧請した（『三実』貞観十八年八月十三日丁巳条）ように、雄徳山は大同三年以降死者の埋葬など「凶穢可㆑避」き地とされ、清浄が保たれていたと考えられる。あるいはそれには宮都の南に葬地を設けるべきではないとの考えも影響を与えていたのではなかろうか。

21　貞観八年（八六六）の禁は、平安京の地主神であり守護神である賀茂御祖神社の清浄を保つために、同社が所在する山城国愛宕郡で近接する神楽岡辺側における埋葬を禁じている。延暦十六年（七九七）に愛宕郡では平安京に近接することを理由として家側への埋葬が禁止されたが、貞観八年（八六六）に平安京東郊神楽岡での埋葬が禁止された理由が平安京に近接していることでなかったことから、平安京に近接し、家側での埋葬が禁止された愛宕郡にあって神楽岡は貞観八年まで埋葬が禁止されなかったことになる。すなわち、延暦十六年に家側への埋葬が禁止された愛宕・葛野両郡においても、なお葬地に設定されていた神楽岡のような地では埋葬が禁止されなかったと考えられる。また、何ゆえに貞観八年に至って神楽岡での埋葬が禁止されたかも検討が必要である。

22　本太政官符は、従来平安京の葬地に関する史料として注目されてきた。たしかに平安京の西南に接して設けられているから、葬地の設定に平安京が深く関連していることは間違いない。しかし厳密に言えば、平安京の住人の葬地を決めたものと理解するのは、正確ではない。ましてやその対象は国司によって取り締まられる「百姓」であって、貴族・官人層ではないことに注意しておかねばならない。

23　先行研究には註1山田邦和論文、などがある。

24　橋本義則「日本の古代宮都―内裏の構造変遷と日本の古代権力―」（『記念的建造物の成立』シリーズ都市・建築・歴史1、東京大学出版会、二〇〇六年）。

25　個々の事例にうかがわれる注目すべき点を含めた全般的な指摘は、註2橋本義則論文で行ったので参照されたい。

26　死亡した順では妻諸姉が先で夫百川が後であるから、同一墓内にある二つの墓は当然妻ではなく夫の墓に「後」を冠するべきであるが、「陵墓歴名」ではそのようになっていない。

27　桓武朝における男女に関わる政策の一端は、橋本義則「「後宮」の成立」（村井康彦編『公家と武家―その比較文明史的考察―』思文閣出版、一九九五年）で明らかにした。

28　註2橋本義則論文。

29　註1和田萃論文。

30　『書紀』持統五年八月辛亥条（註16北康宏論文）、『続紀』慶雲三年三月丁巳条・延暦三年十二月庚辰条、『後紀』大同元年閏六月己巳条、『類聚三代格』慶雲三年三月十四日詔・大同元年閏六月八日太政官符・同年八月二十五日太政官符など。

31　註2橋本義則論文。

32　註2橋本義則論文ではこのような事例を「夫婦同墓」と記したが、これは同じ墓に埋葬されていることを意味し、誤解を招く恐れがあるので、兆域を共有している夫婦の墓を仮に「夫婦共域墓」と呼ぶことにする。

33　註2橋本義則論文。

34　同前。

35　施薬院と喪葬については註3橋本義則論文「律令国家と喪葬―喪葬官司と喪葬氏族の行方―」で述べた。

36　註2橋本義則論文。

37　同前。

■研究ノート

朝鮮王陵研究の現況

朝鮮時代の王陵四二基は開城市所在の斉陵（太祖妃）と厚陵（定宗妃）を例外として、王都漢城を中心に現在のソウル市近郊と京畿道内（半径四〇㎞以内）に点在する。この朝鮮王陵四〇基は去る二〇〇九年にユネスコ世界文化遺産に登録された。王陵研究に関しては都城史研究と同様、その先駆的業績はソウル特別市史編纂委員会編『ソウル特別市史―古蹟篇』（ソウル特別市、ソウル、一九六三年）の第三部第三章「李朝の王陵」（執筆は主に金元龍）であり、その成果は同編『ソウル六百年史―文化史蹟篇』（ソウル特別市、ソウル、一九八七年）第五章第2節「ソウルの陵墓」と第3節「ソウル近郊の王陵」（いずれも殷光俊）、同編『ソウル建築史（ソウル歴史叢書2）』（ソウル特別市、ソウル、一九九九年）第四章第4節8の「陵墓」（殷光俊）に継承される。

しかし、仮に「都城と葬地」という課題を設定した場合、韓国文化財庁（旧、韓国文化財管理局）主導によるいくつかの調査報告を除けば、その研究蓄積は限定される。王陵の発掘に関しては、世宗の初葬地である旧英陵（京畿道広州郡）の発掘調査（一九七三年、一九七四年）の概要と石室構造・出土石物（神道碑・石人石馬像など）・副葬品を報告した金九鎮「旧英陵神道碑と石物について」（『歴史教育』第一八号、ソウル、一九七五年）、同「朝鮮初期王陵制度―世宗大王旧英陵遺蹟を中心に」（『白山学報』第二五号、ソウル、一九七九年）が唯一であろう。今も全州李氏によって祭祀が執り行われている朝鮮王陵の発掘は不可能であり、王陵の整備事業に伴って得られた知見が紹介されるにとどまる。例えば、金昌俊「丁字閣上樑文」（『文化財』第二一号、ソウル、一九八八年）、金昌俊他「献仁陵献陵丁字閣補修工事」（『文化財』第二二号、ソウル、一九八九年）が献陵（太宗）のほか貞陵（太祖継妃）・明陵（粛宗）の丁字閣（祭祀を執り行うT字型の寝殿）解体補修工事中に発見された上樑文（棟上げを祝う文書）の内容を報告し、金昌俊他「穆陵整備」（『文化財』第二〇号、ソウル、一九八七年）は東九陵（京畿道九里市にある太祖健元陵以下の王陵群）内にある穆陵（宣祖）の現況と神路・御路の整備事業を報告する。

戦前の朝鮮王陵の状況は太祖以前の追尊王の陵墓である徳陵（穆祖）・義陵（度祖）・定陵（桓祖）を含め、陵墓・丁字閣・石物の写真を収録した朝鮮総督府編『朝鮮古蹟圖譜』第一一冊（朝鮮総督府、一九三一年。名著出版、一九七三年復刻）「王陵」が参考となろう。最近では殷光俊『太祖高皇帝健元陵（朝鮮王陵叢書第一集）』（白山資料院、ソウル、二〇〇七年）が健元陵の図面、神道碑の拓本のほか韓国学研究院蔵『健元陵誌』上下（一七五一年。殷氏が一六三一年と判断するのは誤り）の原文影印を付し、研究者の便宜を図っている。王陵の選定からその様式と構造、管理と職制など総括的研究に金永彬「風水思想からみた朝鮮王陵園墓造成技法に関する研究（上）（中）（下1）（下2）」（『韓国伝統文化研究』第四・五輯、慶山、一九八八年・一九八九年。『研究論文集（暁星女子大学校）』第四一・四二輯、大邱、一九九〇年・一九九一年）があり、近年の歴史学界における儀軌研究の進展（例えば韓永愚『朝鮮王朝儀軌―国家儀礼とその記録』一志社、ソウル、二〇〇五年）を反映し、李範稷「朝鮮時代王陵の造成およびその文献」（『韓国思想と文化』第三六輯、ソウル、二〇〇七年）は王陵造成の具体的な作業過程を記録した「山陵都監儀軌」と「陵誌」の有用性を説く。ソウル大学校奎章閣所蔵の儀軌類を活用した申炳周「朝鮮時代東九陵の造成過程に関する研究」（鄭玉子ほか『朝鮮時代文化史（上）―文物の整備と王室文化』一志社、ソウル、二〇〇七年、所収）は、こうした問題提起に応える成果のひとつであろう。

（桑野栄治）

第三章　都城と禁苑

雲夢楚王城における禁苑と沢官の二重性格

馬　彪

【キーワード】　雲夢離宮禁苑説　睡虎地秦墓竹簡　龍崗秦簡　雲夢官と中央政府

はじめに

秦代の律令制度では官吏らは自分の職責を負うため、職務に応じた律文の抜粋は県廷が行い、県内の各機関に配布されていた。例えば、睡虎地秦墓竹簡の「秦律十八種」に「県は各々都官の其の県に在る者に告げ、其の官の用律を写せ。」(「県各告都官在其県者、写其官之用律。」内史雑一八六)とある。

当時の官吏らの所持していた律令文書の内容には、当然彼らの職責が反映されているはずなので、本論はこの秦律制度の原則に基づきつつ、龍崗秦簡における禁苑に関する律令と睡虎地秦簡「秦律十八種」における禁苑や中央政府からの地方派出機関に関する内容に照らしながら、楚王城の禁苑と沢官的二重性格を追究したいと思う。

また、楚王城の性格をめぐって少数派説ともいわれている雲夢離宮禁苑説の紹介をすることにより、問題の所在を明らかにしたい。

1　楚王城の雲夢離宮禁苑説の曖昧さ[1]

(1) 曲英傑氏の離宮説

曲英傑氏は、雲夢城は戦国から前漢初期までずっと一つの離宮であったという説を提起した。彼は第一、「この雲夢城は戦国時代に造られた楚王の離宮であり、また「雲夢之台」である可能性が極めて高い」と述べている。その理由は「考古発掘上で推定された雲夢城の建築年代とも一致する」ことにある。文献上には、宋玉の「高唐賦」に「昔は楚の襄王が宋玉と雲夢の台で遊んだ」(「昔者楚襄王與宋玉遊於雲夢之臺」)とある。また『戦国策』楚策一に「楚王雲夢に遊び、駟千乗を結び、旌旗日を蔽い、野火の起るや雲霓の若く、兕虎嗥の聲雷霆の若《ごと》し」(「楚王遊雲夢、結駟千乗、旌旗蔽日、野火之起也若雲霓、兕虎嗥之聲若雷霆」)とある史料を引いて、「その雲夢での出遊は、随行員も多いし、場面も盛大であり、宿泊はこの城でしかできないだろう」と指摘している。

第二、「春秋戦国時代、毎年楚王はここに来て雲夢沢に臨んで祭祀をした。そのとき行宮を造ったと考えるべきだ」と言う。文献の根拠としては、『墨子』明鬼下に「燕の祖有るは、齊の社稷有り、宋の桑林有り，楚の雲夢有るが當《ごと》きなり。此れ男女の屬《つらな》りて観る所なり。」(「燕之有祖、當齊之社稷、宋之有桑林、楚之有雲夢也。此男女之所屬而觀也。」)とある。孫詒譲『墨子閒詁』にある注によって「祖」「社」「桑林」「雲夢」のような場所で毎年、定期的に大規模な祭祀を行って、国君が祭に出席し、臣民が従って観る伝統行事があったのがわかる。また、考古発掘資料としては「雲夢城址の場内における春秋及び戦国早期の文化的要素はもしかしたらこれに関連するかもしれない」とある。

第三、彼の結論として、秦の昭襄王二十九年(前二七八)に秦が「安陸を攻め」て雲夢の地を占拠した後にも「雲夢城はもとの姿を保って」おり、秦始皇二十八年(前二一九)、始皇が「安陸を過ぎた」(雲夢睡虎地秦簡「編年記」)ときと、三十七年始皇「雲夢に行って、九疑山に虞舜を望祭した」(「行至雲夢、望祭虞舜於九疑山」)(『史記』秦始皇本紀)ときの、いずれも「この城に宿泊したのだろう。」とし、また、漢高祖六年(前二〇二)に高祖が「偽って雲夢に遊んだ」(『史記』高祖本紀)ことも「ここに来たのだろう」としている[2]。曲氏の考えにはいくつかの推測があるとしても、郡県治所在地説と全く違う離宮説を提出したのは、卓抜な考察だと思う。

(2)「雲夢城付近に禁苑がある」説

一九八九年、雲夢楚王城南郊外に龍崗秦漢墓群が発見されたことにより、龍崗秦墓六号墓主人の身分をめぐって討論が行われ、そこで雲夢城付近に禁苑があったのではないか、という不確定な説が生まれた。

現場発掘者の劉信芳と梁柱二氏は「墓主は犯罪によって刖刑を受けてから、囿人の類の職を担当させられて禁苑の守備役となった」、「その禁苑は今の龍崗付近であるので、死後その場で埋葬された[3]」と判断した。また、胡平生氏は、墓主は元の小官吏で、「刑を受けてから雲夢禁苑で門吏の役をして、身分が一般の刑徒より高く、一定の財産を持っている。刑役期間内に世を去り、そしてその場で埋葬された[4]」と論じた。また、劉国勝氏は「墓主の「辟死」は南郡の沙羨県廷で申訴して判決されてから、罷免によって庶人になった。その後、何らかの理由で許可されて南郡の安陸県の今の雲夢楚王城周辺で過ごしていて、死後その場で埋葬された[5]」と言っている。以上の諸説には一つの共通点があり、いずれも「その禁苑は今の龍崗付近である」や「今の雲夢楚王城の周辺」や「死後その場で埋葬された」と言うだけで、誰も直接には雲夢楚王城は禁苑であったかどうかの問題には触れていないのである。

鶴間和幸氏は秦の始皇帝の巡狩経路の視点から、雲夢禁苑はすなわち離宮であるとの見解を述べている。それは「楚の荘王は雲夢で狩りをして、雉を射たというから(『説苑』)、楚王の遊猟区となっていた。前二一〇(始皇三十七)年、始皇帝最後の巡行では都咸陽からまっすぐ雲夢に向い、ここで虞舜が祭られている九疑山方向を望祀している。祭祀をする以上、ここにも離宮が置かれているはずであり、離宮内の建物のなかで祭祀を行ったのであろう。龍崗秦簡にはやはり雲夢に禁苑があったことを示す竹簡が発見されている[6]」と言う。当然、鶴間氏はここで「雲夢に禁苑があったこと」とはそれが雲夢楚王城にあたるかどうかの問題に触れてはいないが、その楚の離宮と龍崗秦簡に出た雲夢禁苑とをつなげて論述したことは、きわめて啓発的である。

(3) 彭斌武氏の折衷案

彭斌武氏は、楚王城は県治所在地である上にまた禁苑でもあるという折衷案を提起した。彼は「雲夢禁苑の役所はどこに設けたのか。論理上考えると、やはり交通が便利で、商賈の集まる、安全な県治所在地だろう。(中略)出土文物によれば、当時の雲夢城はまさにそのような条件が全て揃っていた。」[7]としている。これはいわば単純な推論ではあるが、確かに雲夢楚王城と雲夢禁苑との関係についての一つの大きな課題を提出したことは無視できないであろう。

つまり、雲夢楚王城はいったい郡県治の所在地であるのか、雲夢禁苑であるのか、それとも両者の合体であるのかという問題は、もう避けられない課題になっているのだろう。

(4) 離宮と禁苑説を再考する必要

筆者は基本的に離宮禁苑説に賛成であって、県治所在地説や折衷説や軍事施設説には、いずれにも反対である。理由は以下の諸点。

(1) これまで楚王城が県治所在地であることを直接に証明できる文献史料や出土資料は皆無である。逆に、楚王城が禁苑であることは出土文字から証明できる。

(2) もし楚王城が県治所在地であると考えれば、いくつかの疑問が生じる。例えば、県治の行政システムと禁苑の管理とは全く別系統であるのに、二者はいかに合一して運営できたのか。具体的に言えば、禁苑は一般人に立ち入りを禁止している場所であるが、県治所在地はそのような地域にできるのか。また、始皇帝の暗殺未遂事件の多発した当時、始皇帝の巡行先での宿泊地は、賑やかな県治所在地でよいのか。

(3) 楚王城には堅固な城壁があり、これは軍事堡塁と考えられるかもしれないが、それはまた皇家の禁苑ということも十分に考えられるのではなかろうか。

筆者は楚王城が禁苑であったであろうという現在までの説に対しては大いに疑問をもっており、とくにその考えの曖昧さと折衷性という問題点にはメスが入れられるべきだと考えている。そのために、先行研究者の成果を尊重しながら、楚王城遺跡構内で発掘された「雲夢睡虎地秦簡」と「雲夢龍崗秦簡」という出土文字資料の研究を基礎にして、楚王城の性格を徹底的に解明したいと思う。

2 龍崗秦簡にみえる楚王城の禁苑的性格

一般論から言えば、楚王城周辺における墓葬の墓主らはこの城内に住んでいた者だと考えられる。ただ、もし墓葬の墓主に関する出土文字があれば、その文字の内容と本人が生前住んでいた場所とが合致しなければならないはずである。以下龍崗秦墓六号墓の墓主の「辟死」が持っていた「龍崗秦簡」[8]の内容と楚王城遺跡との一致性を考証したい。

(1) 墓主の職責と門番の仕事

これまで六号墓の墓主人「辟死」の職責についての討論はいくつもあったが、明確にはなっていない。討論の焦点となったのは、墓主の

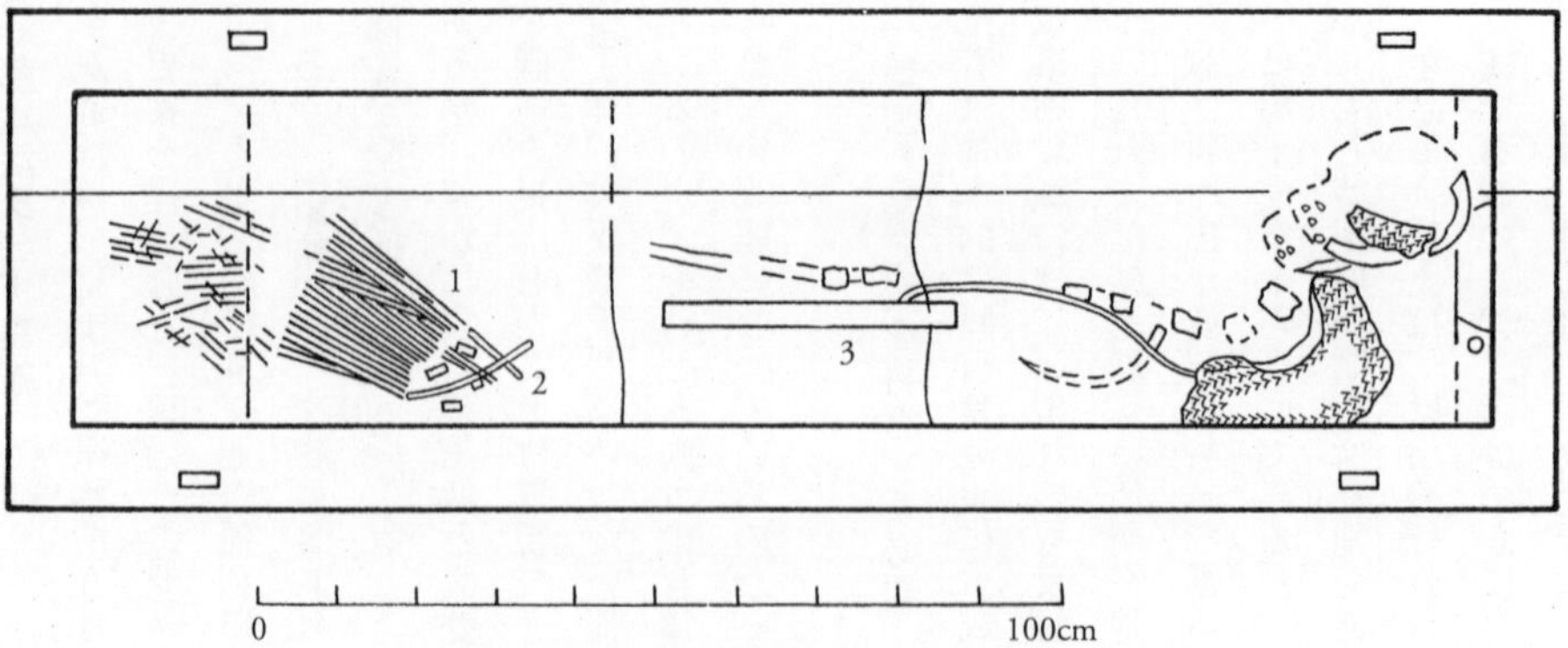

図1　M6棺内人骨および随葬分布平面図（劉信芳・梁柱『雲夢龍崗秦簡』科学出版社、1997年より）

1：竹簡　2：六博棋子および博棍　3：木牘 M6棺内にわずかに残っている人骨があり、それによって墓主の死体に下半身がないという結論があったが、説得力があるとは思われない。

死体に本当に下半身がないとすれば、それを刑罰を受けた結果と確定してもよいかどうかの問題である。筆者もそれを確認するために、現場に行って発掘者の一人楊文清に聞いたことがあるが、やはり死体はあまりにも腐敗しており、断定できない[9]（図1参照）。ただ、墓主の所持する秦簡には門番の仕事に関する内容が多いのは確かである。

龍崗秦簡によると、実は禁苑の門禁は最も厳しいものである。ゆえに、出入用の「伝符」に関する律令が多いのである。例えば簡の二、三、四、五、一一、一二、一四等である。簡四には、「詐（詐）

図2　戦国～秦漢の楚王城址（中国・湖北省雲夢県）

北垣とその内外を東から撮影。右（外）側にある池は濠の遺構であり、さらにその外側の地は「堧」であったと考えられる。左（内）側では発掘簡報に「内濠」と記された位置を確認できたが、遺構が見えない。左上のTJ10は、発見された十数基の大型土台のうちの第10基である。

偽す・人に符傳を假りる及び人に符傳を譲るは、皆門に闌入すると同罪なり」（詐〈詐〉偽・假人符傳及讓人符傳者、皆與闌入門同罪）とあり、また簡五の律文には「關。關にて符を合はす、及び傳書を以て閲して之を入らせしむ（後略）」（關。關合符、及以傳書閲入之〈後略〉）とあり、関門を通るときは、関吏が合符して検査し、伝・書によって通関者を審査した後に、初めて通過できる。

また、楚王城遺跡の城門には大そう目立った特徴がある。一般に県治所在地となる城址のように便利な八門でなく、四門構造で、しかも吊り橋施設も存在していたようであり、また謎の三門の外に三つの丘があることも含めて考えれば、やはり「辟死」という墓主は門番の職責に当たっていたとしてもおかしくはないように思われる。

(2) 城垣・遺跡・簡文から見る禁苑

楚王城の城壁は内外とも護坡（固めた斜面）があって、四隅とも見張台があり、また幅三〇～三五m、深さ二～五mの城壕は現在に至っても使われているが、いったい何の必要があって築いたのかとの疑問が生ずる。そのため一部の研究者の間では楚王城を軍事施設と考える説が生まれた。

実は、龍崗秦簡にも城垣に関わる内容は少なくないのである。例えば龍崗秦簡に、

禁苑嗇夫・吏數循行、垣有壞決獸道出、及見獸出在外、亟告縣。（簡三九）

禁苑嗇夫・吏、数々循行し、垣壊決する有りて獣道に出で、及び獣出でて外に在るを見れば、亟やかに県に告ぐ。

とある。また、龍崗秦簡には城壁の穴から侵入することについての律文もある。例えば、簡二には、

竇出入及毋（無）符傳而闌入門者、斬其男子左趾、□女［子］▨（簡二）

竇にて出入す及び符傳毋（無）くして門に闌入する者は、斬するに其の男子は左趾、□女［子］は……

とある。

(3) 秦簡の「堧」と城址の「内濠」

「龍崗秦簡」において最も興味深く、最も難題となっているのは、その禁苑の一部に存在する立ち入り禁止施設である「堧」という分離帯のことである。

簡二七には、

諸禁苑爲耎（堧）、去苑卌里、禁毋敢取耎（堧）中獸、取者其罪與盜禁中［同］▨

諸そ禁苑に耎を為り、苑を去ること卌里、禁じて敢て耎中の獣を取ること毋かれ、取る者の罪は盗禁中と同じくす

とある。本簡にある「耎」という文字については、胡平生氏が詳しく論述したことがある。[10] 氏は「耎は『堧』と通じ、または「壖」と書く。壖は本来、城辺或いは河辺の空地を指し、後に特に宮殿・宗廟・禁苑等の皇家禁地の塀外に設けた一帯の空地を指す。これは一つの『分離帯』（「隔離地帯」）として、壖地の周辺には或いは垣が建てられる」と述べている。[11] 胡平生氏の結論については、大筋は正しく、ことに「分離帯」という判断は優れた見解であると思う。[12]

このような幅数十㎞の「堧」を設けた理由は「龍崗秦簡」に書いていないが、それを濠の外側に設置した「分離帯」の役割は楚王城を防ぐ

目的だろうと推定できる。もし、一部の学者の判断したように楚王城が本当に当時の県治所在地だとすれば、なぜ当時他の県治所在地（例えば宜城県治の楚皇城）における都城がその「壖」という「分離帯」を設置しなかったかという問題が生じる。ゆえに、筆者は「壖」を設けた都城は皇帝が滞在する禁苑であるとしか考えられない。

3　雲夢禁苑を兼管する雲夢沢官

前述したように龍崗秦簡から楚王城の禁苑の性格が証明できるのは確かである。しかし、誰がこの禁苑を管理するのかという問題に答えなければならない。実はこの問題の答えは、同じ龍崗秦簡の第一簡にあると考えられる。まずはその第一簡の内容を確認する。

（1）「両雲夢」（官）に所属する「雲夢禁中」

簡一に、

諸叚（假）両雲夢池魚（漁）及有到雲夢禁中者、得取灌（?）□□〼

諸そ両雲夢の池を叚（假）りて魚（漁）し、及び雲夢の禁中に到る者有れば、灌（木）を取ることを得

とある。ここで、「池」とは濠のこと。『詩』陳風の「東門之池」の「池」は『毛詩』に「池、城池也。」とある。

清代の馬端辰の『毛詩伝箋通釈』に、

古者有城必有池。孟子「鑿斯池也、築斯城也」是也。池皆設於城外、所以護城。

古者、城有れば必ず池有る。孟子「斯の池を鑿つ也、斯の城を築く也。」是れ也。池、皆城外に設け、以て城を護る所。

とある。「到雲夢禁中者」とは「黔首」（民間人）である。簡六の「禁苑吏・苑人及び黔首の禁中に事有るは……」（禁苑吏・苑人及黔首有事禁中）によく似ている文言であるので、「到雲夢禁中者」とは禁苑の中で仕事をする黔首であると判断できる。その理由は簡六に見られる「禁苑吏」「苑人」「黔首」という三種の人間のうち「禁苑吏」と「苑人」は禁苑内部の役人であり、彼らは禁苑にいるのは当然のことであるが、「黔首」（民間人）は通常禁苑に入ってはいけない者であり、例外として禁苑で徭役に服す「黔首」がいる。

つまり、簡一の意味は「およそ両雲夢官の池を借りて漁業を行い、および雲夢の禁中に到る者があり、灌木を取ることができる」という意味である。ここで考えられることが少なくとも三つある。

第一、「雲夢」には雲夢沢と雲夢官署という異なる二つの意味があるであろう。「雲夢の禁中に到る」の雲夢は沢であって、「両雲夢の池を假りて漁し」の雲夢は、やはり『漢書』地理志に載せる「雲夢官」であろう。その理由は「叚」とはすなわち「假」の仮借字であり[13]、「假」は「税」「賦」とともに秦漢財政史における重要な概念[14]であるので、ここで雲夢官署の城池を仮り漁業を行う意味である。

第二、同じ簡一に見える二つの「雲夢」の意味が違うとすれば、この簡文の内容は門の通過規則ではないかと考えられる。つまり同じ城門に入る者でも、禁苑へ行く者も雲夢官署へ行く者もいるはずである、ということである。

第三、同じ場所でも雲夢禁苑もあれば、雲夢官署もあり、雲夢禁苑は雲夢官署に所属する可能性が十分あると言えるであろう。

ここではっきりしないことは、なぜ「両」であるのか、ということである。当時二つの雲夢官署があったのではないか、ということが考えられる。前文にも言った譚其驤説の「江漢之間」雲夢沢と石泉説の「雲杜夢」雲夢沢の両方があったので、「両」雲夢官署を設けたのかもしれない。

（2）「府中」「宮中」という二つの朝廷「私奉養」

なぜ雲夢官署と雲夢禁中とが共存できるのか。両者とも「私奉養」と呼ばれる秦漢朝廷（政府）の財政源だからである。

秦漢時代の土地は、農耕地の一部と都市の居住地に限り人民所有のものであったが、それ以外はすべて国の所有地であった。このような二種類の土地所有制が並存しただけでなく、朝廷（政府）の財政関係についても「国家の財政と帝室の財政が区別され」ていた。[15] すなわち国家財政として府中の収支もあれば、皇家帝室の別収支としての宮中財政もあった。雲夢沢のような山沢地域は、その所有権は帝室にあったので、土地からの収入は皇帝の個人的な財政に属し、「私奉養」と称された。すなわち、『漢書』食貨志に、

而山川園池市肆租税之入、自天子以至封君湯沐邑、皆各爲私奉養、不領於天子之經費。

而るに山川園池市肆の租税の入は、天子より以て封君の湯沐の邑に至るまで、皆な各々私の奉養と爲し、天子の経費に領せず。

とあるとおりである。

秦漢代の「山川園池」は、おおよそ以下の二種類に分かれていた。まず一つは、帝室・王侯たちの[16]私的な専用禁苑園池である。そしてもう一つは、人民に貸すことのできる山林川沢などであり、これは非禁苑の山沢と言ってもよい。禁苑は原則として借りることができないが、特別な条件が揃えば借りることができるという特例もあった。しかし、そのような特例があったのは漢初の蕭何の「為民請苑」という事件が起こった後のことであり、秦代にはこのような特例が全くなかったと考えられる。

（3）朝廷から地方に特設された「雲夢官」

雲夢官と中央政府との隷属関係についても言及しなければなるまい。この課題については遅くとも宋以降、学者たちが興味深い研究を行っている。それらのうち、有力説とも言うべきものに「別置官」説がある。例えば、（宋）徐天麟『西漢会要』巻三三職官には「列郡別置官」という項目が設けられている。その項目の中には、『漢書』の各篇に散見する郡県に設置された官職がまとめて列挙されており、全部で三〇ある。すなわち、「武庫令」「船司空」「馬官」「牧師官」「庫令」「発弩官」「楼船官」「陂官」「湖官」「銅官」「金官」「木官」「圃羞官」「涯浦官」「羞官」「田官」のほか、二つの「橘官」、二つの「服官」、八つの「工官」、および、ここで述べる二つの「雲夢官」などである。

徐天麟氏が収集した三〇の「列郡別置官」をさらに分析すると、二つの「雲夢官」とともに列挙されているのは、そのほとんどが朝廷よって各郡県に「別置」された「山海池沢を掌る」官職であることがわかる。例えば、「陂官」「湖官」「涯浦官」は海池沢を司り、「馬官」「牧師官」「銅官」「金官」「木官」「橘官」「圃羞官」「羞官」「田官」は山地を司る。換言すれば、徐天麟氏も『漢志』の二つの「雲夢官」を、雲夢沢に設置された当地の池沢の管理と税金の徴収を司る官職として考えたのであろう。[17] 清代になると、周寿昌も『地理志』の「雲夢官」につい

て、

亦如南海郡浬浦官、九江郡陂官、湖官之類。

亦た南海郡の浬浦官、九江郡の陂官、湖官の類の如し。

と述べている。

さらに言うと、第一簡の「叚（假）両雲夢池」は「仮借両雲夢官所管理陂池」と読めば、史料上の根拠となり、歴代の学者の研究成果とも一致することになる。

以上の考察から、龍崗秦簡第一簡の「両雲夢」は、『漢志』に見える二つの「雲夢官」であるのみならず、秦朝によって特別に地方に設置され、雲夢池沢の税収を管理する役所であることが明らかになった。もっとも、この「両雲夢」という役所は、当地の禁苑を兼官することによって管理していた可能性が十分考えられるが、業務の性質は別々であったことは間違いない。

4 「秦律十八種」にみえる楚王城の官署的性格

上に述べたように雲夢官署と雲夢禁苑とは、たしかに業務上の違いがあるが、その両者とも朝廷の「私奉養」という役割や、中央から地方へ別置される派出機関である立場から、両者はお互いに連携して共存したのは当然であろう。しかし、一つ解決しなければならない疑問がある。すなわち、出土文字資料から楚王城の雲夢禁苑の性格を証明したように、その雲夢官署の性格も証明できるのではないか。そこで『睡虎地秦簡』「秦律十八種」の内容を検討したい。

（1）「秦律十八種」の典型的意義

「秦律十八種」は内容からみると副葬された文書の中で最も字数が多いだけではなく、他の法律問答集や治獄案例や占い書などと違って一〇冊の「比較的律の体裁を伝えるとされる」[18]ものである。またこの「秦律十八種」は、同時に出土した他の法律文書と比べて禁苑や城壁に最も関連するものとも言える。

睡虎地秦墓竹簡整理小組は「秦律十八種」についての説明を行っており、「『十八種』の各項目はみな該当律文の全部ではなく、律文を書き写した人が自分の必要によって十八種の秦律の一部だけを摘録したものである」[19]と述べている。ゆえに、この「秦律十八種」の内容を分析することにより、書き写した人がこの内容を摘録した目的と必要性がいったい何であったかがわかるはずである。さらに、墓主の職務も明らかになるのではないだろうか。

（2）「官営諸事業」に関する「秦律十八種」

これについては睡虎地秦墓竹簡整理小組や池田雄一氏が適切にまとめられているので、ここではそれに基づいてさらに分析したい。「秦律十八種」には「田律」「厩苑律」があり、それは耕地や水利や山林や公の牛馬の管理に関するものである。「倉律」「金布律」は国家の倉庫と貯蔵される穀物の管理や貯蔵物の用途や官蔵の貨銭に関わる諸事、「繇律」「司空律」は公役や服役者などの管理、「軍爵律」「置吏律」は吏の任免、「効律」は官蔵品の管理、「内史雑」は官吏の職務規定や軍功爵などに関するものである。池田氏は整理小組のまとめたものにより、さらにこの一連の法律は「官営諸事業や官吏の職務規定となっているのである」[20]と指摘している。

ただ池田氏の言う「官営諸事業」は、ほとんど上述した朝廷から地方に特別に置かれた雲夢沢官署の仕事で、それに、「官吏の職務規定」も、だいたい「別置官」におけるケースが多いのではないかと考えられる。

（3）沢官と禁苑との関係

禁苑の土地と公田との関係の問題については、これまでの研究者たちの観点[21]を十分尊重したいが、やはり上述したように「別置官」の財政と禁苑の財政とは別なので、両者の管理範囲についてどのように区別するのかは、たしかに難しいことである。しかし、「秦律十八種」に現れた禁苑の例で「別置官」の立場に立ってみれば、これまでの考えは多少変更できるかもしれない。

例えば、よく引用される以下の「田律」の禁苑の史料には、

百姓犬入禁苑中而不追獣及捕獣者、勿敢殺、其追獣及捕獣者、殺之。河禁所殺犬、皆完入公、其它禁苑殺者、食其肉而入皮。（律七）

百姓の犬、禁苑中に入り而して獣に迫り及び獣を捕えざる者は、敢へて殺すこと勿れ。其の獣を迫《お》ひ及び獣を捕ふる者は、之を殺せ。河禁で殺した犬の所は、皆完《す》べて公に入れる。其他の禁苑で殺した者は、其の肉を食べ而して皮を入れる。

とある。ほぼ同じような史料は『龍崗秦簡』にも出ており、

黔首犬入禁苑中而不追獣及捕⧄（簡七七）

黔首の犬、禁苑中に入り而して獣を追はずして、⧄を捕ふに及ぶ。

とある。

史料は全く同じであるが、「禁苑吏」の立場に立って言うと犬を殺すかどうかの律文であり、「別置官」の立場から考えると、どのように犬が禁苑に入らないようにするかの律文となるのではないだろうか。つまり、禁苑と「別置官」の立場を分けて考えれば、楚王城の性格については雲夢禁苑と雲夢沢官という二重性格をもつことを検討しなければならないと思われるのである。

おわりに

小文はまだまだ論述が不十分なところが少なくないが、楚王城の性格について以下の考えを提出することにより締めくくりとする。

（1）これまで主流となっていた郡県治所在地説は成立しないであろう。

（2）従来曖昧であった禁苑説については、秦簡と城址の両方の資料を照合して、その説の合理性を証明した。

（3）楚王城はけっして単純な禁苑ではなく、空間構造は禁苑であるが、行政管理の機関として雲夢沢官署である。

註

1 離宮と禁苑という二つの概念の間には微妙な関連性がある。だいたいにおいて離宮は禁苑の中にあるはずである。

2 『長江古城址』第二章第二節の七「雲夢楚王城」（湖北教育出版社、二〇〇四年）。

3 「雲夢龍崗六号秦墓及出土簡牘」（『考古学集刊』第八輯、一九九四年）。

4　「雲夢龍崗六号秦墓墓主考」（『文物』一九九六年第八期）。
5　「雲夢龍崗簡牘考釈補正及其相関問題的探討」（『江漢考古』一九九七年第一期）。
6　「秦始皇帝長城伝説とその舞台」（『東洋文化研究』第一号、一九九九年）。
7　「秦代文物説雲夢」（雲夢秦漢文化研究会『雲夢睡虎地秦竹簡出土三十周年紀念文集』二〇〇五年）。
8　『龍崗秦簡』（中華書局二〇〇一年）は最も新しいので、本文ではこれを手本としてさらに考証したい。
9　馬彪「「雲夢龍崗秦簡」についての実態考察」（『アジアの歴史文化』第九号、二〇〇五年）。
10　胡平生「雲夢龍崗秦簡「禁苑律」中的「耎」（壖）字及相関制度」（『江漢考古』一九九一年第二期）。
11　中国文物研究所、湖北省文物考古研究所編著『龍崗秦簡』（中華書局、二〇〇一年版）八二頁。
12　馬彪「「禁中」不獨為「宮中」考―龍崗秦簡「禁中」新史料的啓示―」（『周秦漢唐文化研究』第四輯、三秦出版社、二〇〇六年）。
13　『睡虎地秦簡』「秦律十八種」の「金布律」にある「百姓叚（假）公器」（「百姓は公器を叚（假）り」）という表現より証明できる。
14　宮崎市定『古代中国税務制度』（一九九三年初出。『宮崎市定全集』三、岩波書店、一九九一年所収）、馬大英『漢代財政史』（中国財政経済出版社、一九八三年）、山田勝芳『秦漢財政収入の研究』（汲古書院、一九九三年）。
15　加藤繁『支那経済史考證』上巻「漢代における国家の財政と帝室の財政との区別並に帝室財政の一斑」第一「国家の財政と帝室の財政との区別」（一九一八・一九一九、年初出。東洋文庫、一九五二年所収）。
16　もちろん、秦から漢にかけて、いくらか変化があった。すなわち、吉田虎雄氏は「秦は山海池沢の税を徴収し、漢もまた山沢園池の税を徴収した。而してその収入は前漢に於ては之を帝室に帰せしめ、諸侯王列侯もその采地における該税の収入は皆その私用に供したが、後漢は光武帝の時より総べて之を政府の収入となし、司農に属せしめることとした」とまとめている（両漢租税の研究』第五節「山沢園池の税」（大阪屋号書店、一九四二年。大安、一九六六年再版））。
17　宋代の学者には、徐天麟氏の考えと似たような観点をとっている者が少なくない。彼らの考えについては、洪邁『容斎随筆』続筆巻一の「漢郡国諸官」や章如愚『群書考索』巻六六地理門の「水利類」を参照されたい。
18　註8池田雄一論文。
19　『睡虎地秦墓竹簡』（文物出版社、一九七八年）。
20　註8池田雄一論文。
21　例えば、元々禁苑は、離宮が設けられ、遊園として存在していたであろうが、別に広大な禁苑中には牧場や狩猟地のほか公田が存在していたとも十分考えられるのである（増淵竜夫「先秦時代の山林藪沢と秦の公田」（『中国古代の社会と国家』第三編第一章、弘文堂、一九六〇年））。

隋唐長安城の皇室庭園

妹尾達彦

【キーワード】　時間的・空間的影響力　王権儀礼の軸線　呂大防「長安図」

はじめに—都城の皇室庭園の種類と役割—

前近代の都城には、為政者である王や国王、皇帝、天皇などが専有して一般人の出入を禁止する庭園が付設されている。このような王室庭園ないし皇室庭園は、為政者の娯楽の場であると同時に、超自然界と自然界、人間界をつなぐ聖なる楽園と見なされ、各種の王権儀礼の主要舞台となった。王室庭園は、宮城の宮殿とともに前近代の都城を象徴する建築物だったのである。[1]

とくに、中国の皇室庭園は、殷の紂王の酒池肉林の故事で有名な離宮の沙丘苑（『史記』巻三、殷本紀）から、周文王が現在の西安西方に築いた霊囿、秦の始皇帝が都・咸陽城外に造った広大無比な上林苑を経て、北京城内の御花苑や西苑（北海・中海・南海を囲む禁苑）に至るまで、三〇〇〇年を超える歴史を持っている。皇室庭園を意味する名称も、苑や御苑、禁苑、天苑、上苑等の一般名詞から上林苑、芳林苑、華林苑等の歴代皇室庭園に因む名称に至るまで多数ある。中国の皇室庭園の長期に及ぶ継続した歴史は、世界各地域の皇室庭園や王室庭園と比べても類がなく、中国の歴史自体が皇室庭園の歴史に凝縮されていると言えるかもしれない。[2]

本節は、長期に及ぶ中国皇室庭園史の中でも重要な位置を占める隋唐長安城（隋大興城と唐長安城の併称）の皇室庭園を取り上げ、文献史学の観点から隋唐の都城と皇室庭園の関係を論じる試みである。

歴代都城の皇室庭園の中でも隋唐の皇室庭園を取り上げる理由は、第一に、その空間的影響力の大きさのためである。隋唐の皇室庭園は、七世紀から八世紀にかけての東アジアに生まれた「都城の時代」に造営された各都城の皇室庭園に一定の範型を与え、東アジア各地域の庭園文化の源流の一つとなった。第二に、その時間的影響力の大きさである。隋唐の皇室庭園は秦漢王朝以来の中国皇室庭園の歴史を集約していたために、宋代以後の皇室庭園の新たな展開の特色を知るために、隋唐長安城の皇室庭園の特色を理解する必要があるのである。宋の開封以後の皇室庭園の構造や機能は、世俗性や娯楽性を一段と強めることで隋唐長安城以前の皇室庭園から変貌をとげていくが、宋以後の皇室庭園の特色を知るためには、変化の起点となる隋唐長安城の皇室庭園の詳細を知る必要がある。

なお、隋唐の皇室庭園は、その立地によっていくつかの類型に分類できる。まず、

①都城の内部に存在する庭園
②都城の外部に存在する庭園

に分類できる。①都城内部の皇室庭園は、さらに、

(a)城壁を挟んで宮城と連結して独自の空間を持つ規模の大きな皇室庭園（例として唐長安の禁苑、西内苑、東内苑の三苑）
(b)宮城内部の宮殿に付設された比較的規模の小さな皇室庭園（例として唐長安太極宮の中の北部に位置する皇室庭園や大明宮・興慶宮・東宮・掖庭宮の中の皇室庭園）
(c)都城の外郭城内の風光明媚な場所に分散する皇室庭園（例として長安城内における楽遊苑、芙蓉苑）

に分類できる。[3] 上記②都城外部の皇室庭園とは、都城近郊の離宮に造営された皇室庭園（例として唐九成宮や翠微宮・華清宮に付属した皇室庭園）を指す。[4]

当然ながら、長安以外にも、両京時代の洛陽や三都時代の北都・太原、粛宗至徳二年（七五九）の五都制施行時に都城の一つとなった西都・鳳翔府や南都・成都、翌年の上元元年（七六〇）に新たな五京制が施行され成都に替わって南都となった江陵、玄宗時に臨時的に中都となった河中府にも、各種の皇室庭園が存在もしくは建造が予定されていたと思われる。[5]

なお、長安城を囲む地域に数多く分布した離宮の中でも、長安城西北方の九成宮の皇室庭園は、離宮宮殿の西方に連接する河川と山岳を活用した庭園と考えられており、長安の皇室庭園（三苑）の建築構造との関連も推測されている。[6] また、東都・洛陽に造営された数多くの皇室庭園のうち最大の西苑（隋会通苑）は、大興城の大興苑や北斉鄴城の皇室庭園の影響もあるが、何よりも南朝建康の江南庭園の様式が全面的に採用された華北最初の皇室庭園であり、中国皇室庭園の造園史の上での画期をなしている。[7]

洛陽西苑については、一部の遺構が発掘されており、王鐸、[8] 厳輝、[9] 李久昌、[10] 塩沢裕仁、[11] 宇都宮美生氏らの研究によって、[12] 近年その構造の特徴が明らかになってきた。西苑と並ぶ洛陽・上陽宮の皇室庭園については、発掘報告が公刊されており、[13] 上陽宮の建築構造とその変遷について姜波氏が詳細に論じている。[14]

このように、隋唐の皇室庭園を論じる際には、長安以外の都城の皇室庭園や長安城外の皇室庭園も広く参照して比較する必要がある。ただ、本節では、筆者の準備の都合と紙幅の関係で、分析の対象を主に隋唐長安城内の皇室庭園のうち三苑に限定することにする。三苑とは、宮城区画と壁を挟んで連結する三つの大きな皇室庭園を指し、

①禁苑（隋の大興苑であり、旧長安城を包み込む新長安城の北半分を占める長安城最大の苑）
②西内苑（宮城に北隣して禁軍が駐屯し宮城の防御を主目的とする苑）
③東内苑（太極宮から大明宮に皇帝常居の宮殿が移るに伴い大明宮東隣に建造された大明宮防衛を主目的とする苑）

の三つである。三苑は、宮城と連結する立地から中央政治の主要舞台の一つとなり、数多くの皇室庭園の中でもとりわけ重要な役割を果たした。なお、本節では、禁苑の語が唐代では三苑の一つを指すことから、皇室庭園の一般名称としての禁苑の語は使用せず、禁苑の語を三

苑の一つの禁苑に限定して用いている。

本節では、中国大陸の都城と皇室庭園をめぐる研究の現段階を踏まえ、とくに、隋大興城と唐長安城（本節では必要に応じて隋唐長安城と称する）の皇室庭園を主対象に、基礎的な考察を試みてみたい。第1項においては、中国庭園史研究における隋唐庭園研究の現状を整理して、今後の研究課題を指摘したい。第2項において、従来の研究に基づき中国都城と皇室庭園の流れを整理して、隋唐長安城の皇室庭園の特色を述べる。第3項において、隋唐長安城の皇室庭園の建築構造を整理し、第4項においてその機能の変遷を論じてみたい。

1 隋唐皇室庭園の研究史
—今、何が問題となっているのか—

中国歴代都城の皇室庭園の歴史を考える際に検討すべき課題を挙げると、庭園の建築構造（造営規模や形態・使用された建築材・建築物・植物・鉱物等の種類と名称等）や造園様式（整形庭園・自然風景的庭園・回遊式庭園等）、造園技法（建造の手順・工法等）、管理・経営方式（庭園管理の官庁や官僚組織）のほかに、立地（とくに宮城と皇室庭園との連接具合や距離）、機能（政治・軍事・財政・儀礼・娯楽等）、社会関係（庭園を舞台に展開する人間同士や人間と動植物・自然景観との関係）、文化（庭園で行われる文化芸術活動）、象徴性（庭園の建築物や動植物・自然景観に込められた多様な意味）などがある。これらの課題を個別に検討するとともに相互に関連づけながら系統的に分析する必要がある。

研究の現状は、建築学や造園学、考古学、文献史学、文学、哲学などの各分野の研究者が、それぞれの専門領域に基づいて個別に各時代・各地域の庭園を論じている段階であり、近年になって多くの優れた分析が生まれているとはいえ、「庭園史学」とでも称すべき総合的な観点からの解明は今後の課題と言えるだろう。

中国庭園史を概観する試みは、まず、建築学や造園学の専門家によって進められてきた。建築学や造園学に基づく中国庭園研究の回顧としては、田中淡『中国造園史文献目録』（東洋学文献センター叢刊第六冊、一九九七年）所載の同著「中国造園史研究の現状と課題」が一九八〇年代半ばまでの研究史を簡潔に整理している。François Louis 氏の中国庭園史文献目録（"History of Gardens in East Asia," http://inside.bard.edu/~louis/gardens/bibliochina.html に所掲）は、一七四三年から二〇〇九年に至る欧文の中国庭園史研究を網羅しており、上記の田中淡目録の欧文部分を増補している。ただ、以上二種の論著目録を見ると、今までの中国庭園史研究は、時期的には明清以後、地域的には江南に偏っており、今後、研究対象を拡大する必要のあることがわかる。

中国建築史の概説書は、当然ながらすべての書が皇室庭園の変遷に触れている。岡大路「支那宮苑園林史攷」（『満洲建築雑誌』一四—四〜一八—五、一九三四—一九三八年）は、現在でも中国庭園史の基本書として今なお読まれて続けている（中国語訳は、瀛生訳『中国宮苑史考』北京・学苑出版社、二〇〇八年）。ただ、今日の中国庭園史研究の出発点となったのは、劉敦楨『中国古代建築史』（中国建築工業出版社、一九八四年、〈初版一九八〇年〉、田中淡訳『中国建築の歴史』平凡社、一九八一年）や、中国科学院自然科学研究所主編『中国古代建築技術史』（科学出版社、一九八五年）、劉叙傑他編『中国古代建築史』第一—第五巻（中国建築工業出版社、二〇〇一—〇三年）における歴代の皇室庭園や園林に関する叙述である。これらの建築史の概説から、歴代都城と皇室庭園の関係の変遷を把握できる。[15]

庭園史や造園史の分野でいえば、張家驥『中国造園史』(黒竜江人民出版社、一九八七年)、周維権『中国古典園林史』(清華大学出版社、一九九〇年)、孟亜男『中国園林史』(文津出版社、一九九三年)、程里堯『皇家苑囿建築』(中国古典建築大系、中国建築工業出版社、一九九三年)、王鐸『中国古代苑園与文化』(湖北教育出版社、二〇〇二年)、陳植『中国造園史』(中国建築工業出版社、二〇〇六年)、汪菊淵『中国古代園林史上・下巻』(中国建築工業出版社、二〇〇六年)などが近年の代表的な概説書と言えよう。

隋唐長安の皇室庭園についての本格的な研究は、中国思想文化史の村上嘉実「隋代の庭園」(『滋賀県立短期大学学術雑誌』二、一九六〇年)と同「唐都長安の王室庭園」(『人文論究』五―六、一九五五年)に始まると言ってよい。[16] 上記論文において村上は、上林苑に代表される広大な漢代の皇室庭園が、皇帝の権威を誇示する目的で建造されたのに対し、魏晋以後の皇室庭園は、時代を追って規模の小さな貴族趣味に溢れた娯楽鑑賞用の皇室庭園に変貌していくことを明らかにした。そして、隋唐王朝による中国大陸の再統一を契機に、漢代以来の権威誇示の大規模庭園の建造様式と、六朝で発展した貴族趣味に根ざす小規模な皇室庭園とが融合していく様を跡づけた。この見通しは、その後の漢唐間の皇室庭園史研究の流れを決定づけたと思われる。

村上論文ののち、漢唐間の皇室庭園を含む庭園文化史研究に画期をもたらしたのが、大室幹雄氏による一連の都城社会誌の公刊である。大室氏は、同著『劇場都市―古代中国の世界像―』(三省堂、一九八一年)、『桃源の夢想―古代中国の反劇場都市―』(同前、一九八四年)、『園林都市―中国中世の世界像―』(同前、一九八五年)、『干潟幻想―中国中世の反園林都市―』(同前、一九九二年)、『檻獄都市―中国中世の世界芝居と革命―』(同前、一九九四年)、『遊蕩都市―中世中国の神話・笑劇・風景―』(同前、一九九六年)と続く都市誌の連作によって、中国都城を構成する決定的要素としての公私の庭園に注目し、秦漢長安城の上林苑から唐長安城の禁苑に至る皇室庭園と民間庭園の流れを、中国独特の皇帝を要とする政治文化の現れとして叙述し、前三世紀から九世紀に至る中国庭園史を、初めて体系的に叙述することに成功した。[17]

上記の書物において大室氏は、四世紀から六世紀の江南の南朝において、山水詩や田園詩、山水游記、山水画、書法、庭園、園芸などが相互に密接に関連する一つの総合的な文化、すなわち園林文化が生み出され、中国大陸の文化史を刷新していくことを論じる。南朝の時代になり、江南の自然に抱かれた南朝の都城・建康を起点に、都城の郊外、田園、原野、山々へと文人の居住空間が広がることで、人と自然と文化の関係が江南で変容したことを叙述する。南朝で生まれ育まれたこの園林文化ないし庭園文化は、隋唐の中国再統一によって華北都市にも影響を与え現在に至るのである。

大室幹雄氏の中国庭園史研究と視角を共有しながらも、独自の比較庭園史研究を進めている研究者が中野美代子氏である。その多彩な分析は、中国庭園史を世界の庭園史の中に位置づける誠に魅力に充ちた成果と言える。[18] 今後は、大室幹雄氏や中野美代子氏、欧米の研究者たちの比較史的分析や中国・韓国・日本における造園史研究を総合して、隋唐の庭園を世界の庭園の歴史に中に位置づける総合的な試みが求められよう。

なお、朴漢済[19]、渡辺信一郎[20]、辻正博[21]、多田伊織氏[22]らは、三世紀の後漢王朝から七世紀の唐王朝に至る都城の皇室庭園が、中央政治の表舞台として重要な役割を果たしたことを論じており、都城における皇室庭園の立地と構造の変遷の中に、漢代から唐代に至る政治史が集約されていることが明らかになっている。また、外村中[23]や金子裕之[24]、汪勃[25]、北田裕行氏[26]らの研究は、古代から隋唐王朝に至る中国皇室庭園の流れを、日本を含む東アジアの中で広く論じている。とくに、漢代から唐代の皇室庭園の歴史を広い視野から実証的に分析する外村中氏と北田裕行氏の近年の研究は、体系性と実証性をともに備えており、近年の中国皇室庭園史研究を代表する成果と言えよう。

このように、隋唐長安城の皇室庭園が担った歴史的役割が重視されるに伴い、皇室庭園への関心は高まってきている。ただ、隋唐長安城の概説書において皇室庭園についての記述はなお限られており、まだ利用されていない関連史料も少なくなく、皇室庭園の研究はなお進展途上と言えよう[27]。唐代の皇室庭園に関する豊かな関連史料の整理も、まだ十分には行われていない。

近年の中国における隋唐長安城の皇室庭園についての個別研究は、上記の日本の諸研究と並行しながら、一九八〇年代より徐々に研究成果が公刊され始めた。刊行時期の順に挙げれば、芙蓉園と曲江池の歴史を論じる武伯倫[28]、漢唐間の長安の皇室庭園を概観する張驊[29]、陝西省の園林史を概論する周雲庵[30]、都市の緑化の観点から園林を論じる閻希娟・郭文毅[31]、文人と庭園との関係を論じる侯迺慧[32]、古典庭園様式をつくった長安の庭園を論じる劉航[33]、隋唐長安城内外の庭園と官人別荘を復原する李浩[34]、長安の皇室庭園や官人私邸の園林・池沼・別荘を分析する史念海[35]、唐と日本の皇室庭園を比較する王海燕[36]、園林の娯楽面を論じる耿占軍[37]、唐長安の皇室庭園を概論する秦建明[38]、隋唐の園林文化を叙述する趙湘軍[39]、隋唐両京の離宮と庭園を論じる呉宏岐[40]、長安城北部の庭園について分析する馮暁多[41]、隋唐長安城内の庭園を整理する馬驍[42]、園の機能を整理した王建国[43]らの研究がある。上記の研究者の大半は西安で研究活動をしており、いわば土地勘のある分析となっている。

ここで注目すべきは、田中淡・外村中・福田美穂編『中国古代造園史料集成〔増補　哲匠録　畳山篇　秦漢─六朝〕』（中央公論美術出版、二〇〇二年）の出版であり、六朝・隋までの造園史料の大半を分類して収録する画期的な成果として、唐以後の皇室庭園の歴史を知るためにもきわめて価値が大きい。

東アジアの庭園史を比較するシンポジウムも繰り返し開かれている。二〇〇〇年に、「いま探る古代の庭園」（六月二十四日、奈良大学）が開催され、東アジア庭園史の総合的研究の端緒となった[44]。二〇〇七年には、田中淡氏の主催する国際会議「伝統中国の庭園と生活空間」（六月九─十日、京都勧業会館）が開かれ、国内外の専門家によって前近代中国の庭園と生活空間に関して網羅的な検討を行った[45]。二〇〇九年には、「東アジアにおける理想郷と庭園に関する国際研究集会」（五月十九─二十一日、奈良文化財研究所）が開かれ、東アジアの庭園の共通要素と相違点をめぐる系統的な討論が行われた[46]。

以上のシンポジウムでは、隋唐に至る中国皇室庭園の歴史と東アジアにおける中国庭園の影響の程度が重要な論題であった。その際に、南朝の皇室庭園や庭園文化が朝鮮半島を経て日本古代都城の皇室庭園に及ぼした影響も論じられており、南朝で創造された江南庭園様式が、六、七世紀頃から中国華北のみならず東アジアの各地域に影響を与えていった点に注意をうながしている。[47] 江南庭園の歴史的影響力の広がりが、今後より深く検討されることを期待したい。

このように、隋唐皇室庭園に至る中国庭園史の研究は、建築史や造園史、考古学、文献史学、思想文化史の研究者たちによって進められており、隋唐期の皇室庭園の実態は相当程度明らかになってきている。本節では、以上の先学の成果を踏まえ、長安史の研究に携わってきた文献史学の立場から、隋唐長安史研究の一環として皇室庭園史のより総合的な分析を試み、今後の研究の踏み台となることをめざしたい。

2 中国皇室庭園史と隋唐長安の皇室庭園

(1) 東アジアの歴代都城と皇室庭園の歴史の概観

図1は、漢代長安以後の中国大陸の歴代都城、すなわち、Ⓐ長安・Ⓑ洛陽（漢魏洛陽城）・Ⓒ洛陽（隋唐洛陽城）・Ⓓ鄴・Ⓔ建康（南京）・Ⓕ平城・Ⓖ開封・Ⓗ臨安・Ⓘ北京の立地を描いている。

図2は、図1の九つの都城の主な皇室庭園の変遷を、東北アジアや朝鮮半島、日本列島の歴代都城と比較して時系列に整理したものである。図3は、図2に掲載の主要な歴代都城を選び、宮城・宮殿と皇室庭園との関係を、同一縮尺で図示したものである。[48] 図2・図3の作成に際しては、第1節で引用した建築史・庭園史・造園史の概説書を参照した。[49]

研究の現段階において、文献と考古の成果に基づいて復原図の描ける最も古い中国の統一王朝の都城は、漢長安である。秦咸陽は、渭河が徐々に北流して都城の南部を崩したために、正確な復原図を描くことはできない（図4を参照）。[50] 図2・図3が、漢長安から始まっているのは、そのためである。図2のⒶからⒾに至る歴代都城は、図3の中国歴代都城の皇室庭園の図に対応している。

図2・図3が示すように、中国の歴代都城には、宮城と隣接する皇室庭園の付設が不可欠だった。皇室庭園が廃止されるのは、二〇世紀初頭になり、中国最初の近代国家・中華民国が生まれ皇帝制度が廃され共和制に移行した後のことである。図2と図3を対照することで、中国大陸と東アジア各国における歴代都城の構造と皇室庭園の大きな流れが、把握できると思われる。

さて、図2の中で、隋唐長安を、縦軸（歴史・伝統）と横軸（空間・伝播）の交差する位置に置いてみると、その歴史的意義がよく把握できる。図2の示すように、隋唐長安は、関中平野の長い都城史の最後を飾る都城であると同時に、七世紀のユーラシア大陸東部に一挙に生まれた「都城の時代」の中核をなす都市の一つでもあった。三世紀近い大分裂時代を再統一した隋唐の建国はユーラシア大陸東部の各地域に強い政治的影響を与え、各地域の国家統合をうながして唐王朝に対峙する国家を次々と建設させ、各地域国家の要となる都城の建造が相次いだのである。

このような国際情勢のもとで、一〇〇〇年を超える伝統技術の結晶した長安の建築構造や技術は、七世紀から八世紀にかけて新たに都城を造営する東アジア諸国家に一つの範型を与え、空間的な影響を広げていった。このように、ユーラシア大陸東部の歴史と空間の交差する場に隋唐長安城が位置していたことは、皇室庭園を事例に検討することでより具体的に明らかになるだろう。

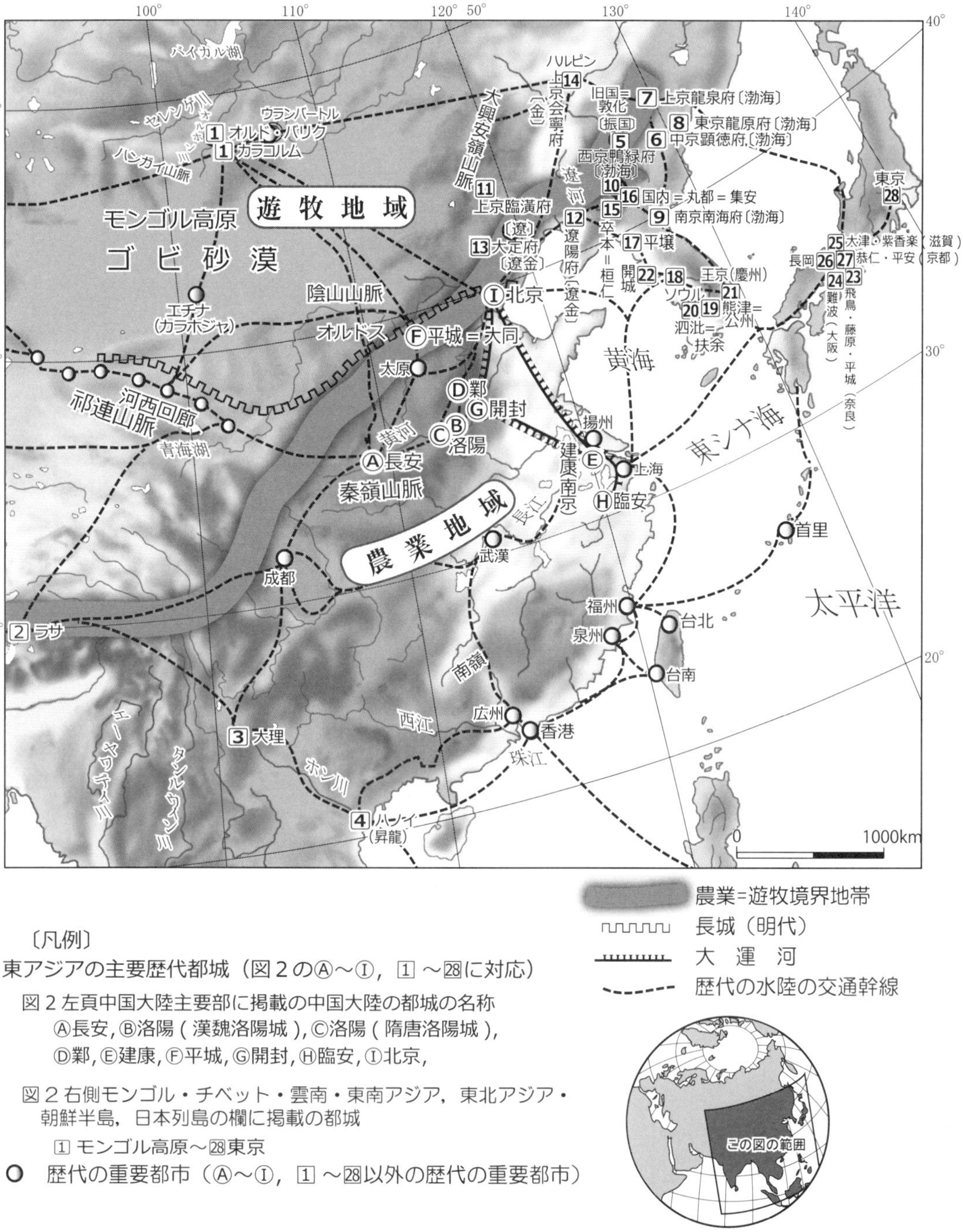

図１　東アジアの代表的都城の立地

妹尾達彦「都の立地」（『人文研紀要』61，中央大学人文科学研究所，2006年）48頁，図1「ユーラシア大陸東部の自然・人文環境」，および同編『都市と環境の歴史学』第2集（中央大学文学部東洋史学研究室，2009年）口絵図1を，本節の内容に即して改図。なお，図中の農業＝遊牧境界地帯（農牧複合地帯）の位置や幅には各説があり，自然・人文環境の変化に伴い歴代の変遷も顕著である。本図は，張建春・儲少林・陳全功「中国農牧交錯帯定的現状及進展」（『草業科学』2008年25巻3期）における5種類の図をもとに，おおよその位置を示したにすぎない。本図の中の都城は，本節で対象とする東アジア（ユーラシア大陸東部）の都城を示している。

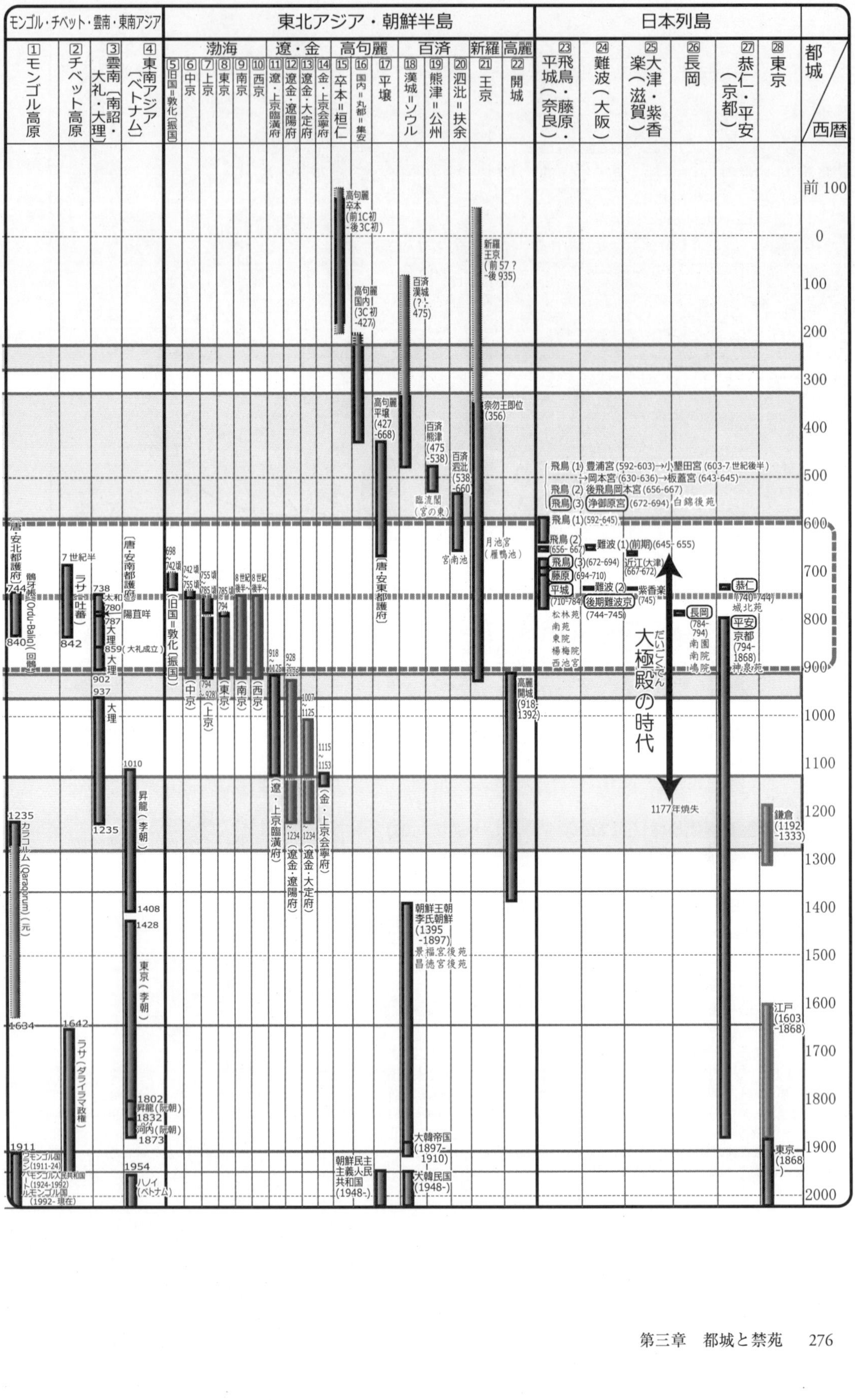

モンゴル・チベット・雲南・東南アジア
東北アジア・朝鮮半島
日本列島
渤海
遼・金
高句麗
百済
新羅
高麗
1 モンゴル高原
2 チベット高原
3 雲南（南詔・大礼・大理）
4 東南アジア（ベトナム）
5 旧国＝敦化（振国）
6 中京
7 上京
8 東京
9 南京
10 西京
11 遼・上京臨潢府
12 遼金・遼陽府
13 遼金・大定府
14 金・上京会寧府
15 卒本＝桓仁
16 国内＝丸都＝集安
17 平壌
18 漢城＝ソウル
19 熊津＝公州
20 泗沘＝扶余
21 王京
22 開城
23 飛鳥・藤原・平城（奈良）
24 難波（大阪）
25 大津・紫香楽（滋賀）
26 長岡
27 恭仁・平安（京都）
28 東京
都城／西暦
前100
0
100
200
300
400
500
600
700
800
900
1000
1100
1200
1300
1400
1500
1600
1700
1800
1900
2000
高句麗卒本（前1C初-後3C初）
高句麗国内（3C初-427）
高句麗平壌（427-668）
百済漢城（?-475）
百済熊津（475-538）
百済泗沘（538-660）
臨流閣（宮の東）
宮南池
新羅王京（前57?-後935）
奈勿王即位（356）
月池宮（雁鴨池）
（唐・安東都護府）
高麗開城（918-1392）
朝鮮王朝 李氏朝鮮（1395-1897）
景福宮後苑
昌徳宮後苑
大韓帝国（1897-1910）
大韓民国（1948-）
朝鮮民主主義人民共和国（1948-）
飛鳥(1) 豊浦宮(592-603)→小墾田宮(603-7世紀後半)
→岡本宮(630-636)→板蓋宮(643-645)
飛鳥(2) 後飛鳥岡本宮(656-667)
飛鳥(3) 浄御原宮(672-694) 白錦後苑
飛鳥(1)(592-645)
飛鳥(2)(656-667)
難波(1)(前期)(645-655)
近江(大津)(667-672)
飛鳥(3)(672-694)
藤原(694-710)
平城(710-784)
難波(2)
紫香楽(745)
後期難波京(744-745)
松林苑
南苑
東院
楊梅院
西池宮
長岡(784-794)
南園
南院
嶋院
恭仁(740-744)
城北苑
平安 京都(794-1868)
神泉苑
大極殿《だいごくでん》の時代
1177年焼失
鎌倉(1192-1333)
江戸(1603-1868)
東京(1868-)
（唐・安北都護府）
鴨牙帳（Ordu-Baliq）（回鶻）
744
840
7世紀半
ラサ（吐蕃）
842
738
太和
780
787
大理
859
大理
902
937
大理
1235
（大礼成立）
（唐・安南都護府）
陽苴咩
1010
昇龍（李朝）
1408
1428
東京（李朝）
1802
昇龍（阮朝）
1832
河内（阮朝）
1873
1954
ハノイ（ベトナム）
1235
カラコルム（Qaradorum）（元）
1634
1642
ラサ（ダライラマ政権）
1911
ウモンゴル国（1911-24）
モンゴル人民共和国（1924-1992）
モンゴル国（1992-現在）
698
742頃
755頃
785頃
794
8世紀後半
（旧国＝敦化（振国））
（中京）
（上京）
（東京）
（南京）
（西京）
918～1125
928～1125
1007～1125
1115～1153
1234
1234
（遼・上京臨潢府）
（遼金・遼陽府）
（遼金・大定府）
（金・上京会寧府）

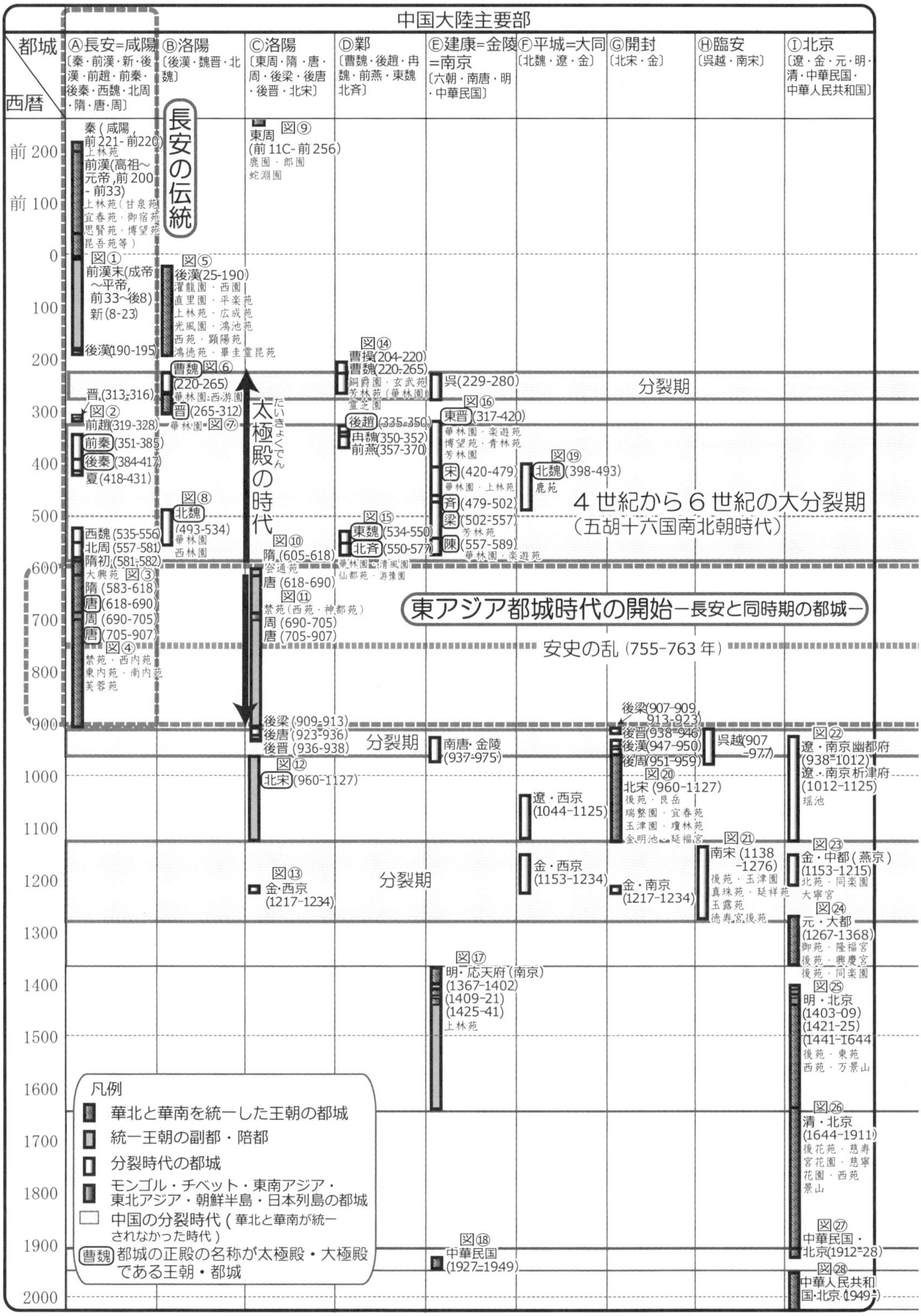

図2　東アジアにおける主要都城の変遷と皇室庭園

©洛陽（隋唐洛陽城）の変遷（2）

―⑨東周，⑩隋，⑪，⑫北宋，⑬金―

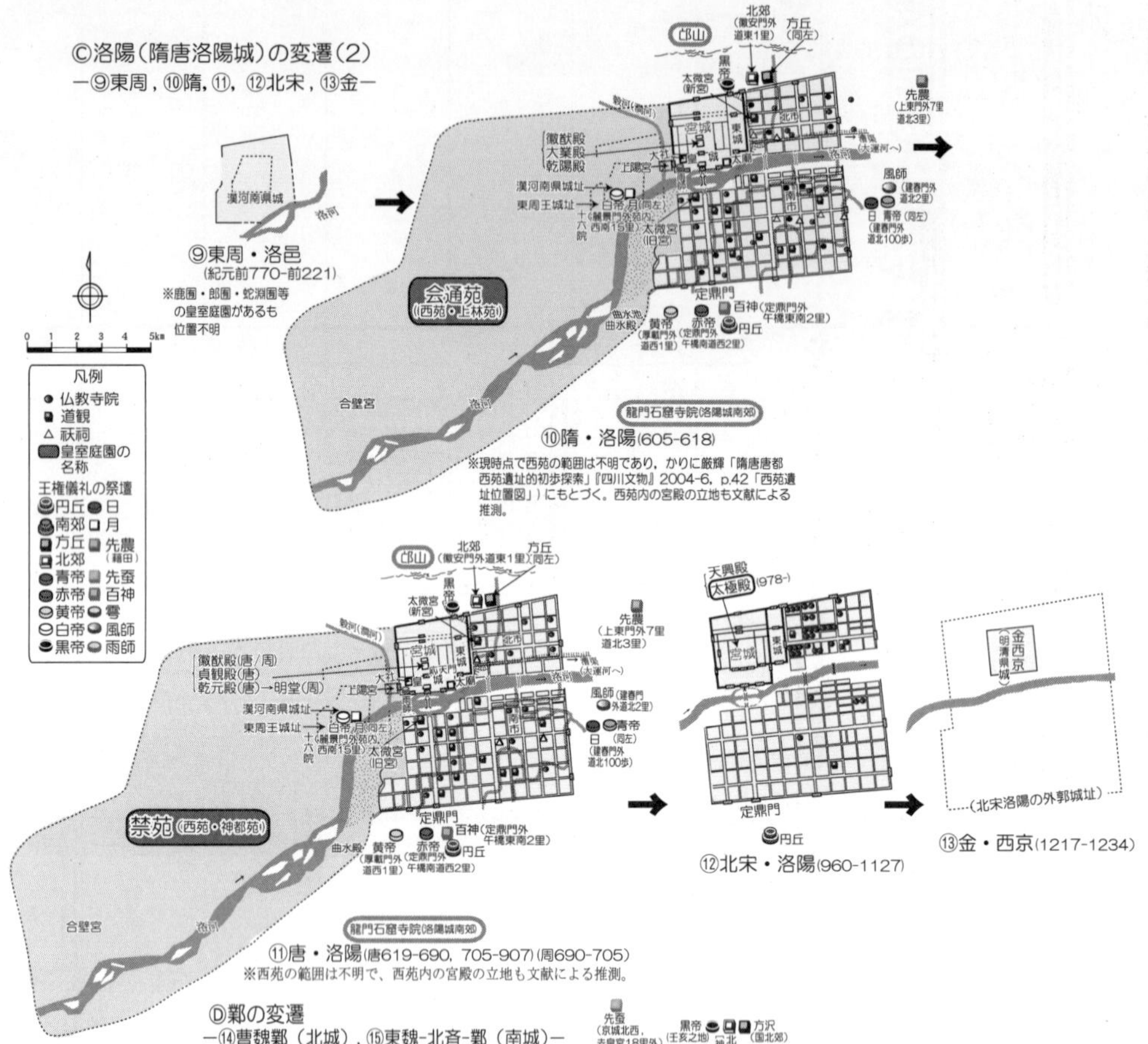

⑨東周・洛邑（紀元前770-前221）

※鹿園・郎園・蛇淵園等の皇室庭園があるも位置不明

⑩隋・洛陽（605-618）

※現時点で西苑の範囲は不明であり，かりに厳輝「隋唐洛陽都西苑遺址的初歩探索」『四川文物』2004-6，p.42「西苑遺址位置図」）にもとづく。西苑内の宮殿の立地も文献による推測。

⑪唐・洛陽（唐619-690，705-907）（周690-705）

※西苑の範囲は不明で，西苑内の宮殿の立地も文献による推測。

⑫北宋・洛陽（960-1127）

⑬金・西京（1217-1234）

Ⓓ鄴の変遷

―⑭曹魏鄴（北城），⑮東魏-北斉-鄴（南城）―

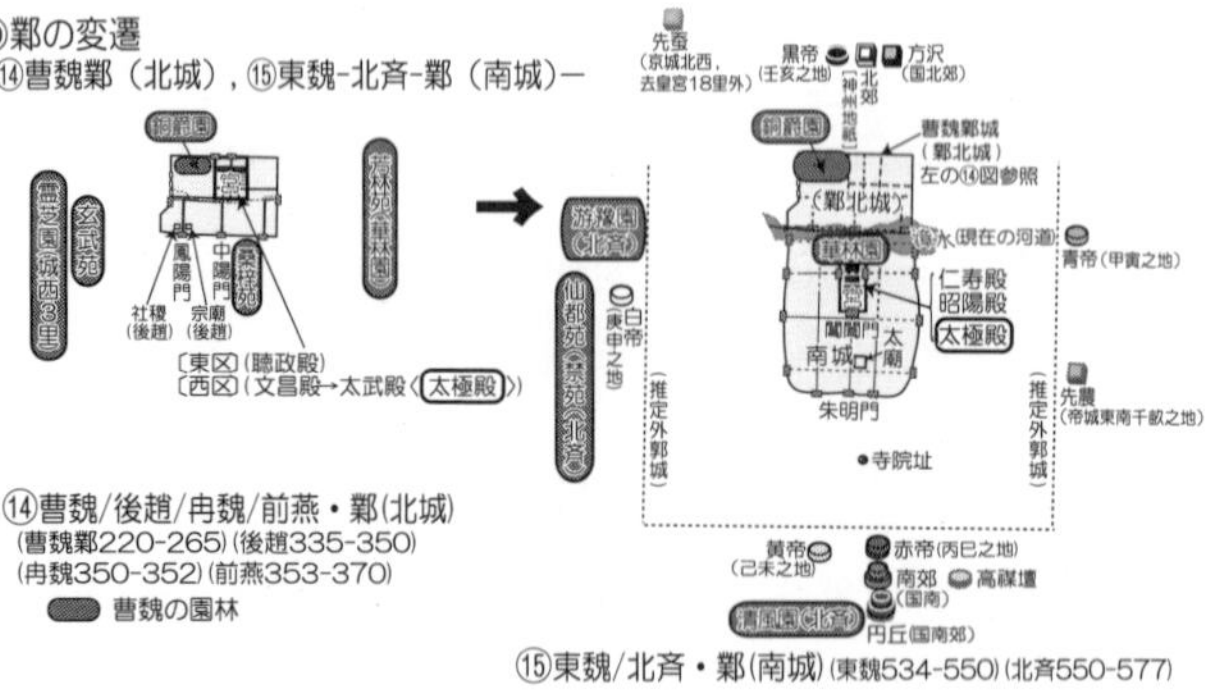

⑭曹魏/後趙/冉魏/前燕・鄴（北城）
（曹魏鄴220-265）（後趙335-350）
（冉魏350-352）（前燕353-370）
曹魏の園林

⑮東魏/北斉・鄴（南城）（東魏534-550）（北斉550-577）

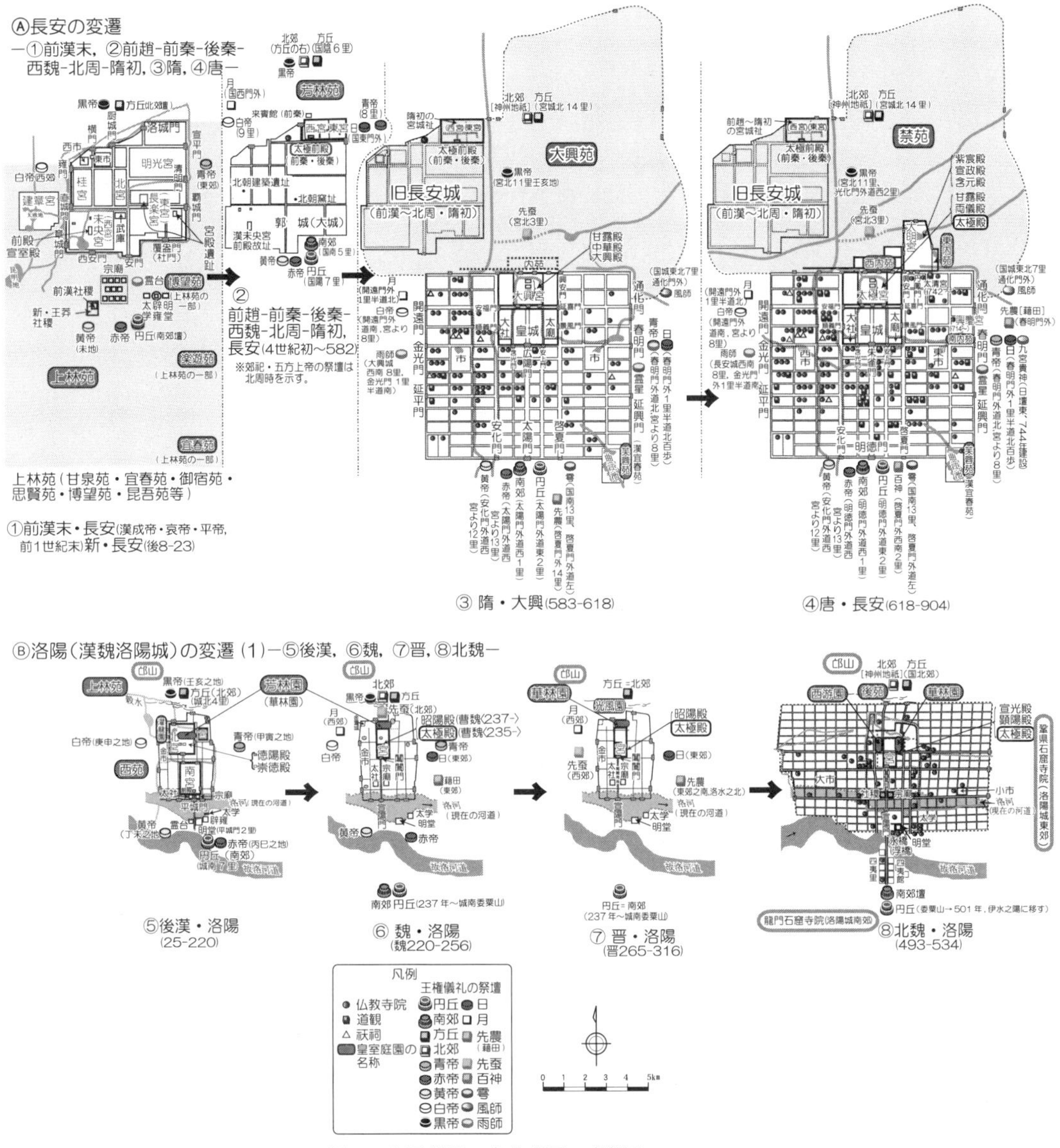

図 3　中国都城の皇室庭園の変遷その 1
—Ⓐ長安 Ⓑ洛陽（漢魏洛陽城）Ⓒ洛陽（隋唐洛陽城）Ⓓ鄴—

出典：本図は，妹尾達彦編『都市と環境の歴史学』第 2 集（中央大学文学部東洋史学研究室，2009 年）口絵図 3「中国歴代都城の都市プランの変遷を，本節の内容に即して訂補したものである。歴代の各都城の規模と建築構造を比較するために，各都城を同一縮尺で描いている。

注 (1) 本図の①～㉘の都城は，図 1 のⒶ～Ⓘの都城に対応している。都城郊外の郊祀や五方上帝等の祭壇の正確な位置は，隋唐円丘，明清天地壇・日月壇・先農壇を除いて不明であり , すべて文献により推測。

注 (2)3 世紀から 10 世紀における中国都城の「太極殿の時代」の存在を明示するために，主要宮殿の名称が太極殿の都城の場合は，太極殿の文字を丸枠でかこんだ。

Ⓘ北京の変遷

—㉒遼、㉓金、㉔元、㉕明、㉖清、㉗中華民国、㉘中華人民共和国—

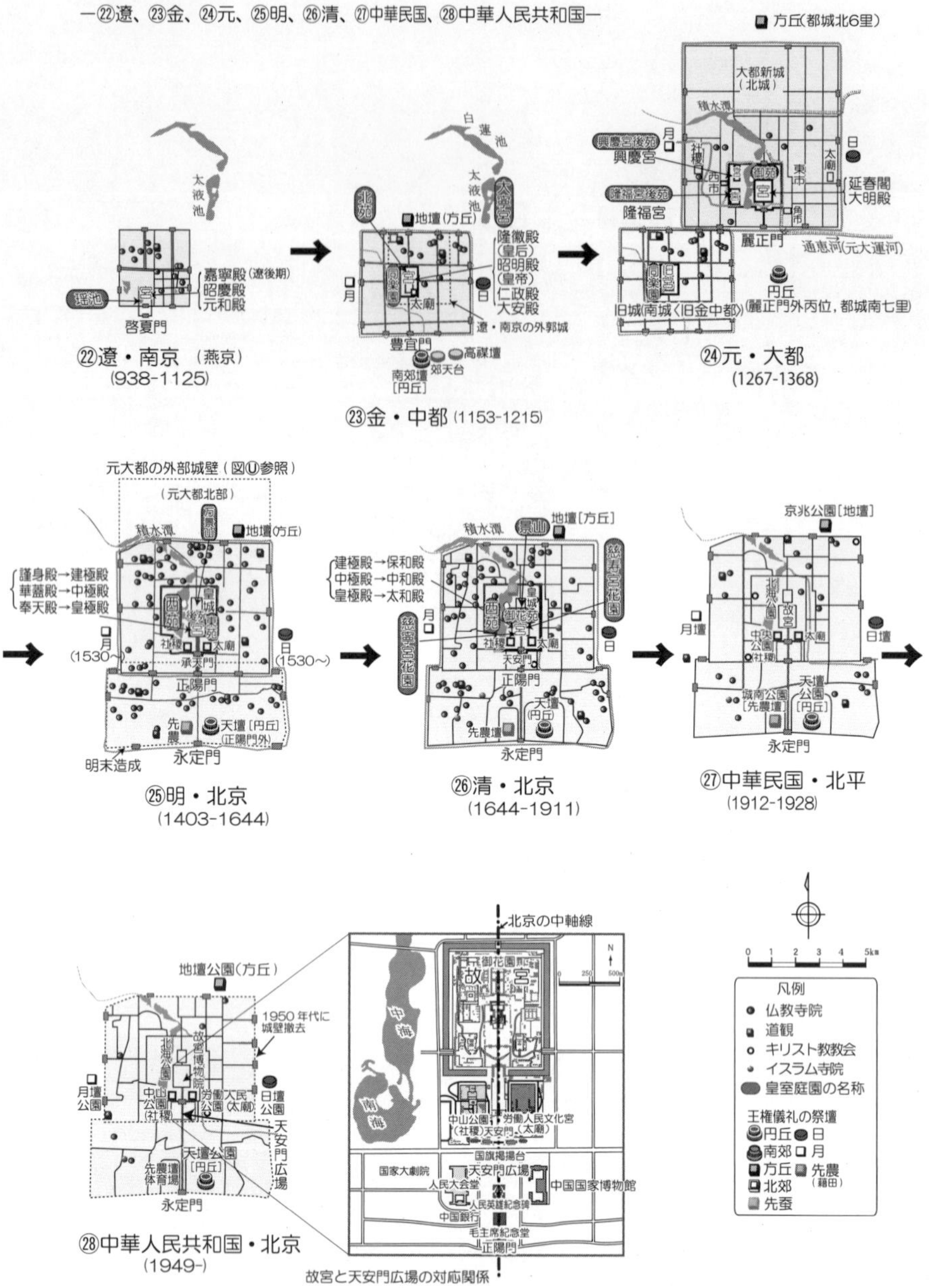

㉒遼・南京（燕京）(938-1125)

㉓金・中都(1153-1215)

㉔元・大都(1267-1368)

㉕明・北京(1403-1644)

㉖清・北京(1644-1911)

㉗中華民国・北平(1912-1928)

㉘中華人民共和国・北京(1949-)

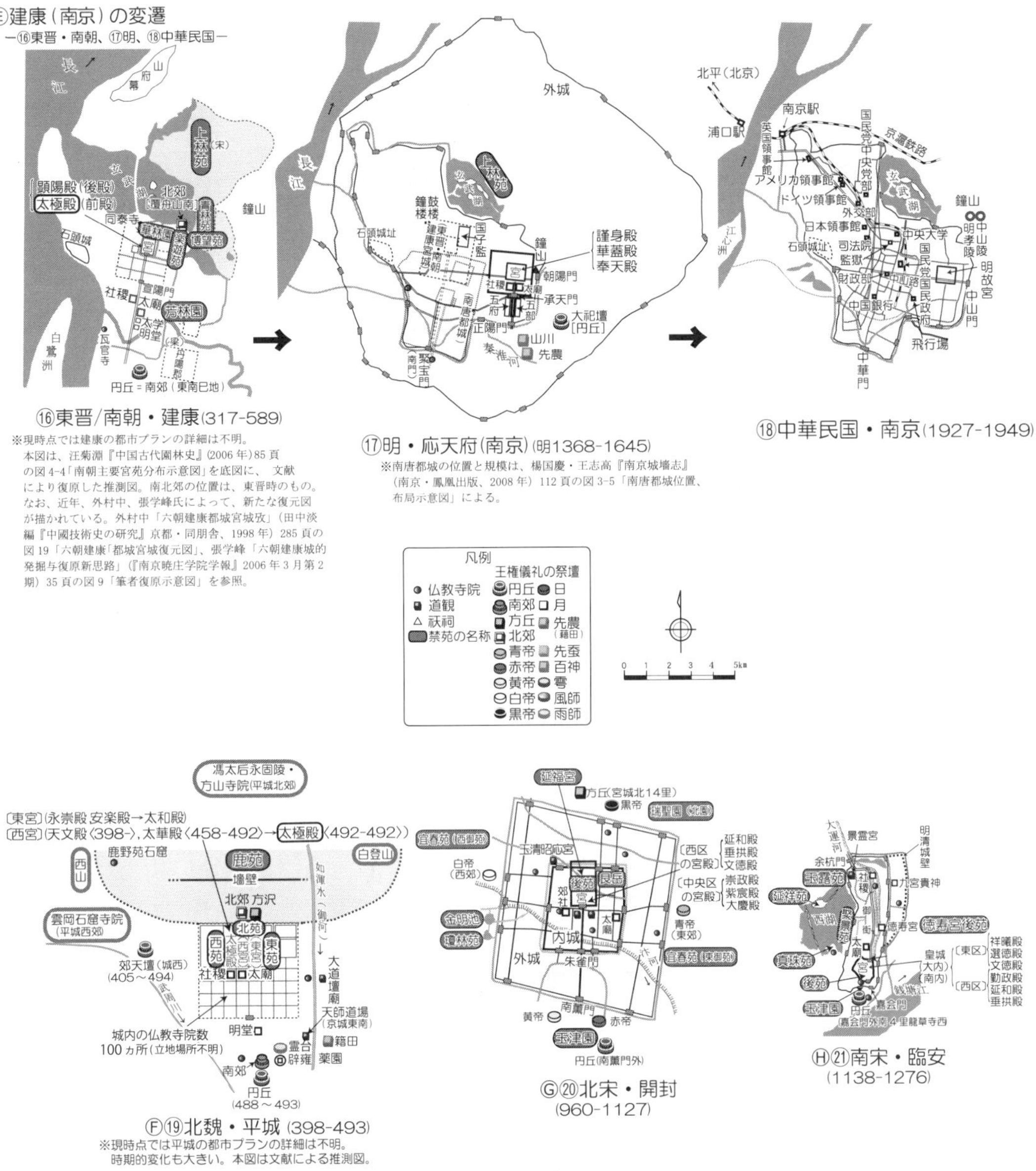

図3　中国都城の皇室庭園の変遷その2
―Ⓔ建康（南京）Ⓕ⑲北魏・平城 Ⓖ⑳北宋・開封 Ⓗ㉑南宋・臨安Ⓘ北京―

（2）中国皇室庭園史の特徴―図2・図3から判明する点―

図2・図3からうかがえる中国の歴代都城と皇室庭園の特色を三点挙げると、以下のように、①持続性、②段階的な変遷、③近代国家による公園化、となるだろう。

①持続性―都城と皇室庭園の不可分の関係―

秦咸陽、漢長安の上林苑以来、明清時代の南京・北京に至るまで、都城の宮殿と隣接する皇室庭園は、都城に欠かすことのできない建築物だった。秦漢の都城と皇室庭園の建築構造が、後代の範型として継承されたのである。このことは、前近代中国の皇帝制度と都城、皇室庭園とが不可分の関係にあったことを示している。

皇室庭園の名称として、周文王の霊囿の名が後代の皇室庭園の雅名としてしばしば用いられたことからうかがえるように、都城を造成する際に皇室庭園は中国の古典文化を象徴する存在であった。同じく、秦漢の上林苑の中にあり長安城近郊に位置した博望苑、宜春苑、楽遊苑等の名称も、秦漢以後の王朝において皇室庭園の雅名として用いられつづけた。皇室庭園の建築構造や機能には時代による変化があったが、秦漢の古典王朝期に形成された皇室庭園のイメージが、同じ庭園名称を用いることで継承されていくのである。

後漢洛陽や南朝の建康、明代南京を代表する皇室庭園の名称も上林苑であり、それぞれ宮城北方の山と湖に面する広大な面積を持っていた。元明清の各王朝でも、皇室庭園を管轄する官庁の名称は、上林署ないし上林苑監と称した。朝鮮半島においても、朝鮮王朝の王都・漢城の皇室庭園の名称は上林園（景福宮後苑）である。[51] 漢長安城南郊に広がる上林苑は皇室庭園の理念型となり、後代の中国王朝のみならず東アジアの人びとのイメージの中で生きつづけたのである。[52]

また、図2・図3から、新たな王朝が同じ都城に奠都した際には、それ以前の王朝の皇室庭園が再利用されたことがわかる。魏から晋に継承された華林園（芳林園）や、南朝建康の華林園、唐の禁苑（隋大興苑）・西内苑（隋内苑）、金元明清の北京の太液池、南朝建康の上林苑を継承する明応天府（南京）の上林苑などが例に挙げられる。

北宋開封城の城西に位置する金明池・瓊林苑が、唐代長安の曲江池・芙蓉苑の構造と機能を模して造られたように、[53] 都城の場所は異なっても、建築機能が継承される例もある。[54] 朝鮮王朝の上林園も、おそらく、同時代の明応天府の上林苑を意識していたと思われる。

新しい王朝の皇室庭園の中に旧王朝の都城遺址が内包される例を挙げると、秦漢の上林苑に内包された西周の都である鎬京・灃京や、隋大興の大興苑や唐長安の禁苑に内包された漢長安城、隋洛陽の会通苑や唐洛陽の西苑に内包された東周の洛邑などが挙げられる。皇室庭園内に旧都を内包する目的の一つは、旧王朝の正統性と権威を受け継ぎ、超えようとする新王朝の意図が込められていたからである。また、旧都城は、宮殿の軍事防御施設や狩猟時の宿泊地、宴会の場などとして利用された。

新たな政権が、それ以前の政権の都城を自らの都城の中に組み込む例も多い。図3のⒶ長安の変遷の例（上記の漢から隋初まで使用された旧長安城を禁苑に組み込んだ隋唐長安）のほかに、図3Ⓓの鄴の変遷の例（北城を都城の北側に組み込んだ鄴南城）や、図3Ⓔの建康（南京応天府）の変遷の例（南朝の宮城を外郭城内に組み込んだ明南京）、図3Ⓘ北京の変遷の例（遼南京を城内に組み込んだ金中都、金中都を都城の西南に置いた元大都、元大都を改造した明北京）がある。このように、中国の歴代都城の空間は、繰り返し再利用されるのが普通だった。そして、都城建築とともに皇室庭園も歴代の都城で再活用されたのである。

②段階的な変遷―変遷をうながす思想・軍事・文化的要因―

中国の都城と皇室庭園の歴史の特色として、上記のように秦漢から明清に至る持続性が挙げられる。しかし、二〇〇〇年を超える皇帝制度の歴史の中で、都城と皇室庭園にいくつかの構造的な変化が生じていることも確かである。そこで、ここに、秦漢から隋唐に至る時期における変化を、以下の三点、すなわち、

①思想的変化―前一世紀末以後の王権思想としての儒教の浸透に伴い、王権儀礼の軸線を構成する要素として皇室庭園が位置づけられていくこと―

②軍事的変化―四世紀以後の遊牧系政権の樹立に伴い、皇室庭園の軍事拠点化が進むこと―

③文化的変化―七世紀以後の東西交通や南北交通の進展に伴い、華北の都城の皇室庭園へのペルシア風の庭園文化の流入と江南庭園化（いわゆる南朝化）が進むこと―

の三点に整理してみたい。この時期に生じた段階的変化を基礎に、北宋開封から明清北京に至る都城の皇室庭園の歴史が展開するのである。

思想的変化

秦漢から隋唐に至る変化の第一は、王権思想の変化である。この変化は、儒教が王権思想を掌握する過程で生じた。秦漢の咸陽宮や長安城の郊外に広がる上林苑は、都城南方の巨大な庭園であり、都城の宮殿とは直接に連結する構造をとっていない。前漢長安城の未央宮や建章宮の内部の皇室庭園も、宮殿区の西南部ないし西部に存在しており、後漢以後の都城のような後苑の形をとっていない。[55] 秦咸陽城や漢長安城では、後代の都城のように都城を貫く南北軸線が王権儀礼を規定することはなく、秦漢初の都城思想は、『漢書』巻五上下の郊祀志が描くように、殷周以来の天の思想や特定の地の霊を祀る呪術的な祭祀に基づいていた。

前漢末における儒教の台頭によって、儒教経典の解釈に基づき都城の王権儀礼の南北軸線が初めて生まれる。前漢末の元帝・成帝・哀帝・平帝の統治期に、地を祀る北郊と皇帝の居住する宮殿、天を祀る南郊とが南北に並ぶ構造をとるべきとの考えが強まり、激しい論争を経ながら長安城の儀礼空間が整備され、天と地を祀る祭壇が都城の南北に設置されることになった。

これによって、「北郊―宮殿―宗廟・社稷―南郊」という王権儀礼の主要舞台が、五方上帝（青帝・赤帝・黄帝・白帝・黒帝）の祭壇とともに都城の宮殿を中核に南北東西に配置される形が誕生していく。[56] ただし、北郊、宮殿、東西の宗廟・社稷、南郊等の位置は都城の北側から南側にかけて位置しているだけであり、都城を貫く一本の南北軸線の上に位置しているわけではなかった（図3①前漢末長安）。もともと、漢長安は、複数の宮殿を持つ複宮制の都城であった。

天と地を祀る王権儀礼の舞台と儀礼動線が都城の南北軸線上に展開する構造は、王莽の新王朝の長安城において定着する。[57] 王莽によって儒教の王権論に基づいて都城の王権儀礼と舞台空間が決められ、明清北京城に至る王権儀礼の骨格が定まるのである。前漢末からの儀礼改革は王莽の長安改造に至って完成し、都城から離れた特定の土地の精霊を祀る前漢中期までの儀礼は力を失い、どの地でも挙行可能な抽象

的・普遍的な儒教の儀礼に取って替わられた。これ以後、歴代政権は、泰山等の一部の地域を除き、霊性を持つ特別な聖地での祭祀に束縛されることがなくなった。経典解釈に基づく都城の儀礼空間において決められた時期に王権儀礼を挙行することにより、どの空間であろうと儀礼が挙行される空間こそが都城と見なされるようになったのである。

後漢王朝は、この王莽の王権論を踏まえ、王莽も望んでいたが果たせなかった中原の洛陽に奠都した。後漢が洛陽に都を置いた王権思想上の理由は、洛陽が周成王を補佐した周公の建てた聖なる都（成周）の地だからであり、『周礼』に描かれた儒教の理想都市の場と見なされていたからである。[58] 洛陽奠都の画期性は、何よりも、前漢末・新王朝の長安で造られた都城の儒教的儀礼空間が、洛陽という異なる地に初めて適用され成功した点にこそあるだろう。後漢洛陽の成功により、その後、どの地を都に定めても王権儀礼と儀礼空間の設定によって、王権の正統性を備えた都城となりうる範型がつくられたのである。

儒教の王権論に基づいて建てられた最初の都城である後漢洛陽において、後代の都城の都市プランと王権儀礼の南北軸線の形式、すなわち「方丘（北郊）―後苑―宮殿―宗廟・社稷―円丘（南郊）」の原型が生み出された（図3⑤後漢洛陽）[59]。後漢洛陽の主宮殿の北ないし西北の方角に皇室庭園（濯龍苑・西苑）が造られ[60]、これ以後、宮殿（陽）の北（陰）に位置する皇室庭園（後苑）は、宮城や外郭城とともに都城計画にとって不可欠の要素となった。著名な班固「両都賦序」（『文選』巻一、賦甲、京都上）が「京師（洛陽）に宮室を修め、城隍を浚《さら》い、苑囿を起《おこ》し、以て制度を備う」と述べているように、宮城・外郭城・苑囿を備えた都城を造営して初めて帝王の制度が整うのである。

しかし、後漢洛陽は、前漢長安の複宮制を継承して二宮制をとっており、宮殿は北宮と南宮に分かれていた（図3⑤後漢洛陽）。方丘（北郊）や後苑、宮殿、宗廟・社稷、円丘（南郊）は南北方向に展開してはいたが、まだ都城を貫く一本の軸線の上に位置していたのではなかった。[61]「方丘（北郊）―後苑―宮殿―宗廟・社稷―円丘（南郊）」が都城を貫く一本の南北軸線の上に展開するようになるのは、後漢を継ぐ魏の洛陽になってからである。

魏の文帝と明帝による洛陽城改造において、「方丘・北郊（天郊）―芳林園（後苑。のちに華林園と改称）―太極殿（主宮殿）―太廟（宗廟）・社稷―円丘・南郊（地郊）」という、都城の北に方丘と北郊（地郊）の二祭壇、南に円丘と南郊（天郊）の二祭壇を設け、主宮殿を軸に儀礼空間を南北に結ぶ儀礼軸が誕生した（図3⑥魏洛陽）[62]。とくに、魏明帝による太極殿建造とそれに伴う制度改革によって、太極殿を核に郊祀と五方上帝の祭壇が置かれ、都城を南北に貫く都市プランと王権儀礼の軸線が生まれた点が重要である。[63]

後漢洛陽の儀礼空間とは異なり魏明帝の洛陽は、儀礼空間と祭祀次第を鄭玄（一二七―二〇〇）の説に基づいて整え、円丘と南郊、方丘と北郊の祭壇をそれぞれ別々に造営した。[64] 円丘では儒教の最高神である昊天上帝（後漢洛陽の円丘の祭神を『宋書』巻一四、礼儀志では「皇皇帝天」と記す）を祀り、南郊では感生帝（天の五つの方角に配される五方上帝のうち王朝の始祖を産ませる上帝を感生帝と呼ぶ。五方上帝のいずれかの精を受けた聖女の産む天子が王朝の始祖となるという説を感生帝説といい、五行の循環を説く五徳終始説と合体して王朝の交替を正統化する論理となる。魏の感生帝は土徳の黄帝）を祀ることにした。[65]

ただ、魏洛陽においても、主宮殿の太極殿を貫く魏晋洛陽の南北軸は都城の中軸線からはやや西にずれていた。近年の佐川英治氏の研究によれば、都城全体の南北中軸線に沿って「方丘—後苑—主宮殿—宗廟・社稷—円丘」が造営されるのは北魏洛陽からであり、北魏洛陽で成立した南北中軸線が隋大興・唐長安の直接の源流をなす。[66]

魏洛陽の「方丘・北郊（地郊）—芳林園—太極殿—太廟・社稷—円丘・南郊（天郊）」の南北軸線構造は、晋の洛陽になると、鄭玄を批判する王粛（一九五—二五六）の経典解釈に基づいて方丘と北郊、円丘と南郊がそれぞれ一体化され、「方丘（＝北郊）—華林園—太極殿—太廟・社稷—円丘（＝南郊）」となった。あわせて五方上帝の祭祀も廃止された（図3⑦晋洛陽）。王粛は、神秘的な感生帝説を排し、鄭玄のような昊天上帝に五方上帝を加えて上帝を六柱とする考えをとらず、上帝は昊天上帝のみを指すと考えた。その結果、円丘と南郊の祭壇を同一とし昊天上帝を唯一の上帝としたのである。

このように、魏と晋の洛陽城の改造に伴い、王権のあり方をめぐる鄭玄説と王粛説という異なる二つの解釈に基づく都城が登場した。その結果、魏晋洛陽より以後の都城は、鄭玄説に基づいた魏洛陽と、王粛説に基づいた晋洛陽という二つの洛陽をモデルに、都城の王権儀礼の舞台を整えることになったのである。西晋を継承する東晋建康は、当然ながら王粛説に基づく晋洛陽の儀礼空間を継承し（図3⑯東晋南朝・建康）、魏を継承する北魏洛陽や東魏・北斉鄴は、鄭玄説に基づき、王朝名の由来でもある魏の洛湯の儀礼空間を継承した（図3⑧北魏洛陽・⑮東魏北斉鄴）[67]。これより以後、北朝隋唐王朝は鄭玄説の魏洛陽、南朝は王粛説の晋洛陽をモデルとして都城の儀礼空間を整備した。

魏と晋の洛陽城で生まれた都城の南北軸構造に基づく三世紀の王権儀礼は、南朝の建康や北朝の北魏洛湯、東魏・北斉の鄴に影響を与え、隋大興城に至って都城と宮殿を貫く南北中軸線「方丘・北郊—大興苑（唐禁苑）—大興殿（唐太極宮）—皇城—太廟・社稷—円丘・南郊」が成立するのに基づき系統的に整備された（図3③隋大興）[68]。隋大興城の儀礼空間は唐初の長安に受け継がれ（図3④唐長安）、のちに王粛説に基づいて北郊と方丘、南郊と円丘が再び一体化するなどの変化を経て、基本的に明清北京城まで継承された。ただし、モンゴルの元王朝は、朱子学者の解釈を受けて鄭玄の感生帝説を採用せず、五方上帝の祭壇は廃止されて明清でも復活しなかった（図3①北京の変遷）[69]。

都城の儀礼建築構造の点でいえば、魏晋洛陽から唐長安に至る時期は、図2・図3に描いたように、「北郊—華林園—太極殿—太廟・社稷—南郊」の時代と言ってよいだろう。[70]日本の藤原京や平城宮の「後苑—大極殿《だいごくでん》（太極殿《たいきょくでん》ではない点に注意。おそらく「太」の字を避けたもの）」の建築構造は、この時期の中国都城の空間構造に則り、中国の歴代王朝と同じく世界の中心を主張するために造営されたものといえよう（図2の太極殿《たいきょくでん》の時代・大極殿《だいごくでん》の時代）。

ただ、日本の政権では、中国の皇帝制度に対して天皇制度を対峙させたために、天命の交替を論じる易姓革命論や感生帝の循環を説く五徳終始説が意図的に排除された。そのために、日本の都城は、天命を受命する場である円丘や方丘、皇帝の霊を祀る宗廟、大地の霊を祀る社稷、五方上帝の祭壇（青帝・赤帝・黄帝・白帝・黒帝）の設置を欠き、「北郊—華林園—太極殿—太廟・社稷—南郊」という同時代の中国都城を構成する諸要素を完備せず、「後苑—大極殿」の二要素だけにとどまった点に特色がある。[71]

日本の古代都城において外郭城と城門が未整備だった理由も、このことと関連するだろう。なぜなら、天や地を祀る郊祀や五方上帝の迎気儀礼などの中国の王権儀礼の中核をなす祭祀施設は、宮殿や外郭城の城門からの距離によって設営されるからである。[72] 郊祀の郊という概念は、宮殿や都城の諸門からの距離によって規定され（『周礼』春官、『儀礼』聘礼、『国語』周語中など）、都城の外郭城の城門と城壁なくして成り立たない（図2の歴代都城を参照）。

しかし、日本の場合、為政者が万世一系の天皇制を主張したために、易姓革命を前提とする郊祀壇等の郊外の祭壇を設けるわけにはいかず、その結果、祭壇の位置を決める起点となる外郭城や城門を造営する必然性も無くなるのである。日本の皇室庭園に儒教的要素が少なく神仙思想の影響が強いのも、日本の都城が中国都城のような儒教の王権論に基づく都城ではなく、むしろ仏教や道教の王権論を参照したからではないだろうか。[73] したがって、日本の都城の皇室庭園は、王権儀礼の場としては中国と異なる役割を担ったと思われる。

軍事的変化

変化の第二は、軍事的変化である。四世紀以後の遊牧民や農耕民の大移動により、華北に生まれた遊牧系政権（北魏―東西魏―北斉・北周―隋唐）によって、皇室庭園を放牧地や軍事施設として活用することが一挙に進んだ。五胡十六国から元朝、清朝に至る遊牧系政権の都城には、為政者の所有する家畜の放牧地が付設されるのが常であり、皇室庭園は馬や牛羊の放牧地や禁軍の軍事施設を兼ねた。

五胡十六国から北朝・隋唐に至る遊牧系政権における皇室庭園の軍事拠点化については、朴漢済氏によって系統的な分析がなされている。朴氏は、前涼の如臧や北魏平城、北魏洛陽、東魏・北斉鄴等の都城において、宮城北方の後苑に宮城防衛の騎馬軍団が駐屯する構造が一貫して見られる点に注目し、この時期の華北都城の皇室庭園が軍事基地として機能していたことを論じている。[74] 四世紀から七世紀にかけての遊牧民の農業地域への侵入は、秦漢期の古典文化と遊牧・牧畜文化が重なる複合的な文化をつくりだした。遊牧系政権による皇室庭園の変質も、この時期の文化変容の一例と言えよう。

文化的変化

変化の第三は、文化的変化である。B.ラウファーや石田幹之助、E.シェイファー等が明らかにしたように、四世紀から七世紀にかけての人間移動は、中国華北にソグディアナや中央アジア・西アジアのペルシア風の庭園文化の流入を促した。[75] このような西からの影響に対して、江南の庭園文化の影響も大きかった。華北の皇室庭園の江南庭園化は、南朝の諸制度が同時期とそれ以後の諸王朝に与えた制度的影響、いわゆる「南朝化」の一環と考えられる。七世紀初における隋洛陽城の会通苑（西苑）の建造を契機に、唐長安・洛陽、北宋開封を経て明清の北京に至るまで、皇室庭園の造園は、南朝で育まれた江南の都市庭園の造景様式の強い影響を受けるようになった。[76] 洛陽西苑には、江南風の流觴曲水（流杯曲水）の造景や石造の峰、観賞用植物、池の魚類など江南庭園の構成要素がちりばめられている。この点は、村上嘉実、田中淡、大室幹雄、周維権氏らの研究によってすでに指摘されているとおりである。江南庭園様式の華北への拡大は、七世紀初の隋洛陽建造以後に、大運河と直結する水路の存在が都城の立地に不可欠となり、江南と華北を結ぶ中国都城の大運河時代が始まったことを背景に進んでいく。

江南庭園様式の華北都城への影響は、単に都城の皇室庭園への影響のみならず、個人の庭園にも決定的な影響を与えた点で重要である。とりわけ五代・宋以後の歴代都城では、唐後半期の洛陽における白居易の庭園に象徴される江南庭園趣味が、官人や商人らの資産家層に継承されていくようになる。[77] 比較的規模が小さく世俗的な欲望に応えることのできる美しい江南庭園の様式は、皇室庭園から個人庭園や寺観庭園へと庭園造営が普及していくことをうながした。

③近代国家による公園化―前近代の皇室庭園から近代の公共空間への転換―

中国皇室庭園史において最も大きな変化を挙げれば、皇帝制度の終焉と中華民国の建国後に一挙に進んだ庭園の公園化である。皇室庭園は中国の皇帝制度とともに続いたが、近代国家の形成とともに消滅した。中華民国の首都の北京や南京の皇室庭園は、公園・植物園・博物館等の公共空間として市民に開放され、現在も市民の集う場となっている（図3Ⓔの⑰南京、Ⓘの㉗と㉘の北京）。皇帝の庭園から市民の公共空間へという変化は、政権の正統性の論拠が前近代国家における天や神々の超自然界から近代国家における国民の支持に転換するからであり、世界各地で普遍的に見ることができる。北京や南京の皇室庭園の公園化は、前近代国家から近代国家への転換を象徴的に示していると言えよう。[78]

ただし、注意すべきは、近代国家の公共空間が二〇世紀初頭に突然誕生したのではなく、長い歴史を通して徐々に形成されていった点である。中国の前近代国家の王権も、都市化や商業化の進展、交通技術の改良、仏教の流入に伴う儒教・道教の再編などの動きに連動しながら徐々に世俗化を進め、政権の正統性の論拠を天や神々の超自然界から人間界（人々の支持）に少しずつ移していった。

この動きに伴い、皇室庭園もしだいに非宗教化を進め、皇帝や支配層の娯楽の場としての世俗的な要素を強めていった。皇室庭園の世俗化は、南朝建康の庭園文化を模した隋洛陽城の会通苑（唐西苑）にすでに顕著に表れており、唐後期の長安や北宋開封、南宋臨安の皇室庭園において進展し、明清北京城において一層顕著となる。

（3）隋唐長安の皇室庭園の歴史的特色

隋大興・唐長安（隋唐長安）の皇室庭園の歴史的特色は、上で述べた、

①都市プランから言えば、前一世紀以来の「北郊―後苑―主宮殿―宗廟・社稷―南郊」の王権儀礼の南北軸構造が、主宮殿を貫く中軸線と初めて重なる要素となった点

②軍事防衛から言えば、四世紀以来の皇室庭園の軍事拠点化を受け軍事基地としての側面を備えた点

③庭園文化から言えば、ペルシア風庭園の影響を受けるとともに、後代の皇室庭園の江南庭園化の起点となった点

の三点を挙げることができる。[79] 隋唐長安の皇室庭園は、隋唐王朝の時間・空間・支配層の広がりに伴い、かつてない多様な機能を持つに至ったのである。この歴史的特色を、皇室庭園の復原図を参照しながら確認してみよう。

隋大興の皇室庭園は、宮城の北方に広大な面積を持ち、漢代以来の旧長安城を包み込む斬新な形態を持っていた（図4）。隋大興の宮城は、直接に皇室庭園と接続する構造を持つ（図5）。

隋大興を継承する唐長安の皇室庭園は複数存在したが、宮城北方に

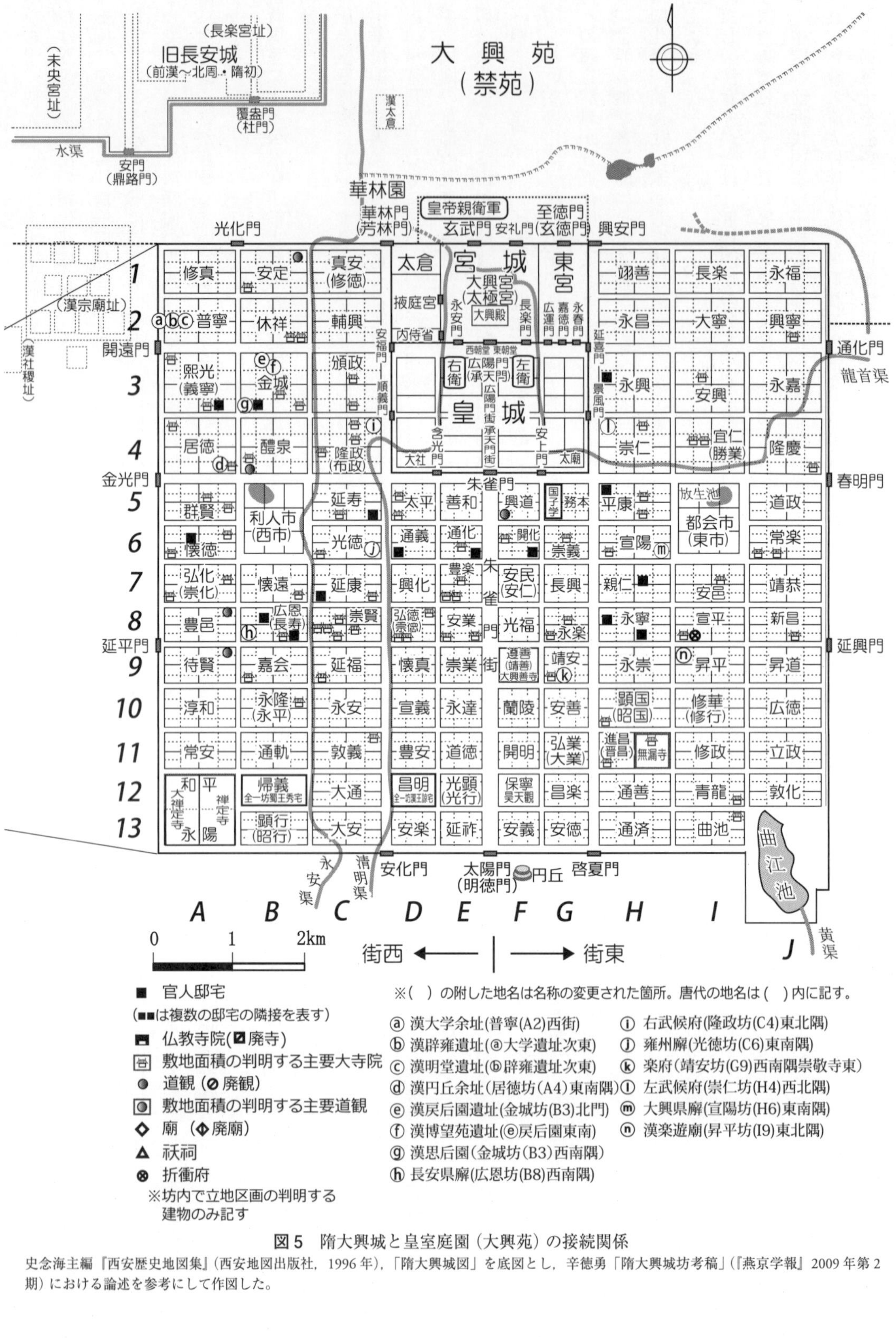

図5　隋大興城と皇室庭園(大興苑)の接続関係

史念海主編『西安歴史地図集』(西安地図出版社，1996年)，「隋大興城図」を底図とし，辛徳勇「隋大興城坊考稿」(『燕京学報』2009年第2期)における論述を参考にして作図した。

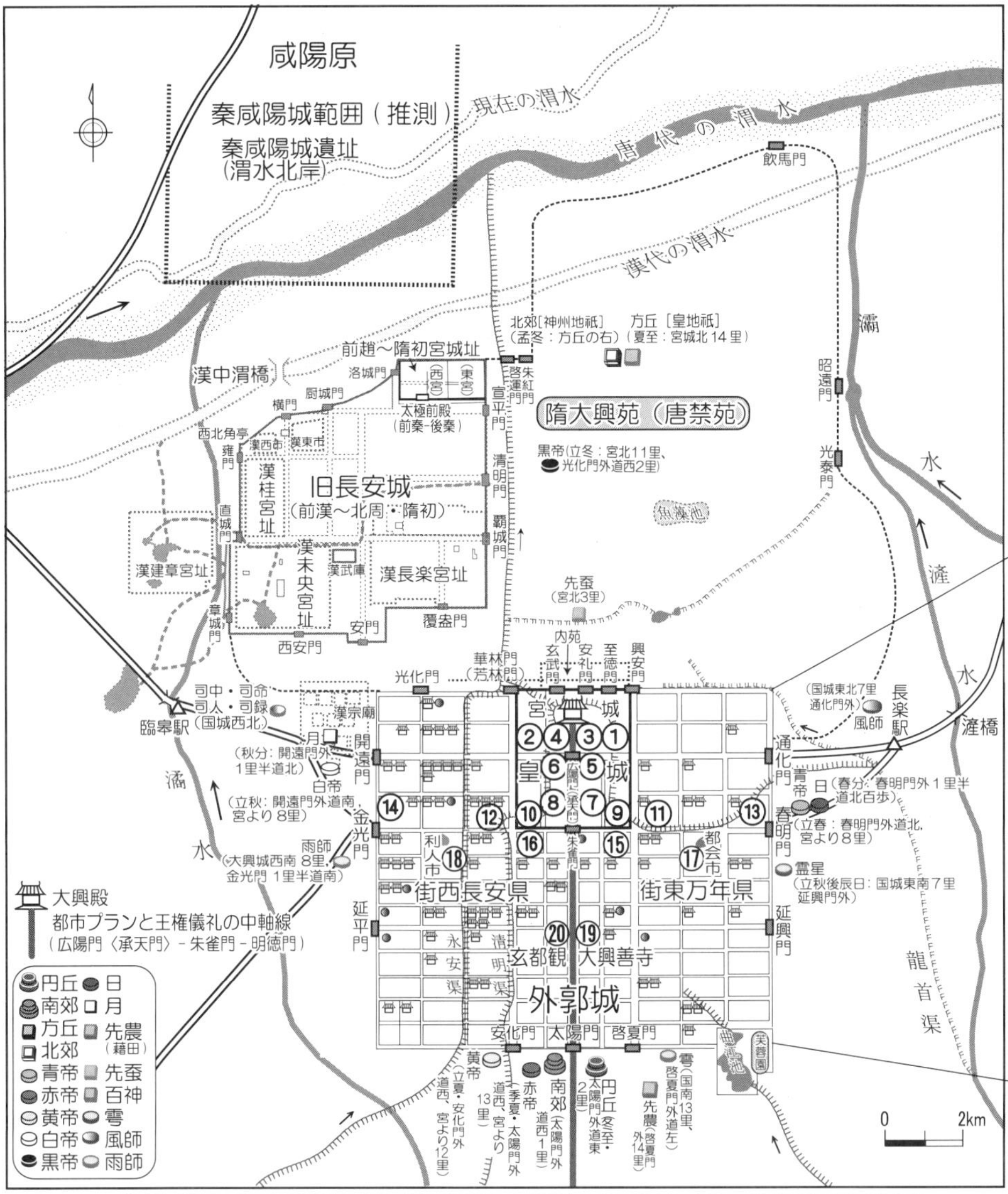

陰陽 / 諸建築	西（右・陰・女）	東（左・陽・男）
皇太子・皇后	② 掖庭宮（後宮・皇后）	① 東宮（皇太子）
中央官庁	④ 中書省（右省）	③ 門下省（左省）
朝堂	⑥ 右朝堂	⑤ 左朝堂
府兵	⑧ 右衛六衛	⑦ 左衛六衛
廟社	⑩ 大社（右社）	⑨ 太廟（左祖）
警察	⑫ 右武候府	⑪ 左武候府
仏寺	⑭ 宝国寺（街西・長安県の県寺）	⑬ 禅林寺（街東・万年県の県寺）
儒教	⑯ 武廟（武成王廟＜太公望廟＞）	⑮ 文廟（文宣王廟＜孔子廟＞）
専用市場	⑱ 利人市	⑰ 都会市
仏寺・道観	⑳ 玄都観（代表的道観）	⑲ 大興善寺（代表的寺院・国寺）

図4　隋大興城の儀礼空間と皇室庭園

本図は，史念海主編『西安歴史地図集』（西安地図出版社，1996年）「西漢長安城図（考古）」，「西漢長安城図（文献）」，「唐長安城図」を底図として作図した。禁苑の範囲及び，円丘以外の国家儀礼の祭地場所は文献の記載による推測。漢唐代の渭水の流路は，史念海主編『西安歴史地図集』（西安地図出版社，1996年）に基づき，現在の渭水の流路はGoogle2008年の航空写真により描画。図1「秦都咸陽遺址位置図」，及び中国社会科学院考古研究所漢長安城工作隊・西安市漢長安城遺址保管所編『漢長安城遺址研究』（北京：科学出版社，2006年）図1「秦，西漢都城位置関係図」による。

置かれた禁苑（隋大興苑）と、西内苑、東内苑の三苑が皇室庭園の主要部である。そのうち禁苑の規模が最も大きい（図6の該当箇所）。一方、東都の隋唐洛陽を代表する皇室庭園は、宮城西方に広がる隋の会通苑、唐の西苑である（図3©洛陽の変遷）。隋会通苑（唐西苑）は隋煬帝の江南趣味を体現する皇室庭園であり、華北の規模広大な庭園様式の上に江南の繊細な庭園様式を配した独創的な設計となっている。洛陽会通苑は、上述のように江南風の庭園文化が華北に移植された最初の本格的な事例になる。

魏洛陽から隋唐長安に至る皇室庭園史を顧みると、魏の洛陽城で誕生した「北郊（方丘）―後苑（華林園）―主宮殿（太極殿）―南郊（円丘）」の南北軸が、正統王朝を主張する舞台要素と認知されたために、南北朝時代で政権が分裂した時にも南北のそれぞれの政権の正統性の拠りどころとして建造されたことがわかる。漢魏以来の王権の正統をとなえる南朝の建康と、漢代以来の正統観念を採り入れた北魏末の平城や洛陽、東魏・北斉の鄴は、儀礼細目の相違はあるものの、ともに魏洛陽以来の「北郊―華林園―太極殿―宗廟・社稷―円丘」を儀礼舞台として整備し、経典に記された王権儀礼を挙行することで王権の正統性を主張し合ったのである。[80]

このような都城の「方丘―後苑―宮城―宗廟・社稷―円丘」という南北儀礼軸を踏まえ、宮城に連接する広大な皇室庭園に騎馬軍団の禁軍が駐屯して軍事訓練を行い宮城を防御する構造が、五世紀から七世紀にかけての華北の都城に生まれた。禁軍の駐屯する皇室庭園と皇帝の居住する主宮殿とが北と南に連結する都城の建築構造は、唐長安に至って宮城の南の皇城に配置された南衙十二衛と宮城の北の皇室庭園に配置された北衙六軍という形式に落ち着いた。[81]

このように、隋唐長安の皇室庭園の系譜をたどると、長安の皇室庭園は、

①周灃京・鎬京、秦咸陽、漢長安以来の関中平野で育まれた都城の造園の系譜

②北魏平城から北魏洛陽、東魏・北斉鄴と継承される北朝遊牧系政権の造園の系譜[82]

③東晋から宋・斉・梁・陳と続く南朝建康で発達した江南様式の造園の系譜

という、三つの異なる造園文化が初めて統合された点にあるだろう。

3　隋唐長安城の皇室庭園の空間構造

(1) 皇室庭園に関する基本文献一覧

表1は、今日に至る主な両京研究の基礎史料や研究書の歴史をまとめたものである。隋唐皇室庭園に関する基本史料は、これら表1に掲載の研究書に登載されている。これらの基礎史料に基づき、隋唐代の長安城と皇室庭園を復元した図が、図4・図5・図6・図7である。本節は、これらの図を基礎に隋唐皇室庭園の機能について論じていきたい。

皇室庭園の建築物の名称と種類については、表2にまとめている。表2は、韋述『両京新記』、呂大防「長安図」、宋敏求『長安志』、程大昌『雍録』、駱天譲『類編長安志』、徐松『両京城坊考』の皇室庭園の建築物を比較して一覧表にしたものである。この表から、唐代の皇室庭園（三苑）における建築物の名称を一覧することができる。表2のよ

表1　隋唐長安・洛陽主要研究書一覧と皇室庭園図の系譜

番号	著者・編者・校注者	対象となる都城・書名（◎印の付した書物には皇室庭園の図あり）		出版地（刊行地）・編纂時期・刊行年・頁数
1	宇文愷（555–602）	洛陽	『東都図記』20巻（佚）	隋煬帝時
2	諸葛潁（開皇年間の参軍事学士）	洛陽	『洛陽古今記』1巻（佚）	隋煬帝時
3	杜宝（隋末唐初，唐著作郎）	洛陽	『大業雑記』10巻（部分的残存）	唐貞観年間（627–49）
	辛徳勇輯校	両京	『大業雜記・両京新記輯校』（長安史蹟叢書）	三秦出版社，2006年，出版説明1＋総序8頁＋内容提要1＋本文91頁
4	鄧世隆（唐著作郎）	洛陽	『東都記』30巻（佚）	唐貞観年間（627–49）頃
5	韋弘機（上元2年〈675〉司農卿）	洛陽	『東都記』30巻（佚）	唐貞観年間（627–49）頃
6	彦悰（唐長安弘福寺僧）	長安	『大唐京寺録』10巻（佚）	唐龍朔元年（661）修訂
7	韋述（? ～ 757）	両京	『両京新記』（『両京記』）5巻（首部を欠く第3巻のみ残存）	唐開元10年（722）撰
	曹元忠集本	両京	『両京新記』（集本）2巻（『南菁雜記』）	光緒21年（1895）序文
	福山敏男校注	両京	「校注両京新記巻第三及び解説」（同『福山敏男著作集6　中国建築と金石文の研究』）	中央公論美術出版社，1983年，初出1953年，107–184頁
	周叔迦訂正	両京	「訂正両京新記」（『服部先生古稀祝賀記念論文集』	富山房，1936年，503–521頁
	岑仲勉復原	両京	「両京新記巻三残巻復元」	『国立中央研究院 歴史語言研究所集刊』第9本1冊1947年，545–580頁
	平岡武夫拾遺	両京	「両京新記続拾」	平岡武夫編『唐代の長安と洛陽 資料』京都大学人文科学研究所，1956年，211–214頁
	辛徳勇輯校	両京	『大業雜記・両京新記輯校』（長安史籍叢書）	三秦出版社，2006年，本文58頁
	陳尚君輯校	両京	「晏殊『類要』研究」	広西師範大学出版社，298–322頁
	唐雯輯校	両京	「『両京新記』新見佚文輯考」	『唐研究』15，2009年，577–597頁
8	段成式（803–863）	長安	『寺塔記』上下巻	唐会昌3年（843）撰
	秦嶺雲校点	両京	『寺塔記・益州名画録・元代画塑記』（中国美術論著叢刊）	人民美術出版社，1964年，簡介5＋本文1–32頁。
	方南生校点	両京	『酉陽雑俎』前集20巻・続集10巻所収『寺塔記』	中華書局，1981年，245–264頁
	今村与志雄日本語訳注	両京	『酉陽雑俎』4・5冊所収『寺塔記』（平凡社東洋文庫401・404）	平凡社，1981年，229–321頁，3–72頁
9	張彦遠（815頃–877頃）	両京	『歴代名画記』10巻	唐大中3年（849）撰
	長廣敏雄日本語訳注	両京	『歴代名画記』1・2（東洋文庫305・311）	平凡社，1977年，4＋本文390頁，本文339頁＋14頁
	谷口鉄雄校注	両京	『校本 歴代名画記 附索引・名画猟精録』	中央公論美術出版，1981年，1–400頁
	小野勝年日本語訳注	両京	『歴代名画記』（岩波文庫770）	岩波書店，1996年（初版1938年），1–392頁
	韓放校点	両京	『歴代名画記』（中国古典名著選）	京華出版社，2000年，目録6＋本文556頁
	周暁薇・王其偉校点	両京	『歴代名画記・図画見聞志』（新世紀万有文庫）	遼寧教育出版社，2001年，8＋97頁（『歴代名画記』）＋6＋70頁（『図画見聞志』）
	岡村繁・谷口鉄雄日本語訳注，兪慰剛中国語訳	両京	『歴代名画記訳注』（岡村繁全集第6巻）※中国古典文学大系54所収『歴代名画記』平凡社，1974年の中国語訳	上海古籍出版社，2002年，写真4＋序5＋前言3＋目録4＋本文495頁
10	宋敏求（1019–1079）	長安	『長安志』20巻	北宋熙寧9年（1076）序文
11	呂大防（1027–1097）	長安	◎『長安図』（一部残存）	永興軍京兆府（故長安）・北宋元豊3年（1080）編纂
	平岡武夫製図	長安	◎「長安城図」（同編『長安と洛陽　地図篇』）※呂大防「長安図」拓本に基づく製図	京都大学人文科学研究所，1956年

	周錚・趙金敏　製図	長安	◎「長安城図残石墨線図」（曹婉如等編『中国古代地図集－戦国–元－』※呂大防「長安図」拓本に基づく製図。平岡図よりもより正確	文物出版社，1990 年
12	宋敏求（1019–1079）	洛陽	『河南志』20 巻（部分的残存）	北宋元豊 6 年（1083）序文（『玉海』巻 15）
	高敏校点	洛陽	◎『河南志』（中国古代都城資料選刊）	中華書局，1994 年，本文 250＋索引 65 頁
13	張 礼（生卒年不詳）	長安	『遊城南記』	北宋元祐元年（1086）撰
	史念海・曹爾　琴校注	長安	『游城南記校注』（長安史籍叢書）	三秦出版社，2003 年，内容紹介 1＋出版説明 1＋写真 4＋代総序 9＋目録＋前言 10＋本文 189＋索引 35 頁
	愛宕元日本語　訳注	長安	『遊城南記 / 訪古遊記』	京都大学術出版会，2004 年，全 151 頁
14	程大昌（1123–1195）	長安	◎『雍録』10 巻	南宋紹興年間（1131–1162）撰
	黄永年校点	長安	◎『雍録』（中国古代都城資料選刊）	中華書局，2002 年，本文 228＋索引 15 頁
15	駱天驤（1223 頃–1300）	長安	◎『類編長安志』10 巻	元元貞 2 年（1298）刊行
	黄永年校点	長安	◎『類編長安志』（中国古代都城資料選刊）	中華書局，2006 年，本文 349＋索引 59 頁
16	王士点（元泰定 4 年〈1327〉参知政事）	両京	『禁扁』5 巻	元至順元年（1330 年）序文
17	李好文（1321 年進士）	長安	◎『長安志図』3 巻	元至正 2 年（1342）撰
18	佚名	洛陽	『元河南志』（『河南志』）	元代撰（清徐松輯，光绪 34 年〈1908〉刊）
19	伍余福（明正德 12 年〈1517〉進士）他	長安	『陝西通志』35 巻（佚）	明成化 4 年（1468）編
20	趙廷瑞（1492–1531）	長安	『陝西通志』40 巻	明嘉靖 21 年（1542）編
	董健新総点校	長安	『陝西通志』上・下巻	三秦出版社，2006 年，地図 2＋写真 1＋前言 10＋目録 26＋序 18＋本文 2076 頁
21	李思孝（1905–1942）他	長安	『陝西通志』35 巻，首 1 巻（付図）	明万暦 39 年（1611）編
22	何景明（1483–1521）	長安	『雍大記』36 巻	明嘉靖元年（1522）撰
23	趙崡（1569–1637）	長安	『訪古游記』所収「游城南」	明万暦 46 年（1618）撰
	愛宕元日本語訳注	長安	『遊城南記 / 訪古遊記』	京都大学術出版会，2004 年，153–254 頁
24	顧炎武（1613–1682）	両京	『歴代宅京記』20 巻	明末清初
	于傑校点	両京	『歴代宅京記』（中国古代都城資料選刊）	中華書局，1984 年，本文 288 頁＋索引 89 頁
25	畢沅（1730–1797）	長安	◎『関中勝蹟図志』30 巻	清　乾隆 41 年（1776）刊
	張沛校点	長安	◎『関中勝蹟図志』	三秦出版社，2004 年，巻首 13＋本文 942 頁
	賈漢（1605–1677）他	長安	『陝西通志』32 巻	清康熙 6 年（1667）刊
26	劉於義（1675–1748）他	長安	『陝西通志』100 巻	清雍正 13 年（1735）刊
27	梁禹甸（清順治 11 年〈1654〉抜貢）他	長安	『長安県志』8 巻	清康熙 7 年（1668）刊
28	張聡賢（生卒年不詳）他	長安	『長安県志』36 巻	清嘉慶 20 年（1815）刊
29	黄家鼎（清康熙年間咸寧知県）他	長安	『咸寧県志』8 巻	清康熙 7 年（1688）刊
30	高廷法（清嘉慶咸寧知県）他	長安	◎『咸寧県志』26 巻首 1 巻	清嘉慶 24 年（1819）刊
31	翁？（1893–1954）	長安	『長安咸寧両県続志』22 巻	中華民国 25 年（1936）刊
32	舒其紳（1731–1787）他	長安	『西安府志』80 巻首 1 巻	清乾隆 44 年（1779）撰
33	施 誠（生卒年不詳）	洛陽	『河南府志』116 巻首 4 巻	清乾隆 44 年（1779）刊
34	王森文（嘉慶 12 年〈1807〉興安府安康県知県）	長安	◎「漢唐都城図」	清嘉慶 11 年（1806）作図
35	魏 襄（生卒年不詳）	洛陽	『洛陽県志』60 巻	清嘉慶 18 年（1813）刊
36	徐 松（1781–1848）	両京	◎『唐両京城坊考』5 巻	清嘉慶 15 年（1810）序文　道光 28 年（1848）刊
	張穆（1808–1849）校補	両京	◎『唐両京城坊考』5 巻	道光 20 年（1840）以後，徐松『唐両京城坊考』編集協力・校補
	程鴻詔（1781–1848）考補	両京	『唐両京城坊考校補記』1 巻	清道光 30 年（1850）刊
	徐蘋芳・趙守儼点校	両京	◎『唐両京城坊考（中国古代都城資料選刊）』	中華書局，1985 年，本文 221 頁＋地図 3 幅＋注 84

	李健超増訂	両京	◎『増訂唐両京城坊考』	三秦出版社、1996年，　修訂版2006年，目録2頁＋本文503頁
	愛宕元日本語訳注（原文のみで注文を除く訳注）	両京	◎『唐両京城坊攷』（平凡社東洋文庫577）	平凡社，1994年，全319頁
	閻文儒・閻万　鈞校注	両京	『両京城坊考補』	河南人民出版社，1992年，　全1235頁
	楊鴻年	両京	◎『隋唐両京坊里譜』	上海古籍出版社、1999年，序1＋例言1＋図2＋目録9＋ 本文528頁
	楊鴻年	両京	『隋唐両京考』	武漢大学出版社，2000年，序2＋目録3＋本文347頁
	小野勝年	長安	『中国隋唐長安・寺院史料集成　史料篇』『同上　解説篇』	法蔵館，1989年，史料編，写真8，序20＋本文477＋索引47＋図2幅，解説編，目次12＋本文210頁
	辛徳勇	両京	『隋唐両京叢考』（長安史蹟叢書）	三秦出版社，1993年，出版説明1＋総序8＋目次5＋本文223頁
37	毛鳳枝	長安	『南山谷口考』	清同治5年（1866）撰
	李之勤校注	長安	『南山谷口考校注』（長安史蹟叢書）	三秦出版社，2006年，出版説明1＋総序8＋目録2＋前言14＋原序3＋本文189（付図7）

（1）皇室庭園（禁苑）の図が収録されている書物には，◎を付している。
（2）隋代から清代に至る長安・洛陽に関する主要な書物を掲げるが，関係論著のすべてを網羅しているわけではない。
（3）配列は原則として刊行・編纂順によるが，同じ王朝の同じ書名の書物は刊行年の古い順に連続して配列している（『陝西通志』『長安県志』『咸寧県志』の3種）。
（4）原書に校注や訳注が存在する場合は，刊行順に列挙した。
（5）本表作成に際して参考にした書物は，『合印四庫全書総目提要及四庫未収書目禁燬書目』1-5（台湾商務印書館，1971年増訂版），福山敏男「校注両京新記巻第三及び解説」（同『中国建築と金石文の研究（同著作集6）』中央公論美術出版社，1963年（原載1953年）），辛徳勇『隋唐両京叢考（長安史籍叢刊）』（三秦出版社，2006年，初版1993年）），同「『両京新記輯校・大業雑記輯校（長安史籍叢刊）』（三秦出版社，2006年），平岡武夫編『唐代の長安と洛陽　資料篇』（京都大学人文科学研究所，1956年），黄永年『唐史史料学』（上海書店出版社，2002年），劉安琴『長安地志』（西安出版社，2007年）等である。

うに、皇室庭園の基本的な建築物の名称は一致しているものの文献によって記載に違いもあり、文献史料を博捜して各建築物について詳細な分析をほどこす作業は、今後にゆだねられている。

禁苑・西内苑・東内苑の建築規模は、各史料に若干の違いがあるが、辛徳勇氏も指摘するように、禁苑の規模は東西二七里、南北三三里、四周一二〇里とみてよいだろう。

(2) 隋大興城と大興苑の造営

近年、辛徳勇「隋大興城坊考稿」(『燕京学報』新二七期、二〇〇九年第二期)が刊行され、隋大興城関係の史料の集大成がなされた。今後の隋大興城研究の基礎が固まったと言えよう。同論文の禁苑の項目では、大興苑の設置や大興苑の規模、隋文帝による漢長安城未央宮の修築、皇太子楊勇の苑内における小城建造、観徳殿(唐の西内苑の宮殿)の沿革等の史料が整理されている。[83]

隋は、初めの二年間は漢代以来の長安城を都城として用い、都の名称も長安だった。隋の新しい都城・大興城の建造は、開皇二年(五八二)六月の文帝の建造の詔を受けて始まり、翌年三月に基本工事が完成した。工事期間は、わずか九カ月である。この間に、主宮殿の大興宮や官庁街の皇城、大興苑(唐の禁苑)等の新都の中核をなす建築物が建造された。工事を開始して半年後の開皇三年(五八二)正月には、大興城の名称が決まった。新都の完成を前に大赦が出されている。

隋大興城の都市プランの特徴は、主宮殿の大興殿を起点に南北に延びる軸線を挟み、行政・財政・軍事・宗教を代表する建築物が東西対称に並ぶ、整然とした建築構造を備えていたことである。左右対称の配置は基本的に儒教の陰陽思想に基づいており、陽に相当する建築物

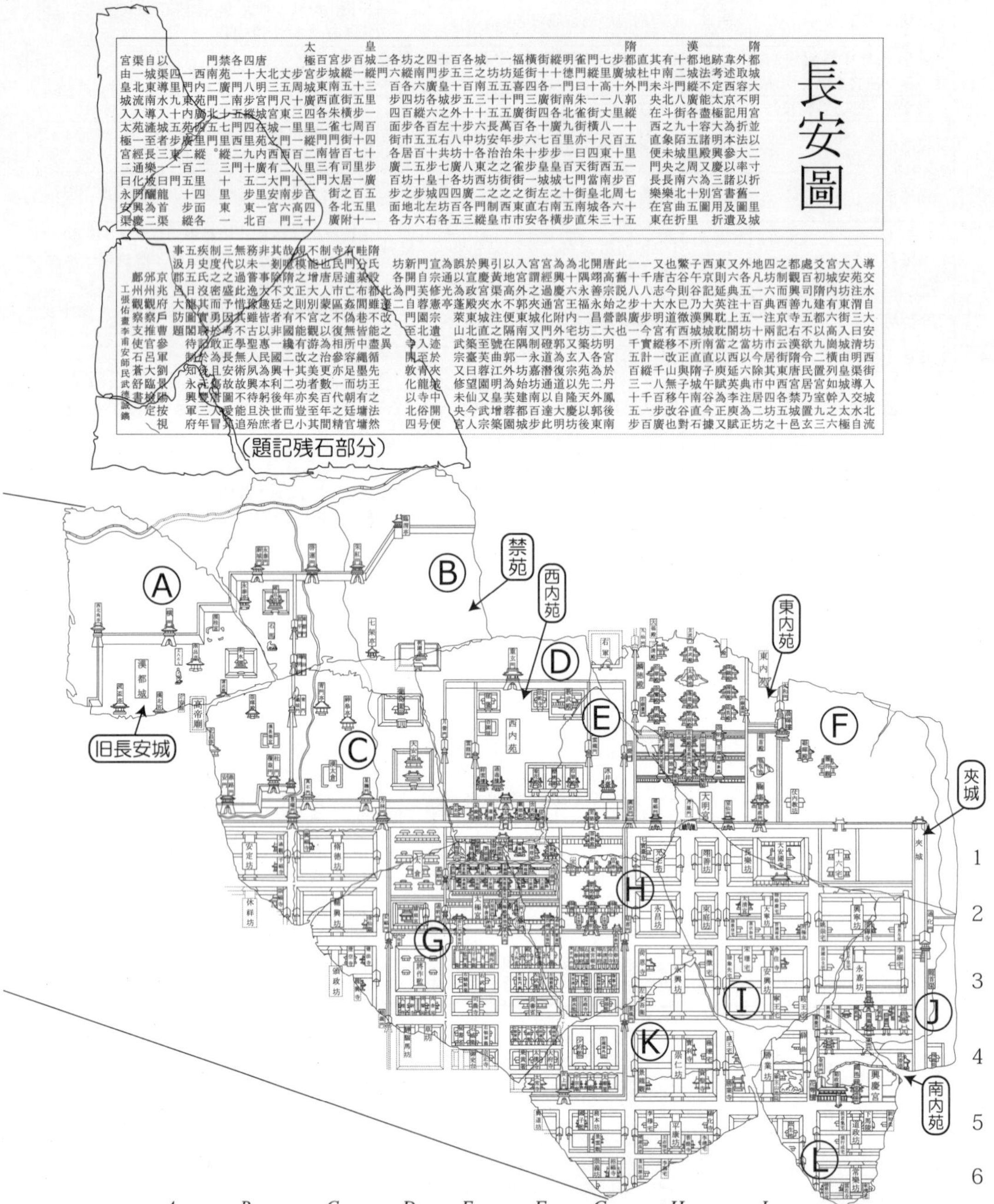

図7　北宋・呂大防「長安図」残石拓本図

本図は，平岡武夫『唐代研究のしおり第七　唐代の長安と洛陽　地図篇』（京都大学人文科学研究所, 1956年）所載図版二・第二図「長安城図」（呂大防）を底図に描いた妹尾達彦「都城図中描絵的唐代長安的城市空間」（『張広達先生八十華誕祝寿論文集』上冊，新文豊出版公司, 2010年）所載の図5を，近年の研究に基づき新たに増補したものである。点線部分は，北京大学図書館蔵拓本等によって補った。

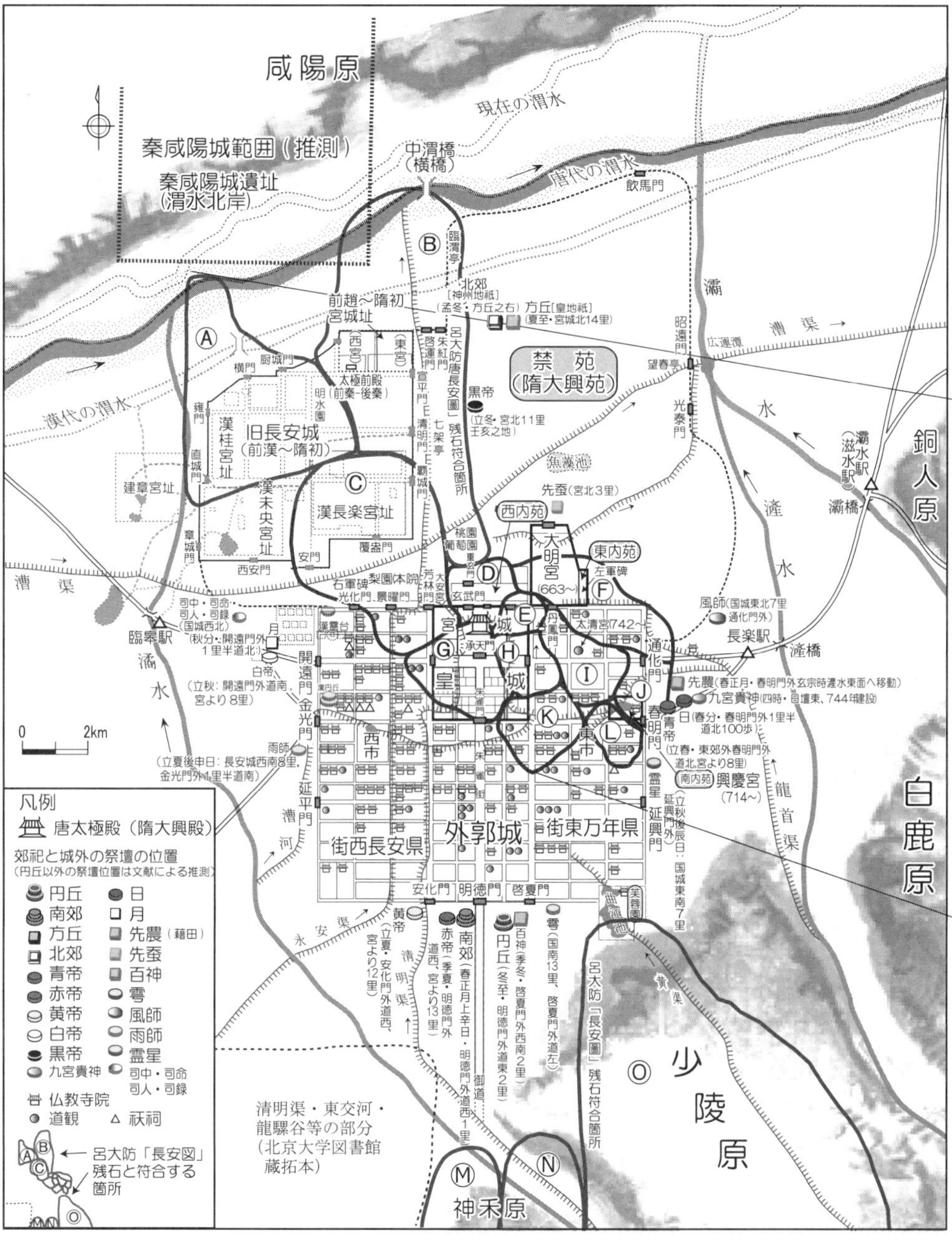

図6　唐長安城と北宋・呂大防「長安図」の該当箇所

本図は妹尾達彦「中国の都城と東アジア世界」（鈴木博之他編『記念的建造物の成立』（東京大学出版会，2006年）所載図3-9「唐代長安城の近郊—交通路・灌漑施設・別荘・行楽地・墓域」を底図に，近年の研究に基づき補訂したものである。禁苑の範囲および，円丘以外の王権儀礼の祭壇位置は文献の記載による推測。漢代と唐代の渭水の流路は，史念海主編『西安歴史地図集』（西安地図出版社，1996年）に基づき，現在の渭水の流路はGoogle2008年の航空写真により作図した。

表2　唐代三苑建築物一覧

<table>
<tr><th>三苑</th><th>建築の種類</th><th colspan="2">建築物の名称</th><th>備考</th></tr>
<tr><td rowspan="13">禁苑</td><td rowspan="6">漢長安故城（旧長安城）</td><td>監</td><td>旧宅監（北面監）</td><td rowspan="6">禁苑
東西27里，南北33里（『冊府元亀』巻14）。
漢長安故城
東西12里，南北13里（『長安志』巻6）</td></tr>
<tr><td>門</td><td>南壁3門：覆盎門（杜門）・安門（鼎路門）・西安門（安門）
東壁3門：宣平門（東都門）・清明門（藉田門）・覇城門（青門）
西壁3門：章城門（唐延秋門）・直城門・雍門
北壁3門：横門・洛城門・厨城門（唐永泰門）</td></tr>
<tr><td>宮・殿・</td><td>漢咸宜宮・漢未央宮・未央池・通光殿（詔芳亭・凝思亭・端門を付す）・漢桂宮跡・漢長楽宮・漢北宮・漢明光宮・漢長信宮・講武殿・唐崇暉殿</td></tr>
<tr><td>園</td><td>唐明水園</td></tr>
<tr><td>亭・台</td><td>西北角亭・南昌国亭（南昌亭）・北昌国亭（北昌亭）・流盃亭（流杯亭）・永泰亭・永泰門・青門亭・柏梁台</td></tr>
<tr><td>倉庫・廟・墓・石馬・石人</td><td>漢武庫・樗里子墓・漢大倉・高帝廟（高祖廟）・石馬（石麟）・丈八石人</td></tr>
<tr><td>監（苑総監1・監4）</td><td colspan="2">苑総監・四面監：長楽監（南面監）・旧宅監（北面監）・東監（東面監）・西監（西面監）</td><td></td></tr>
<tr><td>門（計10門?）</td><td colspan="2">南壁3門：景曜門（中門）・芳林門（東門）・光化門（西門）
東壁2門：光泰門（南門）・昭遠門（北門）
西壁2門：延秋門（南門）・玄武門（北門）
北壁3門?：啓運門（苑北門，中門），飲馬門（東門）・永泰門（西門）※朱紅門・※魚糧門・※昭遠門</td><td>西壁玄武門は『長安志』巻6，北壁の※の門は呂大防「長安図」と『長安志図』による。</td></tr>
<tr><td>宮・殿・院</td><td colspan="2">九曲宮（宮中に殿舎山池）・大安宮・魚藻宮・昭徳宮・光啓宮・白華殿・望春宮・元沼宮・凝暉殿・含光殿・飛龍院・驥徳殿・会昌殿</td><td rowspan="2">「苑中宮亭凡二十四所」（『長安志』巻6，禁苑）</td></tr>
<tr><td>亭</td><td colspan="2">蚕壇亭・南望春亭・北望春亭・坡頭亭・柳園亭・月坡・毬場亭子・五橋（青城・龍鱗・栖雲・凝碧・上陽橋）・禎興亭・神皐亭・七架亭・青門亭・桃園亭・臨渭亭・正興亭・北亭・望雲亭・鞠場亭・真興亭・北園亭</td></tr>
<tr><td>園・坊</td><td colspan="2">梨園・葡萄園・虎園（虎圏）・御馬坊・仗内教坊</td><td></td></tr>
<tr><td>水渠・池・橋</td><td colspan="2">清明渠・永安渠・龍首渠・漕渠・魚藻池・凝碧池</td><td></td></tr>
<tr><td>碑</td><td colspan="2">右軍碑・左軍碑</td><td></td></tr>
<tr><td rowspan="2">西内苑（北苑）</td><td>門（計3門）</td><td colspan="2">重玄門（魚糧門，内苑北門）・東雲龍門（東門）・西雲龍門（西門）・玄武門（南門）・日営門・月営門</td><td></td></tr>
<tr><td>宮・殿・楼亭・台・坡・橋</td><td colspan="2">観徳殿・含光殿・永慶殿・永安殿・広達楼（広運楼）・通過楼・冰井台・桜桃園（園内に拾翠殿・看花殿）・祥雲楼</td><td></td></tr>
<tr><td rowspan="2">東内苑</td><td>門</td><td colspan="2">延政門（南門）・左銀台門（北門）・太和門（東門）・左雲龍門・右雲龍門</td><td></td></tr>
<tr><td>殿・楼・亭・坊・場・池・橋</td><td colspan="2">龍首殿・龍首地・靈符応聖院・承暉殿（凝暉殿）・看楽殿・内園少児坊・内教坊・仗内教坊・東下馬橋・御馬坊・毬場・龍武軍直殿・亭子殿</td><td></td></tr>
</table>

(1) 本表は，『長安志』巻6，宮室，唐上，禁苑内苑，呂大防「長安図」，『玉海』巻158，『雍録』巻9，唐三苑図，『長安志図』巻上，『唐両京城坊考』巻1，三苑等の記載に基づく。各建築は，建築用途（宮・殿・亭等）によって大まかに分類し，各分類の中の配列は、『長安志』と『唐両京城坊考』に記載の順番に従った。『長安志』『唐両京城坊考』に未記載の建築は適宜配列した。

(2) 禁苑の中には大明宮も入るので，上記の「禁苑」の欄に大明宮の諸建築も入れなくてはならないが，本表では省略した。大明宮の諸建築については図15「8，9世紀の大明宮と三苑の接続関係」を参照。

が大街の東側、陰が西側に配される。たとえば、皇太子（男性＝陽）の東宮は東、皇后（女性＝陰）の掖庭宮《えきていきゅう》（後宮）は西に配置した。皇室庭園の大興苑（後苑・北苑。唐禁苑）も、このような都城全体の陰陽配置に基づいて配置された（図4）。

承天門街＝朱雀門街は、天の子午線に対応する聖なる南北中央軸と見なされ、王権儀礼の動線を構成した。南北中央軸の上に主要宮殿を配置した意味は、宮殿で政治をつかさどる一人の男性が陰陽の秩序を超越して天と地を媒介できる唯一の存在、すなわち天子＝皇帝にほかならないことを主張するためである。陰にあたる北方の皇室庭園で皇后が蚕神を祀る先蚕儀礼が行われたことや、宮城北方において皇地祇を祀る方丘や神州地祇を祀る北郊、五方上帝の黒帝を祀る黒帝壇の国家儀礼が定期的に行われたことも、都城の陰陽秩序を視覚化する政治行為だった（図4）。

ただ、隋大興城は、上記のように九カ月という短期間で造営されており、大興城建造時に外郭城の各城門は建造されてはいたが、外郭城の城壁がどこまで完備していたかは不明である。大興城建造時に大興苑の苑牆が完成していたかどうかも、確認できない。文帝を継いだ第二代皇帝の煬帝は、洛陽を新たに造営して主に洛陽に居住したために大興城の修造には熱心ではなかったと考えられ、唐王朝が大興城に再び拠点を置いてから外郭城や皇室庭園の整備が本格的に進められたと思われる。[84]

大興城建造の要因は、通常、漢長安以来の旧長安の宮殿規模の小ささや、渭水の氾濫の恐れ、長年の使用による上下水道の塩化等の住環境の悪化が挙げられているが、何よりも、旧長安の東北隅に偏在する宮殿の防衛上の弱点の克服にあったと考えられる。建国当初の隋は、西魏・北周以来の都城をそのまま継承したために、漢長安城以来の城郭の東北部の空間が宮殿区になっていた（図3Ⓐ長安②前趙―前秦―後秦―西魏―北周―隋初長安、および図4、図6の該当箇所を参照）。宮殿地区の北側には東流する渭水があり北からの攻撃に対して自然の防壁となっていたとはいえ、旧長安の宮殿構造は堅強なものとは言えない。

隋建国時の国際情勢をみると、ユーラシア大陸東部最強の軍事国家は突厥であり隋とは交戦状況にあった。突厥は、中原王朝の政治的分裂に乗じてしばしば黄土高原に侵入し、六世紀末の隋建国時には長安の立地する黄土高原の南部まで軍を進めている。大興城建築中の開皇三年十月、突厥の南進に備えて文帝は皇太子の楊勇に渭水北岸の咸陽に駐屯させているほどである。[85]この緊迫した軍事情勢こそが、隋文帝が従来の旧長安城内の宮殿区を棄て、旧長安の東南に広がる丘陵地帯に九カ月という短期間のうちに防御機能を強化した新たな都城を建造した第一の要因と考えられる。[86]

隋は、宮殿の北方に広大な皇室庭園（隋大興苑＝唐禁苑）を築き、皇室庭園内に旧長安城を内包させて都城の防御拠点として活用するとともに、やや高台の地にあたる宮城の北門（玄武門）の北側に親衛軍を常駐させる体制を構築したと考えられる。[87]長安陥落直前に禁苑から脱出した唐代の玄宗や敬宗の事例を顧みれば、隋の大興苑は非常時の逃げ城としても想定されていたと思われる。大興城の陥落と隋の滅亡は、大興苑を李淵・李世民・李建成の軍隊が奪ったことが決定的だったのであり、隋大興苑の軍事的重要性は疑いない。[88]

宮城の南側には官庁街である皇城が造られ、皇城内には玄武門を守る北衙に対して南衙と総称する諸衛十二衛の衛士（府兵）の駐屯する官舎があった。十二衛は衛ごとに宮城防御の職務を分担していた。左右衛は宮廷警護と承天門・嘉徳門の警護、左右驍衛は皇城四面諸門の内外、左右武衛は太極宮の嘉徳門内外、左右威衛は太極宮の長楽門・永安門の内側（北側）、左右領軍衛は長楽門・永安門の外側（南側）、左右金吾衛は宮中および京城の昼夜の巡邏、左右監門衛は諸門、左右千牛衛は宮殿の侍衛を管掌する。[89]南衙十二衛は、宮城南部と皇城の警備の全般を担当したのである。

ただし、宮城と南側の皇城とは幅二〇〇ｍもの横街によって分断され、宮城は、官庁街である皇城や官人、一般民衆の居住する外郭城から防御上独立した空間を構成していた。この点で、宮城北側の皇室庭園が宮城北門の玄武門を媒介に壁一つで連結していたのとは異なっていた。大興城は、宮城北門の親衛軍が宮殿を防御することを前提とする建築構造となっているのである。このような王朝最強の親衛軍が宮城北門に駐屯する建築構造が、親衛軍を掌握した勢力による政権奪取をうながし唐前期の宮廷政変の主因となったことは、陳寅恪の著名な分析に詳しい。[90]

大興苑が歴代遊牧系政権の皇室庭園造営の流れを汲んでおり、宮城防衛の上で大興苑の建造が不可欠であったことは、上述の朴漢済氏の系統的な研究で明らかにされている。[91]四世紀以来の遊牧民の華北侵入と遊牧系政権の樹立を契機に、北魏平城の鹿苑や東魏・北斉鄴城のように、禁軍が宮城に隣接する皇室庭園に駐屯して宮城を防衛し軍事訓練を行う体制が生まれた（朴氏の言う「城苑体制」）。平城の鹿苑は、多数の家畜が放牧された広大な敷地を持っており、財政軍事上の各種の機能を備えていた。[92]この構造と機能が、北魏洛陽や東魏・北斉鄴、西魏・北周長安を経て、隋唐長安城の皇室庭園にも継承されたと思われる。[93]

隋の大興苑をそのまま継承して禁苑と改称した唐も、宮城と連結する皇室庭園が軍事防衛の上で重要な役割を果たしつづけた。六六三年の大明宮の重修に際し東壁に接して新たな内苑が造営されたと考えられ、太極宮北側の内苑とあわせて東西の内苑体制が生まれた。[94]ここに、唐三苑（禁苑・西内苑・東内苑）が成立した。

太極宮の北門にあたる玄武門北側の内苑（西内苑）の中に駐屯する禁軍は、その駐屯位置から北軍、北衙、北牙、北門等と呼ばれ、その兵士数も、玄武門を舞台とする宮廷政変を経るごとに増加し、唐初の百騎から千騎、万騎へと規模を拡大する。[95]玄武門は、太原の挙兵以来高祖・李淵に従軍した騎馬軍団が駐屯して宮城の防衛を担って以来、大明宮に主宮殿が移動する八世紀まで、常に唐朝最強の禁軍が駐屯した。[96]八世紀以後の太極宮から大明宮への皇帝の居住地の移転に伴い、禁軍の駐屯地が太極宮の玄武門北側から大明宮の東西二つの門（九仙門・左銀台門）の外側に移動する。このことが、宮城の防衛や皇室庭園の管理の変更のみならず、唐朝の行財政の全体を変貌させる契機になるのである。[97]

（3）唐長安城の三苑の規模と構造

唐代長安の主要な皇室庭園は、上述のように三苑と呼ばれた。すなわち、

①禁苑（隋大興苑）
②西内苑
③東内苑

の三苑である。①禁苑は、宮城と外郭城の北方に旧長安城を包含して

広がる最も大きな庭園であり、軍事・行政・儀礼・娯楽・鑑賞等の皇室庭園の機能のすべてを備えた唐朝を代表する庭園である。②西内苑は、宮城北に連接し禁軍の駐屯する宮城防御施設であり、各種の亭館の建つ娯楽・鑑賞施設を備えた庭園でもある。③東内苑は、大明宮東南に連接して建造され、西内苑と同じく防御と娯楽をかねた庭園である（図4）[98]。

禁苑・西内苑・東内苑の建築規模は各種史料によって若干の相違がある。また、韋述『両京新記』をはじめ、北宋・宋敏求『長安志』、北宋・呂大防「長安図」、徐松『両京城坊考』の禁苑に関する記事の中に現れる建築物を比較し、一覧表にしたものが、表2である。この表2から、呂大防「長安図」の禁苑を始めとする唐代の禁苑における建築物の名称を一覧することができる。

これらの記述を参考に描いた図6の該当箇所を見ると、禁苑の規模が圧倒的に大きいことがわかる。同時に、禁苑内に占める漢代以来の長安城の面積の大きさにも驚かされる。

三苑のうち、

①禁苑は、三苑の中で規模最も大きく、漢長安城をはじめとする多くの建築物を内包し、唐代の皇室庭園の中核をなしている。全体が苑牆で囲まれ、唐律の衛禁律において禁苑に無断で入ることが禁じられている[99]。ただし、禁苑の大きさについては、各種の史料で異同があり、禁苑の牆壁（苑牆）も残存しておらず、正確にはわからない。

②西内苑は、宮城（太極宮・東宮・太倉・掖庭宮）の北に接する苑である。内苑や北苑ともいう。宮城の北に位置するために、宮城防御上、最重要の地となり、玄武門の北側には北衙禁軍が駐屯した。上記のように、この北衙禁軍の掌握が政権の帰趨を決定した。西苑内には、太極宮の宮城の北部と連結するために多くの宮殿や離宮が造営されていた。

③東内苑は、外郭城の東北部に接して大明宮の防御をなし、左三軍（左羽林軍・左龍武軍・左神策軍）が東内苑の北に駐屯した。東内苑内には、城外からの龍首渠を引水して龍首池が造成され、七世紀後半における庭園様式をうかがうことができる[100]。

4　隋唐長安城の皇室庭園の機能

(1) 皇室庭園の立地環境

隋唐長安の自然環境の復原は、近年の研究の焦点の一つである。第二章の「隋唐長安城と郊外の誕生」でも叙述したように、隋唐期は、気候の比較的温暖な時期に属し、長安を囲む関中平野の自然環境は、現在の西安からは想像できないほど豊かであり、渭河から秦嶺北麓にかけて広がる黄土原には多数の池沼が分布し、多種類の動物が生息して植物が繁茂していた[101]。原上を流れる河川も、水量は現在よりもずっと豊かであった[102]。

隋大興・唐長安は、東を灞水と滻水、北を渭河、西を灃水と皂河（滈河）、南を秦嶺に囲まれ、いわば天然の護城河を持つ地形だった。隋唐長安の皇室庭園が造営された渭水南岸の地は、秦嶺北麓から北方にかけて徐々に傾斜して渭水に至る地にあり、秦嶺から渭河に流れる地表水と地下水に恵まれた黄土原（黄土台地）の一部に立地した。大興苑の場所は、自然環境を活用した大規模な庭園の造園に適した地と言えよう。

隋唐長安の都市プランの特色の一つは、もともと原上に存在していた多数の池沼を水渠と連結させることで、系統的な自然環境の整備を進めた点である。秦嶺北麓から渭水にかけて開鑿された永安渠や清明渠・龍首渠・漕渠等の水渠が、よく考え抜かれた水路をたどって隋唐の皇室庭園に清冽な水を運んでいた（図４・図６）[103]。

隋大興宮（唐太極宮）北部の後苑内の四海や山池院、東宮北部の宜春苑、大明宮の太液池、東内苑の龍首池、興慶宮南内苑の龍池、禁苑内の魚藻池をはじめとする池沼、外郭城東南の曲江池などは、もともと渭水南岸の原の上の低湿地に分散していた池沼である。これらの池沼は、大興城建造後に城内外を流れる水渠網で系統的に連結されて都城の景観に組み入れられることになった。そして、司農寺や宮苑使等の専門官庁によって、池沼の水量の管理と自然環境の整備が制度的に進められることになったのである。

とくに、八世紀の玄宗期に江南の穀倉地帯と都城を結ぶ漕運の改革が敢行され、長安城の城内外を結ぶ水渠・河川が、漕渠を通して洛陽から江南に延びる大運河と間接的に連結されたことは、都城内外の交通を改善させた。すなわち、玄宗天宝九年（七五〇）、陝郡太守・水陸転運使韋堅が、咸陽から渭河の水を引き禁苑を横切って灞水と滻水の合流地点を経て黄河にまでつながる漕渠を改修した。さらに、灞水・滻水合流地点に大きな広運潭を造成して東方からの輸送船を停泊させ、禁苑東壁に広運潭を望む望春楼を建造した[104]。

長安の水運が東方の大運河と効率的につながったことは、長安城内外の交通網の整備にとって画期的なことだった。この工事によって、皇室庭園を流れる水渠は城内外の水運網と連結し、関中平野南部の水運網が成立した[105]。玄宗期の漕運改革以後、長安は江南の穀倉地帯と連結し、唐初から玄宗期まで続いた食を求めての皇帝の洛陽行幸の必要がなくなったのである[106]。ただし、安史の乱後に漕渠と広運潭は、渭河や滻水・灞水の泥砂によって淤塞が進み、整備がなされないまま渭水を利用する水運に戻ったという[107]。

さて、隋の大興城建造時に直面した問題の一つは、漢長安城を皇室庭園に包み込み、東を灞水、西を滈水に挟まれた平原に都城を築くとすると、宮城の北部が池沼地帯に位置せざるをえなくなることだった。しかも、宮城東北には龍首原と呼ばれる比較的高い台地が存在して、宮城の地を望む地形となっていた。つまり、大興城は、都城の防衛機能を高めるために建造されたにもかかわらず、地形の制約で宮城の立地が防御上の弱点を抱える矛盾を内包していたのである（図９）。

そのために、隋唐王朝は、宮殿北側に連接して大興苑を建造し宮城北門に親衛軍を駐屯させ、宮殿の立地のもつ防衛上の弱点を解消する手段をとった。換言すれば、旧長安城のもつ軍事防衛上の重要性が、大興城の宮殿立地の弱点を補うに足ると判断されたとも言えるだろう。そこで、次に旧長安（漢長安城）が担った軍事・行政上の重要な役割について整理してみよう。

（２）隋唐皇室庭園の中の漢長安城

漢が滅亡した後も、漢長安の城郭建築は晋・前趙・前秦・後秦・西魏・北周・隋初の都城として断続的に一〇〇年以上も使用され続けた（図２Ⓐ長安＝咸陽の縦列を参照）。この間、後漢末の戦乱時に破壊された長安城内の建築物の再興がなされた。前趙・劉曜や後趙・石虎、前秦・苻堅、後秦・姚興、後趙・石苞などによって、漢長安城の建築物が修造されたことも、よく知られている。[108] 隋は、建国の開皇元年（五八一）二月から大興城に遷都する三年（五八三）三月までの二年間のみ、旧長安に奠都した。この二年間は、隋は北周以来の宮殿を利用していたのである。

前趙から隋初にかけての宮殿地区は、近年の考古発掘の結果、旧長安の東北隅にあったと推定されている（図4の旧長安）。前秦の主宮殿である太極前殿遺址の一部も発掘された。前趙以後の長安は、西宮（皇宮）と東宮（前秦・後秦は太子宮と呼ぶ）の東西二宮制をとる都城であった。西宮は皇宮と呼ばれ、皇帝の居住する中央政治の主要舞台だった。

宮殿が東北隅に立地した理由は、劉振東氏によれば、

①東北部が微高地になって宮殿建造にふさわしかったこと
②漢末の動乱で漢長安の主要部を占める宮殿区が破壊された一方、東北隅に空地が存在したこと
③東北隅に立地すれば旧長安城の北部と東部の城壁を再利用でき、とくに西宮西北角と東宮東北角の城壁部分の幅が広く高く防御の上で利点のあったこと
④宮殿区の西側が漢の故洛城門街に面し、南側は漢の故宣平門街に面しているために、城内外を結ぶ交通の便に長けていたこと

の四点を挙げている。[109]

五胡十六国から北周にかけての文献に散見される「長安宮」「皇宮」「皇城」「長安小城」「子城」などの語は、この東北隅の宮殿地区を指すと考えられている。北周長安では、漢以来の外郭城を長安大城と呼び前趙以来の西宮を長安小城と呼んでいた。西宮の太極前殿遺址には、唐代になって新たに楼閣も建造された。[110] 未央宮の発掘によれば、五胡十六国時代には大規模な修築の跡はない。そこで、五胡十六国時期に修復されたと記載されている未央宮は漢長安城の未央宮ではなく、東北隅に位置した宮殿地区の主宮殿の雅名を指すと考えられている。五胡十六国時期の長安城の中央政治の舞台は、東北隅の宮殿区に移行していたのである。[111]

大興城が建造され皇室庭園の中に旧長安が内包されたのち、旧長安城内外の漢代以来の運河や池沼、宮殿遺址の一部は本格的に改修された。旧長安の未央宮は、隋唐を通して繰り返し増修され唐末まで使用されつづけた。漢長安の水源の一つであった昆明池も、隋唐代も再整備されて城内の水源や宴遊地、狩猟場の給水地等として活用された。[112] 隋唐長安城にとって旧長安城内外の諸建築は、政治文化上、不可欠の社会資本でありつづけたのである。

『長安志』巻六、禁苑（経訓堂叢書本、4葉b－5葉a）には、唐長安の禁苑の中に位置した旧長安の主な建築物について以下のように記しており、新長安における旧長安の建築物の利用状況を知ることができる。

咸宜宮、未央宮二所、皆漢之旧宮也。去宮城二十一里。唐置都邑之後、因其旧址復増脩之。宮側有未央池、漢武庫及樗里子墓。武宗会昌元年、因遊畋至未央宮、見其遺址、詔葺之、尚有殿舎二百四十九間。作正殿曰通光殿、東曰詔芳亭、西曰凝思亭、立端門、命翰林学士裴素撰記。永泰門去宮城二十三里。西北角亭、南昌国亭、北昌国亭、流盃亭在未央宮北漢之旧址。明水園〔以上九所並在漢故内隷旧宅監所領也〕。

咸宜宮と未央宮の二カ所は、ともに漢の旧宮殿である。宮城の太極宮から二一里（約一一・六㎞）の距離にある。唐が長安に奠都し

て後、漢長安の旧址に咸宜宮と未央宮が増修された。未央宮の側らには未央池、漢の武庫、樗里子《ちょりし》（秦の右相で墓が長楽宮の西、未央宮の東にあった）の墓がある。武宗は会昌元年（八四一）、狩猟に出て未央宮に至り、未央宮遺址を眺めて詔して修築させた。修築された殿舎は計二四九間である。未央宮の正殿を造営して通光殿と名づけ、通光殿の東西には詔芳亭と凝思亭を造り、その南に端門を設け、翰林学士裴素に命じて「重修漢未央宮記」（『全唐文』巻七六四）を撰文させた。永泰門（旧長安城の北壁の門）は、宮城から二三里（約一二・七km）の距離にある。西北角亭、南昌国亭、北昌国亭、流盃亭は未央宮の北の漢長安遺址内にある。明水園。〔以上九つの建築はみな漢長安古城の中にあり旧宅監の管轄になる〕。

※（ ）内は筆者補。〔 〕内は原注。

上記のように、唐代の旧長安城内には、漢代以来の建築物や唐代に造営された建築物が多数存在していた。『長安志』では、咸宜宮（漢長安の宮殿で唐代に増修）・未央宮（漢長安の主要宮殿で唐代に増修）・武庫（漢長安の武器庫）・通光殿（唐武宗が漢未央宮跡に建造した宮殿で東西に詔芳亭と凝思亭を付設する）・西北角亭（漢長安以来の建築物か）・南昌国亭（唐代の建造と思われる）・北昌国亭（唐代の建造と思われる）・流盃亭（唐代の建造と思われる）・明水園（唐代の建造で武宗が修理）・四監（禁苑を管理する四面監）の建築物を掲載している。[113] これらの建築物は、唐代には禁苑を総監する四面監の一つの北面監（旧宅監）の管轄であり、旧長安を管轄区とする専門の監が置かれ管理された。

呂大防「長安図」の漢都城の図中からは、以上の『長安志』所載の建築物のうち六つの建築物を確認できる。すなわち、咸宜宮・西北角亭・南昌国亭（呂大防「長安図」では南昌亭）・北昌国亭（呂大防「長安図」では北昌亭）・流盃亭・明水園である。残る未央宮と通光殿、武庫の三つも描かれていたはずであるが、立地地点の拓本の部分が欠落しているために確認できない（図7・図8・図12）。[114]

また、呂大防「長安図」には、上記の『長安志』に記述のない城門や城内の建築物も描かれている。すなわち、宮殿建築としては漢北宮（未央宮北方の三宮の一つで未央宮と複道で連結していた）や漢桂宮（三宮の一つで漢武帝の太初四年〈前一〇一〉に后妃のために建造）、崇暉殿（唐代に建造された宮殿）、講武殿（北周長安の正武殿のことで講武殿の名称は住民の俗称という）[115]、永泰亭（漢長安城北壁の永泰門に近く唐代の建造か）が描かれており、石造建築として石馬と丈八石人が見える。咸宜宮の前に描かれた石馬は、夏の真興二年（四二〇）に、長安を占拠して南都とした赫連勃勃の子である陽平公が漢の咸宜宮の前に造石したもので、正しくは石馬ではなく石麟（仁のある政治が行れる時に現れる瑞獣である麒麟の石像）という。[116]

また、図8唐三苑の呂大防「長安図」中の「漢都城」の「定安□」とは、定安館のことである。定安館とは、漢代に未央宮の北方に存在した三宮（明光宮・桂宮・北宮）の一つの明光宮であり、王莽によって新王朝が建国された始建国元年（紀元後九年）に、定安太后（漢平帝の皇后で王莽の長女）をここに居住させて定安館と改称したものである。[117]

図8唐三苑の呂大防「長安図」中の「定安館」の東、「講武殿」の西方に、「高」の字が見える。これは、「高帝廟」ないし「高廟」「高祖廟」と呼ばれた漢高祖の廟と思われる。[118]

漢高祖劉邦の廟は、劉邦死後に恵帝によって建造された。[119] 漢高祖廟は、唐代の旧長安城内になお存在していたと思われる。このように、呂大防「長安図」の中の「漢都城」は、唐代に残る旧長安城の建築物を

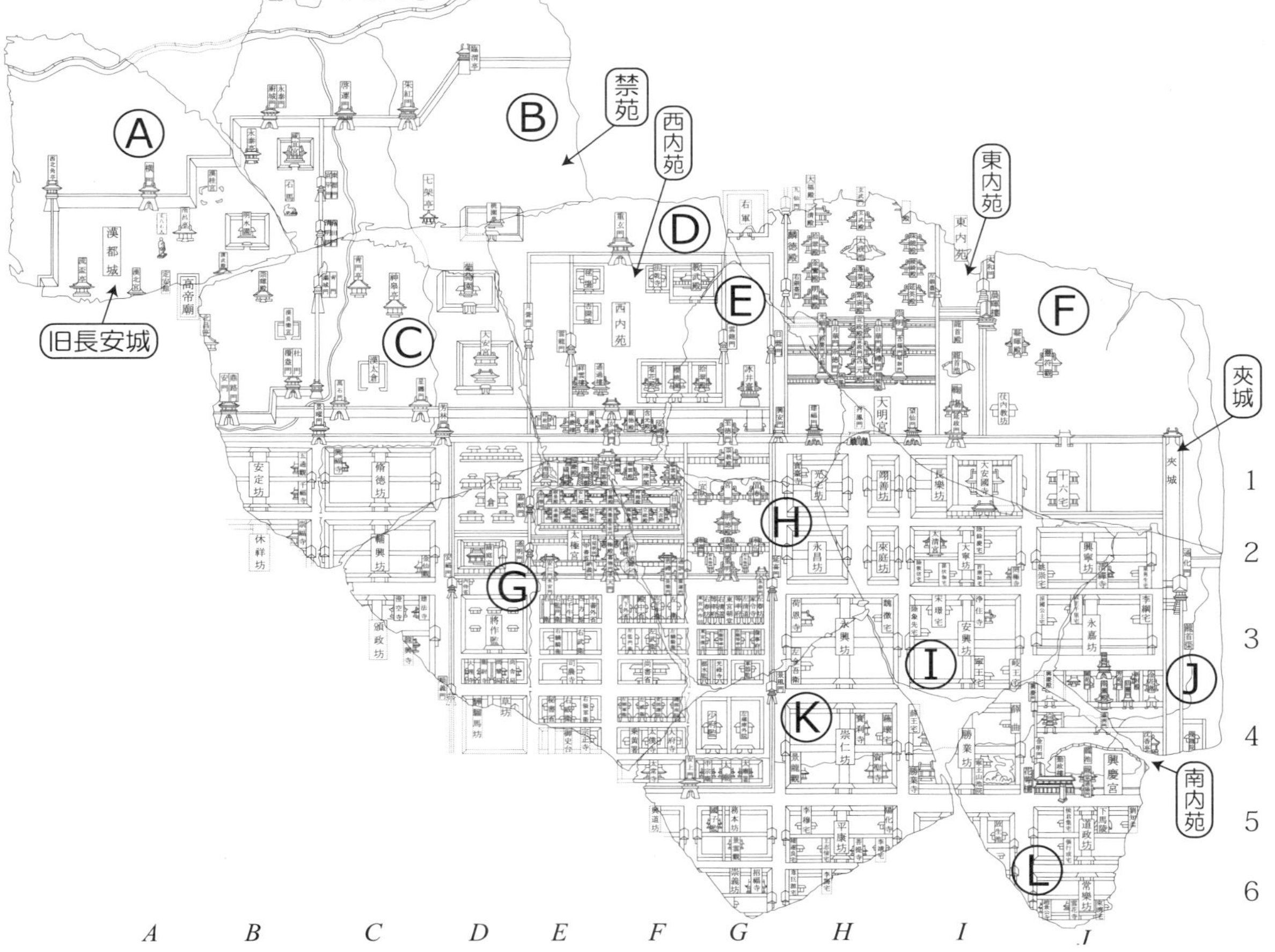

図8　唐三苑（禁苑・西内苑・東内苑）―呂大防「長安図」―

出典：本図は，平岡武夫『唐代研究のしおり第七　唐代の長安と洛陽　地図篇』（京都大学人文科学研究所，1956年）所載図版二・第二図「長安城図」（呂大防）と曹婉如等編『中国古代地図集（戦国―元）』（文物出版社，1990年）所載図48「長安城図残片墨線図」を底図に，妹尾達彦「都城圖中描繪的唐代長安的城市空間―以呂大防「長安図」残石拓片圖的分析爲中心―」（『張廣達先生八十華誕祝壽論文集』上冊によって補訂したものである。点線部分は，北京大学図書館蔵拓本等によって補ったが，点線内の文字には一部推定箇所も存在する。

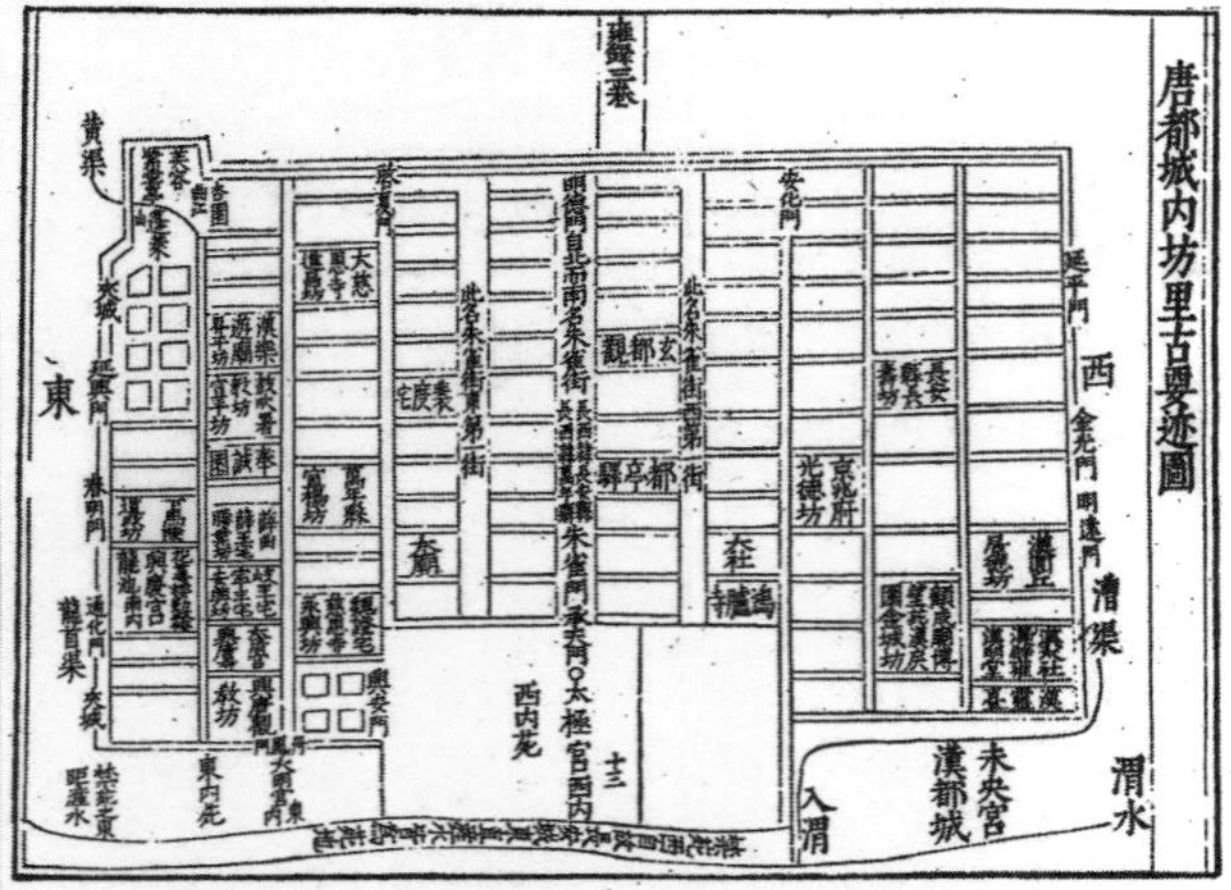

図9　南宋・程大昌『雍録』巻3「唐都城内坊里古要迹図」
出典：宋・程大昌『雍録』巻3，唐都城内坊里古要迹圖（宋元地方史叢書1所収　明・古今逸史本）

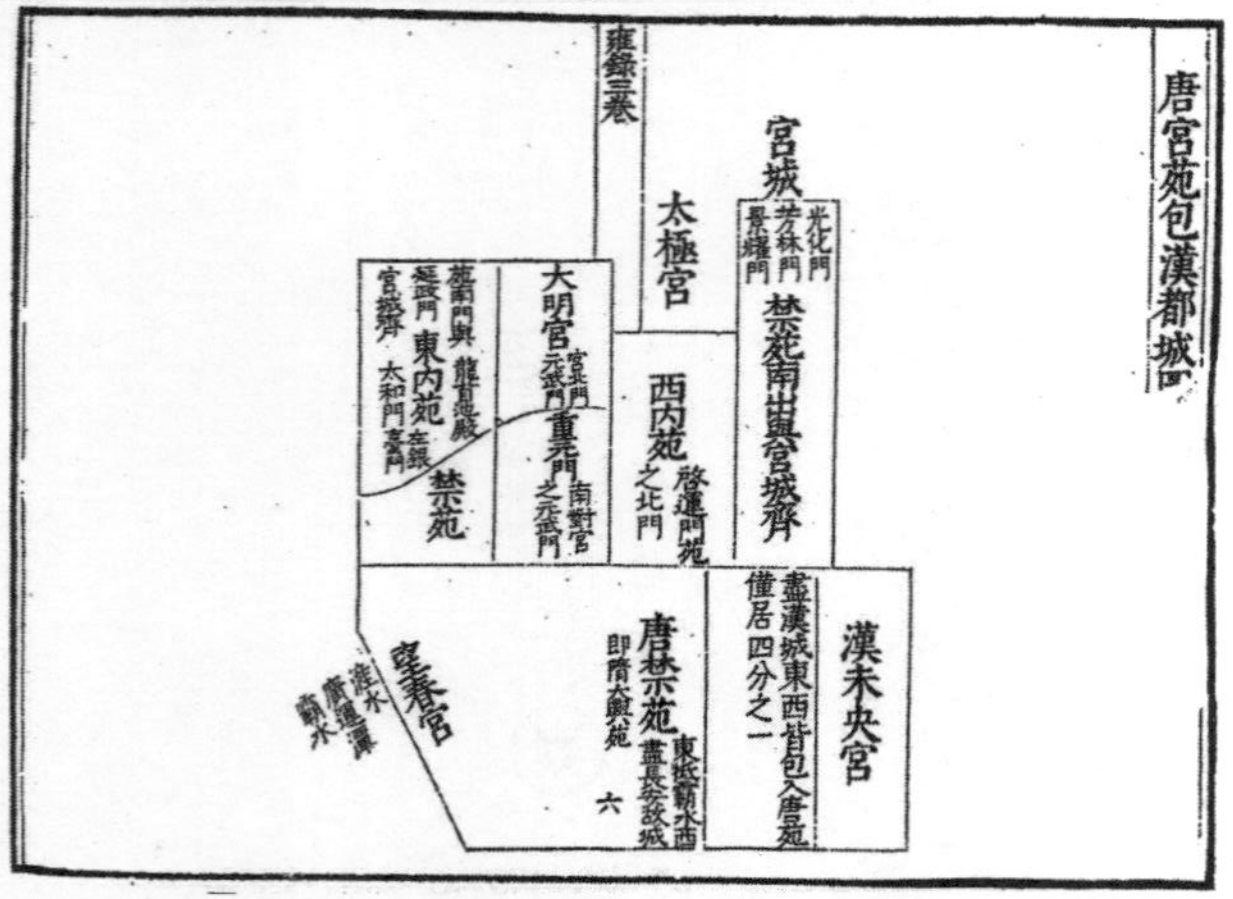

図10　南宋・程大昌『雍録』巻3「唐宮苑包漢都城図」
出典：宋・程大昌『雍録』巻3，唐宮苑包漢都城図（宋元地方史叢書1所収　明・古今逸史本）

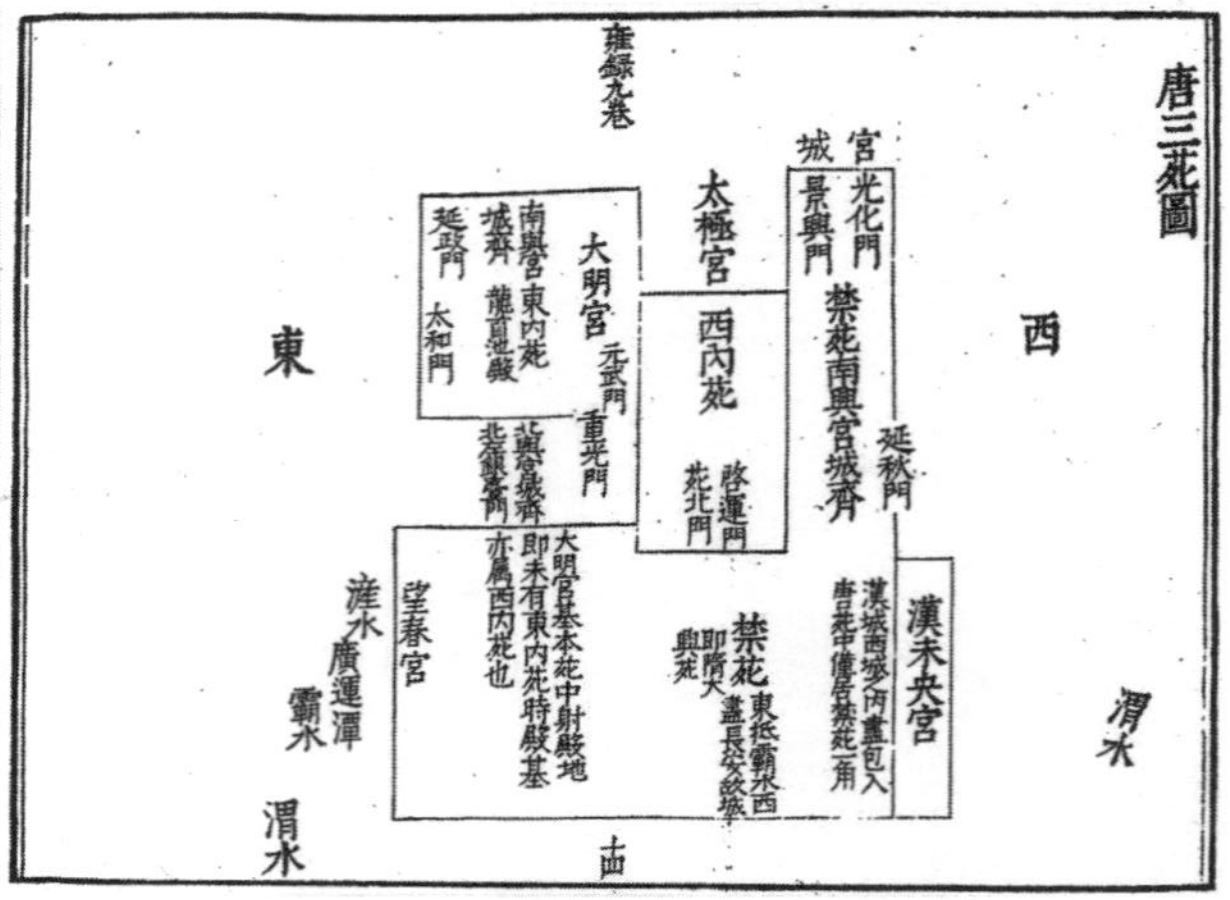

図11　南宋・程大昌『雍録』巻9「唐三苑図」
出典：宋・程大昌『雍録』巻9，唐三苑図（宋元地方史叢書1所収　明・古今逸史本）

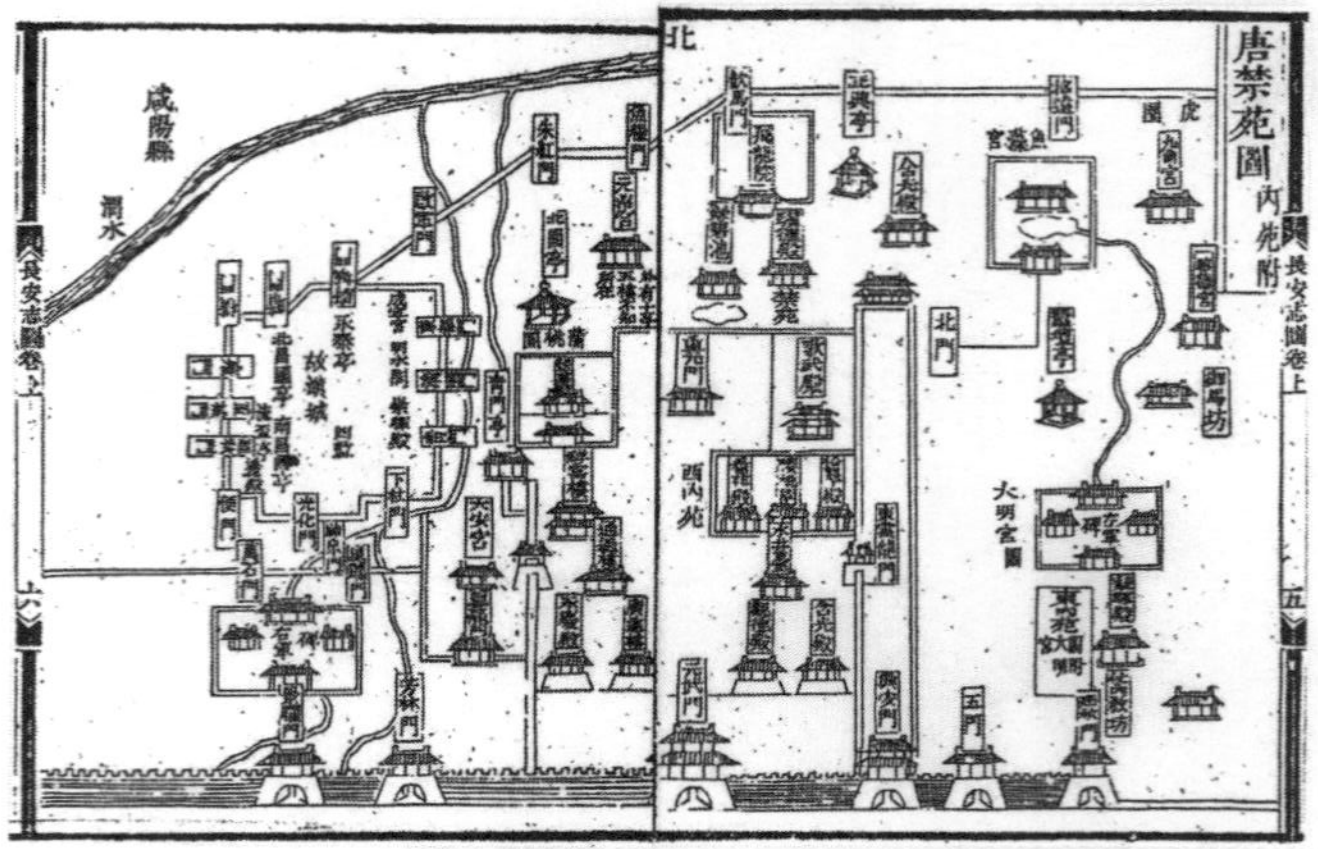

図12　元・李好文『長安志図』巻上「唐禁苑図（内苑附）」
出典：元・李好文『長安志図』巻上，唐禁苑図（内苑附）（宋元地方史叢書1所収　清・経訓堂叢書本）

描いており、唐代の政治における漢長安以来の文化的遺産の重要性と、唐人の漢王朝をはじめとする中国古典文化への憧憬を伝えていると言えよう。

上記の『長安志』禁苑の記事によると、咸宜宮と未央宮の二つの旧長安の宮殿が、ともに宮城から二一里の距離に存在したように記されているが、呂大防「長安図」漢都城の図では咸宜宮は東北部にあり、西南部の未央宮とはかけ離れている。

旧長安の未央宮や咸宜宮は、唐皇帝が禁苑内外で狩猟する時に行宮に用いられ狩猟活動の拠点となる場所だった。玄宗は、狩猟のために咸宜宮を訪れている。太宗は少数の従者とともに未央宮に狩猟に出かけており、[120]玄宗は咸宜宮の周囲で狩猟を楽しんでおり、[121]武宗も上記の『長安志』巻六、禁苑に、会昌元年（八四一）、狩猟の途次に未央宮遺址を訪れたとある。唐の未央宮には、牧馬に用いたと思われる草場もあった。[122]

武宗が会昌元年に未央宮の遺構を修築させた際に、その事績を記させた翰林学士裴素（宝暦初進士）の「重修漢未央宮記」は、『文苑英華』巻七九七、宮殿（『全唐文』巻七六四）に全文が残っている。それによると、武宗は禁軍をしたがえ禁苑内を狩猟して未央宮に至り、漢都の宮殿遺址がただずむ姿を眺めて感動し、左神策軍護軍中尉魚志宏（魚朝恩の孫）に命じて修築させたという。[123]

この時、武宗は、未央宮の正殿として通光殿を新たに造営させた。通光殿の東西には詔芳亭と凝思亭を造り、その南に端門を設けて「未央宮」の額を掲げた。[124]この構造は唐大明宮の正殿である含元殿とその東西にある棲鳳閣と翔鸞閣の建築構造を思わせる。[125]武宗の兄にあたる敬宗も、宝暦二年（八二六）に神策軍に未央宮を修築させていた。[126]このように、九世紀になると、禁軍が禁苑内の建築物修造の指揮をとっていたのである。

未央宮は、五胡十六国時期も修築され継続して使用されていたが、隋文帝は未央宮を修造している。[127]唐代の未央宮では、皇帝が政府高官を率いてしばしば宴会が催されており、『全唐詩』には、歴代の皇帝の未央宮行幸に随行した官人による多数の応制詩が残されている。[128]未央宮内には苑も造園されていた。[129]

旧長安は、上述のように、都城攻防時に軍隊の駐屯する重要地でもあった。隋末の大興城攻防戦に際し、李世民は、配下の劉弘基と殷嶠の軍兵六万人を大興城内の旧長安に駐屯させ、次に大興城正門の金光門を攻撃して隋軍を破り大興城を陥落させた。[130]安史の乱によって長安陥落に直面した玄宗は、まず、長安城内の興慶宮から親衛軍に護られて秘かに旧長安の未央宮に逃れ、翌日に禁苑の正門にあたる延秋門から蜀へ向けて脱出している。[131]

図3Ⓐ長安の変遷のように、隋唐長安は漢長安を継承しながらも建築構造は根本的に異なっている。何よりも、隋大興は、皇帝の居住する宮城を防衛の要とする要塞都市だった。皇帝の御す宮城の宮殿が低地にあたるために、宮城北側は皇室庭園や旧長安の建築物、それに親衛軍に護られ、南側の皇城には万を越す諸衛の衛士が常駐しており、二重、三重に防御されている。大興城建造に際しては、突厥をはじめとする騎馬軍団の外部からの襲撃への防衛が第一に考えられたからだろう。皇室庭園は、軍事都市・大興城を構成する重要要素だったのである。

もちろん、漢代以来の旧長安を皇室庭園の中に内包する形をとった背景には、軍事防御上の要請以外に、隋が漢以来の正統を継承し漢をも超越する新しい統一王朝であることを象徴する意味も込められていた。大興城は、天の子午線に対応する南北中軸線のもと、中国伝統の陰陽思想に基づいて世界秩序の源であることを顕示する空間を持ち、天空の秩序を模写する鏡でもあった。宮城北に配置された後苑（大興苑）が、後漢洛陽以来の陰陽秩序構築の一環として造営され、都城が宇宙の鏡であるための重要要素であったことも確かである（図4）。

隋大興城の宮城が比較的低地に造営された理由は、上記のように、漢代以来の長安城を包み込む広大な皇室庭園を背後に持ち、しかも子午線上に位置しなければならない宮殿が、この場所以外にはありえなかったからであろう。唐になり政権が相対的に安定して政権正統化の必要性が切実ではなくなると、太極宮から龍首原上の高燥な地の離宮へと皇帝が生活の場を移し、皇帝の移居に伴い中央政治の主要舞台が移行するのもうなずけよう。もともと大明宮は、唐初に宮城防御を目的の一つに建造された離宮（永安宮）であり、六六二年に重修されて大明宮となり、玄宗以後に中央政治の中核をなすようになる。[132]

（3）皇室庭園の管理―司農寺から内諸司使へ―

隋唐長安の皇室庭園の管理組織の変遷を概観すれば、隋唐前期の司農寺の苑総監・四面監体制から唐後期の内諸司使の管理体制への転換と言えるだろう。つまり、隋唐初の律令官制のもとでの管理体制から[133]、宦官が指揮をとる使職（内諸司使）の管理体制への転換である。[134]

この転換は、唐朝の中央政治の主要舞台が、隋大興城の大興宮や唐初長安城の太極宮から玄宗期以後の大明宮に移動したことに伴う転換だった。そして、太極宮から大明宮への中央政治の舞台の転換は、単に皇室庭園の管理体制の変化をもたらしたのみならず、禁軍の配置や指揮系統、構成員の転換を将来し皇帝を核とする、より集権的で効率的な行政を生み出すことで、唐朝の行財政制度全般の転換を将来することになった。[135]

唐後期の皇室庭園の管理を掌る内諸司使には、宮苑使・閑厩使・苑内営田使・五坊使等の使職がある。内諸司使の指揮系統と職務の変遷は複雑であり、体系的に分析するには専論が必要となる。本節では、内諸司使についての唐長孺氏の古典的な研究をはじめ[136]、趙雨楽[137]、賈艶紅[138]、杜文玉[139]、李錦綉[140]、甯欣[141]氏らの研究成果に基づき、皇室庭園の管理の点にしぼって大きな流れを概観するのにとどめたい。

司農寺から内諸司使への皇室庭園の管理主体の転換は、唐初の律令制体制が唐後期の新しい集権体制に転換していく政治動向の一環をなしている。唐王朝の中央政治の表舞台となる主要宮殿と皇室庭園の管理が、従来の文武官から宦官に移行したことは、遊牧系政権の血を引く隋唐初以来の政治権力構造の変質を意味していた。[142]内諸司使に関する従来の研究は、主として禁軍史研究としてなされているので、本節では、皇室庭園の管理の変遷の観点から律令官人から使職への転換を整理してみたい。

唐代前期の皇室庭園を管理した司農寺については、『唐六典』巻一九、司農寺の記述に詳しい。司農寺の管下には、上林署、太倉署、鉤盾署、導官署、太原永豊倉、龍門等諸倉、司竹監、温泉湯監、京都苑総監、京都苑四面監、諸屯監、九成宮総監が所属している（『唐六典』巻一九、司農寺）。司農寺は皇城内の承天門街の西、第四横街の北の区画に立地し、承天門街を挟んで尚書省と東西に対をなして並んでいた。陰（司農寺）と陽（尚書省）の秩序に沿った布局である。呂大防「長安図」によれば、司農寺は尚書省と同じ面積を有しており、司農寺の業務の重要性と官庁序列の高さを物語っている（図14）。

唐代の皇室庭園の管理・経営は司農寺の管轄になる。『唐六典』巻一九、司農寺（中華書局標点本、五一九―五五四頁）には、司農寺の職掌として、朝会や祭祀等の皇帝が必要とする物品や百官の常料、司農寺の管轄する署や監の貯蔵品を統轄して必要に応じて給することなどを挙げる。また、司農寺は、正月吉亥の日に皇帝が藉田の礼を行い先農を祀る際には耒耜を奉進し、季冬の蔵氷の儀礼に際しては黒牡の秬黍をもって司寒を祀り、仲春の啓氷の儀礼に際しても上記の儀礼次第に従うとある。

司農寺の管轄になる皇室庭園専門の官として、京都苑総監がある。『唐六典』巻一九、司農寺、京都苑総監（同上書五三六―五三七頁）に管理組織と職掌が記されている。すでによく知られている史料だが、行文上ここに引用したい[143]。

京・都苑総監。監各一人、従五品下。副監一人、従六品下。丞二人、従七品下。主簿一人、従九品上。苑総監掌宮苑内館園池之事、副監為之弐。凡禽魚果木皆総而司之。凡給総監及苑内官属、人畜出入、皆為差降之数。京・都苑四面監。監各一人、従六品下。副監一人、正七品下。丞二人、正八品下。四面監掌所管面苑内宮館園池与其種植修葺之事。副監為之弐。丞掌判監事。

京（長安）・都（洛陽）苑総監。監は各々一人、従五品下。副監は一人、従六品下。丞二人、従七品下。主簿一人、従九品上。苑総監は、宮苑の建築物（館）や園、池の管理を職務とする。苑副監は苑総監を補佐する。およそ畜獣（禽）や魚、果物、樹木はすべて管理する。およそ苑総監や苑の職員への供給や人畜の出入には、それぞれ等級に応じて差がある。京・都苑四面監。監は各々一人、従六品下。副監は一人、正七品下。丞二人、正八品下。四面監は苑内の各面（東面・西面・南面・北面）に所管する宮殿や館、園、池の管理と植物栽培、修繕を職務とする。四面副監は四面監を補佐する。四面監丞は四面監のもとで職務を遂行する。

ここに記された四面監のうち、とくに南面監を長楽監と呼び、北面監を旧宅監と呼んだ。旧宅監が、漢長安故城を管理した。このように、隋唐の禁苑は、敷地内を東西南北の四区画に分けて管理されていた。南面は、宮城に近く中央政治と密接に連動する地区である。すなわち、教坊や毬場等の文化娯楽施設が存在して中央政治と直接につながる空間だった。禁苑の南面には、禁軍が駐屯して太極宮（西内）と大明宮（東内）を防衛する東西二苑が存在する。

一方、禁苑の東面は、図12によると虎圏（虎園）や馬坊の建築のあることから家畜や動物を育成する場であり、また、広運潭を望む望春亭や魚藻池が存在したように、皇帝の娯楽鑑賞の場でもあった。西面は、漢長安城の東方の地区と思われる。北面は、漢長安故城である。漢代以来の歴史の記憶が積み重なる場所であり、隋唐代の皇室の主要な狩猟区でもあり宴会場としても頻繁に使用された。

司農寺の苑総監は苑門の管理を担当しており、玄武門で頻発した政変の成否は、苑総監の掌握が禁軍の掌握とともに重要な要素となっている[114]。なお、司農寺の苑総監等の高官は、宮城近くの外郭城内に住家を持っていた。善和坊（E5）には司農寺京苑総監副監の梁琮の宅があり[145]、休祥坊（B2）には京苑総監上柱国の茹守福の宅があった[146]。

『隋書』巻三四、経籍志、子部、農家、一〇一〇頁には、『禁苑実録』が載せられている。佚書であり撰者も著作年代も未詳であるが、『氾勝之書』や『四民月令』、『斉民要術』等の書とともに農家の書の範疇

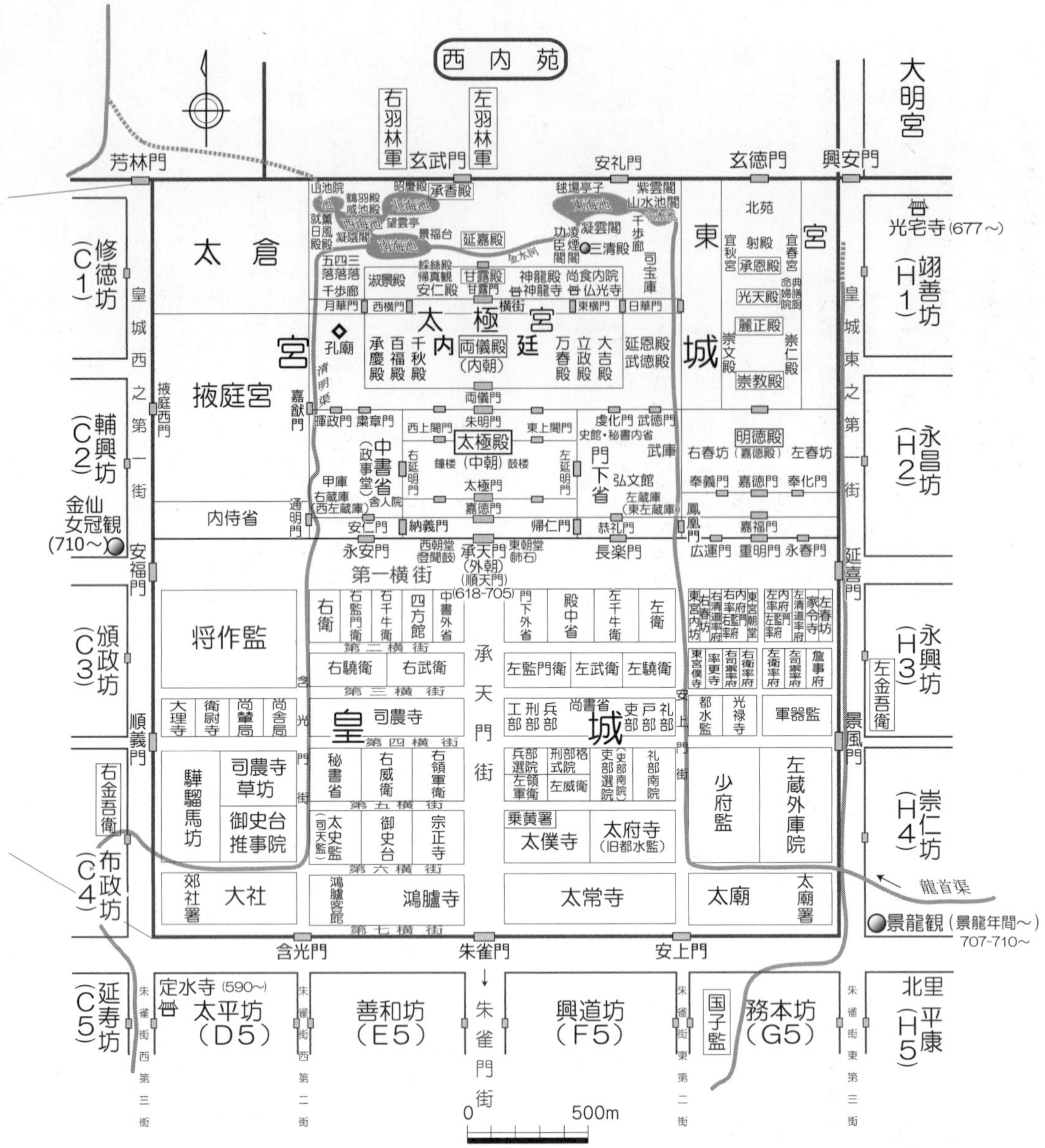

図 14　8世紀前半の唐長安城と西内苑・禁苑の接続関係

妹尾達彦「中国の都城と東アジア世界」(鈴木博之他編『シリーズ都市・建築・歴史Ⅰ記念的建造物の成立』東京大学出版会，2006年）所載図3-11(a)「唐長安城の宮城と皇城」を，傅熹年主編『中国古代建築史　第2巻』(中国建築工業出版社，2001年）図3-2-2「唐長安太極宮平面復元示意図」，馮暁多「唐長安城北部主要池陂及其作用」(『西安文理学院学報（社会科学版）』9-5，2006年）所載「図中所標西内苑部分建築」，北田裕行「隋唐長安城太極宮後園とその系譜―北斉と隋の四海―」(『古代学』1，奈良女子大学古代学学術センター，2009年）所載図3「太極宮復元図」に基づいて補訂。太極宮北部の復原に際しては，とくに北田裕行氏の復元図を参照した。

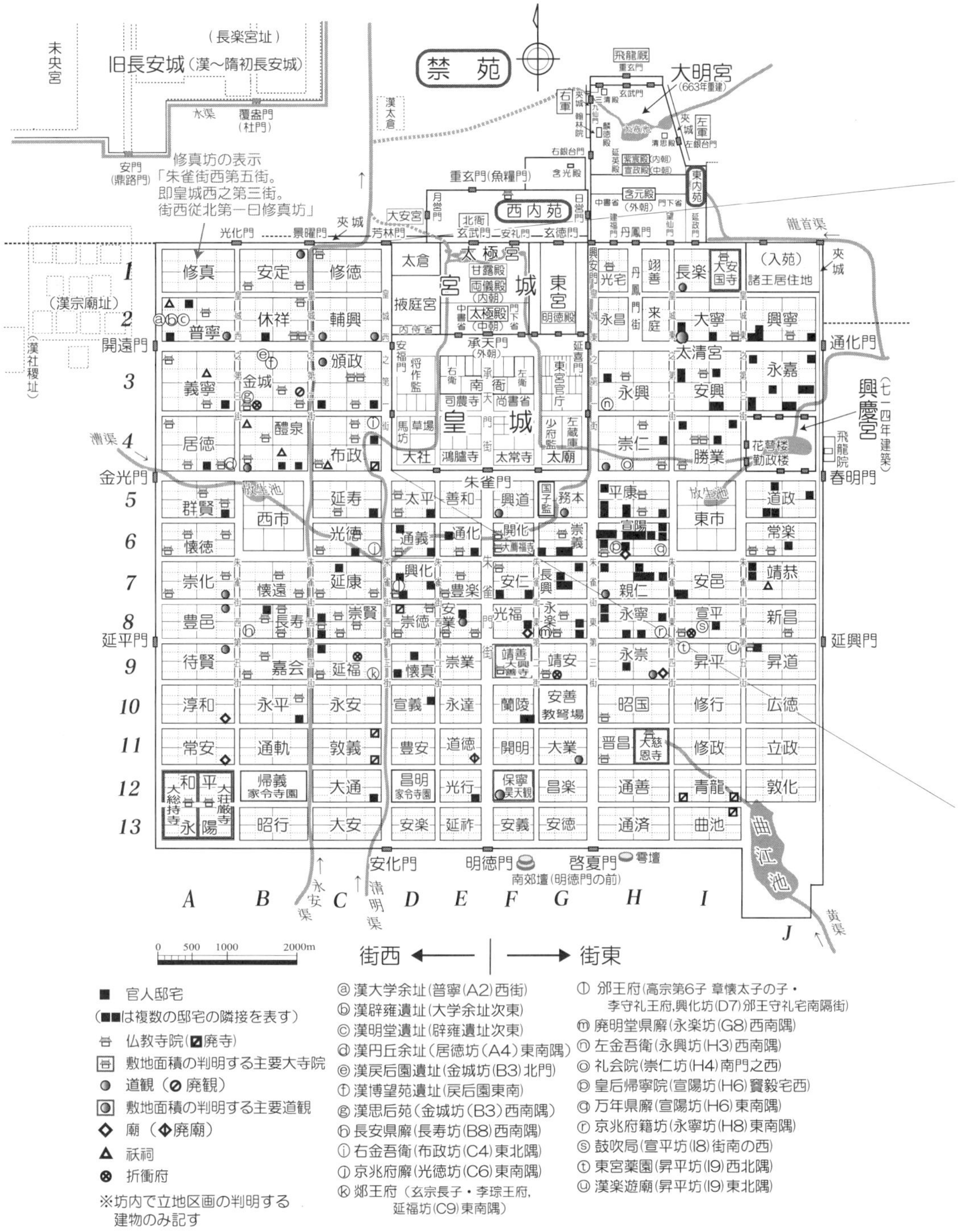

図 13 8 世紀前半の長安城と三苑の接続関係―『両京新記』『長安志』所載の建築物の立地―

妹尾達彦「韋述的『両京新記』与八世紀前葉的長安」(栄新江主編『唐研究』9, 北京大学出版社, 2003 年) 所載図 2「八世紀前葉的長安城」を近年の研究に基づいて補訂。

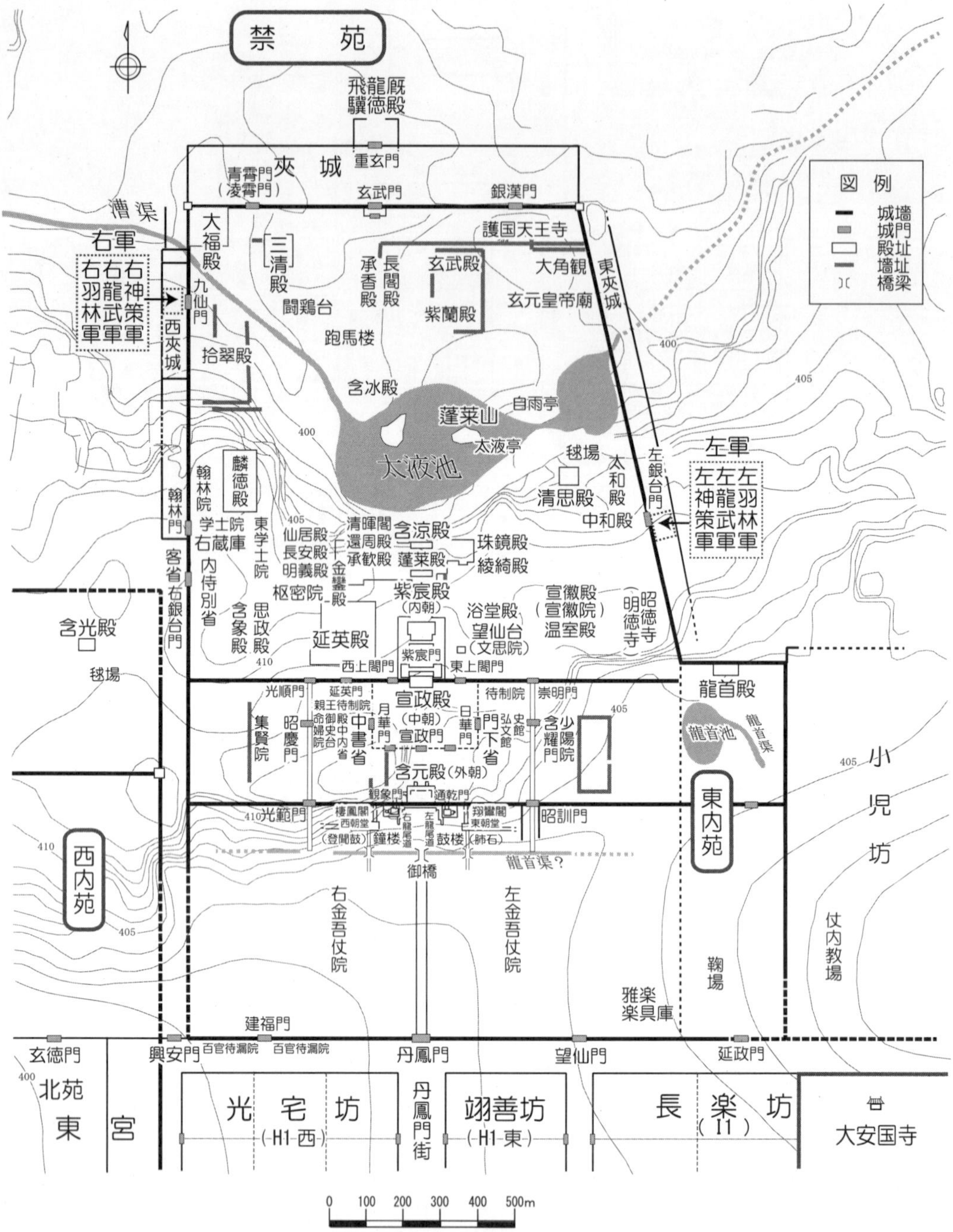

図15　8，9世紀の大明宮と三苑の接続関係

本図は，何歳利「唐長安大明宮発掘成果与課題－考古新成果与興安門遺址発掘与研究」（山口大学人文学部，2011年1月8日の講演原稿）所載図2「唐大明宮遺址考古平面図」を底図に，史念海主編『西安歴史地図集』（西安歴史出版社 1996年）所載「唐大明宮図」，中国社会科学院考古研究所西安唐城工作隊「唐大明宮含元殿遺址 1995～1996年発掘報告」（『考古学報』1997年第3期）所載図1「含元殿遺址位置図」，傅熹年主編『中国古代建築史第2巻』（中国建築工業出版社，2001年）所載図3-2-8「陝西西安唐長安大明宮平面復原図」，中国社会科学院考古研究所・日本独立行政法人文化財研究所奈良文化財研究所連合考古隊「唐長安城大明宮太液池遺址発掘簡報」（『考古』2003年第11期）図3「太液池遺址 2001-2002年発掘区位置図」，王静「唐大明宮的構造形式与中央決策部門職能的変遷」（『文史』2002年第4輯），同「唐大明宮内侍省及内使諸司的位置与宦官専権」『燕京学報』2004年新16期）等の考証を参照して，妹尾達彦『長安の都市計画』（東京・講談社，2001年）所載図51「長安の大明宮」，を補訂したものである。

に入れられているので、『禁苑実録』は皇室庭園の経営や管理に関する書だったと思われる。[147] 司農寺の管轄する禁苑には、広大な農地や果樹園が存在していたことをうかがわせる。

禁苑の出入は、宮城の防御の必要上、律で厳重に規定されていた。『唐律』巻七、衛禁律によれば、禁苑に無断侵入した場合は徒刑一年、禁苑の門には籍禁があり出入は管理されていた。禁苑への無断侵入は、宮城、太廟、大社、禁苑への無断侵入の順に厳しく取り締まられた。[148]

皇室庭園の管理機関として従来の司農寺に替わって内諸司使が台頭するのは、玄宗期からである。これは、玄宗期から大明宮が中央政治の中心舞台となっていくことと連動する。大明宮への主要政治舞台の移動は、従来の律令に基づく衛兵制度（府兵制）から大明宮を護る皇帝親衛軍体制（左右三軍）への転換を物語り、左右三軍の中核をなす神策軍の指揮権を宦官が掌握することになった。[149]

玄宗は、武則天の周王朝建国（六九〇―七〇五年）による唐朝断絶の歴史的事実を踏まえ、唐王朝の復活を図った唐朝中興の英主である。洛陽を神都とした武則天の周王朝に対し、長安に再び拠点を置いた唐朝の玄宗のもとで、皇帝を中核とする一連の政治改革が実施され、その一環として従来の律令官制の束縛を脱し皇帝自ら任命する使職が多用されて、大明宮の含元殿・宣政殿を中核とする新たな集権的な政治空間が成立する。[150] この政治変革に伴い、司農寺の名称は残るが、実質的には内諸司使が皇室庭園の管理の全般を掌握する体制が生まれたのである。

(4) 西内苑・東内苑・禁苑の建築物と機能

皇室庭園（三苑）は、為政者の単なる娯楽施設ではなく、国家の政治・軍事・財政・文化・思想の点において重要な役割を果たしてきた。皇室庭園の構造と機能が、時代状況に応じて変遷するのは当然であろう。

禁苑には各種の膨大な数の建築物があり、それぞれの建築物に固有の機能が付されていた。唐初期の政争の主要舞台となった大安宮や、当初は離宮として建築されながら皇帝の常居となり唐後期の中央政治の主要舞台となった大明宮、禁苑の中に組み込まれ、さまざまな儀礼の舞台となった漢代以来の長安城等は、それぞれが唐朝の政治史と密接に関連しながら空間の構成や機能を変化させている。都城の皇室庭園は、隋唐時代の統治者層に不可欠の空間であった。そこで、唐代長安の皇室庭園（三苑）を、政治・軍事・娯楽の機能の順にできるだけ簡潔に整理してみたい。

三苑の建築物は、表2のように、現在判明するものだけでも相当数にのぼっている。それらの建築物の一つ一つの歴史を個別に解明する必要があるが、本節では、三苑に関する『長安志』の記述を基礎に、三苑内の各建築物の機能を概観するにとどめたい。

(a) 禁　苑

禁苑の建築物

現在判明する禁苑内の建築物の名称については、表2を参照していただきたい。ここでは、唐代禁苑の基本史料となる『長安志』巻六、禁苑（経訓堂叢書本）の文章を挙げてみよう。〔 〕内は原注を示す。

禁苑、在宮城之北〔隋曰大興苑、開皇元年置〕。東西二十七里、南北三十三里〔沅案玉海引作二十里〕。東接灞水、西接長安故城、南運京城、北枕渭水。苑西即大倉、北距中渭橋。与長安故城相接、東西十二里、南北十三里、亦隷苑中。苑中四面、皆有監。南面長楽監、北面旧宅監、東監、西監、分掌宮中植種、及脩葺園苑等事。又置苑総監領之、皆隷司農寺。苑中宮亭凡二十四所。

南面三門。中曰景曜門、東曰芳林門、西曰光化門。東面二門。南曰光泰門、北曰昭遠門。西面二門。南曰延秋門、北曰元武門。北面三門。中曰啓運門〔一曰苑北〕。東曰飲馬門、西曰永泰門。啓運門之南有内苑。北曰重元門、東曰東雲龍門、西曰西雲龍門。

苑内有南望春亭、北望春亭、坡頭亭、柳園亭、月坡、毬場亭子。有青城・龍鱗・栖雲・凝碧・上陽五橋。広運潭。九曲宮、去宮城十二里、在左右神策軍後。宮中有殿舎山池。貞元十二年詔、浚魚藻池、深一丈。至穆宗、又発神策六軍二千人浚之。蚕壇亭。〔在苑之東。皇后祀先蚕之亭〕。正興亭、元沼宮、神皐亭、七架亭、青門亭、去宮城十三里在長安故城之東〔邵平種瓜之所〕。桃園亭、去宮城四里。臨渭亭。

禁苑は、宮城の北にある。〔隋は、大興苑という。開皇元年に設置する〕。東西は二七里、南北は三三里である〔畢沅案ずるに、『玉海』は二〇里につくる〕。禁苑は、東は灞水に接し西は長安故城に接し、南は京城に延び北は渭水を枕す。禁苑の西は太倉につながり、北は中渭橋に至る。禁苑と接する長安故城は、東西一二里、南北一三里であり、禁苑に所属する。禁苑内の四面に監が設置されている。南面の長楽監、北面の旧宅監、東監、西監である。四面監は、宮中の植物の育成や園苑の修繕等の仕事を管轄する。また、苑には苑総監をおき四面監を統轄する。みな司農寺に所属する。禁中の宮や亭はすべて二四存在する。

禁苑の南面には三つの門がある。中門を景曜門といい、東門を芳林門といい、西門を光化門という。東面には二つの門がある。南門を光泰門といい、北門を昭遠門という。西門には二つの門がある。南を延秋門といい、北を玄武門という。北面には三つの門がある。中門を啓運門〔苑北門ともいう〕といい、東門を飲馬門といい、西門を永泰門という。啓運門の南に内苑〔西内苑〕がある。西内苑の北門を重元門といい、東門を東雲龍門といい、西門を西雲龍門という。

禁苑の苑内には、南望春亭や北望春亭、坡頭亭、柳園亭、月坡、毬場亭子がある。また、青城・龍鱗・栖雲・凝碧・上陽の五橋、広運潭、九曲宮がある。九曲宮は、宮城から一二里、左右神策軍の北にある。九曲宮の中には殿舎山池がある。貞観一二年〔六三八〕に詔が出され、魚藻池を深さ一丈に浚渫した。穆宗〔在位八二〇―八二四〕に至り、また神策六軍二〇〇〇人を徴発して魚藻池を再び浚渫した。蚕壇亭がある〔禁苑の東には皇后が先蚕を祀る亭がある〕。正興亭、元沼宮、神皐亭、七架亭、青門亭がある。青門亭は、宮城から一三里、長安故城の東にある〔秦の東陵侯だった邵平が秦滅亡後に庶民となり瓜を植えたところである〕。桃園亭は宮城から四里にある。臨渭亭がある。

軍事攻防の拠点としての禁苑

禁苑が軍事の上で重要な働きをしたことについては、南宋・程大昌『雍録』巻九、唐三苑図、唐三苑説〔中華書局標点本、一九六頁〕の記述がよくまとまっている。[151]

太宗武徳六月四日之変、建成・元吉皆死苑中、而高祖泛舟海池〔海池却在太極宮内〕、未及知也。中宗之誅二張、玄宗之平韋氏、則皆自玄武門資禁軍為用。而玄宗幸蜀、則自苑西之延秋門以出。

徳宗幸奉天、則又出苑之北門也。李晟自東渭橋入禁苑之東、逐出朱泚、而入屯于苑経宿、市人遠者有不及知、即此足以見苑之闊遠也矣。

太宗の武徳九年（六二六）の玄武門の変に際し、李建成・李元吉がともに苑の中で（李世民に）殺されたというのに、高祖李淵は、海池（海池は太極宮の北部の後苑内の池〔図14参照〕）で船をうかべており変の勃発に気づかなかった。中宗が張易之・張昌宗兄弟を誅殺した際にも玄宗が韋后を平定した際にも、ともに玄武門の禁軍を用いている。

（安史の乱〈七五五―七六三〉に際して）玄宗が蜀に逃げていく時には、禁苑の西壁の延秋門から脱出した。（朱泚の乱により）徳宗が奉天に行幸した際にも、また苑の北門から脱出している。（唐軍を率いる）李晟が東渭橋から禁苑の東に軍を進め、ついに朱泚を駆逐して苑に入って駐屯して夜を過ごした際、禁苑から遠くにすむ長安城内の市人は、禁苑内の戦いに気づかなかった。このことから、禁苑の広大さが明らかになるだろう。

このように、三苑は、皇帝直属の親衛軍が三苑に駐屯して宮城防衛の要として政権の命運を握る軍事拠点だった。長安城が攻防の舞台となる戦時には、しばしば攻撃・防御の大規模の軍隊が禁苑に駐屯し、都城攻防の戦場となったのである。図13に描いた八世紀前半の長安城を見ると、皇室庭園が二重三重の城壁によって構成されていることがわかる。

とくに、興慶宮から大明宮、太極宮西内苑へとつながる夾城（二重城壁）の存在は、三内を防衛する唐中期以後の軍事建築構造をよく示している。安史の乱に際して長安城が陥落した際、興慶宮に滞在していた玄宗は、禁軍に守られながら興慶宮東の夾城を通って禁苑に抜け、長安故城で一泊後に長安故城の西門である延秋門から楊貴妃たちとともに蜀に向けて脱出したのである。

王権儀礼の舞台としての禁苑

王権儀礼の点でいえば、禁苑は、各種の王権儀礼や宗教活動の舞台となった。禁苑は、祥瑞が生じて政治の運行に天の判断が示される場の一つであり、外国の君主や使者、特別な臣下たちとの宴会が開催されて、桂冠詩人たちが皇帝の徳をたたえる劇場空間であった。ただし、禁苑の儀礼機能について従来ほとんど系統的な研究がなされていないので、今後の研究の進展が望まれる。

前近代の王朝が皇室庭園や宮殿を必要とした理由は、王朝の正統性の拠りどころが天や神などの超自然界と為政者とのつながりにあり、皇室庭園と宮殿は、それぞれ異なる方法で超自然界・人間界・自然界の三つの世界をつなぐ、聖なる場所と見なされたからである。禁苑では、皇后が皇后独自の祭祀（先蚕）を行い、また、皇帝も、都城北方において、皇地祇を祀る方丘、神州地祇を祀る北郊、黒帝を祀る黒帝壇などで儀礼を行った。これらの方丘・北郊・黒帝の祭祀壇の位置は、残念ながら現時点では不明であるが、文献の宮城からの距離の記載によれば、おそらく、禁苑内の北方に設置されていたと思われる（図4参照）。

儒教思想によれば、皇室庭園は大地を象徴し、宮殿は天を象徴する。宮城の宮殿は、天と直結する公的な陽の空間であり、そこに御し政治を行う男性を天子＝皇帝につくりあげる舞台装置である。それに対して、皇室庭園は、地と直結する陰の空間であった。そのために、男性為政者は、皇室庭園に入ることによって宮殿の規律から離脱し身体を大地（陰）に解放できた。天に直結し天帝とむかいあう宮殿と地の神々が集う皇室庭園は、ともに、天子＝皇帝の持つ天と地を媒介する両義性を顕示する舞台装置だったのである。

宮殿が都城空間の左右対称性をつくる中軸線の上に造営されたのに対し、皇室庭園が非対称的な自由な建築群で構成されているのもそのためである。このように、皇室庭園（後苑）と宮殿は、それぞれ陰（地）と陽（天）に対応することで、都城全体を構成する不可欠の要素となるのである。

皇后の重要儀礼である先蚕の儀礼に関しては、小島毅[152]、金子修一[153]、新城理恵[154]等氏の研究がある。先蚕壇は、宮北三里にあり、季春上巳の日に皇后が先蚕の神を祀った[155]。また、禁苑北方の渭水を望む場所に臨渭亭が造営され、中宗が辟邪のために禊飲の儀礼を行ったことを記している[156]。桂冠詩人たちは、雪の降る臨渭亭での宴会について応制詩を残している[157]。

狩猟・娯楽の場としての禁苑

禁苑は、世界各地の植物や動物が集められ観賞に供される場であった。また、皇帝と親衛軍との狩猟と軍事訓練の場となるとともに、陸上・水上スポーツの場でもあった。陸上スポーツでいえば、各地の毬場で開催された馬毬をはじめ、射箭、抜河（綱引き）があり、水上スポーツでいえば、魚藻池における競艇がある。いずれも、親衛軍の軍事訓練の色彩を備えていた。

北朝から隋唐初にかけての都城の禁苑は、騎馬軍団を抱える統治者層の日常的な狩猟や軍事訓練の場であった。唐代の禁苑内における狩猟の記録も数多く残っている[158]。狩猟の宿営地として、皇室庭園内の旧長安城の咸宜宮や未央宮などが使用されている。皇室庭園内では、狩猟用の鷹犬も養育されていた[159]。

馬毬（ポロ）の競技場は、皇室庭園内に数多く存在した。含元殿の毬場や教坊の毬場、大明宮清思殿の毬場、大明宮の東内苑（鞠場）などが著名だった。大明宮左銀台門の東に駐屯した左神策軍も独自の毬場を持っており[160]、おそらく、唐代には多くの官庁や官人の邸宅内に毬場が造営されていたと考えられる。

唐代の馬毬については、羅香林[161]、陰法魯[162]、鈴木國蔵[163]氏らの研究をはじめ、耿占軍・馬珺、師培業、徐寿彭・王尭、曹爾琴、陳傑、唐豪、余城、呂芸、林思桐氏らの研究があり、皇室庭園をはじめとする唐代長安城内外における馬毬の流行のありさまや、競技内容、競技規則、馬毬の変遷等が基本的に明らかになっている[164]。禁苑内の魚藻池は、競艇が行われる場所としても著名だった。上述のように、唐後期には、繰り返し神策軍によって浚渫されている。

宴会の場としての禁苑

禁苑内の大明宮の建築物が、各種の宴会の舞台として活用されてことはよく知られている。大明宮以外の禁苑内の建物を見ても、二四カ所の宮や亭が建ち並び、皇帝は、気に入った臣下を率いて、頻繁に禁苑の各所で宴会を催している。残された文献によると、とくに広運潭を望む望春亭や魚藻池を望む魚藻宮、渭河を望む臨渭亭などでしばしば宴会が開催されている。宴会に際しては、その都度、桂冠詩人が応制詩を書いて皇帝に献じるので、宴会の内容を垣間見ることができる。旧長安城での宴会については、上述したとおりである。

音楽・文学の場としての禁苑

唐王朝が、雅楽を学ぶための施設として禁苑内に左右教坊をおき、開元二年（七一四）になると玄宗が新たに梨園を禁苑内に造り、若い美貌の男女三〇〇人を玄宗自ら選んで音楽舞踏を学ばせ、皇帝の宴会の燕楽に供したことは有名である。玄宗期には、禁苑が唐代音楽の重要な舞台となっていくのである。[165]この点に関しては、岸辺成雄氏をはじめ、王克芬、邱晨音、関也維、耿占軍、柏紅秀・王定勇、齋藤茂、中純子、葛曉音、戸倉英美、渡辺信一郎氏らの研究があり、詳細が明らかになっている。[166]唐後半には、芳林門の北方の禁苑内に、芳林十哲と呼ばれる知識人が集ったことも知られている。

(b)西内苑

西内苑の建築物

『長安志』巻六、内苑（経訓堂叢書本）、には次のようにある。

内苑、自元武門外北至重元門一里、東西与宮城斉。観徳殿在元武門外。永安殿、東西外垣門、日営門、月営門、其北重元門〔旧内苑北門也〕。魚糧門〔旧重元門〕。

内苑。玄武門の北から重玄門に至るまで一里である。東西の幅は宮城と等しい。観徳殿が玄武門の北方にある。永安殿、東西外垣門、日営門、月営門があり、その北画重玄門となる〔旧内苑の北門である〕。（重玄門は）魚糧門ともいう〔旧重元門〕。

『唐両京城坊考』には、『長安志』よりも詳しい記載がある。要するに、西内苑の建築物の名称を整理した表2のように、苑内には殿宇約十カ所が判明しており、とくに、射殿として使用された観徳殿や、永安殿、蔵冰の機能をもつ冰井台、桜桃の美しい桜桃園等が著名である。しかし、西内苑の玄武門北に唐前期最強の親衛軍が駐屯していたことが、西内苑の軍事施設としての機能をよく物語っている。

宮城と西内苑をつなぐ玄武門は、唐長安城で防衛上最も重要な門と言える。玄武門が、唐前期の宮廷政変の主要舞台となったことは、陳寅恪以来の研究によって明らかにされている。玄武門は、大射儀礼[167]や相撲の奉納[168]、群臣との宴会[169]など、軍事以外にもさまざまな用途で用いられた。

(c)東内苑

東内苑の建築物

『長安志』巻六、東内苑（経訓堂叢書本）には、以下のようにある。

東内苑、南北二里与大明宮城齊、東西尽一坊之地。南即延政門、北即銀台門、東即太和門。龍下殿、龍首池、凝暉殿〔一作承暉。憲宗置也〕。霊符応聖院、在龍首池東。会昌元年、造内園、小児坊。傍有看楽殿、内教坊〔元和十四年復置仗内教坊〕。東下馬橋、東頭御馬坊。文宗詔置東頭御馬坊。毬場。還龍武軍直殿及亭子殿。

東内苑は、南北二里の長さをもち大明宮の（東の）城壁と等しい。東西の幅は一坊の大きさに匹敵する。東内苑の南方の門は延政門であり、北方の門は左銀台門であり、東壁には太和門がある。龍首殿、龍首池、凝暉殿がある〔承暉殿ともいい憲宗が設置した〕。霊符応聖院は龍首池の東にあり、会昌元年（八四一）に内園を造った。小児坊がある。小児坊の側には看楽殿がある。内教坊〔元和一四年〈八一九〉にまた仗内教坊を設置した〕がある。東下馬橋、東頭御馬坊がある。文宗が詔して東頭御馬坊を設置した。毬場がある。また龍武軍直殿と亭子殿がある。

東内苑は、大明宮の重建にあわせて造営された大明宮の防御施設と思われる。大明宮を挟んで、左右羽林軍・左右龍武軍・左右神策軍が駐屯した。このうち、左三軍が東内苑の近くに駐屯した。東内苑は大明宮の東面を防御する機能を持ち、西内苑が太極宮の北面を防御することに対応している。円仁『入唐求法巡礼行記』巻三、巻四には、円仁が長安城での滞在申請と日本帰国の申請のために通った大明宮の東内苑内の神策軍の官庁記録が散見する。

東内苑の龍首池は、皇帝の祈雨儀礼が行われる場であった。玄宗の先天二年（七一三）と文宗の開成元年（八三六）の記録が残っている。また、東内苑にも鞠場（毬場）がある。東内苑の龍首池の修理・管理も、内諸司使の威遠営使が担当した。[170]

おわりに―残された課題―

本節で論じたように、隋唐の皇室庭園は、何よりも軍事機能が突出していた。皇室庭園は、宮殿攻防の拠点をなす軍事施設であり、非常時の皇帝の逃げ城となって城外に脱出する径路をなし（玄宗や敬宗の事例）、戦時にはしばしば都城攻防の戦場となった（安史の乱、吐蕃の長安陥落、朱泚の乱など）。

皇室庭園は、政治・財政・文化・思想の上で重要な役割を果たした。隋唐の皇室庭園は、軍事訓練をかねた狩猟の場であるとともに、種々の王権儀礼と中央政治の舞台であり、皇帝と支配層が山川水石の中に建てられた数多くの宮殿と亭子の中をめぐり、世界各地から貢納された動植物を観賞し、騎馬・馬毬・競艇・船遊・相撲などの各種のスポーツを楽しむ場所だった。

隋唐前期は、中央官庁の中に設けられた皇室庭園の管理組織（苑監）が維持・修理をつかさどり、唐後半期には、大明宮を守る神策軍を主体とする内諸司使系統の管轄となった。唐後期の農地の開墾や池沼、宮殿の修繕は、神策軍をはじめとする内諸司使の職務となった。

王権儀礼の舞台として皇室庭園を顧みれば、皇后が先蚕壇（北苑中）で行う先蚕儀礼や、皇地祇を祀る方丘（宮城北一四里）、神州地祇を祀る北郊（神州壇。光化門外黒帝壇西）、五方上帝の黒帝を祀る黒郊（黒帝壇。光化門外道西二里、北郊東）などの各種の重要な王権儀礼や宗教活動の舞台だった。皇室庭園は、王権儀礼に用いる供え物を供給する場所でもあった。

外交儀礼の点でも、皇室庭園内の宮殿（旧長安城未央宮など）では、外国の君主や使者との宴会が開催された。臣下を従えた宴会も頻繁に開かれ、『全唐詩』には、桂冠詩人が皇室庭園の宴会において皇帝の徳をたたえる詩が多数残されている。また、文芸活動（芳林園の芳林十哲）や宮廷音楽（東内苑の内教坊）の行われる場であった。

神仙思想に基づけば、皇室庭園は、為政者の夢が投影された地上の神仙世界だった。また、世界各国から献上された珍しい動物や植物を集めて育てる場所であり、世界中の動植物が為政者たちに観賞される小宇宙《ミクロコスモス》でもあった。

文化象徴の点からいえば、中国の都城の皇室庭園は、宮殿とともに世界を象徴する都城に無くてはならない建築物だった。禁苑は、宮殿・壇廟・陵墓等の空間とともに、王朝の唯一性と正統性を主張する不可欠の空間であり、帝号・朝代（国号）・元号・暦・律令・礼典・正史・貨幣・祥瑞等の制度や、郊祀や朝賀・朝貢等の王権儀礼とともに、天子＝皇帝をつくり出す文化装置だったのである。

このような隋唐皇室庭園の諸機能を顧みると、改めて、同時期のペルシアやペルシアの影響を受けたイスラームの王室庭園と似ている点が多い[171]ことに気づく。すなわち、ペルシアやイスラームの王室庭園は、天国につながる地上の楽園であり清らかな水に溢れ植物の繁茂する聖なる地として造営され、視覚的に優れているのみならず、触覚、聴覚、味覚、嗅覚の五感を満たす快楽の場だった。壁に囲まれた庭園内には動物が放たれ、王が馬や鷹を用いて行う狩猟は王権を誇示する儀礼だった。

　庭園では、実を結び芳香を放ち色彩に富む実用的な植物が好んで栽培された。唐の桜桃園・杏園・葡萄園などに匹敵するだろう。王室庭園では、王の宴会や祝祭が常時開かれ、国内外の使節が王に謁見し、王が女性たちや親しい臣下と私的に歓談し、音楽を奏で、詩を詠み、舞い踊り、酒を酌み交わし、チェスをする場であった。王室庭園は、詩や細密画、絨毯等の工芸品の文化が生み出される場でもあった。

　乾燥地に位置するために、中央アジアの庭園は過酷な自然を壁で囲って人工的に制御する場であり、水の効率的利用を考えて幾何学庭園の形式をとる場合が多い。庭には流水装置と噴水が不可欠であり、間断なく流れる水が理想とされた。王室庭園は、都城内外をつなぐ灌漑網の上に配置され、農業経営の拠点であり、野菜や香草、果物など生活品を生み出す経済的な場でもあった。

　四世紀から七世紀にかけてのアフロ・ユーラシア大陸を包み込む大きな人間移動は、農業地域と遊牧地域を包含する複合国家と世界宗教圏を各地域につくり出した。その結果、アフロ・ユーラシア大陸の交通はかつてない活況を迎えて東西文化の交流と融合が進み、たがいに類似する政治経済構造や文化が各地に誕生した。おそらく、隋唐皇室庭園とペルシア、イスラームの皇室庭園との関係は、今まで考えられてきた以上に密接な関係を持っていたのではないだろうか。今後の研究の進むことを望む。

　隋唐初の長安城の都市プランの特徴は、太極殿を起点に南北に延びる軸線の大街を挟み、代表的な政治・経済・宗教施設が、方形の格子状に対称的に並ぶ、整然とした建築構造を備えていたことである（図4）。禁苑は、宮殿の背後にあって、陰陽思想の陰の要素を代表する空間だった。

　しかし、この整然とした建築構造は、七世紀後半の大明宮建築と八世紀初の興慶宮建築によって崩れた。玄宗以後、大明宮に中心を移した政治の運営は、象徴性よりも機能性を重視することで、その後の中国の政治機構を改革していく起点となった。また、大明宮に勤務する必要から、官人の多くは、大明宮のある朱雀街の東側の区画に集住するようになり、城内の階層別の棲《す》み分けが進んでいく。禁軍の主体が、太極宮北方から大明宮の周囲に移動したことは、皇室庭園の管理全体の変更をもたらした。唐後期には皇室庭園の国家儀礼上の役割は縮小し、皇室庭園は神聖な場所であるよりも皇帝や臣下の娯楽の場所としての性格を強めていくのである。

　一般に、前近代の皇室庭園や宮殿は、近代国家の成立とともに、市民公園や植物園、動物園、博物館などの公的空間に変化する。中国においても、二〇世紀初の中華民国の成立とともに、宮殿や皇室庭園は博物館や市民公園となり、公共の空間として人々に開放された。近代国家の為政者は、前近代の王の空間を国民の集う公共空間として開放することで国民の支持を獲得し、政権を正当化する必要があったのである。[172] 皇帝の居住した紫禁城と城内の後苑（御花苑）が、故宮博物院の一部として開放されたのは一九二五年のことであり、景山や北海・

中海・南海も一九二〇年代後半には開放された。ただし、いったん市民に開放された中南海は、中華人民共和国の建国した一九四九年に政権幹部の居住地区となって一般人の出入りが禁じられ、現在に至っている。

歴代都城の皇室庭園の構造と機能を、政治・軍事・財政・社会・文化の各側面から多角的に分析することで、都城における皇室庭園の歴史的役割を明らかにする分析は、まだ始まったばかりである。都城と皇室庭園の関係について今後解明すべき問題は、山積している。今後の研究の進展に期待したい。

註

1　メソポタミアで生まれエジプトや地中海世界、中央アジアに広がった王室庭園が、地上の楽園であるとともに、神殿にささげる食物や動物の供給地として都城に不可欠の存在であったことは、ガブリエール・ヴァン・ズイレン著、小林章夫監修『ヨーロッパ庭園物語』（創元社、一九九九年、Zuylen, Gabrielle van, Tous les jardins du monde Paris: Gallimard, 1994）や、ジョン・ブルックス著、神谷武夫訳『楽園のデザイン―イスラムの庭園文化―』（鹿島出版社、Brookes, John, Gardens of Paradise, *The History and Design of the Great Islamic Gardens*, London: George Weidenfeld & Nicolson Limited, 1987）、Thacker, Christopher, *The History of Gardens*, Berkeley and Los Angeles: University of California Press, 1979, pp. 9–25. 等の叙述を参照。中国においても、皇室庭園の機能は同じだった。

2　J・ブノア＝メシャンは、中国において三〇〇〇年の長きにわたって王室庭園が持続した理由として、中国独特の恒久的な官僚制度の為政者への拘束が、拘束から逃れ自由の許される皇室庭園を必要とした点を指摘する（J・ブノア＝メシャン著、河野鶴代・横山正訳『庭園の世界史―地上の楽園の三千年―』（講談社学術文庫一三二七、一九九八年、Benoist-Mechin, Jacques, *L'homme et ses Jardins*, Paris: Editions Albin Michel, 1975）二二―四七頁。たしかに、本節でも論じるように、皇帝が日常政務をつかさどる宮城の空間が官僚制度の政治秩序を象徴しているのに対して、王室庭園（皇室庭園）は、官僚制度を超えたより大きな宇宙的秩序を象徴していたために、宮城と庭園とは互いに相補い合う関係にあったと考えられる。

3　北田裕行氏は、同「中国古代都城の園林配置に関する基礎的考察―都城外苑を中心として―」（舘野和己編『古代都城のかたち』同成社、二〇〇九年）二〇一―二二七頁において、都城の皇室庭園を外苑と内苑に分別している。外苑は宮城と連接する比較的大きな皇室庭園を指し、内苑は宮城の内部の比較的小さな皇室庭園を指す。北田氏の言う外苑は、本文では①(a)宮城と連結する皇室庭園を指し、内苑は、②(b)宮城内部の宮殿に付設された皇室庭園を指す。

4　とくに隋唐初に皇帝が頻繁に訪れた九成宮には、長安・洛陽の両京と同じく、宮苑をつかさどる専門の官が置かれていた。『唐六典』巻一九、九成宮総監等を参照。

5　長安と洛陽以外の都城の都市構造や皇室庭園の立地や機能については、研究が進んでおらず不明な点が多い。太原と河中府については、愛宕元『唐代地域社会史研究』（同朋舎、一九九七年）第五章　唐代太原城の規模と構造、第六章唐代の蒲州河中府城と河陽三城を参照。なお、元・駱天驤『類編長安志』巻三、禁苑（中華書局、八一頁）では、関中平野東部の同州馮翊県に置かれた沙苑を唐代の禁苑の一つとして記述しているが、為政者の娯楽や鑑賞の場ではなく皇室庭園とは言えない。沙苑は太僕寺の所属になり（『唐六典』巻一七、沙苑監、中華書局、四八八頁）、司農寺に属する皇室庭園とは管轄が異なる。沙苑の地域は渭河下流域の砂丘帯に立地したいたために、古くから沙苑と呼ばれていた。沙苑は、東西八〇里、南北三〇里という大規模な面積を持ち、内部に牧馬・監牛等が置かれ、葡萄園・桃杏園・梨園があり、木瓜・石榴・異果が植えられており、畜牧業をはじめとする軍事・財政上の多様な機能を備え、しばしば長安攻防時の激戦地となった（『類編長安志』巻三、禁苑〈中華書局、八一頁〉および李吉甫『元和郡県図志』巻二、関内道、同州〈中華書局、三七頁〉を参照）。唐代の沙苑には、沙苑監が置かれて馬や牛、羊の管理にあたった。沙苑については、劉樹友「沙苑古戦場形成考」（『渭南師専学報（社会科学版）』一二―四、一九九七年）二三―二八頁、王元林「沙苑的

歴史変遷」（『人文雑誌』二〇〇一年第四期）一二六―一三一頁も参照。

6　中国社会科学院考古研究所編『隋仁寿宮・唐九成宮―考古発掘報告―』（科学出版社、二〇〇八年）一〇―一一頁を参照。唐代の関中平野の離宮については、呉宏岐『西安歴史地理研究』（西安地図出版社、二〇〇六年）第八章、隋唐両京周囲行宮与園林研究、二六二―二九三頁を参照。呉宏岐氏は、離宮の皇室庭園についても触れている。

7　隋唐洛陽城の西苑が、隋洛陽城を建造した煬帝の江南趣味の結晶した庭園であることは、杜宝『大業雑記』の記述を参照。この点については、妹尾達彦「陸の都と水の都―隋唐の長安と洛陽―」（『よみがえる古代の大和』学生社、近刊）でも簡単に述べている。

8　王鐸「唐東都洛陽的皇家園林」（『河洛春秋』一九八九年第三期）。

9　厳輝「隋唐東都西苑遺址的初歩探索」（『四川文物』二〇〇四年第六期）四一―四六頁。

10　李久昌「隋唐東都西苑与洛陽城関係探析」（『隋唐長安歴史地理問題学術討論会議程安排及資料』陝西師範大学西北歴史環境・経済社会発展研究中心、二〇〇七年）。

11　塩沢裕仁『千年古都洛陽―その遺跡と人文・自然環境―』（雄山閣、二〇〇九年）。

12　宇都宮美生「唐代洛陽城における禁苑（西苑）に関する一考察と課題」（『東アジア諸国における都城及び都城制の比較史的総合研究』（科学研究費補助金基盤研究（A）研究〈成果報告書〈電子ファイル版〉、二〇〇七年）、同「隋唐洛陽城西苑の四至と水系」（『中国文史論叢』六号、中国文史研究会、二〇一〇年）。

13　中国社会科学院考古研究所洛陽唐城隊「洛陽唐東都上陽宮園林遺址発掘簡報」（『考古』一九九八年第二期）。

14　姜波「唐东都上阳宫考」（『考古』一九九八年二期）。

15　そのほかにも、杉村有造『中国の庭』（求龍堂、一九九六年）、劉策『中国古代苑囿』（寧夏人民出版社、一九七九年）、王毅『園林与中国文化』（上海人民出版社、一九九〇年）、佐藤昌『中國造園史（上・中・下巻）』（日本公園緑地協会、一九九一年）、王其鈞編『図説中国古典園林史』（図説系列叢書、中国水利水電、二〇〇七年）などの多くの概説書がある。庭園は中国文化の精髄とも言えるために、歴代王朝の庭園に関する個別論文の数は近年飛躍的に増加している。本文に掲げた田中淡目録や François Louis 目録を参照。

16　以下の論著も参照。村上嘉実「唐代貴族の庭園」（『東方学』一一、一九五五年、一―一〇頁）、同「六朝の庭園」（『古代学』四―一、一九五五年、のち同『六朝思想史研究』平楽寺書店、一九七四年に所収）、同「中国の庭園―中国庭園史、宋代以前―」（『禅文化』三六、一九六五年）。

17　本文で掲げた論著以外にも、大室幹雄氏には『西湖案内―中国庭園史序説―』（岩波書店、一九八五年）をはじめとする中国庭園史に関する論著が数多い。

18　中野美代子『龍の住むランドスケープ』（三省堂、一九九五年）、同『奇景の図像学』（角川春樹事務所、一九九六年）等を参照。

19　朴漢済著、尹素英訳「北魏洛陽社会と胡漢体制―都城区画と住民分布を中心に―」（『お茶の水史学』三四、一九九〇年）、同著、山崎雅稔訳、市川まりえ修訂「唐長安城三苑考―前漢上林苑の機能と比較して―」（妹尾達彦編『都市と環境の歴史学［増補版］』二、中央大学文学部東洋史学研究室、二〇〇九年）。

20　渡辺信一郎「宮闕と園林―三～六世紀中国における皇帝権力の空間構成―」（渡辺信一郎『中国古代の王権と天下秩序―日中比較史の視点から―』（校倉書房、二〇〇三年、初出二〇〇〇年）。

21　辻正博「魏晋南北朝時代の聴訟と録囚」（『法制史研究』五五号、二〇〇五年）。

22　多田伊織「ニワと王権―古代中国の詩文と苑―」（金子裕之編『古代庭園の思想―神仙世界への憧憬―』（角川書店、二〇〇二年）、同「建康園林考―六朝文学の中の禁苑―」（『遺跡学研究』二、二〇〇五年）。

23　外村中「中国古代の都市と園林についての初歩的考察」（『佛教藝術』二七二、二〇〇四年）、同「古代東アジアの「池と島の園林」と「池と築山の園林」」（『佛教藝術』二八六、二〇〇六年）をはじめとする諸論考を参照。

24　金子裕之編『古代庭園の思想―神仙世界への憧憬―』（角川書店、二〇〇二年）。

25　汪勃「試論漢唐時期中国宮城地苑之特点」（『漢代考古与漢文化国際学術研討会論文集』斉魯書社、二〇〇六年）。

26　註3北田裕行「中国古代都城の園林配置に関する基礎的考察—都城外苑を中心として—」、同「三国から初唐の苑池の系譜に関する基礎的考察」（『古代文化』六〇—三、二〇〇八年）、同「隋唐長安城太極宮後園とその系譜—北斉と隋の四海」（『古代学』一、二〇〇九年）。

27　隋唐長安の概説書における皇室庭園の記述として、張永禄『唐都長安』（西北大学出版社、一九八七年）、第七章三苑（同書一〇五—一一二頁）や、李志紅『唐長安城市景観研究』（鄭州大学博士学位論文、二〇〇六年）、第五章区域空間（下）、八二—一〇九頁を参照。ただ、佐藤武敏『長安』（講談社学術文庫、二〇〇四年、原書一九七一年）は優れた概説書であるが皇室庭園（三苑）には全く触れていない。また、李瑞『唐宋都城空間形態研究』（西安地図出版社、二〇〇六年）、肖愛玲『隋唐長安城』（西安出版社、二〇〇八年）、王美子『隋唐長安城格局・遺存及標識』（西安建築科技大学碩士学位論文二〇〇七年）等も、近年の研究を踏まえた隋唐長安史の概説書であるが、皇室庭園の論及はない。

28　武伯綸「唐長安東南隅（上）（中）（下）」（『文博』一九八三年創刊号、同年第二期、同一九八四年第三期）。なお、芙蓉苑と曲江池の変遷については、『曲江文史宝典』編纂委員会編『曲江文史宝典』（陝西人民美術出版社、二〇〇四年）、李令福『曲江史話』（三秦出版社、二〇〇五年）を参照。

29　張驊「古代長安的囿苑」（『文博』一九八六年第二期）。

30　周雲庵『陝西園林史』（三秦出版社、一九九七年）。

31　閻希娟・郭文毅「漢唐長安城園林的緑化及其現代啓示」（『唐都学刊』二〇〇一年第二期。

32　候迺慧『詩情与幽境—唐代文人的園林生活—』（東大図書公司、一九九一年）、同『唐宋時期的公園文化』（東大図書公司、一九九七年）。

33　劉航「長安与中国古典園林」（『中国名城』一九九二年第四期）。

34　李浩『唐代園林別業考論（修訂版）』（西北大学出版社、一九九八年、初版一九九六年）、『唐代園林別業考録』（上海古籍出版社、二〇〇五年）。

35　史念海「唐長安城的池沼与林園」（同主編『漢唐長安与関中平原』陝西師範大学出版社、一九九九年）。

36　王海燕「禁苑と都城—唐長安城と平城京を中心に—」（『國學院大学大学院紀要—文学研究科—』三二、一九九九年）。

37　耿占軍『唐代長安的休閑娯楽文化』（西安地図出版社、二〇〇〇年）、「第四章唐代長安的休閑娯楽場所」（一五四—一六九頁）、および同書附録四、「唐長安池潭考」（二五五—二六九頁）。

38　秦建明「唐長安禁苑」（『中学歴史教学参考』二〇〇四年第一一期）。

39　趙湘軍『隋唐園林考察』（湖南師範大学碩士学位論文、二〇〇五年）。

40　呉宏岐『西安歴史地理研究』（西安地図出版社、二〇〇六年）第八章「隋唐両京周囲行宮与園林研究」。

41　馮曉多「唐長安城北部主要池陂及其作用」（西安文理学院学報〈社会科学版〉九—五、二〇〇六年）。

42　馬馳「説唐長安城的供水及園林化」（『隋唐史論：牛致功教授八十華誕祝寿文集』三秦出版社、二〇〇七年）。

43　王建国「略論隋唐長安禁苑的休閑娯楽作用」（『西安欧亜学院学報』第七巻第三期、二〇〇九年）。

44　シンポジウムの成果は、註24金子裕之編『古代庭園の思想—神仙世界への憧憬—』として出版された。また、金子裕之編『東アジア古代都城の苑池に関する基礎研究（平成13・14年度文部科学省研究費補助金基盤（B）研究成果報告書）』二〇〇三年）、同「宮と後苑」（『瓦衣千年　森郁夫先生還暦記念論文集』真陽社、一九九九年）、同「平城宮の園林とその源流」（研究論集XIV奈良文化財研究所、二〇〇三年）等も参照。なお、一九九八年に開催された古代都市の構造と展開をめぐる研究集会において、小野建吉氏が「園池と都城」と題して、都城と皇室庭園の問題を論じている（『古代都市の構造と展開（古代都城制研究集会第3回報告集）』奈良文化財研究所、一九九八年）。

45　シンポジウムの成果はまだ出版されていないが、会議プログラムは、http://www.zinbun.kyoto-u.ac.jp/wp-content/uploads/2007/06/chugoku-teien.pdf で知ることができる。

46　『東アジアにおける理想郷と庭園—「東アジアにおける理想郷と庭園に関する国際研究会」報告書—』（奈良文化財研究所・文化庁、二〇〇九年、）。とくに、呂舟「古代中国における庭園の発掘および浄土と浄土庭園」と、田中淡「中国庭園の初期的風格と日本古代庭園」の二論文は、本節の論述と密接に関連する。田中氏によって、日本古代庭園の形式が中国初期庭園の諸要素をよくとどめている点が明らかになっている。

47 日本古代都城における南朝の庭園の影響について、奈良文化財研究所の金子裕之氏の研究チームのホームページには、次のように記されている。「古代都城の苑地（現在では園林の語を用いる）は園池だけではなく宮殿、楼閣、馬場や果樹・農園などからなる複合施設であり、都城に必須の施設である。苑地の伝統は中国にあり、そこでは巨大な規模を誇った。こうした苑地は七世紀後半の天武朝には、朝鮮半島を経て日本に伝来した。『日本書紀』に見える白錦御苑はその嚆矢であろう。本年は昨年度作成の日中古代苑地史料をもとに、「中国庭園資料関連データベース」を構築し、詳細な検討を加えた。その結果、古代都城の苑地には中国南朝の影が、予想以上に濃厚なことが判明した。それは苑地の名称など固有名詞にとどまらず、「一茎二花蓮」といった祥瑞にも及ぶようである。祥瑞は皇帝の徳を示す事柄であり、こうした事柄まで影響が及ぶことは、八世紀初頭に直接唐からそうした知識を得たとするよりも、朝鮮半島との関わりが強い時代からの慣習を引き継いだとみるべきであろう。八世紀、平城京内では貴族がこぞって苑池（嶋）を経営した。その元は平城宮の苑池である。発見例は必ずしも多くはないが、そこでは意匠は類似するものの、規模は宮の数分の一であり、身分秩序と同様の明確な格差が反映している。これは年度当初の予測である、『宮廷苑池が貴族や諸国苑池の原形となり、その背後には中国（唐）苑池のシステムがある』を裏付ける。」

48 図2は、妹尾達彦「律令制と都城」（大津透編『史学会シンポジウム叢書 日唐律令比較研究の新段階』山川出版社、二〇〇八年）所載図1「東アジア歴代都城の主な法典と礼典の施行」を底図に、都城と禁苑の関係を新たに図示したものである。図3は、妹尾達彦「北京の小さな橋―街角のグローバルヒストリー―」（関根康正編『ストリートの人類学』国立民族学博物館、二〇〇九年）所載図11「中国歴代都城の継承関係と建築構造の比較」、注19妹尾達彦編『都市と環境の歴史学』二、口絵図3を底図に、皇室庭園と都城の宮殿との関係に焦点を合わせて新たに描いたものである。

49 とくに、南宋・王応麟『玉海』巻一七一、宮室に記載の古代から北宋までの中国皇室庭園の概説は有用である。図3の各都城図の出典については、妹尾達彦「都城与王権儀礼：根拠中国歴代都城復原図」（黄寛重編『基調与変奏―七至二十世紀的中国―』国立政治大学歴史学系、中国史学会、中央研究院歴史語言研究所、『新史学』雑誌社、二〇〇八年）を参照。

50 秦咸陽城の復原に関しては、王学理『秦咸陽城』（三秦出版社、一九九九年）、陝西省考古研究所編『秦都咸陽考古報告』（科学出版社、二〇〇四年）等を参照。咸陽城全体の復原図はまだ描かれていない。

51 朝鮮王朝の王都・漢城の上林園（景福宮後苑）については、本書第三章の桑野栄治「朝鮮初期の「禁苑」―景福宮後苑小考―」を参照。

52 上林苑については、大室幹雄『劇場都市』（三省堂、一九八七年）第九章「漢代バロックの生活」、李令福「漢昆明池の建設及びその長安郊外の環境に対する影響について」（『日本秦漢史学会報』九、二〇〇八年）二八―五〇頁、北田裕行「上林苑の研究史および漢代昆明池の再検討」（『古代日本と東アジア世界（奈良女子大学21世紀ＣＯＥプログラム報告集）』六、二〇〇五年）等を参照。

53 荒木敏一「北宋時代に於ける科挙の瓊林宴（其の一）―唐代の曲江宴と比較して―」（『京都教育大学紀要（Ａ、人文・社会）』四五、一九七四年）、同「北宋時代に於ける科挙の瓊林宴（其の二）」（同四七、一九七五年）、丘剛・李合群「北宋东京金明池的営建布局与初歩勘探」（『河南大学学報（社会科学版）』一九九八年第一期）等を参照。

54 北宋開封の都市構造が唐長安城を一つのモデルとして造営されたことは、孟元老『東京夢華録』の記述からもうかがえる。また、久保田和男『宋代開封の研究』（汲古書院、二〇〇七年）の分析を参照。

55 未央宮と建章宮の庭園の位置は、史念海編『西安歴史地図集』（地図出版社、一九九六年）所載の考古発掘に基づく「西安長安図」と文献史料から復原した「西漢長安城図」を参照。

56 姜波『漢唐都城礼制建築研究』（文物出版社、二〇〇三年）第二章「西漢長安城礼制建築」参照。前漢末から後漢にかけて儒教の王権儀礼が体系化されていく過程については、金子修一『中国古代皇帝祭祀の研究』（岩波書店、二〇〇六年）において大きな流れが整理されている。また、目黒杏子「前漢武帝期における郊祀体制の成立―甘泉泰時の分析を中心に―」（『史林』八六―六、二〇〇三年）、同「王莽「元始儀」の構造―前漢末における郊祀の変化―」（『洛北史学』八、二〇〇六年）、同「後漢郊祀制と「元始故事」」（『九州大学東洋史論集』三六、二〇〇八年）を参照。

57 王莽による長安城の儒教的改造の重要性については、佐原康夫『漢代都市機構の研究』（汲古書院、二〇〇二年）や、註56姜波『漢唐都城礼制建築研究』、註56目黒杏子「王莽「元始儀」の構造—前漢末における郊祀の変化—」等を参照。

58　佐原康夫「周礼と洛陽」(『奈良女子大学21世紀ＣＯＥプログラム報告集』一四、二〇〇七年)、村元健一「中国複都制における洛陽」(『都城制研究』四、二〇一〇年)を参照。

59　楊寛著、西嶋定生監訳、尾形勇・高木智見共訳『中国都城の起源と発展』(学生社、一九八七年)一四九—一七三頁、同『中国古代都城制度史研究』(上海人民出版社、二〇〇三年)一二七—一四九頁。

60　汪菊淵『中国古代園林史　上巻』(北京・中国建築工業出版社、二〇〇六年)六四—六五頁。

61　銭国祥「由閶闔門談漢魏洛陽城宮城形成」(『考古』二〇〇三年第七期)。

62　北田裕行氏は、魏文帝における洛陽城改造によって宮城北に後苑が造営された時期を、皇室庭園史の画期としている。註26同「中国古代都城の園林配置に関する基礎的考察—都城外苑を中心として—」参照。

63　この点に関しては、佐川英治「『奢靡』と『凶直』—洛陽建設をめぐる魏の明帝と高堂隆—」(『中国文史論叢』六、二〇一〇年)参照。

64　この転換の思想的背景については、註56金子修一『中国古代皇帝祭祀の研究』四一—四六頁を参照。

65　ただし、魏洛陽の儀礼空間と儀礼次第には、魏の鄭玄説とは合致していない点もある。詳しくは、註56金子修一『中国古代皇帝祭祀の研究』四二—四六頁参照。

66　佐川英治「北魏洛陽城の形成と空間配置—外郭と中軸線を中心に—」(『大阪市立大学東洋史論叢』別冊特集号、二〇〇五年)、同「北魏洛陽城的中軸線及其空間設計試論」(中国魏晋南北朝史学会・武漢大学中国三至九世紀研究所編『魏晋南北朝史研究：回顧与探索—中国魏晋南北朝史学会第九届年会論文集』湖北教育出版社、二〇〇九年)、同「漢六朝的郊祀与城市規制(討論稿)」(『復旦大学中古時代的礼儀・宗教与制度学術研討会論文集』復旦大学歴史系、二〇一〇年)。

67　ただし、北魏の王権儀礼は、当初、主に鮮卑族の宇宙論に基づく王権儀礼を挙行しており、当初の都城の平城の儀礼空間が、鮮卑族の伝統儀礼から漢魏以来の儒教儀礼に転換するのは、北魏末の孝文帝の改革以後のことである(康楽『従西郊到南郊—国家祭典与北魏政治—』稲禾出版社、一九九五年、川本芳昭『魏晋南北朝時代の民族問題』(汲古書院、一九九八年、二七六—二八六頁等の研究を参照)。建造当初の北魏平城の都市構造は、遊牧系政権の都城であったために中原の伝統的な都城とは相当異なっており(塩沢裕仁「鮮卑の都城〝平城〟—その都市空間の様相—」〈『法制史学』六八、二〇〇七年〉、向井佑介「北魏の考古資料と鮮卑の漢化」〈『東洋史研究』六八—三〉等を参照)、平城の北部に広がる皇室庭園(鹿苑)も、遊牧系政権の放牧地や狩猟場として活用されており、中原伝統の皇室庭園とは異なっていた(佐川英治「遊牧と農耕の間—北魏平城の鹿苑の機能とその変遷」〈『岡山大学文学部紀要』四七、二〇〇七年〉)。北魏末の洛陽から隋唐長安城に至る郊祀の変遷については、註56金子修一『中国古代皇帝祭祀の研究』五一—五八頁。

68　南北朝の都城における王権儀礼の舞台の相違に関しては、註56姜波『漢唐都城礼制建築研究』一一〇—一八四頁を参照。本文で触れたように、王権儀礼の舞台をめぐる経典解釈には、鄭玄と王粛の対立する二つの解釈がある。鄭玄は、経典の「南郊」と「円丘」の語が別個の祭祀施設であり、上帝(天帝)と呼ばれる神を昊天上帝と五方上帝(五方天帝)合わせて六柱とする。これに対して王粛は、「南郊」と「円丘」を同一の祭祀施設(「南郊の円丘」)とし、上帝(天帝)と呼ばれる至高神は昊天上帝の一柱のみとする。いずれに依拠するかによって祭祀施設は異なる。後漢・魏・北朝・隋が鄭玄説であるのに対し、晋・南朝は王粛説をとる。唐は、唐初は鄭玄説によったが、のちに両説を折衷して南郊に関しては南郊と円丘を同じ祭祀とした。王権儀礼における鄭玄説と王粛説との相克に関しては、註56金子修一『中国古代皇帝祭祀の研究』四一—五〇頁を参照。なお、周維権著『中国古典園林史』(北京・清華大学出版社、一九九〇年)第三章「園林的転接期—魏・晋・南北朝(公元二二〇—五八九年)」も、南北都城の皇室庭園の違いについて示唆に富む分析をしている。

69　小島毅「天子と皇帝—中華帝国の祭祀体系—」(松原正毅『王権の位相』弘文堂、一九九一年)をはじめとする小島毅氏の研究を参照。

70　魏洛陽における芳林園(華林園)造営の持つ画期性については、村上嘉実「六朝の庭園」(同著『六朝思想史研究』平楽寺書店、一九七四年、初出一九五五年)、註23外村中「古代東アジアの「池と島の園林」と「池と築山の園林」」を参照。また、魏明帝による洛陽城改造をはじめとする政治改革の意味については、渡辺信一郎『中国古代の王権と天下秩序—日中比較史の視点から—』（校倉書房、二〇〇三年）の第四章「宮闕と園林—三～六世紀中国における皇帝権力の空間構成—」を参照。

71　日本における円丘での天帝の祭祀は、記録では、長岡京において桓武天皇が二度（七八五年と七八七年）、平安京において文徳天皇が一回（八五六年）施行しただけであり、恒常的に施行されてはいない。円丘の祭祀と対をなす方丘の祭祀や五方上帝等の祭祀も行われていないので、日本における円丘祭祀が、天智系の桓武天皇による天武系政権からの「王権交替」を擬すための王権儀礼であった、とする従来の見解はわかりやすいと思う。当時、「王権交替」を正統化する最も洗練された理論は儒教の王権論であった。この点については、狩野直喜、滝川政次郎、早川庄八、武者小路穣、高取政男、王仲殊等氏の古典的な研究があり、近年は、渡辺信一郎『中国古代の王権と天下秩序—日中比較史の視点から—』（校倉書房、二〇〇三年）第五章「古代中国の王権と郊祀—南郊祭天儀礼を中心に—」、矢野健一「日本古代の「郊祀之礼」と「大刀契」」（矢野健一・李浩編『長安都市文化と長安・日本』汲古書院、二〇〇七年）が示唆に富む分析をしている。

72　この点に関しては、本書第二章の妹尾達彦「隋唐長安城と郊外の誕生」を参照。

73　中国歴代都城と儒仏道の王権儀礼との関連については、妹尾達彦「天と地—前近代の中国における都市と王権—」（大阪市立大学大学院文学研究科COE・大阪市立大学重点研究共催シンポジウム報告書『中国の王権と都市—比較史の観点から—』大阪市立大学大学院文学研究科　都市文化研究センター、二〇〇七年）において簡単ではあるが触れている。

74　註19朴漢済「北魏洛陽社会と胡漢体制—都城区画と住民分布を中心に—」、同「唐長安城の三苑考—前漢上林苑の機能と比較して—」をはじめとする朴氏の論考を参照。これらの論考によって朴氏は、四世紀以後の華北における遊牧系政権の誕生が、皇室庭園や都城の機能をはじめ、従来の制度全般に根本的な変革をもたらしたことを明らかにしている。

75　Berthold Laufer, *Sino-Iranica, Chinese Contributions to the History of Civilization in Ancient Iran*, Chicago: the Field Museum of Natural History, 1919, Edward H. Schafer, *The Golden Peaches of Samarkand, A Study of T'ang Exotics*, Berkeley, Los Angeles, London: University of California Press, 1963. 石田幹之助「隋唐時代に於けるイラン文化の支那流入」（同著『長安の春』講談社学術文庫、一九七九年、初出一九三六年）。

76　南朝化については、唐長孺『魏晋南北朝隋唐史三論』（武漢大学出版社、一九九三年）、牟発松「略論唐代的南朝化倾向」（『中国史研究』一九九六年第二期、同「従南北朝到隋唐—唐代南朝化倾向再論」（『南京暁庄学院学報』二〇〇七年）等を参照。隋唐の都城における南朝都市の江南庭園様式の影響については、大室幹雄『園林都市—中国中世の世界像—』（三省堂、一九八五年）、註16村上嘉実「中国の庭園—中国庭園史・宋代以前—」を参照。

77　北宋・李格非『洛陽名園記』、王鐸『中国古代園苑与文化』（湖北教育出版社、二〇〇三年）。

78　皇帝の空間が公共の空間に転換することによって近代国家の首都が形成されることは、妹尾達彦「首都と国民広場—北京における天安門広場の建築—」（関根康正編『〈都市的なるもの〉の現在—文化人類学的考察—』東京大学出版会、二〇〇四年）を参照。また、白石洋三郎『近代都市公園史の研究—欧化の系譜』（思文閣出版、一九九五年）、小野良平『公園の誕生　歴史文化ライブラリー』（吉川弘文館、二〇〇三年）等も参照。

79　南朝の陳が隋に滅ぼされたのは大興城が造営された六年後の開皇九年（五八九）であり、陳王朝の滅亡とともに皇帝をはじめとする多数の南朝人が大興城に連行されたことを一つの契機に、大興城の「南朝化」が始まることになる。

80　太極殿を核とする当時の都城建築の流れについては、妹尾達彦「コメント2」（『都城制研究　宮中枢部の形成と展開—大極殿の成立をめぐって—』二、奈良女子大学21世紀COEプログラム報告集Vol. 23、二〇〇九年）を参照。

81　曽我部静夫「唐の南衙と北衙の南司と北司への推移」（『史林』六四—一、一九八一年）、註19朴漢済「唐長安城の三苑考—前漢上林苑の機能と比較して—」を参照。

82　遊牧系政権の都城はユーラシア大陸中部と東部の多様な文化の融合する舞台であった。隋唐皇室庭園に中央アジアや西アジア、インドの庭園様式がどの程度影響したのかという問題は、石田幹之助やB・ラウファー、エドワード・シェーファー氏らの古典的研究で論及されているが、詳細は今後の重要課題である。

83 辛徳勇「隋大興城坊考稿」(『燕京学報』二〇〇九年第二期)の「禁苑」の項目は、以下のように復原されている。括弧内は辛徳勇氏による注を示す。

禁苑。禁苑曰大興苑、開皇元年置(出『長安志』巻六)。苑東西二十七里、南北三十三里(出『冊府元亀』巻一四。徐松『唐両京城坊考』云:南北二十三里、『旧唐書・地理志』作〝三十里〟、『玉海』引作〝二十里〟、案『長安志』言永泰門去宮城二十三里、今従之。徳勇案:〝二十三里〟与苑周一百二十里之数不合、今参拠『旧唐書』之記載而従『冊府元亀』)。周一百二十里(出『唐六典』巻七)。東至滻水、西連長安故城、南連京城、北枕渭水。漢長安故城南北・東西十三里、亦隷入苑中(出『冊府元亀』巻一四。『隋書・地理志』上:京兆郡長安縣、有舊長安城。『大唐創業起居注』巻二:大業十三年九月乙亥、令敦煌公李世民率新附諸軍、自鄠県道屯長安故城)。文帝増修未央池(出『玉海』巻一五七引『両京新記』)。太子勇嘗築小城於其中(『隋書・房陵王勇伝』:高祖将廃勇、時姫威又抗表告太子非法、曰:皇太子于苑内築一小城、春夏秋冬、作役不輟、營起亭台、朝造夕改)。有観徳殿(『禁扁』巻乙:隋有観徳殿。『長安志』巻六:唐内苑観徳殿、在玄武門外。徳勇案:唐観徳殿応承自隋朝)。

84 中島比「大興城の城壁」(『東洋史苑 故小笠原宣秀博士追悼号』二四・二五、一九八五年)、辛徳勇「大興外郭城築成時間弁誤」(同『隋唐両京叢考』三秦出版社、一九八九年)、村上嘉実「隋代の庭園」(『滋賀県立短期大学学術雑誌』第二号、一九六一年)。

85 大興城建造時の突厥の南進に関しては、妹尾達彦『長安の都市計画』(講談社、二〇〇一年)一〇三—一〇五頁でも簡単に触れている。

86 周隋革命が突厥との緊迫した国際情勢のもとで行われたことを詳論する近年の研究に、平田陽一郎「周隋革命と突厥勢力」(『唐代史研究』一二号、二〇〇九年)がある。また、石見清裕『唐の北方問題と国際秩序』(汲古書院、一九九八年)を参照。

87 隋文帝による大興城造営時の宮城北門の軍隊駐屯に関する史料は乏しく、今後の研究の余地を残している。旧長安から新長安の大興城への遷都に際し、旧長安の北周隋初の禁軍が新都の大興苑と皇城に移り、それぞれ北衙と南衙となって分駐したと思われるが詳細はよくわからない。唐初の場合、玄武門の駐屯兵には、李淵が太原で挙兵して以来の元従禁軍の他に皇城の南衙十二衛の衛兵や親王府の軍人の中から選抜された者もいるので(張国剛「唐代北衙六軍述略」同著『唐代政治制度研究論集』文津出版公司、一九九四年、趙雨楽「玄武門的宿衛兵種与北衙系統的建立」『従宮廷到戦場—中国中古与近世諸考察—』中華書局、二〇〇七年、蒙曼『唐前期北衙禁軍制度研究』中央民族大学出版社、二〇〇五年等)、隋でも諸衛から選抜された衛士が玄武門の北に配属され、北衙を形成したと思われる。西魏・北周期の長安の禁軍については、楊希義『古都西安 西安的軍事与戦争』(西安出版社、二〇〇二年)を参照。

88 『資治通鑑』巻一八四、隋紀、恭皇帝義寧元年(六一七)九月条、五七五九頁に、「(李)淵命劉弘基・殷開山分兵西略扶風、有衆六萬、南渡渭水、屯長安故城。城中出戰、弘基逆撃、破之。(李)世民引兵趣司竹、李仲文、何潘仁、向善志皆帥衆從之、頓于阿城(即秦阿房宮城)。勝兵十三萬、軍令嚴整、秋毫不犯。乙亥、世民自盩厔遣使白淵、請期日赴長安。淵曰「屈突東行不能復西、不足虞矣。」乃命(李)建成選倉上精兵自新豐趣長樂宮、世民帥新附諸軍北屯長安故城、至並聽教。」とあり、隋末の大興城攻撃時に、李淵や李世民、李建成の唐軍は、阿房宮城や旧長安城、旧長安城内の長楽宮に相次いで駐屯して宮城を攻撃している。

89 『唐六典』巻二五。左右羽林軍条。

90 陳寅恪『隋唐制度淵源略論稿』(中華書局、一九六三年)「二礼儀、附:都城建築」、同『唐代政治史述論稿』(商務印書館、一九四三年)「中篇 政治革命及党派分野」、註87蒙曼『唐代前期北衙禁軍制度研究』、孫英剛「唐代前期宮廷革命研究」(栄新江主編『唐研究』七、二〇〇一年)参照。

91 註19朴漢済「唐長安城の三苑考—前漢上林苑の機能と比較して—」。

92 註67佐川英治「遊牧と農耕の間—北魏平城の鹿苑の機能とその変遷—」。

93 ただし、西魏・北周長安における皇室庭園は、芳林園等の存在がわかるものの規模や禁軍の駐屯の有無等の実態は不明である。西魏・北周時の禁軍に北衙と南衙の区別があったかどうかもよくわからない。禁軍の駐屯地を含め、今後の研究の進展に期待したい。魏晋南北朝期の禁軍制度については、張金龍『魏晋南北朝禁衛武官制度研究』(中華書局、二〇〇四年)を参照。

94 東内苑の正確な建造年代は不明であるが、おそらく大明宮重修時に造営され、これを契機に従来の内苑が西内苑と称されるようになり、大明宮の東内苑とともに東西内苑体制が誕生したと思われる。

95 註87蒙曼『唐前期北衙禁軍制度研究』、註19朴漢済「唐長安城の三苑考―前漢上林苑の機能と比較して―」を参照。

96 註90陳寅恪『唐代政治史述論稿』、註90孫英剛「唐代前期宮廷革命研究」、註87蒙曼『唐代前期北衙禁軍制度研究』、林美希「唐代前期における北衙禁軍の展開と宮廷政変」（二〇一〇年度史学会大会報告原稿、東京大学）等を参照。ただ、太原挙兵以来の元従禁軍が北衙禁軍の主要な構成員だったとする点に関してはまだ確実な史料が存在せず、隋の禁軍とともに唐初の禁軍の構成についても未解明の点が残されている。

97 玄武門から大明宮の二門への禁軍駐屯地の移動の重要性については、池田温「律令官制の形成」（『岩波講座世界歴史5　古代5』岩波書店、一九七〇年）が早く指摘し、禁軍駐屯地の移動が唐朝の軍事財政に与えた多面的な影響は、趙雨楽『唐宋変革期之軍政制度』（文史哲出版社、一九九四年）や同『従宮廷到戦場―中国中古与近世諸考察―』（中華書局、二〇〇七年）で詳論されている。

98 この用法に関しては、『長安志』巻六、禁苑、『雍録』巻九、唐三苑図・唐三苑説以外にも、『類編長安志』巻三、苑囿池台、徐松『唐両京城坊考』巻1、三苑などに用例が見える。

99 『唐律疏議』（北京・中華書局）巻七、衛禁、一五二頁、同書巻八、衛禁、一六八頁等。

100 大明宮の龍首地は、呂大防「長安城図」に描かれている。図5を参照。

101 史念海著、森部豊訳「漢・唐時代の長安城と生態環境」（『アジア遊学（特集）黄土高原の自然環境と漢唐長安城』二〇、勉誠社、二〇〇〇年）、馬馳「唐長安城的流水与園林」（『尋根』二〇〇二年二期）。

102 史念海「唐長安城的池沼与園林」（同編『漢唐長安与関中平原―中日歴史地理合作研究論文集第二輯―』陝西師範大学出版社、一九九九年）、同「西安周囲諸河流量的変化」（同『河山集』7集、陝西師範大学出版社、一九九九年）。史念海氏によれば、漢唐では秦嶺は森林におおわれ渭水に流れる河川の水量も豊富だったが、明清以来の秦嶺の樹木の減少が主因となって、秦嶺を水源とする地表水・地下水は大幅に減少したことを論じている。

103 隋唐長安城の城内水利については、黄盛璋「西安城市発展中的給水問題以及今後水源的利用与開発」（同『歴史地理論集』人民出版社、一九八二年、初出一九五八年）、郭声波「隋唐長安龍首渠流路新探」（『人文雑誌』一九八五年三期）、李令福『関中水利―開発与環境―』（人民出版社、二〇〇四年）等を参照。図4・図6の水利網の図は、上記の諸論著の考察を参照に描いている。

104 李源「広運潭与魚藻池」（『周秦漢唐文化研究』六、二〇〇八年）、陳雲霞「唐長安広運潭考」（『三門峡職業技術学院学報』八―四、二〇〇九年）。

105 開元末の裴耀卿による漕運改革とそれに続く漕運の整備によって、天宝二載（七四三）三月に渭河から水を引き長安の禁苑を横切り灞水・滻水の合流点を経て黄河に至る漕渠が、韋堅によって開鑿された。漕渠の開鑿に伴い天宝九載（七五〇）には、滻水と灞水の合流地点に広運潭が開鑿され、江南からの上供米を積載した漕運舟が広運潭に停泊したという。ただし安史の乱後には整備が行き届かず使用できなくなった。この工事については、註104李源「広運潭与魚藻池」が詳しい。

106 濱口重國『秦漢隋唐史の研究』下巻「第九唐の玄宗期に於ける江淮上供米と地税との関係」（東京大学出版会、一九六六年、初出一九三三年）、全漢昇「唐宋帝国与運河」（同『中国経済史』上冊新亜研究所、一九七六年）を参照。

107 註104李源「広運潭与魚藻池」。

108 朱士光主編・呉宏岐副主編『古都西漢―西安的歴史変遷与発展―』（西安出版社、二〇〇三年）二五〇―二五二頁、劉振東「西漢長安城的沿革与形制布局的変化」（中国社会科学院考古研究所漢長安城工作隊・西安史漢長安城遺址保管所編『漢長安城遺址研究』科学出版社、二〇〇六年）を参照。

109 註108劉振東「西漢長安城沿革与形制布局的変化」六三〇頁。

110 以上の発掘成果については、註108劉振東「西漢長安城沿革与形制布局的変化」を参照。

111 註108劉振東「西漢長安城沿革与形制布局的変化」六二七頁。史念海・史先智「論十六国和南北朝時期長安城中的小城、子城和皇城」（『中国歴史地理論叢』一九九七年1期）は、五胡十六国・西魏・北周時期の長安における宮殿区である「小城」を漢代に建築された未央宮と推定したが、近年における上記の中国社会科学院考古研究所の発掘調査により、小城とよばれる前趙から西魏・北周に至る宮殿地区が、未央宮ではなく旧長安の東北部の宮殿遺址であることがほぼ判明した。

112 中国社会科学院考古研究所漢長安城工作隊「西安市漢唐昆明池遺跡的鉆探与試掘簡報」(『考古』二〇〇六年一〇期)、李令福著、市来弘志訳「漢昆明池の建設及びその長安郊外の環境に対する影響について」(『日本秦漢史学会会報』九、二〇〇八年)を参照。

113 元・李好文『長安志図』巻上、漢故長安城図を参照。

114 未央宮は漢の主宮殿であり、唐代でも歴代の皇帝が宴会等で使用している(『玉海』巻一五七、宮室、宮、唐未央宮に関連史料が整理されている)。武庫は武器を貯蔵した漢長安の武器庫であり、一九七五年から一九七九年に至る中国社会科学院考古研究所の発掘調査によって、その遺址が発掘されている(武庫の立地は、図4の旧長安の図中の「漢武庫」の位置を参照)。未央宮と武庫の遺址の構造と発掘品については、中国社会科学院考古研究所編『漢長安城未央宮―一九八〇～一九八九年考古発掘報告―』(上)(下)中国百科全書出版社、一九九六年)、中国社会科学院考古研究所編『漢長安城武庫』(文物出版社、二〇〇五年)に詳しい。

115 『長安志図』巻中に「村名、長安・咸寧二県民多以故宮殿門闕名其所居。然訛謬不可盡記。〔中略〕正武殿爲講武殿」とある。

116 唐・蘇鶚『蘇氏演義』巻上に、「今長安城北故漢城中咸宜宮前有石麟。大中八年、宣宗遊于北城、覩石麟臆前有八分書字、遣近臣摹之曰「大夏真興二年、陽平公造石麟。」時俗呼為石馬、大誤也。陽平公赫連勃勃之子。宋高祖破姚泓遣其子義真留守於長安、而後復為勃勃破之、遂以陽平公鎮其地。咸宜宮亦漢制也」とある。

117 『漢書』巻九九中、王莽、『三輔黄図』巻三、北宮、中華書局、一八四頁。

118 『三輔黄図』巻五、宗廟に、「高祖廟、在長安西北故城中」とあり、『括地志』には、「漢太上皇廟在雍州長安縣西北長安故城中酒池之北、高帝廟北。高帝廟亦在故城中也」とあり、旧長安城内の漢太上皇廟の南に高祖廟(高帝廟)が存在した。宋敏求『長安志』巻五、宮室三に引く晋灼の注には、「高廟在長安城中西安門内」とある。「西安門内」は未央宮の地であり「安門内」の誤りと思われる(『三輔黄図』巻五、宗廟、高祖廟、三〇五頁の河清谷氏の注(1)を参照)。劉慶柱氏の調査によれば、高祖廟は安門大街の東、長楽宮の西南の位置に置かれ、ほぼ現在の西安市未央区未央郷西葉村東南にあたるという(劉慶柱『西漢十一陵』西安・陝西師人民出版社、一九八七年、九頁)。なお、李好文『長安志図』巻上、漢故長安城図には「高帝廟」と記されており、同図が呂大防「長安図」の系譜を引く図であることから、本節図8「唐三苑図」も「高帝廟」と復原することにした。

119 高祖廟の規模は六頃三〇苗四歩(約一万八一一五㎡)であり、苗の主殿は東西五〇歩(約六九m)、南北三〇歩(約四一・四m)の大きさだった。廟内には九面の大旗が樹立され、廟堂の下には重さ一〇〇〇石(一二万斤)の巨大な鐘が一〇枚備えられ、鐘声は一〇〇里に響いたという。高祖廟遺址から「高廟万世」の文字瓦が出土している(『漢旧儀』、『玉海』巻一〇九、音楽、楽器、鐘、漢高廟鐘、註118劉慶柱『西漢十一陵』九頁)。

120 『冊府元亀』巻四一、帝王部、仁慈に「唐太宗嘗辟人従両騎幸故未央宮遇一衛士。佩刀不去、車駕至惶懼待罪」とある。

121 『旧唐書』巻一五〇、蘇頲、二八八二頁に「玄宗遊咸宜宮、将出猟」とあり、咸宜宮を狩猟の基地として使用していたと思われる。ただし、この時は臣下の蘇頲死去の報を聞いて狩猟を停止している。

122 『旧唐書』巻三七、五行志、一三六七頁に「(元和)十一年十二月、未央宮及飛龍草場火。皆王承宗・李師道謀撓用兵、陰遣盗縦火也」とあり、飛龍厩(大明宮北と通化門外に置かれた禁軍が駐屯する場所〈図13参照〉)と未央宮の草場が火を放たれたという記事がある。

123 『文苑英華』巻七九七、宮殿、裴素「重修漢未央宮記」には、

〔前略〕視往昔之遺館、獲漢京之餘址。邈風光以遐矚、眇思古以論都。襟靈洋洋、周視若感者久之。於是召左護軍中尉志宏指示之曰「此漢遺宮也。其金馬石渠、神池龍闕、往往而在。朕常以古事况今、亦欲順考古道、訓齊天下也。至是遐歴、恍然深念。且欲存列漢事、悠揚古風耳。昔人有思其人、猶愛其樹、况悦其風、登其址乎。吾欲崇其頽基、建斯餘構、勿使華麗、爰舉舊規而已。庶得認其風烟、時有以凝神於此也。」於是命工度材、審曲面勢、裁成法度、以就斯宮。〔中略〕總三百四十九間。工徒役指萬計、武夫奮力、将校呈規。然而材匪藻梲、塗惟儉靜、經之營之、不日而成也〔後略〕

とある(『全唐文』巻七六七、裴素、重修漢未央宮記に再録)。

124 『玉海』巻一五七、宮殿、宮、唐未央宮。

125 註38秦建明「唐長安禁苑」。

126 『旧唐書』巻一七上、敬宗、五二〇頁に、「(宝暦二年五月) 辛巳，神策軍苑内古長安城中修漢未央宮，掘獲白玉牀一張，長六尺」とあり、この時の未央宮修築工事では、長さ六尺(約一・九m)の白玉製の牀が発掘されたという。

127 『玉海』巻一五七、宮室、唐未央宮には、「按両京記、隋文帝増修未央池。」とあり、韋述『両京新記』を引用して隋文帝が未央池(未央宮の池)を増修したとある。大興城建造に伴う工事の一環として行われたと思われる。

128 『全唐詩』に所収の宋之問、李嶠、劉憲、李義、趙彦昭等による「奉和幸長安故城未央宮応制」を参照。たとえば、宋之問(六五六?―七一二)の応制詩によれば「漢王未息戰，蕭相乃營宮。壯麗一朝盡，威靈千載空。皇明悵前跡，置酒宴群公。寒輕綵仗外，春發幔城中。樂思回斜日，歌詞繼大風。今朝天子貴，不假叔孫通。」(『全唐詩』巻五三、六四八頁)とあり、玄宗が群臣を招いた未央宮での賜宴の様を詠い、玄宗朝の盛世を頌えている。未央宮は、唐の桂冠詩人たちが作詩を競う晴れの場であった。

129 『旧唐書』巻一、高祖本紀、一八頁に、「是歳(貞観八年〈六三四〉)、(太宗)閱武於城西，高祖親自臨視，勞將士而還。置酒於未央宮，三品已上咸侍」とあり、長安城西で講武の儀礼を終えた唐太宗は、率いた将士をねぎらい、旧長安城内の未央宮で三品以上の高官を招き酒宴を開いている。玄武門の変を契機に退位し禁苑内の弘義宮(太安宮)に「幽閉」された高祖(五五六―六三五)も、老いた身でこの貞観八年の講武に出席し太宗の権威を示す役を担わされた。景龍二年(七〇八)一二月、中宗が臣を率いて未央宮に行幸して賜宴した際、鹿の群れが御前を通ったので羽林軍の騎士が捕獲して中宗に献じたところ、中宗は鹿を放ったという(『冊府元亀』巻四二、帝王部、仁慈)。旧長安城内には、鹿をはじめとする狩猟用の動物が多数棲息していたのである。文宗(在位八二六―八四〇)が、中書舎人・翰林学士の柳公権等を率いて未央宮の苑に行幸したことは、『旧唐書』巻一六五、柳公権、四三一〇頁に「従幸未央宮苑中，駐輦謂(柳)公權〔下略〕」とある。『冊府元亀』巻一〇九、帝王部、宴亭第一~同書巻一一一、帝王部、宴亭第三の記事には、隋唐の各種の皇帝の賜宴の記事が編年されており、皇室庭園が隋唐を通して賜宴の主要舞台であったことを知ることができる。

130 註88参照。『旧唐書』巻五八、殷嶠、二三一一―二三一二頁に、「時關中羣盜往往聚結，眾無適從，令嶠招慰之，所至皆下。又與統軍劉弘基率兵六萬屯長安故城，隋將衞孝節自金光門出戰，嶠與弘基擊破之。京城平，賜爵陳郡公，遷丞相府掾」とある。『旧唐書』巻一五七、劉弘基、二三一〇頁、『旧唐書』巻二、太宗本紀、二三頁等も参照。

131 『新唐書』巻一五〇、楊国忠、五八五一頁に「是日帝自南内移仗未央宮，〔中略〕明日遲旼，帝出延秋門，羣臣不知，猶上朝，唯三衞騎立仗，尚聞刻漏聲」とある。

132 大明宮の変遷については、中国社会科学院考古研究所・西安市大明宮遺址区改造保護領導小組編『唐大明宮遺址考古発現与研究』(文物出版社、二〇〇七年)所載の諸論考を参照。

133 隋大興城の皇室庭園の管理については史料が限られており不明な点が多い。『隋書』巻二八、百官志下、七七七頁によれば、司農寺が太倉・典農・平準・廪市・鉤盾・華林・上林・導官を管轄しており、唐代と同様に司農寺が皇室庭園を管理していた。註84村上嘉実「隋代の庭園」参照。

134 八世紀以後に律令制官制が使職の採用によって変質していく様は、内藤湖南が使職の成立を唐宋変革論の一要素と指摘して以来数多くの分析があるが、現在でも礪波護「三司使の成立について―唐宋の変革と使職―」(礪波護『唐代政治社会史研究』同朋舍、一九八六年、初出一九六一年)がもっとも系統的に分析しており古典的な研究である。

135 太極宮から大明宮への主要宮殿の転換の歴史的意味については、妹尾達彦「中唐の社会と大明宮」(松本肇・川合康三編『中唐文学の視角』創文社、一九九八年、三三七―三五四頁)や妹尾達彦「中華の分裂と再生」『岩波講座 世界歴史9』岩波書店、一九九九年)で簡単ながら論じている。近年の研究では、王静「唐大明宮的構造形式与中央決策部門職能的変遷」(『文史』二〇〇二年第四輯)、同「唐大明宮内侍省及内使諸司的位置与宦官専権」(『燕京学報』一六、二〇〇四年)が体系的な分析を行っている。

136 唐長孺「唐代内諸司使及其演変」(同『山居存稿』中華書局、一九八九年)、同「唐代的内諸司使(上)(下)」(武漢大学歴史系・魏晋南北朝隋唐史研究室編『魏晋南北朝隋唐史資料』第五輯、一九八三年、第六輯、一九八四年)、註76同『魏晋南北朝隋唐史三論』第三章、「軍事制度的変化」。

137 註97趙雨楽『唐宋変革期之軍政制度―官僚機構与等級之編成―』、註97同『従宮廷到戰場―中国中古与近世諸考察―』に唐代内諸司使に関する重要論考が収載されている。

138 賈艶紅「試談唐中後期的内諸司使」（『斉魯学刊』一九九七年第四期）。

139 杜文玉「唐代内諸司使考略」（『陝西師範大学学報』一九九九年第三期）。

140 李錦綉『唐代制度史略論稿』（中国政法大学出版社、一九九八年）。

141 寧欣「唐朝的『給使少児』」（『張広達先生八十華誕祝寿論文集』新文豐出版公司、二〇一〇年）。

142 円仁『入唐求法巡礼行記』巻三・巻四は、八世紀前半の大明宮の宮殿と宮殿防衛の禁軍とが密接な関連を持っていたことを詳しく記している。

143 『通典』巻二六、職官八、『旧唐書』巻四四、職官志、一八八八頁、『唐会要』巻六六、西京苑総監、『新唐書』巻四八、百官志、司農寺、京都諸園苑監、一二六二頁、『太平御覧』巻一九六、居処部二四、苑囿に引く『両京記』、『長安志』巻六、禁苑等も参照。

144 玄宗が韋后を倒して権力を掌握することになる政変を記す『資治通鑑』巻二〇九、睿宗景雲四年庚子条、六六四四頁には、

庚子晡時、（李）隆基微服與幽求等入苑中、會鍾紹京廨舍。（中略）乃送璿等首於隆基、隆基取火視之、遂與幽求等出苑南門、紹京帥丁匠二百餘人、執斧鋸以從。使福順將左萬騎攻玄德門、仙鳧將右萬騎攻白獸門、約會於凌煙閣前、即大譟、福順等共殺守門將、斬關而入。隆基勒兵玄武門外、三鼓、聞譟聲、帥總監及羽林兵而入、諸衛兵在太極殿宿衛梓宮者、聞譟聲、皆被甲應之

とあり、苑総監（この時の苑総監は鍾紹）の掌握が羽林軍の掌握とともに決定的だったことを記す。また、『旧唐書』巻五一、后妃上、中宗韋庶人、二一七四頁。『新唐書』巻五、玄宗本紀、景雲四年、一二一頁も参照。

145 李建超『増訂唐両京城坊考［修訂版］』（三秦出版社、二〇〇六年）巻四、光禄坊（善和坊）。

146 同前。

147 興膳宏・川合康三『隋書経籍志詳攷』（汲古書院、一九九五年）五六二頁も参照。

148 『唐律疏議』（北京・中華書局）巻七、衛禁、一五二頁。には、

諸闌入太廟及山稜兆域門者、徒二年。（中略）諸闌入宮門、徒二年。（中略）即闌入御膳所者、流三千里。入禁苑者、徒一年。疏。議曰。御膳所、謂供御造食之処、其門亦禁。不応入而入者、流三千里。闌入禁苑者、徒一年。禁苑、謂御苑、其門有籍禁。御膳以下欄入、雖即持杖及越垣、罪亦不加。

とある。同上書巻八、衛禁、一六八頁には、

諸本条無犯廟、社及禁苑罪名者、廟減官一等、社減廟一等、禁苑与社同。疏。議曰。闌入廟、社及禁苑、本条各有罪名。其不立罪名之処、謂「闌入至閾未踰」、「因入輒宿」之類、各随軽重、廟減宮一等、社減廟一等、禁苑与社同。即向廟、社、禁苑射及放弾。投瓦石殺傷人者、各以闘殺傷論、至死者加役流。疏。議曰。廟、社及禁苑、非人射及放弾、投瓦石之所。若有輒向射及放弾、投瓦石殺傷人者、各依闘殺傷人罪法。若箭傷、徒二年。瞎一目、徒三年之類。至死者、唯処加役流。

とある。

149 小畑龍雄「神策軍の成立」（『東洋史研究』一八―二、一九五九年）三五―五六頁、何永成『唐代神策軍研究―兼論神策軍与中晩唐政局―』（台湾商務印書館、一九九〇年）を参照。

150 大明宮を主要舞台とする新たな政治空間の持つ特色については、松本保宣『唐王朝の宮城と御前会議―唐代聴政制度の展開―』（晃洋書房、二〇〇六年）を参照。

151 程大昌『雍録』巻五、漢唐用兵攻守避要地図（中華書局標点本、九一―一〇四頁）は、歴代の長安城の攻防時の軍事地理をまとめ、唐代においては、①唐高祖の入関、②中宗の反正、③玄宗の平内難、④明皇の幸蜀、⑤粛宗の往辺霊武、⑥代宗の幸陝還京、⑦徳宗の幸奉天入出漢中、⑧僖宗の幸蜀の八例を挙げて、戦時における唐長安城攻防のありさまを記している。ここにまとめられた史料は、唐長安城攻防の鍵が禁苑の確保にあることを示している。

152 小島毅「郊祀制度の変遷」（『東洋文化研究所紀要』一〇八、一九八九年）。

153 註56金子修一『中国古代皇帝祭祀の研究』。

154 新城理恵「唐代先蚕儀礼の復元：『大唐開元札』先蚕条訳註を中心に」（『史峯』七、一九九四年）、同「先蚕儀礼と中国の蚕神信仰」（『比較民俗研究』四、一九九一年）、同「唐代における国家儀礼と皇太后―皇后・皇太后受朝賀を中心に―」（『社会文化史学』三九、一九九八年）、同「先蚕儀礼と唐代の皇后」『史論』四六、一九九三年）、同「絹と皇后―中国の国家儀礼と養蚕―」（『岩波講座　天皇と王権を考える』第三巻　生産と流通岩波書店、二〇〇二年）。

155 『隋書』巻七、礼儀志、先蚕の条、一四六頁には、

隋制、於宮北三里為壇、高四尺。季春上巳、皇后服鞠衣、乗重翟、率三夫人・九嬪・内外命婦、以一太牢制。幣、祭先蠶於壇上、用一獻禮。祭訖、就桑位於壇南、東面。尚功進金鉤、典制奉筐。皇后採三條、反鉤。命婦各依班採、五條九條而止。世婦亦有蠶母受切桑、世婦亦有蠶母受切桑、據通典四六改。灑訖、還依位。皇后乃還宮

とある。唐代における先蚕儀礼については、『大唐開元礼』巻四八、吉礼、皇后季春吉巳享先蚕親桑に詳しい。

156 『旧唐書』巻七、中宗本紀、景龍四年三月甲寅条、一四九頁に、「(中宗)幸臨渭亭修褉飲，賜羣官柳棬以辟惡」とある。

157 李嶠「遊禁苑陪幸臨渭亭遇雪應制」(『全唐詩』巻五八、六九三頁)、李適「遊禁苑幸臨渭亭遇雪應制」(同巻七〇、七七六頁)、蘇頲「游禁苑幸臨渭亭遇雪應制」(同上)、徐彦伯「遊禁苑幸臨渭亭遇雪應制」(同巻七六、八二三頁)等を参照。

158 唐代の狩猟に関しては、Schafer, Edward H., "Falconry in T'ang Times," *T'oung pao* 46, 1958、今村与志雄「唐代の鷹狩について(上)(下)」(『東京都立大学人文学報』三六、一九六三年、同四二、一九六四年)、張広達「唐代的豹猟―文化伝播的一個実例―」(栄新江主編『唐研究』七、北京大学出版社、二〇〇一年)を参照。

159 『旧唐書』巻二、太宗本紀、貞観九年甲子、二九頁には、「立為皇太子、庶政皆斷決。太宗乃縱禁苑所養鷹犬、并停諸方所進珍異、政尚簡肅、天下大悅」とある。

160 円仁『入唐求法巡礼行記』巻三、開成五年(八四〇年)八月二四日条。

161 羅香林「唐代波羅毬戯考」(羅香林『唐代文化史』商務印書館、一九五五年)。

162 陰法魯「唐代西蔵馬球戯伝入長安」(『歴史研究』一九五九年第六期)。

163 鈴木國蔵「唐代の馬毬についての一試考」(『神奈川県立外語短期大学紀要』二、一九六九年)。

164 馬毬に関する論著については、妹尾達彦編『隋唐長安城関連論著目録』(中央大学東洋史学研究室、二〇〇五年)を参照。

165 岸辺成雄『唐代音楽の歴史的研究(楽制篇上)』東京大学出版会、一九六〇年(和泉書院、二〇〇五年再刊)。

166 唐代音楽の研究に関しては、註164妹尾達彦編『隋唐長安城関連論著目録』の音楽の項目を参照。また、近年、渡辺信一郎編『北朝楽制史の研究―『魏書』楽志を中心に―』(平成16年度~平成19年度科学研究費補助金基盤研究(C)研究成果報告書、二〇〇八年)が出版され、隋に至る宮廷音楽の流れが体系的に分析されており、教坊や梨園の音楽の解釈についても多くの示唆を与えてくれる。

167 張説「玄武門侍射(并序)」(『全唐詩』巻八八、九六八頁)。

168 唐・道宣『続高僧伝』巻二五には「有西蕃貢一人、云大壯。在北門試相撲無得者。帝頗悪之云大隋国無有健者(下略)」とあり、この「北門」は玄武門を指し、西蕃の貢人と禁軍の兵士とがここで相撲をとったと思われる。

169 太宗皇帝「春日玄武門宴群臣」(『全唐詩』巻一、六頁)、杜正倫「玄武門侍宴(一作侍宴北門)」(同巻三三、四五一頁)等。

170 『資治通鑑』巻二四〇、唐紀、憲宗元和十三年正月条、七七四八頁に、

上命六軍脩麟德殿。右龍武統軍張奉國、大將軍李文悅、以外寇初平、營繕太多、白宰相、有冀有論諫。裴度因奏事言之。上怒、二月、丁卯、以奉國為鴻臚卿。壬申、以文悅為右武衛大將軍、充威遠營使。於是浚龍首池、起承軍殿、土木浸興矣

とある。

171 ペルシアやイスラームの王室庭園の特色は、註1ジョン・ブルックス『楽園のデザイン―イスラムの庭園文化―』等を参照。

172 この点に関しては、註78妹尾達彦「首都の国民広場―天安門広場の誕生―」を参照。

朝鮮初期の「禁苑」――景福宮後苑小考――

桑野栄治

【キーワード】 序賢亭　観射　引見　忠順堂　政治的サロン

はじめに―問題の所在―

朝鮮初期（ほぼ一五世紀に相当）の王都漢城（今のソウル）の場合、王宮の景福宮は太祖四年（一三九五）九月に竣工し、離宮の昌徳宮は漢城還都後の太宗五年（一四〇五）十月に創設された。昌徳宮の東側に隣接する昌慶宮は、成宗十五年（一四八四）九月に当時の大妃三人（世祖妃・徳宗〈追尊。成宗の生父〉妃・睿宗妃）の居所として創建した離宮である。[1] 昌慶宮と昌徳宮そしてその南側のかつての東宮は、合わせて「東闕」と呼ばれ、植民地期の一九〇九年十一月には昌慶宮内に動物園と植物園が竣工し、一九九一年三月には日本風煉瓦造り二階建ての博物館が落成することになる。[2]

正宮である景福宮と離宮の昌徳宮には宮城の北部にそれぞれ後苑（いわゆる禁苑）が存在した。空間構成からみると、朝鮮時代の後苑は宮城の北部に広がっており、古代中国の園林空間を彷彿させる。例えば、魏晋南北朝の華林園は皇帝遊楽の地であるとともに文芸・学問のサロンであって、饗宴も開かれていたという。[3] 朝鮮時代の後苑を考察する上で、示唆に富む。周知のとおり、景福宮と昌徳宮はいずれも一六世紀末の壬辰倭乱（文禄・慶長の役）によって焼失したが、昌徳宮は光海君八年（一六一六）にほぼ再建工事を終えた。その後、大院君（第二六代国王高宗の生父。一八二〇～九八）政権のもと、高宗五年（一八六八）に景福宮が再建されるまでのおよそ二五〇年間、昌徳宮は朝鮮王朝の正宮として存続した[4]ため、景福宮と昌徳宮では文献史料の残存状況と研究蓄積に格差が生じたことは否めない。しかしながら、『朝鮮王朝実録』を丹念に追跡調査すれば、朝鮮初期における後苑の具体的な状況については断片的ではあれ、興味深い史料が残されている。

景福宮後苑の正確な造成年代についてはいまなお不明である。ただ、太祖四年（一三九五）九月の実録記事に「池を新闕（＝景福宮）の後園（＝後苑）に穿つ」と見え、その後、世祖二年（一四五五）三月には「後苑の新亭成る。[5]（中略）名を翠露亭と賜り、前に池を穿ちて蓮を種《う》う」とあり、この二件の史料はすでに先行研究[6]によってすでに指摘されている。

ところが、中宗二六年（一五三一）に刊行された官撰地理誌の『新増東国輿地勝覧』によれば、朝鮮初期の後苑について次のごとく見える。

景福宮後苑有序賢亭・翠露亭・関雎殿・忠順堂
昌徳宮後苑與昌慶宮後苑通、有閲武亭、亭傍有四井、曰摩尼、曰玻瓈、曰瑠璃、曰玉井、世祖時所鑿
（いずれも『新増東国輿地勝覧』巻一、京都上、苑囿条）

従来の韓国人による通史的都城研究、例えば『ソウル特別市史—古蹟篇』[7]などでは朝鮮初期の官撰地理誌の記録に注目することはなかった。その結果、『新増東国輿地勝覧』に記録された景福宮後苑の序賢亭・関雎殿・忠順堂に関しては何ら説明がなされていない。また翠露亭についてもその初見のみが提示されたにすぎず、その機能に関してはいまのところ不明のままである。近年、文化財管理局が序賢亭（二件）・翠露亭（一件）・忠順堂（九件）の関連史料を提示したが、[8]それらは一次史料の『朝鮮王朝実録』ではなく、第二四代朝鮮国王の憲宗（在位一八三四～四九）年間に叙述されたと推定される『宮闕志』（編者未詳、筆写本）の断片的な記録を利用している。一九八〇年代以後、韓国では昌慶宮・景福宮等の復元事業に際して『宮闕志』が積極的に活用されるが、[9]『宮闕志』所収の王宮建築群関連記録は主に朝鮮歴代の事績を抜粋した『国朝宝鑑』からの抄録であり、注意を要する。

一方、昌徳宮後苑の場合は閲武亭をはじめ、『新増東国輿地勝覧』には見えない朝鮮初期の諸施設が紹介されている。例えば、『ソウル特別市史—古蹟篇』[10]は簡略ながら「秘苑沿革表」を収録し、最近では文化財庁が昌徳宮の創建六〇〇周年を記念して年表を作成しており、[11]昌徳宮後苑の概要を知るには有益であろう。ただし子細に検討すると、造営下命後に工事が中断された建造物の事例、逆に撤去命令が下ったにもかかわらず存続していた事例もあり、問題がないわけではない。

昌徳宮後苑の呼称に関しては、例えば尹張燮氏が、

この後苑の面積は六万一九〇〇余坪で、時代によって後園、北園、北苑、禁苑とも呼ばれてきたが、秘苑は近来の名称であって『純宗実録』（一九《マ》一《マ》二年）の記録に初めて現れるもので、むしろ後苑という名称が時代を選ばず普遍的に用いられた名前と考えられる。[12]

と叙述したとおり、「禁苑」ではなく後苑と呼ばれることが多い。[13]管見の限り、朝鮮初期の実録記事に「禁苑」と見えるのは世宗十三年（一四三一）正月を初見とする。当時、刑法の条文改正をめぐる論議の中で世宗（在位一四一八～五〇）は「所謂禁苑は上林園の類の如きなり」と発言しており、[14]中国明代の「禁苑」は、朝鮮で言えば上林園に相当すると認識されていた。上林園とは後述するように、狭義には後苑の管理機構である掌苑署の前身であり、広義には後苑つまり王宮の背後にある庭園を指すこともある。[15]「禁苑」という用語は王室の慶事を祝う箋文や、明帝の聖節を祝う表文で用いられることが稀にあった[16]ものの、実際のところ一五世紀朝鮮の制度・社会では馴染まない用語であった。冒頭に提示した『新増東国輿地勝覧』苑囿条にも景福宮「後苑」、昌徳宮「後苑」と表記されており、「禁苑」とは記されていないところに留意する必要がある。[17]

以上のように、壬辰倭乱という戦禍により離宮であった昌徳宮が正宮としての地位を占めたことから、従来の研究では朝鮮後期の史料から朝鮮初期の後苑の様相を照射することが多かった。そこで、本節では朝鮮初期漢城研究の一環として、正宮景福宮の後苑に点在する諸建築物の沿革とその機能について、『朝鮮王朝実録』を中心に追跡する

ことにしたい。離宮の昌徳宮後苑の沿革については『ソウル特別市史—古蹟篇』『ソウル特別市史—文化史蹟篇』に比較的詳しい叙述がある[18]ことから、本節では取り上げず、別の機会に論じてみたい。

なお、壬辰倭乱以前の景福宮の様子は韓国国立中央図書館蔵「景福宮図」、および三省出版博物館蔵「景福宮全図」（いずれも筆写本）などをもとに作成した図1[19]を参照されたい。

1 序賢亭—習陣・閲武のほか外国使節引見の場—

景福宮後苑の建造物のうち、『新増東国輿地勝覧』苑囿条の筆頭に上がる序賢亭に関しては、世宗二十三年（一四四一）十一月の実録記事に「序賢亭に御し、観射す」[20]とあるのが初見である。断片的な記録ではあるが、おそらく国王の御前で弓術の試験が実施されたのであろう。ただし、序賢亭の創建年代はいまのところ定かでない。のち、文宗（在位一四五〇～五二）と端宗（在位一四五二～五五）も、やはりこの序賢亭にて弓術を競わせ[21]、武芸の試験も実施された[22]。

ついで世祖（在位一四五五～六八）代になると、後苑の序賢亭についてまとまった記事が見え始める。世祖二年（一四五五）三月に世祖は序賢亭に出御して観射し[23]、二年後の世祖四年十月にも同じく序賢亭に出御して観射した。実録記事には、

> 御序賢亭観射、王世子與内宗親・宰樞・承旨等侍、引見童倉父子、賜童倉鍮行器・水鉄鑼鍋（＝鉄鍋）・弓矢・環刀（＝軍服に提げた軍刀）・油芚・銀・椰瓢・狄磨箭・馬裝、知方哈段衣、
>
> （『世祖実録』巻一四、四年十月丁卯〈十三日〉条）

とあり、序賢亭にて世祖が野人つまり女真人を引見したところに注目される。このときの建州右衛童倉・知方哈父子の来朝により、朝鮮と建州衛の善隣関係は最盛期を迎えたという[24]。その後も世祖は世祖七年九月に序賢亭にて五人の野人を引見し[25]、同年十二月には琉球国使臣を引見した。当時の歓待の様子を記録した実録記事を以下に引用しよう。

> 幸景福宮、御序賢亭、引見琉球國使臣、臨瀛大君璆（＝世宗の四男）・永膺大君琰（＝世宗の八男）・河東府院君鄭麟趾・領議政鄭昌孫・左議政申叔舟・雲城府院君朴從愚・永順君溥（＝世宗五男の廣平大君の子）・判中樞院事李邊・左賛成黄守身・刑曹判書朴元亨・密山君朴仲孫・吏曹判書崔恒・戸曹判書曺錫文・禮曹判書洪允成・知中樞院事李純之入侍、奏樂放砲、普須古進酒、令武臣射侯・騎射、命普須古・蔡璟陞階、傳曰、我國欲與汝國通好、而水路險悪、未果耳、前年遣使日本、而船敗溺死、今汝國使諳水路者、指揮我國使船、往來何如、普須古等對曰、唯命是從、
>
> （『世祖実録』巻二六、七年十二月己丑〈二十三日〉条）。

漂流民を送還するとともに大蔵経を求めて来朝した正使普須古・副使蔡璟の一行は、琉球国中山王が朝鮮に派遣した正式な使節である。世祖が宗親・高級官僚とともにこの琉球国王使を盛大に歓迎したことは村井章介氏のほか[26]、筆者もまた言及したことがある[27]。景福宮の正殿勤政殿のみならず、後苑にある序賢亭もまた外交儀礼の場として利用されていたことは注目してよかろう。このとき来朝した琉球国使は水牛二頭を献上し、その水牛はのち昌徳宮後苑にて飼育された[28]。

年が明けて世祖八年九月に世祖は序賢亭にて陣法（軍事訓練の一つ）を視察し[29]、また王世子・高級官僚とともに宴を催した[30]。翌年の世祖九

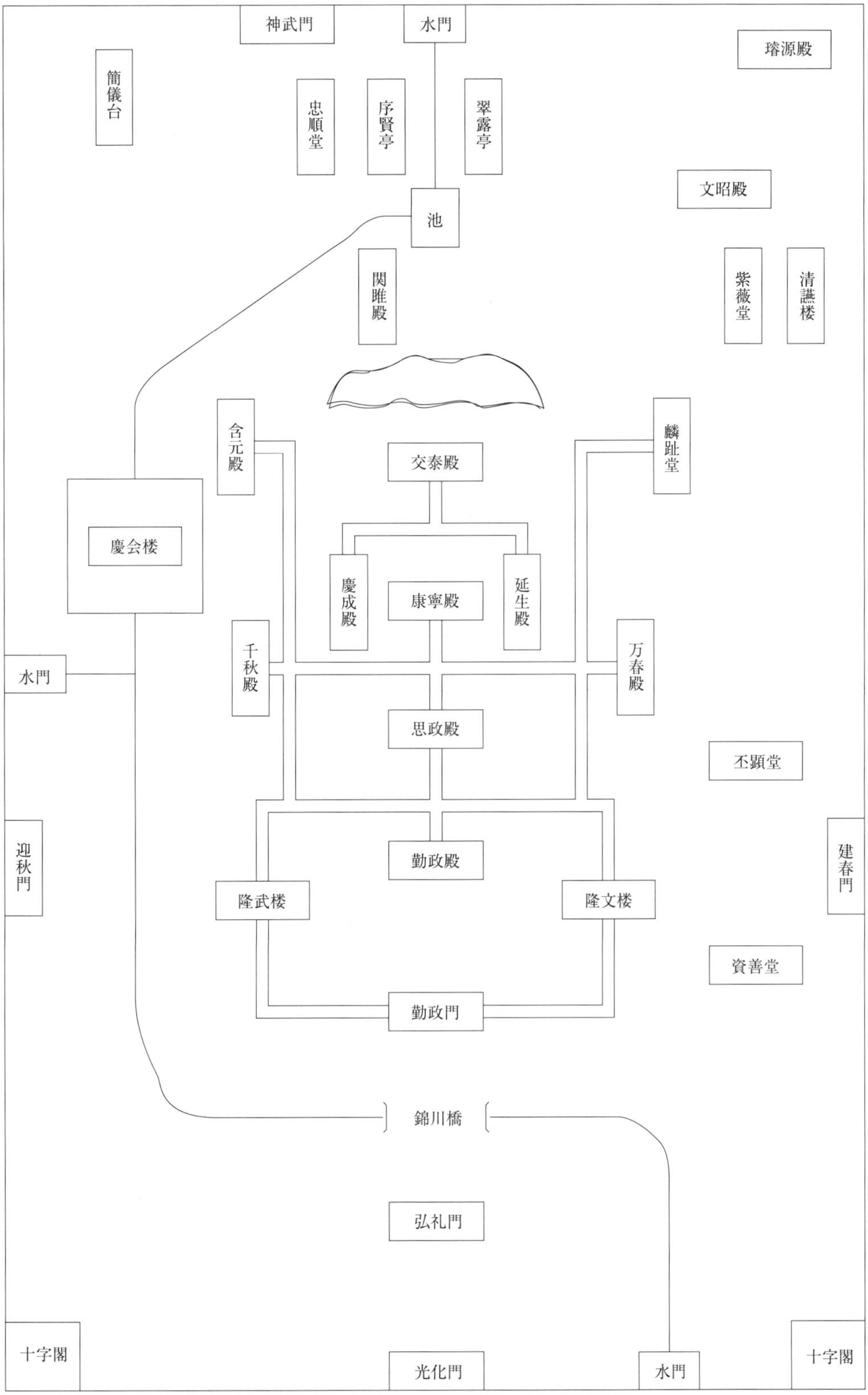

図１　朝鮮初期景福宮略図

年二月には序賢亭に出御し、ついで文臣三品以下を慶会楼下に集めて親試したとの記録が残ることから[31]、景福宮後苑の序賢亭と景福宮内の慶会楼は、さほど遠くない位置関係にあったものと推測される。のみならず、世祖十二年五月に端午節を祝う酒宴を催して儒臣一〇〇余人に詩を詠ませたことに加え[32]、武臣の科挙試験をこの序賢亭にて実施している（受験者はおよそ八三〇人）[33]。それゆえ、序賢亭の周囲は習陣・閲武のほか、武科の試験会場としても活用できるような空間であったと思われる。

また、すでに述べた外国使節の引見と関連して注目すべきは、景福宮後苑に甘露が降ったことであろう。世祖十年四月にこの奇瑞現象に遭遇した領議政申叔舟（一四一七～七五）は、「甘露は瑞祥なれば、宜しく賀《いわ》うべし」と進言した[34]。のち、こうした奇瑞現象に乗じていわゆる「朝鮮遣使ブーム」が起きることになる[35]。しかし、その使者のほとんどが対馬宗氏の仕立てた偽使であったことは、すでに長節子氏によって明らかにされたとおりである[36]。世祖十三年四月には後苑に再び甘露が降り、文武百官はこの慶事を盛大に祝っている[37]。

2　翠露亭―観稼・講義の場―

景福宮後苑の翠露亭については前述したとおり、世祖二年（一四五五）三月に建設され、楼亭の前には池が穿たれた。その後、世祖五年四月に世祖は慶会楼下にて観射し、ついで「両殿、翠露亭に御して観稼す」とあるように、世祖は中宮とともに翠露亭にて農作物の実り具合を視察した[38]。これにより、翠露亭は観稼の場であったことがまず判明する。

次に、世祖七年正月の実録記事には次のごとく記されている。

> 御忠順堂、設酌、宗親・宰樞及成均大司成徐岡・判奉常寺事任元濬等入侍、上歩至後苑、使李純之等、相構茅亭之基、遂御翠露亭池邊、命岡・元濬等、講兵書・莊・老子・韓文等書、（後略）
>
> （『世祖実録』巻二三、七年正月壬戌〈二十一日〉条）

世祖は忠順堂（後述）から翠露亭へ歩き、池の畔にて兵書のほか『荘子』『老子』等を講ぜしめた。したがって、翠露亭は講義の場として利用されていたと判断してよい。また、ここには「上、歩きて後苑に至り、李純之等をして茅亭を構うるの基を相せしむ」とあることから、世祖は景福宮後苑に新たな茅亭の造成を予定していたと考えられる。ところが、これに対する知中枢院事李純之の報告がないことから、世祖は景福宮の後苑内に新たに茅亭を構えることを断念したのかもしれない。後述するように、この年世祖七年十一月頃より世祖は昌徳宮後苑の拡張を計画するようになる。

その後、世祖九年十二月には翠露亭の池の畔にて虎の足跡が発見され、世祖が興味を示したことがある[39]。世祖は翌日未明に白岳を調査させたが、虎は発見できなかったという[40]。

3　関睢殿―申叔舟の苦い思い出―

後苑の関睢殿の創建年代は未詳であり、史料の制約によりその機能さえ判然としない。後代の『宮闕志』景福宮はこの関睢殿を立項していながら、その関連記録は空白である。

ところが、世祖十三年（一四六七）五月の実録記事に「（申）叔舟・（韓）明澮等を関睢殿に幽《とら》う」と見える。[41] この年五月に地方官の任用制度に不満をもった李施愛（?〜一五六七）が咸吉道（咸鏡道）吉州で反乱を起こす（李施愛の乱）と、高霊君申叔舟と上党府院君（前領議政）韓明澮（一四一五〜八七）は共謀の嫌疑をかけられて関睢殿に幽閉されたのである。申叔舟等は翌月に釈放され[42]、八月には反乱も鎮圧されたが、世祖にとって最高のブレーンであった彼らの拘禁は衝撃的であったに相違ない。それゆえ、関睢殿は官僚の幽閉の場として用いられたことがあった、と指摘するにとどめておきたい。

なお、のち中宗二十一年（一五二六）九月に「後園の関睢堂・忠順堂」と見える[43]が、関睢殿から関睢堂へ改称された年代もいまのところ、つまびらかでない。

4 忠順堂

—閲武・武科試験の会場、受職倭人・野人の引見—

忠順堂の創建年代は未詳ながら、朝鮮初期の実録記事には豊かな情報を残している。その初見は以下に掲げる世宗三十一年（一四四九）六月の実録記事である。

都承旨李思哲等啓、上今欲移御于臨瀛之第、以遇災恐懼而然耳、然臣等之心以謂、古者遇災避居者、非謂此也、避居正殿耳、若移居于外、則侍衛之士、其弊不貲、然勢不得已、則雖有大弊、不可已也、今乃無故而移御于外、使東宮入處于内、中外臣僚、莫不驚駭、請停移御、上曰、昔年行幸時、諸大君迭處于忠順堂、今欲令世子移入麟趾堂、常受朝参・視事如此、則政事無陵夷之弊矣、昨夜夢愕、爾等亦知之、思哲等又啓曰、麟趾堂雖在正殿之外、實是爲上而建爾、其與諸大君之事不可例論也、請須停之、不允、

（『世宗実録』巻一二四、三十一年六月丁卯〈十九日〉条）

これによると、かつて国王の行幸の際に諸大君は交代で忠順堂に居住したという。この年六月は旱魃のため、世宗は四男の臨瀛大君の邸宅に移御しようとしたところ、都承旨により「古者《いにしえ》災いに遇いて居を避くるは此を謂うに非ざるなり。正殿に居するを避くるのみ」と諫められたが聞き入れなかった。その後、世宗は七月初に臨瀛大君の邸宅に移御し、七月末に景福宮に還御している。[44] この初見の実録記事は忠順堂の具体的な機能を語ってはいないが、少なくとも世宗三十一年には景福宮の後苑に忠順堂が存在していたことになる。

これより一年後、文宗即位年（一四五〇）六月の実録記事には、

上還景福宮、御忠順堂、堂在宮墻外、與大内相隔、自此至終喪、不入宮中、恒御此堂、

（『文宗実録』巻二、即位年六月丁酉〈二十五日〉条）

とある。「堂は宮墻外にあり、大内と相隔たる」と記されており、忠順堂が景福宮の墻外にあったことは明らかである。[45] 世宗の死去という国喪にあたり、王位を継承した文宗はしばらく宮中に戻ることなく、この忠順堂に移御していた。その後も文宗は昌徳宮内の輝徳殿（世宗と世宗妃の魂殿）での朔祭を終えると、景福宮後苑の忠順堂に移御したとの記録が残る。[46] 国王・王妃の国喪後三年間は、この魂殿に位牌を奉安することになっていた。

ついで端宗元年（一四五三）七月に端宗は景禧殿（文宗と文宗妃の魂殿）親祭を控え、その前日に忠順堂にて斎戒している。[47] 端宗にとって、

忠順堂は父である文宗を弔う際の斎戒の場であったことは容易に推測できよう。そしてこの年十月に叔父の首陽大君（のちの世祖）によるクーデタ（癸酉靖難）が発生すると、端宗は昌徳宮から景福宮の忠順堂に移御した[48]。その際、臺諫は忠順堂を出て正殿に移御するよう、端宗に進言している。

臺諫合司詣闕、權蹲啓曰、（中略）蹲又啓曰、（中略）忠順堂在禁垣之外、不宜久御、請撤去佛堂、移御正殿、（中略）傳曰、亦議諸政府、

（『端宗実録』巻八、元年十月丙申〈十三日〉条）

司憲府大司憲権蹲の発言によれば、忠順堂が禁垣つまり宮中の垣根の外にあり、端宗にとって忠順堂は仏堂であったことが判明する。端宗がしばしば忠順堂に移御したのも、先代の国王の霊を慰めるためであったに相違ない。その後、王位を世祖に禅譲した端宗が復位計画の嫌疑によって江原道寧越に流配となり、ついに死を賜った（一四五七年十月）ことは周知のとおりである。

さてその世祖代になると、世祖二年（一四五六）正月元旦に世祖は王宮の正殿にて正朝の望闕礼を厳かに執り行い、その後の朝賀礼には朝鮮の文武百官のみならず、倭人・野人が五〇〇余名随班したという。ついで景福宮後苑の忠順堂に出御した世祖は、内禁衛と兼司僕に射術を披露するよう命じた[49]。以来、実録記事には忠順堂に関する豊富な記録が残っている。そこで以下、世祖代の忠順堂に関する主な記録を年表式に列記しておこう（表1参照）。

筆者が注目するのは、世祖代の忠順堂には倭人と野人の姿が散見することである。そこでまずは、世祖五年の三件の実録記事を列挙して見てみよう。

A御忠順堂観射、宗親・宰樞入侍、命内禁衛・司僕、分左右射侯、引見倭護軍皮古汝文、賜酒、又賜苧布帖裏二領、綿布單帖裏・綿布單褶兒・鴨頭綠綿布單直身・麻布褶兒各一領、紬布五匹、（後略）

（『世祖実録』巻一五、五年三月丁未〈二十五日〉条）

B御忠順堂観射、宗親・宰樞・承旨等入侍、引見倭護軍平茂續、饋之、賜衣、又引見野人舍隱土等十人、賜舍隱土・伊澄巨綿布各五匹、李多陽介四匹、其余七人各二匹、賜加雙可內廐馬一匹及弓箭、

（同書巻一八、五年十一月辛巳〈三日〉条）

C御忠順堂観射、引見兀狄哈伊乙之右及指揮也多好等五人、也多好・夫乙好等中侯、賜也多好綵段衣、夫乙好紬衣、

（同書巻一八、五年十二月乙卯〈七日〉条）

史料ABCはいずれも「忠順堂に御し、観射す」との記録から始まっており、武芸を好んだという世祖の性格を物語る。まず、世祖五年三月の史料Aに見える皮古汝文（彦左衛門の音写）は対馬島主管下の倭人である。申叔舟『海東諸国紀』（成宗二年、一四七一）日本国紀、八道六十六州、対馬島に「護軍皮古汝文、戊寅年（＝世祖四年、一四五八）、受職す。庚辰年（＝世祖六年）、図書を受く。三浦恒居倭を総治す」と見えるように、皮古汝文は前年の世祖四年に護軍（正四品）を受職し、世祖六年には図書（銅製の印章）を賜給された。皮古汝文はかつて慶尚道南岸の三浦（富山浦・乃而浦・塩浦）に定住する対馬島人（いわゆる恒居倭）を統轄していた経歴がある[50]。成宗五年（一四七四）に対馬第十代島主宗貞国（一四二〇～九二）が派遣した特送船の副官人として来朝し[51]、その時点ですでに大護軍（従三品）を授かっていた[52]。そして成宗七年から皮古汝文は平国忠と名乗って来朝することになる[53]。

史料Bの場合、倭人の平茂続は同じく『海東諸国紀』日本国紀、八道六十六州、対馬島に「中樞平茂續、賊首早田の子なり。曾て來りて

表 1　朝鮮初期における景福宮後苑の忠順堂

年　代	沿　革　事　項
世祖 3 年 10 月	宗親および高級官僚とともに忠順堂にて観射（7 日）
4 年 11 月	忠順堂にて功臣仲月宴を催し，観射（17 日）
5 年 3 月	忠順堂にて観射し，対馬の受職倭人皮古汝文を引見（A）
11 月	忠順堂にて観射し，受職倭人平茂続のほか野人 10 人を引見（B）。下旬にも忠順堂にて観射，また習陣（21・22 日）
12 月	忠順堂にて観射し，受職野人 5 人を引見（C）
6 年正月	忠順堂にて観射し，受職野人 14 人を引見（D）
2 月	忠順堂にて観射し，受職野人を引見（E）
3 月	忠順堂にて観射し，功臣仲朔宴を催す。倭・野人，入侍す（F）
6 月	童子 82 人を忠順堂の池の堤に集めて蜥蜴祈雨祭を行う（29 日）
8 月	忠順堂にて対馬宗氏の使者と受職倭人皮古汝文を引見（G）
9 月	忠順堂にて武科の試験を実施（9 日）。また勤政殿にて科挙及第者に合格証書を授与したのち，忠順堂にて観射（18・19 日）
11 月	忠順堂にて受職野人を引見（H）
閏 11 月	忠順堂にて放砲を観る（8 日）
12 月	忠順堂にて王世子と習陣・狩猟を観る（22 日）
7 年正月	南郊にて圜丘壇親祭後，忠順堂・麟趾堂にて酌を設く（15 日）。忠順堂にて火砲を放つを観る（16 日）。後苑にて文科を実施，受験者は 560 余名（24 日）
2 月	忠順堂にて観射し，功臣仲朔宴を設く（2・9 日）。また「北征録」の校正と『経国大典』刑典の詳定を命ず
4 月	忠順堂にて王世子に射侯を命じ，『経国大典』を詳定せしむ（15 日）
9 年正月	忠順堂にて経書を講じ，後苑にて農業と養蚕の状況を視察（15 日）
4 月	忠順堂にて観灯（陰暦 4 月 8 日の釈迦の誕生日を祈念する仏教行事）（9 日）
10 年正月	忠順堂にて火砲を放つを観る（4 日）
7 月	忠順堂にて籍田について議論（30 日）
12 月	除夜に忠順堂にて火砲を放つを観る。倭人・野人二十数名も入侍す（I）
11 年 12 月	忠順堂にて虎出現との情報を得て，白岳山の山頂に登る（22 日）
12 年 2 月	朔日の朝賀礼後に忠順堂にて設酌，観射（1 日）
8 月	忠順堂に出御し，後苑にて観射。また兵書・経書を講ぜしむ（20・29 日）
12 月	除夜に忠順堂にて火砲を放つを観る。倭・野人も慶会楼下にて楽しむ（J）
13 年 2 月	申叔舟・韓明澮・朴元亨等，忠順堂にて庶事を議定す（17 日）
3 月	王世子に命じて忠順堂にて庶事を議定せしむ（5・7・10 日）
12 月	除夜に忠順堂にて火砲を放つを観る（29 日）
14 年 5 月	後苑にて設酌し，忠順堂へ移御（28 日）

朝に侍し、中樞と爲る。今、本島に還る」と見え、倭寇の賊首早田六郎次郎の子である。母は高麗末期に倭寇により連れ去られた慶尚道高霊の人で、平茂続はすでに端宗元年（一四五三）四月に護軍として来朝している。[54] また、野人の伊澄巨は建州衛の首長李満住（?〜一四六七）の子として前年の世祖四年六月にも来朝しており、[55] 李多陽介（李多陽可とも表記）は世祖五年十月に副司直（正六品）を受職している。[56]

ここで注意すべきは、この年世祖五年七月に野人にたびたび朝鮮の官職を叙授していた世祖がついに明帝の叱責を受けるところとなり、世祖が「但だ邊を安んずるの寔《まこと》に急なるを知り、事は自ら妄作す。罪は実に逃れ難く、（中略）悔ゆとも萬死も及ぶこと無し」と謝罪していたことである。[57] にもかかわらず、その後も世祖は野人に対する招撫を怠っていない。

同年十一月の史料Cもやはり世祖が忠順堂に出御して観射したのち、受職野人を引見した。これより三日前の実録記事には「兀狄哈指揮也多好を以て上護軍と爲し、好心波を護軍、夫乙好・項時加・蘆古を司直とす」とあり、[58] 也多好は上護軍（正三品堂下）を、夫乙好は司直（正五品）を受職している。世祖が明帝に謝罪の表文を奉ってから、半年も経過していない。李満住の子也多好は、世宗代に侍衛となったのではないかと推測されており、侍衛の制は人質の機能もあった[59]ことから、也多好は有力者の子弟として信頼を得ていたのであろう。こうしてみると、景福宮後苑の忠順堂は官職叙授後に催される、外交儀礼の場であったと考えられる。

明けて世祖六年の場合、忠順堂と受職倭人・野人との関係を示す実録記事が前年以上に頻出する。具体的にそれらの記録を検討してみよう。

D御忠順堂觀射、宗親・宰樞及承旨等入侍、引見野人中樞浪婁時哈等十四人、命射侯、其中的者賜物有差、命尹士昐・士昀・士昕・成奉祖・魚孝瞻及野人金波乙大進酒、是日、浪婁時哈等辞、命饋之、仍別賜浪婁時哈・金波乙大等鞍具馬各一匹、紅絲帯・綵嚢・刀子各一、其餘十三人紅絲帯・綵嚢・刀子各一、

（『世祖実録』巻一九、六年正月癸卯〈二十五日〉条）

E御忠順堂觀射、仍設酌、引見野人金波乙大・浪婁時哈等十人、領議政姜孟卿・左議政申叔舟・吏曹判書具致寛・行上護軍金漑・同知中樞院事郭連城・兵曹參判金礩・承旨等入侍、命宣傳官・司僕・内禁衛射侯、

（同書巻一九、六年二月癸丑〈六日〉条）

F上與中宮幸壯義寺、上就佛堂、令僧徒作法、俄而移御川邊、賜旁近居民酒、還宮、御忠順堂、會功臣觀射、仍設功臣仲朔宴、倭・野人等入侍、兀狄哈阿仁加茂啓曰、殿下嚢者朝天之時、臣亦赴京、獲覩天顏、傳曰、見得何處、阿仁加茂啓曰、廣寧及帝都、傳曰、若爾則是、予萬里同行也、汝亦進酒、

（同書巻一九、六年三月丁酉〈二十日〉条）

G日本國對馬州宗成職遣使、來献土物、皮古汝文獻馬一匹、御忠順堂引見、各賜虎皮一張・油紙席二張・彩文席二張、命饋于賓廳、觀射、設酌、内宗親及入直衞將・兼司僕將・内禁衞等入侍、

（同書巻二一、六年八月壬申〈二十九日〉条）

H御忠順堂、引見火剌溫・間都・阿充介・羅称介等十一人、設酌、議政府・都鎮撫等入侍、命間都進酒、賜衣服・綿布等物、又別賜有差、

（同書巻二二、六年十一月己亥〈二十七日〉条）

世祖六年正月の史料Dには、朝鮮東北境の毛憐衛の浪婁時哈が見える。野人の浪婁時哈が武官の名誉職である中枢院の職をいつ授かった

のかは判然としないが、これより一週間前に世祖は浪婁時哈と金波乙大（金伐大とも表記）を慶会楼にて引見しており、[60]ともに世祖の信頼は厚かったものと推測される。同じく受職野人の金波乙大は世宗二十一年（一四三九）に朝鮮初期の軍事組織の一つである龍騎司の護軍（正四品）に任じられて以来、上護軍、都万戸（従二品）へと昇進し、世祖七年には知中枢院事（正二品）を授かっている。[61]翌二月の上旬にも世祖は忠順堂にて相次いで野人李家紅等を引見した。[62]そして史料Eに見えるように、忠順堂では高級官僚が入侍するなか、世祖は浪婁時哈と金波乙大を引見している。その翌日、彼らはやはり忠順堂にて世祖に謁見し、暇乞いをすることになる。[63]

ついで同年三月の史料Fでは、彰義門（俗称、紫霞門）外の壮義寺（蔵義寺ともいう）から戻った世祖が忠順堂にて功臣を会して観射し、仲朔宴を催したことを伝える。功臣仲朔宴とは功臣の勲労をねぎらうために王朝国家が仲月ごとに催した宴のことで、仲月宴ともいう。[64]このとき宴席にあずかった野人の阿仁加茂は「殿下曩者《さきごろ》朝天の時、臣も亦た赴京す」と発言した。かつて世祖がまだ王世子の頃に赴京した際、阿仁加茂は遼寧省境の廣寧衛と帝都北京にて世祖と居合わせたらしい。阿仁加茂が明と朝鮮に両属していたことは一目瞭然である。この縁あってか阿仁加茂は六年後の世祖十二年に再度朝鮮に「朝貢」して土物を献上し、中枢府同知事（従二品）を授かった。[65]

史料Gに見える皮古汝文に関しては、もはや解説を繰り返すまでもなかろう。史料Aに見たとおり対馬の受職倭人であり、今回は対馬第九代島主宗成職（一四二〇〜六八）の使者とともに土物を献上している。引見の場も同じく忠順堂であった。史料Hの場合、三日前の実録記事によれば、火剌温と間都は上護軍を、阿充介と羅称介は護軍を受職している。[66]すでに検討済みの史料Cと同様、世祖代の一時期に野人は受職後に忠順堂にて世祖に謁見することが慣例になっていたものと思われる。

その後、世祖が忠順堂にて倭人と野人を引見した記録はしばらく見えないが、世祖十年と同十二年の歳末に再び「朝貢分子」が宮中に姿を現す。次に引用する史料I Jがそうである。

I御康寧殿設酌、令入侍宗宰撃棒、夕上與中宮御忠順堂、観放炮火、野人馬仇音波等二十一人・倭護軍三甫郎大郎等三人入侍、後苑及白岳山頂一時放火、聲震天地、倭・野人驚懼失色、

（『世祖実録』巻三四、十年十二月戊申〈二十九日〉条）

J上與中宮、御忠順堂、観放火炮、鄭麟趾・鄭昌孫・申叔舟・具致寛・朴元亨・洪允成・韓明澮・沈澮・黄守身・崔恒・曺錫文・韓繼禧・金國光・盧思愼・任元濬・成任及諸将・承旨等入侍、設酌、命倭・野人集慶會樓下、観放炮、至夜乃罷、

（同書巻四〇、十二年十二月丁卯〈三十日〉条）

史料Iに見える野人の馬仇音波は世宗二十二年に護軍を授かって以来、頻繁に来朝した受職野人である。[67]また、倭人の三甫郎大郎については『海東諸国紀』日本国紀、八道六十六州、一岐島に「護軍三甫郎大郎、賊首護軍藤永の繼子なり。辛巳年（＝世祖七年）圖書を受く。來れば則ち米豆并に十石を賜う」と見えるように、倭寇の後裔である。こうした歳末の宮中儀礼について、村井章介氏は「倭・野人に朝鮮の大国ぶりをみせつけることも大事だった。（中略）六十四年（＝世祖十年）の追儺では、後苑と白岳山（北岳山）頂でいっせいに放った炮声が天地をふるわせ、倭・野人たちは驚きおそれて顔色を失った」と指摘する。[68]忠順堂は外交儀礼の場としてたびたび活用されており、王権の

荘厳化をはかる世祖にとって、「朝貢分子」は欠くべからざる存在であったに相違ない。翌日の世祖十一年正月元旦には、正朝を祝う百官の朝賀礼のあと、勤政殿では会礼宴が催され、倭人と野人もこの祝宴に参席した[69]ことを付け加えておきたい。

　最後の史料Jによれば、世祖は中宮と忠順堂に出御し、高級官僚とともに酒宴を設けて歳末の行事を楽しんだ。その際、倭人と野人も慶会楼下に集められ、勢いよく放たれる火砲を観覧したという。史料Jの直前の実録記事には「火剌温兀狄哈沙乙古大等四人、女真之下里等三人、日本國對馬州而羅洒文・家次等二人、来りて土物を献ず。對馬州太守宗盛職《ママ》・代官宗盛直・肥前州一岐州真弓兵部少輔源永・筑前州大宰府都督司馬少卿藤源《ママ》朝臣教頼（＝少弐教頼）・對馬州佐護郡代官平朝臣宗大月膳助茂友、各々人を遣わし、来りて土物を献ず」とあり、このとき慶会楼下に参集した「倭・野人」の顔ぶれはほぼ推定できる。[70]むろん、翌日の正朝に勤政殿にて開かれた会礼宴には倭人と野人も参席を許された。[71]

　以上のように、景福宮後苑の忠順堂は閲武・武科試験の会場として利用されたほか、経書・兵書を講じる政治的サロンでもあった。とりわけ忠順堂は受職倭人と受職野人を引見する儀礼空間であったことが浮き彫りとなった。明帝の叱責を受けつつも、忠順堂という舞台を中心に世祖のいわゆる「字小主義」は健在であったと言えよう。

　その後、世祖の死去に伴って王位を継承した睿宗（在位一四六八～六九）は、睿宗元年（一四六九）十月に忠順堂にて武科の科挙合格者二八人を選抜し、[72]同年十一月には忠順堂にて閲武したとの記録が残る。[73]睿宗が在位一年余りで死去すると、第九代朝鮮国王の成宗（在位一四六九～九四）は成宗即位年（一四六九）十一月、睿宗死去の翌日に忠順堂を殯殿とした。[74]その後の成宗代の実録記事に、忠順堂に関する記録はほとんど残っていない。

むすび

　以上、本節では朝鮮初期の基本史料である『朝鮮王朝実録』を中心に、正宮景福宮の後苑に点在する諸建築物の沿革とその機能について整理・分析した。一五世紀の朝鮮社会では「禁苑」という用語は馴染んでいない。考察の結果は以下のとおりに要約できよう。

(1)　正宮景福宮の後苑の建造物として、『新増東国輿地勝覧』囿苑条の筆頭に上がるのが序賢亭である。創建年代は不明ながら、世宗二十三年に世宗は序賢亭に出御して観射つまり弓術の試験を実施している。その後、序賢亭は習陣・閲武のほか武科の試験会場ともなり、とりわけ武芸を好んだ世祖は序賢亭に限らず、後苑の各地で頻繁に観射の行事を楽しんだ。時には野人（女真人）を引見して北方の安全を期し、また世祖七年末には大蔵経を求めて来朝した琉球国王使を引見し、南方との交隣関係を深めた。のち世祖十年には後苑に甘露が降るという奇瑞現象が起き、これに乗じた対馬島主が大量の偽使を朝鮮に派遣することになる。世祖三年には景福宮後苑に第二の楼亭として翠露亭が建設された。ここは観稼・講義の場として利用され、その池の畔で世祖は兵書のほか『荘子』『老子』等を講じさせた。同じく景福宮後苑には関雎殿もあったが、世祖十三年に発生した李施愛の乱の際に申叔舟と韓明澮が共謀の嫌疑をかけられて幽閉されたこと以外、詳細は不明である。

(2) これに対して景福宮後苑の忠順堂は最も豊富な史料を残している。世宗三十一年にはその名が見え、国王行幸の際には諸大君がここ忠順堂に交替で居住したという。世宗の死後、嫡男の文宗は輝徳殿（世宗と世宗妃の魂殿）朔祭後に忠順堂に移御し、嫡孫の端宗も景禧殿（文宗と文宗妃の魂殿）親祭に先立って忠順堂にて斎戒した。首陽大君（のちの世祖）によるクーデター後に端宗は禁垣外の忠順堂に移御しており、ここには先代の国王を弔う仏堂があった。その世祖代になると、忠順堂は閲武・武科試験の会場として利用されたほか、経書・兵書を講じる政治的サロンでもあった。とりわけ世祖は忠順堂にて頻繁に観射を実施している。観射後には受職倭人と受職野人を引見し、世祖代には王宮の正殿のみならず後苑の忠順堂が外交儀礼の場として活用されていたことを示唆する。世祖の野人に対する官職の叙授は明帝の叱責を受けることになるが、その後も世祖は野人の招撫を怠ることはなかった。正朝・冬至の宮中儀礼の場に倭人と野人の姿がたびたび見えることとあわせ、銘記すべきであろう。

註（＊は韓国語文献）

1 京城府編『京城府史』第一巻（京城府、京城、一九三四年、湘南堂書店。一九七二年復刻）四一～七三頁。杉山信三『韓国の中世建築』（相模書房、一九八四年）六八・九九頁。＊ソウル特別市史編纂委員会編『ソウル六百年史―文化史蹟篇』（ソウル特別市、一九八七年）三四～四一・五七～六七頁。

2 註1『京城府史』第一巻、七二頁。註1＊『ソウル六百年史―文化史蹟篇』一〇五頁。李成市「朝鮮王朝の象徴空間と博物館」（宮嶋博史他編『植民地近代の視座―日本と朝鮮』岩波書店、二〇〇四年）三〇頁。

3 村上嘉実「六朝の庭園」（『六朝思想史研究』平楽寺書店、一九七四年）三六六～三八一頁。渡辺信一郎「宮闕と園林―三～六世紀中国における皇帝権力の空間構成」（『中国古代の王権と天下秩序―日中比較史の視点から』校倉書房、二〇〇三年）一五三・一六七頁。

4 その間、光海君（在位一六〇八～二三）を追放した仁祖（在位一六二三～四九）のクーデタ（仁祖反正）により昌徳宮は焼失し、仁祖二十五年（一六四七）に再建された。仁祖代の昌徳宮造営事業については、『昌徳宮修理都監儀軌』（仁祖二十五年、ソウル大学校奎章閣蔵）など同時代史料の儀軌を活用した＊金東旭「仁祖朝の昌慶宮　昌徳宮造営」（『文化財』第一九号、一九八六年）参照。

5 『太祖実録』巻八、四年九月庚申（二十九日）条。『世祖実録』巻三、二年三月甲戌（五日）条。

6 ＊ソウル特別市史編纂委員会編『ソウル特別市史―古蹟篇』（ソウル特別市、一九六三年）五二頁。同註1＊『ソウル六百年史―文化史蹟篇』三七頁。尹張燮（西垣安比古訳）『韓国の建築』（中央公論美術出版、二〇〇三年。原著は『韓国の建築』ソウル大学校出版部、一九九六年）五五四頁など。

7 註6＊『ソウル特別市史―古蹟篇』、＊註1『ソウル六百年史―文化史蹟篇』。

8 ＊文化財管理局・国立文化財研究所編『景福宮―寝殿地域発掘調査報告書』（文化財管理局・国立文化財研究所、一九九五年）二八～二九頁。

9 ＊李康根「宮闕と官衙」（韓国建築歴史学会編『韓国建築史研究1―分野と時代』発言、二〇〇三年）、一四一頁。

10 註6＊『ソウル特別市史―古蹟篇』一九五頁。

11 ＊文化財庁編『昌徳宮六百年 1405－2005』（文化財庁昌徳宮管理所、二〇〇五年）。

12 註6尹張燮『韓国の建築』五四九～五五一頁。

13 ただし、尹張燮氏が註6＊『ソウル特別市史―古蹟篇』一九六頁の叙述を踏襲して秘苑の初見を「『純宗実録』（一九一二年）の記録」とするのは誤解である。むしろ『純宗実録』巻二、戊申隆熙二年（一九〇八）四月十七日条に「御秘苑、射侯（＝まとを射ること）、各大臣陪射」と見えるのが「秘苑」の初見であろう。なお、＊『ソウル特別市史─古蹟篇』一九六頁の叙述に対しては、＊鄭在鍾「昌徳宮苑の歴史的景観の修景に対する研究」(『伝統文化論叢』創刊号、二〇〇三年)二六七〜二六八頁も「大韓帝国の歴史を無視した誤った記録」と批判する。

14 『世宗実録』巻五一、十三年正月己巳(四日)条。

15 『経国大典』巻一、吏典、京官職条、正六品衙門、掌苑署条。また、田川孝三『李朝貢納制の研究』(東洋文庫、一九六四年)二一三〜二一四頁参照。

16 例えば、『世祖実録』巻三三、十年四月壬寅(二十日)条、百官進箋賀甘露、同書巻三九、十二年八月戊午(十九日)条、献白鵲表など。

17 のち、中宗二十五年(一五三〇)八月の実録記事に成宗継妃貞顕王后の行状が記され、その中に「壬子(＝成宗二十三年、一四九二)五月、親蚕于昌徳宮禁苑」と見える。『中宗実録』巻六九、二五年八月庚辰(二十三日)条。

18 註6＊『ソウル特別市史─古蹟篇』一八六〜一九六頁。註1＊『ソウル六百年史─文化史蹟篇』七八〜八二頁。

19 韓国国立中央図書館蔵「景福宮図」(http://www.nl.go.kr/index.php 刊写年未詳)、三省出版博物館蔵「景福宮全図」(＊李燦・楊普景『ソウルの古地図』ソウル市大学附設ソウル研究所、一九九五年、一〇二頁所収。十八世紀末期)のほか、＊洪順敏「朝鮮宮闕の空間構成」(ソウル歴史博物館編『ソウル特別市文化遺蹟地表調査総合報告書』第Ⅰ巻、同博物館調査研究課、二〇〇五年)二七六頁所収の図一「初期景福宮の空間構造」、＊ソウル特別市史編纂委員会編『ソウル建築史(ソウル歴史叢書2)』(ソウル特別市、一九九九年)所収の図七「景福宮全図」を参考に作成した。

20 『世宗実録』巻九四、二十三年十一月戊午(二十五日)条。

21 『文宗実録』巻三、即位年九月戊午(十七日)条、『端宗実録』巻一二、二年九月庚戌(二日)条。

22 『文宗実録』巻六、元年二月辛卯(二十二日)条。

23 『世祖実録』巻三、二年三月甲戌(五日)条。この日は後苑に翠露亭が落成した。

24 河内良弘「李朝初期の女真人侍衛」(『明代女真史の研究』同朋舎、一九九二年。初出は『朝鮮学報』第一四輯、一九五九年)三八七頁。

25 『世祖実録』巻二五、七年九月庚戌(十三日)条。

26 村井章介「《倭人海商》の国際的位置─朝鮮に大蔵経を求請した偽使を例として」(『アジアのなかの中世日本』校倉書房、一九八八年。初出は田中健夫編『日本前近代の国家と対外関係』吉川弘文館、一九八七年)三三七・三四九頁。

27 桑野栄治「朝鮮世祖代の儀礼と王権─対明遥拝儀礼と圜丘壇祭祀を中心に」(『久留米大学文学部紀要(国際文化学科編)』第一九号、二〇〇二年)一〇四頁。同「高麗末期から李朝初期における対明外交儀礼の基礎的研究」(二〇〇一〜二〇〇三年度科学研究費補助金〔基盤研究(C)(2)〕研究成果報告書、二〇〇四年)一一七〜一一八頁。

28 『世祖実録』巻二八、八年四月戊寅(十三日)条。

29 『世祖実録』巻二九、八年九月壬子(二十一日)条。

30 『世祖実録』巻二九、八年九月乙卯(二十四日)条。

31 『世祖実録』巻三〇、九年二月庚辰(二十一日)条。

32 『世祖実録』巻三九、十二年五月乙亥(五日)条。

33 『世祖実録』巻三九、十二年五月辛巳(十一日)条。

34 『世祖実録』巻二九、十年四月壬寅(二十日)条。また、この日の実録記事には「百官、箋を進めて甘露を賀《いわ》う」とある。

35 高橋公明「朝鮮遣使ブームと世祖の王権」(註26田中健夫編『日本前近代の国家と対外関係』所収)。

36 長節子「朝鮮前期朝日関係の虚像と実像─世祖王代瑞祥祝賀使を中心として」(『年報朝鮮学』第八号、二〇〇二年)。

37 『世祖実録』巻四二、十三年四月壬寅(七日)条。

38 『世祖実録』巻一六、五年四月癸酉(二十二日)条。

39 『世祖実録』巻三一、九年十二月癸巳(九日)条。

40 『世祖実録』巻三一、九年十二月甲午(十日)条。

41 『世祖実録』巻四二、十三年五月丙戌(二十二日)条。

42 『世祖実録』巻四二、十三年六月己亥(六日)条。

43 『中宗実録』巻五七、二十一年九月庚戌(三十日)条。

44 『世宗実録』巻一二五、三十一年七月己卯朔・丙午(二十八日)条。

45 これ以前、亡き世宗の棺を京畿廣州の英陵に葬って以来、文宗は昌徳宮内の斎宮に移御していた。『文宗実録』巻二、即位年六月甲申(十二日)条。

46 『文宗実録』巻八、元年六月戊辰朔条、同書巻八、元年六月己巳(二日)条。

47 『端宗実録』巻七、元年七月庚申（五日）条、同書巻七、元年七月辛酉（六日）条。
48 『端宗実録』巻八、元年十月乙未（十二日）条。
49 いずれも『世祖実録』巻三、二年正月辛未朔条。
50 李泰勲・長節子「朝鮮前期の浦所に関する考察」（『九州産業大学国際文化学部紀要』第三四号、二〇〇六年）五〇～五一頁。
51 荒木和憲「特送船にみる宗氏の朝鮮通交」（『中世対馬宗氏領国と朝鮮』山川出版社、二〇〇七年。初出は『九州史学』第一三五号、二〇〇三年）八五・九〇頁。李泰勲「朝鮮三浦恒居倭の刷還に関する考察」（『朝鮮学報』第一九五輯、二〇〇五年）六三頁。
52 『成宗実録』巻四八、五年十月戊子（六日）条。
53 『成宗実録』巻七二、七年十月丁亥（十七日）条。
54 ＊韓文鍾『朝鮮前期向化・受職倭人研究』（国学資料院、二〇〇一年）一一一頁。
55 註24河内良弘「李朝初期の女真人侍衛」三八五頁。
56 ケネスＲロビンソン「一四四五年三月の人名記録にみる朝鮮王朝の受職女真人」（『年報朝鮮学』第六号、一九九七年）六五頁。
57 註24河内良弘「李朝初期の女真人侍衛」三八八～三九三頁。
58 『世祖実録』巻一八、五年十二月壬子（四日）条。
59 註24河内良弘「李朝初期の女真人侍衛」一九三頁。
60 『世祖実録』巻一九、六年正月丙申（十八日）条。
61 註56ケネスＲロビンソン「一四四五年三月の人名記録にみる朝鮮王朝の受職女真人」六七頁。＊韓成周「朝鮮初期受職女真人研究―世宗代を中心に」（『朝鮮時代史学報』三六、二〇〇六年）一〇四頁。
62 『世祖実録』巻一九、六年二月庚戌（三日）・辛亥（四日）条。のち李家紅は僉知中枢院事（正三品堂上）を授かる（同書巻二二、六年閏十一月丙寅（二十四日）条）。
63 『世祖実録』巻一九、六年二月甲寅（七日）条。
64 『経国大典』巻三、礼典、宴享条に「毎歳四仲朔（＝仲月）、忠勲府進宴（嫡長・子孫亦参）」とある。
65 『世祖実録』巻四〇、十二年十一月甲申（十六日）・丙申（二十八日）条。
66 『世祖実録』巻二二、六年十一月丙申（二十四日）条。
67 註56ケネスＲロビンソン「一四四五年三月の人名記録にみる朝鮮王朝の受職女真人」六六頁。註61＊韓成周「朝鮮初期受職女真人研究―世宗代を中心に」一〇四頁。
68 村井章介「倭人たちのソウル」（『国境を超えて―東アジア海域世界の中世』校倉書房、一九九七年。初出は韓国文化院監修『月刊韓国文化』一九九四年六・七月号）二三五頁。
69 『世祖実録』巻三五、十一年正月己酉朔条。註27桑野栄治「朝鮮世祖代の儀礼と王権―対明遥拝儀礼と圜丘壇祭祀を中心に」一〇五頁。同『高麗末期から李朝初期における対明外交儀礼の基礎的研究』一一九～一二〇頁。
70 ただし歳遣船定約者の真弓源永に関しては、対馬島主宗成職が関与した偽使であったと考えられている。長節子「三浦の乱以前対馬による深処倭通交権の入手」（『中世国境海域の倭と朝鮮』吉川弘文館、二〇〇二年。初出は『産業経営研究所報』第三〇号、一九九八年）二九〇～二九一頁。
71 『世祖実録』巻四一、十三年正月戊辰朔条。
72 『睿宗実録』巻八、元年十月辛未（二十一日）条。
73 『睿宗実録』巻八、元年十一月丙申（十六日）条。
74 『成宗実録』巻一、即位年十一月己酉（二十九日）条、同書巻一、即位年十二月壬子（三日）条。睿宗はこの年十一月下旬に景福宮の紫薇堂にて死去した（『睿宗実録』巻八、元年十一月戊申（二十八日）条）。

日本古代宮都の禁苑概観

橋本義則

【キーワード】　後苑　苑池　馬場　禁苑消滅

はじめに

東アジア諸国の都城には、禁苑や秘苑などと総称される皇帝・国王のための苑池を伴う施設が付属した[1]。禁苑・秘苑は時代や地域によって、また都城によって多様な存在形態をとるとともに、政治・軍事から儀礼・娯楽にわたる広汎な機能をもっていた[2]。

日本の古代宮都にあっても、禁苑に相当する施設が存在していた。しかし、禁苑に関する史料は少なく、その実態を史料の上から十分明らかにすることはでない。また、宮都遺跡の内外における発掘調査でも、後述するように多数の庭園遺跡が発見されているが[3]、そのうちのいずれの遺跡・遺構が単なる苑池でない、禁苑にあたるものであるのかも必ずしも明確でない。このような制約は、名称や史料の記載内容から禁苑に相当すると考えることができる施設を指摘することはできるが、日本の古代においては禁苑なる一般名詞的な語の使用自体がきわめて稀であるためであり、そもそも禁苑とは何かについての検討が十分でなく、共通の理解が得られていないことにもよっている[4]。

本節では、史料に見える宮都と関連すると思われる苑池のうち、とくに禁苑に関わる可能性があると考えられるものを中心に、宮都ごとに順に概観するとともに、そこから伺える禁苑の変遷の一端についても考え及んでみたい。なお、その際先行研究の紹介よりも史料の提示と遺跡・遺構の概要に重点をおくこととしたい。

1　飛鳥浄御原宮の「白錦後苑」

『日本書紀』（以下『書紀』と略記する）には、禁苑と同じ意味をもつ「後苑」なる施設が見える。それは、まず五世紀末顕宗天皇の時に三月上巳の曲水宴の場として、顕宗元・二・三の三カ年に集中して現れる（顕宗元年三月上巳・二年三月上巳・三年三月上巳条）。しかし、この前後の天皇の時には全く現れてこないことからも、この「後苑」を五世紀末に実在したと考えることはできない。ただ「後苑」という、禁苑を意味する語彙を用い、しかも後世の禁苑と同様に、上巳の宴を行う場として見えてくることには、『書紀』編纂段階における「後苑」を考える上で、注意が必要である。

次に「後苑」が『書紀』に現れるのは飛鳥浄御原宮においてである。天武十四年（六八五）天武天皇が行幸した先として白錦後苑が見える。

幸二白錦後苑一、　（『書紀』天武天皇十四年十一月戊申条）

白錦後苑は、顕宗天皇紀の「後苑」という一般名詞的な名称と異なり、固有の名称と考えられ、これが日本の古代における禁苑の確実な初見である。『書紀』はこのとき天皇が白錦後苑に行幸した目的や理由、あるいは行幸先での動向を全く記していないので、残念ながらその具体的な機能・性格をうかがい知ることはできないが、白錦後苑は天皇が行幸するべき場所であり、そこで天皇が何らかの行為を行ったことは間違いない。

白錦後苑の「後苑」とは言うまでもなく、東アジア諸国の都城においても用いられた禁苑を指す語彙で、「後」は皇帝・国王らが居住した宮殿一郭の後方（北方）、あるいは宮殿内の後方（北方）に位置することによる用字であり、それが私的空間に関わる施設であることを示唆している。また、「白錦」の意味については議論が多く、いまだ見解の一致を見ていない。しかし、「白」は方位、すなわち飛鳥浄御原宮の西、「錦」は天皇に関わるものに対する美称あるいは尊称と思われる。すなわち、白錦後苑とは飛鳥浄御原宮の西方に位置している天皇の禁苑ということになる。

また、持統五年（六九一）には御苑と呼ばれる苑池が見えるが、これはおそらく天武十四年に見える白錦後苑のことで[5]、天皇による公私馬の観閲の場として用いられている。

天皇観二公私馬於御苑一、　（『書紀』持統天皇五年三月丙子条）

馬の観閲は、前年二月にも天皇が腋上陂に行幸して行われた（『書紀』持統天皇四年二月壬子条）が、これは天武朝における官人達の兵馬調備政策（『書紀』天武天皇八年二月乙卯条）とその実行の確認としての馬の観閲（『書紀』天武天皇十年十月是月条）を承け継いだものである。ここには禁苑と軍事との関わりを確認でき、禁苑には馬場が存在した可能性が高い。

近年、藤原京左京七条一坊における発掘調査で、「白錦殿」と書かれた木簡が出土した。

・白錦殿作司□
・屋部門持□《出カ》〇日
（『飛鳥・藤原宮跡出土木簡概報』⒃、二〇〇二年、『木簡研究』二五、二〇〇三年）

この木簡は、白錦殿の造営を担当する「白錦殿作司」が「屋部門」から物を運び出す際に用いられた門牓と考えられ、「屋部門」は藤原宮の東面北門である山部門と考えられる[6]ことから、「藤原」京当時、宮城門から宮外へ物資を持ち出すときに通る門が平城京や平安京のように指定されていたのであるなら、屋部門から持ち出された物資の行き先は白錦殿作司あるいは同司が造営する白錦殿と考えられ、いずれであっても白錦殿が藤原宮の東北方に存在していた可能性を示唆する。この白錦殿が先述した『書紀』に見える白錦後苑と関係のあるものであるとすると、飛鳥浄御原宮の西方にあったと推定される白錦後苑と木簡から推測される白錦殿の所在地との位置関係が問題となる。

ところで、飛鳥京跡をはじめ、飛鳥では庭園遺跡・庭園関連遺構が多数確認されている[7]（図1）が、とくに、近年飛鳥京跡の西北方で見

図１　飛鳥の主な遺跡と苑池遺跡（原図：奈良県立橿原考古学研究所『飛鳥京跡Ⅲ』2009 年）

つかった庭園遺跡[8]は、これまで知られていた多くの遺跡・遺構と一体の構造を持ち、またその規模においても当時他に例を見ず、これを白錦後苑にあてる考えも[9]あるが、なお明らかでない。

さて、『懐風藻』には飛鳥浄御原宮で歌われたと思われる大津皇子の詩の中に禁苑を読み込んだものがある。

『懐風藻』四番
五言、春苑言宴、一首、
開レ衿臨二霊沼一、遊レ目歩二金苑一、
澄清苔水深、晻曖霞峰遠、
驚波共絃響、哢鳥與風聞、
群公倒載帰、彭沢宴誰論、

「金苑」は禁苑の美称であり、その情景は、苔が生えてさざ波が立つ池（「霊沼」）があり、遠くにぼんやり霞のかかった峰が見えている。「金苑」の所在は不明であるが、歌主が大津皇子であるから、あるいは上述した飛鳥浄御原宮にあった白錦後苑で歌われたものであろうか。

2 「藤原」京と馬場の遺跡

「藤原」京の禁苑については、先に挙げた門牓木簡に書かれた「白錦殿」が白錦後苑との関連をうかがわせるだけで、史料上も発掘調査成果としてもその存否は必ずしも明らかでない。

しかし、「藤原」京においては、藤原宮内で庭園に関連すると考えられる遺構[10]が確認されている。それは、大極殿院の東、朝堂院廻廊西北隅部の北にあたる地点で検出された、護岸施設と考えられる石敷の池と玉石の池である。

前者は、日本古文化研究所の発掘調査で確認されていた沼状の凹み[11]と関連すると考えられ、東西五〇m、南北六〇m以上に及ぶ大きな池であったと考えられている。この池の南には桁行六間以上、梁間四間の東西棟礎石建ち建物がある。池と礎石建ち建物のある空間は、平城宮では中重（内裏のいわゆる外郭）の東南隅にあたり、南北棟の高殿と思われる建物があるので、公的な政務を行うような空間とは考えがたい点で、藤原宮のこの空間と同じく宴を行うような施設と考えられる。なお、平安宮では中重の規模が縮小し、構造も変化したため、それまで中重に配置されていた内廷官司も多くは中重の外に移動し、そこに苑池を有する庭園を持たなくなる。

また、後者は素掘りの南北溝に取り付く南北に長い長方形の石組・石敷の遺構で、幅が一・六〜一・七m、長さ八mあるが、深さは一〇cmほどと浅い。水は南に付く素掘り溝から池に入り、北へ流れて再び素掘り溝に出、さらに北に流れる。ただそれは北で西へ五度四〇分ほど振れ、藤原宮の真北に近い方位と異なるから、藤原宮期ではない時期の遺構である可能性もある。

さて、禁苑については明らかでないが、「藤原」京左京六条三坊の発掘調査において注目すべき遺構が見つかっている。「藤原」京左京六条三坊は、天香久山の西麓、藤原宮の東南隅に東接する坊で（図2）、発掘調査では七世紀代から鎌倉時代に及ぶ六時期以上の遺構変遷が確認された。なかでも七世紀代の官衙風の遺構群、奈良時代の香山正倉との関連が考えられる遺構群とともに、A・B二時期に分けられる藤原京期の遺構群が目を惹くが、ここではA期の遺構群に注目し

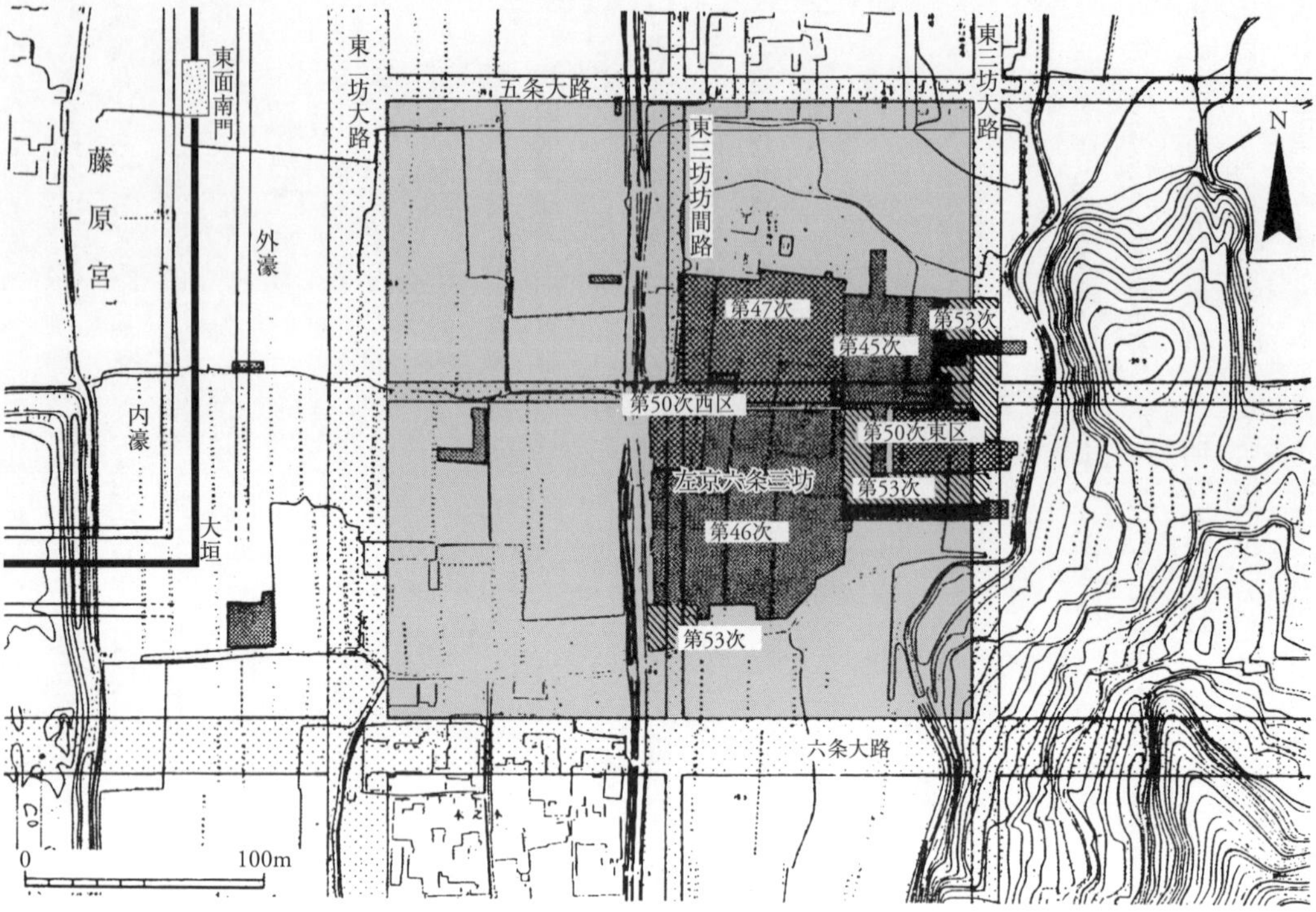

図 2　「藤原」京左京六条三坊発掘調査位置図（原図：奈良国立文化財研究所『飛鳥・藤原宮跡発掘調査概報』17，1987 年）

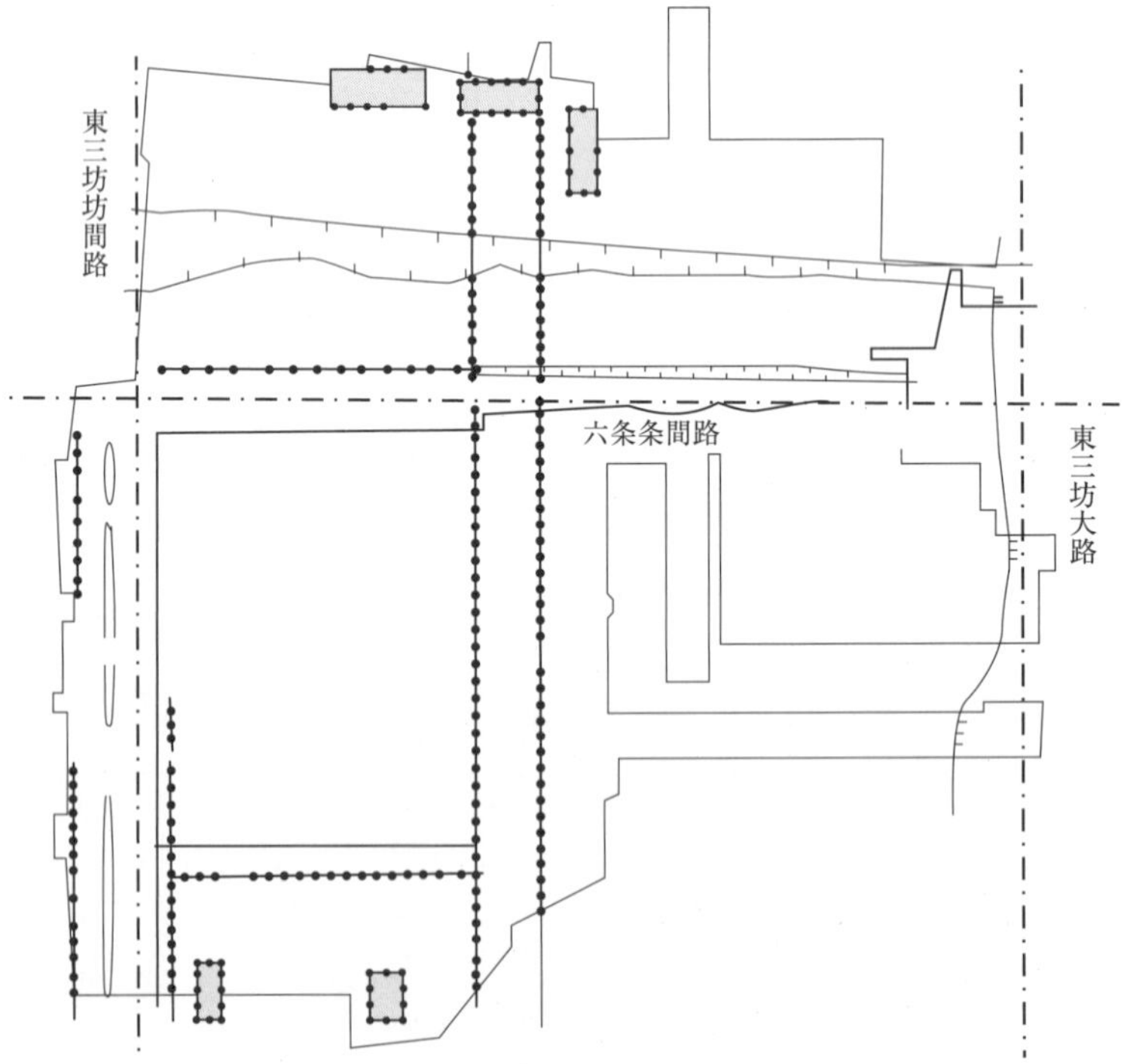

図 3　「藤原」京左京六条三坊 A 期遺構配置
（原図：奈良国立文化財研究所『飛鳥・藤原宮跡発掘調査部発掘調査概報』17，1987 年）

たい（図3）。

A期の遺構群の上限と下限の年代ははっきりしないが、藤原京期の早い時期に属すると思われる。六条三坊は「六条条間路」・「東三坊坊間路」の二条の条坊道路によって一応四つの坪（西北坪・西南坪・東南坪・東北坪）に区分されるが、坪を跨いで南北に遺構が展開している。すなわち、「東南坪」から約一〇mの間隔をもつ二条の柵が「六条条間路」を越えて北に位置する「東北坪」へ延び、二条の柵の北端、「東北坪」の南辺から坪の南北長のほぼ三分の一の位置には桁行五間×梁間二間の東西棟建物がある。なお二条の柵が六条条間路を跨ぐ箇所にはそれぞれ潜門が開けられていたと想定されている（奈良国立文化財研究所『飛鳥・藤原宮発掘調査概報』17、一九八七年）。このような状況などを勘案すると、少なくともA期はさらに二小期、条坊道路が敷かれた時期と、そののち南北二坪を一体として使用している時期とに分けて考える必要がある。

さて、この二条の柵の理解であるが、発掘調査の成果による限り、「東南坪」には北を柵と溝で限られた西北部分に二棟の建物があるだけで、その他の部分では遺構が検出されていない。また「東北坪」でも柵の北端にそれを遮って東西建物があり、その東南と西に各々一棟の建物があるが、坪の南三分の一にあたる部分に建物などはない。すなわち、南北に接する「東南坪」と「東北坪」の二つの坪ではその大半が空閑地である。両坪のほぼ真ん中を南北に貫き並行する二条の柵とその北端に位置する建物が主たる施設であるから、構造上これに似た施設を求めるなら、平安宮における武徳殿や馬埒が相当すると考えられる。建物の棟方向が平安宮の武徳殿とは九〇度廻転しているが、競馬や馬射の埒が本来南北方向であったことは、平城宮第一次朝堂院で朝堂に沿って確認された馬埒と思われる柵で確認でき（奈良国立文化財研究所「推定第一次朝堂院地区の調査第一四〇次」〈『昭和五七年度平城宮跡発掘調査部発掘調査概報』一九八三年〉）、むしろ平安宮ではこれまでと異なって九〇度廻転したために天皇の出御する武徳殿（馬埒殿）が東面することになったと考えたほうがよいであろう。ただ柵の柱が、馬埒の柵とするにはあまりにもしっかりした掘形を持ち、解体時の抜取り穴のあるものもあることから、埒の柵ではなく、区画施設の柵とみるべきかとも考えられるが、ここでは馬埒殿と馬埒の柵とみる考えを一案として提示しておくことにする。それは、先に述べた飛鳥浄御原宮の御苑における公私馬の観閲にも明らかなように、禁苑と馬場とは切り離せない関係にあると考えるからであり、このことは後述する平安京の神泉苑においても確認できる。

3 平城京の「苑」と「宮」「院」

平城京では、文献史料に見える禁苑と考えられるものに、松林苑（北松林・松林宮）・南苑（南樹苑）や東院・楊梅院（楊梅宮）・西池宮などがある。また、発掘調査でも平城宮の内外や平城京内外で多数の庭園遺跡・遺構が確認されている（図4・図5）が、そのほとんどは文献史料に見えない。しかし、松林苑や東院のように、文献史料においても、また遺跡としても確認されているものもある。

文献史料に見える禁苑に相当すると思われる施設には、「苑」と書かれるものと、「宮」「院」[12]と表記されるものがある。その使い分けは両者を区別する何らかの考えに基づくと思われるので、両者を一応区

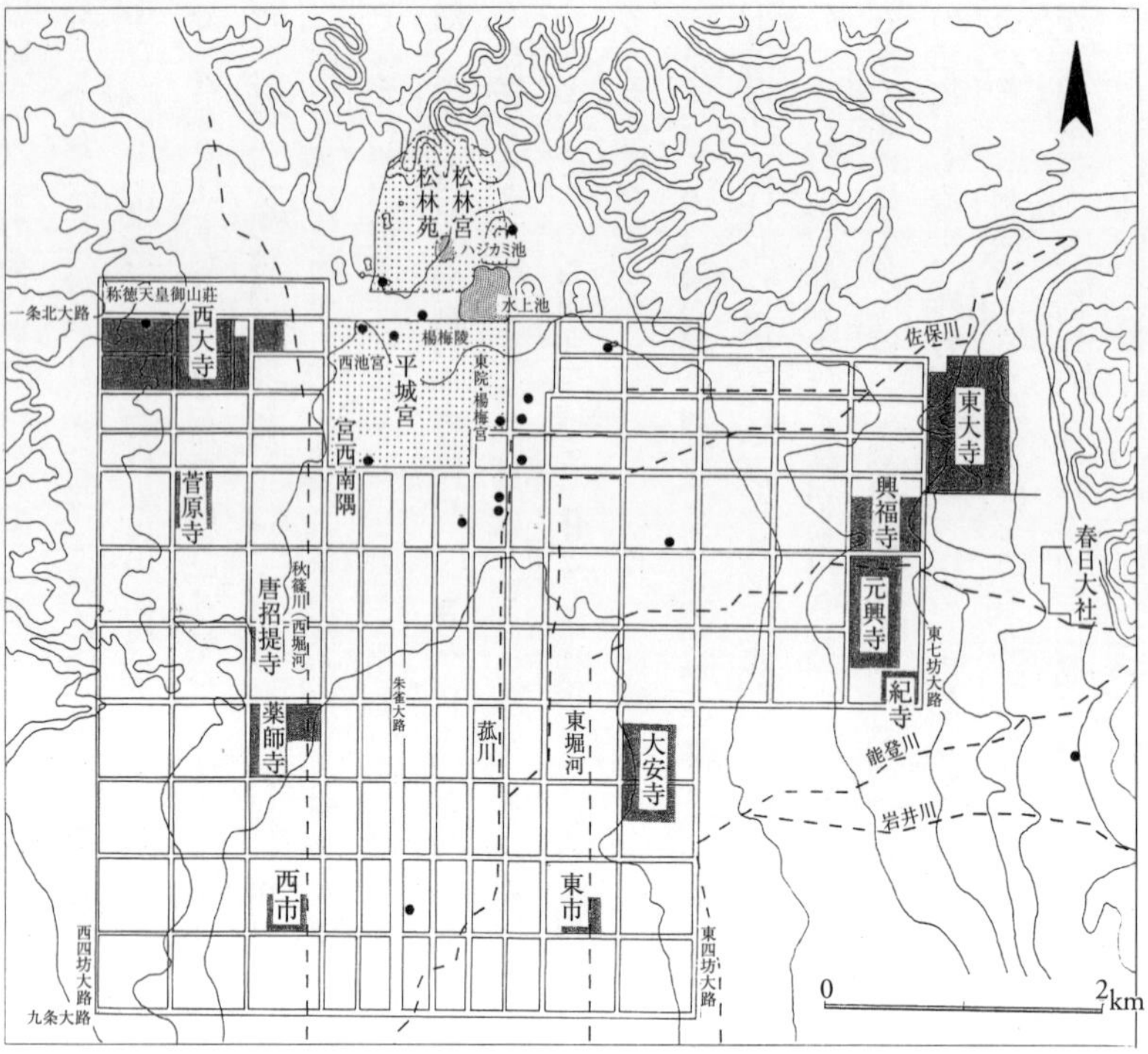

図4　平城京の主な苑池遺跡

（原図：田中哲雄『発掘された庭園』日本の美術 429，至文堂，2002 年）

別して考えてみる必要がある。

(1)「苑」系列

「苑」と書かれるものには、松林苑と南苑（南樹苑）があり、後述するように、おそらくこの二つの「苑」は平城宮の南北で対となる施設であったと思われる。

(1) 松林苑

松林苑は神亀六年＝天平元年（七二九）から天平十七年[13]まで、奈良時代前半、とくに聖武朝に限って史料に見え、他に松林宮、あるいは単に松林・北松林と見えるもの（表1）もほぼ同じものを指していると考えられている。おそらく松林苑は聖武朝に平城宮北方の松林をもとに整備して造営され、平城還都後用いられなくなったと考えられる[14]。なお松林苑にあった施設として穀を納めた「松原倉」なる倉廩の存在が知られるが[15]、この倉廩は松林苑が禁苑として使用されなくなった奈良時代後半にも維持されていた。

松林苑の構造、すなわち松林苑と松林宮の関係は、禁苑である松林苑の中に松林宮と呼ばれる宮殿（離宮）があったとする従来の理解で問題ない。奈良県立橿原考古学研究所の発掘調査[16]などによれば、松林苑は平城宮に北接する大蔵の北にあり、外郭と内郭からなる二重構造を持っている（図6）。外郭は東西一・一km、南北一・一kmの不正形で、築地塀が周囲を繞り、その内部に築山や中島を持つ複数の苑池や古墳を利用した苑池などを配している。内郭は外郭の中央西寄りに東西約二〇〇m、南北約二一〇mの規模で、築地塀を繞らす中に掘立柱建物などが見つかっている。そのほか外郭内、内郭外に存在した施設として門や倉の存在が地名などから推定されているが、内郭が松林宮、内

図5 平城宮の禁苑（原図：金子裕之「宮廷と苑池」〈『文化財論叢』Ⅱ，奈良文化財研究所，2003年〉，一部補訂）

郭と外郭を含めて全体が松林苑と呼ばれたとみてよいであろう。これは、秦漢から隋唐の長安城や洛陽城で、それらを取り囲む広大な上林苑などの禁苑が、その内部に多くの離宮を包摂していた関係と同じであると考えられる。

このように松林苑は多数の既存の池や古墳の周濠を利用して造られ、内部に天皇出御の殿舎を持つ離宮松林宮を備えていた。

松林苑の使用例としては正月大射・三月曲水宴（二回）・五月騎射（二回）が知られ（表1）、武の年中行事の場として他に見られない著しい特徴があるが、ただ同じ行事が大極殿南門の南（朝庭）など[17]でも行われているので、必ずしも松林苑がこれらの儀式の場として固定化していたわけでない。

(2)南苑（南樹苑）

南苑は、神亀三年（七二六）から天平二十年（七四八）まで、恭仁京などに遷都していた期間を除いて『続日本紀』（以下『続紀』と略記する）に現れ、松林苑よりやや長期にわたって存続したと考えられる（表1）。しかし、おおよそ奈良時代

表1　平城京の南苑・松林苑の用例

年月日	南　苑	松林苑
神亀　3. 3. 3	五位已上を南苑に宴す	
神亀　4. 1. 9	(天皇) 南苑に御し，五位已上を宴す	
神亀　4. 3.22	天皇南苑に御し，勅して衛府官人に賜物す	
神亀　4. 5.20	楯波池より飄風忽ち来りて，南苑の樹二株を吹き折り，化して雉となる	
神亀　5. 1. 7	天皇南苑に御し，五位已上を宴す	
神亀　5.11.13	冬至，(天皇) 南苑に御し，五位已上を宴す	
天平　1. 3. 3		天皇松林苑に御し，群臣を宴す
天平　1. 5. 5		天皇松林に御し，五位已上を宴す
天平　2. 3. 3		天皇松林宮に御し，五位已上を宴す
天平　3.11. 5	冬至，天皇南樹苑に御し，五位已上を宴す	
天平　4.11.27	冬至，天皇南苑に御し，群臣を宴す	
天平　6. 7. 7	天皇この夕南苑に徙御す	
天平　7. 5. 5		天皇北松林に御し，騎射を覧る
天平　9.10.20	天皇南苑に御し，諸々に授位す	
天平 10. 1.17		皇帝松林に幸し，宴を文武官に賜う
天平 12. 1.16	天皇南苑に御し，侍臣を宴す	
天平 17. 5.18		天皇親ら松林倉廩に臨み，陪従に穀賜う
天平 19. 1. 1	天皇南苑に御し，侍臣を宴す	
天平 19. 1.20	(天皇) 南苑に御し，五位已上を宴す	
天平 19. 4.20	天皇南苑に御し，大神・大倭神主に授位す	
天平 19. 5. 5	天皇南苑に御し，騎射走馬を見る	
天平 19. 5.15	南苑において仁王経を講説せしむ	

(原表：奈良国立文化財研究所『平城宮跡発掘調査報告』Ⅱ，1962年を補訂)

前半を限りとして史料から見えなくなる点では松林苑と共通する。[18] おそらく南苑は、平城還都後から阿部皇太子即位前後まで続く平城宮中枢部の復旧と新たな改作によって、機能や性格が変わり名称を変更したか、あるいは廃されて全く別の施設が作られるかしたと考えられる。

二十数年のあいだ用いられた南苑も史料上では年代的に偏りがあり、集中的に使用されている時期のあることがわかる（表1）。とくに平城還都から一年半ほど経た天平十九年の前半にその傾向が顕著である。この時期には、それ以前では南苑を用いることのなかった正月元宴や五月騎射の場となっているだけでなく、仁王経の講説も行われ、この仁王経講説を最後に南苑は『続紀』から見えなくなる。仁王経講説の場は、この経典の性格とも対応し、「朝堂」(神亀六年六月庚申朔状)、「中宮安殿」(天平勝宝二年五月乙未条)、「宮中」(天平勝宝九歳七月庚午・天平宝字四年二月庚申・神護景雲四年正月戊寅・宝亀三年六月甲子条) など平城宮中枢と東大寺 (天平勝宝五歳三月庚午・同八歳十二月甲申・天平宝字四年二月庚申条) に限られている。また、この間の『続紀』を見ると、天平十九・二十両年の朝賀はともに廃朝され、平城宮の施設は南苑を除いて見えない。平城還都後、宮内の復興が中枢部を中心に行われたであろうが、おそらくそれは思うように進捗せず、そのために南苑が用いられたと考えられる。もしそうであるなら、それは南苑に存在した建物などが恭仁宮には移されなかったためであり、平城還都の時点で、南苑には元宴などの宴や騎射はもちろん、仁王経講説を行いうる建物などが十分備わっていたことを意味している。

さて、南苑は南樹苑とも呼ばれたように、苑内には樹木が植えられ (『続紀』神亀四年五月辛卯条)、松林苑が北松林とも呼ばれたのはこの

図6　松林苑・松林宮（原図：奈良県立橿原考古学研究所『松林苑跡Ⅰ』1990年）

ことと呼応していると考えられる。松林苑が造営されて使用されるようになった天平初年の段階で、平城宮の南北に位置する禁苑として対を成すと考えられていたのであろう。しかし、南苑は松林苑と異なり今日その所在が明らかでない。だたその所在については、『続紀』が、松林苑への天皇の出御を「御」とも「幸」とも記すのに対し、南苑への出御を一貫して「御」と記すことから、岸俊男ら[19]の考えに基づけば、松林苑は平城宮外にありながら、その付属施設として隣接して存在したが、南苑は上述したような天平十七年平城還都後における使用のあり方から考えて、平城宮内に存在したと考えることができる。そうであるなら、その候補地としては、後述する平城宮東張り出し部の南寄りの地区（のちに東院が造営された場所）や平城宮の西南隅部が考えられる。

南苑と松林苑の関係については、松林苑では武の行事が他より多いのに比べ、南苑では正月元宴・正月白馬節会（二回）・正月踏歌節会・三月曲水宴・五月騎射・七月七夕賦詩・十一月冬至宴（二回）・仁王経講説が行われるなど、松林苑より広汎な行事に用いられている。注目すべきは、南苑では大射が全く行われていないことと、また五月騎射も松林苑が見えなくなったのちに、あるいはその代用として使われたかと考えられることである。天平十二年までの天平年間は南苑と松林苑が並行使用された時期であるが、上記のように両者には機能の点で違いがあったと考えられる。

また、南苑の規模・構造は、右で述べた点から、騎射の場としての埒などを設定しうる規模と空間を有し、また仁王経講説のための講座などの設置が可能な複数の建物の存在を推定できるが、『続紀』には左の如き、より具体的に南苑の構造を記す記事がある。

天皇御二南苑一宴二侍臣一、饗二百官及渤海客於朝堂一、五位已上賜二摺衣一、

（『続紀』天平十二年正月癸卯条）

正月十六日踏歌の節会を南苑で行ったことを記す記事で、天皇出御のもと侍臣を宴するとともに、百官および渤海使を朝堂で饗している。ここから知ることのできる南苑の構造は、天皇が出御するに十分

な建物の存在、そして侍臣は天皇の御す建物かその近くにある建物で宴され、その南に百官らが饗された朝堂があった。この日が踏歌の節会の日であったことから、これらの建物によって囲まれた庭の存在も推定できる。このような天皇出御の殿舎―朝堂という構造は、平城宮の中枢部である中宮、そして苑池を付属する東院・楊梅宮などでも確認できる平城宮内の諸宮院に共通した構造である。

(2)「宮」「院」系列

「宮」「院」と書かれるものには、東院・楊梅宮・西池宮がある。

(1)東院・楊梅宮（楊梅院）

東院・楊梅宮は、いずれも奈良時代後半に至り、松林・南両苑に代わって『続紀』に現れる平城宮内に位置する園池を含む施設と考えられる。東院は天平勝宝六年（七五四）に初見し、神護景雲四年（七七〇）をもって『続紀』から見えなくなる。そして、これに代わって登場するのが楊梅宮で、宝亀三年（七七二）から同八年まで見える。

東院　東院は、すでに述べたことがあるように[20]、奈良時代の前半は東宮と呼ばれ、本来、皇太子が在位していた場合にはその春宮として用いられた宮であった。しかし、奈良時代の後半には皇太子の在位が短かったことや、皇太子がここに入らなかったりしたこともあって、天皇がこれを離宮として用いるとともに新たに玉殿と呼ばれる殿舎が建てられたり、内裏に対して東内と呼ばれる宮殿もここに造営されたと考えられる。

東院の使用事例は少なく、わずかに正月白馬（『続紀』天平勝宝六年正月癸夘条）・大射両節会（『続紀』神護景雲三年正月丙戌条）と正月に行われた宴（天平神護三年正月己巳条・宝亀元年正月辛未条）、そして玉殿完成を祝う宴（『続紀』天平神護三年四月癸巳条）を除くと、服属儀礼の代表である出雲国造神賀詞奏上（『続紀』天平神護三年二月甲午条）だけであり、また、ここに出御して宴や儀礼を行った天皇も孝謙＝称徳天皇に限られる。神護景雲元年（七六七）頃に東院内に造営されたと考えられる東内（東の内裏）では、天皇出御のもとで吉祥悔過を行っている（『続紀』神護景雲三年正月丁丑条）。

東院の構造は、以下に掲げる記事にあるように、天皇出御のもと出雲国造による服属儀礼である神賀詞奏上が行われていることや、天皇が出御して侍臣を宴するだけでなく、彼らとともに文武百官主典已上と陸奥蝦夷を朝堂に饗していることから、天皇が出御する殿舎とその前面に位置する広い前庭、朝堂からなっていたと推定される。また、規模は、これらの施設に上記の人たちを入れることからも推測できるが、玉殿新成にあたって、群臣（五位已上）畢くが会したとあることからも、おそらく二、三〇〇人規模を収容できるものであったと思われる。

ただし、構造と関わる問題として、『続紀』に東院が苑池を伴っていたとの明確な記述がないことには留意しておく必要がある。

> 幸㆓東院㆒、出雲国造外従六位下出雲臣益方奏㆓神賀事㆒、仍授㆓益方外従五位下㆒、自余祝部等、叙㆑位賜㆑物有㆑差、
> （『続紀』天平神護三年二月甲午条）
>
> 御㆓東院㆒賜㆓宴於侍臣㆒、饗㆓文武百官主典已上・陸奥蝦夷於朝堂㆒、賜㆓蝦夷爵及物㆒各有㆑差、（『続紀』神護景雲三年正月丙戌条）
>
> 東院玉殿新成、群臣畢会、其殿、葺以㆓琉璃之瓦㆒、画以㆓藻繢之文㆒、時人謂㆓之玉宮㆒、
> （『続紀』天平神護三年四月癸巳条）

楊梅宮　楊梅宮は、宝亀初年に造宮省長官である造宮卿高麗福信に専

知させて造営が開始され、宝亀四年（七七三）に至って完成した。[21] 完成後、光仁天皇が移徙してここを居所としたが、光仁天皇は在位中原則として内裏で生活していたから、それは完成翌年の宝亀五年（七七四）初頭までであったと考えられる。なお、楊梅宮の使用は光仁天皇一代に限られ、その子桓武天皇がここを用いた形跡はない。

楊梅院は、『公事根源』と『河海抄』所引の「続日本紀」や『袖中抄』所引「官曹部類」にのみ見える名称で、『続紀』ではすべて楊梅宮と記されている。両者の関係については松林苑と松林宮のように、楊梅院の中に楊梅宮が存在したとみることもできるが、かならずしも史料からはそのように解する必要はない。これは楊梅宮の構造をいかに解するかとも深く関わる問題である。

楊梅宮の構造については、以下の史料に基づき、左の諸点を指摘できる。

彗星見南方、屈二僧一百口一、設二斎於楊梅宮一、
（『続紀』宝亀三年十二月己巳条）

初造宮卿従三位高麗朝臣福信専三知造二作楊梅宮一、至レ是宮成、授二其男石麻呂従五位下一、是日、天皇徙二居楊梅宮一、
（『続紀』宝亀四年二月壬申条）

宴二五位已上於楊梅宮一、饗二出羽蝦夷俘囚於朝堂一、叙レ位賜レ禄有レ差、
（『続紀』宝亀五年正月丙辰条）

楊梅宮南池生レ蓮、一茎二花、
（『続紀』宝亀八年六月戊戌条）

宝亀六年正月七日、天皇御二楊梅院安殿一、設二宴於五位已上一、中納言石上朝臣進就二版位一宣命、其詞曰、――（後略）――、
（『年中行事抄』正月七日節会事・『公事根源』所引「続日本紀」宝亀六年正月七日条）

宝亀六年正月七日、天皇御二楊梅院安殿一、設二宴於五位以上一、既而内厩〔寮〕宴進二青御馬一、兵部省進二五位以上装馬一、中納言石上朝臣進就二版位一宣命、其詞曰、令詔久、今日八正月乃七日乃豊明聞食日尓在、是尓（ママ）以岡尓登遊止云々、青馬見多末位弖退止云々
（『河海抄』巻五賢木・『紫明抄』巻二賢木[22]）

官曹部類云、宝亀六年正月七日、天皇御二楊梅後〔院〕安殿一、設二宴於五位已上一、中納言石上朝臣就二版位一宣命、其詞曰、――（後略）――、
（『袖中抄』第五とよのあかり）

①天皇が移徙して一定期間居住したことから、天皇が長期にわたり住み続けられるような殿舎が存在したはずである。

②完成に先立って行われた斎会では百僧が屈請されているが、彼らを収容しうるような殿舎が造営されていたと推測される。

③東院において儀式に際して天皇が出御する殿舎があり、その前に前庭が広がるとともに朝堂が存在した。天皇が出御する殿舎は、安殿である。

④楊梅宮の南には池があり、そこには蓮が植えられていた。この池にあたると考えられる池を中心に平城宮東南部の所謂東院地区において奈良時代前半と後半の楼閣・曲水遺構などを伴う園池遺構が確認されている。[23] しかし、東院の中枢があったであろうその北についてはまだ十分な調査が行われておらず、詳細は依然として不明である。

(2) 西池宮

岸俊男[24]によれば、西池宮は鳥池塘と同じものを指していると言われ、これらはともに奈良時代前半、神亀五年（七二八）と天平十年（七三八）にだけ『続紀』に見える。いずれも三月曲水宴と七月相撲節で、

節会の場として用いられている。

天皇御二鳥池塘一、宴二五位已上一、賜レ禄有レ差、又召二文人一、令レ賦二曲水之詩一、各賚二絁十疋・布十端一、内親王以下百官使部已上賜レ禄亦有レ差、

（『続紀』神亀五年三月己亥条）

天皇御二大蔵省一覧二相撲一、晩頭轉御二西池宮一、因指二殿前梅樹一、勅二右衛士督下道朝臣眞備及諸才子一曰、人皆有レ志、所レ好不レ同、朕去春欲レ翫二此樹一、而未レ及二賞翫一、花葉遽落、意甚惜焉、宜下各賦二春意一詠中此梅樹上、文人卅人奉レ詔賦之、因賜二五位已上廿疋、六位已下各六疋一、

（同天平十年七月癸酉条）

このように、西池宮には天皇が御する殿があり、その前には梅樹が植えられていた。

また、『万葉集』巻八冬雑歌には、西池の辺に天皇が出御して宴を行った際に歌われたと言われる、左のような歌が載せられている。[25]

御二在西池辺一肆宴謌一首

池辺乃　松之末葉尓　零雪者　五百重零敷　明日左倍母将見

右一首、作者未レ詳、但竪子阿倍朝臣虫麿伝誦之、（一六五〇番）

残念ながらこの歌の年代は不明であるが、竪子であった阿部虫麻呂の官歴[26]から考えて、奈良時代前半のことが伝承していたのなら、彼の官歴から考えて、奈良時代前半のことと考えられる。むしろ問題は、この場合宴を行うのに西池宮ではなく、松の生える池辺に天皇が出御したことである。

さて、発掘調査で西池宮＝鳥池塘にあたると考えられる遺構が平城宮内の西北に位置する佐紀池の南岸で見つかっている[27]（図7）。それは一辺一一〇mほどの正方形の区画で、周囲を築地塀が囲み、南面に桁行五間の門が開く。築地塀の中には左右対称に殿舎が配置され、区画の中心やや北に前殿と思われる建物、その北後方に長大な後殿、これらの東西には南北八〇m近いきわめて長大な脇殿が一棟ずつ存在する。その他にも他の発掘調査では確認できていない特異な建築遺構が左右対称に複数存在する。しかし、西池自体はこの築地塀で囲われた区画の中には取り込まれておらず、『万葉集』所収の歌が西池宮でなく西池辺で歌われたのは、このような構造とも関わるのかもしれない。

(3) その他の園池

文献史料に明徴を欠くものの、禁苑との関わりも考えられる平城宮内外の庭園遺跡・遺構について、以下で簡単に触れておくこととしたい。

(1) 平城宮西南隅苑池遺構（図8）

『続紀』には、天平宝字六年（七六二）に平城宮の西南において新たに池亭を作ったとの記事がある。

於二宮西南一、新造二池亭一、設二曲水之宴一、賜二五位已上禄一有レ差、

（『続紀』天平宝字六年三月壬午条）

平城宮の西南に新造された池亭に関する記事はこれだけで、以後関連すると思われる記事がないので、一時的な施設と考えられるが、この記事による限り池亭の新造はすでに存在した池を前提としているので、池自体はこの時点をさかのぼって存在したと考える必要がある。

さて、平城宮南面正門である若犬養門の発掘調査[28]で、宮の西南隅に庭園の一部と考えられる遺構群が発見され、この池亭との関係が推測された。

検出された池状遺構は若犬養門の西北にあり、秋篠川旧河道の窪地を利用して作られたと考えられる。その規模は発掘調査区内で東西約

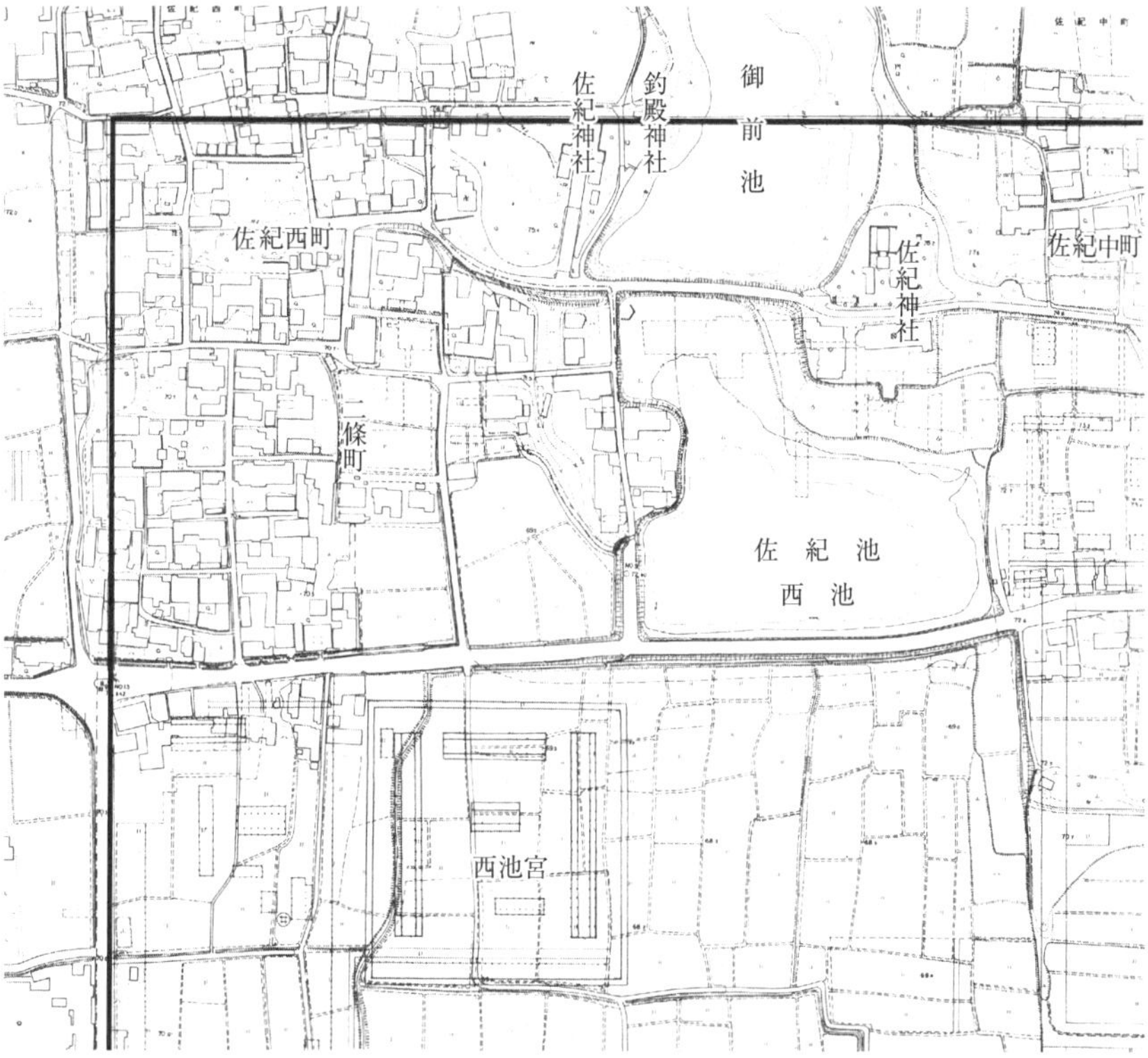

図７　西池宮と西池（原図：金子裕之「宮廷と苑池」〈『文化財論叢』Ⅱ，奈良文化財研究所，2003 年〉）

図８　宮西南隅の苑池（原図：金子裕之「宮廷と苑池」〈『文化財論叢』Ⅱ，奈良文化財研究所，2003 年〉）

二二m、南北六〜一〇m、深さ一・五mであったが、なお北と西に広がるものと推定されている。また東端近くには池水の調節を行う樋が設けられていた。しかし、その後この地域での発掘調査は実施されていないので、池状遺構の年代や奈良時代前半のこの地域の状況など、発掘調査成果の評価については十分検証できていない。

⑵ 称徳天皇御山荘（図9）

平城京右京一条北辺四坊六坪の西北部にあたる地で実施された発掘調査において、[29] 九間×二間の大型掘立柱建物を含む奈良時代半ばから後半を中心とする建物群が見つかり、その立地や構造からその敷地の規模は少なくとも東西に並ぶ五・六両坪に及び、両坪にかけて現存するべた池と呼ばれる中島を持つ池を見下ろす奈良時代の庭園遺跡と推定された。

当該地は、西大寺に伝わる中

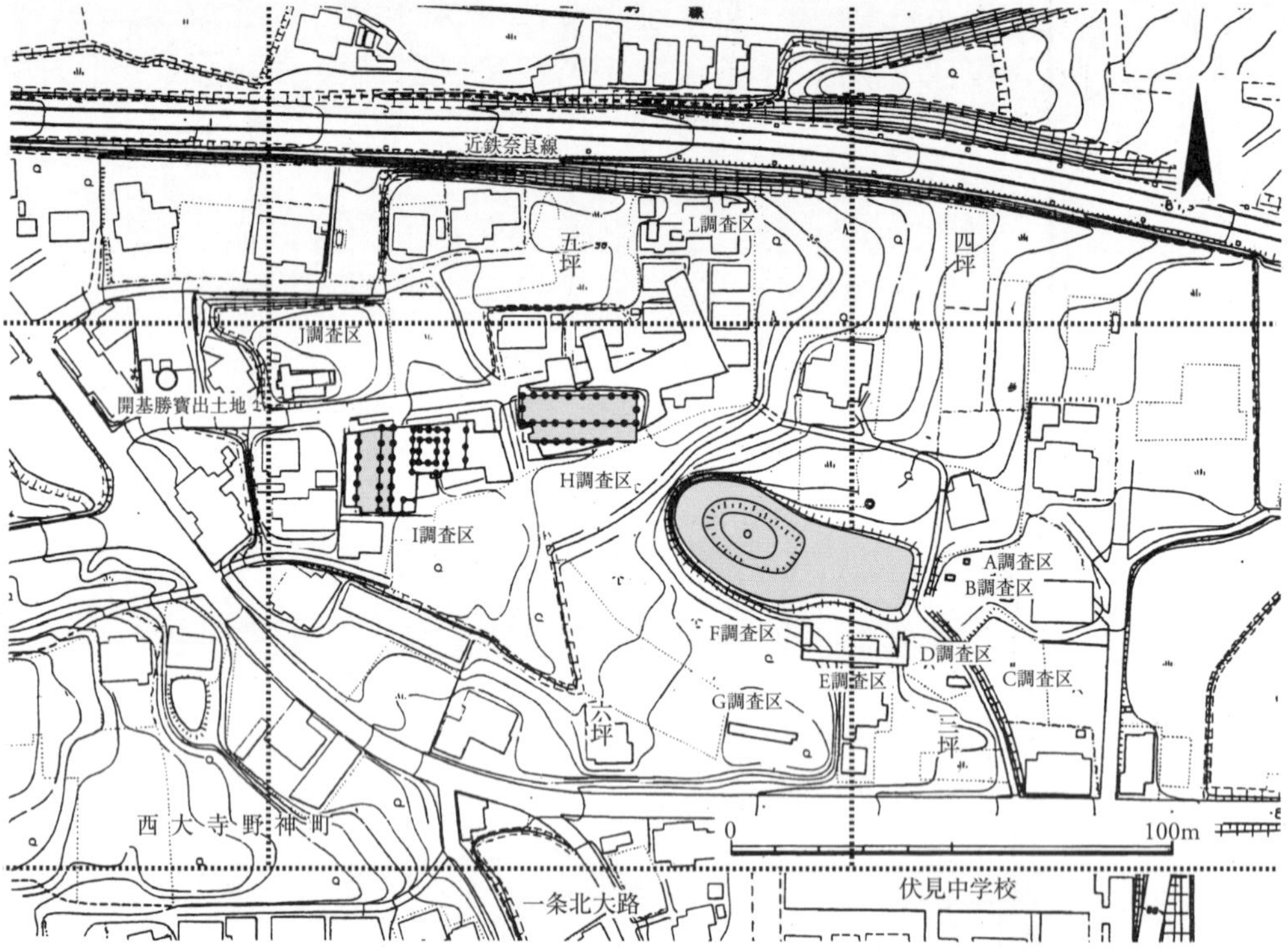

図9　称徳天皇御山荘と条坊（原図：奈良国立文化財研究所『平城京右京一条北辺四坊六坪発掘調査報告』1984年）

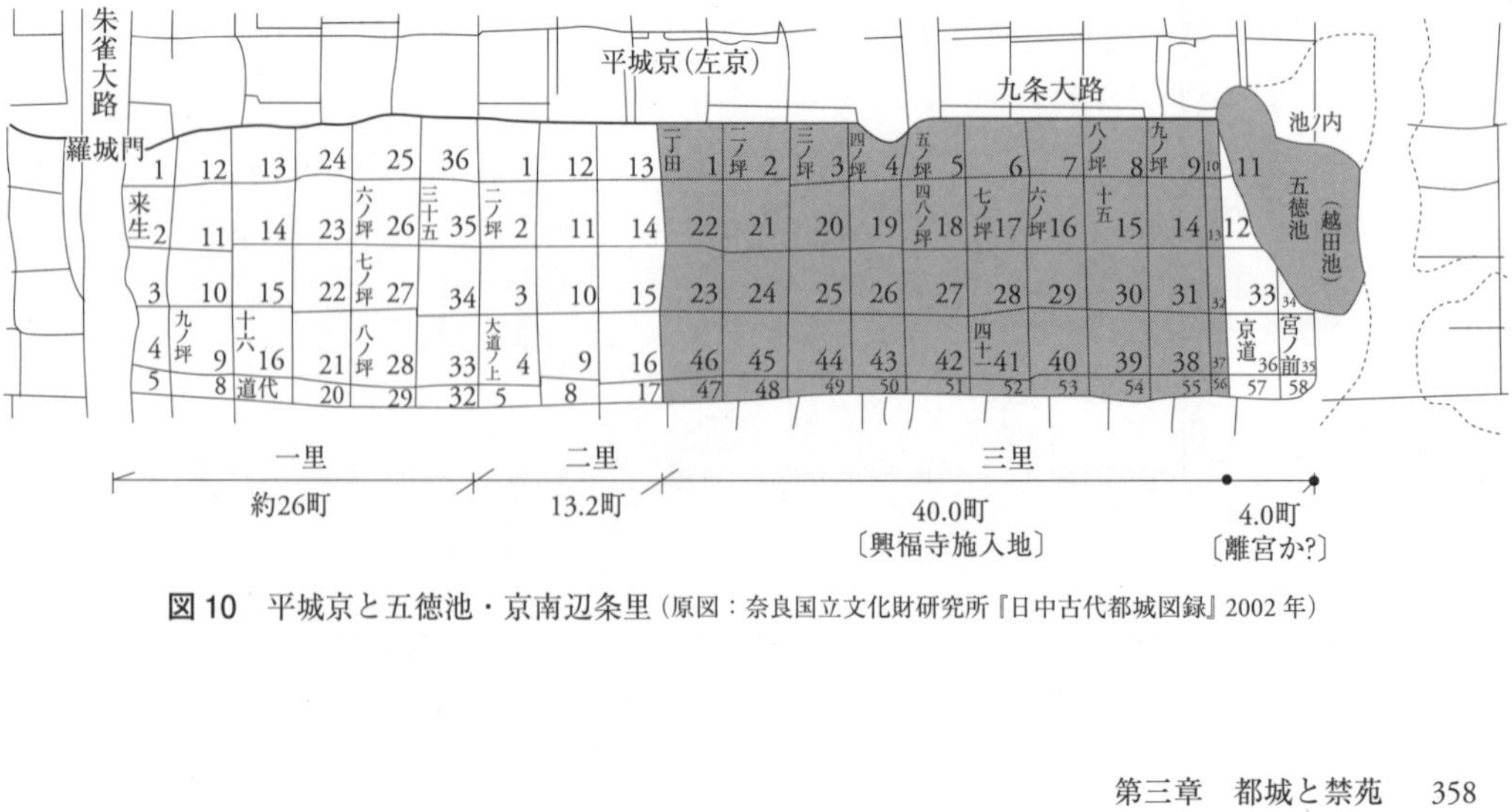

図10　平城京と五徳池・京南辺条里（原図：奈良国立文化財研究所『日中古代都城図録』2002年）

世から近世にかけての種々の絵図に「本願天皇御山荘跡」「本願山荘」などと書かれ、西大寺を発願した称徳天皇の山荘があった地といわれる。この地に奈良時代半ばから後半にかけて大型建物と池を中心とした庭園を有する施設があったことは間違いなく、建物の規模などからみて、あながち称徳天皇御山荘との言い伝えを否定することもできない[30]。ただ御山荘の東南方、平城京内にある称徳天皇建立にかかる西大寺や称徳天皇自身が葬られた高野山陵、さらには平城宮北方に広がる禁苑松林苑とその東に展開する天皇家を中心とする陵墓地、ひいては北辺などとの関係が問題となってくる。

(3)五徳池（越田池）

奈良市北之庄町には平城京の東南隅にあたる位置に五徳池と呼ばれる巨大な溜め池がある。その形状や大きさが古くからのものであるかは明らかでないが、古代の史料に見える越田池がこれに相当すると考えられている。また、唐の長安城東南隅に存在する曲江池との位置関係から、この池はそれを模倣ないしは意識して平城京造営時にまでさかのぼって存在したとする考えもある。

この池が存在するところから平城京の南辺には周囲とは明らかに異なる条里、いわゆる京南辺特殊条里が存在する（図10）が、井上和人は、そこに特殊な施設があったために、のちにこの特殊な条里が敷かれたと推測し、条里の東端五徳池に接する部分に離宮のごとき施設の存在を憶測している[31]。もしその憶説が妥当であるなら、五徳池を含み込んで苑池が存在した可能性が高いことになり、唐長安城の曲江池との類似性が高まる。ただ奈良時代前半、平城京の条坊が九条より南、十条まであったとする下三橋遺跡における発掘調査[32]の成果からすると、井上の憶測には再検討の余地がある。

4 恭仁京と城北苑・石原宮（図11）

天平十二年（七四〇）末に遷都した恭仁京にも、平城京と同様に、城北苑や石原宮と呼ばれる禁苑・離宮が存在した。

(1)城北苑

恭仁京の城北苑に関する史料は、左に掲げる『続紀』の記事が唯一である。

天皇幸二城北苑一、宴二五位已上一、賜レ禄有レ差、特賚二造宮卿正四位下智努王東絁六十疋・綿三百屯一、以三勤造二宮殿一也、外従五位下巨勢朝臣堺麻呂・上毛野朝臣今具麻呂並授二従五位下一、

（『続紀』天平十四年正月癸丑条）

城北苑はその名称から、恭仁宮外の北方（城は恭仁宮、北は宮から北の方位を示す）、おそらく平城宮と松林苑の位置関係に似た場所に存在したと推定することができる。当然、城北苑には天皇が行幸して出御するに足る殿舎が存在していたと考えられるだけでなく、五位以上が宴に預かれるような殿舎があった可能性も考えられる。

(2)石原宮

恭仁京にはまた恭仁宮の東北方に石原宮なる離宮が存在し、そこには楼もあった。楼には天皇が行幸して出御し、百官や有位人、あるいは隼人らが饗を賜ったが、このような状況から石原宮には楼のみならず、天皇が出御し、彼らが饗応を受けた殿舎があったと思われる。石原宮に関する史料を掲げると左のごとくである。

車駕幸二石原宮一、

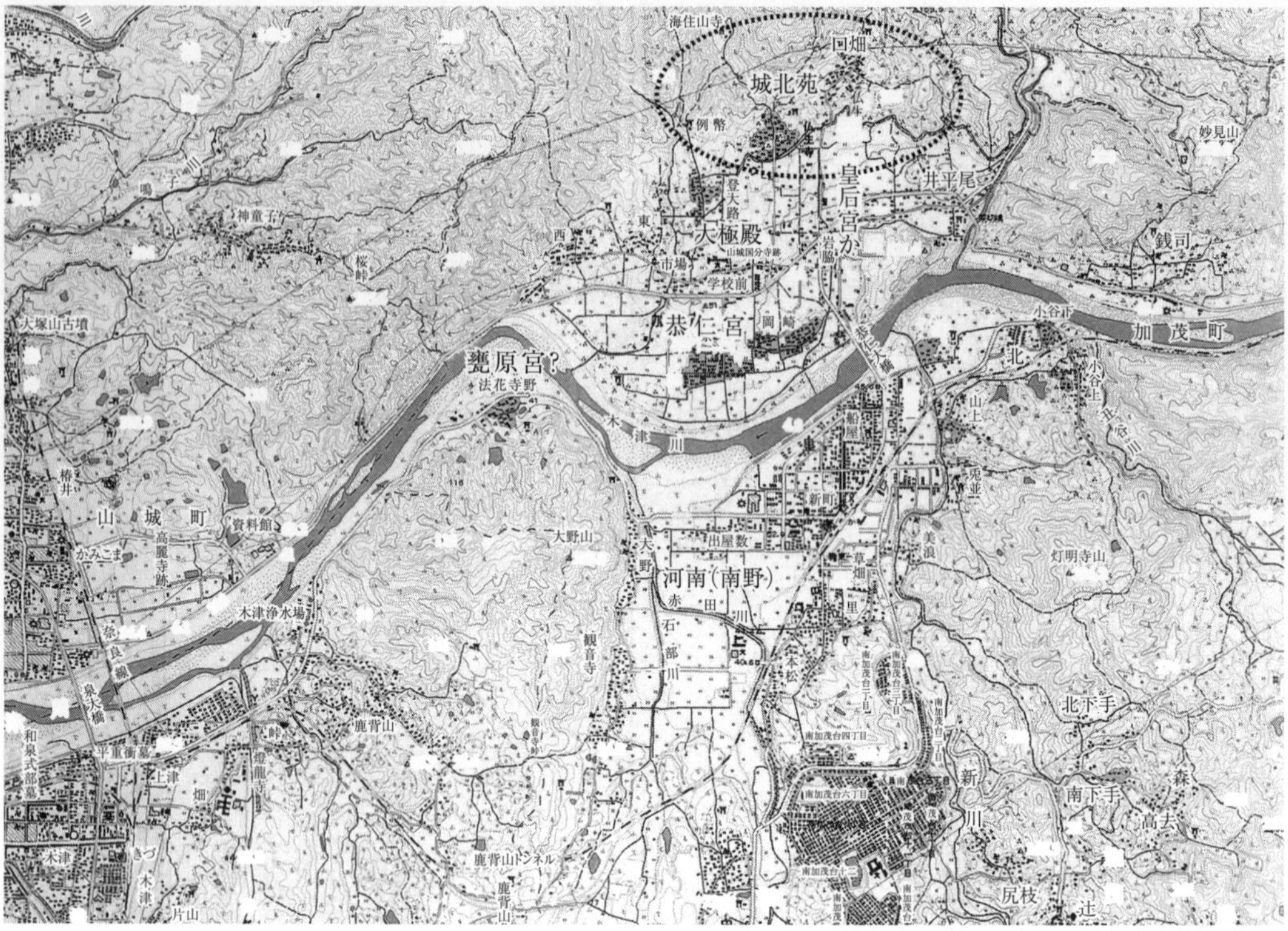

図 11 恭仁京の禁苑（原図：国土地理院 25000 分 1 地形図「田辺」「笠置」「奈良」「柳生」）

（『続紀』天平十四年八月甲申条）

御㆓石原宮楼㆒、在㆓城東北㆒賜㆓饗於百官及有位人等㆒、有㆑勅、鼓琴任㆓其弾歌㆒、五位已上賜㆓摺衣㆒、六位已下禄各有㆑差、

（同天平十五年正月壬子条）

天皇御㆓石原宮㆒、賜㆓饗於隼人等㆒、授㆓正五位上佐伯宿祢濂麻呂従四位下、外従五位下葛井連広成従五位下、外従五位下曽乃君多利志佐外正五位上、外正六位上前君乎佐外従五位下、外従五位上佐須岐君夜麻等久久売外正五位下㆒、

（同天平十五年七月庚子条）

さて、問題は城北苑と石原宮、すなわちともに恭仁宮外の北方にあった二つの施設の関係である。石原宮の具体的な所在は不明であるが、ここへの天皇の出御について『続日本紀』は「幸」とも「御」とも表記しているから、やはり平城京における松林苑や松林宮と同じく、恭仁宮の付属施設としてそれに近接して存在したと考えられる。おそらく石原宮と城北苑とは、平城京における松林宮と松林苑と同じような関係にあったのであろう。いずれにしても恭仁京では平城京と同様に宮の北に禁苑と離宮が組み合わされて存在していた。

ちなみに、先に指摘したように、松林苑は天平十二年を最後に[33]、天皇が行幸し年中行事を行うことがなくなった。これは、恭仁京の城北苑・石原宮が天平十四年以降に現れることから、恭仁遷都とともに平城宮の松林苑・松林宮の建物などが恭仁宮に移され、城北苑や石原宮で再建されたことによるのではなかろうか。そして、平城還都とともに再び平城宮の松林苑や松林宮に移されることがあってもよかったが、『続紀』における松林苑・松林宮の記事のありようからはそのようにはならず、平城宮に再移建されることはなかったと考えられる。

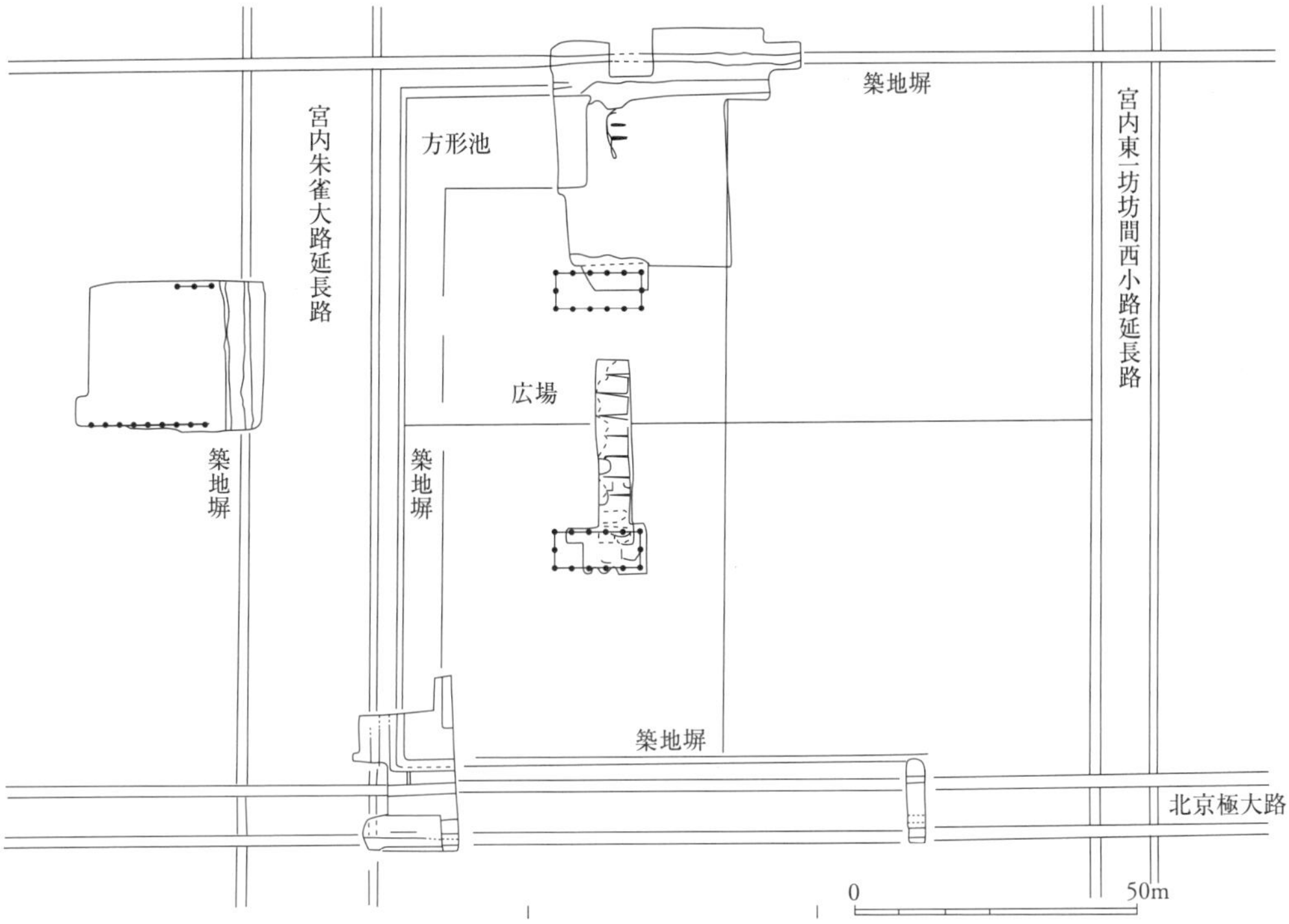

図12　長岡京の禁苑「北苑」の中枢部（原図：山中章『長岡京研究序説』塙書房，2001年）

5　長岡京の南院・南園

長岡京には長岡宮の北方に「北苑」なる禁苑が存在したと推定する考えもある[34]（図12）が、それは採らない。なぜなら、長岡宮の北へ条坊が延びていることが明らかとなってきている今日においても、なお明確な苑池遺跡・遺構は見つかっていない。むしろ条坊によって区画された官衙と思われる区画と建物など街区の存在が明らかになるばかりである。さらにもし北苑なる禁苑が存在していたなら、わずか一〇年余りの都とはいえ、天皇が出御し、節会や宴・儀礼を行ったとの記事が『続紀』などの史料に残ってもよいが、全くそのようなことを示唆する史料が存在しない。したがって、このような状況から考えて、そしてまたすでに指摘したように、奈良時代後半における禁苑観の変化（南北対ないしは北から南へ重心が移り、北の禁苑が見えなくなってゆく）と、長岡宮に続きかつ最終の宮都となる平安京において禁苑が京内の神泉苑に当初から造営されたことから、北苑は存在しないと考える。

北苑に代わって注目すべきは史料上に現れる南園・南院・や嶋院・山桃院である。

(1)南院・南園

南院と南園はいずれも「南」を冠し、長岡宮の南に位置していたと推定される。両施設への天皇の出御については、いずれも「御」と「幸」が混在し、平城京松林苑などの例に従えば、南院と南園はともに長岡宮の付属施設で、宮外の、しかも宮に近接した位置に存在した

表2　長岡京の南院・南苑の用例

年月日	南院	南園
延暦 8.1. 6	五位已上を南院に宴し，叙位・任官を行う	
延暦 11.1. 7	天皇南院に御し，五位以上を宴し，禄を賜う	
延暦 11.1.17	天皇南院に行幸し，射を観る	
延暦 11.3. 2		天皇南園に行幸し，群臣に賦詩を命じ，綿を賜う
延暦 12.3. 3		禊し，群臣に賦詩を命じ，五位以上と文人に禄を賜う
延暦 12.8.21		天皇大原野の遊猟より還御し，五位已上に衣を賜う
延暦 13.3. 1		宴し，五位已上に禄を賜う

と推定される。

ともに「南」を冠する南院と南園の関係であるが、ここで注目されるのは、南院と南園が史料上出現する期間に重複がない事実である。すなわち、南院が延暦八年（七八九）～同十一年正月に対し、南園は延暦十一年三月～同十三年に見える（表2）。ただ南院では正月白馬節会（叙位賜宴）・観射が行われたのに対して、南園では三月曲水宴（三回）が目立ち、使用例に重複がなく、機能的には異なっているとみることができる。したがって機能の重複がないことから両者を別ものとみることもできるが、名称の類似や何をおいても存続期間に重複が認められないことを重視するなら、機能については院から園へと変えられた際に変更が行われたとみることもできる。

ところで、長岡京跡出土木簡の中には南院と記すものがある（『木簡研究』一三）。

・南院〇□□
・「史生谷津×」　081

この木簡が出土したのは、長岡宮東南の「三条条間北小路」北側溝で、同時に出土した木簡には延暦六・七・八年の年紀が見られる。先に指摘したように、延暦八年は『続紀』に南院が見え始める時期であり、この木簡の年代もそれとほぼ合致することから、この南院が『続紀』に見える同一の実体を指すと考えることができる。もしそうであるなら、木簡の出土地点が宮の東南であることも注意される。

ただこの木簡の南院は、必ずしも『続紀』に見える南院のように施設全体を指すとは限らず、宮殿や官衙などの一部を指す呼称の可能性もある。

(2) 嶋院

南院・南園に先立ち長岡京期の初期に嶋院が見える。嶋院は曲水宴の場として見える（『続紀』延暦四年三月戊戌条）が、延暦四年（七八五）以降所見がなく、詳細は不明である。

長岡京出土木簡には嶋院と書かれたものがある（『長岡京木簡』一、五三七号）。

・嶋院（刻線）一一一物守斐太一人飯参升
・□□□十月廿三日領

嶋院の物守である斐太一人への飯米支給に関する木簡である。この木簡が出土した遺構からは、ほかにも「斐太」「飛驒工」への飯米支給を示す木簡があり、斐太は飛驒工のことと考えられる。ただ紀年を記す木簡がないため年代を特定できない。

嶋院については様々な可能性が考えられるが、あるいは遷都当初嶋院と呼ばれた施設がその後南院・南園へと名称を変えた可能性も考えておかねばならない。ただその場合問題となるのは、延暦四年に嶋院が見えて以後、同八年に南院が現れるまで史料に見えない点である。

あるいは大きな改造が行われたのであろうか、また全く新しい構想のもとで別地に南院・南園が造営されたのであろうか、現状ではいずれとも決しかねる。

(3)山桃院

平城宮の楊梅宮（楊梅院）との関係が推測されている施設に山桃院がある。長岡京出土木簡にだけ見え（『長岡京木簡』一、三三七号）、他の文献史料には見えない。

・山桃院□（東カ）屋□（合カ）釘廿九隻　棉□（枳カ）…□（隻カ）　長押雨壺五十六隻
　博風釘四隻　□…　二□在釘十
・　　三月五日石作五百千

山桃院内にあった東屋の造営に用いる建築材料を書き上げた送り状と思われる。同じ溝から出土した木簡に見られる年紀は延暦六年（二点）のみである。もし山桃院が平城宮の楊梅院を継承したものであるなら、その位置も楊梅院のそれを受け継いでいる可能性があろう。

これらのほかに、長岡京で天皇が巡覧した施設として「諸院」があり[35]、その中の一つに猪隈院があった[36]が、それらの「諸院」の使用法や実態は東院を除いて明らかでなく、総じて京内に営まれた離宮かと思われる。

以上のように、文献史料や木簡などから見る限り、長岡京における禁苑あるいはそれに類する施設はいずれも長岡宮の東や南に想定され、少なくとも北にはその存在を想定しがたい。

6　平安京の神泉苑―禁苑の消滅へ―

平安京で禁苑にあたるのは、神泉苑である[37]。

神泉苑[38]は、平安遷都から程なく延暦十九年（八〇〇）に初見し（『日本紀略』延暦十九年七月乙卯条）、それ以降、天皇が行幸して七夕・相撲・菊花[39]などの節会や観桜・騎射・遊猟・詩宴などが行われた。

今日、京都市中京区門前町に苑の北東部の一部（本来の規模のおよそ六パーセントほどに相当）が寺院として残るにすぎず、慶長年間（一五九六〜一六一五）に行われた二条城の造営によって北四分の一ほどが城内に取り込まれ、さらに江戸時代を通じて周辺の民家によって侵食され続けたためであると言われる。

神泉苑は平安宮の東南に隣接し、平安京左京二条（北）・三条（南）・大宮（東）・壬生（西）の四大路に囲まれた南北四町、東西二町、計八町に及ぶ広大な地を占め、周囲には築地を繞らし、六門を開いていた。敷地の北東部には湧泉があり、そこから苑中央の大池に水が引かれ、池には大きな中島があった。池に南面して正殿の乾臨閣、その左右に閣、そして池に臨んで東西に釣台があり、これらの建物は廊でつながれていた。また、湧泉から池までの流れは滝となり、小橋を架けて滝殿を構え、池の北岸には、神泉苑監として著名な画人巨勢金岡[40]による立石が数多くあったと伝えられる。

このような神泉苑の構造は、正史の記すところにもうかがえる（表3）が、『内裏式』や『延喜式』には、平安時代前期の神泉苑に関するより詳しく記述がある。

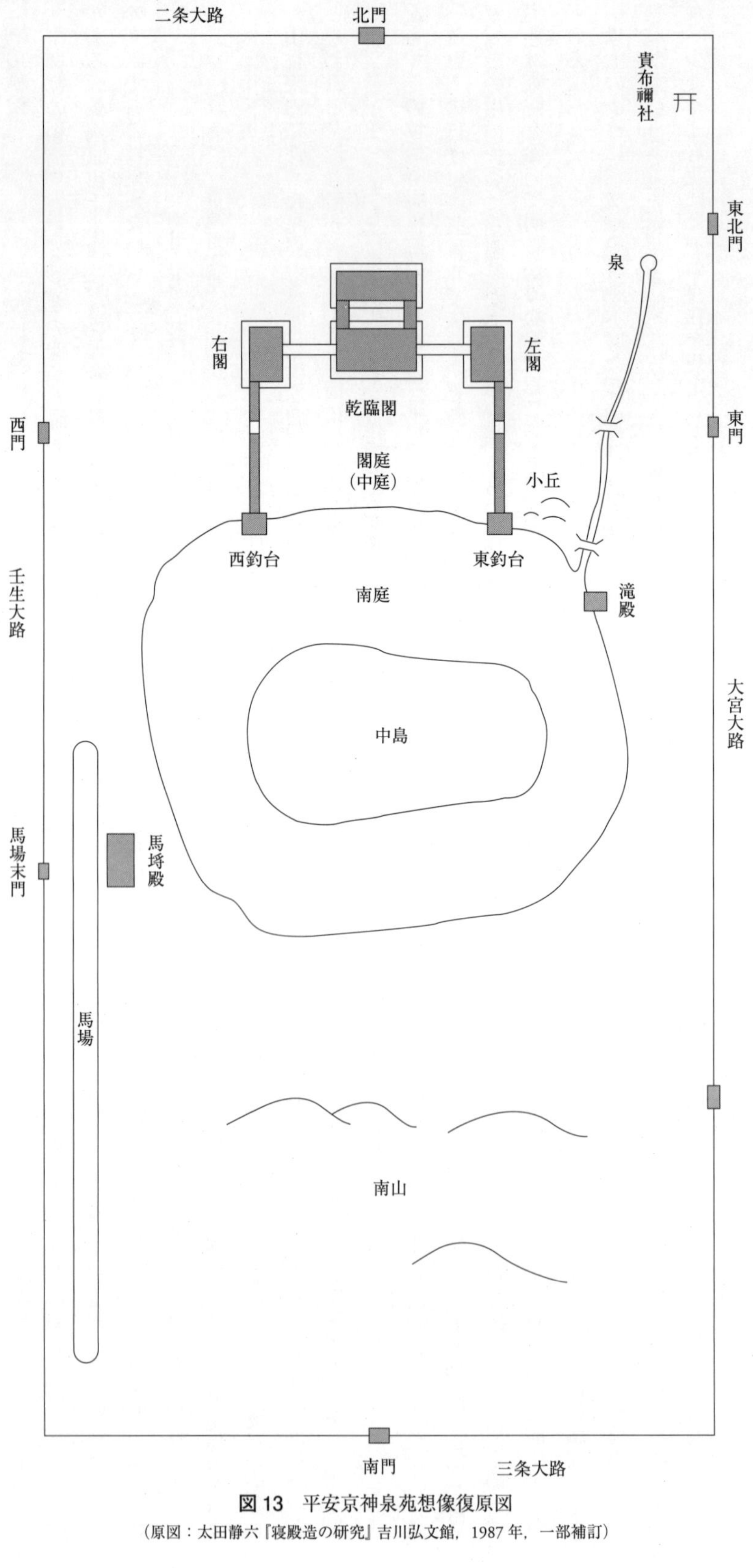

図 13　平安京神泉苑想像復原図

（原図：太田静六『寝殿造の研究』吉川弘文館，1987 年，一部補訂）

表3　正史に見える神泉苑の施設

年月日		施設名	記事内容	典拠
延暦 23. 8.	壬子	神泉苑左右閣	暴風大に凬きて堕壊す	日本後紀 12
大同　5. 6.	庚午	釣台	天皇行幸して，文人に「釣台詩」を賦さしむ	日本紀略・類聚国史 31
弘仁　5. 6.	戊寅	神泉苑北垣	理由なく長卌五丈に亘って自ずから潰れる	日本紀略
承和　3. 5.	辛丑	神泉苑釣台	天皇釣台に御し，緡を垂れるとともに暑さを陶す	続日本後紀
承和 15. 3.	乙丑	神泉苑東垣	瓦が八丈余理由なく頽落す	続日本後紀
斉衡　4. 3.	丁卯	神泉苑馬場	使を遣わして「角御馬之走足」	日本文徳天皇実録
貞観 13.11.22	甲午	神泉苑乾臨殿	大鳥一羽が東鴟尾の上に集まる	日本三代天皇実録
貞観 17. 6.23	甲戌	神泉苑池	池の中に神龍がいるとの古老の言い伝え	日本三代天皇実録
貞観 17. 6.26	丁丑	神泉苑乾池	24 日から三日間，昼夜を徹して楽を挙ぐ	日本三代天皇実録
元慶　1. 7.10	己酉	神泉苑池	池の水を引いて平安京南の民の田を灌漑す	日本三代天皇実録
仁和　1. 8.15	丁卯	釣台，馬埒殿	天皇まず釣台に御し，次いで馬埒殿に御して貢馬を閲覧す	日本三代天皇実録

まず、『内裏式』には、七月七日相撲と九月九日菊花宴で神泉苑を節会の場とする記述があり（『内裏式』中、七月七日相撲式・九月九日菊花宴式）、鋪設と儀式次第を記している。それによると、神泉苑の東西両面には正門各一棟があり[41]、天皇が出御するための建物として乾臨閣があった。ここには天皇の御座[42]が設けられるだけでなく、皇太子や親王・参議以上・非参議三位以上の座も殿上に相対して設けられた。乾臨閣の南には閣庭あるいは中庭と呼ばれる空間があり、ここに五位以上の幕が張られ、舞台や関係諸司のための幄幕も設けられ、閣庭が儀式を行う場であった。庭の東には池に水を引く流の途中に滝が設けられ、その上には橋がかけられ、滝殿と呼ばれる建物もあった。そして池の北岸東西には釣台が建てられていた[43]。

『内裏式』に続く『儀式』には、神泉苑に関する記述が全くないが、それは、当該期がちょうど節会などに神泉苑を用いない時期に入っていたためである。しかし、『延喜式』には神泉苑に関する条文が見られる。神泉苑を用いる儀式に関する規定は、七月二十五日相撲・九月九日菊花の両節会について見られる（『延喜式』巻十一太政官・巻三十大蔵省・巻三十八掃部寮・巻四十三春宮坊）が、いずれも神泉苑の構造を知る上では、『内裏式』の記載を超えない。むしろ、『延喜式』で『内裏式』のような儀式書に見られないのは、神泉苑周辺の掃除や維持に関わる条文である。

凡神泉苑廻地十町内、令㆓京職栽㆑柳、町別七株、

凡神泉苑・大学廻地、令㆓京職掃除㆒之、穀倉院亦同、

（以上、巻四一弾正台）

凡宮城辺朱雀路溝、皆令㆓雇夫掃除㆒、又左京者、大学・神泉苑・鴻臚東館、右京者、穀倉院・鴻臚西館、客徒入朝之時、均分㆓客館之内㆒、左右京共掃除、並夫一人日充㆓米二升㆒、其功銭依㆓当時法㆒行之、

凡神泉苑廻地十町内、令㆓京職栽㆑柳、町別七株、

（以上、巻四二左京職）

このように、神泉苑の周囲十町には左京職によって柳が植えられ、また、その周囲の掃除は左京職によって行われることになっている。しかし『延喜式』には神泉苑自体の管理・維持を行う官司が何であるのか全く記載がない。神泉苑の管理に関わったであろう職として公卿別当（『拾芥抄』巻中宮城部諸院）、近衛次将が任ぜられる別当（『西宮記』

臨時五諸院）、さらに巨勢金岡が任ぜられた神泉苑監（『菅家文草』巻一一三五）があるが、彼らの下にあって神泉苑を実際に管理・維持した組織についての史料はなく、詳細は不明である。これは、おそらく神泉苑の性格や機能の変化とも深く関わっていると考えられる。

神泉苑は、周知のように、天長年間（八二四〜八三四）以降祈雨・止雨の道場となり、一〇世紀以降特に祈雨の霊場として重視され、その池水が灌漑に用いられることもしばしばあるようになり、また節会が神泉苑で行われなくなると、当然天皇が行幸することもほとんどなくなり、禁苑としての性格や機能を失っていった。平安時代末期には池水も汚濁し、池水の掃除が行事の一つとなり、東寺がもっぱらこれに当たるとともに実質的な管理を行うことになった。鎌倉・室町時代には何度か補修されたようであるが、荒廃の一途をたどったことが知られている。

なお、神泉苑については長岡京の禁苑との関係を推定する考え[44]もあり、その他にも検討すべき点が多く、あらためて検討を加える必要がある。

おわりに

以上、文献史料を中心とした概括的な整理によっても、日本の古代宮都に伴う禁苑は、概ね次のように変化してゆくと考えられる。

(1)　禁苑は、飛鳥浄御原宮でおそらく中国の都城に倣って宮の後方に置かれ始めた（白錦後苑）。「新城」、すなわち新しい宮都として造営された「藤原」京における禁苑は明らかでないが、宮都に禁苑を伴うことは、その後の宮都においても継続された。そして、平城宮では当初南方に南苑を設けていたが、聖武朝には平城・恭仁両京で、中国都城に本格的に倣い宮に北接した禁苑が造営された（松林苑・城北苑）。しかし、平城還都後それらは廃せられ、宮の南方（南苑）や南東部（東院・楊梅院）に禁苑が営まれることになる。その画期の一つは、平城還都後に行われる平城宮の大改作にあると考えられる。さらに、長岡・平安両京では京内へと禁苑（南院・南園・神泉苑）が移る。

(2)　平城宮では宮内に多数設けられていた苑池（東院・楊梅宮、西池宮）が平安京（あるいは長岡京）以降消滅して行き、平安京の初めに皇太子のための東宮雅院で苑池が確認できるだけで、それも東宮が皇太子の居所でなくなると、使用されなくなる。

(3)　禁苑は年中行事・節会など政治的な儀礼の場から祈雨・止雨・御霊会など「宗教」的な儀礼挙行の場へとしだいに変化してゆく。その時期は平安時代初期、天長年間頃を画期とし、これによって禁苑としての機能は次第に消滅し、それを管理する主体も「宗教」的儀礼を挙行する東寺へと移ってゆくことになる。

(4)　日本の古代宮都においても、禁苑が一貫して軍事に関わる機能を有していたことは間違いないが、聖武朝以後、しだいにその機能を喪失してゆく。代わって宮内に射場が設けられるようになり、やがて平安宮において武徳殿と命名される武の儀式専用の建物とそれに伴う埒などを設置する空間が成立する。

さて、問題はなぜこのような変化がそれぞれに起きたのか、その要因はどこにあるのかである。これは、一つには聖武朝で起こった宮に北接する中国都城、とくに隋唐長安城を真似た禁苑の導入をどのように理解するかとも深く関わる問題である。位置だけでなく、機能的にも隋唐長安城の禁苑に類似する聖武朝の禁苑をどのように理解するかは、日本における禁苑を考える上で重要な論点である。そもそも日本の宮都にとって禁苑とは何であったのかについても考えねばならない。この問題はさらに禁野の問題にも発展してゆくことになる。平城京までは、宮都から離れた位置に禁野が存在したが、長岡・平安両京以降宮都の周囲に禁野が設定されて行く。これらはなお今後の研究課題であり、今はひとまず文献史料の整理を中心に、そこから得られた見通しを概述するとともにこれらの問題を提起するに止めたい。

註

1 禁苑・秘苑は必ずしも汎称ではなく、韓国の李朝などでは特定の苑池を指す固有の名称として用いられることもあった。本書所収桑野栄治「朝鮮初期の「禁苑」」参照。

2 禁苑の政治的あるいは儀礼的、ないしは娯楽的機能については、従来、多くの研究者が指摘しているが、その軍事的機能に着目した朴漢済の研究（「唐長安城の三苑考—前漢上林苑の機能と比較して—」（『都市と環境の歴史学』第二集、二〇〇八年）は、禁苑の性格・機能を考える上で、注目すべき見解である。

3 田中哲雄『発掘された庭園』（日本の美術四二九、至文堂、二〇〇二年）、奈良国立文化財研究所『発掘庭園資料』（奈良国立文化財研究所史料四八、一九九八年）。

4 禁苑をどのように定義するか（思想的な面を強調するか、機能的な面を考慮するか、あるいは構造や位置・規模に重点を置くか）はきわめて難しい。また、一方で離宮との関係（離宮が禁苑に含み込まれていたり、あるいは離宮の中にもそれに包摂される禁苑が存在した場合もあったと思われる）も検討しなければならず、共通の理解を得ることは必ずしも容易でない。

5 「白錦後苑」の「後」が「御」か、あるいは「御苑」の「御」が「後」の誤りである可能性もある。いずれであっても同じ実体を指すことになる。

6 市大樹「藤原宮」（『木簡研究』二五、二〇〇三年）。

7 奈良県立橿原考古学研究所『発掘された古代の苑池』（学生社、一九九〇年）。なお、飛鳥地域の苑池については、亀田博の一連の業績がある。「飛鳥地域の苑池」（奈良県立橿原考古学研究所『橿原考古学研究所論集』第九、創立五十周年記念、吉川弘文館、一九八八年）、「飛鳥の苑池」（奈良県立橿原考古学研究所『発掘された古代の苑池』学生社、一九九〇年）、「飛鳥京跡苑池遺跡—京の中の東海と神山」（『明日香風』七二、一九九九年）など。

8 奈良県立橿原考古学研究所『飛鳥京跡苑池遺構概報』（学生社、二〇〇二年）。

9 註8概報の編者である河上邦彦などの見解。

10 奈良国立文化財研究所『飛鳥・藤原宮発掘調査概報』二、一九七二年。同『飛鳥・藤原宮発掘調査報告』Ⅰ、一九七六年。

11 日本古文化研究所『藤原宮阯伝説地高殿の調査』一、一九三六年。

12 「宮」「院」系列は天皇の居住も可能な施設を伴う離宮としての性格が主たるもの、一方、「苑」系列は天皇の居住を想定していない禁苑としての性格が強いもの、といった程度の相違は容易に想定できる。

13 正確には「松林苑」「松林宮」「松林」などはいずれも天平十年（七三八）を最後に見えなくなり、天平十七年（七四五）に見えるのは「松林倉廩」である（『続紀』天平十七年五月乙亥条）から、「松林苑」「松林宮」は恭仁遷都以後見えなくなると記すのが正しい。

14 註13で指摘した「松林苑」「松林宮」が恭仁遷都以後見えなくなる事実を重視するなら、あるいは「松林苑」「松林宮」にあった施設は解体されて恭仁宮に運ばれたために、平城還都後使用できなかったことによると推測することもできる。なお、天平十七年に見える「松林倉廩」などは解体されずに、残されたと考えられる。

15 『続日本紀』天平神護二年二月丙午・六月丙申条、『類聚三代格』巻八弘仁十三年三月二十八日太政官符。なお、『続紀』天平十七年五月乙亥条に見える、平城還都の一週間後に天皇が親臨した「松林倉廩」はまさしく「松原倉」のことである。

16 奈良県立橿原考古学研究所『松林苑跡』Ⅰ、一九九〇年。

17　松林苑以外に、正月十七日大射の場としては、「南闕」（天皇出御の場、和銅八年正月庚子条）、「中宮」（天皇出御の場、神亀五年正月甲寅条）、「大極殿南門」（天皇出御の場、天平十二年正月甲辰条）、「朝堂」（天平宝字四年正月己夘条）、「閤門」（天皇出御の場）・「朝堂」（天平宝字七年正月庚申条）などがあり、五月五日騎射の場としては、「重閣中門」（天皇出御の場、神亀元年五月癸亥条）、「南苑」（天皇出御の場、天平十九年五月庚辰条）「重閣門」（天皇出御の場、宝亀八年五月丁巳条）が見える。このうち、大射に際して天皇が出御する場として見える「南闕」「大極殿南門」「閤門」、さらに言えば、「中宮」の場合も実際に天皇が大射の儀礼を見るために御したのはその南にある門であった可能性が高く、これらはいずれも「大極殿閤門」あるいはそれを継承した門であり、大射儀礼はその南に広がる朝庭で行われたと考えられる。これに対して、騎射・走馬で天皇が出御した場には大射と同様、「重閣中門」「重閣門」のような門が用いられるとともに、「南苑」が用いられ、したがって騎射・走馬では実際の儀礼挙行の場として、大射のように朝庭が用いられただけでなく、苑が用いられた点で大射とは異なっている。しかも南苑が用いられたのは天平十九年であり、松林苑に代わって用いられた可能性がある。なお、神亀四年甕原離宮行幸中に現地で行われた騎射では、離宮の南の野（『続紀』天平十三年五月乙夘条に、天皇が行幸して狩猟を観校した場として現れる「河南」のことであろう）に臨時に簡易な「榭」（『日本国語大辞典』が引く十巻本『和名抄』（九三四年頃）三には「臺略」尚書注云、土高曰レ臺、有レ樹曰レ榭和名宇天奈」「臺　爾雅注云、臺徒来反宇天奈積レ土為レ之所三以観望一也」）を設けて天皇の観望のための施設として、ここに天皇が出御した。

18　すでに註13や14で述べたように、松林苑は恭仁遷都以後見えなくなるが、南苑はむしろ平城還都後に集中して使われている。あるいはこれは恭仁遷都に伴って松林苑は解体されその施設が恭仁宮に運ばれたのに対して、南苑は解体されることなく残ったことによると推測することも可能である。

19　岸俊男「難波の大蔵」『日本古代宮都の研究』（岩波書店、一九八八年）、鎌田元一「文献史料からみた恭仁宮」（加茂町教育委員会『史跡山城国分寺跡保存管理計画策定報告書』一九八八年）。

20　橋本義則「平城宮の内裏」（奈良国立文化財研究所『平城宮発掘調査報告』XIII内裏の調査II、一九九一年）。

21　岩本次郎「楊梅宮考」（『甲子園短期大学紀要』一〇、一九九一年）。

22　『公事根源』所引「続日本紀」宝亀六年正月七日条、『袖中抄』所引「官曹部類」同日条にも、ほぼ同内容の文が見える。

23　奈良文化財研究所『平城宮発掘調査報告』XV東院庭園地区の調査、二〇〇三年。

24　註19岸俊男論文。

25　伊藤博「天平の女歌人」『万葉集の歌人と作品』下（塙書房、一九七五年）。

26　『古代人名辞典』第一巻（吉川弘文館、一九五八年）。

27　奈良国立文化財研究所『奈良国立文化財研究所年報』一九九九、二〇〇〇年。

28　奈良国立文化財研究所『平城宮発掘調査報告』IX宮城門・大垣の調査、一九七七年。

29　奈良国立文化財研究所『平城京右京一条北辺四坊六坪発掘調査報告』一九八四年。

30　橋本義則「西大寺古図と「称徳天皇御山荘」」（『平安宮成立史の研究』塙書房、一九九五年）。

31　井上和人「平城京羅城門再考―平城京の羅城門・羅城と京南辺条条里―」（『条里制・古代都市研究』一四、一九九八年）。

32　山川均・佐藤亜聖「平城京・下三橋遺跡の調査成果とその意義」（『日本考古学』二五、二〇〇八年）。

33　表1でもわかるように、天平十七年（七四五）五月に、天皇が松林倉廩に親臨して、陪従に穀を賜っている（『続紀』天平十七年五月乙亥条）。しかし、これは、これ以外の松林苑に関する記事が年中行事のために松林苑が用いられたことを記したものであるのに対して、平城還都に伴う臨時の措置で、地震が頻発する中で平城還都が実施されたことも関わっていると考えられ、明らかに性格の異なる記事である。それは天皇の親臨先が松林苑や松林宮ではなく、松林倉廩であることにも明らかである。

34　山中章「長岡京東院の構造と機能―長岡京「北苑」の造営と東院」（『日本史研究』四六一、二〇〇一年）。

35　『類聚国史』三二・七二、延暦十一年正月甲子条、『日本紀略』『類聚国史』巻三二、延暦十一年閏十一月戊子条。「諸院」は天皇が巡幸・巡覧する対象で

あったことから、南院と同じような性格をもっていたのかもしれない。もしそうであるなら、「諸院」のなかには禁苑にあたるものも含まれていたかもしれない。

36　『類聚国史』三二・七二、延暦十一年正月甲子条。遷都のため内裏から退去して入御した東院や、遷都直前に瀕死の状態に陥った皇太子妃藤原帯子を移した木蓮子院も猪隈院と同様「諸院」の一つであったかもしれない。さらに、本文で見た南院や嶋院・山桃院なども「諸院」の一つであった可能性が高い。そうすると、もし南院が南園と同じものを指し、延暦十一年に南園と改称されたのであるならば、南院は数ある「諸院」のなかから、このときに「園」＝禁園（禁苑）とされたのかもしれない。

37　神泉苑が禁苑であるとの考えは、『菅家文草』に収める仁和二年十一月二十七日「為二清和女御源氏一修二功徳一願文」に「神泉苑者、累代近遊之地」と言い、そこに生息していた鹿を「禁苑之鹿」と記していることや、「勘二奏神泉苑白麑一状」に「神泉者古之上林苑」としていることにうかがえる。

38　西田直二郎「神泉苑」（『京都史蹟の研究』一九六一年）、太田静六「神泉苑考」（『寝殿造りの研究』一九八七年）。

39　平安時代前期に編まれた『経国集』や『凌雲集』などの漢詩文集に、神泉苑で賦された詩がまとめて載せられているが、そのほとんどは九月九日重陽節（菊花宴）で歌われたものである。

40　『菅家文草』巻一―三五寄巨先生乞画図に「于レ時、先生為二神泉苑監一、適許二遊覧一、仍献乞之」と見える。

41　既述のように、神泉苑には四面に六門が開いていたと考えられ、『内裏式』によれば、そのうち東西に正門があると記されている。しかし、神泉苑の正門が朱雀大路に面した西門であったろうことは、『延喜式』巻十二中務省に「行二幸神泉苑一之日、設二参議已上座於西門一」とあることから明らかである。

42　『延喜式』巻一七内匠寮の武徳神泉条によれば、御座とは斗帳のことであろう。

43　『内裏式』より一〇〇年以上年代の下る『新儀式』では、臨時に神泉苑へ行幸して行う競馬観閲（行幸神泉苑観競馬事）で、天皇が出御する馬場殿に関する詳しい記載がある。

44　吉江崇「神泉苑の誕生」（『史林』八八―六、二〇〇五年）。

■研究ノート

明清北京城の禁苑

(一) 禁苑はどこに

中国の首都北京は、太行山脈と燕山山脈によって半円状に囲まれ、西北に高く東南に低く開けた扇状地形に立地する。このため、伏流泉が多く散在しており、華北平原の中ではとりわけ緑豊かな都市となっている。この豊かな緑地の維持は現代の都市政策の所産であるが、その起源は金朝以来の歴代王朝の皇室庭園にさかのぼるものも多い(趙興華『北京園林史話』中国農業出版社、一九九四年)。

北京に都を置いた歴代王朝は、非漢族・漢族を問わず、都城の内外やその郊外の地に庭園や離宮を数多く整備してきた。ただ、第三章のキーワードの一つである「禁苑」という語は、明清時代の史料中にそれほど頻出するわけではない。『大明律』巻一三、兵律一、宮衛、「宮殿門擅入」に、

凡そ擅に皇城の午門・東華・西華・玄武門及び禁苑に入る者、各おの杖一百。擅に宮殿門に入るは、杖六十・徒一年。擅に御膳所及び御在所に入る者は、絞す。未だ門限を過ぎざる者は、各おの一等を減らす。

とあり、朝廷への参内や皇帝の宣召によらず勝手に宮中に出入することを禁じた律文の中に一例、「禁苑」の語が見える。嘉靖年間に雷夢麟が編纂した明律注釈書の『読律瑣言』(法律出版社、二〇〇〇年)巻第一三、「宮殿門擅入」には、

瑣言に曰く、「午門・東華門・西華門・玄武門、皆皇城の門なり。皇城禁苑は、内外を別つ所以《ゆえん》厳なり、故に擅入・冒入する者、杖一百。宮殿門の若きは、則ち君后の當に臨御する所、其の禁は皇城に視べて又た厳なりと為す。故に擅入・冒入する者、杖六十・徒一年。御膳所は玉食の存するところ、御在所は天顔密邇なり。其の禁は宮殿に視べて又た厳なりと為す。故に擅入・冒入する者は、絞す。(下略)」と。

と説明を加えている。これによれば、最初に皇城・禁苑内、次に皇帝や皇后がしばしば臨御する空間である外朝宮殿門内、最後に皇帝が食事をとる御膳所やその他日常生活を過ごす御在所がある内廷との三ランクに分けて、その「門禁」の厳しさと刑罰の重さ(杖一百→杖六十・徒一年→絞)とを対応させて説明している。

さて、杖一百の刑罰を科される最初のランクのうち、皇城の午門・

東華門・西華門・玄武門の四門内とは、京師北京の場合、いわゆる皇城の四門内を指すのではなく、その門名から明らかなように宮城、いわゆる紫禁城を指している（新宮学『北京遷都の研究』汲古書院、二〇〇四年、八二頁）。これと並んで挙げられている「禁苑」とは、皇城内にある太液池を囲む西苑や万歳山（景山）を指していると考えられる。

ちなみに、わが国の荻生徂徠が『明律国字解』（内田智雄・日原利国校訂、創文社、一九六六年）の中で、宮殿門擅入律について、「禁苑は、天子の御慰に鳥獣をかひ置たるところなり、南海子・豹房などのるいなり」（二九〇頁）と解説し、皇城内の南海と豹房を例に挙げているのは、正鵠を射いた説明と言えよう。

ただし、この明律が頒行された洪武三十年（一三九七）五月の時点では、都はまだ南京に置かれていた。南京の皇城内には、永楽遷都以後の北京とは異なり、太液池もなければ豹房や南海子もなかった。明律が制定された当初において、律文にある「禁苑」が都の南京のどこを指していたかについては、いまひとつ明かではないところがある。

明末の皇都北京について記した蒋一葵『長安客話』巻首の「総目」には、「巻一　皇都雑記、皇都、皇城、禁苑、都市、歌詠、人物、奇事、食貨」とあるように、皇帝の住む都北京に欠くべからざる項目として「禁苑」の一項目を立てている。この『長安客話』に収める記事は、それぞれの項目ごとに分けられていないものの、「海子」や「南城」に関する記事がこれに相当すると判断されることから、禁苑は皇城内の西苑や景山を指すとした先の推定を裏づける証左となるであろう。

（二）　西苑小史

ここでは、明清時代の北京城において「禁苑」の主要な空間であった西苑の起源と変遷、および機能について若干の考察を試みたい（朱偰『明清両代宮苑建置沿革図考』北京古籍出版社、一九九〇年）。

北京の宮城の西側に設けられた太液地を取り囲む西苑の起源は、金朝までさかのぼる。女真族金朝の第五代の世宗は、大定十九年（一一七九）に中都城の東北郊外、現在の北海一帯の地区に離宮「大寧宮」（のちの万寧宮）を建設した。世宗の孫にあたる第六代の章宗は、金朝の歴代皇帝のなかでも最も中国的教養を身につけた文化人で、書画の鑑識に秀でて宋の徽宗を私淑していたほどであった。その一方で、毎年三月から九月にかけては避暑を兼ねて中都城を抜け出し、この離宮で滞在することが多かった。

金朝に代わったモンゴルの第五代カアン世祖クビライは、中都の東北郊外に新たに大都城を造営した。元の大都の都城プランは、離宮万寧宮を中心にして設計されたため、金朝以来の万寧宮は蕭牆（皇城）内に取り込まれた。なかでも、太液池の瓊華島（万歳山）に設けられた広寒殿は、クビライが駐蹕した地としてよく知られている（杉山正明『モンゴル帝国と大元ウルス』京都大学学術出版会、二〇〇四年）。

明初に太祖洪武帝が南京で政権を樹立すると、大都は北平府と改められた。のちに旧大都城内には、燕王府が置かれた。靖難の役で勝利した燕王が即位し、第三代の永楽帝となると、南京から北京への遷都計画に着手し、北京への巡幸を繰り返した。北京遷都を断行するに先

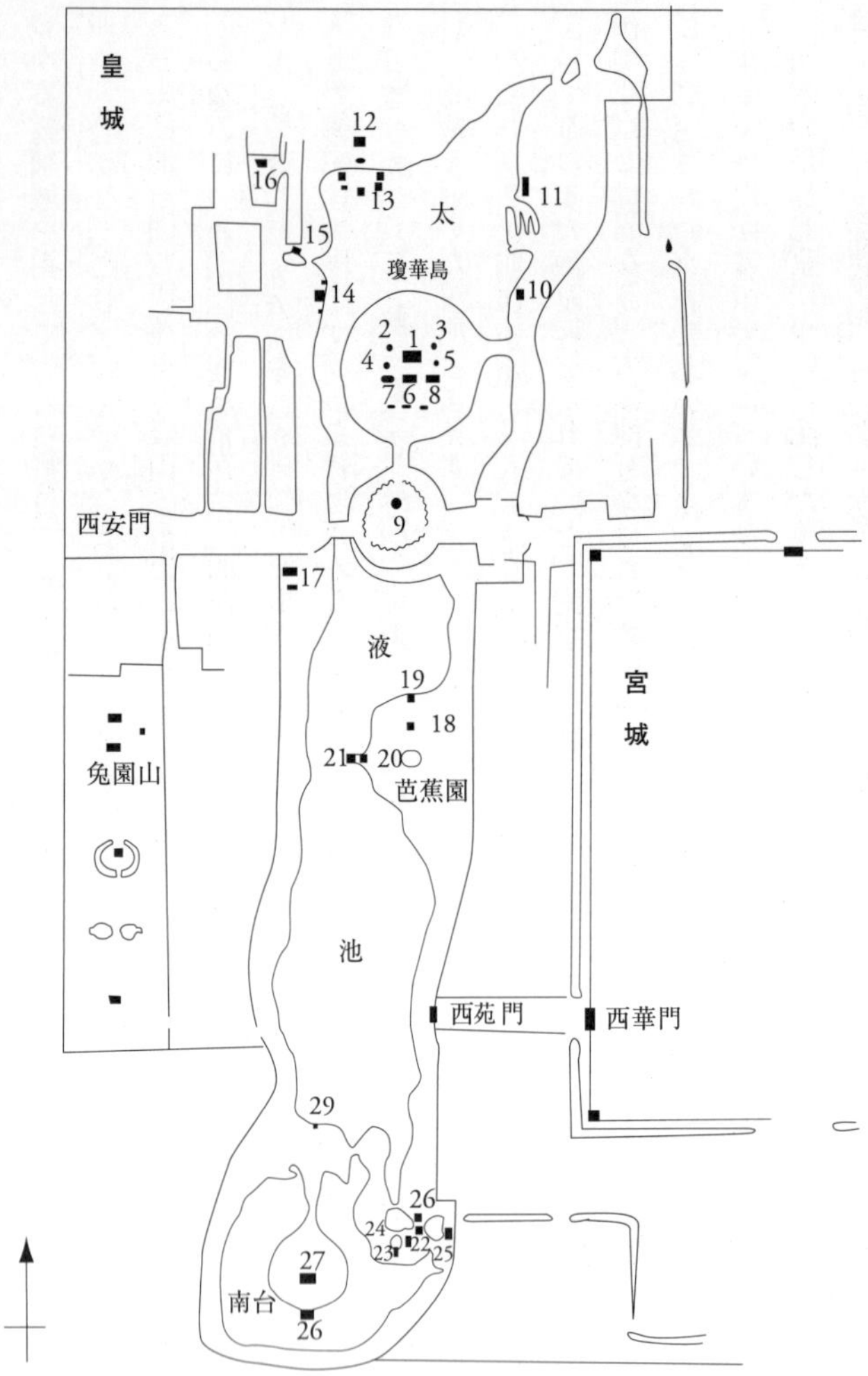

1. 広寒殿　2. 全露亭
3. 玉虹亭　4. 瀛洲亭
5. 方壺亭　6. 仁智殿
7. 延和殿　8. 介福殿
9. 承光殿　10. 凝和殿
11. 船廠　12. 太素殿
13. 五龍亭　14. 迎翠殿
15. 天鵝房　16. 虎城
17. 紫光閣　18. 崇智殿
19. 釣魚台　20. 臨漪殿
21. 水雲榭　22. 涵碧亭
23. 亭　24. 亭
25. 楽成殿　26. 石磨、石堆
27. 昭和殿　28. 澄淵
29. 湧翠亭

図1　明代西苑略図（潘谷西主編『中国古代建築史』第四巻，中国建築工業出版社，2001年）

立って永楽十四年（一四一六）八月、永楽帝は西苑の中でも太液池の西側にあたる部分に西宮を建設し、北京巡幸中の視朝所として用いた。帝は、巡幸の当初、洪武年間以来の燕王府（旧宮）を改造した行在所に滞在していた。この燕王府は、太液池の東側、元の宮城の位置に設けられていた。遷都に向けてこれをいよいよ撤去し、新たに宮殿を建設する必要から一時的な視朝所として建てられたのが、西宮であった。西宮は、翌年十五年四月に完成した。

これ以後、十八年末に太液池の東側に新しい宮城が完成するまで、西宮は第三次北京巡幸期間の三年ほど視朝所として用いられた。しかし、遷都後、皇帝が大内宮城に住まいを移すと、あまり顧みられることはなくなり、爵位を奪われた漢王や廃位された景泰帝、さらには成化帝の廃后呉氏の幽閉の場として利用されたこともあった。宣徳元年（一四二六）九月に反乱を企てた漢王高煦の場合には、家族とともに西安門内に新たに築かれた館に幽閉されたとあるが、居館の具体的場所については特定できていない。

三年二月、宣徳帝が張皇太后を奉じて西苑に幸し瓊華島の万歳山に登ったことはよく知られている。このときは、皇帝や皇太后にとどまらず、百官の尚書や学士もこれに随従した。このときに記されたのが、宣徳帝の「御製広寒殿記」（沈節甫『紀録彙編』巻七）である。八年四月には、内閣大学士楊士奇ら一五名が改修された西苑の巡遊を許された。宦官に案内されて西安門から入り、輿馬に乗り太液池に至り、その東側を巡って、新築の圓殿と改築された清暑殿に立ち寄っているが、西側南部には達していない。

英宗天順帝は、奪門の変後に復辟すると、西苑の改造に取りかかり、天順四年（一四六〇）九月に新たに凝和殿（太液池東側）・迎翠殿（同西側）・太素殿（同西側西南）の三殿が完成した。これに先立ち前年四月、翰林官楊鼎らは、侍郎・僉都御史ら若干名と新築中の西苑に遊ぶことを許されている。その記録によれば、西華門を経て西苑門より苑内に入り、太液池の東側の圓殿や万歳山、南台行殿と西側北部の牲口房の虎城や賽瀛洲のあたりを巡っているが、このときも西側南部にまで達していない（葉盛『水東日記』巻四〇、「楊鼎自述栄遇数事」）。また同じ時期に李賢や韓雍、彭時らも、西苑に遊んだことがあった。また成化帝の廃后呉氏は、天順八年より正徳四年まで西宮に幽閉されたが、この間に西宮で紀氏が生んだ朱祐樘（のちの弘治帝）の養育を手伝っている。正徳年間には、正徳帝が悪名高い豹房を整備して滞在するようになるが、これは牲口房の置かれていた太液池西側の北部に位置していた。

嘉靖年代に入ると、俄然この地が注目を浴びるようになった。というのは、永楽帝と同様に外藩から即位した嘉靖帝が、大内乾清宮での生活を嫌って西苑に滞在するようになり、この地の再開発を集中的に進めたからである。万暦三十四年の序を有する沈徳符の『万暦野獲編』巻二、列朝、「斎宮」によれば、西苑の地は、嘉靖十年（一五三一）以来、四十一年までに三〇年あまりのあいだ増改築工事が絶えることなかったため、その名称を一々列記できないとしている。

嘉靖二十一年十月には、大内の乾清宮で宮女楊金英らが就寝中の皇帝の殺害を謀るという未曾有の事件、いわゆる「宮闈の変」が起きた。皇帝は一命を取り留めたものの、これ以来二〇年間ほど大内宮城を嫌って西苑の地に移り住み、乾清宮に戻ることはなかった。皮肉なことに、西苑を「吉地」と見なした嘉靖帝自身がここで危篤状態となり、瀕死の帝は急ぎ乾清宮に戻されて、その日のうちに最期を迎えることになった。あとを嗣いだ隆慶帝の時代になると、西苑の諸宮殿の取り壊しが議論されたものの、結局は扁額を撤去したにすぎなかった。

順治元年（一六四四）年、満洲族清朝の皇帝が紫禁城の新たな主となってからも、西苑は明朝同様に引き続き皇室の御苑として利用されたが、その重要性は低下した。というのは、清朝では皇城内の禁苑に加えて北京の西郊に大規模な離宮が営まれ、歴代皇帝がそこに頻繁に滞在するようになったからである。とくに雍正・乾隆年間に拡張された円明園は、「避喧聴政」の場として外朝と内廷を備え、一年のうち冬季と春夏秋季の大部分を皇帝はそこで過ごした。乾隆十五年（一七五〇）から十七年までの三カ年一〇九二日間のうち、円明園に滞在した日数は三八六日に達し、紫禁城内の居住は三四一日にすぎなかった（万依・王樹卿・劉潞『清代宮廷史』百花文芸出版社、二〇〇四年）。このことは、西苑のみならず紫禁城自体も空洞化しはじめたことを意味している。

（新宮　学）

■研究ノート

考古学からみた日本古代宮都禁苑研究の現状と課題

日本古代宮都における禁苑の議論は低調である。考古学的な調査・研究はさらに少なく、目的意識的になされたのは、平城京北郊外に所在する松林苑に関する橿原考古学研究所によるものが唯一と言ってもよい（奈良県立橿原考古学研究所『松林苑Ⅰ』一九九〇年）。もちろん本調査研究は聖武天皇によって造営された松林苑に関するもので、禁苑としての調査ではない。本調査によって、松林苑は東西一km、南北二km余の規模を持つ底辺を直線とする長楕円形に近い形状をした施設であることが明らかにされた。城壁は基底部に土塁を構築し、その上部に築地塀を構築したもので、内部には掘立柱柵列で囲繞された空間が認められた。内部の施設配置は未確定であるが、数棟の掘立柱建物で構成されたものと推定される。施設群の機能と関係して興味深いのが猫塚（五世紀代の前方後円墳）の墳頂部が八世紀代に削平され、掘立柱建物が構築されていることである。古墳を利用した四阿と考えられている。『類聚国史』神亀六（七二九）年三月三日条に「天皇御松林苑、宴群臣」とするのが所見で、同史料同年五月五日条、『続日本紀』天平二（七三〇）年三月三日条と、いずれも年中行事における饗宴の場としての利用と一致する。ただしその前後の様相については知られておらず、唐長安城の禁苑の位置に所在するが、その機能については部分的に一致するのみである。

平城京以前の宮都についてもあまり検討されたことがないが、先の『松林苑Ⅰ』の中で、岸俊男氏が藤原宮城の北に薬園や菜園を推定し、苑池の存在を指摘したという。河上邦彦氏もまた、「藤原京の北方耳成山をも取り込んださらに大きな禁苑があったかもしれない」と指摘している。本書第一章の山中「日本古代宮都の羅城をめぐる諸問題」でも触れたとおり、新城北部である耳成山周辺部には高市皇子の御田が所在したことが知られ、皇族の利用空間であった点は見逃すことができない。「十条十坊」域を超えてさらに北方には大倭古墳群の存在が知られ、大和王権発祥の地が展開している。

こうした研究状況に新たな資料を提示したのが長岡京である。一九九五年に実施された長岡宮跡第三一六次調査において宮城中央の推定北京極のさらに北から大規模な宅地利用の実態が明らかになったのである。これを「北苑」と仮称して周辺部の調査を進めたところ、北は六町以上、東は東三坊の延長部付近まで長岡京期の遺構の展開していることが判明した。なかでも興味深いのは、「北苑」内部が京の条坊を延長した道路網によって整然と区画されていたことである。「北苑」内部の施設の機能を最も端的に示したのが東院である（山中章「長岡京

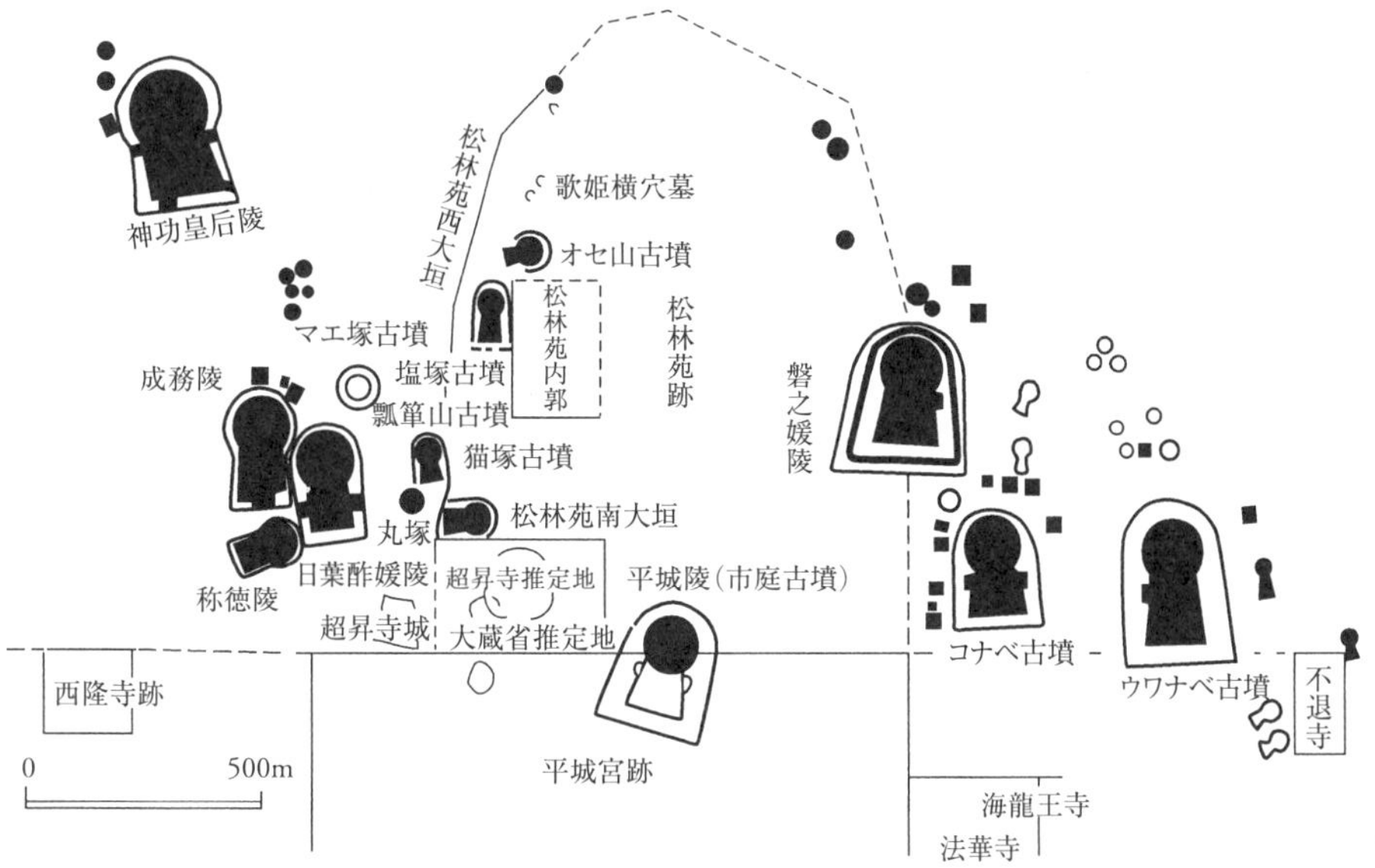

図２　松林苑空間と王陵（奈良県立橿原考古学研究所『松林苑Ⅰ』1990年を原図に作成）

東院の構造と機能―長岡京「北苑」の造営と東院―」（『日本史研究』四六一、二〇〇一年）。東院として利用する以前は苑池を備えた離宮的施設であり、当該域の機能の一端が知られる。「北苑」域でこれまでに知られる特徴的な施設（行為）は、

①東院移転前離宮
②東院（内蔵寮付設）
③大蔵省関連施設
④園池司関連施設（方形池、畑作痕跡）
⑤古墳を利用した祭祀痕跡
⑥遊猟地（大原野）
⑦皇后、夫人、太皇太后墓
⑧大原野神社
⑨川辺における大規模祭祀

であった。王権に直接関係する多様な機能を果たしていた空間であったことが判る。

平安京では禁苑に相当する空間に北野が存在する。北野は第一に平安初期王権の遊猟空間としてたびたび登場するほか、桓武天皇母高野新笠の祀った今来神を主神とする平野神社や常住寺を建立した空間でもあった。平安宮城の北には園池司の園が展開したことが知られ、平安京の条坊を延長した位置に方格地割も形成されていた。また、近年嵯峨野の北方梅ヶ畑の丘陵頂部からは大規模な陰陽寮による祈雨祭祀跡が発見されており（（財）京都市埋蔵文化財研究所「梅ヶ畑祭祀遺跡発掘調査現地説明会資料」一九九七年）、国家祭祀の空間としても利用されていた。その他、北東には王権との深い関係にある賀茂神、北西には歴代天皇が営み、付近に葬地を設けた仁和寺、嵯峨天皇の後院である嵯峨野が展開した。平安京の禁苑についてもこれまでほとんど検討されることはなかったが、北野や宮城の北に展開した諸施設のあり方は前都長岡京のそれに酷似することが明らかになりつつある。

日本古代宮都における禁苑の存否についてはまだ考古学的な調査が開始されたばかりであり、その可否は今後の調査に負うところが大きいが、松林苑の建設を契機として、長岡京において本格的に建設が始まり、平安京に継承された可能性は高いと言える。

（山中　章）

第四章　都城を繞る壇廟

朝鮮初期の圜丘壇と北郊壇

桑野栄治

【キーワード】　五礼　圜丘壇祭祀　祈雨　雩祀

はじめに

　朝鮮王朝（一三九二～一八九七年）は建国当初より祀典の整備と確立に積極的であった。祀典とは、王朝国家が公式に行う各種祭祀儀礼に関する規範ないし規定を言う。太祖李成桂（在位一三九二～九八）の意向は第三代国王の太宗（在位一四〇〇～一八）、そして第四代の世宗（在位一四一八～五〇）へと受け継がれ、端宗二年（一四五四）に成立した『世宗実録』は付録として八巻に及ぶ五礼儀を収録する。五礼とは言うまでもなく、吉礼（祭祀）・嘉礼（冠礼・婚礼・冊封礼）・賓礼（外交儀礼）・軍礼（軍事儀礼）・凶礼（喪葬礼）のことである。しかし、この『世宗実録』五礼は未完の礼書であった。とくに吉礼の諸規定は太宗代末年のものであって、世宗代の研究成果は反映されていない。そのため、祀典の整備はなおも継続し、成宗五年（一四七四）に至って『国朝五礼儀』八巻が完成した。これこそ朝鮮初期の儒者官僚による礼制研究の到達点を示す礼書である。あわせて編纂された『国朝五礼序例』五巻には、祭祀場所・形式・規模など各種儀礼の施行細則が示されている。

　神聖で厳格な儀礼は王権の象徴であり、天・地・人の神々への祭祀は儒教という政治理念を可視化・具象化した空間と言える。朝鮮初期の国家祭祀に関する先駆的研究成果としては、金泰永「朝鮮初期祀典の成立について—国家意識の変遷を中心に」[1]、韓沽劤「朝鮮王朝初期における儒教理念の実践と信仰・宗教—祀祭問題を中心に」[2]、平木實「韓国における天神（祭天）信仰について—親神・神の翻訳語と関連して」[3]があるものの、『世宗実録』五礼を朝鮮初期の祀典とみるところに限界があった。その後、『国朝五礼儀』を活用しつつ五礼を体系的に整理した李範稷『韓国中世礼思想研究—五礼を中心に』[4]を基礎に、吉礼研究の専著として韓亨周『朝鮮初期国家祭礼研究』、金海栄『朝鮮初期祭祀典礼研究』[5]が刊行され、ごく最近ではいわゆる「雑祀」に焦点を合わせた金澈雄『韓国中世の吉礼と雑祀』[6]も出版された。韓国における国家祭祀研究はこの十数年でおおいに進展を見せたといってもよい。ところが、こうした儀礼研究の成果が東アジア比較儀礼史研究、ひいては比較都城史研究に援用されることはほとんどなかった。

　そこで、本節ではほぼ一五世紀に相当する朝鮮初期に時期を限定し、当時の儒者官僚が国家祭祀をいかに体系化したのか、とくに王都漢城を囲繞する壇廟施設のうち圜丘壇（円丘壇）と北郊壇を中心に追跡し、今後の議論の素材を提供することにしたい。[7]

1　太祖～世宗代の圜壇祭

(1) 天子と諸侯の雨乞い

　去る一九九九年には中国陝西省西安の南郊にある唐代の圜丘遺址（当地では「唐天壇」と俗称される）が発掘調査され、中国古代史・都城史研究に従事する研究者の注目を浴びた。[8] そもそも古代中国の皇帝が冬至に昊天上帝を祀る圜丘壇祭祀は、皇帝権の正統性を誇示するための特権的祭祀であり、以後慣習化されて唐代に完成した。東アジアでは冬至は太陽がよみがえる日とされ、王権を更新する日として重視されている。圜丘とは都城の南郊に設けられた円い祭壇で、冬至以外にもここで毎年正月上辛（最初の辛の日）に祈穀祭、孟夏の四月には雩祀（祈雨祭）が実施された。

　高麗の圜丘壇祭祀は成宗二年（九八三）正月上辛に初めて実施され、[9] 昊天上帝（天帝）と五方帝（東方の青帝・南方の赤帝・中央の黄帝・西方の白帝・北方の黒帝）を祭神とした。しかしながら、王権を更新する冬至の祀天礼ではなく、祈穀・祈雨のための祀天礼であった。[10] 高麗国王は百官を従えて南郊の圜丘壇までパレードを行い、正月にはその年の豊作を祈り、四月には万物を潤す雨を祈った。祈穀・祈雨の祭祀は中国礼制の形式的な受容ではなく、高麗社会にあっては農業という基幹産業に連関する国事行為であった。

　そして王朝交替後の朝鮮太祖三年（一三九四）には「圜壇」（円壇）と改称し、[11] 主に祈雨祭としての機能を継承した。[12] ただし、朝鮮政府ではその是非をめぐって論議が繰り返されたことも事実である。当時の儒者官僚の理解では、天を祀ることができるのは天子、つまり中国の皇帝のみであると理解されていた。そのため中国の礼制とは異なり、天空の最高神にして儒教の最高神でもある昊天上帝を祀る圜丘壇は、明との冊封関係を配慮して排除されている（表1参照）。

　その一方で、高麗では圜丘壇祭祀の一環として実施されていた雩祀が太宗十四年（一四一四）五月に単独の祈雨祭として浮上した。[13] 豊作を願っての祈雨祭は農耕社会の朝鮮では古来より定着しており、本来は土俗的な性格の雨乞いが儒教政治理念の実践として王朝国家指定の祭祀儀礼へと転換したのである。古代中国の場合、雩祀は皇帝の祀天礼としてしだいに制度化が進んだ国家祭祀であり、唐代になると昊天上帝を祭神とした。[14] そこで、朝鮮政府は皇帝祭祀との兼ね合いから昊天上帝を祀ることを避け、上公の五祀（五行の官、つまり勾芒・祝融・后土・蓐収・玄冥）と后稷（穀神にあたる）の計六位を祭神とした。宋以前の諸制度を網羅した『文献通考』（一三一七年）には「天子は上帝に雩《あまごい》し、諸侯は上公に雩す」とあり、朝鮮側が諸侯としての立場を貫いたことを意味する。[15]

　すでに太宗十二年八月には昊天上帝を避け、その下位にある五方帝のうち青帝（東方つまり朝鮮を象徴する）だけでも圓壇に祀ろうとしたが、それさえも実施できなかった。[16] 諸侯の立場上、天空をつかさどる神々を朝鮮の地で祀ることはできない。おそらく、その延長線上に雩

表1　高麗時代と朝鮮初期の大祀・中祀・小祀

	『高麗史』礼志	『世宗実録』五礼	『国朝五礼儀』
大祀	圜丘，方澤，社稷，太廟，別廟，景霊殿，諸陵	社稷，宗廟	社稷，宗廟，永寧殿
中祀	籍田（＝先農），先蚕，文宣王	風雲雷雨，嶽海瀆，先農，先蚕，雩祀，文宣王，朝鮮檀君，後朝鮮始祖箕子，高麗始祖	風雲雷雨，嶽海瀆，先農，先蚕，雩祀，文宣王，歴代始祖
小祀	風師雷師雨師，霊星，馬祖，司寒，先牧馬社馬歩，禜祭，諸州県文宣王廟，士大夫庶人祭礼 雑祀	霊星，馬祖，名山大川，司寒，先牧馬社馬歩，禜祭，七祀	霊星，老人星，馬祖，名山大川，司寒，先牧馬社馬歩，禡祭，禜祭，酺祭，七祀，纛祭，厲祭

＊典拠：『高麗史』巻 59～63，礼志 1～5，吉礼。『世宗実録』巻 128，五礼，吉礼序例，辨祀条。『国朝五礼序例』巻 1，吉礼，辨祀条。
＊高麗時代の雑祀には，老人星・纛祭・嶽海瀆・山川などがある（註 6 金澈雄『韓国中世の吉礼と雑祀』53～66 頁）。

表2　太祖～世宗代における圓壇祭の開設状況

	年　月　日	内　　　容	目的
1	太祖 7・　4・21	禱雨于宗廟・社稷・圓壇及諸龍湫	祈雨
2	7・　4・27	禱雨于圓壇及山川	祈雨
3	太宗元・　正・20	祈穀于圓壇	祈穀
4	元・　4・	是月旱，上軫念，遣使禱雨于雩祀・圓壇・社稷，（後略）	祈雨
5	4・　正・ 9	行祈穀圓壇祭于漢京，歳事之常也	祈穀
6	5・　5・ 8	禱雨于宗廟・社稷・圓壇・名山大川，（後略）	祈雨
7	5・　7・ 7	命再禱雨于圓壇，（後略）	祈雨
8	6・　正・10	遣戸曹判書李至，祈穀于圓壇	祈穀
9	6・　7・27	遣玉川君劉敞，行雩祀圓壇祭	祈雨
10	7・　5・26	賜領議政府事成石璘酒十瓶，初命石璘祀于圓壇，雖未行祭，既斎而雨，故有是命	祈雨
11	7・　6・28	遣議政府事成石璘，禱雨于圓壇，（後略）	祈雨
12	7・　7・ 8	分遣大臣，禱雨于圓壇・社稷・北郊，上出斎戒庁，値圓壇行祭之時，下庭祇拝，時乍雨	祈雨
13	10・　6・25	遣知議政府事黄喜，禱雨于圓壇，（後略）	祈雨
14	12・　4・ 7	行雩祀圓壇祭	祈雨
15	16・　6・ 7	復行雩祀圓壇祭，命左議政柳廷顕為献官，是日大雨	祈雨
16	16・　7・15	命右議政朴訔祭圓壇，報得雨也，（後略）	報祀
17	17・閏 5・ 5	礼曹請祈雨于宗廟・社稷・雩祀・圓壇，従之	祈雨
18	18・　7・ 1	遣左議政朴訔祀圓壇，圓壇祭天之所也，旱則就祈焉，（後略）	祈雨
19	18・　8・ 1	行圓壇報祀祭，（後略）	報祀
20	世宗元・　6・ 8	命吏曹判書孟思誠，祈雨于昭格殿，検校漢城府尹崔徳義，行蜥蜴祈雨于景福宮慶会楼池邊，右議政李原，祈雨于圓丘	祈雨
21	2・　5・ 3	命朴訔・鄭擢致斎，祈雨于圓壇	祈雨
22	7・　7・ 5	祈雨于圓壇，（後略）	祈雨
23	8・　5・ 4	祈雨于圓壇，（後略）	祈雨
24	9・　6・14	上以遠遊冠・絳紗袍，御勤政殿月臺幕次，親伝圓壇祈雨祭香祝，（後略）	祈雨

＊この表は註 5 韓亨周『朝鮮初期国家祭礼研究』25～26・32～33 頁の「太祖～太宗年間の祭天礼関連記録一覧表」「世宗代祭天礼関連記録一覧表」を参考に，筆者が一部修正の上，原文史料を付して作成した。
＊太祖 3 年（1394）10 月に開城より漢城に遷都したが，定宗元年（1399）3 月に開京に還都し，その後，太宗 5 年（1405）10 月に再び漢城に遷都した。よってこの表の 3 ～ 7 は開城時代である。

祀の祭神の格下げがあったと考えられる。冊封体制のもとで理想的な王朝儀礼の実践を志向する儒者官僚が、礼制研究を重ねた上で導き出した結論であった。

(2) 圜壇祭のゆくえ

太宗十二年(一四一二)に圜壇祭が廃止されると、祀典の整備は祈雨祭を中心に急速に進み、二年後の太宗十四年五月に雩祀の制度整備もほぼ一段落した。[17]ところが、太宗十六年に朝鮮半島が甚大な旱魃に見舞われると、地の災いは天の譴責であるという天譴思想の影響を強く受けた太宗は、圜壇祭を復活させた。そもそも朝鮮は三〇〇〇年前に天孫の檀君が開いた国であって、朝鮮の祀天礼も一〇〇〇年来の歴史がある、という儒者官僚卞季良(一三六九～一四三〇)の強硬論を受け入れた結果である。[18]ただし、祭神こそ昊天上帝ではあったが、旱魃対策として臨時に行われた祈雨祭であった。その上、国王がみずから南郊で天帝を祀ることはなく、議政府(政府最高の議決機関)の高官を代理人として派遣する有司摂事[19]の形式で挙行された。

のち、世宗代にもいく度か圜壇祭が実施されたものの、いずれも臨時の祈雨祭であり、定例の国事行為として定着することはなかった。そして世宗二十六年(一四四四)には「僭礼」(僭越な非礼)との理由から祀天礼に関する一切の上奏は禁じられ、ついに圜壇祭は封印された。[20]このように、太宗・世宗代に圜壇祭が復活したのは常に旱魃の時であり、古代中国における正月・四月・冬至の圜丘壇祭祀とは一定の距離がある(表2参照)。

結局、祀天礼にあたる圜壇祭は朝鮮王朝の祀典からは排除され、『国朝五礼儀』には高麗の圜丘壇祭祀から分化した四月の雩祀が王朝国家公認の祈雨祭として規定された。その主宰者は正一品、つまり最高級官僚である。[21]のち、朝鮮後期に成立した『国朝続五礼儀』(英祖二十年・一七四四)に国王による雩祀壇親祭の儀註が新たに収録されたことも、[22]この祈雨祭の社会的重要性を裏打ちする。

2 世祖代の圜丘壇祭祀

(1) 圜丘壇祭祀の復活

世祖三年には朝鮮時代史上、注目すべき「事件」が起きた。圜丘壇祭祀の復活である。世祖(在位一四五五～六八)による圜丘壇祭祀の復活に関しては中村栄孝氏による先駆的な論考があり、[23]その後、韓国では韓亨周・金相泰氏による二編の専論が公表された。[24]世祖三年正月に圜丘壇祭祀が復活した理由については実録記事に明確な記録がないため、従来の研究では世祖代における「民族意識」の高揚に復活の原因を求めていた。[25]しかし、当時の政治状況からみて、いわゆる死六臣事件と関連づけたほうが妥当であろう。[26]死六臣事件とは、前年の世祖二年六月に上王端宗(在位一四五二～五五。世宗の嫡孫にして世祖の甥)の復位計画が露見し、成三問(一四一八～五六)ら六人の重臣が処刑された事件である。同年十二月に議政府は端宗の追放を上疏し、その直後に何ら論議もないまま礼曹が圜丘壇の規模について報告している。[27]急場のことゆえ、このときの圜丘壇は新たに造営されたものではなく、崇礼門(俗称、南大門)外の木覔山(南山)南面の中腹にあった従来の祭壇を修築して正月十五日の祭祀儀礼に間に合わせたようである。[28]

これまでみたように、歴代の朝鮮国王は中国の皇帝のみが行いうる祭天儀礼の実施を避けてきた。にもかかわらず世祖が祭天儀礼に相当する圜丘壇祭祀を実施することは、当時の東アジアにおける国際慣例を破ることになるのではないだろうか。現実の冊封体制からの離脱は実際問題としては不可能であった[29]にせよ、観念上は君臣関係からの離脱につながる。

そこで、世祖代における圜丘壇祭祀の開設状況を整理した表3を参照しつつ、世祖代に復活した圜丘壇祭祀の性格と廃止の理由を考えてみたい。まず、世祖三年正月十五日の実録記事には漢城南郊の圜丘壇に祀られた神々が記録されている（表3の1）。注目すべきは、世祖が親しく三献礼（祭祀のとき三度杯を捧げること）を執り行った三種の神位、つまり天空の最高神である昊天上帝、土地の神である皇地祇、そして朝鮮王朝を開創した太祖李成桂である。すでに韓亨周氏が指摘したように、これらは天・地・人のいわゆる三才であって、世祖はこれらの神々を祀ることにより朝鮮王朝の正統性を誇示し、ひいてはこの祭祀儀礼を主宰する世祖自身の立場を文武百官の前でアピールした。[30] 配位（主神のほかにあわせ祀る神）として祀られた大明《たいめい》と夜明《やめい》はそれぞれ太陽と月を象徴し、風雲雷雨と岳海瀆・山川が自然神に相当する。

以後、圜丘壇祭祀は上元の正月十五日を定例の開設日とし、世祖の在位一四年のうち都合七回にわたって実施された。[31] 圜丘壇祭祀の実施が正月十五日に決定したのは、親祭当日（表3の1）よりわずか一週間前のことである。

命召議政府領議政鄭麟趾・左參賛黄守身・禮曹判書朴仲孫・參議閔瑗及承旨等、議祀天諸事、傳曰、中朝、正月十五日祭天、今當以是日祭之、

（『世祖実録』巻六、三年正月壬申〈七日〉条）

このとき、領議政鄭麟趾（一三九六～一四七八）以下の高級官僚が「祀天の諸事」について具体的にいかなる発言をしたのか、『世祖実録』は全く記録を残していない。それにしても、世祖は何ゆえ「中朝は正月十五日に天を祭れば、今當に是の日を以て之を祭るべし」と伝教したのであろうか。圜丘壇祭祀を終えてから一カ月後、礼曹は開設日の変更を世祖に申し入れている。

禮曹啓、謹按周禮及開元禮、皆於冬至祀天、今後依古制、毎年冬至祀天、命用正月十五日、

（『世祖実録』巻六、三年二月庚申〈二十六日〉条）

礼曹は『周礼』と『大唐開元礼』（七三二年成立）を参考に、冬至に合わせて圜丘壇祭祀を開設するよう要請した。[32] おそらく、世祖が主張した祀天礼の開設日に疑問を抱いたからであろう。当時の儒者官僚は冬至に実施する祀天礼こそが本来の圜丘壇祭祀である、と理解していたようである。しかし、世祖はこれに応じることなく、結果的には歴代の朝鮮国王と同様に冬至の祀天礼を避けたことになる。世祖がこのとき採用した「正月十五日」の典拠に関してはいまのところ不明とせざるをえない[33]が、かつて王世子の頃に謝恩使として帝都北京に赴いた際の、何らかの見聞が脳裏にあったのかもしれない。端宗即位年（景泰三年・一四五二）十二月中旬に世祖は紫禁城の闕庭にて謝恩表を奉り、馬匹と方物を献上した。[34] この年十二月下旬には正朝使の一行も到着し、[35] 翌年の正朝には奉天殿に出御した景泰帝を前に、明の文武群臣と四夷の朝貢使節が慶賀礼を行っている。[36] ついで正月上辛にあたる十三日に景泰帝は南郊にて天地を合祭する大祀礼を実施し、その翌日には奉天殿にて催された宴に四夷の朝貢使節も参席した。[37] 世祖が北京を出発した日は定かでないが、正朝使とほぼ同時期に漢城に戻っている[38]ことから、北京滞在中は正朝使と行動をともにしたのではないかと思わ

表3　世祖代における圜丘壇祭祀の開設状況

	年月日	内　容
1	3・正・15	上具冕服，登壇，行祭如儀，昊天上帝・皇地祇位及太祖位，親行三献，大明及風雲雷雨位，世子行三献，夜明及東南西北海岳瀆・山川位，領議政鄭麟趾行三献，(後略)
2	4・正・15	親祀圜丘，百官行賀礼，不受
3	5・正・13	親祀于圜丘，還御思政殿，命召随駕宗親・宰枢・諸将・承旨等入侍，設酌，(後略)
4	6・正・15	親祀圜丘，還宮，老人・儒生等侍立於崇礼門内，命除之，賜老人酒肉，命除百官賀礼
5	7・正・15	親祀圜丘，還宮，百官陳賀，不受，御忠順堂，召宗親・宰枢・承旨，設小酌，又御麟趾堂，設酌
6	8・正・15	親祀圜丘，還景福宮，百官行賀礼，御勤政殿，設飲福宴，接見琉球国使臣普須古等，(後略)
7	10・正・15	祀于圜丘，用新制楽(＝定大業・保太平の楽)，(後略)

＊この表は註5韓亨周『朝鮮初期国家祭礼研究』46頁の「世祖代祭天礼施行状況一覧表」を参考に，筆者が一部修正の上，原文史料を付して作成した。

れる。推測の域を出ないが、のちに玉座に即いた世祖が正朝の宮中儀礼に五〇〇名余の倭人と野人を参席させたことも[39]、四夷の朝貢使節の一員として帝都北京の儀礼の場に臨んだ経験があったからであろう。また、正統帝がオイラート軍の捕虜となった土木の変(一四四九年)後の明政府の動向も、その際にある程度は入手していたに相違ない[40]。

(2) 圜丘壇祭祀の廃止

さて、表3から一見して気づくのは、まず第一に、世祖五年の正月には十五日ではなく十三日に実施されたところであろう(表3の3)。これは食(蝕)を為政者の不徳によるものと考える天譴思想による措置である。十五日当日はちょうど月食にあたり、世祖は定例の圜丘壇祭祀を繰り上げて実施したのである[41]。かつて太宗十三年(一四一三)正朝は日食にあたり、そのため太宗は定例の望闕礼(対明遥拝儀礼)を中止し、群臣の朝賀も受けなかったことがある[42]。それゆえ、定例の国事行為を日食・月食のために中止したことは異例ではない。

第二に、世祖九年正月には圜丘壇祭祀を実施しなかったことに気づく。中止の理由は世祖の病気であった。当初、礼曹は世祖の病気を理由にしかるべき官員を派遣して祭祀儀礼を代行する摂行(有司摂事)を提案したが、領議政申叔舟等は「今、圜丘祭は既に故有りて行わざれば、則ち何ぞ必ず攝行せん」と上奏し、世祖はこれを受け入れて圜丘壇祭祀を中止するに至る[43]。このとき承政院は「此の祭りは時無く(＝定例の開催日を設けずに、の意)特に行う事にあらず、乃ち歳時の常なれば、則ち固より廃すべからざるなり」としつつも、古制に散見する前例をもとに「官を遣して攝行すと雖も妨げ無し」と主張したが、世祖はこれを却下した。秘書の承政院が世祖による圜丘壇祭祀を「歳時の常」、つまり正月定例の国家祭祀儀礼と理解していたことは注目に値する。翌日には礼曹判書が『周礼』はもちろん、『文献通考』のほか前朝高麗の『詳定古今礼』を典拠に「古制に依り、首相を遣して攝行せんことを請う」と、圜丘壇祭祀の代行を再度建議したが、世祖は「此の祭り(＝圜丘壇祭祀)の若きは則ち行わずと雖も亦た通ず。其れ之を停めよ」と、これも却下している[44]。世祖のこの発言は圜丘壇祭祀に対する消極的な姿勢ではなく、正統な朝鮮国王としての揺るぎない自信を示すものではあるまいか。表3に示したとおり、世祖代の圜丘壇祭祀はすべて親祭である。世祖が圜丘壇祭祀を王世子(のちの睿宗)に代行させることさえなかったところには、彼の圜丘壇祭祀に対する確固たる意志を読み取ることができる。世祖みずからが天を祀ってこそ、王権の正統性を天下に知らしめることが可能となる。つまり、圜丘壇祭祀の挙行は世祖にとっては何ら意味をもちえない。そしていまや、世祖の王権を脅かすものは誰ひとりとして存在しない。

第三に、世祖十年を最後に圜丘壇祭祀の記録が途絶えることである（表3の7）。この年十二月の実録記事には「命じて明年正月の圜丘祭を停めしむ」と記されているにすぎず[45]、中止の理由については何ら記録がない。それどころか、この史料は事実上、圜丘壇祭祀の一時的な中止ではなく廃止を意味することとなった。そもそも、世祖代における圜丘壇祭祀復活の理由については実録記事に明確な記録はなく、廃止の理由も判然としない。単純に、このときは世祖の健康上の理由から圜丘壇祭祀を一時的に中止したにすぎない、とも考えられる。ただ、世祖が圜丘壇祭祀を復活したのはみずからの王位継承の正統性をアピールすることにあったとすれば、世祖十年頃にはすでにその目的を達成し、もはや圜丘壇祭祀を継続する必要性がなくなったのではなかろうか。つまり、世祖の王権が揺るぎないものと認識されたのは、世祖十年頃ではないかと考えられる。

3 朝鮮初期の北郊壇

(1) 忘れ去られた北郊

最後に南郊の圜丘壇とは正反対の位置関係にある北郊壇について触れておきたい。高麗と朝鮮王朝の祀典を比較すると、皇帝祭祀である圜丘壇と方澤（方丘。地壇ともいう）の祭祀をあえて祀典から除外したことが、朝鮮の国家祭祀制度上の重要な特性であることは容易に導き出せよう（表1参照）。古代中国の場合、例えば唐では冬至に南郊の圜丘壇で昊天上帝を祀り、夏至には北郊の方澤で皇地祇を祀った[46]。高麗でも顕宗二十二年（一〇三一）正月の記録には、

親耕籍田、赦流罪以下、圜丘・方澤升壇執禮員吏及孝子・順孫・義夫・節婦・耆老・篤疾者、賜物有差、

（『高麗史』巻五、世家五、顕宗二十二年正月乙亥〈二十七日〉条）

と見える。顕宗（在位一〇〇九～三一）が親しく籍田を耕し、恩赦令を下したとの記録であり、このとき南郊の圜丘壇と北郊の方澤での祭儀を執り行った官吏もまた下賜品の恩恵にあずかっている。韓政洙氏が指摘したように、この記録は地祇を祀る方澤に関する初見であり[47]、『高麗史』礼志にはこれに対応する記録として「顕宗二十二年正月、方澤に親祭す」とある[48]。となれば、顕宗二十二年正月の記録は籍田の親行にとどまらず、南郊の圜丘壇と北郊の方澤でも祭祀儀礼が執り行われたことを意味するのではないかと推測できる。ただし、唐・宋では夏至に方澤を祀るが[49]、高麗の場合、方澤の祭祀時日は正月・二月・三月・十月など一定していない[50]。

ところが朝鮮初期の場合、すでに述べた南郊の圜丘壇のみならず、北郊の方澤も王朝国家の祀典に導入することはなかった。王都漢城は中国の都城制（例えば『周礼』考工記にいう「左祖右社」）をモデルとしたため、祭祀施設のほとんどが王都漢城とその郊外に集中している（表4参照）[51]が、朝鮮初期における北郊の実態に関しては不明なところが多い。

では、漢城の北郊には祭礼施設がなかったのかといえば、そうではない。『世宗実録』地理志には「北郊壇・北方土龍壇・厲祭壇（皆な彰義門外に在り）」と見え、彰義門（俗称、紫霞門）外には北郊壇が存在した[52]。むろん、この北郊壇は皇地祇を祀る祭壇ではない。『国朝五礼

表 4　朝鮮初期漢城の壇廟所在地

	壇廟名	世宗実録地理志	新増東国輿地勝覧	遺構所在地
大祀	社稷壇	仁達坊	京城内西仁建坊	鍾路区社稷洞 1-28 番地　①
	宗廟	中部貞善坊・東部蓮花坊中央	京城内東蓮花坊	鍾路区薫井洞 1-2 番地　②
	永寧殿	宗廟周垣内西	宗廟西	同上　②
中祀	風雲雷雨壇	崇礼門外屯地山	南郊	
	嶽海瀆壇		南郊　※漢城の嶽は三角山，瀆は漢江	
	先農壇	興仁門外坪村	東郊	東大門区祭基洞 274-1 番地　③
	先蚕壇	東小門外沙閑伊	東郊	(址) 城北区城北洞 64-1 番地　④
	雩祀壇	興仁門外坪村	東郊	
	文廟		成均館明倫堂之南	鍾路区明倫洞 3 街 53 番地　成均館大学校構内　⑤
小祀	霊星壇	崇礼門外屯地山	南郊	
	老人星壇	崇礼門外屯地山	南郊	
	馬祖先牧馬社馬歩壇	興仁門外沙斤寺里	東郊	(址) 城東区杏堂洞 17 番地　漢陽大学校構内と推定　⑥
	名山大川壇		※漢城の名山は木覓山	
	司寒壇		南郊	
	禡祭壇		東北郊	
	禜祭		※都城四門内で実施	
	酺祭		※馬歩壇にて実施	
	七祀堂		(宗廟) 廟庭西	宗廟内　②
	纛神廟		礼曹西	
	厲祭壇	彰義門外	北郊	(址) 鍾路区平倉洞 113 番地　北岳パーク観光ホテル構内　⑦

＊遺構所在地はソウル歴史博物館編『ソウル特別市　文化遺跡地表調査総合報告書』第Ⅱ巻（同博物館調査研究課，ソウル，2005 年）による。ただし，遺構が残存しない場合は (址) と表示した。なお，①〜⑦の番号は図 1 に対応する。
＊霊星壇址について同上，361 頁は「先蚕壇址」の北方にある城北区城北洞 75 番地に比定するが，南郊ではなく北郊に相当するため従えない。

序例』壇廟図説条には「嶽海瀆壇、制は風雲雷雨と同じ。神座は北に在り南向す」とあり、その割註に「若し時に旱《ひでり》あらば望祈す。則ち北郊に就《おもむ》き、嶽海瀆及び諸山川の神位を各おの其の方に設け、倶に内向す」と見える。[53] つまり、漢城彰義門外の北郊にある北郊壇は臨時の祈雨祭を実施するための祭壇であって、嶽海瀆と山川を祭神とした。北郊壇が大祀・中祀・小祀の国家祭祀体系に組み込まれていないのは、定期的に実施する祭祀儀礼ではなく、旱魃に際して臨時に行う祈雨祭であったからである。

この北郊祭に関しては『国朝五礼序例』辨祀条に大祀・中祀・小祀の分類に続けて「祈告は社稷・宗廟・風雲雷雨・嶽海瀆・名山大川・雩祀なり」とあり、また同書時日条には「如し水旱・疾疫・虫蝗・戦伐あらば則ち祈る祈る所迫切せば卜日せず。如し封册・冠昏、凡そ國に大事有らば則ち告ぐ」とあることから、[54] 金海栄氏は祈告祭の枠組みの中で北郊祭に言及したことがある。[55] 金海栄氏が指摘したとおり、北郊における祈雨祭は高麗の『詳定古今礼』のほか『文献通考』に見える隋の制度、ならびに『大唐開元礼』の郊祀制度を参考に制度化された。[56]

(2) 北郊壇祭祀の実施状況

ただし、実際に『朝鮮王朝実録』に見える北郊関連記録を整理してみると、北郊では祈雨祭のみならず祈晴祭も実施されている（表5参照）。祈雨祭としての頻度が高いことは一目瞭然であるが、その一方で王朝政府は長雨が農作物に被害をもたらすことも憂慮していた。[57] また、北郊祭はほとんどが大臣を代理として派遣する有司摂事の形式で実施されるが、例外的に世宗三十一年(一四四九)七月には甚大な旱魃に見舞われたことから、北郊・社稷・宗廟をはじめ雩祀・風雲雷雨・三角・木覓・漢江の各祭壇で祈雨祭を実施し、それでも雨に恵まれない場合は王世子(のちの文宗)に命じて社稷壇にて親祭するよう決定したことがある。[58] ではその後、王世子は社稷壇にて親しく祈雨祭を実施したのであろうか。その結果は、実録記事に次のごとく見える。

雨、命停世子代行社稷祈雨祭、

(『世宗実録』巻一二五、三十一年七月戊子〈十日〉条)

さいわいにも一週間後には雨が降り、王世子による社稷祭親行は中止となった。いま筆者が「さいわい」との表現を使ったのは、王世子の社稷祭親行が決定した翌日に、領議政黄喜(一三六三～一四五二)が圓壇での祈雨祭を進言していたからである。このとき世宗は、仮に圓壇祭を実施しても必ず雨が降るとは限らず、雨が降らなかった場合はいたずらに「僭礼」という汚名を後世に残すことになるとの判断から、領議政の要請を却下している。[59] そもそも世宗は、これより五年前の世宗二十六年に祀天礼に関するいっさいの上奏を禁じていた。[60]

国王による祈雨親祭に関しては、成宗五年(一四七四)閏六月にも朝議にのぼった。[61] 先の事例と異なるのは儒者官僚による要請ではなく、国王みずからが復活の意向を示したことである。成宗は春秋時代の斉の景公の故事に倣って草野に出かけ、三日間にわたって親しく祈雨祭を挙行しようとした。これに対して領議政申叔舟(一四一七～七五)・兵曹判書尹子雲(一四一六～七八)は風雲雷雨壇での親祭を成宗に進言し、また戸曹兼判書曺錫文(一四一三～七七)は親祭ではなく大臣を派遣するよう請うている。しかしながら成宗を補佐する院相の大半は、かつて太宗が望んだ祈雨祭に河崙(一三四七～一四一六)が反対したこと、世宗は宮中で親禱したがために病気になったことなど、歴代国王による祈雨祭の事例を逐一持ち出して成宗を諫めた。日照りの中を国王が郊外に出駕すれば、健康を損なうであろうことは想像に難くない。のみならず、親祭後に雨が降ればよいが、もし何ら効果がなければ、それこそ王朝国家の頂点に立った国王の威信に関わる問題となったであろう。そのため、代替措置として風雲雷雨・北郊・雩祀の献官をそれぞれ任命して祈雨祭を挙行する手筈を整えたが、結局は雨が降って、これらの祈雨祭は中止となった。このときの降雨もまた、朝鮮国王にとってはさいわいであったに相違ない。

さらに第一〇代国王燕山君(在位一四九四～一五〇六)は自身の狩猟と遊興のために都城の周辺に禁標を立て、あるいは木柵を張りめぐらせて民の通行を禁じた。その過程で北郊壇も移築されることになり、多

表5　朝鮮初期における北郊祭の開設状況

	太宗	世宗	文宗	端宗	世祖	睿宗	成宗	燕山君	計
祈雨	14	42	1	3	3	1	1	1	66
祈晴	1	6	0	0	1	0	0	0	8
報祀	0	1	0	0	0	0	0	1	2
計	15	49	1	3	4	1	1	2	76

*この表は『朝鮮王朝実録』により作成した。

くの祭壇は廃れて国家祭祀制度に混乱を来した。燕山君十年八月当時、祭祀を命じられた官僚はやむなく南郊にて挙行せざるをえない状況であったという。[62]その上北郊の厲祭壇も同じく禁標内に入っていたことから、領議政柳洵（一四四一～一五一七）の進言により東郊に移築することになった。「北郊祭は必ず北郊で実施しなければならないのか」という燕山君の素朴な問いにも疑問を覚えるが、「礼制上はそうです」と前置きしつつ「ならば東郊に祭壇を移築するのがよいでしょう」と進言した領議政の判断も不可解である。[63]こうした燕山君代における弊政の影響に加え、『新増東国輿地勝覧』京都、壇廟条は基本的に大祀・中祀・小祀の国家祭祀体系に含まれる祭礼施設のみを記載しており、北郊壇に関する記録が漏れている。その結果、漢城郊外の北郊壇に関する遺構に関してはいまも不明なところが多い。

以上みたように、朝鮮初期の場合は冬至に王都南郊の圜丘壇で昊天上帝を祀り、夏至に北郊の方澤で皇地祇を祀るという制度はなかった。同時代の明の北京と比べると、漢城の南北を貫く王朝儀礼の中軸線はかならずしも強固なものではない。北京には都城外の東に朝日を祀る日壇、西に夕月を祀る月壇が設けられたが、漢城にはこの左右対称の日壇・月壇がないことも、[64]中国の都城制との大きな差違点と言えよう。南郊と北郊における郊祀の欠落が朝鮮初期における国家祭祀儀礼の特性であり、冊封体制下における礼制整備上の限界でもあったのである。

むすび

朝鮮の王都漢城が「左祖右社」という『周礼』の理想的な都市プランを参考に建設された都城であったことは疑いない。中国の礼制と大きく異なるのは、皇帝祭祀に相当する圜丘壇と方澤の祭祀儀礼を王朝国家の祀典である『国朝五礼儀』から外したことである。冬至に南郊の圜丘壇で昊天上帝を祀り、夏至に北郊の方澤で皇地祇を祀るという皇帝祭祀は、冊封体制下にあった朝鮮国王としては導入しがたい国家儀礼であった。漢城内の東西に鎮座する宗廟（左祖）と社稷壇（右社）はともかく、漢城の南北を貫く王朝儀礼の中軸線は必ずしも強固なものではなかったのである。一五世紀前半にしばしば実施された南郊の圜壇祭はあくまで臨時の祈雨祭であって国王による親祭ではなく、北郊壇祭祀も同じく臨時の祈雨祭として機能した。漢城の東郊に雩祀壇を築いて王朝国家公認の祈雨祭場としたことが、当時の儒者官僚としては最善の判断であったに相違ない。

のち一五世紀後半にクーデタによって玉座に即いた世祖は、突如として圜丘壇祭祀を南郊に復活させた。しかしながら世祖が復活させた圜丘壇祭祀は、それ以前の朝鮮国王が臨時に実施した祈雨祭としての機能を持ち合わせていない。世祖みずからが王位継承の正統性を主張することにその復活の目的があったと思われる。いわば天命の受命儀礼であり、新たな王権を演出するにはこの上ない装置として機能したことであろう。世祖が祀天礼を復活させた理由は、当時の史料に明確な記録は残っていないが、復活の目的は世祖即位直後の政治情勢、つ

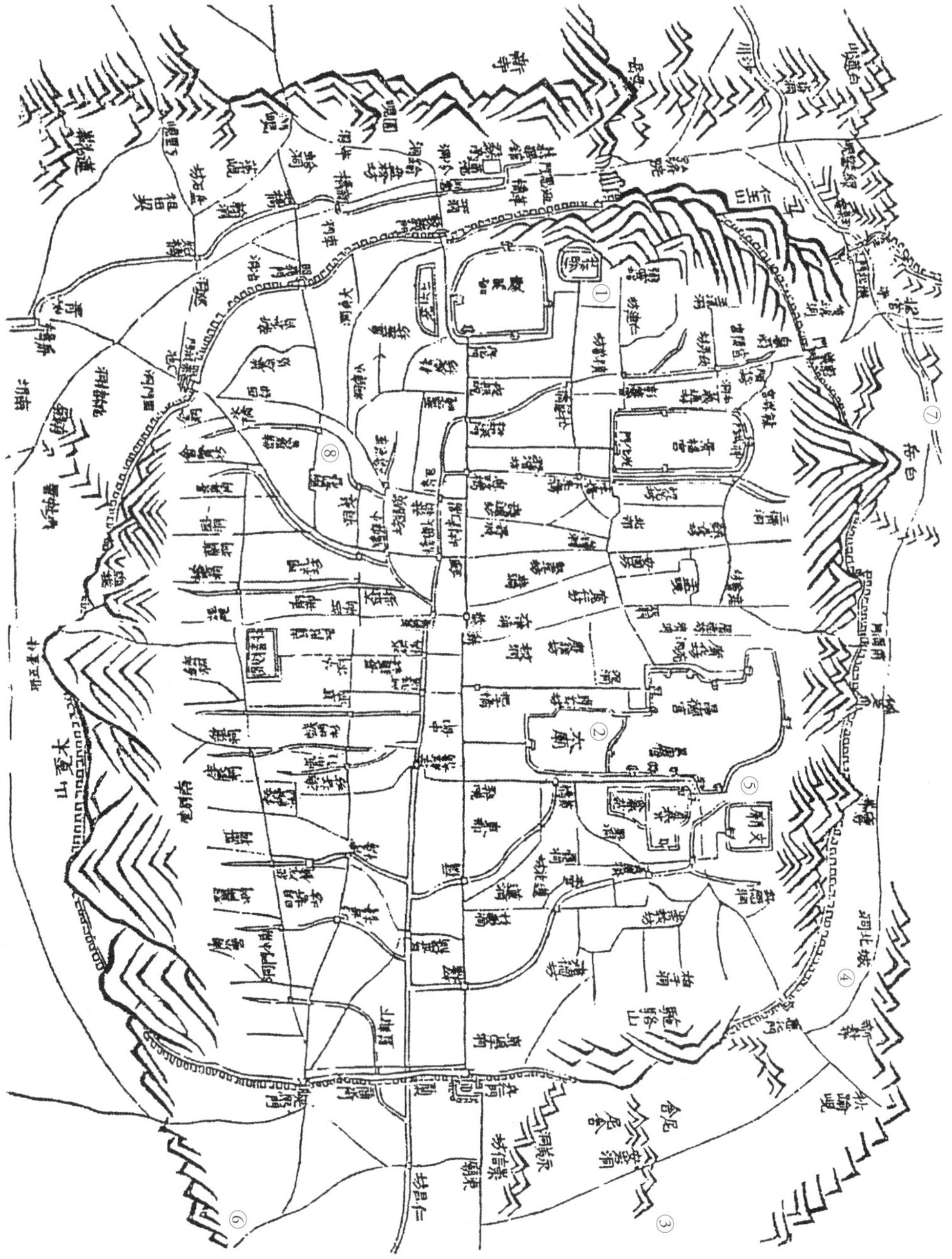

図1　朝鮮初期壇廟図

まり端宗の復位計画の露見、そしてその粛正に求めざるをえないのである。とすれば、王都漢城の南郊に復活した圜丘壇は天命の所在を具現化し、新たな王権を毎年正月に更新するための舞台であったと考えられる。

ちなみに、かつて圜丘壇が築かれていた南郊に相当するソウル市龍山区は、日露戦争のさなかに日本軍が土地を収用して兵営施設を築き、一九四五年八月の「解放」後は在韓米軍基地となって現在に至る（龍山区龍山洞一～五街）。そのため、朝鮮前近代の圜丘壇に関する遺構調査は、いまのところ、きわめて困難な状況にある。

さて、世祖十年（一四六四）を最後に朝鮮王朝の歴代国王は圜丘壇祭祀を一度も開設していない。[65] その復活は近代の幕開けを待たねばならなかった。第二六代国王の高宗（在位一八六三～一九〇七）の時であり、世祖代以後、実に四三〇年余りの空白期間がある。臣下の奏請と国王の拒否の応酬の末、景福宮のほぼ真南にあたる南別宮（図1の⑧。中国使節の迎賓館。いまのウェスティン朝鮮ホテル）の地に花崗岩で三成の圜丘壇を築造し、一八九七年十月十二日（陰暦九月十七日）の明け方、圜丘壇祭祀を挙行した高宗は、大韓帝国の皇帝として即位した。[66] 独自の年号「光武」を建てた上での祀天礼の開設は、清との冊封関係を断ち切り、清・日本と対等の独立国家であることを標榜する即位儀礼であった。[67] 最近では、圜丘壇が南郊という「前近代」の都城の郊外ではなく、「近代」という時代的変化のなかで都市の中心に建設されたところも注目されている。一見、大韓帝国が南郊という空間的象徴を捨てたかにみえるが、当時の圜丘壇は都城内の四方から見える小高い丘の上に建設されたからである。[68]

その後、一九〇七年七月に日本が高宗皇帝を退位させ、一九一三年には圜丘壇を破壊して朝鮮鉄道ホテルを建設したことは言うまでもない。[69] こんにちではソウル市中区のウェスティン朝鮮ホテル構内に、昊天上帝以下の神々の神位を奉安した八角三層の皇穹宇が現存するのみである（中区小公洞八七―一番地）。朝鮮近代の圜丘壇に関する今後の遺構調査もまた望むべくもないが、ごく最近になって、チョンスイン氏が当時の写真・地図をもとに圜丘壇の配置と建築物の形態に関する復元を試みている。[70]

註（＊は韓国語文献）

1 ＊金泰永「朝鮮初期祀典の成立について―国家意識の変遷を中心に」（『歴史学報』第五八輯、一九七三年）。

2 ＊韓沽劤「朝鮮王朝初期における儒教理念の実践と信仰・宗教―祀祭問題を中心に」（『韓国史論』三、一九七六年。のち＊同『朝鮮時代思想史研究論攷』一潮閣、一九九六年に再録）。

3 平木實「韓国における天神（祭天）信仰について―親神・神の翻訳語と関連して」（『天理大学学報』第一五一輯、一九八六年。のち同『朝鮮社会文化史研究』国書刊行会、一九八七年に再録）。

4 ＊李範稷『韓国中世礼思想研究―五礼を中心に』（一潮閣、一九九一年）。

5 ＊韓亨周『朝鮮初期国家祭礼研究』（一潮閣、二〇〇二年）。＊金海栄『朝鮮初期祭祀典礼研究』（集文堂、二〇〇三年）。

6 ＊金澈雄『韓国中世の吉礼と雑祀』（景仁文化社、二〇〇七年）。

7 本節の「1　太祖～世宗代の圜壇祭」は桑野栄治「高麗から李朝初期における円丘壇祭祀の受容と変容―祈雨祭としての機能を中心に」（『朝鮮学報』第一六一輯、一九九六年）、同「朝鮮時代の国家祭祀と儒教―王権の創造と演出」（『アジア遊学』第五〇号、二〇〇三年）を、「2　世祖代の圜丘壇祭祀」は桑野「朝鮮世祖代の儀礼と王権―対明遥拝儀礼と圜丘壇祭祀を中心に」（『久留米大学文学部紀要（国際文化学科編）』第一九号、二〇〇二年）をもとに、その後の知見を加えつつ再整理したものである。あらかじめお断りしておきたい。

8　金子修一『古代中国と皇帝祭祀』（汲古書院、二〇〇一年）一七二～一七四頁。妹尾達彦『長安の都市計画』（講談社、二〇〇一年）一六九～一七一頁。

9　『高麗史』巻三、世家三、成宗二年正月辛未（十四日）・乙亥（十八日）条。

10　奥村周司「高麗の圜丘祀天礼について」（『早稲田実業学校研究紀要』第二一号、一九八七年）一四七～一五〇頁、同「高麗の圜丘祀天礼と世界観」（武田幸男編『朝鮮社会の史的展開と東アジア』山川出版社、一九九七年）三〇七～三一〇頁。桑野註7「高麗から李朝初期における円丘壇祭祀の受容と変容―祈雨祭としての機能を中心に」四～七頁。＊金一権「高麗時代国家祭天儀礼の多元性研究」（尹以欽他『高麗時代の宗教文化―その歴史的状況と複合性』ソウル大学校出版部、二〇〇二年）七七～七八頁。最近、韓政洙氏が「高麗王朝では実際に冬至に祭天を行ったが、『高麗史』の編纂者がこれを僭越であるとして削除した可能性がある」と指摘した（＊韓政洙『韓国中世儒教政治思想と農業』〈慧眼、二〇〇七年〉二〇六～二〇七頁）。実際のところ高麗では冬至の宮中儀礼が具体的にいかに実施されたのかについては、今後、究明すべきであろう。

11　『太祖実録』巻六、三年八月戊子（二十一日）条。

12　註7桑野栄治「高麗から李朝初期における円丘壇祭祀の受容と変容―祈雨祭としての機能を中心に」八～一二頁。＊韓亨周「朝鮮世祖代の祭天礼についての研究―太・世宗代の祭天礼との比較・検討を中心に」（『震檀学報』第八一号、一九九六年）一〇八～一一八頁、＊註5同『朝鮮初期国家祭礼研究』二二～三五頁、＊同「朝鮮時代国家祭祀の時代的特性」（『民族文化研究』第四一号、二〇〇四年）一五頁。

13　『太宗実録』巻二七、十四年五月乙酉（十三日）条。

14　金子修一『中国古代皇帝祭祀の研究』（岩波書店、二〇〇六年）七一～七三・八六～八九頁。

15　註7桑野栄治「高麗から李朝初期における円丘壇祭祀の受容と変容―祈雨祭としての機能を中心に」二三～二七頁。

16　『太宗実録』巻二四、十二年八月庚辰（二十八日）条。

17　註7桑野栄治「高麗から李朝初期における円丘壇祭祀の受容と変容―祈雨祭としての機能を中心に」二三～二五頁。

18　山内弘一「李朝初期に於ける対明自尊の意識」（『朝鮮学報』第九二輯、一九七九年）六六～六九頁。＊韓永愚「朝鮮前期の国家観・民族観」（同『朝鮮前期社会思想研究』知識産業社、一九八三年）三四～三五頁。註7桑野栄治「高麗から李朝初期における円丘壇祭祀の受容と変容―祈雨祭としての機能を中心に」一三～一六頁。

19　例えば唐の場合、皇帝の親祭は参列者が多く準備も入念で多大な費用を要したことから、定期的な祭祀は有司摂事による運営が一般的であり、皇帝親祭は特別な場合に限られた（註8金子修一『古代中国と皇帝祭祀』一一六頁）。

20　註7桑野栄治「高麗から李朝初期における円丘壇祭祀の受容と変容―祈雨祭としての機能を中心に」一九～二二頁。註12＊韓亨周「朝鮮世祖代の祭天礼についての研究―太・世宗代の祭天礼との比較・検討を中心に」一一四～一一八頁、＊註5同『朝鮮初期国家祭礼研究』三〇～三五頁。

21　『国朝五礼儀』巻二、吉礼、雩祀儀・雩祀壇祈雨儀（報祀同）条。『国朝五礼序例』巻一、吉礼、斉官条。

22　『国朝続五礼儀』巻一、吉礼、親享雩祀壇祈雨儀条。

23　中村栄孝「朝鮮世祖の圜丘壇祭祀について（上）」（『朝鮮学報』第五四輯、一九七〇年）。

24　註12＊韓亨周「朝鮮世祖代の祭天礼についての研究―太・世宗代の祭天礼との比較・検討を中心に」。＊金相泰「朝鮮世祖代の圜丘壇復設とその性格」（『韓国学研究』第六・七合輯、一九九五年）。さらにその後、＊李煜「朝鮮前期儒教国家の成立と国家祭祀の変化」（『韓国史研究』第一一八号、二〇〇二年）一七二～一七四頁、註6＊金澈雄『韓国中世の吉礼と雑祀』六二～六五頁も朝鮮初期における祭天儀礼の廃止論に触れた。

25　註1＊金泰永「朝鮮初期祀典の成立について―国家意識の変遷を中心に」。註18＊韓永愚「朝鮮前期の国家観・民族観」。

26　註12＊韓亨周「朝鮮世祖代の祭天礼についての研究―太・世宗代の祭天礼との比較・検討を中心に」一一八～一二二頁、註5＊同『朝鮮初期国家祭礼研究』三六～三九頁。また、＊崔承熙「世祖代王位の脆弱性と王権強化策」（『朝鮮時代史学報』一、一九九七年。のち『朝鮮初期政治史研究』知識産業社、二〇〇二年に再録）六一頁も、王位簒奪による名分と正統性の欠如から世祖が王権強化のために祭天儀礼を復活させたとみる。一方、平木實氏は政治的「危機を乗り切った世祖はそれを記念して尊号を定める郊祀を挙行した」という

（平木實「朝鮮後期における圜丘壇祭祀について（二）」〈『朝鮮学報』第一五七輯、一九九五年。のち同『朝鮮社会文化史研究Ⅱ』阿吽社、二〇〇一年に再録〉、八頁）。

27　『世祖実録』巻五、二年十二月丙午（十一日）条。

28　註23中村栄孝「朝鮮世祖の圜丘壇祭祀について（上）」一三頁。『世宗実録』巻一四八、地理志、京都漢城府条に「老人星壇・圓壇・霊星壇・風雲雷雨壇〈皆在崇礼門外屯地山〉」とあり、成俔（一四三九～一五〇四）撰『慵斎叢話』巻十、祭壇条には「圜壇在漢江西洞、世祖嘗幸祭天、風雲雷雨壇在青坡驛洞亂松間」とあるが、当時の圜丘壇の正確な場所については不明なところが多い。なお、風雲雷雨壇（南壇）については、平木實「朝鮮後期における圜丘壇祭祀について（二）」（『朝鮮学報』第一七六・一七七合輯、二〇〇〇年、二九一～二九七頁。のち『朝鮮社会文化史研究Ⅱ』阿吽社、二〇〇一年に再録）参照。

29　世祖二年四月に世祖とその王妃は明の景泰帝より詔勅ならびに誥命・冕服・冠服を獲得し、同年十月には王世子を封じる勅書も明よりもたらされた。『世祖実録』巻三、二年四月己未（二十日）条、同書巻五、二年十月丁未（十一日）条。

30　註12＊韓亨周「朝鮮世祖代の祭天礼についての研究―太・世宗代の祭天礼との比較・検討を中心に」一二四頁。ただし、韓亨周氏のこの見解はその後トーンダウンし、世祖が圜丘壇祭祀を正月十四日に実施される宗廟の春享大祭と連結させた点を強調する（註5＊韓亨周『朝鮮初期国家祭礼研究』四七～四八・五五頁）。

31　韓亨周氏は世祖代における圜丘壇祭祀の実施を都合八回と数える（註5＊韓亨周『朝鮮初期国家祭礼研究』四五頁）。しかし、世祖三年九月の「世子の疾久しく、未だ癒えず。上、命じて圜丘・宗廟・社稷に禱らしむ」（『世祖実録』巻九、三年九月壬戌朔）との記録は臨時の祈禱であり、親祭でもないため、筆者は本節の表3ではこれを除外して都合七回とした。

32　金子修一氏は、『大唐開元礼』が編纂直後ただちに運用された礼書ではないため、「開元礼の記述と当時の礼の実態とを同一視してはならない」と注意を喚起する（註8金子修一『古代中国と皇帝祭祀』一九〇頁）。ただ、朝鮮政府の場合、各種国家儀礼の整備にあたってはこの開元礼を金科玉条のごとく、頻繁に参照していた。

33　韓亨周氏は「明代には冬至ではなく正月にだけ圜丘祭が施行された」ことから、「世祖は明制にしたがって正月に施行することに決定した」と推測した（註5＊韓亨周『朝鮮初期国家祭礼研究』四九頁）。たしかに明では洪武十年（一三七七）の制度改編によって郊祀は正月上辛の天地合祭のみとなる（石橋丑雄『天壇』山本書店、一九五七年、一一八頁）が、それでも明代初期に大祀壇（のちの天壇）の開設日を「正月十五日」と特定しているわけではない。

34　「朝鮮國王李弘暐（＝端宗）以襲封王爵、遣陪臣李瑈（＝世祖）等奉表、貢馬及方物、詣闕謝恩」（『明英宗実録』巻二二四、景泰三年十二月癸卯〈十五日〉条）。

35　『明英宗実録』巻二二四、景泰三年十二月甲寅（二十六日）条。

36　『明英宗実録』巻二二五、景泰四年正月己未朔条。正朝の元会儀礼の構造は渡辺信一郎『天空の玉座―中国古代帝国の朝政と儀礼』（柏書房、一九九六年）、同「古代中国の王権と郊祀―南郊祭天儀礼を中心に」（同『中国古代の王権と天下秩序―日中比較史の視点から』校倉書房、二〇〇三年）に詳しい。

37　『明英宗実録』巻二二五、景泰四年正月辛未（十三日）・壬申（十四日）条。

38　世祖はこの年二月下旬に漢城にて復命報告し、その翌日には正朝使兪益明の一行も漢城に戻った。『端宗実録』巻五、元年二月癸丑（二十六日）・甲寅（二十七日）条。

39　註7桑野栄治「朝鮮世祖代の儀礼と王権―対明遥拝儀礼と圜丘壇祭祀を中心に」九六～九八頁。

40　韓亨周氏は世祖が祀天礼を強行した背景として当時の国際情勢、つまり土木の変を挙げており、興味深い（註12＊韓亨周「朝鮮世祖代の祭天礼についての研究―太・世宗代の祭天礼との比較・検討を中心に」一二一頁、註5＊同『朝鮮初期国家祭礼研究』四〇頁）。朝鮮政府が遼東都司を通してこの事変の情報を収集していたことについては、荷見守義「明朝の冊封体制とその様態―土木の変をめぐる李氏朝鮮との関係」（『史学雑誌』第一〇四編第八号、一九九五年）参照。

41　表3の3で省略した箇所には「是祭必以毎年正月十五日行之、至是、軍器判事金石梯啓、今月十五日、應有月食之變、故用此日」とある（『世祖実録』巻一五、五年正月丙申〈十三日〉条）。

42 『太宗実録』巻二五、十三年正月辛巳朔条。朝鮮初期の望闕礼については桑野栄治『高麗末期から李朝初期における対明外交儀礼の基礎的研究』（二〇〇一～二〇〇三年度科学研究費補助金〔基盤研究（C）（2）〕研究成果報告書、二〇〇四年）参照。

43 『世祖実録』巻三〇、九年正月丙申（六日）条。世祖代における圜丘壇祭祀の挙行をめぐる論議に関しては、註24＊金相泰「朝鮮世祖代の圜丘壇復設とその性格」二一三～二一七頁に詳しい。

44 『世祖実録』巻三〇、九年正月丁酉（七日）条。

45 『世祖実録』巻三四、十年十二月丁亥（八日）条。

46 註14金子修一『中国古代皇帝祭祀の研究』七五～八二頁。

47 ＊韓政洙「高麗時代開京の祀典整備と祭祀空間」（『歴史と現実』第六〇号、二〇〇六年）一七八頁。

48 『高麗史』巻五十九、礼志一、吉礼大祀、方澤条。

49 なお、古代中国でも南朝では正月上辛に南郊に祀り、十日後の次辛に北郊に祀る例があった（註8金子修一『古代中国と皇帝祭祀』一四九頁、註14同『中国古代皇帝祭祀の研究』四五～四九頁）。

50 ＊李範稷「『高麗史』礼志「吉礼」の検討」（『金哲埈博士華甲紀念 史学論叢』知識産業社、一九八三年。のち註4同『韓国中世礼思想研究』に再録）。

51 ただし、表4からも明らかなとおり、王都漢城の西郊には壇廟施設が存在しない。その意味するところは今後の課題としたい。

52 『世宗実録』巻一四八、地理志、京都漢城府条。また、註7桑野栄治「高麗から李朝初期における円丘壇祭祀の受容と変容―祈雨祭としての機能を中心に」四七頁の註77参照。

53 『国朝五礼序例』巻一、吉礼、壇廟図説条、風雲雷雨山川城隍先農・先蚕・雩祀・嶽海瀆附の項。その儀註は『国朝五礼儀』巻一、吉礼に「時旱北郊望祈嶽海瀆及諸山川儀」として収録されている。

54 『国朝五礼序例』巻一、吉礼、時日条。

55 註5＊金海栄『朝鮮初期祭祀典礼研究』一五八～一六二頁。

56 同前、一五九頁。

57 「大風以雨、抜木飄瓦、禾稼盡偃、上驚懼不寐、将命大臣等行祈晴祭于宗廟・社稷・北郊、翼日雨晴遂止、（後略）」（『太宗実録』巻二四、十二年七月庚子〈十七日〉条）。

58 「上曰、旱災太甚、祈雨不可緩也、今欲各處祈雨、一時並擧、社稷則令東宮親行何如、禮曹啓、今七月初六日、北郊・社稷・宗廟・雩祀・風雲雷雨・三角・木覓・漢江、並祈而不雨、則東宮親行社稷祭、從之」（『世宗実録』巻一二五、三十一年七月辛巳〈三日〉条）。

59 『世宗実録』巻一二五、三十一年七月壬午（四日）条。

60 『世宗実録』巻一〇五、二十六年七月丁卯（十日）条。

61 『成宗実録』巻四四、五年閏六月庚戌（二十七日）条。

62 「傳曰、北郊祭待移壇、退行、自立禁標、諸祭壇皆廢、至當祭則有司不得已皆行於南郊、於是祀典一紊」（『燕山君日記』巻五五、十年八月甲子〈七日〉条）。

63 『燕山君日記』巻五五、十年八月丁卯（十日）条。

64 李愚鍾氏は明清時代の北京の場合、皇城の左側に太廟、右側に社稷壇を築き、城外の四方には天（南）・地（北）・日（東）・月（西）の四壇を築いたと指摘した（＊李愚鍾「中国と我が国の都城の計画原理及び空間構造の比較に関する研究」〈『ソウル学研究』第五号、ソウル、一九九五年〉、二三一頁）が、東西南北の四壇に関しては朝鮮時代の漢城と比較考察するに至っていない。なお、隋唐長安城の中軸線と王朝儀礼の舞台は、妹尾達彦「帝国の宇宙論―中華帝国の祭天儀礼」（水林彪他編『王権のコスモロジー』〈比較歴史学大系1〉弘文堂、一九九八年）二四六～二四八頁、註8妹尾達彦『長安の都市計画』一四一～一四六・一五八～一六四頁に詳しい。

65 のち光海君八年（一六一六年）に光海君は圜丘壇祭祀の復活を試みたが、このときは名分論を振りかざす儒者官僚の猛反対により復活の意志を撤回した（註26平木實「朝鮮後期における圜丘壇祭祀について（一）」）。

66 圜丘壇上の金の椅子に座った高宗皇帝を前に、百官は三舞踏・三叩頭ののち「万歳」を山呼し、その様子は『独立新聞』で報じられた。奥村周司「李朝高宗の皇帝即位について―その即位儀礼と世界観」（『朝鮮史研究会論文集』第三三集、一九九五年）一五二頁、月脚達彦「大韓帝国成立前後の対外的態度」（『東洋文化研究』第一号、一九九九年、二五三頁。のち『朝鮮開化思想とナショナリズム―近代朝鮮の形成』〈東京大学出版会、二〇〇九年〉に再録）、＊韓永愚「大韓帝国の成立過程と『大礼儀軌』」（『韓国史論』第四五集、二〇〇

一年）二二七〜二二九頁、＊同『朝鮮王朝儀軌—国家儀礼とその記録』（一志社、二〇〇五年）七三四頁。
67　註66奥村周司「李朝高宗の皇帝即位について—その即位儀礼と世界観」。
68　＊李煜「大韓帝国期圜丘制に関する研究」（『宗教研究』三〇、二〇〇三年）一九三〜一九四頁。

69　京城府編『京城府史』第一巻（京城府、京城、一九三四年。湘南堂書店、一九七二年復刻）三六三頁。
70　＊チョンスイン「大韓帝国時期圜丘壇の原型復元と変化に関する研究」（『ソウル学研究』第二七号、二〇〇六年）。

■研究ノート

明嘉靖年間における北京天壇の成立と都城空間の変容

天壇は、明清時代に皇帝が冬至の日に天を祀ったり、孟春上辛の日に穀物の豊作を祈った場所である。北京には、天壇が現在もほぼそのままのかたちで残され、天壇公園として市民に開放されている。「南郊」とも呼ばれた天壇は、都城の南、内城の正陽門外の南に設けられた。これに対し、「北郊」の地壇は、都城の北、安定門外の北東に位置している。

天壇は内外の二重の囲墻で囲まれている。明代の天壇の内・外墻は土壁であったが、清の乾隆十二年（一七四七）に磚壇墻に改められた。「天地墻」とも呼ばれた外墻は、平面図に描くと、北に丸く南に角張った特徴的な形をしている（図参照）。これは、中国古来の「天円地方（天は丸く大地は四角い）」の観念を象ったと説明されていることからうかがえるように、この場所がかつて「天地壇」と称され、天のみならず地をも祀っていた頃の名残をとどめている。また天壇の主たる建造物である三層構造の圜丘壇が、円形を呈する北側の墻壁とは反対の位置の南側に設けられ、北側には同じく三層からなる祈穀壇上に祈年殿が鎮座しているのも、これと関係していると考えられる。

そもそも、北京において南郊の天壇と北郊の地壇とで天と地をそれぞれ分祀するようになったのは、一六世紀前半、明代嘉靖年間のことであった。したがって、南京から北京への遷都が行われた永楽年間にはまだ天地合祀が行われており、天地壇が設けられた。天地合祀の始まりは、都がまだ南京に置かれていた洪武十年（一三七七）にまでさかのぼることができる。さらにさかのぼれば、朱元璋政権はその創設当初、伝統的な天地分祀を採用した。洪武十年に至って天地分祀から合祀に改める理由として、洪武帝は、天地の生成の恩を父母の如く仰ぎ慕う人君が天地を南北に分けて祀るのは「情」に合わないことを挙げている。

このように、明朝は、天と地の祭祀が分祀と合祀のあいだで揺れ動いた時代であった。これを、合祀と分祀という視点から整理すると、次のようになる。

第一次分祀期　一三六七（呉元年）～一三七六
合祀期　一三七七（洪武十年）～一五二九
第二次分祀期　一五三〇（嘉靖九年）～一六四四

あらためて言うまでもなく第一次分祀期の洪武年間は、南京を都としていた。したがって、北京において天のみを祀る天壇が成立したのは、明初ではなく、嘉靖年間のことであった。

明朝第一二代の世宗嘉靖帝は、嘉靖九年（一五三〇）五月、都城に

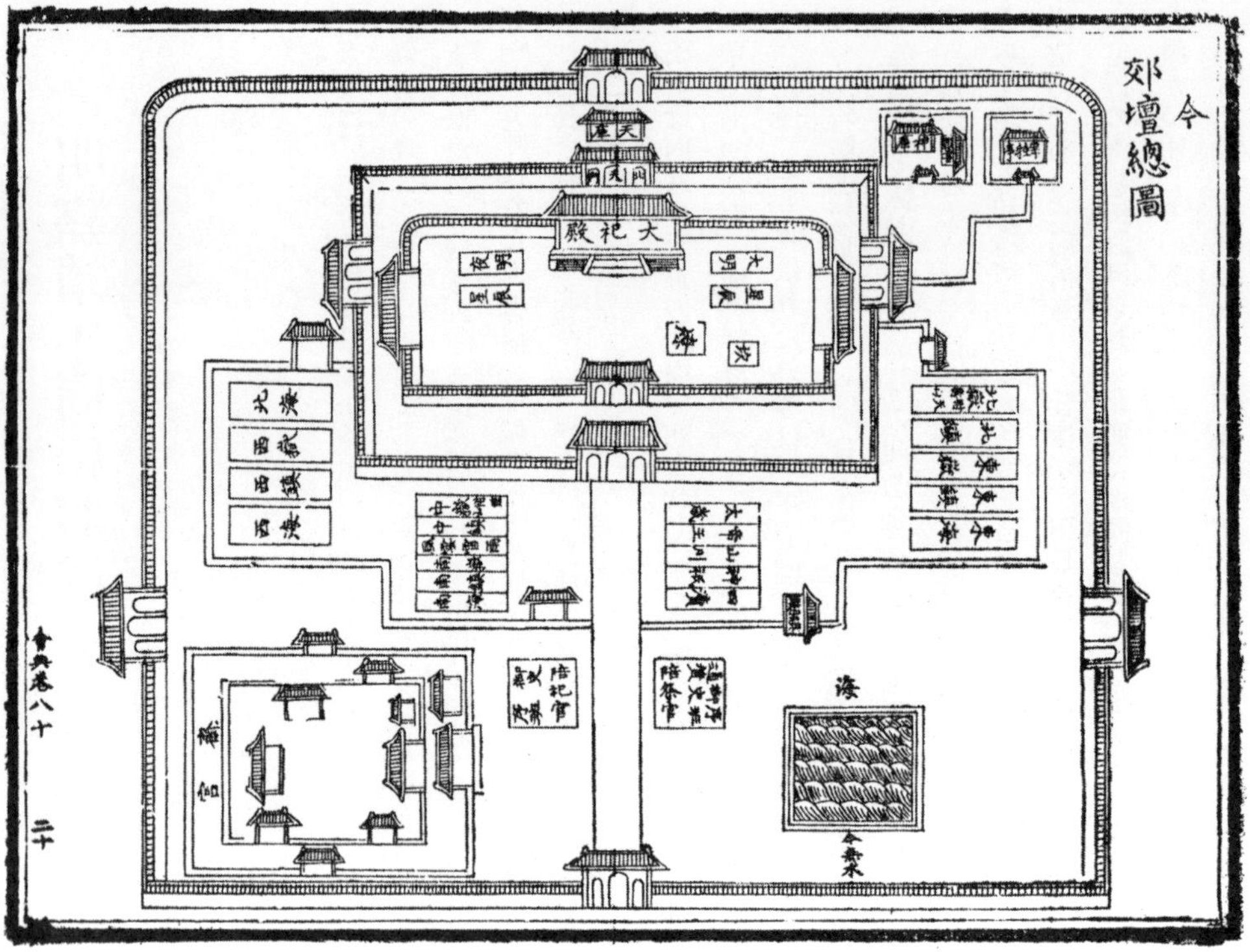

図１　北京の天地壇〈合祀期〉（正徳『大明会典』巻 80，祭祀１　郊祀）

四方にそれぞれ郊壇を建てることを決定した。最初に天地壇の大祀殿の南側に昊天上帝を祀る圜丘壇が完成した。また圜丘の儀式に用いる神位を収める皇穹宇もその北側に建てられた。翌年には、皇地祇を祀る方澤壇が安定門外に完成した。このほか、東郊には朝日壇（のちの日壇）、西郊には夕月壇（のちの月壇）を築いて四郊壇とした。十三年には、圜丘壇を天壇に、方澤壇を地壇と改めた。

北京の天壇の前身にあたる天地壇（大祀殿）は、永楽遷都に合わせて永楽十八年（一四二〇）十二月に完成した。天と地とを合祀した南京の大祀壇の規格を踏襲したものであった。それから一〇〇年余りのち嘉靖帝は、圜丘壇と方澤壇を南郊と北郊にそれぞれ別に設けて天地分祀とし、天地壇の覆い（屋）を取りはずし露天祭祀を復活しようとした。これは、洪武十年以前の初制に戻ることであった。

嘉靖二十四年（一五四五）には、大祀殿を撤去した跡地に大享殿が完成した。大享殿は屋を持つことから当時は、天子が祭祀を行う「明堂」の性格を有すると理解されていた。乾隆十八年（一七五三）に至り、これを祈年殿と改称した。祈年殿は、孟春上辛の日に皇帝が五穀豊饒を祈願する祭壇であり、そのため日照りの際には皇帝による雨乞いの儀式も行われるようになった。

嘉靖帝による天地分祀の改変をはじめとする一連の礼制改革を考察した小島毅は、天地合祀を太祖洪武帝の統治に有効なものを採用する現実主義的立場によるものとしてとらえる一方で、世宗嘉靖帝の天地分祀への復帰を「儀礼原理主義」として説明している。嘉靖帝は、傍系の外藩から帝位を継いだために、嫡流の皇帝とは異なってある種の落ち着きの悪さを抱いており、彼が創業者である太祖の後継者たらんとしたのは首肯できる。ただ、天地合祀と天地分祀のどちらも太祖が試みたものであった。天地分祀に改めたのは、『周礼』に代表される古礼への復帰であり、確かに嘉靖帝の原理主義的志向を見出せる。

しかし、嘉靖帝のこうした志向性は、彼の治世のあいだ長くは続かなかった。まもなく郊祀の親祀は行われなくなり、大臣摂事で済ますようになり、嘉靖帝自ら道教に傾到していったからである。とはいえ、天地分祀に基づいてひとたび完成した天壇と地壇は、明朝はもちろん清朝まで受け継がれ存続した。永楽帝が北京遷都にあたり継承しようとした洪武帝の南京の都城プランは、嘉靖年間に至って大きな改変を被ることになった。

以上簡略にで見てきたように、嘉靖帝の時代には、天壇と地壇のほかに日壇や月壇も新たに設置された。北京城の四方にそれぞれの国家祭祀の施設が配置されただけでなく外城が新たに築かれるなど、永楽年間以来の都城空間が大きく改変された時期であった。明代嘉靖年間以降、北京城の国家祭祀施設の改建によってもたらされた都城空間の変容の問題は、今後解明すべき課題として残されている。

参考文献

石橋丑雄『天壇』山本書店、一九五七年。

小島　毅「嘉靖の礼制改革」『東洋文化研究所紀要』一〇七冊、一九九二年。

妹尾達彦「帝国の宇宙論―中華帝国の祭天儀礼―」『王権のコスモロジー』弘文堂、一九九八年。

潘谷西主編『中国古代建築史』第四巻、元・明建築、中国建築工業出版社、二〇〇一年。

濱島敦俊『総管信仰―近世江南農村社会と民間信仰―』研文出版、二〇〇一年。

王剣英『明中都研究』中国青年出版社、二〇〇五年。

刑致遠・刑国政「明初南京天壇分合祀的変遷」『東南文化』二〇〇六年二期。

北京市地方志編纂委員会編『北京志・天壇志』北京出版社、二〇〇六年。

趙克生『明朝嘉靖時期国家祭礼改制』社会科学文献出版社、二〇〇六年。


（新宮　学）

■研究ノート

新羅の始祖廟・神宮

『三国史記』には祭祀志がある（巻三二）。そこには新羅の宗廟をはじめとする祭祀の制について概述している。次のとおりである。

新羅の宗廟の制を按ずるに、第二代南解王三年（六）春、始めて始祖赫居世の廟を立て、四時之を祭る。親妹阿老を以て祭を主らしむ。第二十二代智證王、始祖誕降の地奈乙に於て神宮を創立し、以て之を享る。第三十六代惠恭王に至り、始めて五廟を定め、味鄒王を以て金姓の始祖と爲し、太宗大王・文武大王の百濟・高句麗を平らぐるに大功徳有りしを以て並びに世世不毀の宗と爲す。親廟二を兼せて五廟と爲す。第三十七代宣徳王に至り、社稷壇を立つ。

又た祀典を見るに、皆な境内の山川にして天地に及ばざるは、蓋し以うに、王制に曰わく、「天子七廟、諸侯五廟。二昭二穆と太祖の廟にして五なり」と。又た曰わく、「天子は天地、天下の名山大川を祭り、諸侯は社稷、名山大川の其の地に在る者を祭る」と。是の故に敢えて禮を越えて之を行わざるか、と。然れども其の壇堂の高下、壝門の内外、次位の尊卑、陳設登降の節、尊爵・籩豆・牲牢・册祝の禮、得て推すべからざるなり。但だ其の大略を粗記すと云う爾。

これに対応するかたちで、『三国史記』新羅本紀に諸記事が散見するが、異同もある。

新羅第二代の王である南解次々雄の三年条に始祖廟を立てたという記事があり、それ以後、新羅本紀では、第三代の儒理尼師今二年（二五）条に「親ら始祖廟を祀り、大赦す」とあり、炤知麻立干までの各王は、即位の翌二年もしくは三年に、始祖廟祭祀を行っている。その点からみて、即位の儀礼の一環ととらえることができる。

智證麻立干以後は、基本的に即位後に神宮祭祀が行われるが、その後でも哀荘王・憲徳王・興徳王など始祖廟を祀ったことを記す王もいる。

新羅の王系は朴氏・昔氏・金氏の三姓が交代したとされているが、第二代で朴氏の王である南解次々雄の時に「始祖廟」としているのであり、対象は当然、朴氏の始祖赫居世ということになる。新羅国の始祖、つまり国祖という意味であろう。金氏の味鄒尼師今の場合、「国祖廟を祀る」としている。

新羅本紀では、智證王が新羅王の神宮祭祀の最初ではなく、炤知麻立干九年（四八七）春二月条に「神宮を奈乙に置く。奈乙は始祖の始めて生まれし處なり」とあり、十七年（四九五）春正月条に「王、親ら神宮を祀る」と見える。神宮設置および神宮祭祀開始の年代について、新羅本紀と祭祀志とは大きく異なっているのである。

浜田耕策は、『文武王陵碑』(六八二年)に「祭天之胤傳七葉」とあるのを、文武王から七代さかのぼった智證麻立干代から祭天の儀を行っていたことを意味すると理解し、それに該当するのが神宮祭祀であるとする(「新羅の神宮と百座講会と宗廟」〈『東アジア世界における日本古代史講座』九巻、一九八二年〉)。しかしこれは漢の武帝に仕えた匈奴出身の金日磾の故事を記した部分であり(李泳鎬「新羅文武王陵碑の再検討」〈『歴史教育論集』八輯、一九八六年〉)、神宮祭祀とは関係がなく、そのことを通して、年代を考えることはできない。

邊太燮は、炤知麻立干七年(四八五)条に「親ら始祖廟を祀る。廟を守る二十家を增置す」とあるのを、神宮創建の準備段階とみ、十七年条の記事までを一連のものとして、炤知麻立干代が妥当とした(「廟制の変遷を通してみた新羅社会の発展過程」〈『歴史教育』八輯、一九六四年〉)。崔光植は、炤知麻立干代に始置されたが、即位の礼として親祀したのは次の智證麻立干が最初であり、制度化は智證麻立干代であったとみた(「新羅の神宮設置に対する新考察」〈『韓国史研究』四三、一九八三年〉)。吉岡完祐は、智證麻立干が傍系から即位したため、最初に神宮親祀による即位儀礼を行ったが、神宮創設については、智證麻立干が炤知麻立干代の月城への還宮を機に新たな王朝が始まったとの認識で、炤知麻立干代にさかのぼらせて係年した、というように理解した(「中国郊祀の周辺国家への伝播」〈『朝鮮学報』一〇八輯、一九八三年〉)。

この神宮の神主については、意見が大きく分かれている。今西龍は奈乙をnarと読み、日・太陽の義で、光明神としての赫居世を指すのではないかとし(「新羅骨品考」〈『新羅史研究』近澤書店、一九三三年〉)、梁柱東は、「井」の古訓が이(乙)であるから奈乙は蘿井を指すとみ(『古歌研究』博文出版社、一九五七年)、李丙燾もそれに従って、神主を赫居世としている(『国訳三国史記』乙酉文化社、一九九一年)。井上秀雄は、その立場から、始祖廟祭祀から神宮祭祀への変化について、両者の差異はほとんどなく、単純な自然聖地から建造物があるものに変わっただけとみる(『古代朝鮮史序説』寧楽社、一九七八年)。

それに対して末松保和は、奈乙も金氏王の奈勿も、同じnarから出た語で、narとは本来民族信仰の神の名であった、と理解した上で、神主は奈勿であろうとした(「新羅上古世系考」〈『新羅史の諸問題』東洋文庫、一九五四年〉)。また小田省吾は始祖廟が朴氏の始祖としておよび国祖として赫居世を祀るのに対して神宮は金氏の始祖すなわち閼智を祀ったものとみた(「半島廟制概要」〈『朝鮮』二六九号、一九三七年〉)。

邊太燮は、こうした意見対立を踏まえつつ、歴史学的な解釈を試みた。まず、哀荘王・憲徳王・興徳王各代には、始祖廟と神宮をそれぞれ別に祀ったという記事があり、神宮建立後にも始祖廟がなくなったのではなく、そのまま併置されていたものとみなければならず、両者の神主と性格を同じとみることはできない、とし、赫居世説を否定する。そして『三国遺事』巻一・未鄒王竹葉軍条の分註に「今、俗に王の陵を稱して始祖堂と爲す。盖し以うに、金氏として始めて王位に登りしが故に、後代の金氏の諸王、皆な味鄒を以て始祖と爲せり、と。宜べなるかな」とあることを踏まえ、味鄒始祖説が定着し伝わっていたものとし、新羅において金氏の始祖として受け取られていたのは閼智でも奈勿王でもなく、味鄒王であったから、神宮の神主は味鄒王であった、とする。

それに対して崔光植は、のちに五廟制が行われるが、それは金氏の祖廟であり、それと神宮祭祀が並行するのはおかしい、として、神宮の神主は朴氏始祖でも金氏始祖でもなく、天地神であるとする。その根拠として、祭祀志冒頭の記述は、そのまま変遷を伝えるのではなく、始祖廟→五廟、神宮→社稷壇という変化があったととらえるべきだとし、社稷壇に変わるまでは、『礼記』王制篇において天子が祭るとされる天地を祭っていたのだとする。吉岡完祐は、先行説を踏まえて、神宮は奈乙の名称を持ち、赫居世あるいは奈勿王を祭祀する祖廟で、祭天の儀礼であり即位儀礼であると理解した上で、それが王宮南郊に位置するものとして、中国の皇帝即位儀礼としての南郊における郊祀と対比し、それを導入したものとする。

辛鍾遠は、基本的には中国郊祀導入説を支持するが、南郊説については奈乙の問題とは別に、炤知麻立干の神宮親祀の翌年にあたる十八年条の「南郊に幸して観稼す」に注目し、それは郊祭地としてのそれであるとする（「新羅祀典の成立と意義」〈『新羅初期仏教史研究』民族社、一九九二年〉）。また、『三国遺事』巻一・天賜玉帯条に「凡そ郊廟大祀には皆な之（＝玉帯）を服す」とあることと、同巻一・太宗春秋公条に「先に天神及び山川の靈を祀る」とあるのを対比し、大祀にあたるのは三山五岳などの山川であるから、郊廟とは天神にあたるとする。つまり、神宮とは郊廟とも称し、祭天の処を指す、とする。そして神宮始祖として、奈勿王を挙げる。

こうした問題について、少し考えておきたい。まず奈乙であるが、新羅本紀では「始祖の始めて生まれし處なり」とし、祭祀志では「始祖誕降の地」としている。ここで言う始祖が、新羅の始祖で朴氏の赫居世を指すのか、それとも金氏である炤知麻立干や智證麻立干の時代ということで金氏の始祖を指すのか、まず考えておく必要がある。次の五廟における「金姓の始祖」や、上記の『三国遺事』未鄒王竹葉軍条の分註に見るように、金氏の王が味鄒王を始祖としていたという後代の理解もあり、また閼智・星漢を金氏の始祖とする観念もあったはずである。「始祖」は必ずしも赫居世とは言えない。しかし、炤知麻立干二年・七年条に見える「始祖廟」とは、前代までと同じく赫居世廟とみるべきであろうから、それに近接する「始祖」の語が異なる実体を指すとは考えにくく、また智證麻立干四年条の羣臣の上言に「我が始祖國を立ててより今に至るまで二十二世」とある「始祖」は明らかに赫居世を指す。したがって、当該の始祖はやはり赫居世と考えるべきであろう。

とすれば、赫居世の降誕の地は「蘿井の傍らの林の閒」とされているから、奈乙は蘿井の近くということになり、あるいは奈乙＝蘿井という理解が正しいかもしれない。

しかし、その誕降の地奈乙に建立されたという神宮が、赫居世を祀ったものであったかどうかは、創建の地とは別に考えてもかまわない。新羅本紀では、基本的に、王の即位後まもなく始祖廟を祀っていたものが、智證王代以後、神宮を祀るように変化する。これは即位儀礼の一環としての始祖廟祭祀が神宮祭祀に変わったものと理解すべきである。以後も赫居世を祀るということであれば、それまでの始祖廟祭祀と同じということになるが、おそらくそうではない。変えたのは、始祖赫居世を祀ることをやめたということを意味しよう。神宮を赫居世降誕の地に建てたのは、始祖赫居世祭祀を廃することを意識してのことではなかろうか。

では神宮の神主はどうであろうか。金氏の王として、赫居世祭祀を廃して、金氏始祖を神主とする神宮祭祀に変えたのではないかと想像するのは容易であるが、赫居世降誕の地を選んで、金氏始祖を祀る神宮を建てたという点には疑問がある。金氏始祖を祀る神宮ということであれば、金氏始祖の降誕の地雞林であるとか、金氏に関わる聖地を選ぶことができたであろうし、そのほうが自然である。金氏の王として朴氏赫居世祭祀は廃したものの、その伝統は重んじつつ、金氏始祖祭祀に移行することはできず、ほかの対象を祀る神宮祭祀に変えた、ということではなかったか。

そこで祭天であるが、崔光植説の場合、社稷壇に変わった後も神宮祭祀が行われていることを、どのように理解するのであろうか。社稷壇が唐礼にのっとったものであることは後述するが、神宮が社稷壇に変化したという理解には従えない。

また郊祀の導入について、本来、郊祀は都の南北郊外において天・地を祭るもので、皇帝のみに許された祭祀のはずである（金子修一「中国—郊祀と宗廟と明堂及び封禅」〈『東アジアにおける日本古代史講座』九、一九八二年〉）。もしそのような郊祀を導入したとして、新羅が唐の礼制に則した礼制を採用する以前はともかく、それ以後にも、はたしてそのまま維持できたかどうかは、検証する必要があろう。しかも、祀典を見た編者が、新羅の祭祀について「天地に及ばざる」ものとみていることからすれば、少なくとも、最終的な祀典における祭祀には、郊祀に類すると見なされたものはなかった、ということではなかろうか。ただし、それ以前の、炤知王・智證王代に始まる神宮を問題にする場合、一応、別に考えてよいかもしれない。

ここでは、古くから行われていた祭天を、王権祭祀として定立し、それまでの即位儀礼であった、朴氏始祖に対する始祖廟祭祀に変えたものが、神宮であるとみておきたい。その変更は、王権自体の確立をはかろうとする金氏王権の実情を背景とした、きわめて政治的な意図をもったものと考える。ただし、その後の変容の可能性を排除するものではない。その点はさらに追究すべきであろう。

また『隋書』新羅伝には「毎に正月の旦に相賀し、王、宴會を設け、群官を班賚し、其の日に日月神を拜す」とあるが、この日月神と天神とがどのように関わるのかも問題である。

新羅本紀では、恵恭王代に五廟に関する記事はない。それより前にあたる神文王七年（六八七）四月条に「大臣を祖廟に遣わし致祭せしめて曰わく、王某稽首再拜し、謹しんで大祖大王・眞智大王・文興大王・大宗大王・文武大王の靈に言す、……」とある。ここに見える祖廟とは、それに続く王の言によって、「大祖大王・眞智大王・文興大王・大宗大王・文武大王」の五王の靈を祀るものであることが明かで、五廟と言うことができる。

上記のように、炤知麻立干代までは「始祖廟を祀る」という記事が見られたが、そのあとは神宮祭祀に変わった。その場合の始祖は赫居世であった。また文武王は、八年（六六八）十一月に「先祖の廟に謁し」戦勝を報告しているが、この先祖とは、金氏の先祖を言うのかもしれない。ただ五廟の制として定着していたようにはみえない。それに対して、神文王代における五廟の存在は明らかである。祭祀志の記事とは異なっている。

なお、ここで大祖大王とは、金氏王にとっての始祖とされる味鄒王を指し、文興大王とは太宗武烈王の父龍春の追号である。神文王からみれば、考文武大王・祖太宗大王・曾祖文興大王・高祖眞智大王に、始祖の太祖大王の五王ということになる。

新羅本紀ではまた、恵恭王代より以後ではあるが、元聖王元年（七八五）二月条に「聖徳大王・開聖大王の二廟を毀ち、始祖大王・大宗大王・文武大王及び祖興平大王・考明徳大王を以て五廟と爲す」とあり、さらに哀荘王二年（八〇一）二月条に「始祖廟に謁す。別に大宗大王・文武大王の二廟を立て、始祖大王及び高祖明得大王・曾祖元聖大王・皇祖恵忠大王・皇考昭聖大王を以て五廟と爲す」とある。

これらの記事をもとに、米田雄介は「太祖大王（あるいは始祖大王）はどの王代でも五廟の筆頭神主である」「太宗・文武両大王は恵恭王代より昭聖王代までは「世々不毀之宗」で、哀荘王以降、別廟とされた」「代毎に五廟の構成は変化するが、当初、高祖父以下の直系尊属を祀るのを原則とした。しかし恵恭王代以降、「不毀之宗」と祖父と父の二神主のみを祀ることとしたが、哀荘王代以降「不毀之宗」を止めて再び高祖父以下の四神主を廟に列祀した」「直系尊属以外の者は、原則として五廟に祀られない」とみた。なお、筆頭神主が太祖大王と始祖大王と二様に呼ばれるが、それは同じではなく、太祖大王とは味鄒王でよいが、始祖大王とは奈勿王を指すという。その変化は、奈勿王十二世孫として即位した元聖王代からであると推定している（「三国史記に見える新羅の五廟制」〈『日本書紀研究』一五冊、塙書房、一九八七年〉）。

米田の推定について、昭聖王の神主を始祖大王・太宗大王・文武大王以外に、曾祖父明徳大王・祖父元聖大王を数えて、父恵忠大王を含めていないのは、よく理解できない。昭聖王の前王元聖王と次王哀荘王両代の神主はわかっており、その両方に明徳大王が含まれるため、あいだの昭聖王代にも明徳大王があったはずだということであろうか。それはいったん廃されたら復活することはありえない、という原則があるということか（「ひとたび五廟から除かれた神主がふたたび五廟に列祀された先例はなく、また実際にもそのようなことは不可能であったのであろう」とするが、昭聖王代が先例になりうるかどうかは、再び列祀するのが実際に不可能であったのかどうかに懸かっている）。

社稷壇については、新羅本紀には対応記事はない。『東国通鑑』巻一〇・宣徳王四年（七八三）条には「社稷壇を立て、又た祀典を修む」と年代を限定し、祀典のことも記すが、拠りどころがあったかどうかわからない。社稷壇の祭祀は、祭祀志本文にも引く『礼記』王制篇の記事や、同じく『礼記』の礼運篇に「故に天子は天地を祭り、諸侯は社稷を祭る」とあるように、諸侯の礼に則ったものである。

新羅の祀典について、上記の『東国通鑑』の記事では、宣徳王四年に「修む」とするが、祭祀志の記事からは必ずしもそのように読めるわけではない。ただ、社稷壇が設けられたことを重視して、宣徳王代に祀典についても何らかの改編があったことは想像できる。

職官志上によれば、「典祀署。禮部に屬す。聖徳王十二年（七一三）、置く。監、一人。位、奈麻より大奈麻に至るまで、之を爲す。大舍、二人。眞徳王五年（六五一）、置く。位、舍知より奈麻に至るまで、之を爲す。史、四人」とあり、聖徳王十二年（七一三）春二月条に「典祀署を置く」とある。典祀署が国家の祭祀を管掌したのであろうが、それが設置された聖徳王十二年が、祀典の形成にとっても、一つの画期とみることができる。

その場合、その典祀署の原初形態と言うべき大舎の設置された真徳王五年が、祀典形成にとって重要な意義をもっている。真徳王代には、二年に金春秋が派遣されて唐に行き太宗に謁見して帰朝、三年に唐の衣冠を採用し、四年には唐の年号を用い、五年には賀正の礼を始めるなど、唐の礼制への転換が見られる。この頃から、聖徳王十二年に至るあいだが、新羅の祭祀においても唐的礼制に則ったあり方へ、変換していった時期にあたるとみることができる。

この間のこととして、『旧唐書』新羅伝には、

垂拱二年（六八六）、政明（＝神文王）、使を遣わし来朝せしむ。因りて上表して唐禮一部并びに雑文章を請う。則天、所司に令して吉凶要禮を寫し、并せて文館詞林より其の詞の規誡に渉るものを採りて五十巻を勒成し、以て之を賜う。

とある。その「吉凶要礼」が『新唐書』芸文志に見える「吉凶禮要二十巻」にあたるかどうかは不明ながら（石井正敏「日本通交初期における渤海の情勢について」（『法政史学』二五号、一九七三年））、新羅の要請に答えて唐礼を示したものとみることに問題はない。この翌年の神文王七年には、上記のように、宗廟を五廟として定めている。それは諸侯の礼にかなったものである。

このように唐礼を受容し、それに合致する礼制を持つ祀典を作り上げたのが、六五一年から七一三年にかけてのことと考えられる。そしてそれからすれば、宣徳王代には、それに改編が加えられたということであろう。

ところで、始祖赫居世の降誕の地は「蘿井の傍らの林の間」であったが、その蘿井として古くから伝わり、史蹟指定されている地が、二〇〇二年から二〇〇五年にかけて、中央文化財研究院によって発掘調査された。その結果、蘿井と関連するものとして、

①竪穴遺構と溝状遺構・木柵

②その溝状遺構を覆土したあと、その上部に築かれた平面円形の礎石建物

③それらの遺構を覆土したあとに造られた一辺約八mの八角建物が確認された。それを大きく囲む、一辺五〇mの方形の垣墻も造られていた。このうち溝状遺構等の造成時期は初期鉄器時代とされる。その溝状遺構の覆土時期は、そこから出土した土器によって、六世紀初めとされ、八角建物は、とくに「儀鳳四年皆土」という銘文のある瓦片が多く出土しており、六七九年の造営とされた。そしてこの八角建物については、「儀鳳四年皆土」銘瓦がこれまで雁鴨池（東宮）・月城など、王室と関連する遺跡から出土していることや、他の八角建物の類例等から、国家的な祭儀と関連するものと推定された（『慶州蘿井』中央文化財研究院・慶州市、二〇〇八年）。六七九年は『三国史記』に、宮闕の重修が記録され、王宮が大きく改造された年でもある。なお、竪穴遺構を井戸とみる見解もあったが（李文炯「慶州蘿井（史蹟第二四五号）発掘調査概要」（『慶州蘿井　神話から歴史へ』第一回中央文化財研究院学術大会、二〇〇五年））、疑問も提示されており（李恩碩「王京からみた蘿井」同前）、単純には言えない。

しかし井戸を意識した構造物を造り、それを「蘿井」伝承地の象徴的なものとし、そこで始祖廟祭祀を行ったというような想像は可能であろう。そして、六世紀初めの②は、ちょうど神宮祭祀に移行する時期にあたっている。神宮がその礎石建物であるとは言いがたいが、上記のように、この付近に神宮を造営し、始祖廟祭祀をほぼ止めたことによって、新たな構造物に性格を変えたのではなかろうか。八角建物も祭祀施設とみることができそうであるが、六七九年に築造された意義や、その実体については、議論が続けられる必要がある。

（田中俊明）

■研究ノート

考古学からみた日本古代宮都壇廟研究の現状と課題

古代中国王権は都城を囲繞する諸廟・祭壇を築造した。とりわけ円丘壇（天壇）は最も重要な施設であった。ところが日本古代の王権は、史料による限り、祭天儀礼は三度しか行わず、都城を囲繞する壇廟を設けることもなかった。このことを裏づけるかのごとく、今日まで考古学から壇廟と位置づけられる資料はほとんど認められない。そこで日本古代に関しては、始祖廟（墓）をも視野に入れて分析することにする（始祖廟についても明確な資料は未確認である。そこで、宮都周辺に展開する二〇〇mを超す前方後円墳を広瀬和雄氏の指摘〈『前方後円墳国家』角川書店、二〇〇三年〉を参考に始祖墓と考え、その関係について分析した）。

すでに第二章で考察したとおり、新城および新益京（「藤原京」）で宮城の西に始祖墓（廟）域群が設置され、平城京では北郊外に始祖墓域群を配置した事実を確認した。また、大安寺、薬師寺の占地にあたっては、始祖墓として古墳群の一部を意図的に残し、伽藍を建立した。長岡京でもこの基本施策は継承され、宮城西辺部に前方後円（方）墳群が残された。規模は小さいが、始祖墓として位置づけられた可能性は十分あろう（山背地域北部の乙訓郡域には二〇〇mを超す前方後円墳はない。最大の古墳が一八〇mの前方後円墳恵解山古墳であるが、これもまた、宮城西辺の向日丘陵古墳群とともに残された。始祖墓として王権により認識されていたのかもしれない）。ところが、ついで遷都した平安京およびその周辺部に始祖墓と評価しうる唯一陵墓が天智天皇山科陵であった。桓武王権の正統性を保障する「始祖」としての天智天皇の眠る地を意図的に選地した可能性がある。日本古代史上初めて宮都の周辺に始祖墓を一墓だけ配置しに都が誕生したのである。新城以後平安京まで、日本古代宮都は、その内外に始祖墓を意図的に配したのではなかろうか。

ところで『続日本紀』延暦四年十一月壬寅条によれば「祀天神於交野柏原」と初めて交野に天神を祀ったことが知られる。『続日本紀』延暦六年十一月甲寅条でも同所で祀っており、桓武朝初期に二度にわたって郊祀したのである。さらに『日本文徳天皇実録』斉衡三年十一月辛酉条においても交野において昊天を祀っている。いずれも河内国交野郡柏原野であるが、桓武・文徳という二王権のみが、宮都の南郊および旧宮都の南郊に天壇を郊祀したのである。桓武王権が祀った背景には、宝亀八（七七七）年の遣唐使によって新たに持ち帰らせた中国哲学書でもって、王権維持に用いたとされる（東野治之『歴史を読みなおす　朝日百科日本の歴史別冊4　遣唐使船』朝日新聞社、一九九四

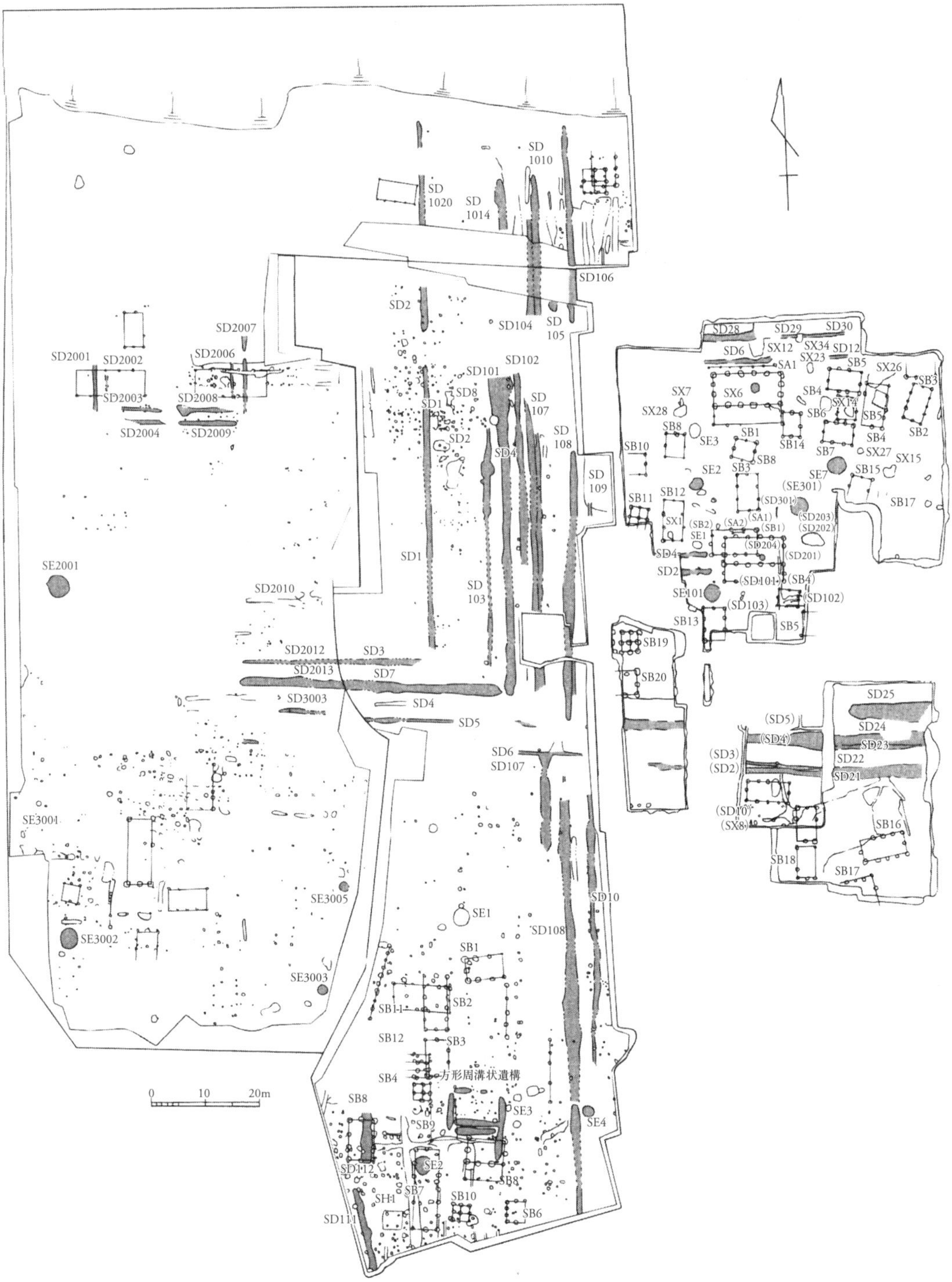

図１　桓武朝の郊祀跡とされる禁野本町遺跡

（原図：（財）枚方市文化財研究調査会『枚方市文化財調査報告第四十九集　大阪府枚方市　禁野本町遺跡Ⅲ』2006 年）

年）。その一環として実施されたのであろう。郊祀の考古学的な資料として、旧交野郡に所在する枚方市禁野本町遺跡から検出された遺構群をあてる説もある（（財）枚方市文化財研究調査会『枚方市文化財調査報告第四十九集　大阪府枚方市　禁野本町遺跡Ⅲ』二〇〇六年）。

禁野本町遺跡の所在する交野郡は、百済王氏の故地であり、桓武天皇母・高野新笠と関係深い土地とされた。長岡京遷都に際し、直前の延暦二（七八三）年十月に桓武天皇の行幸が行われるなど、桓武王権にとって重要な役割を果たした地域であった。検出された遺構群（図参照）は、百済王氏の建立になる百済寺の北方五五〇m地点に設置された東西・南北方向の道路交差点を基点に設計された都市空間である。北東の空間には最大級の掘立柱建物があり、中心的役割を果たした区画である。北西の空間には南北九六m以上、東西三二m以上を「L」字状の溝で囲繞する空間で、内部にさらに二〇m余を溝で囲繞する空間を伴う。前例のない遺構群であり、郊祀との関係も十分考慮しなければならない。

日本古代宮都では基本的に中国古代王権が設置した壇廟を配置することはなかった。数少ない郊祀の実行王権の一つが桓武王権であっただけに、以外の王権が採用しなかった強固な意志を読み取ることができる。前代の王権の墓であることが意識されていた前方後円墳（群）を始祖廟に見立てて宮都の周辺に配置した点に、わずかに壇廟思想の影響を読み取るべきなのかもしれない。唯一の郊祀跡である可能性のある禁野本町遺跡の継続調査が今後の大きな課題である。

（山中　章）

索　引

著者紹介（50音順）

新宮　　学	山形大学人文学部教授
桑野　栄治	久留米大学文学部教授
妹尾　達彦	中央大学文学部教授
田中　俊明	滋賀県立大学人間文化学部教授
朴　　淳發	忠南大學校人文大學教授
橋本　義則	山口大学人文学部教授
馬　　　彪	山口大学人文学部教授
山中　　章	三重大学人文学部教授

東アジア都城の比較研究

平成23（2011）年2月28日　初版第一刷発行

編著者　　橋本義則
発行人　　檜山爲次郎

発行所　京都大学学術出版会
京都市左京区吉田近衛町69番地
京都大学吉田南構内（〒606-8315）
電　話（075）761-6182
FAX（075）761-6190
Home page http://www.kyoto-up.or.jp
振　替　01000-8-64677

ISBN 978-4-87698-990-4
Printed in Japan

印刷・製本　㈱クイックス
定価はカバーに表示してあります